Markenschutz im Strafrecht

Criminalia

Herausgegeben von Klaus Volk

Band 42

Peter Lang

Frankfurt am Main · Berlin · Bern · Bruxelles · New York · Oxford · Wien

Verena Käbisch

Markenschutz im Strafrecht

Die Rechtslage in Deutschland und den USA

Peter Lang
Europäischer Verlag der Wissenschaften

Bibliografische Information Der Deutschen Bibliothek
Die Deutsche Bibliothek verzeichnet diese Publikation in der Deutschen Nationalbibliografie; detaillierte bibliografische Daten sind im Internet über <http://dnb.ddb.de> abrufbar.

Zugl.: München, Univ., Diss., 2006

Umschlaggestaltung:
Pierre Mendell.

Gedruckt auf alterungsbeständigem,
säurefreiem Papier.

D 19
ISSN 0945-1811
ISBN 3-631-55388-9

Printed in Germany 1 2 3 4 5 7

www.peterlang.de

Criminalia

Abhandlungen aus den gesamten Strafrechtswissenschaften

Der Herausgeber der Reihe ist Vorstand des "Instituts für die gesamten Strafrechtswissenschaften" der Universität München. Das Programm der Reihe ist im Untertitel genannt. In ihr werden veröffentlicht Schriften zum Strafrecht und Strafverfahrensrecht, zu Kriminologie und Kriminalpolitik, zu den rechtstheoretischen und rechtssoziologischen Grundlagen des Strafrechts und zu seiner Geschichte. Die Reihe läßt deutsche und ausländische Wissenschaftler zu Wort kommen und will dazu einladen, an der Fortentwicklung aller Bereiche des Strafrechts über die Grenzen hinaus mitzuwirken.

MEINER FAMILIE

Vorwort

Die Arbeit lag im Wintersemester 2005/2006 der Ludwig-Maximilians-Universität München als Dissertation vor. Sie wurde im November 2005 abgeschlossen; Neuerungen konnten bis Anfang März 2006 berücksichtigt werden.

Besonderer Dank gilt meinem Doktorvater, Herrn Prof. Dr. Dr. h.c. Klaus Volk: Er begeisterte mich für das Strafrecht und ermunterte mich zu dieser Promotion. Dabei ließ er mir alle erdenklichen Freiheiten, stand mir jedoch stets mit Rat und Tat zur Seite. Außerordentliche Unterstützung für meine Auslandsaufenthalte gewährte er mir während dieser Arbeit wie auch schon im Studium.

Die angenehme Atmosphäre an seinem Lehrstuhl war auch ein maßgeblicher Faktor für das Gelingen dieser Dissertation, wofür ich ebenso all meinen Lehrstuhlkollegen danke. Besonderer Dank gilt Herrn Dr. Dominik Härtl und Herrn Dr. Stefan Poller, die ich mit meinen fachlichen Problemen jederzeit behelligen durfte und denen ich interessante Ideen verdanke.

Dank gilt ebenso Herrn Prof. Dr. Helmut Satzger für die zügige Erstellung des Zweitgutachtens.

Beim Deutschen Akademischen Auslandsdienst bedanke ich mich für die Gewährung eines Stipendiums zur Finanzierung meines Forschungsaufenthaltes an der University of Illinois. Ebenso gilt mein Dank der Hanns-Seidel-Stiftung, die mich im Anschluss daran sowohl ideell als auch finanziell durch ein Promotionsstipendium großzügig unterstützte.

Das College of Law an der University of Illinois gewährte mir wertvolle Hilfen für meine Recherchen. Mein Dank gilt dabei insbesondere den Professoren Jay Kesan, Andrew Leipold, Peter Maggs, Richard Painter sowie Thomas Ulen für die aufschlussreichen Gespräche.

Ohne die Hilfe meiner Familie wäre nie es zu dieser Arbeit gekommen: Meine Eltern haben immer all meine Plänen in jeder Hinsicht unterstützt; auch meine beiden Großmütter waren stets für mich da. Das Korrekturlesen übernahmen dankenswerterweise meine Mutter und meine Schwester Sarah, sowie mein schärfster Kritiker, mein Vater, der mir wertvolle Denkanstöße lieferte. Mein spezieller Dank gilt auch Hari Govind, der mir seelischen Beistand leistete und mich immer wieder motivierte.

München, im März 2006 Verena Käbisch

Inhaltsverzeichnis

Abkürzungsverzeichnis

a.A.	andere Ansicht
a.a.O.	am angegebenen Ort
a.E.	am Ende
a.F.	alte Fassung
Abs.	Absatz
AIPLA Q. J.	American Intellectual Property Law Association Quarterly Journal
Alb. L.J. Sci. & Tech.	Albany Law Journal of Science & Technology
Alt.	Alternative
Am. Crim. L. Rev.	American Criminal Law Review
Am. J. Crim. L.	American Journal of Criminal Law
Am. U. L. Rev.	American University Law Review
Am. U.J. Int'l L. Pol'y	American University Journal of International Law and Policy
amend.	amendement
AO	Abgabenordnung
AO	Abgabenordnung
APLR	Allgemeines Preußisches Landrecht
Art.	Artikel
Az	Aktenzeichen
B.C. Third World. L. J.	Boston College Third World Law Journal
BayObLG	Bayerisches Oberstes Landgericht
Beschl.	Beschluss
BFH	Bundesfinanzhof
BGB	Bürgerliches Gesetzbuch
BGBl.	Bundesgesetzblatt
BGH	Bundesgerichtshof
BGHSt	Entscheidungen des Bundesgerichtshofs in Strafsachen
BGHZ	Entscheidungen des Bundesgerichtshofs in Zivisachen
BlPMZ	Blatt für Patent-, Muster- und Zeichenwesen
BPatG	Bundespatentgericht
BT-Drs.	Bundestagsdrucksache
BtMG	Betäubungsmittelgesetz
Buff. Crim. L. Rev.	Buffalo Criminal Law Review
Buff. Intel. Pro. L.J.	Buffalo Intellectual Property Law Journal
BVerfG	Bundesverfassungsgericht
BVerfGE	Entscheidungen des Bundesverfassungsgerichtes
bzw.	beziehungsweise
Ch.	Chapter
Cir.	Circuit
cl.	clause
cmt.	commentary
Colum. J.L. & Arts	Columbia Journal of Law & the Arts
Colum. L. Rev.	Columbia Law Review
Cong. Rec.	Congressional Record
Cong.	Congress

Conn. L. Rev.	Connecticut Law Review
Const.	Constitution
CR	Computer und Recht
Ct. Int'l Trade	United States Court of International Trade
D. Ma.	District of Massachusetts
D. Md.	District of Maryland
D. Ks.	District of Kansas
D.C.N.J	District Court New Jersey
D.N.J.	District New Jersey
D.P.R.	District Puerto Rico
DPMA	Deutsches Patent- und Markenamt
E.D.N.Y.	Eastern District of New York
E.D.N.Y.	Eastern District of New York
EG	Europäische Gemeinschaft
EGV	Vertrag zur Gründung der Europäischen Gemeinschaft
etc.	et cetera
EU	Europäische Union
EuGH	Europäischer Gerichtshof
EUV	Vertrag über die Europäische Union
EWG	Europäische Wirtschaftsgemeinschaft
F.	Federal Reporter
F. R. Crim. P.	Federal Rules of Criminal Procedure
F.R. Civ. P.	Federal Rules of Civil Procedure
F. Supp.	Federal Supplement
F.R.D.	Federal Rules Decisions
Fed. Law.	Federal Lawyer
Fed. Probation	Federal Probation
Fla. J. Int'l L.	Florida Journal of International Law
Fn.	Fußnote
Fordham Int'l L.J.	Fordham International Law Journal
Fordham Intell. Prop. Media & Ent. L.J	Fordham Intellectual Property, Media & Entertainment Law Journal
Fordham L. Rev.	Fordham Law Review
FS	Festschrift
GA	Goltdammer´s Archiv für Strafrecht
Ga. St. U. L. Rev.	Georgia State University Law Review
gem.	gemäß
GG	Grundgesetz
ggf.	gegebenenfalls
GMV	Gemeinschaftsmarkenverordnung
GrS	Großer Senat
GRUR	Deutschen Vereinigung für gewerblichen Rechtsschutz und Urheberrecht
GRUR	Gewerblicher Rechtsschutz und Urheberrecht (Zeitschrift)
GRUR Int.	Gewerblicher Rechtsschutz und Urheberrecht, Internationaler Teil
GRUR-RR	Gewerblicher Rechtsschutz und Urheberrecht – Rechtsprechungs-Report

GS	Gedächtnisschrift
GVG	Gerichtsverfassungsgesetz
h.M.	herrschende Meinung
H.R.	House of Representatives
HABM	Harmonisierungsamt für den Binnenmarkt
Harv. J.L. & Pub. Pol'y	Harvard Journal of Law and Public Policy
Harv. L. Rev.	Harvard Law Review
Hous. L. Rev.	Houston Law Review
i.E.	im Ergebnis
i.V.m.	in Verbindung mit
Ind. Prop.	Industrial Property
InsO	Insolvenzordnung
Int'l. Law	International Lawyer
IS.	Introduced in Senate
J. Econ. Persp.	Journal of Economic Perspectives
J. Legis.	Journal of Legislation
J. Pat. & Trademark Off. Soc'y	Journal of the Patent and Trademark Office Society
J. Pol. Econ.	Journal of Political Economy
J.L. & Econ.	Journal of Law and Economics
JuS	Juristische Schulung
JZ	Juristenzeitung
KG	Kammergericht
KritV	Kritische Vierteljahresschrift für Gesetzgebung und Rechtsprechung
LG	Landgericht
lit	litera
m.w.N.	mit weiteren Nachweisen
MarkenG	Markengesetz
MarkenR	MarkenRecht
MarkenVO	Markenverordnung
MDR	Monatsschrift für deutsches Recht
Mich. L. Rev	Michigan Law Review
Mitt.	Mitteilungen der deutschen Patentanwälte
MMA	Madrider Markenabkommen
MMA	Madrider Markenabkommen
MMR	MultiMedia und Recht
MRRL	Markenrechtsrichtlinie
N.C.J. Int'l. L. & Com. Reg.	North Carolina Journal of International Law and Commercial Regulation
N.D. Ga.	Northern District of Georgia
N.D. Ill.	Northern District of Illinois
n.F.	neue Fassung
N.L. Law.	New Jersey Lawyer
New. Eng. J. on Crim. & Civ. Confinement	New England Journal on Criminal and Civil Confinement
NJW	Neue Juristische Wochenschrift
NJWE-WettbR	NJW-Entscheidungsdienst-Wettbewerbsrecht

NKA	Nizzaer Klassifikationsabkommen
No.	Number
Nr.	Nummer
NStZ	Neue Zeitschrift für Strafrecht
NStZ-RR	NStZ - Rechtsprechungsreport Strafrecht
NZI	Neue Zeitschrift für Insolvenz und Sanierung
o.ä.	oder ähnliches
OLG	Oberlandesgericht
Pac. Rim L. & Pol'y J.	Pacific Rim Law & Policy Journal
PatG	Patentgesetz
PKS	Polizeiliche Kriminalstatistik
PMMA	Protokoll zum Madrider Markenabkommen
PLI/Pat	Practising Law Institute: Patents, Copyrights, Trademarks, and Literary Property Course Handbook Series
PrPG	Produktpirateriegesetz
PTCJ	Patent, Trademark and Copyright Journal
Pub. L.	Public Law
PVÜ	Pariser Verbandsübereinkunft
Rep.	Report
RG	Reichsgericht
RGBl.	Reichgesetzblatt
RGSt	Entscheidungen des Reichsgerichts in Strafsachen
RiAG	Richter am Amtsgericht
RICO	Racketeer Influenced and Corrupt Organizations
RiStBV	Richtlinien für das Straf- und Bußgeldverfahren
riw	Recht der internationalen Wirtschaft
RL	Richtlinie
RM	Reichsmark
Rn	Randnummer
RS	Reported in Senate
Rspr.	Rechtsprechung
RStGB	Reichsstrafgesetzbuch
S. Cal. L. Rev	Southern California Law Review
S.	Senate
S.Ct	Supreme Court Reporter
S.D. Ca.	Southern District of California
S.D. Ga.	South District of Georgia
S.D.Fl	Southern District of Florida
S.D.N.Y	Southern District of New York
Sec	Section
StA	Staatsanwaltschaft
Stan. L. Rev	Stanford Law Review
Stat.	Statutes at Large
StGB	Strafgesetzbuch
StPO	Strafprozessordnung
Str.	strittig
StrafVollstrO	Strafvollstreckungsordnung
StV	Strafverteidiger

TDG	Teledienstegesetz
Trademark Rep.	Trademark Reporter
TRIPS	Trade Related Aspects of Intellectual Property Rights
U. Pa. L. Rev.	University of Pennsylvania Law Review
U. Pitt. L. Rev.	University of Pittsburgh Law Review
u.ä.	und ähnliches
u.a.	unter anderem, und andere
U.S.	United States Reporter
U.S.C.	United States Code
U.S.C.C.A.N.	United States Code Congressional and Administrative News
UrhG	Urheberrechtsgesetz
Utah L. Rev.	Utah Law Review
UWG	Gesetz gegen den unlauteren Wettbewerb
v.	versus
vgl.	vergleiche
VO	Verordnung
W.D. Ok.	Western District of Oklahoma
W.D.N.Y.	Western District of New York
Wash. U.L.Q.	Washington University Law Quarterly
WIPO	World Intellectual Property Organization
wistra	Zeitschrift für Wirtschafts- und Steuerstrafrecht
Wm. & Mary Bill Rts. J.	William and Mary Bill of Rights Journal
Wm. & Mary L. Rev.	William & Mary Law Review
wrp	Wettbewerb in Recht und Praxis
WTO	World Trade Organization
WZG	Warenzeichengesetz
Yale J. Int'l L.	Yale Journal of International Law
z.B.	zum Beispiel
ZRP	Zeitschrift für Rechtspolitik
ZStrR	Schweizerische Zeitschrift für Strafrecht
ZStW	Zeitschrift für die gesamte Strafrechtswissenschaft

„Man lives, thinks and dies using symbols."
Economides, 78 Trademark Reporter 523

Marken vermitteln Informationen. Marken schaffen Kundenbindung. Marken können über den Erfolg oder Misserfolge eines Produktes entscheiden. Marken können in Unternehmensbilanzen massiv ins Gewicht fallen. Die weltweit wertvollste Marke, Coca-Cola®, wird beispielsweise auf 54 Milliarden Euro geschätzt, Mercedes war 2004 mit immer noch 17 Milliarden Euro die „teuerste" deutsche Marke.[1] Unternehmen machen sich die Anziehungskraft von Marken zu Nutze und versuchen ein für ihr Produkt positives Markenimage zu kreieren, das zum Kauf animieren soll. Doch sie bleiben in ihren Bemühungen oftmals nicht allein.

Die „klassische Piraterie" – dubiose Gestalten durchsegeln die Weltmeere und machen fremde Güter zu ihren eigenen – hat Zuwachs bekommen. Markenpiraten reiten mit auf der Welle des Erfolges von Markenprodukten und übernehmen ebenso fremde Leistungen: die Marke, die zum Teil unter erheblichen finanziellen Aufwendungen zum Zeichen für Qualität aufgebaut worden ist. Statt Sacheigentum wird nun geistiges Eigentum gestohlen. Bereits 5 – 9 % des Welthandels sind in der Hand von Produktpiraten, die Schäden gehen in die Milliarden.[2] Das Problem lässt sich nicht auf einzelne Staaten begrenzen, Markeninhaber aller Länder klagen über Fälschungen.

Um dem Problem wirksam entgegen treten zu können, bedarf es internationalen Anstrengungen – Lücken beim Schutz des geistigen Eigentums werden nur zu gerne von Produktpiraten für ihre eigenen Zwecke genutzt. Die Piraterie fordert den umfassenden Einsatz des Rechts: Grenzbeschlagnahme hilft die illegalen Güterströme zu stoppen, mit zivilrechtlichen und strafrechtlichen Sanktionen kann dann gegen die Verantwortlichen vorgegangen werden. Doch wie hat dieses Zusammenspiel auszusehen? Wo ist die Grenzlinie zwischen effektivem Schutz und Überkriminalisierung zu ziehen? Wann darf zum eingriffsintensivsten Mittel der Rechtsordnung, dem Strafrecht, gegriffen werden?

Um dies beurteilen zu können, ist zuerst ein Blick auf existierende Strafvorschriften und sich in diesem Zusammenhang ergebende Probleme geboten. Um eine ausführliche Auseinandersetzung mit diesem Thema zu gewährleisten, habe ich mich in dieser Arbeit auf zwei Rechtsordnungen beschränkt: Deutschland und die Vereinigten Staaten. Beide Staaten gehören international zu den Vorrei-

---

1 Http://www.interbrand.ch/e/press/pdf/04Global_Brands_Ranking_EUR.pdf.
2 Vgl. dazu näher Teil 5.

tern beim Schutz geistigen Eigentums, könnten jedoch in der Ausformung der Strafnormen kaum unterschiedlicher sein. Aus dem Vergleich der Gestaltung dieser beiden Varianten werde ich versuchen, für das deutsche Recht eine Lösung zu entwickeln und für eine international konsensfähige Norm Anregungen zu geben.

Den Strafvorschriften liegt jeweils das zivilrechtliche Markenrecht zu Grunde, so dass keine isolierte Betrachtung möglich ist – die Grundlagen sollen im ersten Teil der Arbeit erörtert werden. Anschließend wird näher auf die eine Markenrechtsverletzung unter Strafe stellenden Tatbestände eingegangen (Teil 2). Diese sind jeweils im Gesamtkontext der Rechtsordnung zu sehen, so dass ein Blick auf ausgewählte materiellrechtliche (Teil 3) und prozessuale Probleme (Teil 4) zu werfen ist. Jeder der genannten Teile ist dabei symmetrisch aufgebaut: Zuerst wird die deutsche und dann die amerikanische Rechtslage erörtert; ein abschließendes Kapitel vergleicht die zuvor gefundenen Ergebnisse. Anschließend wird kurz auf den Umfang der Markenpiraterie sowie deren strafrechtliche Verfolgung in der Praxis (Teil 5) eingegangen. Der sechste Teil geht auf bereits existierende Vorschriften bzw. ausgewählte Vorschläge auf internationaler Ebene ein. Im letzten Teil sollen alle vorab gefundenen Erkenntnisse in eine auf verfassungsrechtlichen und ökonomischen Erwägungen basierende Abwägung einfließen, an deren Ende ein Gestaltungsvorschlag für das deutsche Markenstrafrecht steht.

Bewusst verzichtet wurde in dieser Arbeit auf eine Definition des Begriffs der Markenpiraterie – die sich im Umlauf befindenden unterscheiden sich zum Teil sehr.[3] Eine einheitliche Definition halte ich für wenig sinnvoll: Eine Beschreibung konkreter Verletzungshandlungen würde auf Grund der vielen sich stellenden Einzelfragen zu keiner griffigen und klar verständlichen Definition führen und wäre international auch kaum konsensfähig.

„Markenpiraterie“ wird in dieser Arbeit generell zur Bezeichnung des Phänomens der Markenfälschungen verwendet. Gegen diese kann sowohl zivil- als auch strafrechtlich vorgegangen werden. Ziel der Untersuchung ist es, diejenigen Verhaltensweisen herauszufiltern, die strafwürdig sind und bei denen das Strafrecht das geeignetste Mittel zur Bekämpfung ist. Alle anderen Markenverletzungen bleiben selbstverständlich unrechtmäßig und müssen ebenso verhindert werden – nur mit anderen Mitteln. Sie verdienen jedoch gleichermaßen die Bezeichnung der Markenpiraterie, da es sich in beiden Fällen um Verletzungen geistigen Eigentums handelt.

---

3 Vgl. nur *Levin*, GRUR Int. 1987, 18 ff; *Schiwek*, S. 22 ff; *Schuhmacher*, S. 22 ff; Harte-Bavendamm-*Harte-Bavendamm*, § 1 Rn 38 ff; *Maske*, S. 51 ff; *Selzer*, S. 31 ff.

Teil 1 Einführung in das Markenrecht

Um die Strafbarkeit von Markenverletzungen beurteilen zu können, ist ein Grundverständnis für das Markenrecht und dessen Entwicklung erforderlich, da sich dies zum Teil unmittelbar auf die Strafnormen auswirkt (Schutzgut, Verletzungshandlung) oder diese zumindest beeinflusst (Auslegung). Demnach sollen im Folgenden die groben Entwicklungslinien des Markenrechts nachgezeichnet, sowie die Voraussetzungen für den Markenschutz erläutert werden.

Kapitel 1 Deutschland

A. Rechtliche Grundlagen

I. Geschichtliche Entwicklung

Erste Zeicheneintragungen sind bereits aus dem 15. Jahrhundert bekannt[4] - ist der Kennzeichenschutz demnach ein über lange Jahre bis zur heutigen Form kontinuierlich „gereiftes" Rechtsgebiet? Ein näherer Blick zeigt, dass sich dessen Grundgedanken im Laufe der Zeit wandelten: Insbesondere das durch Zünfte geprägte Zeitalter des Merkantilismus war zwar bereits reich an Kennzeichen; diese dienten aber der staatlichen Kontrolle, um Kunst und Gewerbe zu schützen oder Qualität zu markieren.[5] Anfangs standen demnach das Allgemeinwohl und der Schutz des Konsumenten vor minderwertiger Ware im Vordergrund, privatrechtliche Ansprüche spielten allenfalls eine untergeordnete Rolle.[6] Die gegen die Kennzeichenvorschriften verstoßenden Hersteller und Händler wurden damals strafrechtlich belangt.[7] Kommerzielles Fälschen wurde dabei nicht gerade als Kavaliersdelikt angesehen: Den Tätern drohte in verschiedenen Teilen Europas manchmal sogar der Tod.[8]

Den Interessen der Allgemeinheit und dem Schutz der Konsumenten Vorrang einzuräumen hatte auch maßgebliche Auswirkungen auf das Strafrecht: Zwar enthielt bereits § 1451 APLR eine Strafdrohung sowohl für den betrügerischen Gebrauch von Qualitätszeichen als auch für die fälschliche Bezeichnung von Waren. Die Marke als solche wurde jedoch noch nicht als schutzwürdiges Rechtsgut verstanden, weshalb man deren Schutz mit gewerbepolizeilichen

---

4 *Fezer*, Einl. Rn 1.
5 *Wadle*, FS GRUR, S. 104.
6 HK-*Klippel*, E 1 Rn 3.
7 *Arnade*, S. 27.
8 *Rakoff/Wolff*, 20 Am. Crim. L. Rev. 145, 153 m.w.N.

Gründen begründete.[9] Die Idee des Publikumsschutzes dominierte auch weiterhin bei Schaffung des § 286 RStGB, der die missbräuchliche Bezeichnung von Waren oder deren Verpackungen, sowie das Inverkehrbringen derartiger Güter unter Strafe stellte.[10]

Durch die Einführung der Gewerbefreiheit im Zuge der allgemeinen ökonomischen Liberalisierung wurde auch das Markenrecht einem Wandel unterworfen: Im Vordergrund standen nun die freie Wahl einer Marke durch das Unternehmen selbst, dessen Rechtsnatur als Ausschließlichkeitsrecht, sowie demzufolge die Zuerkennung von Unterlassungs- und Schadensersatzansprüchen[11] – Elemente, die auch dem heutigen Markenrecht noch prägend zu Grunde liegen.

Das erste gesamtdeutsche „Gesetz über Markenschutz" stammt vom 30. November 1874[12] und definierte Marken als Zeichen von Gewerbetreibenden, die zur Unterscheidung deren Waren dienen sollen.[13] Die Position des Markeninhabers wurde als subjektives Recht ausgestaltet, zu dessen Verteidigung dem Inhaber nun auch Mittel des Zivilrechts zur Seite gestellt wurden; die anfängliche Dominanz des strafrechtlichen Schutzes wurde durch das Zivilrecht zurückgedrängt.[14] § 14 des Gesetzes stellte das wissentliche, widerrechtliche Bezeichnen oder das Anbieten oder Inverkehrbringen derartiger Waren unter Strafe, wobei es sich um ein Antragsdelikt handelte. Auch eine Entschädigung des Verletzten war vorgesehen.

Bereits 1894 erfolgte die Ablösung dieser ersten gesamtdeutschen Regelung durch das „Gesetz zum Schutz der Waarenbezeichnungen",[15] in dem dieser gegenüber laut gewordene Kritik[16] berücksichtigt wurde. Viele der charakteristischen Merkmale des 1894 erlassenen Gesetzes liegen auch noch der heutigen Rechtslage zu Grunde: Die Herkunftsfunktion der Marke, die förmliche Rechtsbegründung oder der Erwerb kraft Verkehrsgeltung sowie viele materielle Schutzvoraussetzungen waren bereits in Grundzügen in diesem Gesetz

9 HK-*Klippel*, E 1 Rn 3.
10 *Wadle*, GRUR 1979, 383, 384.
11 *Fezer*, Einl. Rn 2 mit weiteren Beispielen.
12 Gesetz über den Markenschutz, RGBl. 1874 S. 143; nach der Reichsgründung von 1971 bestand Bedarf für eine einheitliche Regelung.
13 Vgl. § 1 MarkenschutzG.
14 *Wadle*, GRUR 1979, 383, 388; *ders.*, FS GRUR, S. 106.
15 RGBl. 1894, S. 441.
16 Das Gesetz wurde den tatsächliche Bedürfnissen nicht gerecht und zudem durch die Rechtsprechung sehr restriktiv ausgelegt; näher zur Kritik vgl. HK-*Klippel*, E 1 Rn 15.

enthalten.[17] In § 14 und § 15 des Gesetzes wurden Verletzungen des Warenzeichens bzw. der Ausstattung[18] sowohl zivilrechtlich als auch strafrechtlich sanktioniert. Erstere konnten mit einer Gefängnisstrafe von bis zu sechs Monaten, zweitere mit einer von bis zu drei Monaten belegt werden. Bei beiden Taten handelte es sich um Antragsdelikte.

Insbesondere unter dem Eindruck des UWG, welches 1903 erlassen wurde, entwickelte sich in der Rechtsprechung die Auffassung, dass das Markenrecht als Teilgebiet des Wettbewerbsrechtes zu verstehen sei,[19] was unter anderem für die Auslegung von Tatbestandsmerkmalen von Bedeutung sein kann.

Am 5. Mai 1936 wurde das Warenzeichengesetz (WZG)[20] erlassen, das bis zur Einführung des MarkenG in seinen wesentlichen Strukturen unverändert blieb: Wichtige Ergänzungen erfuhr es lediglich 1967 bei Einführung des Benutzungszwanges, 1979 mit der Eintragbarkeit von Dienstleistungsmarken und 1992 durch die Aufgabe der Bindung der Marke an den Geschäftsbetrieb.[21]

Von Anfang an jedoch enthielt es in § 24 Abs. 3 WZG eine Strafvorschrift, die bei widerrechtlicher Verwendung des Namens oder der Firma eines anderen im geschäftlichen Verkehr eine Geldstrafe oder Freiheitsstrafe von bis zu sechs Monaten vorsah. Ein milderer Strafrahmen (nur bis zu drei Monate Freiheitsstrafe) war für die widerrechtliche Verwendung der Ausstattung eines anderen in § 25 Abs. 3 WZG vorgesehen. Der Versuch war nicht strafbar.[22] Die Geldstrafe konnte nach allgemeinen Grundsätzen bis zu 10.000 RM, bei „Gewinnsucht" sogar 100.000 RM betragen.[23] Das Delikt war nun auch von Amts wegen und nicht mehr nur auf Strafantrag hin verfolgbar; die Möglichkeit einer Privatklage war umstritten.[24]

Eine für das Gebiet des Strafrechts wesentliche Änderung erfolgte 1990 durch das Produktpirateriegesetz (PrPG)[25], dessen erklärtes Ziel die Stärkung des

---

[17] Diese Grundsätze fanden in diesem Gesetz ihren Ursprung und wurden die charakteristischen Wesenszüge der darauf folgenden Gesetze, *Wadle*, GRUR 1979, 383, 383.

[18] Ausstattung meint vorwiegend die dreidimensionale Ausgestaltung sowie auch Farbgebung; erworben werden konnte dieser Schutz nicht durch Eintragung, sondern nur durch Verkehrsgeltung, vgl. *Rhenius*, zu § 15.

[19] *Fezer*, Einl. Rn 5.

[20] RGBl 1936 II S. 134.

[21] BT-Drs. 12/6581, S. 53; ausführlich zur Geschichte des WZG vgl. *Fezer*, Einl. Rn 6 ff.

[22] *Busse*, § 24 Rn 18.

[23] *Busse*, § 24 Rn 19 unter Berufung auf §§ 27, 27 a StGB a.F.

[24] *Tetzner*, § 24 Rn 59; dafür *Busse*, § 24 Rn 21.

[25] BGBl. 1990 I S. 422.

Rechtsinhabers in Verletzungsfällen und die Vereinheitlichung des strafrechtlichen Schutzes für alle Rechte des geistigen Eigentums war.[26] Anstoß für das Gesetz war unter anderem die Verordnung (EG) Nr. 3842/86 über Maßnahmen zum Verbot der Überführung nachgeahmter Waren in den zollrechtlich freien Verkehr.[27] Durch das PrPG wurden für alle Rechte des geistigen Eigentums die Strafrahmen erhöht, die Einziehungs- und Verfallsmöglichkeiten verbessert, die Versuchsstrafbarkeit sowie ein zivilrechtlicher Auskunftsanspruch und zollrechtliche Maßnahmen eingeführt. Man hatte festgestellt, dass das alte Recht nur auf vereinzelt auftretende Rechtsverletzungen ausgelegt war und dass die niedrigen Strafdrohungen zur Einstufung der Tat als Kavaliersdelikt und zu mangelndem Unrechtsbewusstsein führten.[28] Im Warenzeichengesetz kam es zur Schaffung des § 25 d, der einen Strafrahmen von bis zu drei Jahren Freiheitsstrafe, bei gewerbsmäßigem Handeln von bis zu fünf Jahren und die Versuchsstrafbarkeit enthielt.

1994 wurde das WZG durch das MarkenG[29] abgelöst, welches im Wesentlichen auf der Richtlinie 89/104/EWG basier. und neben den Marken auch den Schutz geschäftlicher Bezeichnungen und geographischer Herkunftsangaben enthält und vereinheitlicht. Die strafrechtlichen Bestimmungen wurden weitgehend aus dem WZG übernommen, durch den Verweis auf die zivilrechtlichen Unterlassungstatbestände ergaben sich einige Änderungen hinsichtlich der Tathandlungen.[30] Die Einführung des MarkenG stellte eine Neugestaltung des Markenrechts dar und hat zur Folge, dass bei der Auslegung nur noch sehr begrenzt auf zum WZG bestehende Rechtsprechung zurückgegriffen werden kann – maßgeblich ist die europarechtskonforme Auslegung, ein Rückgriff ist jedoch in Ausnahmefällen möglich.[31]

Durch das Markenrechtsänderungsgesetz vom 19. Juli 1996[32] wurden die Vorschriften über die europäische Gemeinschaftsmarke eingeführt, die sich jetzt in den §§ 125 a – 125 i MarkenG finden. Der strafrechtliche Schutz sollte auch auf diese Marke ausgedehnt werden. Anfangs plante man eine Rechtsverordnung, die auf den markenrechtlichen Tatbestand zu verweisen hatte. Die entsprechende Verordnung wurde jedoch nie erlassen, 2001 schaffte man mit § 143 a MarkenG

---

[26] BT-Drs. 11/4792, S. 16.
[27] *Selzer*, S. 58.
[28] BT-Drs. 11/4792, S. 16 f.
[29] BGBl. 1994 I S. 3082.
[30] Siehe dazu Teil 2, Kap. 1, A.I.
[31] BT-Drs. 12/6581, S. 59.
[32] BGBl. 1996 I S. 1870.

einen eigenständigen Tatbestand zum Schutz der europäischen Gemeinschaftsmarke, welcher parallel zu § 143 MarkenG aufgebaut ist.[33]

Zusammenfassend lässt sich festhalten, dass strafrechtliche Bestimmungen bereits von Anfang an Marken schützten. Im Laufe der Zeit wandelte sich allerdings das zu Grunde liegende Schutzgut: Anfangs galt der Schutz der Allgemeinheit, parallel zum Erstarken zivilrechtlicher Rechtsfolgen wurde jedoch der Schutz der Marke als Vermögenswert des Markeninhabers in den Vordergrund gestellt.[34]

II. Internationale Einflüsse

1. Multilaterale Übereinkommen

Bereits ab dem 19. Jahrhundert begann man in internationalen Übereinkommen einheitliche Standards zum Schutz des geistigen Eigentums zu entwickeln und damit den internationalen Handel zu erleichtern.

a) Pariser Verbandsübereinkunft (PVÜ)

Vorreiter war die Pariser Verbandsübereinkunft: Sie wurde am 20. März 1883 geschlossen und Deutschland trat zum 1. Mai 1903 bei. Inzwischen wird sie von der World Intellectual Property Organization (WIPO) verwaltet.

Durch sie wurden die Grundlagen des internationalen Markenrechts gelegt: In Art. 2 PVÜ wird der Grundsatz der Inländergleichbehandlung statuiert, d.h. ausländische Antragsteller müssen unter den gleichen Voraussetzungen und mit den gleichen Rechtsfolgen Markenrechte in Deutschland erwerben können. Art. 6 PVÜ legt fest, dass die Eintragung in einzelnen Verbandsländern dabei unabhängig voneinander erfolgt. Allerdings besteht die Möglichkeit bei einer bereits bestehenden Anmeldung über Art. 4 PVÜ die sogenannte Unionspriorität zu beanspruchen: Wenn ein Markenrechtsinhaber innerhalb von sechs Monaten nach erfolgter Eintragung im Herkunftsland in einem weiterem Verbandsland die Eintragung ersucht, ist für ihn im Hinblick auf die Priorität der Anmeldetag im Herkunftsland ausschlaggebend. Dabei kann sich der Antragsteller auf das telle-quelle-Prinzip des Art. 6^{quinquies} PVÜ berufen: Eine Marke muss grundsätzlich in der Form, in der sie im Herkunftsland geschützt wird, eingetragen werden und

---

33 BGBl. 2001 I S. 3656.

34 Zum Rechtsgut des Straftatbestandes vgl. näher Teil 7, Kap. 1, A.I.1.b).

kann nur auf Grund der dort genannten Ausnahmen abgelehnt werden. Eine herausgehobene Stellung haben notorisch bekannte Marken, denen in Art. 6bis PVÜ besonderer Schutz zugestanden wird.

b) Madrider Markenabkommen (MMA) und Protokoll (PMMA)

Das Madrider Markenabkommen vom 14. April 1981 stellt ein Nebenabkommen zur Pariser Verbandsübereinkunft dar (und setzte demnach eine Mitgliedschaft in der PVÜ voraus).[35] Deutschland trat ihm zum 1. Dezember 1922 bei. Zweck des Abkommens ist die Eintragung in den gewünschten Verbandsstaaten über eine internationale Registrierung zu veranlassen. Dadurch entsteht aber keine grenzübergreifende Marke, sondern ein Bündel von einzelnen nationalen Markenrechten - lediglich das Verfahren wird vereinfacht. Es handelt es sich somit primär um ein Registrierungsabkommen, das keine wesentlichen substantiellen Rechte enthält.[36] Im Herkunftsland angemeldete Marken können durch das nationale Markenamt an das Internationale Büro der WIPO in Genf weitergeleitet werden, welches eine Registrierung vornimmt und diese dann in „Les Marques internationaux" publiziert.[37] Verbandsstaaten mit einem eigenen Prüfungsverfahren können gemäß Art. 5 MMA eine eigene Prüfung durchführen und den Schutz unter Bezugnahme auf die in der PVÜ genannten Gründe ablehnen. Sie haben dies dem Internationalen Büro innerhalb eines Jahres mitzuteilen. Eine internationale Registrierung ist für 20 Jahre gültig, während der ersten 5 Jahre ist sie allerdings vom Bestand der Eintragung im Herkunftsland abhängig.[38]

Am 28. Juni 1989 wurde ein Protokoll zum Madrider Markenabkommen unterzeichnet, das den dem Ursprungsabkommen nicht beigetretenen Ländern wie z.B. Japan oder der Vereinigten Staaten von Amerika, entgegenkommen sollte:[39] Im Gegensatz zum Madrider Markenabkommen, das eine erfolgreiche Registrierung im Herkunftsland vorsieht, genügt für das Protokoll die Anmeldung zur Eintragung. Die Schutzdauer ist auf nur 10 Jahre beschränkt. Auch wurden die Auswirkungen der sogenannten „Zentralattacke" abgeschwächt: Verliert die Basismarke ihre Gültigkeit, kann die internationale Registrierung unter Beibehaltung der Priorität in eine nationale umgewandelt werden.[40]

---

35 *Ingerl/Rohnke*, Einl. Rn 19.
36 *Celli*, Internationales Kennzeichenrecht, S. 82.
37 *Newmann* in: Campell, MAD-4.
38 Art. 6 MMA (1) und (2).
39 *Celli*, Internationales Kennzeichenrecht, S. 83.
40 Art. $9^{quinquies}$ PMMA.

Durch das Protokoll wurde auch die europäische Gemeinschaftsmarke mit der Madrider Union verknüpft, die Europäische Union trat zum 1. Oktober 2004 dem Protokoll bei.

Für Verbandsländer des Ursprungsabkommens wie Deutschland, das dem Protokoll mit Wirkung zum 20. März 1996 beigetreten ist, gilt das Protokoll jedoch nur nachrangig.

c) TRIPS-Abkommen

Das Abkommen über Trade Related Aspects of Intellectual Property Rights ist Anhang 1C des WTO-Abkommens vom 15. April 1994 und trat mit diesem am 1. Januar 1995 in Deutschland in Kraft. Das TRIPS-Abkommen soll die Rechte des geistigen Eigentums vereinheitlichen und stärken, allerdings auf der anderen Seite auch vorbeugen, dass deren Durchsetzung nicht den rechtmäßigen Handel beschränkt.[41] Für das Abkommen wurde auf bereits existierende Vereinbarungen aufgebaut, es enthält aber ergänzend umfassende materiellrechtliche Regelungen: Der Umfang der einzelnen Schutzrechte wird definiert und ein ganzes Kapitel widmet sich der Durchsetzung dieser Rechte, indem es sowohl für zivil-, verwaltungs- als auch zollrechtliche Verfahren und Maßnahmen sowie für den einstweiligen Rechtsschutz Mindeststandards auferlegt.[42] Art. 61 enthält die Verpflichtung auch strafrechtlich gegen bestimmte Formen der Piraterie vorzugehen. Da all diese Vorgaben vom MarkenG bereits erfüllt waren, hatte dieses Abkommen für Deutschland praktisch kaum Auswirkungen.[43]

d) Sonstige Abkommen

Es bestehen noch weitere Abkommen im Bereich des geistigen Eigentums, die jedoch für das Thema dieser Arbeit von geringer Relevanz sind und deshalb nur kurz benannt werden sollen.

Im Nizzaer Klassifikationsabkommen (NKA) aus dem Jahre 1957, dem Deutschland am 29. Januar 1962 beitrat, wurden Klassifikationen der unter-

---

41 *Anduleit*, S. 46.

42 Zum Ablauf der Verhandlungen über die Bekämpfung von *Counterfeiting* siehe detailiert *Stewart*, S. 2259 ff.

43 *Ingerl/Rohnke*, Einl. Rn 23; dies gilt gleichermaßen für die Mehrzahl der europäischen Länder, die bereits zuvor die meisten Vorgaben erfüllten, *Jones/Hall* in: Campell, TRI-1.

schiedlichen Waren- und Dienstleistungsarten vereinbart, die für das nationale Registrierungsverfahren als einzige oder zusätzlich anzuwenden sind.[44]

Der World Intellectual Property Organization (WIPO) trat Deutschland trat mit Wirkung zum 19. September 1970 bei.

Der Trademark Law Treaty, der der Vereinfachung, Beschleunigung und Vereinheitlichung der nationalen Eintragungsverfahren dienen soll, wurde bereits am 27. Oktober 1994 unterzeichnet, erlangte aber erst am 16. Oktober 2004 in Deutschland Geltung.

2. Europäische Rechtsvorschriften

Auch auf Europäischer Ebene hat man sich schon seit längerem dem Schutz geistigen Eigentums angenommen.

Bereits 1986 befasste sich die Verordnung (EWG) Nr. 3842/86 über Maßnahmen zum Verbot der Überführung nachgeahmter Waren in den zollrechtlich freien Verkehr mit dem Problem der Produktpiraterie, in dem sie sich dem Verfahren der Grenzbeschlagnahme annahm. Unter anderem führte sie in Deutschland zum Erlass der Produktpirateriegesetzes und nahm eine Vorreiterrolle im Kampf gegen Produktpiraterie ein. Sie wurde erst durch die Verordnung (EG) Nr. 3295/94 und anschließend durch die Verordnung (EG) 1383/2003 abgelöst.

Die im Folgenden kurz vorzustellenden Vorschriften haben das materielle Markenrecht wesentlich beeinflusst (und damit das einer Strafnorm zu Grunde liegende Schutzobjekt) bzw. enthalten unmittelbar Regelungen zur strafrechtlichen Bekämpfung von Nachahmungen.

a) Markenrechtsrichtlinie, RL 89/104/EWG (MRRL)

Insbesondere im Hinblick auf einen einheitlichen Binnenmarkt zeigte sich die Notwendigkeit die nationalen Markenrechte in Europa zu harmonisieren, weshalb die Richtlinie 89/104/EWG erlassen wurde. Die Markenrechtsrichtlinie[45] legt ähnlich dem TRIPS-Abkommen ebenfalls Mindeststandards für den Schutz

---

44 *Anduleit*, S. 45; in Deutschland gelten die in der MarkenVO enthaltende Klassifikationen; gemäß § 15 Abs. 2 MarkenV
kann das NKA ergänzend herangezogen werden.

45 Der offizielle Titel lautet: Erste Richtlinie 89/104/EWG zur Angleichung der Rechtsvorschriften der Mitgliedstaaten über die Marken.

von Markenrechten fest und hatte in Deutschland die Verabschiedung des MarkenG zur Folge. Alle darin enthaltenen Regelungen, die auf die Markenrechtsrichtlinie zurückgehen, sind demnach gemeinschaftskonform auszulegen. Ein Rückgriff auf das WZG ist, wenn dieses andersartige Vorschriften enthielt, ausgeschlossen.[46]

Mit der Harmonisierung des Markenrechts wurde auch ein wichtiger Schritt zur Bekämpfung der Produktpiraterie gegangen, da zumindest die Schutzvoraussetzungen für Marken vereinheitlicht wurden.[47]

b) Gemeinschaftsmarkenverordnung, VO (EG) Nr. 40/94 (GMV)

Die Gemeinschaftsmarkenverordnung schuf die Möglichkeit für das gesamte Gebiet der EU Markenschutz zu erlangen. Im Gegensatz zu bereits existierenden Abkommen entsteht dabei kein Bündel von nationalen Rechten, sondern ein einheitliches, europaweit geltendes Markenrecht.[48] Für die Eintragung ist das Harmonisierungsamt für den Binnenmarkt (HABM) in Alicante zuständig; Deutsche können diese Eintragung auch über das Deutsche Patent- und Markenamt beantragen.[49]

Im Gegensatz zu den oben genannten internationalen Übereinkommen werden jedoch nur eingetragene Marken geschützt – durch Benutzung oder Bekanntheit können keine Rechte erworben werden. Falls die Anmeldung als Gemeinschaftsmarke zurückgewiesen wird oder die eingetragene Marke ihre Wirksamkeit verliert, besteht die Möglichkeit unter Prioritätswahrung diese in eine nationale Marke umzuwandeln.[50]

c) Richtlinie zur Durchsetzung der Rechte des geistigen Eigentums, RL 2004/48/EG

Am 29. April 2004 wurde die Richtlinie 2004/48/EG zur Durchsetzung der Rechte des geistigen Eigentums erlassen: Sie verpflichtet die Mitgliedsstaaten zur Regelung von Sanktionen und verfahrensrechtlicher Maßnahmen bei der Verletzungen von Rechten des geistigen Eigentums. Beispielsweise umfasst sie Beweisvorlagepflichten (Art. 6), ein Beweissicherungsverfahren (Art. 7), Aus-

---

[46] *Ingerl/Rohnke*, Einl. Rn 26.
[47] *Schmidl*, S. 128.
[48] A.a.O.
[49] Art. 25 GMV.
[50] Art. 108 GMV.

kunftsrechte (Art. 8), einstweilige Maßnahmen und Sicherungsmaßnahmen (Art. 9), Abhilfemaßnahmen (Art. 10), Unterlassungsanordnungen (Art. 11), Ersatzmaßnahmen (Art. 12), Schadensersatzansprüche (Art. 13), Prozesskosten (Art. 14) und auch Veröffentlichungen von Urteilen (Art. 15).[51]

Ursprünglich waren auch Rahmenvorschriften zur strafrechtlichen Verfolgung von Markenverletzungen vorgesehen, die jedoch in letzter Minute aus der Beschlussvorlage gestrichen wurden.[52] Die Mitgliedsstaaten haben bis zum 29.April 2006 Zeit für die Umsetzung.

d) Vorschlag für eine Richtlinie über strafrechtliche Maßnahmen, KOM(2005)276

Am 12. Juli 2005 überraschte die Kommission mit einem Vorschlag für eine Richtlinie über strafrechtliche Maßnahmen zur Durchsetzung der Rechte des geistigen Eigentums und einen darauf aufbauenden Rahmenbeschluss zur Ahndung der Verletzung geistigen Eigentums. Damit sollen die fallengelassenen Vorschläge für strafrechtliches Vorgehen aus der vorhergehenden Richtlinie aufgegriffen und konkretisiert werden.[53]

Das deutsche Markenrecht ist demnach maßgeblich von internationalen Abkommen und europäischen Rechtsvorschriften geprägt.

B. Schutzgegenstand

In seinem ersten Paragraphen legt das MarkenG fest, welche Kennzeichen es schützt: Marken, geschäftliche Bezeichnungen und geographische Herkunftsangaben. Da sich jedoch diese Arbeit auf den strafrechtlichen Schutz von Marken beschränkt, sollen nur diese nähere Betrachtung finden. Im Folgenden wird erörtert welche Zeichen unter welchen Voraussetzungen geschützt werden können und damit das Schutzobjekt der §§ 143 f MarkenG erläutert.

---

[51] Vgl. *Knaak*, GRUR Int. 2004, 745 ff, der allgemein die Richtlinie erklärt und auch die Defizite im deutschen Recht aufzeigt, sowie Probleme der Umsetzung anspricht; vgl. zum Teil kritisch zur RL auch Stellungsnahme GRUR, GRUR 2003, 682 ff; *Drexl/Hilty/Kur*, GRUR Int. 2003, 605 ff.

[52] Siehe dazu auch Teil 6, Kap. 2, B.

[53] Siehe dazu näher Teil 6, Kap. 2, C.

I. Schutzfähige Zeichen

Das Wesen einer Marke ergibt sich aus § 3 Abs. 1 MarkenG: Eine Marke muss geeignet sein Waren oder Dienstleistungen[54] so zu kennzeichnen, dass sie von denen anderer Unternehmen unterschieden werden können.[55] Erfolgen kann dies durch unterschiedlichste Kennzeichenarten, wobei § 3 Abs. 1 MarkenG die gängigsten Beispiele nennt, die jedoch nicht als abschließende Aufzählung zu verstehen sind.[56]

Üblicherweise unterteilt man die denkbaren Markenformen entsprechend ihrem Erscheinungsbild und der menschlichen Wahrnehmung in folgende Kategorien:[57] Wort-, Bild-, Farb-, und Formmarken, sowie Hör-, Geruchs[58]-, Geschmacks- und Tastmarken, wobei auch dies keine erschöpfende Aufzählung ist und insbesondere Überschneidungen zwischen den einzelnen Gruppen üblich sind.[59] Aus der systematischen Stellung des § 3 MarkenG ergibt sich bereits, dass die im Folgenden zu erörternden und für die Markenfähigkeit erforderlichen Voraussetzungen dabei für alle Markenarten des § 4 MarkenG gelten.

1. Abstrakte Unterscheidungskraft, § 3 Abs. 1 MarkenG

Die Schutzvoraussetzungen für eine Marke ergeben sich aus ihrem Wesen: Da sie der Kennzeichnung von Waren oder Dienstleistungen eines Unternehmens dient, muss sie primär unterscheidungskräftig sein, wobei die Eignung im Rahmen des § 3 Abs. 1 MarkenG nur abstrakt vorzuliegen hat.[60] Diese so genannte abstrakte Unterscheidungskraft liegt vor, wenn die betreffende Marke überhaupt

---

[54] In Zukunft soll zu Gunsten besserer Lesbarkeit nur noch eine Bezugnahme auf Waren erfolgen; selbstverständlich gelten jedoch alle Grundsätze für Dienstleistungen entsprechend.

[55] Demnach kann die Fähigkeit, die Herkunft anzuzeigen als Hauptfunktion der Marke angesehen werden, vgl. nur *Ströbele/Hacker*, § 3 Rn 9; daneben sind jedoch auch noch zum Beispiels die Werbe-, Kommunikations- und Garantiefunktion anerkannt, vgl. *Ingerl/ Rohnke*, Einl. Rn 66.

[56] Dies ergibt sich bereits aus dem Wortlaut „insbesondere".

[57] *Eisenmann/Jautz*, Gewerblicher Rechtsschutz und Urheberrecht, Rn 240.

[58] Da inzwischen die Eintragbarkeit derartiger Marken mangels graphischer Darstellbarkeit vom EuGH in der Entscheidung Sieckmann/DPMA, GRUR Int. 2003, 449 quasi ausgeschlossen wurde, wird derartigen Marken kaum Bedeutung zukommen; die graphische Darstellbarkeit i.S.d. § 8 Abs. 1 MarkenG wird eine Hürde sein, die sich für viele neuartigen Markenformen als Problem erweisen kann, vgl. EuGH GRUR 2004, 54.

[59] Besonders häufig ist beispielsweise die Kombination von Wörtern und Bildern zu einer Wort-Bildmarke, vgl. *Ingerl/Rohnke*, § 3 Rn 25.

[60] BT-Drs. 12/6581, S. 65.

geeignet ist Waren und Dienstleistungen eines Unternehmens von denen eines anderen zu unterscheiden – erforderlich ist dabei nicht, dass das Produkt als solches identifiziert wird, sondern nur, dass es anhand der Marke einem bestimmten Unternehmen zugeordnet werden kann.[61] Abstrakte Unterscheidungskraft wird in der Regel vorliegen, sie ist auf Grund der weiten Definition nur in wenigen Ausnahmefällen zu verneinen.[62] Bedeutung kann das Kriterium eher bei neuen Markenformen erlangen, die vom Verkehr eventuell noch nicht als Herkunftsnachweis verstanden werden.[63]

Als subjektives Element fordert der BGH, dass das Zeichen auch tatsächlich zur Unterscheidung eingesetzt werden soll. Er begnügt sich jedoch mit einer generelle Benutzungsabsicht, um den Rechtsmissbrauch durch Spekulationsmarken vorzubeugen:[64] Es soll verhindert werden, dass Marken nur zu dem Zweck eingetragen werden, Dritte später mit Ansprüchen zu überziehen bzw. sie zum Abschluss einer Lizenzvereinbarung zu drängen.

2. Ausschlussgründe, § 3 Abs. 2 MarkenG

Insbesondere für Formmarken[65] sind die Ausschlusstatbestände des § 3 Abs. 2 MarkenG zu beachten: Vom Schutz ausgenommen sind Zeichen, die ausschließlich aus einer Form bestehen, die durch die Art der Ware selbst bedingt (Nr. 1) bzw. zur Erreichung einer technischen Wirkung erforderlich ist (Nr. 2) oder die der Ware einen wesentlichen Wert verleiht (Nr. 3). Zweck dieser Regelung ist es zu verhindern, dass Zeichen eingetragen werden können, die nicht in erster Linie der Kennzeichnung dienen und so möglicherweise hinsichtlich der Herstellung und Verbreitung bestimmter Formen Monopole geschaffen werden.[66] Dabei genügt es auch, wenn wesentliche Merkmale der Form die genannten Kriterien erfüllen.[67]

Nach § 3 Abs. 2 Nr. 1 MarkenG ist eine Form durch die Ware bedingt und dann nicht als Marke geeignet, wenn sie jeglichen gestalterischen Überschuss vermis-

---

[61] *Ströbele/Hacker*, § 3 Rn 9.

[62] Beispielsweise wird dies bei Begriffen wie „super“, „prima“, „extra“ der Fall sein, vgl. *Fezer*, § 3 Rn 209.

[63] *Ingerl/Rohnke*, § 3 Rn 9.

[64] BGH GRUR 2001, 242, 243 – Classe E.

[65] Unklar ist, ob diese Ausschlussgründe auch bei anderen Markenformen Anwendung finden: dies befürworten beispielsweise *Fezer*, § 3 Rn 211 ff und *Kur*, MarkenR 2000, 1, 3 im Hinblick auf den inhaltsgleichen Art. 7 Abs. 1 e) GMV.

[66] *Ingerl/Rohnke*, § 3 Rn 41.

[67] EuGH GRUR 2002, 804, 809 – Philips/Remington.

sen lässt.[68] Gehören gestalterische Elemente quasi zum Wesen der Ware, sind sie nicht schutzfähig; lassen sie sich allerdings gedanklich vom Produkt abtrennen und stellen sie für den Verkehr lediglich eine „Zutat" dar, so besteht Markenfähigkeit.[69] Demnach ist Formen, die bei jedem Produkt der entsprechenden Gattung anzutreffen sind, der Schutz zu versagen; ästhetische Elemente, die hingegen bei gleichen Produkten anders aussehen, können nicht durch die Art der Ware bedingt sein und sind grundsätzlich als Marke denkbar.[70]

§ 3 Abs. 2 Nr. 2 MarkenG greift, wenn wesentliche Merkmale einer Form der technischer Wirkung des Produkts dienen: Demnach sind alle Elemente, die gerade die Funktionsfähigkeit herbeiführen, von der Eintragung ausgeschlossen, um somit zu verhindern, dass einem Markeninhaber ein Monopol über bestimmte technische Lösungen eingeräumt werden würde – dabei ist es irrelevant, ob die Wirkung auch durch andere Formen erzielt werden könnte.[71] Besteht oder bestand beispielsweise ein Patent für eine bestimmte Form, die nun als Marke gesichert werden soll, so ist dies ein Hinweis dafür, dass die konkrete Gestaltung wesentlich für die technische Wirkung ist und dass das zeitlich begrenzte Patent durch ein beliebig verlängerbares Markenrecht umgangen werden soll.[72]

§ 3 Abs. 2 Nr. 3 MarkenG ist hinsichtlich seiner Notwendigkeit und Bedeutung sehr umstritten.[73] Beabsichtigt war wohl die Abgrenzung zum Geschmacksmuster- und Urheberrecht,[74] d.h. es soll auch hinsichtlich der ästhetischen Gestaltung eine Monopolbildung verhindert werden. Demnach greift der Ausschlusstatbestand dann ein, wenn ästhetische Elemente nicht mehr bloß als Zutat zur Ware angesehen werden, sondern vielmehr deren Wert ausmachen.[75]

---

68 BPatG GRUR 1998, 706, 708 – Montre I; so sind z.B. Griff und Klinge bei einem Messer durch die Art der Ware selbst bedingt, *Ingerl/Rohnke*, § 3 Rn 52.

69 Vgl. nur *Götting/Hubmann*, Gewerblicher Rechtsschutz, § 37 Rn 19; auf Verkehrsüblichkeit abstellend: *Ströbele/Hacker*, § 3 Rn 111.

70 *Ingerl/Rohnke*, § 3 Rn 52.

71 EuGH GRUR 2002, 804, 809 – Philips/Remington; der EuGH geht dabei über die frühere Rechtsprechung des BGH und Teile der Literatur hinaus, die § 3 Abs. 2 Nr. 2 MarkenG als nicht gegeben ansah, sofern andere Formalternativen mit der gleichen Wirkung zur Verfügung standen (vgl. nur *Ingerl/Rohnke*, § 3 Rn 55 m.w.N., sowie HK-*Fuchs-Wissemann*, § 3 Rn 9, *Götting/Hubmann*, Gewerblicher Rechtsschutz, § 37 Rn 18).

72 HK-*Fuchs-Wissemann*, § 3 Rn 9.

73 Vgl. nur *Götting/Hubmann*, Gewerblicher Rechtsschutz , § 37 Rn 16; *Ingerl/Rohnke*, § 3 Rn 58.

74 *Ströbele/Hacker*, § 3 Rn 118.

75 BPatG BlPMZ 2002, 228, 228; so nennt HK-*Fuchs-Wissemann*, § 3 Rn 10 Designermöbel als mögliches Beispiel.

II. Entstehung des Markenschutzes

Eine Marke kann auf die in § 4 MarkenG genannten Wege entstehen: Durch Eintragung in das Register des Deutschen Patent- und Markenamtes (Registermarke, Nr. 1), durch Erwerb von Verkehrsgeltung bei Benutzung (Benutzungsmarke, Nr. 2) oder notorischer Bekanntheit (Notorietätsmarke, Nr. 3).

1. Eintragung, § 4 Nr. 1 MarkenG

Der Eintragung geht ein sachliches Prüfungsverfahren am Deutschen Patent- und Markenamt voraus, an dessen Ende erst mit der Eintragung das Markenrecht entsteht.[76] Durch die Eintragung in bestimmte Warenklassen wird auch der Schutzumfang der Marke festgelegt.[77] Vor der Eintragung hat das Deutsche Patent- und Markenamt gemäß § 37 Abs. 1 MarkenG von Amts wegen bei der zur Anmeldung vorgelegten Marke neben der bereits erörterten Markenfähigkeit auch das Vorliegen absoluter Schutzhindernisse zu überprüfen.

a) Absolute Schutzhindernisse

Die in § 8 und § 10 MarkenG enthaltenen Schutzhindernisse sind dabei grundsätzlich eng auszulegen, da sie eine Verweigerung eines an sich gegebenen Rechts darstellen.[78]

(1) Keine graphische Darstellbarkeit, § 8 Abs. 1 MarkenG

§ 8 Abs. 1 MarkenG bestimmt, dass eine Eintragung ausgeschlossen ist, wenn sich das Zeichen nicht graphisch darstellen lässt.[79] Der Zweck dieser Regelung ist darin zu sehen, dass die Öffentlichkeit und auch die Mitwerber über den Re-

---

[76] *Ströbele/Hacker*, § 4 Rn 9 f.

[77] Vgl. § 15 Abs. 1 MarkenV und die in deren Anlage enthaltene Klasseneinteilung von Waren und Dienstleistungen.

[78] *Ilzhöfer*, Patent-, Marken- und Urheberrecht, Rn 360; gem. § 33 Abs. 2 S. 1 MarkenG besteht grundsätzlich ein Anspruch auf Eintragung.

[79] Im Gegensatz zur MRRL, die die graphische Darstellbarkeit bereits im Rahmen der Markenfähigkeit nennt, ist diese im MarkenG als Schutzhindernis ausgestaltet. Dies resultiert aus der Tatsache, dass sich die MRRL nur auf eingetragene Marken bezieht, in Deutschland die Markenfähigkeit jedoch in § 3 MarkenG geregelt ist, der für alle Markenarten Anwendung findet (vgl. dazu *Ströbele/Hacker*, § 8 Rn 36).

gistereintrag den Schutzumfang der Marken erkennen können müssen.[80] Die genauen Anforderungen an die Darstellung ergeben sich entsprechend der verschiedenen Markenarten aus §§ 7 – 13 MarkenV, wobei die Darstellungsmöglichkeiten je nach Markenart variieren.

(2) Fehlende Unterscheidungskraft, § 8 Abs. 2 Nr. 1 MarkenG

Bei § 8 Abs. 2 Nr. 1 MarkenG kommt es erneut auf die Unterscheidungskraft der Marke an: In Abgrenzung zu § 3 Abs. 1 MarkenG ist jedoch hier auf die konkrete Unterscheidungskraft abzustellen, d.h. es ist zu prüfen, ob das Zeichen im Hinblick auf die angemeldete Ware unterscheidungskräftig ist.[81]

Die Unterscheidungskraft eines Zeichens ist anzunehmen, wenn ihm für die fragliche Ware kein im Vordergrund stehender beschreibender Begriffsinhalt zugeordnet werden kann. Auch darf es sich nicht um ein Wort der deutschen Sprache oder einer bekannten Fremdsprache handeln, da dies stets nur als solches und nicht als Unterscheidungsmittel verstanden wird.[82]

Eine nur beschreibende Angabe liegt vor, wenn diese ohne weiteres und ohne Unklarheiten als solche erfassbar ist und demnach der Verkehr das Zeichen nicht als Herkunftsnachweis, sondern nur als Beschreibung auffassen wird.[83] Abwandlungen derartiger Begriffe können zur Unterscheidungskraft führen: Erforderlich ist jedoch, dass diese nicht unbemerkt bleiben oder als Druckfehler angesehen werden, sondern dem Zeichen einen gewissen individuellen Charakter verleihen.[84]

Für die Beurteilung fremdsprachiger Ausdrücke wie auch beschreibender Angaben ist dabei auf die Verkehrsauffassung der inländischen Verbraucher abzustellen:[85] Entscheidend ist, ob ohne analysierende Betrachtungsweise der beschreibende Aussagegehalt so deutlich hervortritt, dass er für den Verbraucher ohne

---

80 HK-*Fuchs-Wissemann*, § 8 Rn 2.

81 Vgl. nur *Hubmann/Götting*, Gewerblicher Rechtsschutz, § 38 Rn 4; als unterscheidungskräftig gilt zum Beispiel „Alltravel" für Reisedienstleistungen (HABM GRUR Int. 1999, 968), „Investor World" für Finanzdienstleistungen erfüllt dieses Erfordernis hingegen nicht (EuG GRUR Int. 2001, 239).

82 Vgl. nur BGH GRUR 99, 1089 – Yes, weitere Nachweise bei: *Berlit*, Markenrecht, Rn 59 b.

83 BGH GRUR 2001, 1151, 1152 – marktfrisch.

84 *Ströbele/Hacker*, § 8 Rn 122.

85 HK-*Fuchs-Wissemann*, § 8 Rn 14.

weiteres erkennbar ist.[86] Demnach kann bei Mehrdeutigkeit oder Interpretationsbedürftigkeit des Zeichens Unterscheidungskraft vorliegen.[87] Auch die konkrete Ausgestaltung ist in die Beurteilung mit einzubeziehen, weshalb bei auffälliger graphischer Gestaltung des Zeichens kein Eintragungshindernis vorliegt.[88]

Die angesprochenen Kriterien sind auch auf die Beurteilung von Werbeslogans anzuwenden: Bestehen diese lediglich aus allgemeinen oder beschreibenden Angaben oder längeren Wortfolgen, so sind sie nicht unterscheidungskräftig; anders ist zu urteilen, wenn sie über eine gewisse Originalität oder Prägnanz verfügen.[89]

(3) Beschreibender Charakter, § 8 Abs. 2 Nr. 2 MarkenG

Um beschreibende Zeichen geht es auch in § 8 Abs. 2 Nr. 2 MarkenG, der diejenigen Marken von der Eintragung ausschließt, „die ausschließlich aus Zeichen oder Angaben bestehen, die im Verkehr zur Bezeichnung der Art, der Beschaffenheit, der Menge, der Bestimmung, des Wertes, der geographischen Herkunft, der Zeit der Herstellung der Waren oder der Erbringung der Dienstleistungen oder zur Bezeichnung sonstiger Merkmale der Waren oder Dienstleistungen dienen können“. Im Unterschied zu § 8 Abs. 2 Nr. 1 MarkenG ist dabei jedoch nicht auf die tatsächliche Verkehrsauffassung, sondern auf das berechtigte Interesse der Mitwerber an der Nutzung des Zeichens abzustellen.[90] Als freihaltebedürftig und damit nicht schutzfähig sieht man Zeichen an, die auf Grund ihres deskriptiven Charakters frei zur Verfügung stehen müssen, da sie im Sprachgebrauch zur Bezeichnung von Merkmalen und Eigenschaften der angemeldeten Waren benötigt werden.[91]

Die Eintragung eines solchen Zeichens würde eine unverhältnismäßige Beschränkung der wirtschaftlichen Freiheit mit sich bringen. Im Lichte der unge-

[86] EuGH GRUR Int. 2001, 556, 558 – Cine Action, wobei dabei auf einen durchschnittlichen informierten, aufmerksamen und verständigen Verbraucher abzustellen ist (EuGH GRUR Int. 1998, 795, 797 – Gut Springenheide).

[87] *Berlit*, Markenrecht, Rn 59 c; *Ströbele/Hacker*, § 8 Rn 75.

[88] BGH GRUR Int. 1991, 133, 134 – New Man.

[89] *Berlit*, Markenrecht, Rn 60 b; so kann nach BGH GRUR 2000, 321 der Slogan „Radio von hier, Radio wie wir“ unterscheidungsfähig sein; „select iT“ hingegen wird als lediglich anpreisender Werbespruch, jedoch nicht als herkunftsbezeichnendes Unterscheidungsmittel angesehen (BPatG GRUR 2002, 699, 700).

[90] *Ströbele/Hacker*, § 8 Rn 62.

[91] *Hubmann/Götting*, Gewerblicher Rechtsschutz, § 38 Rn 6, *Ilzhöfer*, Patent-, Marken- und Urheberrecht, Rn 372 f; so stellt z.B. „markfrisch“ nur eine Beschreibung besonderer Qualität dar, BGH GRUR 2001, 1151.

störten Warenverkehrsfreiheit kann es auch nicht darauf ankommen, ob noch andere beschreibende Angaben zur Verfügung stehen – es soll gerade die freie Wahl zwischen allen möglichen Varianten erhalten bleiben.[92]

Betroffen sind nur unmittelbar beschreibende Angaben: Wenn es sich lediglich um Andeutungen handelt oder noch gedankliche Schlussfolgerungen nötig sind, entfällt der beschreibende Charakter.[93] Dies ist insbesondere bei unscharfen oder unklaren Bezeichnungen, die zahlreiche denkbare Bedeutungsgehalte aufweisen, der Fall.[94] Hier zeigen sich Parallelen zur konkreten Unterscheidungskraft; zwischen den beiden Tatbeständen liegen häufig Überschneidungen vor.[95] Das Freihaltebedürfnis muss gerade für die in der Anmeldung genannten Waren bestehen,[96] des weiteren muss es tatsächlich vorhanden sein oder zumindest in der Zukunft wahrscheinlich entstehen – eine rein theoretische Verwendung des Zeichens als beschreibende Angabe genügt nicht.[97]

(4) Gattungsbezeichnungen, § 8 Abs. 2 Nr. 3 MarkenG

§ 8 Abs. 2 Nr. 3 MarkenG schließt allgemein gebräuchliche Zeichen, „die im allgemeinen Sprachgebrauch oder in der redlichen und ständigen Verkehrsgepflogenheiten zur Bezeichnung der Waren und Dienstleistungen üblich geworden sind“, von der Anmeldung aus.

Umfasst sind demnach von diesem Ausschlusstatbestand vor allem Gattungsbezeichnungen, jedoch auch Zeichen, die ursprünglich unterscheidungskräftig waren, aber auf Grund der Verwendung als Bezeichnung von Produkten durch mehrere Unternehmer ihre Kennzeichnungskraft verloren haben (sog. Freizeichen).[98] Eigenständige Bedeutung erlangt diese Vorschrift nur im Hinblick auf die Freizeichen, da Gattungsbezeichnung zumeist auch von § 8 Abs. 2 Nr. 1 und Nr. 2 MarkenG erfasst werden.[99]

---

92 *Ströbele/Hacker*, § 8 Rn 228.

93 *Ströbele/Hacker*, § 8 Rn 293, ähnlich auch BGH GRUR 1995, 269, 270 – U-Key.

94 BGH GRUR 1997, 366, 368 – quattro.

95 *Ingerl/Rohnke*, § 8 Rn 223.

96 BT-Drs. 12/6581, S. 70.

97 EuGH GRUR 1999, 723, 726 – Chiemsee; *Ströbele/Hacker*, § 8 Rn 239; *Berlit*, Markenrecht, Rn 64.

98 Vgl. nur *Ilzhöfer*, Patent-, Marken- und Urheberrecht, Rn 375.

99 *Ingerl/Rohnke*, § 8 Rn 276 f, wobei allerdings auch darauf hingewiesen wird, dass seit 1945 in keiner veröffentlichten Entscheidung die Freizeicheneigenschaft bejaht wurde – demnach ist der eigenständige Anwendungsbereich in der Praxis ohne Relevanz.

Ob noch weitere Bezeichnungen unter § 8 Abs. 2 Nr. 3 MarkenG fallen, war zwischen dem BGH und dem BPatG umstritten:[100] Der BGH[101] sah nur die Fallgruppen der Gattungsbezeichnungen und der Freizeichen als umfasst an, das BPatG[102] dehnte den Anwendungsbereich auch auf werbeübliche, schlagwortartige Anpreisungen aus. Der EuGH[103] hat sich letzterem angeschlossen. Zu Art. 3 lit d MRRL, der dem § 8 Abs. 2 Nr. 3 MarkenG zu Grunde liegt, führte er aus, dass es unerheblich sei, ob es sich um Beschreibungen konkreter Eigenschaften handle; entscheidend sei vielmehr, dass die Eintragung nicht wegen der Beschreibung, sondern wegen der üblichen Benutzung im Verkehr verhindert werden solle. Dieses Argument gilt jedoch auch bei allgemeinen Werbeschlagworten, die verkehrsübliche Hinweise jeglicher Art übermitteln. Die Üblichkeit der Benutzung des einzutragenden Zeichens ist dabei in den beteiligten Verkehrskreisen zu ermitteln, wird jedoch nur bei offensichtlichen Fällen anzunehmen sein.[104]

(5) Sonstige Hindernisse, § 8 Abs. 2 Nr. 4 - Nr. 10, Abs. 4 MarkenG

Die bislang erörterten Schutzhindernisse hatten spezielle markenrechtliche Belange zum Inhalt, die in § 8 Abs. 2 Nr. 4 – 9 MarkenG enthaltenen Ausschlusstatbestände dienen hingegen dem öffentlichen Interesse.[105]

§ 8 Abs. 2 Nr. 4 MarkenG verhindert die Eintragung von Zeichen, die geeignet sind, über Art, Beschaffenheit oder geographische Herkunft von Waren und Dienstleistungen zu täuschen, wobei dies gemäß § 37 Abs. 3 MarkenG jedoch ersichtlich sein muss.

Durch § 8 Abs. 2 Nr. 5 MarkenG wird die Einbindung des Markenrechts in die Gesamtrechtsordnung verdeutlicht und die Eintragung von gegen die guten Sitten bzw. gegen die öffentlichen Sicherheit verstoßende Zeichen verhindert.[106] Ersteres ist insbesondere dann anzunehmen, wenn die Marke als sittlich oder

---

[100] Zur Darstellung der unterschiedlichen Ansichten mit ausführlichen Rechtsprechungsnachweisen vgl. HK-*Fuchs-Wissemann*, § 8 Rn 55.

[101] Vgl. nur BGH GRUR 1998, 465, 467 – Absolut.

[102] Vgl. nur BPatG GRUR 1999, 170, 171 – Advantage.

[103] EuGH GRUR 2001, 1148, 1149 – Bravo.

[104] *Ströbele/Hacker*, § 8 Rn 444.

[105] *Ströbele/Hacker*, § 8 Rn 24, a.A. BT-Drs 12/6581, S. 70: nur hinsichtlich Nr. 5 - 8; Nr. 10 wurde erst 2004 hinzugefügt, weshalb er in der Gesetzesbegründung keine Erwähnung findet.

[106] *Hubmann/Götting*, Gewerblicher Rechtsschutz, § 38 Rn 11.

politisch anstößig empfunden wird oder religiöse Gefühle verletzt werden könnten.[107]

§ 8 Abs. 2 Nr. 6 MarkenG schützt staatliche Hoheitszeichen, § 8 Abs. 2 Nr. 7 MarkenG Prüf- oder Gewährzeichen[108] und § 8 Abs. 2 Nr. 8 MarkenG Kennzeichen internationaler zwischenstaatlicher Organisationen. Hinsichtlich der Tatbestände Nr. 6 – Nr. 8 ist des Weiteren § 8 Abs. 4 MarkenG zu beachten, der Erweiterungen als auch Einschränkungen enthält.

Einen Auffangtatbestand stellt § 8 Abs. 2 Nr. 9 MarkenG dar, der alle Benutzungsverbote außerhalb des Kennzeichenrechts erfasst (sog. außenzeichenrechtlicher Ausschlusstatbestand).[109] Mit der 2004 neu hinzugefügten Nr. 10 sollen bösgläubige Anmeldungen untersagt werden können.

b) Überwindung durch Verkehrsdurchsetzung, § 8 Abs. 3 MarkenG

Die Schutzhindernisse § 8 Abs. 2 Nr. 1 – 3 MarkenG können gemäß § 8 Abs. 3 MarkenG durch Verkehrsdurchsetzung überwunden werden, d.h. es kann dennoch eine Eintragung vorgenommen werden.[110]

Von Verkehrsdurchsetzung kann gesprochen werden, wenn der Verkehr mit dem Zeichen ein bestimmtes Unternehmen verbindet.[111] Um dies zu erreichen, muss das Zeichen markenmäßig benutzt werden,[112] d.h. als Unterscheidungszeichen im Hinblick auf die Herkunft fungieren. Auch muss die Verkehrsdurchsetzung gerade hinsichtlich der angemeldeten Ware vorliegen.

Da der Markenschutz sich durch eine Eintragung auf das gesamte Bundesgebiet erstreckt, muss Verkehrsdurchsetzung bundesweit vorliegen.[113] Für die Beurtei-

---

[107] *Berlit*, Markenrecht, Rn 103.

[108] Eine Eintragung eines ähnlichen Zeichens ist jedoch dann möglich, wenn sie für eine Warenklasse erfolgen soll, in der das Prüfzeichen keine Verwendung finden kann (vgl. *Berlit*, Markenrecht, Rn 112).

[109] BT-Drs. 12/6581, S. 71; umfasst werden zum Beispiel Benutzungsverbote aus dem Lebensmittel- oder Heilmittelrecht, vgl. *Berlit*, Markenrecht, Rn 110.

[110] So wurde z.B. das Zeichen „Erdinger“ für Weißbier eintragungsfähig, da es 68,6 % der Biertrinker einer bestimmten Brauerei zuordnen konnten, BGH GRUR 1994, 627, 629.

[111] HK-*Fuchs-Wissemann*, § 8 Rn. 56; der Nachweis der Verkehrsdurchsetzung erfolgt zumeist anhand von Verkehrsbefragungen, wobei die Möglichkeit der Verkehrsdurchsetzung durch den Nachweis umfangreicher Vermarktung oder Werbeaufwands glaubhaft gemacht werden kann, *Berlit*, Markenrecht, Rn 28 f.

[112] EuGH GRUR Int. 1999, 438, 441 – BMW.

[113] BT-Drs. 12/6581, S. 71.

lung ist jeweils derselbe Verkehrskreis relevant, auf den auch im Rahmen der Eintragungshindernisse abgestellt wird: Zu Grunde gelegt werden alle Kreise, in denen die Marke Verwendung finden kann, wobei jeweils Abnehmer, Hersteller und Händler umfasst sind.[114]

Die größten Probleme bestehen bei der Frage, ab welchem Bekanntheitsgrad man von Verkehrsdurchsetzung sprechen kann: Ein Überblick über die Rechtsprechung lässt keine klare Ausrichtung an einer Prozentzahl erkennen.[115] Der EuGH hat auch deutlich klargestellt, dass abstrakte Prozentangaben nicht zur Bestimmung geeignet sind, sondern dass er alle denkbaren objektiven Umstände wie den Bekanntheitsgrad, die Dauer und Intensität der Benutzung in die Beurteilung einfließen lassen will.[116]

Vom EuGH[117] zurückgewiesen wurden die Bemühungen deutscher Gerichte[118] die Beurteilung der Verkehrsdurchsetzung am Freihaltebedürfnis eines Zeichens auszurichten und die Anforderungen an die Bekanntheit zu erhöhen: Durch Benutzung kann Unterscheidungskraft erworben werden, wenn sich das Zeichen als geeignet zeigt, die Ware als von einem bestimmten Unternehmen stammend zu kennzeichnen und somit von anderen zu unterscheiden. Damit erwirbt das ursprünglich beschreibende Zeichen neue Bedeutung;[119] eine Unterscheidung ausgerichtet am Freihaltebedürfnis ist nicht zulässig.

Allerdings ist eine differenzierende Betrachtung dennoch möglich und angebracht: Bei stark beschreibenden Angaben ist stets von geringer Unterscheidungskraft und damit geringer Markenfähigkeit auszugehen, so dass die Anforderungen an den Grad der Durchsetzung kraft Natur der Sache höher liegen.[120] Dabei stellt jedoch der Durchsetzungsgrad nur einen Aspekt dar, der bei der Beurteilung, ob eine Marke Unterscheidungskraft erworben hat, zu berücksichtigen

---

114 Vgl. nur *Ströbele/Hacker*, § 8 Rn 485 ff.

115 Vgl. *Berlit*, wrp 2002, 636 ff; z.T. wird als Untergrenze 50 % genannt (BGH GRUR 1990, 360, 361 – A propos Film).

116 EuGH GRUR 1999, 723, 727 – Chiemsee.

117 A.a.O.

118 Vgl. nur BGH GRUR 1960, 83, 85 – Nährbier; so auch große Teile der Literatur, die je nach Grad der Unterscheidungskraft bzw. des Freihaltebedürfnisses das Interesse der Mitbewerber an der Verhinderung einer Monopolisierung unterschiedlich gewichteten, vgl. nur *Berlit*, Markenrecht, Rn 29.

119 Um das in Fn. 110 genannte Beispiel aufzugreifen: „Erdinger“ wird nun mehrheitlich nicht mehr als Herkunftsbezeichnung, sondern als Weißbiermarke verstanden.

120 HK-*Fuchs-Wissemann* § 8 Rn 56; *Ströbele/Hacker*, § 8 Rn 499, so wohl auch *Berlit*, wrp 2002, 636, 638 f.

ist. Auch der EuGH hat inzwischen seine Rechtssprechung relativiert und lässt die Berücksichtigung des Freihalteinteresses zu.[121]

c) Ältere notorisch bekannte Marke, § 10 MarkenG

Ein weiteres absolutes Schutzhindernis ist in § 10 MarkenG zu finden: Ältere notorisch bekannte Marken[122] können der Eintragung entgegenstehen. Im Eintragungsverfahren ist dabei § 37 Abs. 4 MarkenG zu beachten: Die notorische bekannte Marke muss amtsbekannt und entweder mit der nun einzutragenden identisch oder ähnlich sein, wobei bei letzterem noch Verwechslungsgefahr dazu treten muss. Mit diesem Eintragungshindernis soll bereits frühzeitig offensichtlichen Fällen von Markenpiraterie vorgebeugt werden.[123]

d) Relative Schutzhindernisse, §§ 9 – 13 MarkenG

Prioritätsältere Rechte im Sinne der §§ 9 – 13 MarkenG stehen der Eintragung einer Marke nicht entgegen, da § 37 Abs. 1 MarkenG nur die Prüfung auf absolute Schutzhindernisse fordert. Inhaber älterer Rechte können jedoch im Rahmen eines Widerspruch (§ 42 MarkenG) oder anhand eines Löschungsverfahrens (§ 51 MarkenG) bei Zeichenkollision gegen die neue Marke vorgehen.[124]

2. Verkehrsgeltung bei Benutzung, § 4 Nr. 2 MarkenG

Eine Marke kann auch durch Benutzung eines Zeichens im geschäftlichen Verkehr entstehen, wenn dieses dadurch Verkehrsgeltung erwirbt. Da es sich um einen alternativen Entstehungstatbestand handelt, muss das Zeichen auch als Marke schutzfähig sein.

a) Schutzfähigkeit

Wie bereits dargelegt, muss auch bei Benutzungsmarken Markenfähigkeit im Sinne des § 3 MarkenG vorliegen. Die absoluten Schutzhindernisse beziehen sich explizit nur auf eingetragene Marken – allerdings kommt eine entsprechen-

---

[121] EuGH GRUR Int. 2004, 631, 634 - Henkel/HABM.
[122] Siehe auch Teil 1, Kap. 1, B.II.3.
[123] BT-Drs. 12/6581, S. 73.
[124] Die in § 9 MarkenG enthaltenen Kollisionstatbestände entsprechen dabei den später zu erläuternden Verletzungshandlungen des § 14 MarkenG.

de Anwendung auf Benutzungsmarken in Betracht. Die Einheitlichkeit des Markenschutzes gebietet es, dass die Schutzhindernisse des § 8 MarkenG nicht unberücksichtigt bleiben.[125] Da die Berücksichtigung der Bedürfnisse der Wettbewerber nur über den Begriff der Verkehrsgeltung erfolgt, müssen diejenigen Interessen, die sonst bei § 8 Abs. 2 Nr. 1 – 3 MarkenG relevant werden, nun auch darüber geregelt werden.[126] Demnach bietet es sich an in diesen Fällen die zur Verkehrsdurchsetzung entwickelten Grundsätze entsprechend anzuwenden.[127] Die Gleichwertigkeit aller Marken gebietet es schließlich auch die Schutzhindernisse des § 8 Abs. 2 Nr. 4 – 9 MarkenG analog auf Benutzungsmarken zu übertragen.[128] Wenn bei eingetragenen Marken diese Schutzhinder-nisse nicht durch Verkehrsdurchsetzung überwunden werden können, so ist nicht einzusehen, warum über § 4 Nr. 2 MarkenG ein gleichwertiges Schutzrecht entstehen können soll.[129]

b) Verkehrsgeltung

Verkehrsgeltung liegt vor, wenn ein Zeichen in der Weise bekannt ist, dass die relevanten Verkehrskreise die somit gekennzeichneten Waren oder Dienstleistungen von gleichen oder gleichartigen unterscheiden können.[130]

Wie bei der Verkehrsdurchsetzung ist auf die jeweils angesprochenen Verkehrskreise abzustellen. Hinsichtlich des Gebietes, in dem es zur Verkehrsgeltung kommen muss, bestehen jedoch Unterschiede: Die Verkehrsgeltung muss nicht im gesamten Bundesgebiet entstehen, sondern kann sich auf Teilgebiete beschränken, die zumindest einen einheitlichen Wirtschaftsraum bilden müssen.[131] Der Schutz der Marke umfasst dann nur dieses Gebiet.

Für den erforderlichen Durchsetzungsgrad sollte eine Differenzierung nach der Unterscheidungskraft des Zeichens erfolgen: Bei starken Zeichen war die Verkehrsgeltung bereits bei relativ niedriger Bekanntheit anzunehmen;[132] mit wachsendem Freihalteinteresse sollte auch der erforderliche Zuordnungsgrad anstei-

---

125 *Fezer*, § 4 Rn 100.

126 *Ströbele/Hacker*, § 4 Rn 23, wobei darauf hingewiesen wird, dass bei § 8 Abs. 2 Nr. 3 MarkenG Verkehrsgeltung bereits begrifflich ausgeschlossen sein dürfte.

127 So auch *Ingerl/Rohnke*, § 4 Rn 8; *Fezer*, § 4 Rn 100.

128 *Fezer*, § 4 Rn 101.

129 *Ingerl/Rohnke*, § 4 Rn 8.

130 *Fezer*, § 4 Rn 107.

131 So schon BGHZ 21, 182, 196 - Ihr Funkberater; näher zum einheitlichen Wirtschaftsraum: *Fezer*, § 4 Rn 129 f.

132 BT-Drs. 12/6581, S. 65.

gen.[133] Im Hinblick auf die bereits zitierte Chiemsee-Entscheidung des EuGH[134] ist jedoch fraglich, ob diese Differenzierung noch aufrecht erhalten werden kann:[135] Da der EuGH bei der Verkehrsdurchsetzung allein darauf abstellt, ob ein Zeichen geeignet ist, als Herkunftshinweis zu fungieren (was auch die Grundfrage bei der Verkehrsgeltung ist), scheint eine Übertragung der dort entwickelten Grundsätze gerechtfertigt. Demnach ist wie bei § 8 Abs. 3 MarkenG nun eine Berücksichtigung aller tatsächlichen Gesichtspunkte geboten. Wie bei der Verkehrdurchsetzung geht es letztlich darum, ob ein Zeichen unterscheidungskräftig ist: Ist dies ohne weiteres der Fall und wurde lediglich eine Eintragung unterlassen, kann schon ein geringerer Durchsetzungsgrad genügen als bei einem Zeichen, das auf Grund stark beschreibender Elemente weniger geeignet ist vom Verkehr als Herkunftshinweis gesehen zu werden und demnach tendenziell eines höheren Bekanntheitsgrades bedarf.[136] Auch hier stellt der Durchsetzungsgrad nur einen zu berücksichtigenden Aspekt dar.

3. Notorische Bekanntheit, § 4 Nr. 3 MarkenG

Wenn eine Marke notorische Bekanntheit im Sinne des Art. 6bis PVÜ erlangt hat, besteht Markenschutz gem. § 4 Nr. 3 MarkenG. Da das Markenrecht im Gegensatz zur PVÜ auch Marken für Dienstleistungen vorsieht (vgl. die Definition in § 3 MarkenG), geht § 4 Nr. 3 MarkenG mit deren Einbezug über Art. 6bis PVÜ hinaus.[137] Hingegen wird der Begriff der Bekanntheit durch den Verweis direkt über die PVÜ definiert, so dass eine konventionskonforme Auslegung zu erfolgen hat.[138]

Bei der Notorietät handelt es sich um die Allbekanntheit einer Marke.[139] Der erforderliche Grad der Bekanntheit ist dabei nicht eindeutig geklärt: Er muss jedoch deutlich über den bei der Verkehrsgeltung hinausgehen, da § 4 Nr. 3 MarkenG gerade keine weiteren Voraussetzungen mehr vorsieht.[140] Im Gegensatz zu

---

[133] *Ströbele/Hacker*, § 4 Rn 51 m.w.N., Übersicht bei *Berlit*, Markenrecht, Rn 17.
[134] EuGH GRUR 1999, 723 - Chiemsee.
[135] *Ingerl/Rohnke*, § 4 Rn 12.
[136] Ähnlich *Ströbele/Hacker*, § 4 Rn 48; *Berlit*, wrp 2002, 177, 179 f.
[137] BT-Drs. 12/6581, S. 65.
[138] A.a.O.; so können beispielsweise aktuelle Entwicklungen im Rahmen der WIPO berücksichtigt werden, *Kur*, GRUR 1999, 866, 866 ff.
[139] *Fezer*, § 4 Rn 227.
[140] *Ingerl/Rohnke*, § 4 Rn 29; HK-*Ekey*, § 4 Rn 88; da im Rahmen der PVÜ keine Instanz existiert, die eine verbindliche Auslegung des Begriffes vornehmen kann, wird die Auslegung im Wesentlichen den Mitgliedsländern überlassen bleiben, vgl. *Kur*, GRUR 1994, 330, 336.

§ 4 Nr. 2 MarkenG ist keine Benutzung der Marke im Inland erforderlich.[141] Gerade in diesem Bereich ist der eigenständige Anwendungsbereich des § 4 Nr. 3 MarkenG zu sehen.[142] Da die Bekanntheit jedoch auch im Inland gegeben sein muss, wird ein derartiger Fall nicht häufig eintreten.[143]

III. Besondere Markenkategorien

1. Kollektivmarken, §§ 97 ff MarkenG

Alle als Marke schutzfähigen Zeichen können auch von einem Verband als Kollektivmarke im Sinne des § 97 MarkenG erworben werden: Das Zeichen muss geeignet sein, die Waren der Mitglieder des Inhabers der Kollektivmarke von denen andere Unternehmen abzugrenzen. Inhaber solcher Kollektivmarken, deren möglicher Zweck es sein kann, eine Bündelung von Kräften zu erreichen,[144] können gemäß § 98 MarkenG Verbände (S. 1) oder juristische Personen des öffentlichen Rechts sein (S. 2). Kollektivmarken sind grundsätzlich wie die sonstigen Marken zu behandeln (§ 97 Abs. 2 MarkenG), eine Besonderheit besteht jedoch hinsichtlich der Eintragungsfähigkeit: Entgegen § 8 Abs. 2 Nr. 2 MarkenG können auch Zeichen eingetragen werden, die zur Bezeichnung der geographischen Herkunft dienen (§ 99 MarkenG). Im Gegenzug dazu muss es gemäß § 102 Abs. 3 MarkenG jedem Unternehmen aus dem entsprechenden Gebiet möglich sein Mitglied des Verbandes zu werden und somit Zugang zur Benutzung der Marke zu haben.

2. International registrierte Marken

Für Marken, die nach dem Madrider Markenabkommen bzw. des Protokolls zu diesem registriert worden sind, sind die §§ 107 ff bzw. §§ 119 ff MarkenG zu beachten.

Unter international registrierten Marken versteht man sowohl in Deutschland eingetragene bzw. angemeldete Marken, die international registriert wurden, als auch Marken aus anderen Ländern, deren Schutz durch eine internationale Eintragung auf das Gebiet der Bundesrepublik Deutschland erstreckt wurde.

---

141 BT-Drs. 12/6581, S. 65.

142 Denkbar ist dies beispielsweise bei einem schon weltweit vertriebendem Produkt, das durch die Medien auch in Deutschland bekannt ist, jedoch hier noch nicht vertrieben wird.

143 *Ingerl/Rohnke*, § 4 Rn 27.

144 *Ingerl/Rohnke*, § 97 Rn 5.

Für erstere erfolgt unter Vermittlung des Deutschen Patent- und Markenamtes eine Eintragung beim Internationalen Büro der WIPO in Genf; die einzelnen Verbandsstaaten können jedoch eine Überprüfung anhand der eigenen Standards durchführen und eine Schutzerstreckung ablehnen.

Hinsichtlich der nach dem Madrider Markenabkommen registrierten ausländischen Marken weist § 113 Abs. 1 MarkenG explizit darauf hin, dass vor der Schutzerstreckung gemäß § 37 MarkenG eine Überprüfung auf absolute Schutzhindernisse zu erfolgen hat.[145] Diese Norm kommt über die Verweisung des § 124 MarkenG auch für nach dem Protokoll zum Madrider Markenabkommen registrierte Marken zur Anwendung.

Materiell sind diese Marken – sofern in den entsprechenden Abschnitten sich keine abweichende Regelung findet – den nach dem MarkenG anerkannten Marken gleichzustellen und unterliegen auch grundsätzlich den gleichen Regelungen (vgl. § 107 bzw. § 119 MarkenG). Für die Beurteilung der Markenfähigkeit und den absoluten Schutzhindernissen gelten demnach die bereits dargelegten Grundsätze entsprechend.

3. Gemeinschaftsmarken

Die für Gemeinschaftsmarken anzuwendenden Regelungen finden sich direkt in der Verordnung Nr. 40/94/EG (GMV). Da deren Regelungen sich im Wortlaut stark an die Markenrechtslinie, auf deren Basis das deutsche MarkenG erlassen wurde, anlehnen bzw. sogar identisch sind, bestehen materiellrechtlich kaum Unterschiede.[146] Eine Gemeinschaftsmarke kann allerdings nur durch Eintragung erworben werden, Art. 6 GMV. Die Registrierung erfolgt durch das Harmonisierungsamt für den Binnenmarkt (HABM) in Alicante.[147]

Markenfähig sind gemäß Art. 4 GMV alle Zeichen, die geeignet sind Waren von denen anderer Unternehmen abzugrenzen (abstrakte Unterscheidungskraft) und

---

[145] Lediglich § 37 Abs. 2 MarkenG ist nicht anzuwenden, vgl. § 113 Abs. 1 S. 2 MarkenG.

[146] So auch *Eisenmann/Jautz*, Gewerblicher Rechtsschutz und Urheberrecht, Rn 696 d; *Ingerl,* S. 51; *Hubmann/Götting*, Gewerblicher Rechtsschutz, § 60 Rn 4; deshalb soll hier auch nur kurz auf die jeweiligen Parallelvorschriften verwiesen werden und keine nähere Erläuterungen erfolgen, da die bereits dargelegten Grundsätze auf Gemeinschaftsmarken übertragbar sind; ein Vergleich zwischen nationalem und Gemeinschaftsmarkenrecht findet sich bei *Knaak*, GRUR Int. 2001, 665 ff.

[147] Das HABM in Alicante ist für die Eintragung der Gemeinschaftsmarken zuständig, vgl. Art. 2 und Art. 25 ff GMVO.

noch dazu graphisch darstellbar sind.[148] Die absoluten Eintragungshindernisse finden sich Art. 7 GMV: Die Ausschlusstatbestände a) – d), f), g) sind dabei Parallelvorschriften zu § 8 Abs. 1 und Abs. 2 Nr. 1 - 5 MarkenG. Der Art. 7 Abs. 1 e) GMV sieht Sonderregelungen für Formmarken vor, die dem § 3 Abs. 2 MarkenG entsprechen.[149]

Zu beachten ist, dass ein Eintragungshindernis bereits dann anzunehmen ist, wenn dieses auch nur in einem Teil der Gemeinschaft vorliegt, Art. 7 Abs. 2 GMV. Da im Gegensatz zu international registrierten Marken gerade kein Bündel von Markenrechten, sondern eine europaweites, neben die nationalen Schutzrechte tretendes Recht entsteht, müssen die Voraussetzungen im gesamten Schutzgebiet vorliegen. Dabei kann es genügen, wenn ein derartiges Hindernis nur in einer Region eines Mitgliedsstaates besteht, weshalb diese Vorschrift eine hohe Hürde darstellen kann.[150]

Einige Schutzhindernisse können auch gemäß Art. 7 Abs. 3 GMV durch Verkehrsdurchsetzung überwunden werden.

Vor der Eintragung werden ebenfalls nur die absoluten Schutzhindernisse geprüft, Art. 38 Abs. 1 GMV. Abweichend von der deutschen Regelung ist jedoch das Widerspruchsverfahren, in dem relative Eintragungshindernisse durch den Inhaber eines prioritätsälteren Rechtes geltend gemacht werden können, der Eintragung vorgeschaltet (Art. 8 GMV).[151]

Inhaber einer Gemeinschaftsmarke kann jede rechtsfähige Person sein (Art. 5 i.V.m. Art. 3 GMV). Es besteht dabei keine Beschränkung auf Angehörige der Europäischen Union, vielmehr können gemäß Art. 5 Abs. 1 b) – d) GMV auch Angehörige von Mitgliedstaaten der Pariser Verbandsübereinkunft (wobei auch jeweils eine Niederlassung in einem der Gebiete genügt) oder von anderen Staaten, die einen gleichwertigen Schutz gewähren, Inhaber von Gemeinschaftsmarken werden.

---

148 Die „deutsche Besonderheit" die graphische Darstellbarkeit als Schutzhindernis auszugestalten, beruht auf der Tatsache, dass die Markenfähigkeit in § 3 MarkenG abstrakt auch für Benutzungs- und Notorietätsmarken definiert wurde, bei denen dieses Erfordernis ohne Bedeutung ist.

149 Dass dies im MarkenG als Voraussetzungen für die Markenfähigkeit definiert wird, beruht ebenfalls auf der Tatsache, dass es in Deutschland mehrere Entstehungstatbestände gibt und dieses Erfordernis dabei für alle gelten soll.

150 *Ingerl*, S. 52.

151 Sachlich besteht jedoch zum deutschen Recht kein Unterschied, im Gegensatz zu § 9 MarkenG ist Art. 8 GMV über den materiellen Inhalt hinaus als Widerspruchsvorschrift ausgestaltet, *Eisenführ/Schennen*, Art. 8 Rn 6.

Im Rahmen von internationalen Abkommen (zum Beispiel der Schutzrechtserstreckung bei dazukommenden internationalen Registrierungen) kann die Gemeinschaftsmarke Anknüpfungspunkt für ein Prioritätsrecht sein.[152]

4. Bekannte Marken

Unter bestimmten Voraussetzungen, die später im Rahmen des Tatbestandes näher erläutert werden,[153] können bekannte Marken erweiterten Schutz genießen. Nach der Intention des Gesetzgebers ist bei der Beurteilung der Bekanntheit sowohl auf quantitative als auch auf qualitative Kriterien abzustellen. Für ersteres ist insbesondere ein nachweisbar hoher Bekanntheitsgrad erforderlich, für letzteres wird der Ruf der Marke genannt.[154]

Hinsichtlich des Bekanntheitsgrades führt der EuGH aus, dass die Marke einem bedeutenden Teil des Publikums bekannt sein muss und auch das Erfordernis einer Bekanntheitsschwelle nicht in Abrede gestellt werden sollte.[155] Jedoch ist die Angabe eines Prozentwertes nicht möglich, da auch Marktanteil der Marke, die Intensität, Dauer und geographische Ausdehnung der Nutzung sowie Werbeaufwand in die Beurteilung einfließen.[156] Dieser Rechtsprechung hat sich auch der BGH angeschlossen und sieht demnach eine Orientierung allein am Bekanntheitsgrad als rechtsfehlerhaft an.[157] In der Literatur werden als Untergrenze 20 - 30 % genannt,[158] ab 50 % könne von ausreichender Bekanntheit ausgegangen werden.[159] Dabei wird jedoch in der Regel verlangt, dass der erforderliche Bekanntheitsgrad höher anzusetzen ist, je kleiner der Verkehrskreis ist, an den sich die Marke richtet.[160]

---

[152] *Ingerl*, S. 46.
[153] Siehe Teil 2, Kap. 1, A.I.3.c).
[154] BT-Drs. 12/6581, S. 72.
[155] EuGH GRUR Int. 2000, 73, 74 f – Chevy.
[156] A.a.O.
[157] BGH GRUR 2002, 340, 341 – Fabergé.
[158] *Ingerl/Rohnke*, § 14 Rn 810; *Fezer*, § 14 Rn 420; *Will*, S. 142; vgl. näher dazu auch *Berlit*, GRUR 2002, 572, 574.
[159] *Fezer*, a.a.O; HK-*Ekey*, § 14 Rn 122.
[160] *Ströbele/Hacker*, § 14 Rn 153.

Kapitel 2 USA

A. Rechtliche Grundlagen

I. Geschichtliche Entwicklung

Markenrechte werden in den USA durch mehrere Rechtsquellen geregelt: Neben den Grundsätzen des Common Law bestehen sowohl bundesgesetzliche als auch einzelstaatliche Regelungen, die oft ineinander greifen und deshalb kurzer Erwähnung bedürfen.

1. Anfänge des Markenrechts im Common Law

Die grundlegenden Entwicklungen des Markenrechts sind im englischen Common Law zu finden: Auch wenn dieses heutzutage im Hinblick auf Markenrechte an Bedeutung verloren hat, ist es dennoch Basis aller gesetzlichen Regelungen.

Da das amerikanische Recht an die englische Rechtstradition anknüpft, gibt es gemeinsame Wurzeln, die im Wesentlichen zugleich die europäische Entwicklung widerspiegeln: Marken wurden anfänglich genutzt, um die Ware zurückverfolgen zu können, was jedoch der Kontrolle und nicht dem Schutz vor Verwechslungen durch die Verbraucher diente.[161] Beispielsweise mussten Waffenschmiede ihre Produkte im 15. Jahrhundert in England kennzeichnen, damit im Falle mangelhafter Verarbeitung die Herkunft der Schwerter geklärt werden konnte. Erst ab dem späten Mittelalter übernahmen Marken die Funktion, die Herkunft einer Ware zur Qualitätssicherung im positiven Sinne nachzuweisen (die sie noch heute innehaben).[162]

Damals waren „markenrechtliche" Vorschriften allein strafrechtlicher Natur. Bis das englische Common Law Markenrechtsverletzungen als einen einklagbaren Anspruch zwischen zwei privaten Parteien ansah, musste noch einige Zeit vergehen: Erst zu Beginn des frühen 19. Jahrhunderts wurden solche eindeutig anerkannt.[163] Diese Ansprüche wurden jedoch aus den *torts of fraud and deceit*[164]

---

161 *McCarthy*, § 5:1.

162 *Schechter/Thomas*, Intellectual Property, § 25.2.2.

163 *Rakoff/Wolff*, 20 Am. Crim. L. Rev. 145, 153 m.w.N.

164 Als *torts* wird „ziviles Unrecht" bezeichnet, das keine Vertragsverletzungen darstellt und zu Schadenersatz berechtigt (entspricht großteils den unerlaubten Handlungen), vgl. Black's Law Dictionary – *tort*; diese Ansprüche werden je nach Art des Unrechts klassifiziert, hier: betrügerische und täuschende Handlungen.

entwickelt, so dass sie oft betrügerisches Verhalten voraussetzten, wovon man erst Anfang des 20. Jahrhunderts langsam abkam.[165] Dabei wurde immer wieder betont, dass das Markenrecht dem Recht des unlauteren Wettbewerbs im weiteren Sinne zuzuordnen sei.[166] Geschützt wurden durch das Common Law Marken, die unterscheidungskräftig waren und die sich erst durch Nutzung und nicht bereits durch alleinige Aneignung zu einem exklusiven Recht entwickelten.[167] Folglich wurden Rechte nur in den Gebieten erworben, in denen tatsächlich eine Benutzung stattfand. Da von der Kolonialzeit bis zum Civil War wirtschaftliche Tätigkeit meist nur auf lokaler Ebene stattfand, handelte es sich um rein lokale Probleme, für die keine übergreifende Regelung erforderlich war.[168]

Dies änderte sich jedoch im Zuge des allgemeinen Nationalismus nach dem Civil War zunehmend: Grundsätze des Common Law wurden oft unverändert kodifiziert und sind demnach die Grundlage der in diesem Bereich ergangenen Gesetze. Da das Gesetzesrecht heute das Markenrecht dominiert und sich auch das Common Law in seiner Fortentwicklung nun oft an Entscheidungen von Bundesgerichten zum bundesgesetzlichen Markenrecht orientiert, werden diese Common Law Regeln im Rahmen der gesetzlichen Vorschriften erläutert.

2. Entstehung der Gesetze

a) Auf Bundesebene

Zu Beginn des 19. Jahrhunderts war das Wettbewerbsrecht der einzelnen Bundesstaaten Grundlage für den Markenschutz,[169] doch auf Grund der stark wachsenden Wirtschaft betrieben Unternehmer zunehmend Lobbyarbeit für eine bundeseinheitliche Regelung, um Marken im ganzen Land nutzen zu können.[170] 1870 wurde schließlich der Federal Trademark Act[171] erlassen, der die Registrierung von Marken vorsah, die bereits durch Benutzung als Common Law Marken entstanden waren. Das wirtschaftliche Wachstum führte nicht nur zu verbreite-

---

[165] *McCarthy*, § 5:2; diese frühen Formen wurden als *passing off* oder *palming off* bezeichnet und umfassten einfach gesagt den Tatbestand, dass ein Händler seine Güter als die eines anderen ausgab.

[166] *Barrett*, Intellectual Property, S. 87; *McCarthy*, § 5:2 m.w.N.

[167] So der Supreme Court zu Common-Law-Marken in seiner Entscheidung *Trade-mark Cases*, 100 U.S. 82, 94 (1879).

[168] *Schechter/Thomas*, Intellectual Property, § 25.2.3.

[169] *Sowade*, S. 9.

[170] *Peterson*, 30 AIPLA Q. J. 457, 465.

[171] An Act to revise, consolidate, and amend the Statutes relating to Patents and Copyrights, Ch. 230, 16 Stat. 198 (1870).

tem Gebrauch von nationalen Marken, sondern auch zu einem Anstieg von Markenfälschungen.[172] 1876 vereinten sich 400 Kaufleute und Hersteller und sandten eine Petition an den Kongress, in der sie um die Einführung strafrechtlicher Bestimmungen gegen Markenfälschungen baten, welche auch umgehend erlassen wurden.[173] Der Tatbestand sah eine Geldstrafe von bis zu 1000 US-$ und Freiheitsstrafe von bis zu zwei Jahren vor, falls der Täter mit betrügerischer Absicht Güter herstellte, verkaufte oder handelte, auf denen eine gefälschte Marke angebracht war.[174] Des Weiteren war auch die Möglichkeit von Durchsuchungen bzw. Zerstörung von Gegenständen, die zur Begehung des Tatbestandes verwendet wurden (umfasst waren sowohl die gekennzeichneten Waren selbst als auch Verpackungen, an denen Marken angebracht waren), vorgesehen.[175]

Bereits 1879 jedoch wurde der gesamte Trademark Act (mit den Strafvorschriften) vom Supreme Court als verfassungswidrig erklärt:[176] Das Gesetz war auf Grundlage der *Patent Clause*[177] der Verfassung erlassen worden, was jedoch vom obersten Gericht als nicht zutreffend erachtet wurde. Die Richter wiesen darauf hin, dass Common Law Markenrechte zumeist durch den Gebrauch eines bereits bestehenden, unterscheidungskräftigen Zeichens entstehen - im Gegensatz zu Urheber- und Patentrecht, die jeweils eine Neuheit, eine geistige Erfindung honorieren.[178] Zwar sei eine bundesrechtliche Regelung möglich, diese müsse sich jedoch dann auf die *commerce clause*[179] stützen und sich damit auch auf den zwischenstaatlichen und internationalen, sowie den Handel mit indianischen Stämmen beschränken.[180]

Auf die *commerce clause* gestützt wurde der Trademark Act von 1881[181] dann auch erlassen, der die bundesweite Eintragung von nur solchen Marken vorsah, die im Handel mit dem Ausland oder mit Indianer-Stämmen verwendet wurden.[182] Nicht enthalten waren strafrechtliche Bestimmungen. Der Supreme Court

---

172 *Rakoff/Wolff*, 20 Am. Crim. L. Rev. 145, 149.

173 Penal Act of August 14, Ch. 274, 19 Stat. 141 (1876); zur Geschichte vgl. *Paradise*, S. 17.

174 *Rakoff/Wolff*, 20 Am. Crim. L. Rev. 145, 159.

175 A.a.O.

176 *The Trade-mark Cases*, 100 U.S. 82 (1879).

177 U.S. Const. art. I, § 8, cl. 8: The Congress shall have Power [...] To promote the Progress of Science and useful Arts, by securing for limited Times to Authors and Inventors the exclusive Right to their respective Writings and Discoveries.

178 *The Trade-mark Cases,* 100 U.S. 82, 94.

179 U.S. Const. art. I, § 8, cl. 3: The Congress shall have power [...] To regulate commerce with foreign nations, and among the several states, and with the Indian tribes.

180 *The Trade-mark Cases*, 100 U.S. 82, 97.

181 Act March 3, 1881, Ch. 138, 21 Stat. 502.

182 *Schechter/Thomas*, Intellectual Property, § 25.2.4; das Gesetz enthielt somit keine Regelung zur Registrierung von Marken, die rein national verwendet wurden.

stellte auch explizit fest, dass durch das neue Gesetz der alte Tatbestand nicht wieder in Kraft gesetzt wurde.[183]

Da das 1881 erlassene Gesetz sich als ungeeignet erwies, den Bedürfnissen des Handels nachzukommen, wurde bereits 1905 ein weiterer Trademark Act[184] erlassen: Dieser erlaubte die Registrierung der sogenannten „technischen" Common-Law-Marken, d.h. nur phantasievolle und willkürlich gewählte Bezeichnungen waren registrierbar, nicht jedoch Marken mit beschreibenden Elementen - die Eintragung bewirkte auch nur eine prima-facie-Anerkennung des Markenrechts für den Inhaber.[185]

Doch auch dieses Gesetz wies deutliche Defizite auf, wurde sechzehnmal geändert und führte letztendlich in den 30er Jahren zu einer Bewegung, die die Schaffung einer umfassenden bundesrechtlichen Regelung forderte.[186] Die USA waren auch Anfang des 20. Jahrhunderts der einzige industrialisierte Staat, der kein Gesetz mit materiell-rechtlichen Regelungen zur Bekämpfung von Markenfälschungen hatte.[187]

Im Jahre 1946 wurde daraufhin der Lanham Act[188] erlassen, der noch heute in Kraft ist. Dieser setzte im Wesentlichen die bis dahin entwickelten Grundsätze des Common Law um und erweiterte sowohl die Eintragungsmöglichkeiten, als auch den auf der Registrierung basierenden Schutz. Anfangs immer noch nicht enthalten waren strafrechtliche Vorschriften.

Im Laufe der 70er und 80er Jahre stieg die Anzahl von Fälschungen; sie bezogen sich nicht mehr allein auf Luxusgüter und nahmen Formen organisierter Kriminalität an.[189] Daraufhin formierten sich erneut Hersteller und baten den Kongress gemeinsam in einer Petition um die Einführung strafrechtlicher Vorschriften, was 1984 mit den Trademark Counterfeiting Act[190] geschah. Durch diesen wurde der Tatbestand 18 U.S.C. § 2320 geschaffen, der das Handeln mit gefälschten Markenartikeln unter Strafe stellt. Flankierend wurden spezielle

---

183 United States v. Koch, 40 F. 250 (C.C.E.D. Mo. 1989).
184 Act of 20 Feb 1905, Ch. 592, 33 Stat. 724.
185 *Celli*, Internationales Kennzeichenrecht, S. 50.
186 *Kearney*, 14 Fordham Urban L.J. 115, 129 m.w.N.
187 *Paradise*, S. 17.
188 In aktueller Fassung enthalten in 15 U.S.C. §§ 1051 – 1141n, eingeführt durch Pub. L. No. 79-489, Ch. 540, 60 Stat. 427 (1946); auf Grund besserer Lesbarkeit des Textes wird stets nur die offizielle Fundstelle im U.S.C. und nicht auch die originären Paragraphen des Lanham Acts zitiert.
189 *Kearney*, 14 Fordham Urban L.J. 115, 130.
190 Pub. L. No. 98-473, Ch. 15, 98 Stat. 1976 (1984).

Schadensersatzansprüche[191] sowie ein privates Beweissicherungsverfahren eingeführt.[192] Bis zu diesem Zeitpunkt hatte es keinen bundesrechtlichen Straftatbestand gegeben, der auf Markenpiraterie zugeschnitten war. Erstmals wurden speziell Markenrechtsverletzungen unter Strafe gestellt: Im Gegensatz zu Copyrightverletzungen, die schon früher mit einem speziellen Tatbestand verfolgt werden konnten, musste bis 1984 auf allgemeine strafrechtliche Vorschriften wie zum Beispiel *mail and wire fraud*[193] zurückgegriffen werden. Der Schutz von Markenrechten war insbesondere von Gerichten nicht sonderlich ernst genommen worden, auch weil man eine effektive und gesicherte rechtliche Grundlage vermisste.[194] Mit dem neuen Tatbestand wollte der Kongress das Markenrechtssystem als solches schützen, da durch Markenfälschungen die Funktion der Marken als verlässliche Informationsquellen für potenzielle Kunden „vergiftet" wurde.[195] Die zivilrechtlichen Sanktionen wurden als ungenügend angesehen und man war der Meinung, dass diese von vielen Kriminellen als anfallende Geschäftskosten verstanden wurden.[196]

18 U.S.C. § 2320 wurde im Laufe der Jahre mehrfach geändert: 1994 wurde das Strafmaß verschärft,[197] 1996 eine Berichtspflicht des Attorney General an den Kongress eingeführt[198] und 1997 die Mitwirkung des Opfers bei der Strafzumessung verstärkt, indem diesem die Möglichkeit gegeben wird, ein sogenanntes *victim impact statement* abzugeben.[199]

Das Markenrecht als solches wurde wesentlich durch den Trademark Law Revision Act von 1988[200] überarbeitet, der insbesondere die Eintragung von sogenannten *Intent-to-Use*-Marken ermöglichte. Dem folgten 1995 der Federal Trademark Dilution Act,[201] der den Verwässerungsschutz bekannter Marken auch auf Bundesebene einführte. Beide Gesetze hatten jedoch keinen Einfluss auf das Strafrecht.

---

[191] 15 U.S.C. § 1117 (b).
[192] 15 U.S.C. § 1116 (d), sogenannte *ex parte seizure*, Teil 4, Kap. 2, E.II.
[193] 18 U.S.C. §§ 1341 – 1350.
[194] *Bainton*, 82 Trademark Rep. 1, 2.
[195] S. Rep. No. 98-526, S. 3 (1984); auch abgedruckt in: 1984 U.S.C.C.A.N. 3183 ff.
[196] S. Rep. No. 98-526, S. 5.
[197] Violent Crime Control and Law Enforcement Act of 1994, Pub. L. No. 103-322, § 320104(a)(2), 108 Stat. 1796.
[198] Anticounterfeiting Consumer Protection Act, Pub. L. No. 104-153, 110 Stat 1386 (1996).
[199] No Electronic Theft Act, Pub. L. No. 105-147, § 2(f)(2), 111 Stat. 2678 (1997).
[200] Pub. L. No. 100-667, 102 Stat. 3935 (1988).
[201] Pub. L. No. 104-98, 109 Stat. 985 (1995).

Der bereits erwähnte Anticounterfeiting Consumer Protection Act von 1996 widmete sich konkret dem Problem der Piraterie: Der Kongress stellte fest, dass bis dahin existierende Vorschriften nicht ausreichten, um Verbraucher und Wirtschaft angemessen zu schützen – man schätzte, dass Copyright- und Markenpiraterie amerikanischen Unternehmen einen jährlichen Schaden von 200 Milliarden US-Dollar zufügten.[202] Der Kongress setzte sich auch eingehend mit den Folgen von Piraterie auseinander und erkannte, dass diese verstärkt in Verbindung mit organisierter Kriminalität zu sehen sind.[203] Man sah den Trademark Anticounterfeiting Act als Schritt in die richtige Richtung an, der sich jedoch bis dahin bereits als ungenügend erwiesen hatte: Die Zahl der Fälschungen war stark angestiegen, insbesondere weil bei solchen Taten der erzielbare Profit sehr hoch ist und danach nur ein geringes Risiko durch Strafverfolgung bestand.[204]

Um besser gegen Markenpiraten vorgehen zu können, wurde unter anderem der Tatbestand der Markenfälschung als Katalogtat in den RICO-Tatbestand[205] aufgenommen, was weitere Optionen in der Strafverfolgung mit sich brachte: Neben der bereits bestehenden Möglichkeit mit gefälschten Marken versehene Güter zu beschlagnahmen und einzuziehen, wurde damit auch die Einziehung von nicht-monetärem Vermögen wie Ausrüstung und Lagerräumen zugelassen.[206] Auch wurde hinsichtlich des § 18 U.S.C. § 2320 die bereits genannte Berichtspflicht eingeführt, wovon man sich eine Verbesserung der Strafverfolgung erhoffte.[207]

Vor kurzem lagen dem Kongress zwei neue Gesetzesvorschläge zur Beurteilung vor, die sich allein mit der Umgestaltung des 18 U.S.C. § 2320 befassen.

Der Vorschlag H.R. 32[208] ändert vor allem zwei Punkte: Er stellt den Handel mit Kennzeichnungsmitteln dem mit Waren gleich und führt parallel zu den Vorschriften im Urheberrecht auch eine spezielle *forfeiture*-Regelung ein.[209] Damit soll auf das immer stärkere Anwachsen von Markenfälschungen, die die Wirt-

---

202 S. Rep. No. 104-177, S. 1 (1995).
203 Anticounterfeiting Consumer Protection Act, Pub. L. No. 104-153, Sec. 2 (1).
204 H.R. Rep. No. 104-556, S. 1 (1996).
205 18 U.S.C. § 1961(1)(B), aus dem "Racketeer Influenced and Corrupt Organizations Act", Pub. L. No. 91-452, Title IX, § 901(a), 84 Stat. 941 (1970); der RICO-Tatbestand stellt eine umfassende Vorschrift zur Bekämpfung organisierter Kriminalität dar, da nicht die einzelne Tat, sondern die Beteiligung an einer Folge von Taten im Rahmen einer Vereinigung geahndet wird, dazu näher unter B.I.
206 *McCarthy*, § 30:116.
207 S. Rep. No. 104-177, S. 9 f.
208 H.R. 32, 109th Congress, 1st Session (2005).
209 Auf die Änderungen wird an den entsprechenden Stellen im Detail eingegangen.

schaft bedrohen, reagiert werden.[210] Das House of Representatives beschloss das Gesetz am 23. Mai 2005 und leitete es an den Senat[211] weiter. Das Committee on the Judiciary, ein Ausschuss des Senats, schlug dem Senat den Vorschlag ohne wesentliche Änderungen zur Abstimmung vor.[212]

Im Senat wurde auch der Vorschlag S. 1095[213] eingebracht, der sich ebenso ausschließlich 18 U.S.C. § 2320 widmet und kleinere Änderungen an der Formulierung der Tathandlung vornimmt, sowie den Import und Export markenrechtsverletzender Waren oder nicht autorisierter Kopien von urheberrechtlich geschützten Werken als Sondertatbestand ausgestalten sollte. Für diesen Vorschlag fanden bereits zwei Lesungen im Senat statt und er wurde an das Committee on the Judiciary übertragen. Dieses strich die vorgeschlagenen Sondertatbestände und legte den Vorschlag, der nur noch die Definition der Tathandlung ändert, dem Senat in der stark gekürzten Fassung vor.[214] Dieser beschloss den Vorschlag und überwies ihn an das House of Representatives.

Der Vorschlag H.R. 32 wurde am 15. Februar 2006 vom Senat sowie am 7. März 2006 in der geänderten Fassung vom House of Representatives beschlossen. Die für das Inkrafttreten notwendige Unterschrift des Präsidenten steht noch aus, ist jedoch zu erwarten. Der nun verabschiedete Vorschlag übernahm Elemente aus dem Gesetzesvorschlag S. 1095, so dass dieser damit obsolet geworden sein dürfte.

b) Auf Ebene der einzelnen Bundesstaaten

Die Besonderheit im amerikanischen Markenrecht besteht darin, dass Markengesetze auf Bundes- und Bundesstaatenebene koexistieren: Dies ist darauf zurückzuführen, dass der Bund über die *commerce clause* nur zwischenstaatlichen Handel regeln darf. Bei rein innerstaatlichem Handeln ist demnach eine Regelung auf der Ebene der einzelnen Staaten nötig. Deren Markengesetze basieren

---

[210] Vgl. die Stellungsnahme des Initiators der aktuellen Vorschlags: http://www.house.gov/knollenberg/issues/manufacturinginitiative/counterfeitingbill.htm

[211] Dort wurde ein inhaltsgleiches Gesetz unter der Nummer S. 1699 (109th Cong., 2005) eingebracht; im Folgenden soll jeweils nur auf die Nummer aus dem House of Representatives (H.R. 32) Bezug genommen werden.

[212] Vgl. S. 1699.RS unter http://thomas.loc.gov/.

[213] S. 1095, 109th Congress, 1st session (2005) in der Fassung S. 1095.IS.

[214] Vgl. S. 1095.RS unter http://thomas.loc.gov/.

dabei oft auf der Model State Trademark Bill des American Law Institutes[215] und bieten in der Regel die Registrierung zur Unterstützung der aus Common Law entstandenen Rechte an.[216]

In den meisten einzelstaatlichen Gesetzen finden sich dabei auch Strafvorschriften für Markenrechtsverletzungen, die jedoch nur selten Anwendung finden.[217] Beispielsweise existiert in Kalifornien bereits seit 1863 eine Strafvorschrift, eine erste Verurteilung erfolgte jedoch erst 1939; in Connecticut kam der 1847 eingeführte Tatbestand erst 1962 zur Anwendung.[218] Auffallend ist dabei jedoch, dass auf dieser Ebene hinsichtlich der Markenrechtsverletzungen die strafrechtlichen Regelungen den zivilrechtlichen Regelungen zum Teil zeitlich vorgehen.[219]

c) Verhältnis Markenrecht auf Bundesebene – Ebene der Einzelstaaten

Der Lanham Act gewährt Rechte, die bundesweit Geltung finden. Auf Grund der verfassungsrechtlichen Verankerung in der *commerce clause* kann er jedoch nur zwischenstaatlichen und internationalen Handel regeln. Für unternehmerische Tätigkeit, die nur innerhalb eines Bundesstaates stattfindet, sind demnach nur Common Law bzw. darauf aufbauend einzelstaatliche Markengesetze einschlägig. Auf Grund der stets steigenden Mobilität der Bevölkerung, sowie der überregionalen Tätigkeit vieler Unternehmen wird zumeist auch oder ausschließlich eine bundesweite Registrierung angestrebt. Alleinstehende einzelstaatliche Eintragungen sind vorwiegend für kleinere lokale Unternehmen interessant, die keine Expansion planen.

Grundsätzlich wird vor den Gerichten der Bundesstaaten demnach bei zivilrechtlichen Streitigkeiten über Common Law Rechte verhandelt, die von einzelstaatlichen Markengesetzen flankiert werden können; vor Bundesgerichten wird über Sachverhalte, auf welche der Lanham Act anwendbar ist, gestritten. Aller-

---

215 Das American Law Institute ist eine Vereinigung anerkannter Juristen und erarbeitet unter anderem Modell-Gesetzesvorschläge wie den Model Trademark Act, die oft von den einzelnen Gliedstaaten als Grundlage für die eigene Gesetzgebung übernommen werden. Demnach besteht trotz der Gesetzgebungskompetenz der einzelnen Staaten oft in einzelnen Rechtsgebieten weitreichende Übereinstimmung.

216 *Schechter*, Unfair Trade Practices and Intellectual Property, S. 51; *Sowade*, S. 27; einen Überblick über die Markengesetze der Staaten ist zu finden bei *Arnade*, S. 172 ff; näher zum Verhältnis Bundesrecht – Staatenrecht: *Sowade*, S. 14 ff und S. 28 f.

217 *Harrison*, 57 Trademark Rep. 285, 289; *McCarthy*, § 30:114; eine Übersicht aller Strafvorschriften findet sich bei *Abbott/Sporn*, § 4.

218 *Harrison*, 57 Trademark Rep. 285, 290 m.w.N.

219 *Harrison*, 57 Trademark Rep. 285, 288.

dings besteht keine strikte Trennung zwischen diesen beiden Gerichtsbarkeiten: Bundesgerichte können bei Klagen zwischen Angehörigen verschiedener Staaten,[220] über eng mit bundesrechtlichen Fragen verbundenen Streitigkeiten[221] und bei solchen, die neben der markenrechtlichen Problematik auch einen Anspruch aus *unfair competition* enthalten,[222] auch einzelstaatliches Recht anwenden. Die Gerichte der Bundesstaaten hingegen können immer auch über Ansprüche aus Bundesrecht entscheiden.[223]

Hinsichtlich der strafrechtlichen Vorschriften besteht jedoch keine konkurrierende Gerichtsbarkeit, diese liegt jeweils entweder beim Bund oder bei den Einzelstaaten – je nachdem welche Marke geschützt werden soll.

Auf Grund des starken Überwiegens des bundesrechtlichen Markenrechts werde ich mich in dieser Arbeit auf den bundesrechtlichen Straftatbestand 18 U.S.C. § 2320 beschränken: Da es sich bei den oft gefälschten Marken zumeist um bundes- bzw. weltweit verbreitete handelt, wird dies in der Regel der einschlägige Tatbestand sein. Strafrechtliche Bestimmungen der Bundesstaaten finden faktisch kaum Anwendung.

II. Internationale Einflüsse

1. Multilaterale Übereinkommen

a) Pariser Verbandsübereinkunft

Die Vereinigten Staaten gehören zu den frühen Mitgliedern der Pariser Verbandsübereinkunft: Sie traten dem Abkommen am 30. Mai 1887 bei. Das Telle-quelle-Prinzip führte in den USA zu einer Besserstellung ausländischer Antragsteller: Die Nutzung im geschäftlichen Verkehr ist von den meisten Staaten nicht für die Eintragung erforderlich, darf aber ausländischen Eintragungen - im Gegensatz zu inländischen - auch nicht entgegengehalten werden.[224] Auf der anderen Seite hat das in Art. 6bis enthaltene Schutzerfordernis für notorisch bekannte Marken kaum Auswirkungen, da diese in der Regel bereits durch die Nutzung Rechte erhalten hatten.

---

220 28 U.S.C. § 1332, sogenannte *diversity jurisdiction*.

221 28 U.S.C. § 1367, sogenannte *supplemental jurisdiction*.

222 28 U.S.C. § 1338(b), dies stellt eine besondere originäre Zuständigkeit für *unfair competition claims* dar, wenn diese im Zusammenhang mit einer markenrechtlichen Streitigkeit erhoben werden.

223 U.S.Const. art 6, cl. 2; *Abbott/Sporn*, § 5.02[B][b].

224 *Barrett*, Intellectual Property, S. 137.

b) Madrider Markenabkommen und Protokoll

Die Vereinigten Staaten sind dem Madrider Markenabkommen bis jetzt nicht beigetreten. Dies ist unter anderem darauf zurückzuführen, dass das Basisabkommen eine bestehende Eintragung im Ursprungsland erfordert: Dieses Erfordernis kann als Benachteiligung von Staaten wie den USA angesehen werden, in denen der Eintragung ein lang andauerndes Verfahren vorausgeht.[225]

Mit dem Protokoll zum Madrider Markenabkommen wollte man diese Bedenken ausräumen (indem nun ein Antrag zur Eintragung im Heimatland genügt); dennoch vergingen bis zum Beitritt der USA noch einige Jahre:[226] Zunächst widersprach das State Department einer Vorschrift des Abkommens, die auch zwischenstaatlichen Organisationen wie im konkreten Fall der Europäischen Union, die Mitgliedschaft ermöglicht und sie neben den Mitgliedsstaaten abstimmen lässt. Demnach wäre den europäischen Staaten mehr Gewicht zugekommen. Nachdem die Europäische Union und die Mitgliedsstaaten erklärten, dass sie zusammen nie mehr Stimmen als die Zahl der Mitgliedsstaaten abgeben werden, war dieses Hindernis aus dem Weg geräumt und das Protokoll trat in den Vereinigten Staaten am 2.11.2003 in Kraft.

c) TRIPS-Abkommen

In den USA ist dieses Abkommen am 1. Januar 1996 in Kraft getreten. Auch dort hatte es kaum praktische Auswirkungen: Lediglich der Zeitraum der Nichtnutzung, der zur Vermutung der Aufgabe der Marken führt, wurde um ein Jahr verlängert und die Registrierungsbedingungen geographischer Bezeichnungen für Wein und Spirituosen wurden verschärft.

d) Sonstige Abkommen

Am 25. August 1970 traten die Vereinigten Staaten der WIPO bei; dem Nizzaer Klassifikationsabkommen mit Wirkung zum 25. Mai 1972.

Der Trademark Law Treaty wurde in den USA durch den Trademark Law Treaty Act[227] in nationales Recht umgesetzt und trat am 12. August 2000 in Kraft. Er führte jedoch nur zu Änderungen im Rahmen des Eintragungsverfahrens.

---

[225] *Newmann* in: Campell, MAD-1.
[226] *Gilson/Gilson LaLonde*, S. 4.
[227] Pub. L. No. 105-330, 112 Stat. 3064 (1998).

Des Weiteren sind die Vereinigten Staaten Mitglied der Pan- oder Inter-American Convention von 1929, die sich aus lateinamerikanischen Staaten[228] zusammensetzt. Dieses Übereinkommen ist jedoch auf Grund anderer internationaler Vereinbarungen kaum von Bedeutung.[229]

2. Freihandelsabkommen

Das nordamerikanische Freihandelsabkommen (NAFTA) wurde am 17. Dezember 1992 zwischen den Vereinigten Staaten von Amerika, Kanada und Mexiko geschlossen und trat am 1. Januar 1994 in Kraft. Es enthält einen Abschnitt über Rechte des geistigen Eigentums, der stark dem TRIPS-Abkommen gleicht: Dies ist darauf zurückzuführen, dass die Verhandlungsführer im Wesentlichen den sogenannten „Dunkel-Entwurf" des TRIPS-Abkommens zur Basis ihrer Verhandlungen machten.[230] In mancher Hinsicht geht NAFTA über TRIPS hinaus: Beispielsweise ist die Definition der Marke bei NAFTA ein wenig breiter und enthält auch Farben und Formen;[231] bei notorisch bekannten Marken darf nicht gefordert werden, dass die Berühmtheit über den Teil der Öffentlichkeit hinausgeht, der üblicherweise mit den relevanten Gütern in Berührung kommt.[232]

Art. 1717 NAFTA sieht eine dem Art. 61 TRIPS entsprechende Verpflichtung zur Schaffung von Strafvorschriften vor.

Die Vereinigten Staaten von Amerika haben nach NAFTA mehrere Freihandelsabkommen verhandelt, die diesem jedoch oft stark gleichen. Die neuesten dieser Abkommen wurden mit Chile, Australien, sowie mit der Dominikanische Republik, Costa Rica, El Salvador, Guatemala, Honduras und Nicaragua als das sogenannte CAFTA-DR geschlossen.[233]

Sie enthalten wie auch NAFTA in der Regel einen Abschnitt über Rechte des geistigen Eigentums, in dem sowohl der Schutzumfang der Marken als auch die Verpflichtung zum Erlass von Strafvorschriften enthalten sind. Die Vereinigten Staaten setzen somit bei der Bekämpfung von Markenpiraterie nicht nur auf in-

---

[228] Kolumbien, Kuba, Guatemala, Haiti, Honduras, Nicaragua, Panama, Paraguay, Peru, Brasilien, Dominikanische Republik.

[229] *McCarthy*, § 29:26.

[230] *Webster/Freyer*, 455 PLI/Pat 21, 28.

[231] Art. 1708.1 NAFTA.

[232] Art. 1708.6 NAFTA.

[233] Ein Überblick über die Freihandelsabkommen ist zu finden unter: http://www.ustr.gov/Trade_Agreements/Bilateral/Section_Index.html.

ternationale, mehrseitige Vereinbarungen, sondern parallel auch auf bilaterale Abkommen, um hohe Schutzstandards zu erreichen.[234]

B. Schutzgegenstand

Bei der Beurteilung der Schutzfähigkeit wird ausschließlich auf Bundesebene eintragbare Marken eingegangen, weil nur diese von 18 U.S.C. § 2320 geschützt werden. Da der Lanham Act aber auf den Grundsätzen des Common Law aufbaut, ergeben sich nur in wenigen Punkten Unterschiede - auf gewichtige wird hingewiesen.

Marken können sowohl Waren als auch Dienstleistungen unterscheiden: Unter dem Begriff *trademark* versteht man Marken, die der Identifizierung und Abgrenzung von Waren dienen. Die *service marks* hingegen kennzeichnen Dienstleistungen. Im Hinblick auf Markenrechtsverletzungen besteht zwischen *trademarks* und *service marks* praktisch kein Unterschied.[235]

I. Schutzfähige Zeichen

15 U.S.C. § 1127 definiert selbst den Begriff der Marke: Der Begriff umfasst jedes Wort, Namen, Symbol, Vorrichtung oder jede Kombination derselbigen, die von einer Person benutzt werden oder für welche eine Person die gutgläubige Absicht hat, diese im Verkehr zu benutzen und deshalb eine Eintragung im Hauptregister beantragt, um die eigenen Güter (einzigartige Produkte eingeschlossen) zu identifizieren und von denen, die durch andere hergestellt oder verkauft wurden, zu unterscheiden und um die Herkunftsquelle anzuzeigen, selbst wenn diese unbekannt ist.[236] Neben klassischen Wort- oder Bildmarken fallen wie im deutschen Recht darunter beispielsweise auch sensorische Marken, Farbmarken oder Produktgestaltungen, sofern sie unterscheidungskräftig sind.[237]

---

234 Http://www.ustr.gov/Trade_Sectors/Intellectual_Property/The_Work_of_USTR_-_Intellectual_Property.html

235 *McCarthy*, § 19:81.

236 "The term "trademark" includes any word, name, symbol, or device, or any combination thereof used by a person, or which a person has a bona fide intention to use in commerce and applies to register on the principal register established by this chapter, to identify and distinguish his or her goods, including a unique product, from those manufactured or sold by others and to indicate the source of the goods, even if that source is unknown.".

237 Näher zu den verschiedenen Markenformen im amerikanischen Recht: *Sowade*, S. 91 ff; *McCarthy*, § 7:9 ff.

Man unterscheidet vier Markenkategorien (*trademarks, service marks, collective marks* und *certification marks*), für die im Wesentlichen die gleichen Schutzvoraussetzungen gelten. Besonderheiten der jeweiligen Typen werden am Ende dieses Kapitels näher erläutert.

1. Schutzvoraussetzungen: Unterscheidungskraft (*distinctiveness*)

Grundvoraussetzung einer jeden Marke ist deren Fähigkeit mit ihr gekennzeichnete Waren[238] von denen anderer Hersteller zu unterscheiden und damit die Herkunft aufzuzeigen. Dies zeigt 15 U.S.C. § 1052, der festgelegt, dass keiner Marke, durch welche die Waren des Antragstellers von denen anderer unterschieden werden können, auf Grund ihrer Natur die Eintragung versagt werden kann, soweit keines der dann genannten Schutzhindernisse vorliegt.[239] Unterscheidungskraft kann dabei von Anfang an vorliegen oder auch später erworben werden.

Um die Beurteilung der Schutzfähigkeit zu erleichtern, legt man zumeist die sogenannten *Abercrombie*-Faktoren[240] zu Grunde, die Marken anhand des Ausmaßes ihrer Unterscheidungskraft in vier Kategorien unterteilen: *fanciful/arbitrary* (phantasievoll/willkürlich gewählt), *suggestive* (andeutend, suggestiv), *descriptive* (beschreibend) und *generic* (Gattungsbezeichnung). Nur die ersten beiden Kategorien gelten dabei von Anfang an als unterscheidungskräftig. Beschreibende Marken können Unterscheidungskraft erwerben; Gattungsbezeichnungen sind aber immer von der Eintragung ausgeschlossen.

Die Frage der Unterscheidungskraft kann sich dabei im Laufe der Zeit sowohl ins Positive als auch ins Negative verändern; auch hängt die Beurteilung stark von der Produktkategorie ab, für die eine Marke verwendet wird.[241]

a) Anfänglich unterscheidungskräftige Marken: *fanciful, arbitrary* und *suggestive marks*

Diese Markenkategorien werden als solche mit anfänglicher Unterscheidungskraft verstanden.

---

238 Aus Gründen der Übersichtlichkeit werde ich mich im Text nur auf Waren beziehen; gleiches gilt jedoch grundsätzlich auch für Dienstleistungen.

239 "No trademark by which the goods of the applicant may be distinguished from the goods of others shall be refused registration on the principal register on account of its nature unless it [...]" (es folgen die Schutzhindernisse).

240 Abercrombie & Fitch Co. v. Hunting World, Inc., 537 F.2d 4 (2d Cir. 1976).

241 *Abercrombie*, 537 F.2d 4, 9.

Eine phantasievolle (*fanciful*) Marke ist dann anzunehmen, wenn der Antragsteller einen Begriff schafft, der aus einer Kombination von Buchstaben und/oder Ziffern besteht, die bislang noch nicht genutzt wurden, um Produkte voneinander zu unterscheiden.[242] Es wird demnach ein Wort allein für seinen Gebrauch als Marke erfunden.[243] Als Beispiel hierfür werden oft die Marken Kodak® oder Xerox® genannt.

Im Gegensatz dazu handelt es sich bei einer willkürlich gewählten (*arbitrary*) Marke um einen bekannten Begriff, von dem lediglich in ungewohnter Weise Gebrauch gemacht wird:[244] Der Antragsteller verwendet ein Wort, das üblicherweise nicht mit der zu markierenden Produktkategorie in Verbindung gebracht wird, so, dass der Verbraucher anhand des Begriffes keine Rückschlüsse auf die Ware ziehen kann.[245] In diese Kategorie fällt beispielsweise die Marke Apple® für Computer.

Eine suggestive (*suggestive*) Marke hingegen beschreibt zwar indirekt das Produkt, der Verbraucher muss sich jedoch geistig anstrengen, um die Marke mit einer Eigenschaft des Produktes zu assoziieren.[246] Die Marke bietet zwar Hinweise auf Eigenschaften des Produktes, zum völligen Verständnis ist jedoch ein gewisser Vorstellungsgrad auf Seiten des Verbrauchers erforderlich.[247] Greyhound® für Fernverbindungsbusse ist ein derartiger Fall.

Die Grenze zu den beschreibenden Marken ist dabei schwer zu ziehen und wird anhand verschiedener Tests festgelegt.[248] Folgende Fragen werden in der Regel gestellt:[249] Wird im Lexikon der Begriff so definiert, dass er zutreffend die allgemeine Bedeutung des Wortes für die Öffentlichkeit beschreibt (spricht gegen Unterscheidungskraft)? Wie viel Kreativität muss aufgewendet werden, um Informationen über das Produkt zu erhalten (je mehr desto eher unterscheidungskräftig)? In welchem Maße benötigen Konkurrenten den Begriff, um ihre eigene Ware zu beschreiben und in wie weit geschieht das bereits (je mehr desto weniger unterscheidungskräftig)?

---

242 *Elias/Stim*, Patent, Copyright & Trademark, S. 405.
243 *Abercrombie*, 537 F.2d 4, 11.
244 A.a.O.
245 *Schechter*, Unfair Trade Practices and Intellectual Property, S. 59.
246 *Barrett*, Intellectual Property, S. 92.
247 *Schechter*, Unfair Trade Practices and Intellectual Property, S. 60.
248 *McCarthy*, § 11:66 m.w.N. zu den verschiedenen Tests, die sich in der Regel nur marginal unterscheiden.
249 Zatarians, Inc. v. Oak Grove Smokehouse, Inc., 698 F.2d 786 (5th Cir. 1983).

Bezüglich einiger Markenformen bestehen Besonderheiten:[250] Abkürzungen werden in ihrer Langform und falsch geschriebene Worte in ihrer richtigen Form beurteilt; bei fremdsprachigen Ausdrücken kommt es auf die Übersetzung an (*doctrine of foreign equivalents*).

b) Anwendbarkeit bei sonstigen Markenformen

Die genannten Kategorien passen am besten für Wortmarken, bei Abbildungen sind sie zum Teil schwer umzusetzen – entscheidend ist bei der Beurteilung, ob die Marke anfänglich unterscheidungskräftig ist oder es eventuell werden könnte. Beispielsweise werden übliche graphische Designs nicht als anfänglich unterscheidungskräftig angesehen und auch eine realistische Zeichnung des Produkts muss erst Unterscheidungskraft erwerben, da sie als beschreibend verstanden wird.

Besonders problematisch ist der sogenannte *trade dress*, unter welchem man sowohl das Produktdesign als auch die Verpackung fasst. Der Supreme Court legte in *Two Pesos*[251] fest, dass diese Markenformen wie jede andere auch zu behandeln und demnach bei ursprünglicher Unterscheidungskraft deren Eintragung ohne weitere Erfordernisse möglich sei. Diese grundlegende Feststellung wurde indirekt in der *Qualitex*-Entscheidung[252] ein wenig zurückgenommen, in der man einer Farbmarke grundsätzlich die anfängliche Unterscheidungskraft absprach. Noch weiter ging der Supreme Court in der *Walmart*-Entscheidung,[253] die nun bei der Beurteilung der anfänglichen Unterscheidungskraft zwischen Produktdesign und Produktverpackung unterscheidet: Unter Berufung auf *Qualitex* stellten die Richter fest, dass Verbraucher das Design eines Produktes ebenso wie dessen Farbe grundsätzlich nicht als Herkunftsnachweis, sondern als Versuch die Ware interessanter zu gestalten, verstehen.[254] Demnach ist für ein Produktdesign der Nachweis erworbener Unterscheidungskraft nötig, um eine Eintragung als Marke herbeiführen zu können.

Seit *Walmart* muss deshalb zwischen Produktdesign (nie ursprünglich unterscheidungskräftig) und Produktverpackung (kann anfängliche Unterscheidungskraft haben) unterschieden werden: Ersteres liegt vor, wenn die Produktausstattung die Form des Gegenstandes hat und entscheidend für die Kaufentscheidung

---

[250] *Barrett*, Intellectual Property, S. 95.
[251] Two Pesos, Inc. v. Taco Cabana, Inc., 505 U.S. 763 (1992).
[252] Qualitex Co. v. Jacobson Products Co., 514 U.S. 159 (1995).
[253] Walmart, Inc. v. Samara Brothers, Inc., 529 U.S. 205 (2000).
[254] *Walmart*, 529 U.S. 205, 213.

ist; zweiteres ist das Kleid, in dem das Produkt auf den Markt gebracht wird[255] - die Verpackung kann im Gegensatz zum Design entsorgt werden.[256] Unentschieden blieb jedoch die Frage, welchen Faktoren bei der Beurteilung der Produktverpackung angewandt werden können. Oft wird dabei auf die sogenannten *Seabrook*-Faktoren[257] abgestellt: Zu untersuchen ist, ob es sich um eine gewöhnliche Form handelt oder lediglich einer Verfeinerung einer solchen (dann keine Unterscheidungskraft) oder ob das Design einzigartig oder zumindest in dieser Produktsparte ungewöhnlich ist (dann Unterscheidungskraft).[258]

Zusammenfassend ist zu sagen, dass Ziel all dieser Überlegungen ist herauszufinden, ob einer Marke Unterscheidungskraft innewohnt, da sie nur so ohne die Erfüllung weiterer Voraussetzungen eingetragen werden kann.

2. Eintragungshindernisse

Auch der Lanham Act kennt diverse Schutzhindernisse, die einer Eintragung entgegenstehen: Zum Teil befassen sie sich mit der Unterscheidungskraft, anderer stehen auch unterscheidungskräftigen Marken entgegen. Die Grundsätze wurden dabei vorwiegend schon im Common Law entwickelt, der Lanham Act kodifizierte diese in 15 U.S.C. § 1052(a) - (e), fügte einige Regelungen an und veränderte Bestehende.

a) Beschreibende Marken (*descriptive marks*)

15 U.S.C. § 1052(e)(1) - (4) schließt beschreibende Marken von der Eintragung aus: Eine beschreibende Marke ist anzunehmen, wenn das auf der Ware oder in Verbindung mit dieser benutzte Zeichen überwiegend das Produkt bzw. dessen geographische Herkunft beschreibt oder diesbezüglich in die Irre führt oder primär als Nachname zu verstehen ist.[259]

---

[255] *Koschtial*, S. 97 m.w.N.

[256] *Sowade*, S. 148.

[257] Seabrook Foods, Inc. v. Bar-well Foods, Ltd., 568 F.2d 1342 (C.C.P.A. 1977).

[258] Vgl. z.B. *In re* Creative Beauty Innovations Inc., 56 U.S.P.Q.2d 1203, 1206 f (U.S. P.T.O. T.T.A.B. 2000), *U.S.P.T.O.*, TMEP, 1202.02(b)(ii); wobei sich beide für eine komplementäre Anwendung von *Abercrombie* und *Seabrock* aussprechen.

[259] (1) when used on or in connection with the goods of the applicant is merely descriptive or deceptively misdescriptive of them, (2) when used on or in connection with the goods of the applicant is primarily geographically descriptive of them, [...], (3) when used on or in connection with the goods of the applicant is primarily geographically deceptively misdescriptive of them, (4) is primarily merely a surname.

Marken dieser Kategorien können nur bei Erwerb von *secondary meaning*[260] in das Hauptregister eingetragen werden.

(1) Produktbeschreibende Marke, 15 U.S.C. § 1052(e)(1)

Die entscheidende Frage ist, ob die Verbraucher die Marke als Beschreibung für das Produkt, welches sie identifizieren soll, verstehen werden.[261] Wenn diese demnach Eigenschaften, Funktionen, Bestandteile oder Zutaten der Ware einem Kunden, der das Produkt selbst nie gesehen hat, vermittelt, handelt es sich um eine produktbeschreibende Marke.[262] Sich selbst lobende Marken werden dabei wie beschreibende Marken behandelt.[263] Wenn eine Marke aus mehreren Teilen zusammengesetzt ist und einige davon beschreibenden Charakters sind, dann kommt es auf dem Gesamteindruck, den die Marke vermittelt, an.[264]

(2) Geographische Herkunftsangabe, 15 U.S.C. § 1052(e)(2)

Bei den Herkunftsangaben ist von Bedeutung, dass diese primär als solche verstanden werden, d.h. ein bedeutender Anteil der potenziellen Käufer muss der Marke einen Bezug zum Herkunftsort beimessen.[265] Dies ist nicht der Fall, wenn es sich bei dem genannten Ort um einen entfernten oder unbekannten handelt, der der allgemeinen Bevölkerung keinen Hinweis auf die geographische Herkunft des Produktes vermittelt.[266] Bei dieser Kategorie besteht jedoch für *certification marks* eine Ausnahme.[267]

Der Marke wird nur dann die Eintragung verwehrt, wenn der Begriff auch beschreibend verwendet wird: Dies ist der Fall, wenn das Produkt tatsächlich aus dem angegebenen Ort stammt; wird es hingegen dort nicht hergestellt und kein vernünftiger Verbraucher versteht den angegebenen Ort als Herkunftsnachweis, ist der Markenbegriff als willkürlich gewählt anzusehen und demnach eintragbar.[268]

---

[260] Vgl. dazu sogleich I.3.
[261] *Barrett*, Intellectual Property, S. 104.
[262] Stix Products, Inc. v. United Merchants & Manufacturers, Inc., 295 F. Supp. 479, 487 (S.D.N.Y. 1968); ebenso *U.S.P.T.O.*, TMEP § 1209.01(b).
[263] *Schechter/Thomas*, Intellectual Property, § 27.2.1.
[264] *McCarthy*, § 11:51 m.w.N.
[265] *Barrett*, Intellectual Property, S. 106.
[266] *Schechter/Thomas*, Intellectual Property, § 27.2.2., der Jever® als Beispiel nennt.
[267] 15 U.S.C. § 1054.
[268] *Schechter/Thomas*, Intellectual Property, § 27.2.2; *Sowade*, S. 104.

(3) Nachname einer Person, 15 U.S.C. § 1052(e)(4)

Durch die Aufnahme dieses Schutzhindernisses sollte Rücksicht auf das Interesse von Personen genommen werden, ihre Geschäfte grundsätzlich unter dem eigenen Namen führen zu können.[269] Gerichte sind wenig gewillt für Namen ein exklusives Schutzrecht zu geben und demnach anderen Namensträgern die Nutzung zu verweigern. Zu beachten ist dabei, dass nur dann Namen unter diese Vorschrift fallen, wenn die Marke für die Zielgruppe in der Tat primär die Bedeutung eines Nachnamens hat.[270] Wenn ein Begriff demnach ein übliches Wort der englischen Sprache und zugleich ein Nachname ist, wird er in der Regel nicht primär als Nachname verstanden.[271] Das Hinzufügen von Zusätzen oder Gattungsbezeichnungen verhindert den Eindruck eines Nachnamens nicht; hingegen fallen Namen von bekannten historischen Persönlichkeiten nicht unter dieses Eintragungshindernis, wenn kein vernünftiger Verbraucher eine Verbindung mit dem Produkt annehmen wird.[272] Auch die Form, in der die Marke eingetragen werden soll, kommt dabei Bedeutung zu: Wenn der Name in einer stark stilisierten Form eingetragen werden soll, so dass die Form selbst unterscheidungsstark ist, kann es sein, dass die Marke nicht mehr primär als ein Nachname aufgenommen wird.[273]

(4) Irreführend falsche Beschreibungen (*deceptively misdescriptive*), 15 U.S.C. § 1052(e)(1) und (3)

Wenn eine Marke eine irreführend falsche Produkt- oder Ortsbeschreibung enthält, ist sie ebenfalls nicht eintragbar. Eine solche liegt dann vor, wenn die Beschreibung nicht zutreffend ist, Verbraucher die falsche Beschreibung jedoch glauben könnten.[274] Es darf sich nur um geringfügige Irreführungen handeln,[275] da ansonsten der Tatbestand der täuschenden Bezeichnung aus 15 U.S.C. § 1052(a) eingreift.[276]

[269] *Barrett*, Intellectual Property, S. 106.
[270] *In re* Hutchinson Technology Inc., 852 F.2d 552, 554 (Fed. Cir. 1988).
[271] *Schechter/Thomas*, Intellectual Property, § 27.2.3.
[272] A.a.O.
[273] *In re* Benthin Management GmbH, 37 U.S.P.Q.2d 1332, 1334 (P.T.O. T.T.A.B 1995).
[274] Binney & Smith Inc. v. Magic Marker Industries, Inc., 222 U.S.P.Q. 1003, 1011 (P.T.O. T.T.A.B 1984); *Schechter/Thomas*, Intellectual Property, § 27.2.
[275] *Sowade*, S. 90.
[276] Siehe dazu sogleich 2.c).

b) Gattungsbezeichnungen (*generic names*)

Unter eine Gattungsbezeichnung fasst man Begriffe, die von möglichen Käufern als die Bezeichnung der generellen Kategorie, des Typus oder der Klasse der mit ihr markierten Ware verstanden werden.[277] Bei den Eintragungshindernissen wird die Bezeichnung *generic name* vom Gesetz nicht ausdrücklich erwähnt, allerdings kann der Ablehnung einer Eintragung an Hand des Wortlautes ohne weiteres begründet werden: Eine Gattungsbezeichnung ist der ultimative Fall einer beschreibenden Bezeichnung unter 15 U.S.C. § 1052 (e)(1) und kann auch mangels Unterscheidungskraft nie die Funktion einer Marke erfüllen (vgl. Einleitungssatz der Norm).[278] Auch Begriffe, die ursprünglich als Marke eingetragen waren, können von der Bevölkerung als Gattungsbezeichnung für ein Produkt übernommen werden und demnach ihre Unterscheidungskraft verlieren. Die Grenze zwischen beschreibenden Begriffen und Gattungsbezeichnungen ist schwer zu ziehen. Als Abgrenzung empfiehlt sich folgende Faustformel:[279] Ein *descriptive term* beschreibt die Sache, ein *generic name* benennt sie hingegen; erstere sind oft Adjektive, letztere Nomen. Bei der Beurteilung ist generell in zwei Schritten vorzugehen: Zuerst ist die genaue Gattung des Produktes festzulegen und erst dann ist danach zu fragen, ob die einzutragende Marke als Bezeichnung für diese Gattung verstanden wird.[280]

c) Täuschende Bezeichnung (*deceptive terms*), 15 U.S.C. § 1052(a)

Eine täuschende Bezeichnung ist als Steigerung der irreführend falschen Bezeichnung zu verstehen: Neben der Tatsache, dass die Beschreibung nicht zutrifft und von der Bevölkerung jedoch als glaubhaft verstanden wird, ist bei einer täuschenden Bezeichnung davon auszugehen, dass sie den Ausschlag für die Kaufentscheidung der Verbraucher gibt.[281] Bei der Beurteilung der anfänglichen Unterscheidungskraft spielt die Differenzierung zwischen den beiden Schutz-

---

277 Restatement (Third) of Unfair Competition, § 15(1).

278 *Barrett*, Intellectual Property, S. 103; *McCarthy*, § 12:57, der jedoch auch darauf hinweist, dass bei Nachweis von *secondary meaning* die Ablehnung stets nicht nur wegen des beschreibendes Charakters, sondern wegen der Funktion als Gattungsbezeichnung zu erfolgen hat, da nur letztere nie eingetragen werden können.

279 *McCarthy*, § 12:20.

280 H. Marvin Ginn Corp. v. International Association of Fire Chiefs, Inc., 782 F.2d 987, 990 (Fed. Cir. 1986); dabei bereits der erste Teil des Testes oft Schwierigkeiten, da insbesondere bei Produktneuheiten nicht klar ist, was Gattungsbezeichnung und was Name des Ware ist, vgl. nur A.J. Canfield Co. v. Honickman, 808 F.2d 291 (3rd Cir. 1986).

281 *In re* Budge Manufacturing Co., 857 F.2d 773, 775 (Fed. Cir. 1988); *U.S.P.T.O.*, TMEP, § 1203.02(a).

hindernissen noch keine Rolle; sie wird erst bei der Frage relevant, ob eine Eintragung durch Nachweis von *secondary meaning* ermöglicht werden kann.[282]

d) Unsittliche und anstößige Bezeichnungen *(immoral or scandalous terms)*, 15 U.S.C. § 1052(a)

Durch diese Vorschrift möchte man vermeiden, dass auch nur der Eindruck entstehen könne, der Staat schütze Marken, die ein bedeutender Teil der Bevölkerung als anstößig versteht.[283] Dabei besteht die Tendenz, auf Grund der sich immer schneller wandelnden Ansichten, den Tatbestand sehr eng auszulegen.[284]

e) Funktionalität *(functional marks)*, 15 U.S.C. § 1052(e)(5)

Hersteller versehen ihre Produkte oft mit Elementen und Attributen, die die Waren besser funktionieren lassen, einfacher zu handhaben, billiger zu produzieren oder zu verschicken machen – derartige Bestandteile werden als funktional angesehen und sind nicht als Marke eintragbar.[285] Hintergrund dieser Regelung ist, dass im amerikanischen Markenrecht das Recht, durch Imitation des Produktes des Konkurrenten im Wettbewerb mithalten zu können, stark betont wird.[286] Die strengen und zeitlich begrenzten Regelungen des Urheber- und Patentrechts sollen nicht unterlaufen werden können.

In der *Inwood*-Entscheidung[287] stellte der Supreme-Court fest, dass Produktbestandteile dann als funktional anzusehen sind, wenn sie für den Gebrauch oder den Zweck der Ware unabkömmlich sind oder die Kosten der Herstellung oder die Qualität beeinflussen.

In der *Qualitex*-Entscheidung[288] wurde dieses Erfordernis so ausgelegt, dass dies insbesondere dann der Fall sei, wenn das exklusive Nutzungsrecht bei Mitbe-

---

[282] Vgl. dazu 15 U.S.C. § 1052(f).
[283] *Schechter/Thomas*, Intellectual Property, § 27.5.
[284] A.a.O.
[285] *Schechter/Thomas*, Intellectual Property, § 28.2.
[286] *In re* Morton Norwich Products Inc., 671 F.2d 1332, 1336 (C.C.P.A. 1982).
[287] Inwood Laboratories, Inc. v. Ives Laboratories, Inc., 456 U.S. 844 (1982), in der es um die Nachahmung von Medikamentenkapseln ging; zur Entwicklung der Rspr.: *McCormick*, 40 Hous. L. Rev. 541.
[288] Qualitex Co. v. Jacobson Products Co., 514 U.S. 159 (1995), hier ging es um die farbliche Gestaltung von Pads.

werbern zu einem wettbewerblichen Nachteil führe. Dass dies jedoch nur bei ästhetischer Funktionalität gilt, wurde in der *Traffix*-Entscheidung[289] klargestellt.

Demnach sind heute zwei Kategorien von Funktionalität denkbar: Wenn ein Element wesentlich für Gebrauch oder Zweck des Gegenstandes ist oder dessen Preis oder Qualität beeinflusst, liegt Funktionalität im klassischen Sinne vor. Wenn nach dieser Definition Funktionalität vorliegt, spielt es keine Rolle, ob alternative Gestaltungsmöglichkeiten vorhanden wären.[290] Sollte darüber hinausgehend eine wettbewerbliche Notwendigkeit für die Kopierbarkeit eines Bestandteils bestehen, liegt ästhetische Funktionalität vor und es besteht keine Eintragungsmöglichkeit.[291] Im Rahmen dieser ästhetischen Funktionalität hingegen spricht das Vorliegen alternativer Designs gegen die Notwendigkeit, die Nutzung dieses Design auch anderen Wettbewerbern zu gestatten.[292]

f) Prioritätsältere Kennzeichen (*prior use*), 15 U.S.C. § 1052(d)

Eine Eintragung kann nicht erfolgen, wenn das einzutragende Zeichen aus einer Marke besteht, die einer im Register des U.S. Patent and Trademark Office eingetragenen, oder einer Marke oder einem Handelsnamen, die oder der bereits in den Vereinigten Staaten von einem anderen benutzt und nicht aufgegeben wurden, ähnelt, so dass bei deren Benutzung auf oder in Verbindung mit den Gütern des Antragstellers, die Gefahr besteht, dass Verwechslungen, Irrtümer oder Täuschungen hervorgerufen werden.[293] Nicht nur eingetragene Marken, sondern auch Common-Law-Marken und Unternehmenskennzeichen können demnach einer Eintragung entgegenstehen. Allerdings kann zum Teil ein *concurrent use*-Verfahren, bei dem dann beide Marken für getrennte Gebiete zur Eintragung kommen, durchgeführt werden.[294]

Zur Beurteilung der Verwechslungsgefahr wendet das U.S. Patent and Trademark Office dabei in der Regel die *DuPont*-Faktoren[295] an: Diese umfassen unter anderem die Ähnlichkeit der Marken, Waren und Handelskanäle, die Ver-

---

[289] Traffix Devices, Inc. v. Marketing Displays, Inc., 532 U.S. 23 (2001).
[290] *Traffix*, 532 U.S. 23, 33 f.
[291] *Koschtial*, S. 111 f, *McCormick*, 40 Hous. L. Rev. 541, 566 f.
[292] *McCormick*, 40 Hous. L. Rev. 541, 568.
[293] "Consists of or comprises a mark which so resembles a mark registered in the Patent and Trademark Office, or a mark or trade name previously used in the United States by another and not abandoned, as to be likely, when used on or in connection with the goods of the applicant, to cause confusion, or to cause mistake, or to deceive [...]".
[294] Vgl. 15 U.S.C. § 1052(d).
[295] *Application of* DuPont DeNemours Co., 476 F.2d 1357 (C.C.P.A. 1973).

kaufsbedingungen, die Berühmtheit der Marke, die Anzahl ähnlicher Marken in Gebrauch für ähnliche Güter, tatsächlich eintretende Verwechslungen, die Dauer der gleichzeitigen Nutzung, ohne dass Verwechslungsgefahr eingetreten ist, und die Anzahl der Waren, für welche dieselbe Marke verwendet wird. Eine Ablehnung der Eintragung wird jedoch selten auf diesen Grund gestützt, da Prüfer dafür sowohl eine ähnliche Marke ausfindig machen und auch noch deren andauernde Nutzung nachweisen müssten.[296]

g) Zusätzliche Schutzhindernisse aus dem Lanham Act

Die bislang genannten Eintragungshindernisse entsprechen im Wesentlichen auch den Common-Law-Grundsätzen; darüber hinausgehend wurden jedoch in 15 U.S.C. § 1052 einige weitere Schutzhindernisse aufgenommen: Der Absatz (a) enthält ergänzend zu den sittenwidrigen und täuschenden Marken auch ein Eintragungshindernis für Zeichen, die eine lebende oder verstorbene Person, eine Institution, einen Glauben oder ein nationales Symbol herabsetzen, fälschlicherweise eine Verbindung mit denselben suggerieren, diese verächtlich machen oder in Verruf bringen.[297]

Für geographische Herkunftsbezeichnungen, die auf oder in Verbindung mit Wein oder Spirituosen verwendet werden und die einen anderen als den Herkunftsort der Güter bezeichnen und erstmals ein Jahr nach Inkrafttreten des WTO-Abkommens für die USA für derartige Güter genutzt werden,[298] sieht 15 U.S.C. § 1052(a) ein gesondertes Eintragungshindernis vor.

Darüber hinaus können Marken, die der Flagge, dem Wappen oder anderen Insignien der Vereinigten Staaten, einem Bundesstaat, einer kommunalen Körperschaft oder einer ausländischen Nation entsprechen oder eine Imitation derselbigen enthalten, gemäß 15 U.S.C. § 1052(b) nicht eingetragen werden.

15 U.S.C. § 1052(c) verhindert die Registrierung von Marken, die den Namen, das Portrait oder die Unterschrift einer lebenden Person darstellen, sofern keine

296 *Sowade*, S. 186 f.

297 "Matter which may disparage or falsely suggest a connection with persons, living or dead, institutions, beliefs, or national symbols, or bring them into contempt, or disrepute".

298 "A geographical indication which, when used on or in connection with wines or spirits, identifies a place other than the origin of the goods and is first used on or in connection with wines or spirits by the applicant on or after one year after the date on which the WTO Agreement (as defined in section 3501(9) of Title 19) enters into force with respect to the United States".

schriftliche Einverständniserklärung vorliegt (bei verstorbenen Präsidenten wird dies noch auf die Lebzeiten der Witwen ausgedehnt).

Verwässerungsgefahr steht der Eintragung nicht entgegen, kann aber im Rahmen von Widerspruch oder eines Löschungsantrages von der betroffenen Partei gelten gemacht werden.[299]

3. Überwindung durch Erwerb von *Secondary Meaning*

Einige dieser Schutzhindernisse können jedoch durch den Erwerb von *Secondary Meaning* überwunden werden: Das Gesetz selbst spricht in 15 U.S.C. § 1052(f) von erworbener Unterscheidungskraft, der Begriff des *Secondary Meaning* aus dem Common Law wird jedoch vielfach auch im Zusammenhang mit dem Lanham Act verwendet.[300]

Eine Marke hat Unterscheidungskraft erworben, wenn potenzielle Käufer als Ergebnis ihrer Nutzung sie nun als ein Zeichen zur Identifizierung von Waren oder Dienstleistungen ansehen.[301] Demnach hat die Marke neben der buchstäblichen Bedeutung eine weitere dazu gewonnen,[302] wobei die zweite Bedeutung dann jedoch tatsächlich diejenige sein muss, die die Öffentlichkeit primär mit der Marke verbindet.[303] Dies wird dann angenommen, wenn ein beträchtlicher Anteil,[304] jedoch nicht notwendigerweise die Mehrheit[305] der betroffenen Kunden, von Unterscheidungskraft ausgeht. Je mehr eine Marke beschreibenden Charakter hat, desto höher können die Voraussetzungen an den Beweis für den Erwerb der Unterscheidungskraft gesetzt werden.[306]

Als Beweismittel können dabei unter anderem Verbraucherumfragen, Benutzung der Marke in Handelsfachzeitschriften, Verkaufszahlen, Ausmaß und Umfang von Werbemaßnahmen, Dauer und Umfang der Nutzung sowie tatsächliche

---

[299] 15 U.S.C. § 1052 a.E.

[300] *Schechter*, Unfair Trade Practices and Intellectual Property, S. 60 f.

[301] Restatement (Third) of Unfair Competition, § 13(b).

[302] *Sowade*, S. 81 m.w.N.

[303] *McManis*, Unfair competition and Intellectual Property, S. 126.

[304] *„Appreciable number*" in: Centaur Communications Lt. v. A/S/M Communications, Inc., 830 F.2d 1217, 1222 (2d Cir. 1987); *„substantial part*“ in: President and Trustees of Colby College v. Colby College New Hampshire, 508 F.2d 804, 808 (1st Cir. 1975), *Sowade*, S. 85 mit Zahlennachweisen.

[305] *McCarthy*, § 15:45.

[306] *Schechter/Thomas*, Intellectual Property, § 27.2.4.; *McCarthy*, § 15:28.

Verwechslungen verwendet werden,[307] wobei erstere oft als am überzeugendsten angesehen werden.[308] Nach fünfjähriger ausschließlicher und ununterbrochener Nutzung wird der Erwerb von Unterscheidungskraft prima facie vermutet.[309]

Zu beachten ist, dass nicht alle Schutzhindernisse durch den Erwerb von Unterscheidungskraft überwunden werden können. 15 U.S.C. § 1052(f) sieht dies nur hinsichtlich beschreibender Angaben vor und auch dabei ist noch eine nähere Differenzierung vorzunehmen: Marken, die ein Produkt oder dessen geographische Herkunft beschreiben bzw. primär als Nachname verstanden werden, können durch Erwerb von *secondary meaning* unterscheidungskräftig werden. Handelt es sich um eine irreführende Produktbeschreibung, gilt das gleiche; bei einer irreführenden geographischen Herkunftsangabe hingegen ist dies seit NAFTA nicht mehr möglich.[310] Hier ist nun die Abgrenzung zwischen lediglich irreführenden und täuschenden Angaben von Bedeutung: Nur letztere können nie eingetragen werden, da § 1052(f) dies ausdrücklich ausschließt.

II. Entstehung der Markenrechte durch Benutzung

15 U.S.C. § 1051(a) i.V.m. § 1127 zeigt, dass die Nutzung einer Marke zur Identifizierung von Gütern primärer Entstehungstatbestand ist: Durch *use in commerce* wird nach Common Law die Inhaberschaft an einer Marke begründet.

Unter *commerce* ist dabei gemäß 15 U.S.C. § 1127 der Handel zu verstehen, der vom Kongress nach der Verfassung geregelt werden darf, d.h. gemäß U.S. Const. art. I, § 8, cl. 3 Handel über die Grenzen einzelner Bundesstaaten hinweg, sowie internationaler Handel und der mit indianischen Stämmen.

Unter diesen sogenannten *interstate commerce* fallen beispielsweise folgende Fälle: Versendung eines Produkts über die Grenzen einzelner Gliedstaaten bzw. des Landes hinweg, Werbung außerhalb des Heimatstaates aber auch Bewirtung von Reisenden oder Verkauf an Touristen.[311] Insbesondere durch die stark verbreitete Nutzung des Internets wird dieses Merkmal in den seltensten Fällen ein Problem sein. Selbst bei rein innerstaatlichem Verkauf besteht die Möglichkeit,

[307] American Scientific Chemical, Inc. v. American Hospital Supply Corp., 690 F.2d 791, 793 (9th Cir. 1982); Echo Travel, Inc. v. Travel Associates, Inc. 870 F.2d 1264,1371 (7th Cir. 1989); *McCarthy*, § 15:30.

[308] Vision Sport, Inc. v. Melville Corp., 888 F.2d 609, 615 (9th Cir. 1989).

[309] 15 U.S.C. § 1052(f).

[310] 15 U.S.C. § 1052(f) schließt dies durch den Verweis auf das Schutzhindernis (e)(3) gerade aus.

[311] *Elias/Stim*, Patent, Copyright & Trademark, S. 407.

den zwischenstaatlichen Handel zu beeinflussen, zum Beispiel durch Beeinträchtigung des Rufes einer national eingetragenen Marke.[312]

Eine Marke muss aber gerade in Abgrenzung zum privaten Gebrauch auch im geschäftlichen Verkehr in Zusammenhang mit Gütern genutzt werden, um Rechte zu erwerben. Der rein interne Gebrauch genügt dabei nicht; erforderlich ist, dass eine Nutzung in Richtung der Konsumenten zu erfolgen hat.[313] Seit Einführung der *Intent-to-Use*-Anmeldungen sind auch die Voraussetzungen an die Nutzung gestiegen: Rein symbolische Benutzung genügt nicht mehr,[314] d.h. die Nutzung darf nicht nur unerheblich sein. Es muss sich um eine gutgläubige Benutzung im normalen Wirtschaftsverkehr handeln, die nicht nur der Reservierung der Marke dient. Beispielsweise sind einige wenige Verkäufe oder der Versand an Freunde nicht ausreichend.[315]

Rechte an einer Marke können nur bei deren Benutzung entstehen, die Registrierung allein begründet keine Rechte, sondern knüpft nur zusätzliche Rechtsfolgen an das durch Common Law entstehende Recht an.

III. Eintragung

Auf Bundesebene wurde anfangs durch die Registrierung nur an eine bereits durch Common Law entstandene Marke angeknüpft und nach Eintragung dann bundesweiter Schutz gewährt. In der Zwischenzeit sind auch andere Entstehungstatbestände anerkannt, auf die im Folgenden kurz eingegangen werden soll.

1. Benutzungsmarken

Die Anmeldung einer bereits in Gebrauch befindlichen Marke bleibt gemäß 15 U.S.C. § 1051(a) der Grundfall: Wer eine Marke im geschäftlichen Verkehr nutzt, kann sie zur Eintragung im Hauptregister des Patent- und Markenamtes anmelden. Nach Prüfung der Eintragungsfähigkeit der Marke wird diese in der Official Gazette des U.S. Patent and Trademark Office veröffentlicht,[316] worauf-

[312] *McCarthy*, § 19:117, § 19:123.
[313] *Barrett*, Intellectual Property, S. 109.
[314] *Schechter/Thomas*, Intellectual Property, § 26.2.1.1.
[315] "One must win the race to the market place" aus: Zazu Designs v. L'Oreal, 979 F.2d 499, 503 (7th Cir. 1992).
[316] 15 U.S.C. § 1062(a).

hin jeder, der sich durch die Eintragung in eigenen Rechten verletzt glaubt, innerhalb von 30 Tagen Widerspruch gegen die Eintragung einlegen kann.[317]

Erst wenn kein Widerspruch eingegangen oder ein solcher erfolglos geblieben ist, wird dem Antragsteller ein Registrierungsurkunde ausgehändigt, die unter anderem angibt, für welche Warenklassen die Eintragung gewährt wurde.[318] Eine Eintragung ist jeweils für 10 Jahre gültig, kann jedoch bei Zahlung der Gebühren und Einreichung einer eidesstattlichen Erklärung, dass die Marke weiterhin im geschäftlichen Verkehr genutzt wird, beliebig oft verlängert werden.[319]

2. *Intent-to-use*-Anmeldung

1988 wurde durch den Trademark Law Revision Act die Möglichkeit der *Intent-To-Use*-Anmeldungen eingeführt, welche sich in 15 U.S.C. § 1051(b) wiederfinden: Wer die gutgläubige Absicht hat, eine Marke im geschäftlichen Verkehr zu nutzen, kann auch bereits vor der tatsächlichen Nutzung deren Eintragung beantragen.[320]

Nach einer anfänglichen Prüfung der gesetzlichen Voraussetzungen und der anschließenden Veröffentlichung, wird – sofern kein Widerspruch eingeht – eine sogenannte *notice of allowance* erteilt.[321] Zur Eintragung kommt es erst, wenn innerhalb von 6 Monaten durch eine beglaubigte Erklärung (sogenannte *allegation of use*) nachgewiesen werden kann, dass die Marke nun tatsächlich im geschäftlichen Verkehr genutzt wird, wobei diese Frist insgesamt auf maximal 36 Monate verlängerbar ist.[322] In der Zeit zwischen beantragter und tatsächlicher Eintragung besteht sogenannter *constructive use*:[323] Für Zwecke der Priorität wird der Tag, an dem die *Intent-to-Use*-Anmeldung beim U.S. Patent and Trademark Office einging, als Prioritätstag gewertet. Demnach kann durch eine solche Anmeldung eine frühere Priorität erlangt werden; Rechtsverletzungen werden jedoch in diesem Zeitraum noch nicht anerkannt,[324] da die Marke als solche erst mit der Benutzung entsteht.

---

317 15 U.S.C. § 1063(a).
318 15 U.S.C. § 1063(b), § 1057(a).
319 15 U.S.C. § 1058(b), § 1059(a).
320 "A person who has a bona fide intention [...] to use a trademark in commerce may request registration of its trademark on the principal register"; die näheren Erfordernisse für eine Anmeldung ergeben sich aus 15. U.S.C. § 1051(a)(1)-(4).
321 15 U.S.C. § 1063(b)(2).
322 15 U.S.C. § 1051(d)(1) und (2).
323 15 U.S.C. § 1057(c)(2).
324 *McCarthy*, § 26:38.

3. Konsequenzen der Eintragung

Die Eintragung selbst lässt das Markenrecht zwar nicht entstehen, an sie sind jedoch einige Rechtsfolgen geknüpft: Sie stellt einen prima-facie-Beweis für die Rechtsgültigkeit, das ausschließliche Recht, die Marke zu nutzen und für die Inhaberschaft dar.[325] Auch wird die Kenntnisnahme durch die Allgemeinheit ab dem Zeitpunkt der Eintragung fingiert,[326] der Zugang zu den Bundesgerichten und die Nutzung des ®-Zeichens ermöglicht[327] und es werden erweiterte Ansprüche bei Rechtsverletzungen gewährt.[328] Nach 5 Jahren kann die Marke unanfechtbar werden[329] und die Zollbehörden können eingeschaltet werden, um den Import markenrechtsverletzender Waren zu unterbinden.[330] Auch der strafrechtliche Schutz greift nur bei eingetragenen Marken.[331] Darüber hinaus ist mit der Eintragung auch die Registrierung in anderen Staaten möglich.

4. Supplemental Register

Neben dem Hauptregister besteht ein sogenanntes *Supplemental Register* für all diejenigen Marken, die theoretisch fähig sind, die Waren des Antragstellers zu unterscheiden, aber mangels Nachweis von *Secondary Meaning* noch nicht im *Principal Register* eintragbar sind (sofern nicht ein Eintragungshindernis nach 15 U.S.C. §§ 1052 (a)-(d), (e)(3) vorliegt).[332]

Hier ist eine Eintragung jedoch nur für tatsächlich genutzte Marken zulässig, eine *Intent-To-Use*-Anmeldung ist nicht vorgesehen.[333] Das Register wurde geschaffen, um amerikanischen Marken eine ausländische Anmeldung zu erleichtern.[334] Wie bei der bereits erläuterten Eintragung im Hauptregister erfolgt eine Veröffentlichung in der Official Gazette; die Möglichkeit Widerspruch einzulegen, ist allerdings nicht vorgesehen.[335] Die Rechtsfolgen der Eintragung sind denen des Hauptregisters ähnlich, die für den Markeninhaber wohl Interessan-

---

325 15 U.S.C. § 1057(b), 1115(a).
326 15 U.S.C. § 1072.
327 15 U.S.C. § 1121 und § 1111.
328 15 U.S.C. § 1117.
329 15 U.S.C. § 1065, 1115(b).
330 15 U.S.C. § 1124.
331 18 U.S.C. § 2320(e)(1)(A)(ii).
332 15 U.S.C. § 1091(a); die Eintragungshindernisse entsprechen auch denjenigen, die nicht durch den Erwerb von *Secondary Meaning* überwunden werden können.
333 *Barrett*, Intellectual Property, S. 114.
334 A.a.O.
335 15 U.S.C. § 1092.

testen fehlen jedoch: der Anscheinsbeweis, die Kenntnisfiktion, die Unanfechtbarkeit sowie die Unterstützung bei rechtsverletzenden Importen durch die Zollbehörden.[336]

V. Besondere Markenkategorien

1. *Certification marks* (Gütezeichen)

Eine *certification mark* kann genutzt werden, um regionale oder anderweitige Herkunft, Material, Verarbeitungsweise, Qualität, Mängelfreiheit oder andere Eigenschaften von Gütern oder Dienstleistungen anzuzeigen oder ein Nachweis sein, dass die Arbeit an ihnen durch Mitglieder einer Gewerkschaft oder anderen Vereinigung durchgeführt wurde.[337]

Es gelten für die Eintragung der Marke abgesehen von wenigen Ausnahmen die allgemeinen Grundsätze: Gemäß 15 U.S.C. § 1052(e)(2) i.V.m. § 1054 ist beispielsweise hier die Eintragung geographischer Herkunftsangaben möglich.

Der Inhaber der Marke darf diese selbst nicht nutzen, hat aber den Gebrauch der Marke zu kontrollieren und dabei objektiv vorzugehen: Es muss jedem die Nutzung der Marke möglich sein, der die erforderlichen Standards erfüllt; dem widersprechendes Verhalten kann wie auch mangelnde Kontrolle der Standards oder die Verwendung für eigene Waren gemäß 15 U.S.C. § 1064(5) einen Löschungsgrund darstellen.

2. *Collective marks* (Kollektivmarken)

Als *collective mark* kann die Marke einer Genossenschaft, Vereinigung oder einer anderen kollektiven Gruppe oder Organisation eingetragen werden; eingeschlossen sind Marken, die lediglich die Mitgliedschaft in einer solchen anzeigen.[338] Auch hier ist die Eintragung einer geographischen Herkunftsbezeichnung möglich.[339]

---

[336] 15 U.S.C. § 1094 a.E., der auf die anwendbaren Vorschriften verweist; vgl. ausführlich *Sowade*, S. 38 f.

[337] 15 U.S.C. § 1127: "to certify regional or other origin, material, mode of manufacture, quality, accuracy, or other characteristics of such person's goods or services or that the work or labor on the goods or services was performed by members of a union or other organization".

[338] 15 U.S.C. § 1127.

[339] 15 U.S.C. § 1052(e)(2) i.V.m. § 1054.

Wie bei den *certification marks* wird die Marke nur für den Gebrauch durch die Mitglieder gehalten; ist der Markeninhaber selbst in Produktion oder Vertrieb involviert, handelt es sich um eine gewöhnliche *trademark*.[340] Allerdings kann der Markeninhaber die individuellen Güter seiner Mitglieder bewerben.[341] Wenn die Organisation dabei hohe Standards voraussetzt, kann auch die *collective mark* die Funktion einer *certification mark* erfüllen.[342]

3. International registrierte Marken

Für die Schutzerstreckung einer amerikanischen Marke auf andere Länder liegt die Prüfung bei dem jeweiligen Verbandsland; der Lanham Act ist anwendbar, wenn der Schutz einer ausländischen Anmeldung bzw. Eintragung auf die Vereinigten Staaten erstreckt werden soll.

15 U.S.C. § 1141e gibt das Recht, die Schutzerstreckung gemäß dem Protokoll des Madrider Markenabkommens zu verlangen. 15 U.S.C. § 1141h(a) legt fest, dass eine derartige Anfrage wie eine Anmeldung zum Hauptregister zu prüfen ist und demnach das normale Verfahren angewandt wird - mit der Ausnahme, dass die Benutzung der Marke nicht zur Voraussetzung gemacht werden darf. Allerdings wird gemäß 15 U.S.C. § 1141f(a) verlangt, dass eine Erklärung abzugeben ist, in der der Antragsteller die gutgläubige Absicht darlegt, die Marke innerhalb der Vereinigten Staaten auch nutzen zu wollen. 15 U.S.C. § 1141i benennt die Rechtsfolgen einer erfolgten Schutzrechtserstreckung: Diese wird ebenfalls in der Official Gazette veröffentlicht und hat die gleichen Wirkungen wie eine Eintragung im Hauptregister.

4. Notorisch bekannte Marken

In der Regel werden im Sinne des Art. 6bis PVÜ notorisch bekannte Marken (sogenannte *well known marks*) auch in den USA benutzt, so dass diese bereits unter Common Law Schutz erhalten. Rechtsverletzungen können damit bereits mit 15 U.S.C. § 1125, welcher auch uneingetragene Marken umfasst, geahndet werden. Für den wenig wahrscheinlichen Fall, dass keine Benutzung in den USA vorliegt, kann über 15 U.S.C. § 1126(h) jedoch auch auf 15 U.S.C. § 1125 zurückgegriffen werden.[343] Allein die Berühmtheit genügt zwar, um Markenrechte

---

340 *Sowade*, S. 51 m.w.N.
341 *Barrett*, Intellectual Property, S. 91.
342 A.a.O.
343 *McCarthy*, § 29:61.

entstehen zu lassen; ohne Benutzung in den Vereinigten Staaten ist es jedoch nicht möglich, eine Eintragung herbeizuführen.[344] Wie auch Art. 16(2) TRIPS erweitert Art. 1708.6 NAFTA den Anwendungsbereich der notorisch berühmten Marken auf Dienstleistungsmarken.

5. Bekannte Marken

Bekannte Marken sind seit dem Federal Dilution Act durch 15 U.S.C. § 1125(c) besonders geschützt. Für die Beurteilung des Bekanntheitsgrades gibt das Gesetz selbst in 15 U.S.C. § 1125(c)(1) eine Liste möglicher Faktoren vor: Den Grad der Unterscheidungskraft, Dauer und Ausmaß der Nutzung sowie Werbung mit der Marke, die geographische Ausdehnung der Nutzung, die Handelskanäle, sowie den Bekanntheitsgrad der Marke in diesen Gebieten und Kanälen, eine Eintragung in früheren Markenregistern als auch die Frage, ob Dritte die Marke auf ähnlichen Gütern nutzen.

Wann von ausreichender Berühmtheit ausgegangen werden kann, wird von Fall zu Fall entschieden;[345] klare Prozentangaben hinsichtlich des Bekanntheitsgrades sind nicht möglich. Das Gesetz selbst sieht nur vor, dass die genannten Faktoren berücksichtigt werden können, so dass nicht jeder einzelne erfüllt sein muss[346] und auch eine unterschiedliche Gewichtung erfolgen kann. Es gelten nicht die gleichen Standards wie bei der Beurteilung erworbener Unterscheidungskraft;[347] allerdings können diese sehr nah beieinander liegen. So wurde beispielsweise schon bei 40 % Bekanntheit eine berühmte Marke angenommen.[348] Der erweiterte Schutz soll jedenfalls nur bei wahrhaft herausragenden und renommierten Marken gewährt werden,[349] was im Einzelfall zu entscheiden ist.

---

[344] *Sowade*, S. 74.
[345] *Callmann*, § 22:14 mit vielen Nachweisen.
[346] Times Mirror Magazines, Inc. v. Las Vegas Sports News, L.L.C, 212 F.3d 157 (3d Cir. 2000).
[347] *McCarthy*, § 24:09; a.A. *Sowade* S. 74.
[348] Ringling Bros.-Barnum & Bailey Combined Shows, Inc. v. Utah Division of Travel Development, 955 F. Supp. 605, 612 (E.D. Va. 1997).
[349] I.P. Lund Trading ApS v. Kohler Co., 163 F.3d 27, 46 (1st Cir. 1998) unter Verweis auf *McCarthy*, § 24:91.

Kapitel 3 Vergleich

A. Rechtslage

I. Geschichtliche Entwicklung

Das amerikanische Markenrecht hat europäische Wurzeln; sein Grundstock ist demnach mit dem der meisten europäischen Länder identisch. Im Mittelalter wurde eine Marke zwar als Herkunftshinweis verwendet; diente jedoch mehr dem Zweck der Qualitätskontrolle und nicht, um Verwechslungen zwischen verschiedenen Produkten vorzubauen und eine Kundenbindung herbeizuführen. Bemerkenswert ist, dass das Strafrecht bei der Bekämpfung gefälschter Waren im Vordergrund stand.

Erste gesetzliche Regelungen wurden in Deutschland und den USA zu Ende des 19. Jahrhunderts geschaffen, wobei jedoch in den USA auf Grund der stärkeren föderalistischen Struktur Kompetenzprobleme auftraten. Das führte in den Vereinigten Staaten zu einem Nebeneinander von Markengesetzen des Bundes und der Gliedstaaten, die vielfach ineinander greifen.

In Deutschland enthielten die Gesetze von Beginn an Strafnormen, die entsprechend den gemachten Erfahrungen im Laufe der Zeit mehrfach modifiziert wurden.

Zu einem großen Einschnitt kam es in den USA 1879, als der Supreme Court das Markenrecht für verfassungswidrig erklärte. Obwohl die Entscheidung nur auf Grund einer falsch gewählten Kompetenzvorschrift der Verfassung erging, wurde der Kongress beim Erlass neuer Gesetze sehr vorsichtig: Erst der Lanham Act schaffte eine umfassende gesetzliche Regelung, die den Bedürfnissen des Handels angepasst wurde. Eine Strafvorschrift wurde erst Jahrzehnte später und auch erst auf Druck von Interessenverbänden eingeführt. In den letzten Jahren fanden in diesem Bereich verstärkt Reformen statt, wohingegen in Deutschland nach dem Produktpirateriegesetz von 1990 das Strafrecht nur noch um eine Vorschrift zum Schutz der Gemeinschaftsmarke ergänzt wurde.

II. Internationale Einflüsse

Abgesehen vom Madrider Markenabkommen sind beide Länder Verbandsstaaten der wichtigsten internationalen Abkommen. Das Fehlen der Vereinigten Staaten und anderer wichtiger Industrieländer wie Großbritannien oder Japan führte zu einer Abwertung des Madrider Markenabkommens als wahrhaft internationalem Registrierungsabkommen[350] - eine Schwäche, die jedoch durch den Beitritt der USA zum Protokoll dieses Abkommens behoben wurde. Auf Grund der Tatsache, dass im weltweiten Vergleich beide Staaten einen relativ stark ausgeprägten Schutz der Rechte des geistigen Eigentums bieten, sind sie bei den Verhandlungen internationaler Abkommen stets um die Einhaltung eines hohen Standards bemüht. Lediglich bei Rechtsfragen hinsichtlich geographischer Herkunftsangaben bestehen zum Teil größere Diskrepanzen.

Auf Grund der starken Stellung der Vereinigten Staaten nehmen diese oft eine Vorreiterrolle bei Verhandlungen ein und können zum Teil Regelungen durchsetzen, die auf Besonderheiten des amerikanischen Markensystems beruhen: Beispielsweise ist häufig darauf Rücksicht zu nehmen, dass in den USA das inzwischen weltweit nur noch vereinzelt auftretende Benutzungssystem vorliegt. Allerdings zeigt sich auch, dass gerade durch diese Sonderstellung und den Druck internationaler Abkommen dieses System immer mehr aufgeweicht wird und beispielsweise 1988 zur Zulassung von *Intent-To-Use*-Anmeldungen führte.

Auch wenn internationale Vereinbarungen mehrfach zur Anpassung von Markengesetzen führten, ist zu beachten, dass diese sowohl in den USA als auch in Deutschland oft nur marginal waren: Die international konsensfähigen Regelungen bleiben zum Teil hinter den nationalen Standards zurück. Insbesondere die Vereinigten Staaten sind seit den 90er Jahren in der Bekämpfung der Marken- und Produktpiraterie sehr aktiv und versuchen durch flankierende Maßnahmen wie Freihandelsabkommen oder Handelssanktionen,[351] den Schutz geistigen Eigentums weiter zu stärken. Derzeit versucht man sogar die nationale Rechtslage zu verschärfen, um andere Länder ebenfalls zu Änderungen zu bewegen.[352]

Auch die EU will nun auf zollrechtlicher Ebene durch Abkommen mit Handelspartnern die Zusammenarbeit unter anderem im Kampf gegen Markenpiraterie vertiefen.[353] Deutschland ist in seiner Regelungsfreiheit inzwischen durch Verordnungen und Richtlinien der Europäischen Union stark eingeschränkt; allerdings führt dies auch zur gewünschten Rechtsvereinheitlichung im Bereich des

---

350 *Newmann* in: Campell, MAD-1.

351 Section 301 des Trade Act of 1974 (eingeführt durch Pub. L. No. 93-618, Title III, § 301), enthalten in 19 U.S.C. § 2411, erlaubt bei Verstößen gegen Handelsabkommen bzw. sonstige den Handel mit den Vereinigten Staaten beschränkenden Maßnahmen das Aussetzen von in Handelsabkommen vorgesehenen Vorteilen oder das Verhängen von Zöllen oder Einfuhrbeschränkungen, um diesem Verhalten entgegenzuwirken, vgl. dazu näher *Thompson/Herrington*, in: Holbein/Musch, C.8C.

352 H.R. 32, Sec. 1(a)(2)(G) (109th Cong., 2006); H.R. Rep. No. 109-68, S. 7.

353 So z.B. mit China, vgl. Pressemittelung der EU Kommission vom 6.5.2004, IP/04/599.

geistigen Eigentums, die für einen gemeinsamen Binnenmarkt unabdingbar ist. Gerade durch die Einführung der europäischen Gemeinschaftsmarke wurde ein sehr effektives Schutzrecht geschaffen.

Rechtsvereinheitlichung hat für beide Länder entscheidende wirtschaftliche Vorteile:[354] Als Exportländer profitieren beide von schnelleren und kostengünstigeren Eintragungsmöglichkeiten. Auch besteht die Notwendigkeit, den Schutz geistigen Eigentums international zu fördern, da wirtschaftlich erfolgreiche Exportprodukte naturgemäß beliebte Fälschungsobjekte sind. Derzeit profitieren Produktpiraten von Schutzlücken in einigen Staaten – die hohe Mobilität und Flexibilität der Fälscher zwingt zum internationalen Vorgehen im Bereich der Produktpiraterie.[355]

B. Schutzgegenstand

In Deutschland umfassen die Regelungen des Markengesetzes nicht nur Marken, sondern auch geschäftliche Bezeichnungen und geographische Herkunftsangaben. Letztere sind in den Vereinigten Staaten deutlich schwächer geschützt und werden – wie auch die den geschäftlichen Bezeichnungen entsprechenden *trade names* – vom Lanham Act nur am Rande erfasst: Beide Kennzeichenarten können als Schutzhindernisse einer Markeneintragung entgegengesetzt sowie als Einrede gegen eine Markenrechtsverletzung erhoben werden. Geschützt werden sie jedoch nur zivilrechtlich durch 15 U.S.C. § 1125 – eine Vorschrift, die aber auch hinter dem den Marken gewährten Schutz zurückbleibt.[356]

Da strafrechtliche Vorschriften Kern dieser Arbeit sein sollen, beschränken sich meine Ausführungen auf den Schutz von Marken.[357]

---

[354] Zur Notwendigkeit internationalen Rechtsschutzes siehe allgemein auch *Hubmann/Götting*, Gewerblicher Rechtsschutz , § 3 Rn 1 ff.

[355] Dieses Phänomen war beispielsweise Anfang der 90er Jahre zu beobachten: Nachdem Thailand, das als Zentrum der Musikpiraten galt, verstärkt gegen Schutzrechtsverletzungen vorging, zogen die Produktpiraten nach China und danach nach Hong Kong und Macau weiter, vgl. dazu *Paradise*, S. 31.

[356] Z.B. sind bei *Counterfeiting*-Fällen keine erweiterten Schadensersatzklagen wie bei 15 U.S.C. § 1117 möglich.

[357] Zum strafrechtlichen Schutz geschäftlicher Bezeichnungen und geographischer Herkunftsangaben knapp: *Schiwek*, S. 167 ff; zu letzerem auch: *Fürmann,* MarkenR 2003, 381 ff.

I. Schutzfähige Zeichen

Dreh- und Angelpunkt beider Markengesetze ist die Unterscheidungskraft. Nur diese kann gewährleisten, dass eine Marke die ihr zugedachten Aufgaben erfüllt, zu denen in erster Linie die Herkunftsfunktion, sowie auch die Werbefunktion und die Garantiefunktion zählen. Dabei besteht zwischen den USA und Deutschland der Unterschied, dass erstere vor allem den Verbraucher und die Vermeidung von Verwechslungsgefahr im Auge haben, wohingegen in Deutschland die Rechtsprechung vermehrt auch auf die Rechte des Markeninhabers und die Ausgestaltung des Markenrechts als Eigentumsrecht verweist.[358]

Entscheidend ist jedoch, dass trotz dogmatisch leicht unterschiedlicher Begründung nur bei Unterscheidungskraft die Marke ihrer Rolle gerecht werden kann. Auch bei neueren Markenformen, die von beiden Staaten gleichermaßen anerkannt werden, reduziert sich die Frage der Schutzfähigkeit oft auf die Unterscheidungskraft.[359] Im mehr pragmatisch ausgerichteten amerikanischen Markenrecht wird dabei nicht zwischen abstrakter und konkreter Unterscheidungskraft differenziert, sondern nur auf letztere abgestellt – was aber im Ergebnis keinen Unterschied ergibt, da die abstrakte Unterscheidungskraft quasi in der konkreten enthalten ist. Insofern ergeben sich bei deren Beurteilung demnach auch praktisch kaum Unterschiede. Allerdings zeigt sich bei der Behandlung fremdsprachiger Ausdrücke, dass die Vereinigten Staaten ein Einwanderungsland sind: Während man in Deutschland darauf abstellt, ob der Ausdruck den inländischen Verbrauchern geläufig ist,[360] wird in den USA die Marke ins Englische übersetzt und erst danach bewertet.

Die Schutzhindernisse der fehlenden Unterscheidungskraft und des beschreibenden Charakters[361] sind in der Fallgruppe *descriptive marks* enthalten, deren Unterteilung auch den gesamten Katalog des § 8 Abs. 2 Nr. 2 MarkenG wiedergibt. Das Bedürfnis der Konkurrenten, ihre Produkte angemessen zu bezeichnen, wird dabei im Rahmen der Abgrenzung der lediglich *descriptive terms* zu unterscheidungskräftigen *suggestive marks* als Kriterium verwendet. Auch im deutschen Recht überschneiden sich diese zwei getrennt geführten Fallgruppen in der Regel.

Die Fallgruppe der *generic names* entspricht im Wesentlichen den Gattungsbezeichnungen des § 8 Abs. 2 Nr. 3 MarkenG.

---

[358] *Rayle*, 7 J. Intell. Prop. L. 227, 233 ff.

[359] Zu den einzelnen Markenformen vgl. ausführlich *Sowade*, S. 90 ff.

[360] HK-*Fuchs-Wissemann*, § 8 Rn 14.

[361] § 8 Abs. 2 Nr. 1 und Nr. 2 MarkenG.

Einen gesonderten Blick verdienen Marken, die ein gestalterisches Element der Ware selbst (Design) oder deren Verpackung darstellen, da beide Markengesetze diesbezüglich spezielle Regelungen enthalten: Die Form einer Marke, worunter auch deren Verpackung gefasst werden kann,[362] ist ausdrücklich in § 3 Abs. 1 MarkenG genannt. Bei Formmarken sind gesondert nur die in Abs. 2 genannten Ausschlussgründe zu beachten, ansonsten sind die üblichen Eintragungsvoraussetzungen und Schutzhindernisse zu prüfen. Im amerikanischen Recht wurde durch die *Walmart*-Entscheidung den gestalterischen Elementen (*product design*) grundsätzlich die anfängliche Unterscheidungskraft abgesprochen. In Deutschland hingegen können diese weiterhin – sofern sie vom Verkehr als unterscheidungskräftig angesehen werden – auch ohne Nachweis von Verkehrsdurchsetzung eingetragen werden; demnach stellt das deutsche Markenrecht in diesem Punkt geringere Anforderungen.[363] Die in § 3 Abs. 2 MarkenG genannten Ausschlussgründe entsprechen inhaltlich im Wesentlichen der *functionality doctrine* und schließen alle Marken von der Eintragung aus, die für die Funktion der Ware oder deren ästhetischem Wert von maßgeblicher Bedeutung sind. Dabei zeigt sich das amerikanische Recht sehr wettbewerbsfreundlich und verhindert sogar die Eintragung von Markenformen, die lediglich Einfluss auf die Kosten der Herstellung haben. Bei der Frage, ob das Element für die Funktionsfähigkeit des Produktes von Bedeutung ist, liegt der EuGH – im Gegensatz zu alten BGH-Entscheidungen – mit der amerikanischen Rechtsprechung auf einer Linie: Das Vorhandensein alternativer Designs, die ebenfalls die gleiche Wirkung hervorrufen, ist bei der Beurteilung unerheblich, da derartige Elemente nicht dem Markenrecht sondern spezielleren Schutzrechten wie Patenten unterfallen. Der in § 3 Abs. 2 Nr. 3 MarkenG enthaltene Ausschlussgrund, der ästhetische Elemente umfasst, entspricht dem US-Recht: Hier findet sich die Lehre der *aesthetic functionality* wieder, die dort zwar auch aber auf weniger Widerstand stößt als in Deutschland[364] – auch in diesem Punkt zeigt sich eine wettbewerbsfreundlichere Tendenz des amerikanischen Markenrechts.

Bei den durch das Markenrecht selbst bedingten Ausschlussgründen gibt es einen weiteren wichtigen Unterschied: Auf Grund der Tatsache, dass in Deutschland das Widerspruchsverfahren erst nach der Eintragung erfolgt und nicht wie in den USA dieser vorgeschaltet ist, werden in Deutschland prioritätsältere Rechte Dritter erst nach der Eintragung im Rahmen eines Widerspruchs geprüft. Im Gegensatz zu den USA ist keine Prüfung von Amts wegen erforderlich: Dieser Ablehnungsgrund kommt dort zwar selten zur Anwendung; durch die Mög-

[362] *Ingerl/Rohnke*, § 3 Rn 34.
[363] So auch *Sowade*, S. 146; *Koschtial*, S. 385.
[364] Kritisch beispielsweise: *Götting/Hubmann*, Gewerblicher Rechtsschutz, § 37 Rn 16; *Kur*, FS DPA, S. 191 ff.

lichkeit vor Eintragung bereits Widerspruch einzulegen, werden Rechte Dritter jedoch früher im Verfahren berücksichtigt.

Bei den Schutzhindernissen, die nicht unmittelbar markenrechtliche Problematiken zum Gegenstand haben, finden sich nur kleinere Abweichungen.[365]

Bei der Überwindung der Schutzhindernisse bestehen praktisch relevante Unterschiede: Vor allem kann eine Gattungsbezeichnung in Deutschland bei Verkehrdurchsetzung eingetragen werden, *generic names* bleibt in den USA diese Möglichkeit verwehrt.[366] Hinsichtlich des Bekanntheitsgrades setzt man hingegen in Deutschland strengere Maßstäbe an: Auch wenn sich kein Gericht auf eine Zahl festlegen möchte, werden oft 50 % Verkehrsbekanntheit als Untergrenze angesehen.[367] In den Vereinigten Staaten hingegen lässt man eine beträchtliche Anzahl genügen, die nicht zwingend eine Mehrheit ausmachen muss.

II. Entstehung von Markenrechten

Bei der Entstehung von Markenrechten zeigt sich der grundlegende Unterschied zwischen Deutschland und den USA: Letztere haben ihr System auf der Benutzung aufgebaut. Markenrechte entstehen bereits nach Common Law durch Benutzung und konnten anfangs nur unter dieser Voraussetzung eingetragen werden. Durch die *Intent-To-Use*-Anmeldung, die bei Antragstellung nur den Willen zur späteren Benutzung verlangt, wurde das Erfordernis bereits aufgeweicht. Allerdings kann erst nach Benutzung die endgültige Eintragung erfolgen. Des Weiteren ist bei einem Verlängerungsantrag die Benutzung im geschäftlichen Verkehr nachzuweisen; mangelnde Benutzung kann auch einer Verletzungsklage entgegengesetzt oder im Löschungsverfahren angeführt werden.[368]

Auch in Deutschland spielt die Benutzung eine wichtige Rolle, jedoch nicht eine derart zentrale wie in den USA: Die Grundform der Entstehung einer Marke ist die Eintragung – zwar verlangt der BGH auch die Absicht, diese im geschäftlichen Verkehr nutzen zu wollen, was jedoch nur in Ausnahmefällen verneint wird.[369] Allerdings ist die Benutzung auch bei vielen anderen Situationen von

365 Vergleiche dazu näher: *Sowade*, S. 185 f.
366 15 U.S.C. § 1052(f).
367 Vgl. dazu Kap. 1, I.1.b).
368 15 U.S.C. § 1064 und § 1115, vgl. nur *McCarthy*, § 34:5.
369 BGH GRUR 2001, 242, 245 – Classe E.

Bedeutung: Mangelnde Benutzung kann als Einrede gegen Verletzungsklagen[370] erhoben oder als Verfallsgrund[371] angeführt werden.

Die Benutzung einer Marke ist jedoch auch in Deutschland ein Entstehungstatbestand: Durch Verkehrsgeltung können gemäß § 4 Abs. 3 MarkenG Markenrechte erworben werden. Allerdings ist – im Unterschied zu amerikanischen Common Law Marken – eine gewisse Verkehrsbekanntheit Voraussetzung.

III. Besondere Markenkategorien

Das amerikanische Markenrecht enthält mit den *certification marks* ein dem deutschen MarkenG unbekanntes Rechtsinstitut. Allerdings führt dies nicht zu großen Unterschieden, da für diese Fallgruppe im deutschen Recht zumeist Kollektivmarken verwendet werden.[372] Bei diesen können auch den *certification marks* entsprechende Voraussetzungen für die Mitgliedschaft im Verband und die Benutzung der Marke in der Markensatzung aufgestellt werden.[373] Hinsichtlich der Inhaberschaft stellt das MarkenG engere Voraussetzungen auf: Gemäß § 98 MarkenG können nur rechtsfähige Verbände oder juristische Personen des öffentlichen Rechts Inhaber einer Kollektivmarke sein – im US-Recht kann eine solche Marke von jeder rechtsfähigen Person gehalten werden.[374]

Im deutschen Recht ist jedoch im Gegensatz zur amerikanischen *collective mark* und *certification mark* die Benutzung der Marke durch den Inhaber möglich.

Durch den Beitritt der USA zum Protokoll des Madrider Markenabkommen hat die internationale Registrierung nun auch Rechtsgeltung für den amerikanischen Markt erlangt.

Für die notorisch bekannten Marken im Sinne der Pariser Verbandsübereinkunft ist ein separater Entstehungstatbestand wie in Deutschland nicht vorgesehen, da derart bekannte Marken in der Regel bereits durch Common Law entstehen und demnach eintragungsfähig sind. Zwar besteht ohne Benutzung keine Eintragungsmöglichkeit; Schutz wird jedoch wie für Common Law Marken über die Generalklausel des 15 U.S.C. § 1126(h) i.V.m. § 1125(a)(1)(A) gewährt, die der Erfüllung internationaler Verpflichtungen dient.

---

370 § 25 MarkenG.
371 § 49 Abs. 1 MarkenG.
372 *Sowade*, S. 56.
373 § 102 Abs 2 Nr. 3-5 MarkenG.
374 *Sowade*, S. 57.

Sowohl deutsches als auch amerikanisches Markenrecht gewährt bekannten Marken erweiterten Schutz; in den USA ist dieser jedoch auf das Zivilrecht beschränkt. Bei der Festlegung, ob eine bekannte Marke vorliegt, ähneln sich beide Gesetze sehr: Beispielsweise spielen sowohl Werbeaufwand wie auch geographische Verbreitung eine Rolle bei der Beurteilung. Dem quantitativen Element der Bekanntheit entspricht die Wiedererkennung der Marke in den Handelsbranchen und -kanälen.[375]

Allerdings nennt der Lanham Act mögliche Beurteilungskriterien, während in Deutschland die Ausfüllung des Begriffes der bekannten Marke der Rechtssprechung und Literatur überlassen wurde. Für beide Länder sind jedoch schwer allgemeingültige Aussagen zu treffen, da die Beurteilung von einer Vielzahl von Faktoren, die unterschiedlich gewichtet werden können, abhängt, so dass stets eine Einzelfallentscheidung vorgenommen wird.

In Deutschland sind als weitere Markenkategorie Gemeinschaftsmarken wie nationale Marken geschützt, wenn jedoch auch zum Teil auf Grundlage unterschiedlicher Rechtsnormen.[376]

Demnach besteht trotz unterschiedlicher Grundsturukturen eine große Ähnlichkeit zwischen den Markengesetzen beider Länder, was in großen Teilen auch auf die zahlreichen internationalen Abkommen und Vereinbarungen in diesem Bereich zurückzuführen ist.

---

[375] *Rayle*, 7 J. Intell. Prop. L. 227, 305.

[376] Im weiteren Verlauf werde ich mich bei vergleichenden Darstellungen des Schutzumfanges sprachlich auf Marken beschränken; sämtliche Ausführungen gelten jedoch auch für die Gemeinschaftsmarken.

Teil 2 Strafbarkeit bei Markenverletzungen

Im Folgenden soll untersucht werden, welche Markenverletzungen auch strafrechtlich belangt werden können. Das Hauptaugenmerk gilt dabei den Tatbeständen, die speziell dem Schutz der Marken dienen; sonstige Straftatbestände sollen kurz Erwähnung finden, wenn sie einen spezifischen Bezug zu Markenverletzungen aufweisen.

Kapitel 1 Deutschland

A. Markenrecht

I. Strafbare Verletzung nationaler Marken, § 143 MarkenG

§ 143 Abs. 1 MarkenG bestraft die widerrechtliche Benutzung einer Marke im geschäftlichen Verkehr mit bis zu drei Jahren Freiheitsstrafe und verweist dazu auf die zivilrechtlichen Kollisionstatbestände, die somit Bestandteil der Strafnorm werden.[377]

Da die Grundlagen des Tatbestandes auf den ehemaligen § 25 d WZG zurückgehen, der im Rahmen des Produktpirateriegesetzes (PrPG) wesentlich novelliert wurde, kann zur Auslegung auf die Gesetzesbegründung zu diesem Tatbestand zurückgegriffen werden. Dies gilt jedoch nur für strafrechtlich geprägte Fragestellungen; handelt es sich hingegen um zu Grunde liegende zivilrechtliche Probleme ist zu bedenken, dass auf Grund der nun europarechtskonformen Auslegung nur sehr beschränkt auf das WZG zurückgegriffen werden darf.

1. Schutzgegenstand: nationale Marke

Die Norm trägt den Titel „Strafbare Kennzeichenverletzung" und schützt neben den Marken auch geschäftliche Bezeichnungen. Da sich diese Arbeit auf die Strafbarkeit von Markenfälschungen konzentriert, sollen die Tatbestände § 143

---

[377] Daraus folgt auch, dass die Tatbestandsmerkmale, die auf der MRRL beruhen, europarechtskonform ausgelegt werden, vgl. dazu *Schiwek*, S. 48 ff; generell zur gemeinschaftskornformen Auslegung siehe *Satzger*, Internationales und Europäisches Strafrecht, § 8 Rn 84 ff. Der Grundsatz der gemeinschaftskonformen Auslegung gilt nicht nur zur Auslegung von Vorschriften, die unmittelbar zur Umsetzung einer RL erlassen wurden (*Satzger*, S. 519 m.w.N.) – wenn demnach eine Strafnorm auf Vorschriften verweist, die auf einer RL basiert, so drängt sich deren gemeinschaftsrechtskonforme Auslegung geradezu auf.

Abs. 1 Nr. 4 und 5 MarkenG[378] außer Betracht bleiben. Diese sind jedoch im Wesentlichen parallel aufgebaut, so dass die im Folgenden zu erörternden Grundsätze zumeist übertragen werden können.

Geschützt werden alle in § 4 MarkenG genannten Marken; auf eine Eintragung kommt es nicht an. Damit werden nur nationale Marken umfasst oder international registrierte, deren Schutz auf Deutschland erstreckt wurde und demnach nationalen Marken gleichgestellt ist.

Nicht vom MarkenG genannt, da als selbstverständlich vorausgesetzt, ist der Grundsatz der Priorität: Es kann nur die prioritätsältere Marke verletzt werden.

2. Tatobjekte

Generell kommen als Tatobjekte mit Marken identische oder ähnliche Zeichen sowie Kennzeichnungsmittel, die mit derartigen Zeichen versehen sind, in Betracht. Je nach Tatbestandsalternative müssen zum Teil noch näher einschränkenden Voraussetzungen erfüllt werden.

a) Mit einer Marke identische Zeichen

Tatobjekt im Sinne des § 143 MarkenG können Zeichen sein, die mit einer eingetragenen Marke identisch sind. Um Identität anzunehmen, muss zwischen den Zeichen vollständige Übereinstimmung in bildlicher, gegebenenfalls auch figürlicher und farblicher Hinsicht bestehen.[379] Der Begriff „Identität" wurde bislang sehr restriktiv interpretiert, so dass nur bei völliger Parallelität auch Identität im Sinne des MarkenG angenommen werden konnte.[380] Diese Ansicht teilt auch der EuGH, er hat jedoch darauf hingewiesen, dass bei der Beurteilung stets auf den durchschnittlich informierten, aufmerksamen und verständigen Durchschnittsverbraucher abgestellt werden muss, dem jedoch auch unbedeutende Unterschiede entgehen können[381] – auch bei geringen Abweichungen dann kann demnach Identität angenommen werden.

---

[378] Vgl. zu diesen *Schiwek*, S. 167 ff.
[379] *Ingerl/Rohnke*, § 14 Rn 219.
[380] Vgl. nur HK-*Wüst*, § 9 Rn 19 ff.
[381] EuGH GRUR Int. 2003, 533, 536 - LTJ Diffusion/Sadas Vertbaudet.

b) Einer Marke ähnliche Zeichen

Einer Marke ähnliche Zeichen können auch Tatobjekte sein: Bei der Beurteilung ist dabei auf bildliche, klangliche und begriffliche Ähnlichkeit abzustellen.[382] Für die Bewertung sind alle Bestandteile der Marke relevant, jedoch kann ein Merkmal den Gesamteindruck prägen:[383] Bei Wort-Bild-Marken ist beispielsweise oft der Wortbestandteil ausschlaggebend, da dieser für die Identifikation der Ware am Besten geeignet ist.

Für die klangliche Ähnlichkeit sind unter anderem die Wortlänge, die Betonung, die Aussprache oder die Silbenfolge, bei schriftbildlicher Ähnlichkeit auch die Wortlänge, die Anzahl identischer Buchstaben oder die Ober- und Unterlänge der Buchstaben gängige Einzelkriterien.[384] In begrifflicher Hinsicht kann bei Wortzeichen und Bildzeichen jeweils auf den Sinngehalt abgestellt werden.[385]

Ob Ähnlichkeit zwischen zwei Zeichen vorliegt, hängt stark vom Einzelfall ab und muss jeweils unter Berücksichtigung aller Umstände in einer Abwägung ermittelt werden.

c) Aufmachungen, Verpackungen und Kennzeichnungsmittel

Darüber hinausgehend können auch Aufmachungen, Verpackungen oder sonstige Kennzeichnungsmittel taugliche Tatobjekte sein, wenn auf ihnen ein mit einer Marke identisches oder ähnliches Zeichen angebracht ist.

Durch die Verwendung des Begriffes „Aufmachung“ soll klar gestellt werden, dass jegliche Verpackungsart erfasst ist.[386] Unter Kennzeichnungsmittel sind Gegenstände zu verstehen, die primär Träger der Marke sind und erst nach der Produktion mit der Ware verbunden werden,[387] wobei das Gesetz in § 14 Abs. 4 Nr. 1 MarkenG exemplarisch Etiketten, Anhänger oder Aufnäher nennt.

---

[382] *Will*, S. 109 m.w.N.

[383] *Ilzhöfer*, Patent-, Marken- und Urheberrecht, Rn 508.

[384] HK-*Wüst*, § 9 Rn 92 ff; klangliche Ähnlichkeit liegt beispielsweise zwischen „Vobis“ und „Foris“ vor (OLG Hamburg GRUR-RR 2002, 220, 221); schriftbildliche Ähnlichkeit zwischen „Evian“ und „Revian“ (BGH GRUR 2001, 507, 508).

[385] *Ilzhöfer*, a.a.O.

[386] BT-Drs. 12/6581, S. 75.

[387] *Ströbele/Hacker*, § 14 Rn 126.

3. Tathandlung

Eine Tathandlung im Sinne des § 143 Abs. 1 Nr. 1 - Nr. 3 MarkenG liegt vor, wenn eine Benutzung entgegen der jeweiligen Bestimmungen des § 14 MarkenG erfolgt. Die Verletzungshandlungen werden dabei anhand ihres Schutzzweckes benannt und unterscheiden sich in ihren Voraussetzungen.

Die folgende Grafik soll die Struktur der Tatbestandsalternativen darstellen:

	Zeichen: mit Marke	**Widerrechtl. Benutzung im geschäftl. Verkehr auf**	**Sonstige Voraussetzungen**
Identitätsschutz § 143 I Nr. 1 i.V.m. § 14 II Nr. 1	identisch	identischer Ware	
Verwechslungsschutz § 143 I Nr. 1 i.V.m. § 14 II Nr. 2	identisch/ ähnlich	identischer/ähnlicher Ware	Verwechslungs-gefahr
Bekanntheitsschutz: § 143 I Nr. 2 i.V.m. § 14 II Nr. 3	identisch/ ähnlich	nicht ähnlicher Ware	- bekannte Marke - Verwässerung/ Rufausbeutung - ohne rechtfertigenden Grund/unlauter
Vorbereitungshandlungen: § 143 I Nr. 3 i.V.m. § 14 IV Nr. 1	identisch/ ähnlich	Aufmachung/Verpackung/ Kennzeichnungsmittel	Gefahr einer Rechtsverletzung nach § 14 II

a) Verstoß gegen Identitätsschutz, § 143 Abs. 1 Nr. 1 i.V.m. § 14 Abs. 2 Nr. 1 MarkenG

Durch § 143 Abs. 1 Nr. 1 i.V.m. § 14 Abs. 2 Nr. 1 MarkenG wird Marken Identitätsschutz gewährt: Die Benutzung eines mit einer Marke identischen Zeichens für identische Waren ist zivilrechtlich untersagt und zugleich auch strafbewehrt.

Unter diese Alternative sind die häufigsten Fälle von Markenpiraterie zu subsumieren,[388] da Fälschungen gerade nicht von den Originalen unterscheidbar sein sollen. Dies ist abstrakt und nicht im Hinblick auf den konkreten Abnehmer zu

---

388 *Gaul*, S. 51.

beurteilen: So fallen auch Fälschungen unter den Tatbestand, die im Konsens vertrieben werden.[389]

Tatobjekt dieser Tatbestandalternative ist demnach ein mit einer Marke identisches Zeichen.

(1) Benutzung

Tathandlung ist die Benutzung des Tatobjekts. Da eine Benutzung für Waren zu erfolgen hat, werden nur Verhaltensweisen erfasst, die im Zusammenhang mit dem Absatz von Waren stehen. Auf Grund des das Markenrecht prägenden Territorialitätsprinzips sind dabei nur Handlungen im inländischen Geschäftsverkehr relevant.[390]

(a) Markenmäßiger Gebrauch

Seit Einführung des MarkenG war umstritten, ob jede Benutzungshandlung oder nur der markenmäßige Gebrauch unter den Tatbestand des § 14 MarkenG fällt.[391]

Der EuGH[392] und der BGH[393] stellen bei Verletzungshandlungen maßgeblich auf die Herkunftsfunktion der Marke ab, die nur bei kennzeichenmäßiger Verwendung des Zeichens gefährdet ist und verlangen demnach für Verletzungshandlungen den markenmäßigen Gebrauch eines Zeichens. Nicht abschließend geklärt und zum Teil höchst umstritten ist jedoch die Reichweite dieses Merkmals. Der EuGH legt eine extensivere Auslegung des Begriffes zu Grunde als es in Deutschland im Rahmen des kennzeichenmäßigen Gebrauchs im WZG üblich war, so dass der Rückgriff auf diese Rechtsprechung nicht möglich ist.[394] Nach dem EuGH ist eine markenmäßige Nutzung dann anzunehmen, wenn ein Zeichen zur Unterscheidung von Waren oder Dienstleistungen benutzt wird, wobei

---

389 So auch Wabnitz/Janovsky-*Möller*, Kap. 15 Rn 20.

390 *Ströbele/Hacker*, § 14 Rn 33.

391 Vor allem in der Literatur sprach und spricht man sich vielfach für eine weite Fassung des Benutzungsbegriffes aus, unter anderem weil neben der Herkunftsfunktion der Marke nun auch weitere Funktionen geschützt werden, die durch eine nicht markenmäßige Benutzung ebenso gefährdet werden, vgl. nur *Nägele*, S. 53 ff; *Fezer*, GRUR 1996, 566, 567; weitere Literaturnachweise bei *Ströbele/Hacker*, § 14 Rn 46 ff.

392 Erstmals in GRUR Int. 1999, 438 – BMW.

393 BGH GRUR 2002, 809, 811 – Frühstücksdrink I.

394 *Hotz*, GRUR 2003, 993, 995; Achenbach/Ransiek-*Kouker*, Kap. 11 Abschn. 3 Rn 40.

dies auch bei der Benennung fremder Originalprodukte der Fall sein kann.[395] Dabei genügt es, wenn der Eindruck entsteht, dass im geschäftlichen Verkehr eine Verbindung zwischen dem Markeninhaber und dem Verwender des Zeichens besteht.[396] Keine markenmäßige Verwendung liegt hingegen vor, wenn ein Produkt erkennbar als eigenes angeboten wird und eine fremde Marke nur zur Bezeichnung eigener Produkteigenschaften verwendet wird.[397] Dem hat sich der BGH angeschlossen: Eine markenmäßige Benutzung ist anzunehmen, wenn der Verkehr auf Grund der konkreten Verwendung im Zeichen einen Herkunftshinweis sieht,[398] nicht hingegen, wenn es sich lediglich um beschreibende Angaben handelt.[399]

Tendenziell ist eine rechtsverletzende Benutzung anzunehmen, wenn das Zeichen wie eine Marke als Schlagwort oder Blickfang verwendet wird.[400] Bei ornamentaler Verwendung, Nennung einer Marke im Rahmen einer Markenparodie oder in vergleichender Werbung ist die Rechtslage weniger klar, wobei wohl überwiegend markenmäßiger Gebrauch angenommen wird.[401] Unbedenklich hingegen ist die lexikalische, journalistische oder künstlerische Benutzung, die nicht dem Produktabsatz dient.[402]

Im Rahmen der Markenpiraterie wird dieses Problem oft ohne praktische Auswirkungen sein, da es dem Markenfälscher in der Regel gerade darauf ankommt, dass seine Waren durch die Kennzeichnung mit einer fremden Marke als die eines anderen angesehen werden.[403]

Im Hinblick auf die zwischen Literatur und Rechtsprechung umstrittene Voraussetzung der markenmäßigen Benutzung weist *Holler* zu Recht darauf hin, dass für die Auslegung im Rahmen des Strafrechts stets besonders genau auf die Wortlautgrenze geachtet werden muss – dafür würde er auch ein Auseinanderfallen der zivilrechtlichen und strafrechtlichen Auslegung des Benutzungsbe-

---

395 EuGH GRUR Int. 1999, 438, 441 – BMW.
396 EuGH GRUR 2003, 55, 58 – Arsenal FC.
397 EuGH GRUR 2002, 692, 693 - Hölterhof.
398 BGH GRUR 2001, 158, 160 - Drei-Streifen-Kennzeichnung.
399 BGH GRUR 2002, 812, 813 - Frühstücksdrink II.
400 *Will*, S. 184 m.w.N.
401 Ein Überblick über die Rechtlage findet sich bei *Hacker*, GRUR Int. 2002, 502, 507 ff; *Fezer*, § 14 Rn 69, a.A. zum Teil *Ingerl/Rohnke*, § 14 Rn 84 f.
402 *Fezer*, § 14 Rn 69.
403 *Gaul*, S. 58.

griffes in Kauf nehmen.[404] Darauf ist vor allem bei § 14 Abs. 2 Nr. 1 MarkenG achten, der eine Benutzung für Waren oder Dienstleistungen fordert.

Bei ornamentaler Benutzung oder im Rahmen einer Parodie kann zwar bezweifelt werden, ob eine Benutzung „als Marke" (d.h. im Sinne der klassischen Herkunftsfunktion) vorliegt oder auch die rechtspolitische Notwendigkeit der Einordnung als Verletzungshandlung diskutiert werden. Eine Subsumtion unter den Wortlaut „Benutzung für eine Ware" sehe ich jedoch als möglich an, so dass zumindest das strafrechtliche Analogieverbot einer derartigen Auslegung nicht entgegensteht.[405]

Ähnliches gilt für die Einbeziehung der vergleichenden Werbung unter den Benutzungsbegriff: Sinn und Zweck des Markenrechts ist es eigene Waren durch ein eigenes Zeichen von denen eines anderen Anbieters zu unterscheiden. Demnach kann § 14 Abs. 2 Nr. 1 MarkenG nur so verstanden werden, dass das Zeichen für eigene Waren verwendet wird. Bei vergleichender Werbung wird zwar die fremde Marke gerade nicht als Bezeichnung für sondern als Abgrenzung zur eigenen Ware eingesetzt. Allerdings erfolgt die Benutzung für eigene Zwecke (die Bewerbung des eigenen Produkts) und kann demnach noch unter den Ausdruck „Benutzung für eine Ware" subsumiert werden.[406]

Der Benutzungsbegriff ist demnach trotz der Entscheidung der Rechtsprechung für eine markenmäßige Verwendung derzeit in seiner Weite noch nicht abschließend geklärt und auch aus strafrechtlicher Sicht deshalb nicht unproblematisch – die Grenze zur Verfassungswidrigkeit (Bestimmtheitsgebot, Analogieverbot) sehe ich als noch nicht überschritten an, eindeutigere Regelungen wären jedoch zu begrüßen.[407]

---

404 Harte-Bavendamm-*Holler*, § 5 Rn 147; er führte dies auch als eine inzwischen vom BGH und EuGH auch für das Zivilrecht anerkannte kennzeichenmäßige Benutzung an. Im Ergebnis ebenso jedoch gegen *Hollers* Begründung argumentierend *Schiwek*, S. 65 f; a.A. *Maske*, S. 126, die ohne nähere Auseinandersetzung mit der neueren Rechtsprechung das Erfordernis einer markenmäßigen Benutzung verneint. Aus Sicht der Rechtsprechung dürfte jedoch dieser Streitpunkt inzwischen als geklärt angesehen werden.

405 Ob dies hingegen eine sinnvolle Regelung darstellt, soll im Rahmen des letzten Kapitels erläutert werden.

406 Zur rechtspolitischen Vewertung dieser Regelung vgl. Teil 7, Kap. 1, B.III.2.

407 Vgl. a.a.O.

(b) Im geschäftlichen Verkehr

Die Benutzung ist nur im geschäftlichen Verkehr erfasst, wobei dem Begriff in § 143 MarkenG die gleiche Bedeutung zu kommt wie in § 14 MarkenG:[408] Umfasst werden alle Tätigkeiten, die der Förderung eines Geschäftszweckes[409] dienen und sich nicht als rein private oder amtliche Betätigung darstellen. Somit werden auch Erwerbstätigkeiten im Rahmen von freien Berufen umfasst; nicht erforderlich sind Gewinnerzielungsabsicht oder Entgeltlichkeit.[410] Bei Inhabern eines Gewerbes wird Handeln im geschäftlichen Verkehr im Zivilrecht grundsätzlich vermutet: Diese Vermutungswirkung kann im Strafrecht nicht gelten, erforderlich ist die positive Feststellung durch den Richter.

Nicht unter den geschäftlichen Verkehr, wobei die Abgrenzung über die nach außen tretende Zielrichtung erfolgt, fallen neben rein privaten Handlungen unter anderem Wahlwerbung politischer Parteien, Vereins- und Verbandstätigkeit mit ideeller Zielsetzung sowie wissenschaftliche Tätigkeit.[411] Auch rein betriebsinterne Handlungen sind grundsätzlich nicht umfasst.[412] Wenn beispielsweise ein Idealverein seine Mannschaft mit gefälschten Markentrainingsanzügen ausstattet, um diese zu höheren Leistungen anzuspornen oder auch das Ansehen der Mannschaft in der Öffentlichkeit zu steigern, handelt er nicht in Verfolgung eines Geschäftszweckes und somit nicht im geschäftlichen Verkehr.[413] Rein privater Gebrauch ist nur anzunehmen, wenn nicht die Absicht besteht, den Gegenstand wieder in den Verkehr zu bringen.[414] Wenn rechtmäßig erworbenes Privateigentum verkauft wird und diese Verkäufe einen gewissen Umfang annehmen, kann dies unter geschäftlichen Verkehr fallen.[415]

---

408 BayObLG München wistra 2002, 233, 233 f unter Verweis auf die ständige Rspr. des BGH zu § 14 MarkenG.

409 Dabei kann es sich sowohl um einen eigenen wie auch um einen fremden handeln, vgl. nur *Ingerl/Rohnke*, § 14 Rn 48.

410 *Fezer*, § 14 Rn 41.

411 *Ströbele/Hacker*, § 14 Rn 30; *Ingerl/Rohnke*, § 14 Rn 51 f jeweils m.w.N.

412 *Fezer*, § 14 Rn 42; wenn jedoch ein Inverkehrbringen geplant ist, können rein interne Handlungen bereits unter den Benutzungsbegriff fallen, vgl. dazu sogleich unter (c) die Diskussion bei der Tathandlung des Anbringens von Zeichen.

413 OLG München wistra 2002, 233, 234.

414 *Fezer*, § 14 Rn 43.

415 LG Berlin CR 2002, 371, 372; GRUR 2004, 243. So ist nach OLG Frankfurt, GRUR-RR 2005, 317, 318 bei Verkäufen im Internet nach den Umständen des Einzelfalls (d.h. Dauer der Verkaufstätigkeit, Zahl der Angebote etc.) zu entscheiden; grds. sei der Begriff jedoch weit auszulegen.

(c) Unterfälle der Benutzung

In § 14 Abs. 3 MarkenG werden Beispiele für nach § 14 Abs. 2 MarkenG untersagte Benutzungshandlungen aufgelistet. Auf diese Regelbeispiele wird in der Strafnorm jedoch nicht verwiesen. Da durch diese aber der Begriff der Benutzung näher definiert wird, der selbst in § 143 MarkenG und auch in § 14 Abs. 2 MarkenG enthalten ist, kann darauf im Rahmen der Auslegung der Tathandlung zurückgegriffen werden. Im Einzelfall kommt es aber darauf an, ob die konkrete Verwendung unter den Wortsinn der Tathandlung „Benutzen“ gefasst werden kann.[416] § 14 Abs. 3 MarkenG kann dabei als Auslegungshilfe dienen, da der Gesetzgeber darin seine Vorstellung von Benutzung dargelegt hat.[417]

Als Benutzungshandlung ist nach dem Katalog des § 14 Abs. 3 MarkenG insbesondere das Anbringen des Zeichens auf Waren, das Anbieten, das Inverkehrbringen oder der Besitz gekennzeichneter Ware zu diesen Zwecken, das Anbieten und Erbringen von Dienstleistungen, die Ein- und Ausfuhr sowie die Verwendung in Geschäftspapieren oder in der Werbung zu verstehen.

Unter dem **Anbringen** von Zeichen auf der Ware, ihrer Aufmachung oder der Verpackung versteht man das Herstellen einer körperlichen Verbindung, die jedoch nicht dauerhaft oder von besonderer Festigkeit sein muss.[418] In Abgrenzung zur Tathandlung des § 14 Abs. 4 MarkenG, der Vorbereitungshandlungen umfasst, genügt die Kennzeichnung der Verpackung allein nicht.[419] Erforderlich ist eine Produktmarkierung: Diese kann auch auf der Verpackung erfolgen, nur muss bei Abs. 3 Nr. 1 bereits eine Verbindung zur Ware bestehen. Denkbar ist auch eine mittelbare Begehung, durch das Einfüllen von eigener Ware in eine gekennzeichnete Verpackung,[420] die Umgestaltung von Originalwaren[421] oder das Umpacken original verpackter Ware.[422] Die Vollendung soll nicht erst mit Inverkehrbringen, sondern bereits beim Anbringen des Zeichens eintreten, da der Tatbestand sonst weitgehend leer laufen würde.[423]

---

[416] So auch LG Meiningen NStZ 2003, 41, 41.

[417] Da § 14 Abs. 3 MarkenG lediglich zur Auslegung des Benutzungsbegriffes, der selbst im Tatbestand enthalten ist, herangezogen wird, bestehen keine Bedenken im Hinblick auf das Gesetzlichkeitsprinzip; auch sonstige Benutzungshandlungen können demnach ohne Verstoß gegen das Analogieverbot bestraft werden, so lange die Wortlautgrenze gewahrt wird, vgl. *Schulz*, S. 80.

[418] *Ströbele/Hacker*, § 14 Rn 82; *Fezer*, § 14 Rn 463.

[419] *Ströbele/Hacker*, § 14 Rn 84.

[420] *Ingerl/Rohnke*, § 14 Rn 184.

[421] OLG Hamburg GRUR 2001, 749, 750 – based on STEINWAY.

[422] *Ströbele/Hacker*, § 14 Rn 85, dazu näher Teil 2, Kap. 1, A.I.4.b) (5).

[423] *Ingerl/Rohnke*, § 14 Rn 183; das Inverkehrbringen stellt eine eigene Benutzungshandlung dar und kann demnach nicht Voraussetzung für das Anbringen sein.

Fezer kritisiert, dass rein unternehmensinterne Vorgänge wie das Anbringen keine Handlung im geschäftlichen Verkehr darstellen.[424] Demnach könnte beim Anbringen der Tatbestand auf Grund der Einschränkung der Benutzung auf den geschäftlichen Verkehr nicht erfüllt sein. Da selbst auf das Inverkehrbringen gerichteter Besitz, der gewissermaßen als Vorstufe zum eigentlichen Inverkehrbringen zu werten ist, für die Vollendung des Tatbestandes ausreicht, kann man jedoch darauf schließen, dass der Gesetzgeber zum effektiven Schutz ein weites Verständnis von Benutzen zu Grunde legte. Auch § 14 Abs. 3 Nr. 1 MarkenG würde ansonsten leer laufen,[425] da das Anbringen allein nie eine nach außen gerichtete Handlung ist. Die Benutzung im geschäftlichen Verkehr dient lediglich der Abgrenzung zum privaten Handeln und setzt die Förderung eines Geschäftszweckes voraus. Ein solcher Zweck kann auch schon beim Anbringen von Zeichen an der Ware verfolgt werden, wenn diese später in den Verkehr gebracht werden soll. Durch das Erfordernis, dass bereits eine Verbindung mit der Ware hergestellt wird, besteht eine klare Abgrenzung zu reinen Vorbereitungshandlungen und der Benutzungsbegriff wird nicht überstrapaziert.

Eine Gefährdung der Verbraucher kann jedoch nur stattfinden, wenn die markierten Waren letztendlich auch in den freien Verkehr gelangen. So ist es sinnvoll wie auch beim Besitz nur solche Tathandlungen zu bestrafen, die in der Absicht erfolgen die Waren anschließend in den Verkehr zu bringen – rein betriebsinterne Kennzeichnungen, die das Unternehmen nie verlassen, sind somit nicht umfasst.[426] Diese einschränkende Auslegung auf auf den geschäftlichen Verkehr ausgerichtete Benutzungshandlungen ist demnach sogar geboten, da ansonsten das Tatbestandsmerkmal des geschäftlichen Verkehrs umgangen werden würde.

Ein **Anbieten** ist jede Handlung, die darauf gerichtet ist, einem Dritten die Waren dauerhaft zu verschaffen, wobei das Angebot sich nicht an die allgemeine Öffentlichkeit richten muss.[427] Es hat kein Angebot im rechtlichen Sinne vorzu-

---

424 *Fezer*, § 14 Rn 465.

425 *Schiwek*, S. 54. Nicht zuzustimmen ist jedoch seinem Argument (auch auf S. 118), dass durch die spezifisch benannten Handlungen des § 14 Abs. 3 MarkenG der allgemeine Benutzungsbegriff ausgedehnt wird. Dies würde dazu führen, dass Abs. 3 demnach strafbegründend wirken kann, was nicht sein darf, da § 143 MarkenG auf diesen gerade nicht verweist. Im Ergebnis ist ihm jedoch zuzustimmen, da die genannten Benutzungshandlungen die nähere Intention des Gesetzgebers darlegen und demnach auch Rückschlüsse auf den von ihm zu Grunde gelegten Begriff des „geschäftlichen Verkehrs" zulassen.

426 *Ingerl/Rohnke*, § 14 Rn 183; *Fezer*, § 14 Rn 469. So können beispielsweise im Schaufenster mit Abbildung der Marke beworbene T-Shirts, die aber gerade bzw. noch nicht lieferbar sind, unter diese Tathandlung fallen.

427 *Ströbele/Hacker*, § 14 Rn 90 f, die auch darlegen, dass auch wenn das Inverkehrbringen letztlich im Ausland stattfinden soll, das Anbieten strafbar ist, weil dies eine eigenständige Verletzungshandlung darstellt.

liegen, ausreichend ist auch eine invitatio ad offerendum.[428] Die Ware muss zum Zeitpunkt des Angebotes noch nicht existieren; erforderlich ist aber, dass das Anbieten bereits unter dem Zeichen stattfindet.[429] Für diese Auslegung spricht das Verständnis des Begriffs „Angebot" im Zivilrecht, welcher nicht voraussetzt, dass die angebotene Ware bereits vorhanden ist. Aus diesem Grund besteht auch keine Veranlassung ein zum § 106 UrhG ergangenes Strafurteil auf das Markenrecht zu übertragen: Dieses setzte für das Anbieten als Unterfall des Inverkehrbringens voraus, dass die Piraterieware bereits vorliegen sein muss.[430] Da der Wortlaut des Markenrechts jedoch weiter gefasst ist als der des UrhG (dort wird das Anbieten als Unterfalls des Inverkehrbringens interpretiert; im MarkenG ist es eine vom Inverkehrbringen unabhängige Tathandlung und unterliegt demnach nicht dessen Wortlautgrenze), ist diese Einschränkung nicht erforderlich.

Das **Inverkehrbringen** ist anzunehmen, wenn die Ware dem wirtschaftlichen Verkehr zugeführt wird.[431] Konzerninterne Veräußerungen sind demnach nicht umfasst,[432] da die Ware so nicht in den freien Warenverkehr gelangt, sondern im Unternehmen verbleibt. Zur Vollendung muss ein Dritter die Verfügungsmacht an der Sache erhalten.[433] Auch die Rückgabe von Waren an den Veräußerer fällt darunter, da die Gefahr von weiterem Inverkehrbringen geschaffen wird.[434]

Der **Besitz** allein genügt nur, wenn er dem späteren Anbieten oder Inverkehrbringen von Waren dient. Dabei muss eigene Verwendungsabsicht vorliegen oder wenn für einen Dritten der Besitz ausgeübt wird, dessen Absicht bekannt sein.[435] Der Besitz soll nur tatbestandsmäßig sein, wenn er bereits die Gefahr der Kollision mit einem anderen Markenrecht in sich trägt.[436] Diese liegt jedoch auch vor, wenn der Besitzer nur weiß, dass ein Dritter die Waren in den Verkehr bringen wird.[437] Dadurch besteht auch die Möglichkeit alle am Versand, Lagerung und Verkauf beteiligten Personen bei entsprechender Kenntnis in die

---

428 *Ingerl/Rohnke*, § 14 Rn 185; *Schiwek*, S. 105.
429 *Ingerl/Rohnke*, § § 14 Rn 187 f.
430 KG NStZ 1983, 561, 562; wobei selbst diese Entscheidung nicht unumstritten ist, vgl. z.B. Anmerkung *Flechsig*, NStZ 1983, 562 f.
431 *Fezer*, § 14 Rn 471.
432 *Ströbele/Hacker*, § 14 Rn 90.
433 *Ströbele/Hacker*, § 14 Rn 92; *Ingerl/Rohnke*, § 14 Rn 189, HK-*Ekey*, § 14 Rn 150, a.A. wohl *Fezer*, § 14 Rn 471.
434 *Ingerl/Rohnke*, § 14 Rn 190.
435 *Ingerl/Rohnke*, § 14 Rn 194; bei Gutgläubigkeit des unmittelbaren Besitzers besteht jedoch stets die Möglichkeit den mittelbaren Besitzer zu bestrafen, da dieser ebenfalls Besitz hat und diesen mit entsprechender Zweckrichtung ausübt.
436 *Ströbele/Hacker*, § 14 Rn 94.
437 So auch *Schiwek*, S. 102.

strafrechtliche Haftung einzubeziehen.[438] Demnach ist es ausreichend, wenn hinsichtlich des Inverkehrbringens beim Besitzer selbst dolus directus zweiten Grades vorliegt.

Auch bei **Dienstleistungen** ist parallel zu den Waren das **Anbieten** sowie deren **Erbringung** unzulässige Benutzungshandlung (§ 14 Abs. 3 Nr. 3 MarkenG). Es genügt die Verwendung gekennzeichneter Hilfsmittel bei Erbringung der Dienstleistung oder der begleitende Gebrauch in Schriftstücken, auf Uniformen, auf Fahrzeugen oder im Raum.[439]

§ 14 Abs. 3 Nr. 4 MarkenG umfasst den Export und Import von Waren, kann aber gleichermaßen auf Dienstleistungen angewandt werden.[440] Dies stellt keinen Verstoß gegen das strafrechtliche Analogieverbot dar, da § 14 Abs. 3 MarkenG nur zur Auslegung des Benutzungsbegriffes herbeigezogen wird. Vom Wortlaut, der die Grenze der Auslegung darstellt, werden Waren und Dienstleistungen erfasst und die Ein- und Ausfuhr sind typische[441] Benutzungshandlungen.

Einfuhr bedeutet, dass die Ware in den Geltungsbereich des MarkenG verbracht wird. Für diese Auslegung der Einfuhr spricht eine Parallele zu anderen Tatbeständen: Auch im BtMG wird von einer vollendeten Einfuhr nur ausgegangen, wenn tatsächlich deutsches Hoheitsgebiet erreicht wird.[442] Zusätzlich dazu muss für die Vollendung auch noch tatsächliche Verfügungsmacht an den eingeführten Gegenständen im Inland bestehen.[443]

Das OLG Bremen entschied, dass bei einer Grenzbeschlagnahme der Waren demnach keine Einfuhr vorliegt.[444] Dem wird entgegengehalten, dass durch diese Auslegung der Grenzbeschlagnahme die Grundlage entzogen würde, da diese gerade eine Einfuhr voraussetzt.[445] Dieser Schluss ist jedoch nicht zwingend: § 146 MarkenG legt fest, dass die Beschlagnahme „bei der Einfuhr" vorgenommen werden kann – dies setzt begrifflich nicht voraus, dass eine Einfuhr schon stattgefunden haben muss. In strafrechtliche Terminologie gefasst: Es muss keine Vollendung vorliegen, es genügt, wenn unmittelbar zur Einfuhr angesetzt wurde.

---

[438] *Fezer*, § 14 Rn 475.
[439] HK-*Ekey*, 14, 152; *Ingerl/Rohnke*, § 14 Rn 196.
[440] *Fezer*, § 14 Rn 479.
[441] So auch LG Meiningen, NStZ 2003, 41.
[442] *Körner*, § 29 Rn 659.
[443] BGH NStZ 2004, 693, 693; *Körner*, § 29 Rn 661; a.A. *Weber*, § 29 Rn 443.
[444] OLG-Bremen NJWE-WettbR 2000, 46, 47; *Ströbele/Hacker*, § 14 Rn 98.
[445] So explizit *Ingerl/Rohnke* § 14 Rn 197; *Ströbele/Hacker*, § 14 Rn 98, *Schulz*, S. 84 f; im Ergebnis ebenfalls die Entscheidung ablehnend *Fezer*, § 14 Rn 479.

Im Ergebnis muss für den Einzelfall entschieden werden, ob die Ware auf deutsches Hoheitsgebiet gelangte[446] und der Täter auch darüber verfügen konnte. Dem Urteil des OLG Bremen lässt sich dabei nicht eindeutig entnehmen, inwiefern beide Voraussetzungen für eine Vollendung erfüllt waren: Pomellen, der Ort der Tathandlung, ist bereits deutsches Staatsgebiet,[447] allerdings ergibt sich nicht ganz klar, ob der Einführende in Deutschland Zugriff auf die Waren hatte, wovon bei eigenem Transport über die Grenze jedoch auszugehen sein wird.

Auch beim Einschmuggeln von Pirateriewaren ergeben sich rechtliche Probleme: Das OLG Stuttgart verneinte eine strafbare Benutzungshandlung, als ein Reisender versuchte unbemerkt mit 20 gefälschten Rolex-Uhren durch den grünen Kanal nach Deutschland einzureisen:[448] Auf Grund des Versteckens der Uhren fand keine Einfuhr *unter* dem Zeichen statt und das OLG sah die ihm vorliegende Handlung als nicht mehr vom Wortlaut gedeckt an. Letztlich verurteilte es jedoch wegen Besitz zum Zweck des Inverkehrbringens. Problematisch an diesem Urteil ist zunächst, dass es sich streng am Wortlaut des § 14 Abs. 3 MarkenG orientiert, auf den jedoch im strafrechtlichen Tatbestand überhaupt nicht verwiesen wird. Zwar kann er als gesetzliche Definition von Benutzung gewertet werden, dennoch muss stets überprüft werden, ob der im Tatbestand erwähnte Begriff der Benutzung diese Auslegung auch mitträgt (Wortlautgrenze!). Der Wortlaut der hilfsweise zur Auslegung heranzuziehenden Norm kann jedoch nicht Grenze des Tatbestandes sein; allein dessen Wortlaut ist entscheidend. Die Erwähnung in § 14 Abs. 3 MarkenG zeigt die gesetzgeberische Intention auch die Einfuhr zu umfassen. Gerade bei rechtsverletzend gekennzeichneten Waren wird jedoch nicht selten eine verdeckte Einfuhr vorkommen – dies muss auch dem Gesetzgeber bewusst gewesen sein. Sollte der Auslegung des OLG Stuttgart zugestimmt werden, müssten Produktpiraten lediglich versuchen ihre Waren zu verbergen um einer Strafbarkeit wegen Einfuhr zu entgehen. Außerdem sah sich das Gericht auch letztlich nicht daran gehindert rechtsverletzenden Besitz anzunehmen. Für diesen ist jedoch wie für alle Tatbestandsalternativen eine markenmäßige Verwendung erforderlich. Dazu genügt, dass das Zeichen zur Unterscheidung von Waren eingesetzt wird: Dies war sowohl im Hinblick auf die Einfuhr als auch den Besitz anzunehmen, da das Zeichen gerade als Marke auf den Uhren angebracht war und somit auch eine Einfuhr unter dem Zeichen erfolgte. Das weitere Erfordernis einer *offenen* Einfuhr kann dem Tatbestand jedoch nicht entnommen werden.[449]

---

446 Dazu näher *Schiwek*, S. 123.

447 Vgl. *Schulz*, S. 82 m.w.N.

448 OLG Stuttgart NStZ-RR 2000, 25, 25 f; ebenso *Müller-Gugenberger/Bieneck*, § 60 Rn 79.

449 So im Ergebnis auch *Schiwek*, S. 120 ff, der zu Recht darauf hinweist, dass es auch in anderen Fällen nie darauf ankommt, ob das Zeichen durch die Verpackung verdeckt oder offen erkennbar ist.

Selbst wenn man mit dem Gericht an dem Erfordernis des offenen Besitzes oder der offenen Einfuhr festhalten möchte, stehen dem Ergebnis folgende Erwägungen entgegen: Das OLG hat bereits auf dem Flughafen vor der Zollkontrolle offenen Besitz auf deutschem Hoheitsgebiet angenommen und demnach verurteilt.[450] Da es sich beim MarkenG nicht um eine zollrechtliche Regelung handelt, sondern bereits das Verbringen auf deutsches Hoheitsgebiet ausreichend ist, lag in diesem Fall bereits vor der Zollkontrolle auch eine Vollendung der Einfuhr vor. Demnach hat das Gericht den Vollendungszeitpunkt bei der Einfuhr falsch gesetzt und hätte seine Ausführungen zum Besitz übertragen und damit auch zu einer Strafbarkeit wegen Einfuhr kommen müssen.

Ebenso ist die **Ausfuhr** eine Benutzungshandlung, wobei es unerheblich ist, ob dem Exporteur in dem Staat, wohin die Waren gebracht werden, die Rechte an der Marke zustehen.[451]

Höchst umstritten ist die Behandlung der **Durchfuhr** von Waren im Rahmen grenzüberschreitenden Verkehrs. Durchfuhr ist nur anzunehmen, wenn Waren nicht Gegenstand von inländischen Rechtsgeschäften werden.[452] Der Gesetzgeber wollte diese Entscheidung der Rechtsprechung überlassen.[453]

Gegen eine Einbeziehung spricht, dass der inländische Geschäftsverkehr überhaupt nicht beeinträchtigt wird, da ansonsten bereits auf Grund der Definition kein Transit mehr vorliegen würde. Sobald im Inland mit der Ware Umsatz- oder Veräußerungsgeschäfte vorgenommen werden, ist begrifflich kein Transit gegeben. Während der Geltung des WZG war die Durchfuhr demnach auch nicht als Verletzungshandlung anerkannt.[454] An dieser Rechtsprechung möchte der BGH festhalten, da den Interessen des Zeicheninhabers kein Vorrang gegenüber den Interessen der am Transitgeschäft Beteiligten und der Allgemeinheit eingeräumt werden soll.[455] Der BGH sieht sich in seiner Ansicht auf einer Linie

---

450 OLG Stuttgart NStZ-RR 2000, 25, 26.

451 *Fezer*, § 14 Rn 479 m.w.N.

452 BGHZ 23, 100, 104 – Taeschner/Pertussin I, wobei ein Frachtvertrag nicht darunter fällt; wohl strenger OLG Hamburg vom 17.2.2005 (5 U 24/04), das sogar die Erlangung der Verfügungsgewalt in einem Zolllager für die Ablehnung eines „ungebrochenen Transits" als ausreichend ansieht; ebenso *Hacker*, MarkenR 2004, 257, 257 f. Dies ist nach der Rspr. zwar als zu weit gehend anzusehen, allerdings liegt in solchen Fällen bereits eine strafbare Einfuhr vor.

453 BT-Drs. 12/6581, S. 75; im WZG war die Durchfuhr nicht als Verletzungshandlung anerkannt; beim MarkenG hatte sich der BGH noch nicht dazu geäußert.

454 Vgl. nur BGHZ 23, 100, 104 –Taeschner/Pertussin I.

455 BGH, Beschl. v. 2. Juni 2005 – I ZR 246/02, S. 9.

mit der Rioglass-Entscheidung[456] des EuGH, in welcher bei rechtmäßiger Herstellung einer Ware in einem Mitgliedstaat, die in einem Drittland in den Verkehr gebracht werden soll, die Zurückhaltung der Ware durch die Zollbehörden als Verstoß gegen Art. 28 EGV angesehen wird. Auf Grund von Entscheidungen, die zur Grenzbeschlagnahme ergingen,[457] hat der BGH jedoch dem EuGH die Vorlagefrage gestellt, ob Art. 5 Abs. 1 und 3 MRRL dahingehend auszulegen sind, dass der bloße Transit keine Markenverletzung im Sinne der Richtlinie darstellt.[458]

Für eine Charakterisierung als rechtsverletzende Handlung spricht, dass bereits im Transport eine latente Gefährdung zu sehen ist: Es kann befürchtet werden, dass die Durchfuhr von Markenpiraten nur vorgetäuscht wird.[459] Des Weiteren besteht das Risiko, dass während des Transits dem Eigentümer die Ware gegen seinen Willen entzogen und im Inland in den Verkehr gebracht wird.[460] Da auch der Export als Verletzungshandlung zählt, der ebenfalls keine unmittelbaren Auswirkungen auf den inländischen Verkehr hat, sollte um Wertungswidersprüche zu vermeiden auch die Durchfuhr tatbestandsmäßig sein.[461] Ein zollrechtlicher Zugriff wird bei der Durchfuhr vom EuGH zugelassen; da dieser jedoch nur bei Markenverletzung vorgenommen werden kann, wurde dadurch auch implizit die Durchfuhr als Verletzungshandlung anerkannt.[462] Demnach ist es konsequent den Transit auch unter den Tatbestand fallen zu lassen.[463]

---

456 EuGH GRUR Int 2004, 39, 40 – Rioglass; dem EuGH sich anschließend OLG Koblenz GRUR-RR 2004, 289 ff.

457 Vgl. dazu Fn. 455.

458 BGH, Beschl. v. 2. Juni 2005 – I ZR 246/02, S. 1; sollte die Durchfuhr grundsätzlich als Verletzungshandlung angesehen werden, stellen sich daran anschließend die Fragen, ob eine Differenzierung zwischen den Herkunftsländern (Mitgliedstaat, assoziiert oder Drittstaat) erfolgen muss und ob es auf die Rechtmäßigkeit der Kennzeichnung im Ursprungsland ankommt.

459 *Gaul*, S. 61; *Sack*, riw 1995, 177, 183.

460 *Sack*, riw 1995, 177, 180.

461 *Ingerl/Rohnke*, § 14 Rn 199; *Gaul*, S. 61; *Maske*, S. 134. Das Analogieverbot greift hier nicht, da es sich um eine Auslegung des Benutzungsbegriffes handelt – unter dessen Wortlaut kann die Durchfuhr ohne Probleme gefasst werden.

462 Vgl. EuGH GRUR Int. 2000, 748 - Polo/Lauren/Dwidua; EuGH GRUR Int. 2004, 317 – Rolex – beide im Hinblick auf die Grenzbeschlagnahme; *Ströbele/Hacker*, § 14 Rn 100; *Sack*, wrp 2000, 702, 703, so inzwischen auch LG Hamburg für das Patentrecht, Landgericht Hamburg vom 2. 4. 2004, Az. 315 O 305/0; a.A. *Kobiako*, GRUR Int. 2004, 832, 836 im Hinblick auf das PatG, da dort eine abschließende Regelung getroffen sei und der EuGH auch in seinen Entscheidungen darauf hingewiesen habe, dass eine entsprechende Auslegung nach dem materiellen Recht des Mitgliedsstaates möglich sein müsse.

463 So im Ergebnis KG GRUR 2000 159, 161; *Fezer*, § 14 Rn 483; *Ingerl/Rohnke*, § 14 Rn 200; *Schuhmacher*, S. 98 f; *Scherbauer*, S. 200.

Allerdings kann sich im Hinblick auf Gemeinschaftswaren eine abweichende Entscheidung ergeben. Art. 28 EGV untersagt Einfuhrbeschränkungen, allerdings können solche durch Art. 30 EGV zum Schutz des gewerblichen Eigentums gerechtfertigt werden. Die Grenzbeschlagnahme sowie die Definition der Rechtsverletzung haben sich demnach an Art. 30 EGV messen zu lassen. Eine Rechtfertigung im Sinne dieses Artikels liegt nur vor, wenn die Ausnahme zur Wahrung von Rechten dient, die den spezifischen Charakter des gewerblichen Eigentums ausmachen.[464] Dieser ist beim Markenrecht im Verwertungsrecht des Markeninhabers zu sehen – da per definitionem bei der Durchfuhr keine Vermarktung statt findet, betrifft sie den spezifischen Charakter des Markenrechts nicht.[465] Demnach gebietet die Warenverkehrsfreiheit die Durchfuhr nicht als rechtsverletzende Handlung anzusehen.[466]

Diese Ausnahme gilt jedoch nur so weit die Warenverkehrsfreiheit reicht, d.h. nur bei Gemeinschaftswaren. Demnach muss bei der Durchfuhr differenziert werden, ob es sich um Gemeinschafts- oder Nichtgemeinschaftswaren handelt.[467] Wenn Waren von einem Mitgliedstaat durch das Hoheitsgebiet eines anderen in einen dritten Mitgliedstaat verbracht werden, liegt eindeutig Gemeinschaftsware vor. Gleiches gilt jedoch auch, wenn die Ware nur in einem Mitgliedstaat hergestellt wurde und in ein Drittland verbracht werden soll.[468] Handelt es sich hingegen um Waren, die von einem Drittstaat in einen anderen, jedoch durch das Hoheitsgebiet eines Mitgliedstaates transportiert werden, so liegen keine Gemeinschaftswaren vor.[469] Bei Waren, die aus einem Drittstaat stammen[470] und durch einen Mitgliedstaat in einen anderen gebracht werden sollen, liegt zumeist noch keine Gemeinschaftsware vor: Nach Art. 23 Abs. 2 EGV ist die Warenverkehrsfreiheit erst betroffen, wenn sich die Waren in einem Mitgliedstaat im freien Verkehr befinden. Nach Art. 24 EGV ist freier Verkehr dann anzunehmen, wenn Einfuhrförmlichkeiten erfüllt und Zölle erhoben wurden. Da die Durchfuhr oft im zollrechtlichen Versandverfahren erfolgt, ist dieses Erfordernis zumeist noch nicht erfüllt.[471] Die Überführung in den freien Verkehr fin-

---

464 EuGH GRUR Int. 2004, 39, 40 – Rioglass.

465 EuGH a.a.O.; a.A. *Sack*, wrp 2000, 702, 704, der nach Art. 30 EGV auch Durchfuhrverbote als gerechtfertigt ansieht, da sie zum Markenschutz gehören; *Hacker*, MarkenR 2004, 257, 259 ff, der sich dafür ausspricht auch die Durchfuhr in § 146 MarkenG aufzunehmen.

466 *Ingerl/Rohnke*, § 14 Rn 200; *Leitzen*, GRUR 2006, 89, 94.

467 *Heim*, wrp 2005, 167, 174.

468 EuGH GRUR Int. 2004, 39, 40 – Rioglass.

469 Weshalb die Durchfuhr unterbunden werden darf, vgl. für diese Fallkonstellation EuGH GRUR Int. 2000, 748 - Polo/Lauren/Dwidua; EuGH GRUR Int. 2004, 317 - Rolex.

470 *Heim*, wrp 2005, 167, 168.

471 *Natlacen/Prohaska-Marchried/Marosi*, S. 34.

det erst mit Abschluss des Zollverfahrens statt[472] – im Einzelfall entscheiden somit zollrechtliche Bestimmungen über den Charakter der Waren.

Demnach ist die Durchfuhr grundsätzlich als Verletzungshandlung anzusehen, bei Gemeinschaftswaren ist jedoch eine Ausnahme zu machen.[473]

Bei der Durchfuhr handelt es sich um ein abstraktes Gefährdungsdelikt.[474] Wenn eine Gefährdung ausgeschlossen werden kann, so besteht aber keine Notwendigkeit für die Bestrafung.[475] Demnach kann in Einzelfällen im Rahmen der Strafnorm noch eine teleologische Reduktion vorgenommen werden, wenn der Täter während des Transits keinen Zugriff auf die Waren hatte und somit ein Inverkehrbringen mit an Sicherheit grenzender Wahrscheinlichkeit ausgeschlossen werden kann.[476]

Als weitere Tathandlung ist die **Verwendung in Geschäftsbriefen sowie in der Werbung** vorgesehen, wobei der Gebrauch immer nach außen gerichtet werden muss.[477]

Die Auflistung des § 14 Abs. 3 MarkenG ist nicht abschließend und lässt auch im Zivilrecht weitere Handlungsvarianten zu. Das gleiche gilt für das Strafrecht, da dadurch nur eine Auslegung des Begriffes „Benutzen" erfolgt. Beispielsweise kann die Verwendung als Unternehmenskennzeichen auch als Verletzungshandlung gesehen werden, da diese mittelbar als Herkunftshinweis gewertet wird und somit markenmäßiger Gebrauch vorliegt.[478] Keine Benutzungshandlung ist die Anmeldung bzw. Eintragung einer Marke, da dabei die Kennzeichnung von konkreten Waren und Gütern fehlt.[479]

Die Registrierung einer geschützten Marke als Domain hingegen erfüllt schon den Verletzungstatbestand: Das OLG München sah bereits in der Registrierung der Domain eine markenmäßige Benutzung, da ein Internetauftritt als eine Art

---

[472] Vgl. dazu näher www.zoll.de/b0_zoll_und_steuern/a0_zoelle.
[473] Ebenso *Ingerl/Rohnke*, § 14 Rn 200; *Heim*, wrp 2005, 167, 174.
[474] *Heim*, wrp 2005, 167, 171.
[475] BGHSt 34, 115, 118 zu § 406 a StGB.
[476] So zu Recht *Schulz*, S. 89 f für Fälle, in denen ein Zugriff auf die Ware tatsächlich ausgeschlossen ist. Zu denken ist dabei beispielsweise an einen Transport per Flugzeug, das in Deutschland nur einen Tankstopp einlegt und in dieser Zeit kein Zugriff auf die Waren erfolgen kann.
[477] *Fezer*, § 14 Rn 485 f.
[478] *Ströbele/Hacker*, § 14 Rn 105.
[479] *Ströbele/Hacker*, § 14 Rn 108.

Dienstleistung zu verstehen ist.[480] Im zu entscheidenden Fall hatte zudem der Angeklagte noch die Domain dem Markeninhaber zum Kauf angeboten, so dass auch darin die Benutzung der Domain als Ware lag.[481]

(2) Für identische Waren

Eine Übereinstimmung hinsichtlich der Waren liegt vor, wenn diese unter den gleichen, in den Einteilungslisten genannten Gattungsbegriff innerhalb einer Klasse fallen, für welche sie eingetragen sind. Bei Verkehrsgeltung oder Notorietät gilt es die Gattungsbezeichnungen der Waren zu vergleichen, für welche die entsprechende Verkehrsbekanntheit erlangt wurde. Besteht für die prioritätsältere Marke nur eine auf einen Teil des Oberbegriffs beschränkte Eintragung (beispielsweise nur für T-Shirts in der Kategorie der Bekleidungsstücke), kann nur Identität hinsichtlich dieser Einzelware angenommen werden.[482]

Für den Identitätsschutz ist demnach so genannte Doppelidentität erforderlich: Eine rechtserhebliche Verletzungshandlung liegt nur vor, wenn identische Zeichen für identische Waren benutzt werden.

b) Verstoß gegen Verwechslungsschutz, § 143 Abs. 1 Nr. 1 i.V.m. § 14 Abs. 2 Nr. 2 MarkenG

Der Verwechslungsschutz geht über den Identitätsschutz hinaus und umfasst die Benutzung identischer oder ähnlicher Zeichen für identische oder ähnliche Waren, sofern daraus Verwechslungsgefahr resultieren kann. Tatobjekt beim Verwechslungsschutz sind sowohl mit Marken identische als auch ähnliche Zeichen.

---

480 OLG München wistra 2001, 33, 33 f, str.; a.A. *Ströbele/Hacker*, § 14 Rn 118 m.w.N. Die Strafbarkeit der in der Vergabenstelle tätigen Mitarbeiter scheitert zumeist am Vorsatz hinsichtlich der Haupttat, da auf die Berechtigung des Anmelders vertraut wird und deren Überprüfung nicht verpflichtend ist, *Plöckinger/Gassner*, Medien und Recht 2001, 180, 184.

481 OLG München wistra 2001, 33, 33, allgemein zur Problematik der Nutzung von Marken im Internet: *Hacker*, GRUR Int. 2002, 502, 507. Die Nutzung fremder Marken im Internet wird auch in Zukunft interessante Fragen aufwerfen: So entschied der Bundesgerichtshof (GRUR Int. 2005, 66 ff) beispielsweise, dass § 11 TDG beim Hosting den Betreiber zwar hinsichtlich der Schadensersatzansprüche, jedoch nicht der Unterlassungsansprüche von der Haftung befreit. Im konkreten Fall ging es um die Haftung eines Internet-Auktionshauses für Markenverletzungen seiner Kunden. Das Urteil bezog sich jedoch nur auf die Störerhaftung. Für die strafrechtliche Haftung gelten weiterhin die Beschränkungen des § 11 TDG, welche jedoch mehr für Fahrlässigkeitsdelikte von Bedeutung sind.

482 *Ingerl/Rohnke*, § 14 Rn 222.

(1) Benutzung im geschäftlichen Verkehr

Hinsichtlich der Benutzung ist auf den Identitätsschutz zu verweisen; der Begriff soll einheitlich ausgelegt werden.[483]

(2) Für identische oder ähnliche Waren

Um von Warenähnlichkeit auszugehen, müssen bei Beurteilung aller Umstände so enge Berührungspunkte zwischen den Waren bestehen, dass – eine identische Kennzeichnung der Waren hypothetisch vorausgesetzt – die betroffenen Verkehrskreise diese demselben Unternehmen (auch wirtschaftlich verbundene Unternehmen) zuordnen würden.[484] Dabei werden sowohl Verwendungszweck und -weise, Eigenart der Waren, Herstellungsstätte oder Vertriebswege, Stoffbeschaffenheit als auch Verkaufs- und Angebotsstätten miteinander verglichen.[485] Nicht erforderlich ist, dass Waren sich in der gleichen Warenklasse befinden.[486]

Es handelt sich hier um eine Entscheidung, die anhand der Berücksichtigung aller Umstände des Einzelfalls zu treffen ist. Ähnlichkeit ist ausgeschlossen, wenn der Abstand der Waren voneinander so groß ist, dass selbst bei Identität der Marken jegliche Verwechslungsgefahr ausgeschlossen wäre.[487]

(3) Verwechslungsgefahr

Verwechslungsgefahr ist dann anzunehmen, wenn trotz bestehender Unterschiede bei Zeichen oder gekennzeichneter Warenart die Gefahr besteht, dass Zeichen und Marke gedanklich nicht auseinander gehalten werden können.

Die Verwechslungsgefahr kann dabei in verschiedene Fallkonstellationen unterteilt werden: Der einfachste Fall von Verwechslungsgefahr liegt vor, wenn die Zeichen zwar nicht identisch sind, jedoch die bestehenden Unterschiede so geringfügig ausfallen, dass diese nur als eine Marke und nicht als zwei verschiedene Zeichen wahrgenommen werden (unmittelbare Verwechslungsgefahr).[488] Der

---

[483] *Ingerl/Rohnke*, § 14 Rn 39.
[484] *Ströbele/Hacker*, § 9 Rn 57.
[485] EuGH GRUR 1998, 922, 923 – Canon; BGH GRUR 1999, 245, 246 – Libero.
[486] *Will*, S. 101.
[487] BGH GRUR 2001, 507, 508; *Ströbele/Hacker*, § 9 Rn 71 m.w.N.
[488] Die hier verwendete Terminologie geht noch auf das WZG zurück und ist immer noch üblich, vgl. nur *Ströbele/Hacker*, § 9 Rn 25; leicht unterschiedlich hingegen *Ingerl/Rohnke*, § 14 Rn 252 unter Verweis auf die zum Teil andere Terminologie des BGH.

Begriff der Verwechslungsgefahr geht jedoch weiter und ist auch anzunehmen, wenn die Zeichen zwar unterschieden werden können, die Waren jedoch demselben Unternehmen zugeordnet werden (mittelbare Verwechslungsgefahr). Dies kann beispielsweise vorkommen, wenn verschiedene Waren Marken mit identischen Bestandteilen genutzt und diese demnach vom Verbraucher miteinander assoziiert werden.[489] Auch umfasst sind Fehlvorstellungen hinsichtlich des Verhältnisses zwischen den Geschäftsbetrieben: Die Zeichen werden zwar als Herkunftsnachweise unterschiedlicher Betriebe erkannt, aber dennoch nimmt man zwischen diesen irrtümlich wirtschaftliche oder organisatorische Verbindungen, wie zum Beispiel Lizenzverträge, an (Verwechslungsgefahr im weiteren Sinne). Das in § 14 Abs. 2 Nr. 2 MarkenG am Ende erwähnte gedankliche Inverbindungbringen dient zur Auslegung des Begriffes Verwechslungsgefahr und soll insbesondere die letzten beiden Fallgruppen mit einbeziehen.[490]

Um die Verwechslungsgefahr zu beurteilen, wird auf die Ähnlichkeit der Zeichen, deren Kennzeichnungskraft sowie die Nähe der Warenbereiche abgestellt.[491] Zwischen diesen Faktoren besteht Wechselwirkung, so dass Schwächen bei einem Faktor durch einen anderen kompensiert werden können. Die Kennzeichnungskraft umfasst die Stärke einer Marke:[492] Neben dem Maß an Unterscheidungskraft und Bekanntheit der Marke beurteilt sich diese auch nach der geographischen Verbreitung, der Dauer und dem Umfang der Nutzung sowie den für sie betriebenen Werbeaufwand. Je höher die Kennzeichnungskraft anzusetzen ist, desto weiter ist auch der Schutzbereich der Marke, weshalb der Abstand zwischen Zeichen und Marke mit zunehmender Kennzeichnungskraft letzterer auch wachsen muss.[493] Hier wirken sich beispielsweise beschreibende Elemente negativ aus, da diese zu einer Schwächung der Marke führen.[494] Bei der Bewertung ist anhand der Anschauung des Publikums, worunter alle von den in Frage stehenden Waren angesprochenen aktuellen oder potenziellen Verkehrskreise gemeint sind, vorzugehen.[495]

Die Beurteilung der Verwechslungsgefahr ist dabei eine Rechtsfrage, zu deren Festlegung kein Sachverständigengutachten eingeholt werden kann. Dieses kann sich nur auf zu Grunde liegenden Tatsachen wie z.B. Verbraucherumfragen be-

[489] Achenbach/Ransiek-*Kouker*, Kap. 11 Abschn. 3 Rn 32; *Ströbele/Hacker*, a.a.O.
[490] EuGH GRUR 1998, 387 – Springende Raubkatze; *Hubmann/Götting*, Gewerblicher Rechtsschutz, § 40 Rn 14; dazu näher *Kur*, MarkenR 1999, 2, 4 f.
[491] Vgl. nur EuGH GRUR Int. 1998, 875, 876 – Canon.
[492] *Eisenmann/Jautz*, Gewerblicher Rechtsschutz und Urheberrecht, Rn 276; *Hubmann/Götting*, Gewerblicher Rechtsschutz, § 40 Rn 11.
[493] *Ilzhöfer*, Patent-, Marken- und Urheberrecht, Rn 509.
[494] *Will*, S. 107.
[495] BGH GRUR 1963, 622, 623 – Sunkist.

ziehen.[496] Tatsächliche Verwechslungen sind nicht erforderlich, aber ein starkes Indiz für das Vorliegen von Verwechslungsgefahr.[497]

c) Verstoß gegen Bekanntheitsschutz, § 143 Abs. 1 Nr. 2 i.V.m. § 14 Abs. 2 Nr. 3 MarkenG

Bekannte Marken können selbst wenn keine Verwechslungsgefahr vorliegt geschützt werden: Bei identischem oder ähnlichen Zeichen kann eine Benutzung für nicht ähnliche Waren auch dann eine Verletzungshandlung darstellen, wenn die Unterscheidungskraft oder die Wertschätzung der Marke ohne rechtfertigenden Grund in unlauterer Weise ausgenutzt oder beeinträchtigt wird.

Dadurch wird der durch die Marke verkörperte good will geschützt, die Herkunftsfunktion ist bei dieser Ausgestaltung des Tatbestandes nicht beeinträchtigt.[498] Diese Tatalternative tritt auf, wenn der Ruf prestigeträchtiger Marken für andere Waren ausgenützt werden soll, d.h. in Bereichen, die vom Markeninhaber selbst noch nicht erschlossen sind, soll dessen Marke und der mit ihr verbundene Ruf zu Umsätzen führen.

Tatobjekte sind hierbei mit bekannten Marken identische oder ihnen ähnliche Zeichen. Erforderlich ist demnach allem voran, dass eine bekannte Marke[499] verletzt wird; nicht jede beliebige Marke genießt diesen besonderen Schutz.

(1) Benutzung im geschäftlichen Verkehr

Wie bereits bei den ersten beiden Tatbestandsalternativen erörtert, muss eine Benutzung im geschäftlichen Verkehr vorliegen, die für alle Tatbestände einheitlich auszulegen ist.[500]

(2) Keine Ähnlichkeit der Waren

Der Wortlaut des § 14 Abs. 2 Nr. 3 MarkenG bezieht sich auf nicht ähnliche Waren. Solche sind anzunehmen, wenn selbst bei identischer Zeichenverwen-

---

496 BGH GRUR 1992, 48, 51 f – frei öl.

497 *Ströbele/Hacker*, § 9 Rn 35.

498 BT-Drs. 12/6581, S. 72.

499 Vgl. dazu Teil 1, Kap. 1, B.III.4.

500 A.A. nur *Ströbele/Hacker* § 14 Rn 61 ff, der hier keinen zeichenmäßigen Gebrauch fordert.

dung keine Verwechslungsgefahr bestehen würde. Im Rahmen der zivilrechtlichen Rechtsbehelfe ist es jedoch strittig, ob der Schutzbereich des Nr. 3 in einem Erst-Recht-Schluss analog auch auf ähnliche Waren angewendet werden[501] oder deren Anwendungsbereich erweiternd ausgelegt[502] werden soll.

Unabhängig vom Ergebnis dieser Diskussion ist eine Ausdehnung des Schutzbereiches der Strafnorm nicht möglich: § 143 Abs. 1 Nr. 2 MarkenG verweist ausdrücklich auf § 14 Abs. 2. Nr. 3 MarkenG, so dass dieser auch Bestandteil der Strafnorm wird. Da dessen Wortlaut sich jedoch explizit auf nicht ähnliche Waren bezieht, verbietet das Analogieverbot im Strafrecht den Anwendungsbereich auch auf ähnliche Waren auszudehnen.[503] Für ähnliche Waren bleibt nur der Verwechslungsschutz.

(3) Beeinträchtigung oder Ausnutzung der Unterscheidungskraft oder Wertschätzung

Der Tatbestand unterteilt sich weiter in zwei Fallgruppen: Wird die Unterscheidungskraft ausgenutzt oder beeinträchtigt, spricht man vom Verwässerungstatbestand; bei Beeinträchtigung oder Ausnutzung der Wertschätzung vom Rufausbeutungstatbestand.[504]

(a) Verwässerung

Der Begriff der Unterscheidungskraft ist nicht mit dem des § 3 Abs. 1 MarkenG identisch: Bei § 14 Abs. 2 Nr. 3 MarkenG wird die gerade durch die Bekanntheit gesteigerte Kennzeichnungskraft und damit einhergehende Werbewirksamkeit einer Marke geschützt;[505] der Begriff entspricht der Kennzeichnungskraft,[506] die

---

501 Vgl. nur *Ingerl/Rohnke*, § 14 Rn 830.

502 *Fezer*, § 14 Rn 431. Der EuGH EuZW 2003, 347, 349 - Davidoff/Gofkid befürwortet eine Anwendung des Bekanntheitsschutzes auf nicht ähnliche Waren, legt sich jedoch zu Recht nicht näher fest, wie dies zu erfolgen hat.

503 So auch *Ströbele/Hacker*, § 143 Rn 17; *Schulz*, S. 74 ff, der sich näher mit den zivilrechtlichen Ansichten in diesem Bereich auseinandersetzt, aber diesen ebenfalls keine Auswirkungen auf den Straftatbestand zumisst. Allgemein zum Verbot der Übernahme außerstrafrechtlicher Analogieschlüsse bei Blankettstraftatbeständen, *Tiedemann*, S. 40. Dies widerspricht auch nicht dem Grundsatz gemeinschaftskonformer Auslegung, da selbst bei gemeinschaftswidriger Auslegung der Richtlinie im Strafrecht der Grundsatz „Nulla poena sine lege" vorrangig gelten muss (vgl. nur EuGH GRUR 2004, 501, 502).

504 BT-Drs. 12/6581, S. 72.

505 *Ströbele/Hacker*, § 14 Rn 169.

506 *Ingerl/Rohnke*, § 14 Rn 858.

im Rahmen der Verwechslungsgefahr angesprochen wurde.[507] Mit der Kennzeichnungskraft steigt auch die Wahrscheinlichkeit, dass eine Verletzungshandlung angenommen wird, bei schwächeren Marken sind die Voraussetzungen höher anzusetzen.

Die Unterscheidungskraft wird ausgenutzt, wenn der Verletzer die Aufmerksamkeit, die die Marke auf sich zieht, für seine eigenen Waren ausnutzt, indem er diese beispielsweise zu dekorativen Zwecken oder als Grundlage für eine Parodie verwendet.[508] Eine Beeinträchtigung liegt vor, wenn als Konsequenz der Verletzungshandlung die Werbewirksamkeit der Marke sinkt.[509]

(b) Rufausbeutung

Durch den Rufausbeutungstatbestand wird die Wertschätzung einer Marke geschützt, die sich aus deren Qualität, Tradition und Exklusivität, aber auch aus der Bedeutung des Unternehmens sowie dessen hohen Umsätzen mit der Marke ergeben kann.[510] Die Marke muss bestimmte Werte verkörpern, mit denen positive Assoziationen verbunden sind.[511]

Dieses Image der Marke wird ausgenutzt, wenn es zu eigenen Zwecken verwendet wird, indem man versucht durch Adoption des Zeichens die mit der Marke verbundenen Assoziationen auf die eigenen Produkte zu übertragen (sogenannter Imagetransfer).[512] Ein Beinträchtigen liegt hingegen vor, wenn der gute Ruf der Marke in der Öffentlichkeit herabgesetzt werden soll. Dies kann beispielsweise bei der Verwendung eines einer Luxusmarke ähnlichen Zeichens für Billigprodukte angenommen werden oder bei sogenannten „inkompatiblem Zweitgebrauch", durch welchen für das Image der Marke unpassende Assoziationen hervorgerufen werden.[513]

---

507 Vgl. dazu oben b) (3).

508 *Ströbele/Hacker*, § 14 Rn 171 m.w.N.

509 *Berlit*, Markenrecht, Rn 189; ob eine tatsächliche Beeinträchtigung vorliegen muss oder die Benutzungshandlung nur geeignet sein muss eine solche hervorzurufen, ist zivilrechtlich umstritten, vgl. dazu *Schiwek*, S. 92 m.w.N, der aber zu Recht argumentiert, dass für das Strafrecht auf Grund der konkreten Ausgestaltung des Tatbestandes jedenfalls ein Erfolgseintritt zu fordern ist.

510 *Ströbele/Hacker*, § 14 Rn 176 m.w.N.

511 *Will*, S. 158.

512 *Rittweger*, S. 218.

513 *Ströbele/Hacker*, § 14 Rn 183; so wurde beispielsweise die Verwendung der Kosmetikmarke „Nivea" für Kondome untersagt (BGH GRUR 1995, 57).

(c) In unlauterer Weise ohne rechtfertigenden Grund

Die Benutzungshandlung muss in unlauterer Weise und ohne rechtfertigenden Grund erfolgen, wobei sich diese Merkmale überschneiden. Unlauteres Handeln ist dann anzunehmen, wenn es nicht den im Handel üblichen Gepflogenheiten entspricht.[514] Für die Rechtfertigung stehen alle aus der Gesamtrechtsordnung in Frage kommenden Gründe zur Verfügung, sofern diese im Markenrecht sinnvoll angewandt werden können. Am ehesten ist hier an die Meinungsfreiheit zu denken.

d) Vorbereitungshandlungen, § 143 Abs. 1 Nr. 3 i.V.m. § 14 Abs. 4 MarkenG

Durch den Verweis des § 143 I Nr. 3 MarkenG auf § 14 Abs. 4 MarkenG unterstellt der Gesetzgeber auch sogenannte markenrechtliche Vorbereitungshandlungen dem Strafrechtstatbestand, so dass bei Markenpiraterie die Tat bereits in einem sehr frühen Stadium vollendet ist.

Im Hinblick auf Verpackungen, Aufmachungen oder sonstigen Kennzeichnungsmitteln ist das Anbringen von identischen oder ähnlichen Zeichen entgegen § 14 Abs. 4 Nr. 1 MarkenG untersagt. Derartig markierte Kennzeichnungsmittel dürfen auch nicht entgegen § 14 Abs. 2 Nr. 2 oder 3 MarkenG angeboten, in den Verkehr gebracht oder zu diesen Zwecken besessen und auch nicht ein- oder ausgeführt werden. Zusätzlich muss die Gefahr bestehen, dass die gekennzeichneten Gegenstände selbst zur Kennzeichnung von Waren verwendet werden, deren Benutzung Dritten ebenso nach § 14 Abs. 2 MarkenG untersagt wäre. Demnach wird im Rahmen dieser Tatbestandsalternative hypothetisch geprüft, ob die Benutzung markierter Waren eine Markenrechtsverletzung darstellen würde. Dabei ist es irrelevant, ob die potenzielle spätere Verletzungshandlung durch denjenigen, der die Vorbereitungshandlung durchführte, oder von einem Dritten vorgenommen werden könnte.[515] Die Gefahr einer solchen Markenverletzung muss jedoch nachgewiesen werden.[516]

Damit wurde eine Gefährdung des Markenrechtes zu einer vollendeten Markenverletzung ausgebaut.[517] Dies ermöglicht bei Pirateriefällen bereits sehr früh ein-

---

514 Wie der Verstoß gegen die guten Sitten im Sinne des § 23 MarkenG, *Ingerl/Rohnke*, § 14 Rn 841; vgl. dazu 4.b) (4).

515 *Ströbele/Hacker*, § 14 Rn 127.

516 BT-Drs. 12/6581, S. 75; demnach handelt es sich um ein konkretes Gefährdungsdelikt, *Schiwek*, S. 108.

517 Achenbach/Ransiek-*Kouker*, Kap. 11 Abschn. 3 Rn 43.

zuschreiten. Vorbereitungshandlungen, die ansonsten nach allgemeinen Regeln der Täterschaft und Teilnahme bewertet werden müssen, sind einfacher verfolgbar, da sich der Markierende bereits selbst strafbar macht und kein Nachweis eines Tatplans oder einer Haupttat erforderlich ist.

4. Widerrechtlichkeit

§ 143 Abs. 1 MarkenG setzt zudem voraus, dass die Benutzung widerrechtlich erfolgt. Die Widerrechtlichkeit ist dann nicht gegeben, wenn eine Zustimmung des Schutzrechtsinhabers vorliegt, eine der Schutzschranken des §§ 20 ff MarkenG oder sonstige Gründe entgegenstehen.[518] Ob dies auf Tatbestands- oder auf Rechtfertigungsebene relevant ist, wird dabei kaum diskutiert.

Hinsichtlich der Zustimmung des Markeninhabers ist diese Frage relativ unproblematisch zu lösen: § 143 Abs. 1 Nr. 1 - 3 MarkenG setzen stets eine Benutzung entgegen § 14 Abs. 2 MarkenG voraus, in dem die mangelnde Zustimmung ausdrücklich im Wortlaut enthalten ist und somit auch im Strafrecht zum Tatbestandsmerkmal wird.[519]

Neben dem rein formalen Kriterium gelten für Zustimmung und sonstige Schutzschranken auch folgende Überlegungen: § 14 MarkenG und somit auch § 143 MarkenG sichern das Ausschließlichkeitsrecht des Markeninhabers. Durch §§ 20 ff MarkenG wird dieses Recht jedoch in seinem Umfang näher bestimmt und somit erst festgelegt, wann eine Verletzung vorliegt – es kann demnach bei Eingreifen von Schutzschranken nicht davon ausgegangen werden, dass strafrechtlich relevantes Unrecht begangen wurde.[520] Des Weiteren besteht eine Parallele zu § 106 UrhG: Dort ist von einer Benutzung in anderen als den gesetzlich Fällen die Rede, was einem Verweis auf die §§ 45 ff UrhG entspricht.

---

[518] BT-Drs. 12/6581, S. 126.

[519] So im Ergebnis auch *Ströbele/Hacker*, § 14 Rn 25; HK-*Ekey*, § 143 Rn 8; Schultz-*vZumbusch*, § 143 Rn 3; mit ausführlicher Begründung *Schulz*, S. 54 f.

[520] *Schiwek*, S. 177; *Schulz*, S. 54 f, der auch zu Recht darauf hinweist, dass gerade die wirtschaftliche Verwertung auf Benutzung durch Dritte ausgelegt ist. Obwohl *Hellmann/Beckemper* (Wirtschaftsstrafrecht, Rn 571 und 575) explizit darauf hinweisen, dass bei einem Handeln des Täters innerhalb der Schranken der §§ 20-25 MarkenG kein Verstoß gegen § 14 MarkenG vorliegt, sehen sie in der Aufnahme der Widerrechtlichkeit in den Tatbestand lediglich ein Hinweis auf das allgemeine Deliktsmerkmal. Dies halte ich für widersprüchlich, da einerseits durch die Schranken des MarkenG erst das Unrecht definiert wird und da durch das Erfordernis der Widerrechtlichkeit gerade auf diese Schranken Bezug genommen wurde (vgl. BT-Drs. 12/6581, S. 125 f).

Im Urheberrecht wird ebenso erst von einer abschließenden Erfassung des Unrechts ausgegangen, wenn keine gesetzlich zulässige Benutzung vorliegt.[521] Auch aus der allgemeinen strafrechtlichen Erwägung heraus, dass sich das Merkmal der Widerrechtlichkeit nicht auf den kompletten Tatbestand, sondern nur auf die konkrete Art der Benutzung[522] bezieht, erscheint es angebracht diese als Tatbestandsmerkmal zu behandeln.

a) Ohne Zustimmung

§ 143 MarkenG verweist jeweils auf die in § 14 Abs. 2 MarkenG näher definierten Kollisionstatbestände. Dies setzen einheitlich voraus, dass die Benutzung ohne Zustimmung des Inhabers der Marke erfolgt.

Die Zustimmung stellt eine Willenserklärung dar, auf die Ausübung des dem § 14 MarkenG innewohnende Verbotsrechts zu verzichten.[523] Dies kann unter anderem durch Vergabe einer Lizenz erfolgen. Nicht jede Lizenzverletzung führt jedoch zu widerrechtlichem Handeln. Wann die Zustimmung aus einem Lizenzvertrag entfällt, ergibt sich aus § 30 Abs. 2 MarkenG: Wenn über die Zeitdauer der Lizenz hinaus oder andere als lizenzierte Waren hergestellt werden, die Marke oder die Produkte nicht der Lizenzvereinbarung entsprechen[524] oder auch geographische Beschränkungen nicht eingehalten werden. Eine Überschreitung der zulässigen Menge hingegen stellt keine Markenverletzung dar.[525]

Bei der Zustimmung liegt es nahe die zur Untreue entwickelten Kriterien zum Einverständnis auch auf die Markenverletzung zu übertragen: In beiden Fällen entfällt durch die Zustimmung die Pflichtwidrigkeit[526] bzw. Widerrechtlichkeit des Verhaltens und damit das für den Tatbestand typische Unrecht. Bei Tatbeständen, die den rechtsgeschäftlichen Bereich schützen, hat ein Einverständnis normativen Charakter und nicht nur tatsächliche Bedeutung.[527] Die Einordnung parallel zur Untreue resultiert bei der Markenverletzung daraus, dass die Marke

[521] *Lauer*, S. 39; im Ergebnis auch *Hildebrandt*, S. 150 ff.
[522] NK-*Puppe*, § 16 Rn 14.
[523] *Ingerl/Rohnke*, § 14 Rn 35.
[524] Demnach sind auch Qualitätsabweichungen als Markenverletzung zu qualifizieren, vgl. auch *Schulz*, S. 60, der jedoch für derartige Fälle eine teleologische Reduktion des Tatbestands andenkt und letztendlich aber ablehnt; zur Diskussion, ob diese Regelung rechtspolitisch sinnvoll ist, vgl. Teil 7 Kap. 1, A.IV.1.
[525] *Ingerl/Rohnke*, § 30 Rn 23; *Ströbele/Hacker*, § 30 Rn 62, da der entsprechende Wortlaut des Art. 8 Abs. 2 MRRL klar gegen eine Einbeziehung spricht, a.A. *Fezer*, § 30 Rn 14.
[526] BGHSt 34, 379, 384; LK-*Schünemann*, § 266 Rn 100.
[527] *Schulz*, S. 56 m.w.N.; *Wessels/Hillenkamp*, BT II Rn 758.

das Verwertungsrecht schützt. Dieses kann nur anhand von Rechtsgeschäften ausgeübt und wirtschaftlich genutzt werden; insofern hat die Zustimmung stets rechtsgeschäftlichen Charakter.

Deshalb bietet sich an wie bei § 266 StGB die für die Einwilligung geltenden Grundsätze wie die Beachtlichkeit von Willensmängeln auch für das Einverständnis auf die Tatbestandsebene zu übertragen.[528] Demnach ist für die Erteilung einer wirksamen Zustimmung erforderlich, dass der Zustimmende geschäftsfähig ist und auch die Tragweite seines Rechtsgutsverzichtes erkennt, weshalb Willensmängel das Einverständnis entfallen lassen.

Das Einverständnis hat auch im Zeitpunkt der Tat vorzuliegen, eine später erteilte Genehmigung hat keine Auswirkungen auf die Unrechtsbeurteilung.[529]

b) Schutzschranken der §§ 20 – 26 MarkenG

Weitere Schutzschranken finden sich in den §§ 20 ff MarkenG.

(1) Verjährung, § 20 MarkenG

Über § 20 MarkenG finden die allgemeinen Verjährungsregeln des BGB Anwendung, so dass die Verjährung zivilrechtlicher Ansprüche nach drei Jahren eintritt. Demnach könnte theoretisch, obwohl die strafrechtliche Verjährung[530] noch nicht eingetreten ist, nach § 20 MarkenG der zu Grunde liegende zivilrechtliche Anspruch verjährt und damit auch die Strafverfolgung ausgeschlossen sein. Dass reiner Zeitablauf auf die Unrechtsbeurteilung keinen Einfluss haben und demnach auch nicht zur Beurteilung der Widerrechtlichkeit herangezogen werden kann, versteht sich von selbst. Es besteht die Möglichkeit die Schutzschranke des § 20 MarkenG unangewendet und die strafrechtliche Verjährung vorgehen zu lassen oder die strafrechtliche Verjährung der zivilrechtlichen anzupassen: Zumeist wird das Problem nicht aufgegriffen und nur pauschal auf die

---

528 So auch *Schulz*, S. 55 f.

529 OLG Hamm NStZ 1986, 119 zur Untreue; a.A. zum Beispiel für das Urheberrecht: *Sternberg-Lieben*, S. 71, der nur einen Versuch annimmt und *Weber*, GS Schlüchter, S. 251, der für eine Strafaufhebung plädiert. Die unterschiedliche Bewertung könnte jedoch auch darauf zurückzuführen sein, dass im Urheberrecht zumeist noch das Persönlichkeitsrecht tangiert ist.

530 5 Jahre, § 78 Nr. 4 StGB.

Schutzschranken der §§ 20 ff MarkenG verwiesen.[531] Andere hingegen erklären § 20 MarkenG für unanwendbar[532] oder erwähnen ihn schlichtweg nicht.[533]

Gegen eine Anpassung der strafrechtlichen Verjährung spricht, dass bei auf strafrechtlichen Normen aufbauenden zivilrechtlichen Ansprüchen die strafrechtliche Verjährung ohne Relevanz ist und nur die zivilrechtliche zur Anwendung kommt.[534] Es wäre überlegenswert auf Grund des Gleichlaufs der zivilrechtlichen und strafrechtlichen Normen die Verjährung einheitlich zu regeln. Erforderlich ist dafür jedoch eine eindeutige gesetzliche Regelung, die auch Beginn und Ende, das Ruhen oder die Unterbrechung klar festlegt. Derzeit wird deshalb zu Recht die strafrechtliche Verjährung als maßgeblich angesehen.[535]

(2) Verwirkung, § 21 MarkenG

Gemäß § 21 MarkenG kann der Markeninhaber nicht mehr gegen die Verletzungshandlung vorgehen, wenn er diese fünf Jahre[536] lang geduldet hat. Dieser Ausschluss greift jedoch nicht ein, wenn der Verletzer bei seinem Rechtserwerb bösgläubig war. Da für die Tatbestandserfüllung des § 143 MarkenG auch Vorsatz nachgewiesen werden muss, kann immer von Bösgläubigkeit ausgegangen werden.[537] Auch ist anzunehmen, dass ein Markenpirat grundsätzlich keine eigenen Rechte erwirbt, so dass es an einer weiteren Voraussetzung des § 21 MarkenG scheitert.

---

531 BT-Drs. 12/6581, S. 126; *Müller-Gugenberger/Bieneck*, § 60 Rn 89; *Anduleit*, S. 111; *Ströbele/Hacker*, § 143 Rn 25; *Fezer*, § 143 Rn 21.

532 *Schiwek*, S. 173; *Ingerl/Rohnke*, § 143 Rn 9.

533 Achenbach/Ransiek-*Kouker*, Kap. 11 Abschn. 3 Rn 44 ff.

534 Bei § 823 Abs. 2 BGB ist es für den Schadensersatzanspruch ohne Bedeutung, ob die Straftat bereits verjährt ist, da dies vom Anspruchsinhaber nicht beeinflusst werden kann, vgl. MünchKomm-BGB-*Lieb*, § 823 Rn 353.

535 HK-*Ekey*, § 143 Rn 22; *Cremer*, GRUR Int. 2002, 511, 515, wobei beide jedoch fälschlicherweise gemäß § 78 Abs. 3 Nr. 5 StGB von einer dreijährigen Verjährungsfrist ausgehen. Richtigerweise ist jedoch auf Grund der Höchststrafe von drei bzw. fünf Jahren § 78 Abs. 3 Nr. 4 StGB und damit eine fünfjährige Verjährungsfrist einschlägig. So auch *Ingerl/Rohnke*, § 143 Rn 9.

536 Die zeitliche Begrenzung ist hier im Gegensatz zu § 20 MarkenG nicht problematisch, da darauf abzustellen ist, ob zum Zeitpunkt der Tathandlung bereits eine fünfjährige Duldung vorlag. Wenn demnach die Benutzung kurz vor Ablauf der fünf Jahre nicht mehr geduldet wird, so ist diese rechtswidrig – unabhängig davon, ob die rechtsverletzende Benutzung innerhalb des Ablaufs der fünf Jahre noch geltend gemacht wird.

537 Achenbach/Ransiek-*Kouker*, Kap. 11 Abschn. 3 Rn 45.

(3) Bestandskraft der jüngeren Marke, § 22 MarkenG

§ 22 MarkenG befasst sich mit dem Fall der Bestandskraft der jüngeren Marke: Wenn die Löschung der jüngeren Marke nicht erwirkt werden könnte, ist die Annahme einer Markenrechtsverletzung ausgeschlossen. Doch wie auch bei § 21 MarkenG wird ein Markenpirat in der Regel nicht über ein eigenes Markenrecht verfügen, sowie das ältere Markenrecht zumeist nicht löschungsreif sein.

(4) Benutzung von Namen und beschreibenden Angaben, § 23 MarkenG

Durch § 23 MarkenG wird Dritten unbeschadet etwaiger entgegenstehender Markenrechte das Recht gegeben, den eigenen Namen oder Anschrift zu benutzen (Nr. 1), ein identisches oder ähnliches Zeichen zur Beschreibung von Warenmerkmalen oder Eigenschaften (Nr. 2) oder die Marke als Hinweis auf die Bestimmung einer Ware (Nr. 3) zu verwenden, so lange diese Benutzung nicht gegen die guten Sitten verstößt. Diese Vorschrift verhindert unzumutbare Einschränkungen im Wettbewerb, die möglicherweise im Rahmen des Eintragungsverfahrens nicht berücksichtigt werden können, da dort die Marke im Hinblick auf die Verwendung für eine bestimmte Warenart geprüft wird.[538]

Freigestellt ist stets die Verwendung des eigenen Familiennamens[539] – und zwar auch für eigene wirtschaftliche Betätigung: Neben der Bezeichnung der Person allein ist die firmenmäßige Benutzung erlaubt, nicht jedoch die Verwendung als Marke oder Werktitel.[540]

Ebenso möglich ist die Nutzung eines Zeichens für beschreibende Zwecke: Insbesondere soll die Bezeichnung der Art, der Beschaffenheit, der Bestimmung, des Wertes, der geographischen Herkunft oder der Zeit der Herstellung ohne Rücksicht auf Markenrechte Dritter erlaubt sein. In der Regel handelt es sich bei der benutzen Marke um eine beschreibende Angabe, jedoch kann auch ein unterscheidungskräftiges Zeichen beschreibend verwendet werden.[541]

In Literatur und Rechtsprechung war umstritten, ob § 23 MarkenG nur bei beschreibendem oder auch bei markenmäßigem Gebrauch eines Zeichens angewandt werden könne.[542] Der BGH legte dem EuGH diese Frage zur Klärung

---

538 *Ströbele/Hacker*, § 23 Rn 8.
539 BT-Drs. 12/6581, S. 80.
540 *Ströbele/Hacker*, § 23 Rn 15.
541 BGH GRUR 1998, 697 – Venus Multi.
542 Vgl. nur *Ingerl/Rohnke*, § 23 Rn 41 ff m.w.N.

vor.[543] Dieser stellte jedoch fest, dass der Verwendungsart keine Bedeutung zukomme, sondern dass die Anwendung der Schutzschranke anhand der Gepflogenheiten in Gewerbe oder Handel zu entscheiden sei.[544] Dem hat sich der BGH inzwischen angeschlossen: Er bejaht die Anwendbarkeit der Einrede auch bei markenmäßiger Benutzung und legt den Schwerpunkt der Beurteilung nun auf den Verstoß gegen die guten Sitten.[545]

Der freie Wettbewerb gebietet es auch, dass Dritte Zubehör- oder Ersatzteile für Markenprodukte anbieten und konsequenterweise auf deren Zusammenhang mit der Markenware hinweisen dürfen. Dies ist jedoch nur so weit möglich, wie es zur Vermarktung der eigenen Ware notwendig ist, keinesfalls darf der Eindruck erweckt werden, dass die Waren ebenfalls vom Markeninhaber stammen.[546] Die Einschränkung der „unlauteren Benutzung" hat seit dem Urteil des EuGH zur Vorlagefrage des BGH im Fall Gerri/Kerry an Bedeutung gewonnen, da dieses Merkmal letztendlich über die Anwendbarkeit der Norm bestimmt: Die Rechtmäßigkeit der Benutzung muss im Rahmen einer Globalabwägung anhand der Gepflogenheit im Gewerbe und Handel entschieden werden.[547]

(5) Erschöpfung, § 24 MarkenG

Hat ein Markeninhaber seine Waren innerhalb der Europäischen Union bzw. des Europäischen Wirtschaftsraums in den Verkehr gebracht, kann er grundsätzlich hinsichtlich dieser keine Markenverletzung mehr geltend machen. Sein Markenrecht erschöpft sich mit dem Inverkehrbringen, da er damit die aus ihm fließenden Vorteile finanziell verwirklichen kann.[548] Würde man ihm auch nach Eintritt der Waren in den freien Warenverkehr noch Markenrechte zugestehen, könnten sich Markeninhaber zugleich auch ein Monopol auf den Vertrieb sichern.

Das Inverkehrbringen muss durch den Markeninhaber oder mit dessen Zustimmung im Europäischen Wirtschaftsraum erfolgen. Diese geographische Begrenzung war zu Zeiten des WZG in Deutschland nicht üblich, man ging vom Grundsatz der internationalen Erschöpfung aus, so dass jedes Inverkehrbringen zum Erlöschen des Markenrechts an den von da an frei verfügbaren Waren führ-

543 BGH GRUR 2002, 613 - GERRI/KERRY Spring
544 EuGH GRUR Int. 2004, 320, 321 f - Gerolsteiner/Putsch.
545 BGH GRUR 2004, 949, 950.
546 *Ströbele/Hacker*, § 23 Rn 52.
547 EuGH GRUR Int. 2004, 320, 321 - Gerolsteiner/Putsch.
548 Ein Zeichen zum Zwecke der Vermarktung auf einem Produkt anzubringen und dieses dann in den Verkehr zu bringen wird gerade als Inhalt des Markenrechts angesehen, *Chrocziel*, Gewerblicher Rechtsschutz, Rn 179.

te. Mit Einführung des MarkenG wurde die Erschöpfungswirkung auf den europäischen Raum beschränkt, was rechtspolitisch nicht unumstritten war und ist.[549] Doch auch der EuGH interpretierte Art. 7 MRRL dahingehend, dass dieser eine abschließende Regelung darstelle und die nationalen Regierungen nicht die Erschöpfungswirkung geographisch ausdehnen dürfen.[550]

Demnach können Parallelimporte aus Gebieten außerhalb des Erschöpfungsgebietes eine Markenverletzung darstellen.[551]

Das Inverkehrbringen durch den Markeninhaber ist sehr weit auszulegen: So kann bei versehentlichen Auslieferungen Erschöpfung angenommen werden; Konzernbestandteile gelten als eine Einheit, so dass das Inverkehrbringen allen zugerechnet werden kann.[552]

Die Zustimmung zum Inverkehrbringen kann ausdrücklich oder auch konkludent erfolgen, wobei jedoch für letzteres die Anforderungen besonders hoch anzusetzen sind.[553] In Lizenzverträgen ist eine solche Zustimmung in der Regel enthalten.[554] Wann sich ein Verstoß gegen den Lizenzvertrag auch auf die Erschöpfung auswirkt, legt § 30 Abs. 2 MarkenG fest.[555]

Liegen berechtigte Gründe im Sinne des § 24 Abs. 2 MarkenG vor, so tritt keine Erschöpfung ein: Dies ist der Fall, wenn die Ware so verändert ist, dass sie nicht mehr als Originalware des Herstellers anzusehen ist oder die Marke nicht mehr als die des Herstellers erkannt wird.[556]

Falls die Waren in verschiedenen Ländern mit unterschiedlichen Eigenschaften auf den Markt gebracht werden, um den jeweiligen Markterfordernissen oder auch nur Präferenzen nachzukommen, trägt dieses Risiko der Markeninhaber selbst: Durch abweichende Qualität wird die Herkunftsfunktion nicht tangiert;[557] zudem hat der Markeninhaber selbst diese Unterschiede hervorgerufen und soll

---

549 Vgl. z.B. *Heath* in: Ehlers/Wolfgang/Pünder, S. 27 ff

550 EuGH GRUR Int. 1998, 695, 696 f – Silhouette; vgl. dazu ausführlich *Gaster* in: Ehlers/Wolffgang/Pünder, S. 112 ff.

551 Vgl. z.B. LG Meiningen NStZ 2003, 41.

552 *Ströbele/Hacker*, § 24 Rn 40 f.

553 EuGH GRUR Int. 1999, 870, 872 - Sabega; vgl. dazu auch näher *Vormann*, MarkenR 2003, 129 ff.

554 *Ingerl/Rohnke*, § 24 Rn 34 ff, wobei es noch auf die Ausgestaltung und die Art der Lizenz ankommt.

555 *Ströbele/Hacker*, § 24 Rn 46.

556 BT-Drs. 12/6581, S. 81.

557 *Ströbele/Hacker*, § 24 Rn 107 m.w.N.

sie jetzt nicht ausnutzen können, um preislichen Wettbewerb, der von Parallelimporten ausgeht, zu unterbinden.[558]

In derartigen Einzelfällen kann es sein, dass die Kontrollbefugnis des Markeninhabers wieder auflebt.[559] Beispielsweise müssen Produktveränderungen das Wesen der Ware verändern; nicht relevant sind geringfügige Eingriffe wie im Rahmen einer Reparatur. Veränderungen an der Verpackung können dabei gleichermaßen umfasst sein, wenn diese als für das Produkt wesentlich angesehen wird.[560] Besonders umstritten ist, ob das Umverpacken von Waren auch die Erschöpfungswirkung beeinflussen kann: Eigentlich sollte auch bei umgepackter Ware der Erschöpfungsgrundsatz gelten, bei einigen Produkten, insbesondere bei Arzneimitteln, kann aber die unangetastete Originalverpackung von besonderer Wichtigkeit sein. Der EuGH hat fünf Voraussetzungen aufgestellt, die erfüllt sein müssen, damit es bei der Erschöpfungswirkung bleibt und nicht § 24 Abs. 2 MarkenG greift:[561] Zuerst müsste die Geltendmachung des Markenrechts zu einer künstlichen Abschottung der Märkte führen und das Umverpacken auf Grund besonderer Voraussetzungen in den Mitgliedsstaaten für das Inverkehrbringen notwendig sein. Darüber hinaus darf der Originalzustand der Ware nicht beeinträchtigt werden, auf der Packung müssen der Umpackende sowie der Hersteller angegeben sein und die Umpackung darf nicht den Ruf der Marke schädigen. Zusätzlich muss der Markeninhaber informiert und mit einem Muster beliefert werden.

(6) Mangelnde Benutzung, §§ 25 f MarkenG

Unter anderem durch § 25 MarkenG wird im Markenrecht indirekt ein Benutzungszwang statuiert, da ein Markeninhaber seine Ansprüche nicht geltend machen kann, wenn er seine Marke innerhalb der letzten fünf Jahre nicht benutzt hat (sofern sie schon so lange eingetragen ist). Wann eine rechtserhaltende Benutzung vorliegt, wird in § 26 MarkenG näher bestimmt: Die Marke muss für die eingetragenen Waren ernsthaft benutzt worden sein, wobei eine Benutzung mit Zustimmung des Inhabers diesem zugerechnet wird. Ebenfalls möglich sind

---

558 Hier kommt es demnach in Abgrenzung zu Qualitätsmängeln beim Einverständnis gerade darauf an, dass die Herstellung in anderer Qualität als in anderen Ländern vom Markeninhaber gewollt war und demnach dafür auch dessen Zustimmung bestand. Das Inverkehrbringen der Waren muss jedoch in den von der Lizenz umfassten Gebieten stattfinden, bei Direkteinfuhren schließt eine „kennzeichnungsrechtlichen Zustimmungsvorbehalt“ die Erschöpfung aus (*Fezer*, § 24 Rn 29).

559 *Ströbele/Hacker*, § 24 Rn 64.

560 *Ingerl/Rohnke*, § 24 Rn 63.

561 EuGH GRUR Int. 1996, 1144 – Bristol-Meyers S.

kleinere Abweichungen an der Marke selbst, sofern der kennzeichnende Charakter nicht verändert wird. Ausnahmsweise kann eine Nichtnutzung unschädlich sein, wenn diese gerechtfertigt ist: Beispielsweise kann bei Arzneimitteln das Zulassungsverfahren den Marktauftritt verzögern.[562]

Durch das Erfordernis der ernsthaften Benutzung werden Scheinbenutzungshandlungen ausgeklammert, die nur einen Rechtsverlust verhindern sollen. Eine ernsthafte Benutzung ist dann anzunehmen, wenn diese in einer Weise erfolgt, die für die entsprechenden Waren verkehrsüblich und wirtschaftlich angebracht ist.[563] Das Zeichen muss dabei markenmäßig benutzt werden.[564]

c) Sonstige Schranken

Die im MarkenG genannten Schranken stellen keine abschließende Regelung dar, es kann stets auf allgemeine Schranken aus dem Zivilrecht zurückgegriffen werden, wie z.B. den allgemeinen Verwirkungsgrundsatz.[565]

Wenn die angeblich verletzte Marke gegen absolute Schutzhindernisse verstößt, kommt es für die Rechtsfolge auf den Charakter der Marke an: Hinsichtlich eingetragener Marken besteht ein Prüfungsmonopol beim Deutschen Patent- und Markenamt (§§ 50, 54 MarkenG), Gerichte dürfen nicht über die Wirksamkeit urteilen. Allerdings besteht die Möglichkeit das Verfahren auszusetzen[566] und eine Entscheidung über die Rechtswirksamkeit der Marke herbeizuführen.

Gegen zivilrechtliche Verletzungsklagen können die Löschungsgründe des § 49 und § 51 MarkenG stets eingewandt werden, da diese Löschungsverfahren vor dem gleichen Gericht wie die Verletzungsklagen geführt werden können und somit keine unzulässige Verlagerung der Prüfungskompetenz stattfindet.[567] Dieses Argument kann jedoch nicht ohne weiteres auf das Strafrecht übertragen werden, da im Rahmen von Strafverfahren stets ein anderes Gericht zu entscheiden hat. Allerdings muss bereits auf Grund der Tatsache, dass zivilrechtlich gesehen eine Einrede besteht, diese im Strafrecht berücksichtigt werden, da dieses

---

562 BGH BlPMZ 2000, 318, 319.

563 BGH GRUR 2000, 510, 511- Contura.

564 BT-Drs. 12/6581, S. 83.

565 BT-Drs. 12/6581, S. 78, wobei jedoch ebenso die bereits bei § 21 MarkenG genannten Einwendungen gelten; dass die allgemeinen Verwirkungsgrundsätze nicht gesetzlich normiert sind, widerspricht auch nicht dem Gesetzlichkeitsprinzip, da es sich um eine Ausnahme vom Tatbestand zu Gunsten des Täters handelt.

566 Dazu vgl. Teil 4, Kap. 1, E.I.2.

567 *Ingerl/Rohnke*, § 49 Rn 37; § 55 Rn 51.

auf die zivilrechtliche Unrechtsbeurteilung aufbaut. Dafür spricht auch die Überlegung, dass ein Prüfungsmonopol des Patent- und Markenamtes hinsichtlich der absoluten Schutzhindernisse rechtsvergleichend eine deutsche Besonderheit darstellt. Demnach erscheint es sinnvoll dieses auch nur auf den Bereich zu begrenzen, auf den es ausdrücklich zugeschnitten ist: die Prüfung absoluter Schutzhindernisse (§ 54 i.V.m. § 50 MarkenG).

Demnach ist bei Löschungsreife einer Marke – sofern diese von einem ordentlichen Gericht geprüft werden darf – eine zivilrechtliche Einrede gegeben; eine widerrechtliche Benutzung scheidet aus. Im Strafverfahren sind all diese Einreden von Amts wegen zu prüfen.[568]

Bei den Benutzungsmarken und notorisch bekannten Marken wurde nie eine Prüfung durchgeführt, so dass im Rahmen der Rechtsverletzung die Wirksamkeit der Marke durch das Gericht festgestellt werden muss. Hier sind Schutzhindernisse demnach beachtlich.

5. Subjektiver Tatbestand

Es muss Vorsatz hinsichtlich aller im Tatbestand enthaltenen Merkmale vorliegen. Da grundsätzlich jede Vorsatzform genügt, reicht es aus wenn das Vorliegen von Pirateriewaren billigend in Kauf genommen wird. Dies ist beispielsweise dann der Fall, wenn dem Täter vom Markenhändler eine Abmahnung zugegangen ist.[569] Auch das Schmuggeln durch den Zoll kann ein deutliches Zeichen für Vorsatz sein.[570]

Holler geht parallel zur zivilrechtlichen Rechtsprechung dabei von weiten Prüfungspflichten des Handels aus.[571] Es ist jedoch zu beachten, dass dadurch die bewusste Entscheidung des Gesetzgebers, die fahrlässige Markenverletzung nicht unter Strafe zu stellen, nicht unterlaufen werden darf.[572] Für dolus eventualis ist erforderlich, dass der Täter das Risiko der Tatbestandsverwirklichung erkannt und sich damit abgefunden hat. Bewusste Fahrlässigkeit liegt hingegen vor, wenn er darauf vertraut hat, dass der Taterfolg nicht eintritt. Im Rahmen der Abgrenzung hinsichtlich dieser inneren Einstellung „damit abfinden" – „darauf vertrauen" kann man jedoch darauf abstellen, ob für das Vertrauen auch eine

---

568 *Ströbele/Hacker*, § 143 Rn 25.
569 *Ingerl/Rohnke*, § 143 Rn 4.
570 *Müller-Gugenberger/Bieneck*, § 60 Rn 177.
571 Harte-Bavendamm-*Holler*, § 5 Rn 152.
572 Der in § 26 WZG enthaltende Fahrlässigkeitstatbestand entfiel im Rahmen des PrPG, vgl. *Enstahler*, GRUR 1992, 273, 275.

Grundlage bestand.[573] Da Markenpiraterie als weltweites Problem bekannt ist, kann bei vom Normalen abweichenden Umständen (z.B. besonders niedrige Preise, abweichende Vertriebswege etc.), die den Verkäufer eigentlich zu weiteren Nachprüfungen veranlassen sollten, nicht mehr davon ausgegangen werden, dass dieser auf das Vorliegen von Originalware vertraute. Dies und nicht das Unterlassen der Nachforschungen kann ihm zum Vorwurf gemacht werden. Wer allerdings bei Vorliegen derartiger Umstände die Augen verschließt und nicht die gebotenen Nachforschungen anstellt, findet sich mit einer Markenverletzung ab.[574]

Bei den Tathandlungen des § 143 Abs. 1 Nr. 2 MarkenG ist darüber hinaus die Absicht[575] erforderlich, die Unterscheidungskraft oder die Wertschätzung der bekannten Marke auszunutzen oder zu beeinträchtigen. Da die diesem zu Grunde liegende Verletzungshandlung auch hypothetisch innerhalb der strafrechtlich erfassten Vorbereitungshandlungen des § 143 Abs. 1 Nr. 3 b) MarkenG geprüft wird, muss auch hier die entsprechende Absicht nachgewiesen werden.

II. Strafbare Verletzung der Gemeinschaftsmarke, § 143 a MarkenG

Die Verletzung einer Gemeinschaftsmarke wird separat erfasst; dieser spezielle Tatbestand wurde 2001 eingeführt.[576] Zuvor sah § 143 MarkenG in einem siebten Absatz eine Ermächtigung der Exekutive vor die nähere Ausgestaltung eines Straftatbestandes zum Schutz der Gemeinschaftsmarke durch Rechtsverordnung zu regeln. Eine solche Verordnung wurde jedoch nie erlassen. Man entschloss

---

573 Wobei es sich hierbei mehr um ein Problem der Beweiswürdigung handelt.

574 *Maske*, S. 137; bei hoher Gefährlichkeit eines Vorhabens soll sich niemand auf die vage Hoffnung berufen können, die Gefahr werde sich nicht verwirklichen, so BGH NStZ 2000, 655, 656 zu § 266 StGB; im Ergebnis ist *Holler* demnach zuzustimmen, allerdings darf bei der Begründung des Vorsatzes nicht auf die Nicht-Erfüllung der Prüfungspflicht abgestellt werden.

575 Absicht ist im technischen Sinne zu verstehen, d.h. dolus directus ersten Grades, a.A. *Schiwek*, S. 100 unter Berufung auf *Roxin*, AT I, § 12 Rn 14, der wenn die tatbestandsmäßige Rechtsgüterverletzung allein schon den Deliktstyp kennzeichnet dolus directus zweiten Grades ausreichen lässt. Dagegen lässt sich jedoch die Intention des Gesetzgebers anführen nicht jede Art von Vorsatz ausreichen zu lassen, sondern Absicht zu verlangen – wäre dolus directus zweiten Grades als genügend empfunden worden, hätte man dies in im Rahmen der Diskussion erwähnt, vgl. BT-Drs. 12/6581, S. 125; auch kann das Absichtsmerkmal nach Ansicht von *Gehrig*, S. 110 ff genutzt werden, um zu weit gefasste Tatbestände einzuengen – genau dies wollte der Gesetzgeber auch erreichen, vgl. BT-Drs. 12/6581, S. 125.

576 BGBl. 2001 I 3656.

sich einen gesonderten Tatbestand zu schaffen, der inhaltlich im Wesentlichen dem Tatbestand des § 143 MarkenG gleicht.

1. Schutzgegenstand: Gemeinschaftsmarke

§ 143 a MarkenG schützt europäische Gemeinschaftsmarken, die im Unterschied zu nationalen Marken nur durch Eintragung entstehen können.

2. Tatobjekt: identisches Zeichen/ähnliches Zeichen

Wie auch bei § 143 MarkenG werden vom Tatbestand Zeichen erfasst, die mit einer Gemeinschaftsmarke identisch oder dieser ähnlich sind. Die Beurteilung erfolgt entsprechend der Grundsätze zu nationalen Marken, da sich die Gemeinschaftsmarkenverordnung, auf welcher der Text des § 143 a MarkenG beruht, wie § 14 MarkenG eng an der Markenrechtsrichtlinie orientiert und somit gleich auszulegen ist.

3. Tathandlung: Benutzung im geschäftlichen Verkehr

Auch § 143 a MarkenG enthält sowohl Identitäts- (Nr. 1), Verwechslungs- (Nr. 2) und Bekanntheitsschutz (Nr. 3). Im Unterschied zu § 143 Abs. 1 MarkenG wird jedoch nicht auf die zivilrechtlichen Verletzungshandlungen verwiesen, sondern diese direkt im Tatbestand selbst benannt. Der Wortlaut entspricht jedoch Art. 9 Abs. 1 S. 2 GMV und ist demnach mit dem zivilrechtlichen Schutz von Gemeinschaftsmarken identisch. Auch hier gilt, dass auf Grund einer Orientierung an der Markenrechtsrichtlinie die gleiche Auslegung wie bei § 14 MarkenG zu erfolgen hat.

Im Unterschied zu § 14 Abs. 4 MarkenG enthält jedoch Art. 9 GMV keinen eigenständigen Verletzungstatbestand für vorbereitende Handlungen und somit § 143 a MarkenG auch keine dem entsprechende Strafbarkeit. Für derartige Fälle ist die Versuchsstrafbarkeit anzuprüfen.[577]

Wie bei § 143 MarkenG ist auch nur das Benutzen im geschäftlichen Verkehr erfasst.

---

[577] Vgl. dazu Teil 3, Kap.1, D.

Beim Bekanntheitsschutz ist im Unterschied zu § 14 Abs. 2 Nr. 3 MarkenG jedoch das Ausnutzen oder Beeinträchtigen der Unterscheidungskraft bzw. der Wertschätzung nur subjektiv formuliert. Damit sollte wohl eine Parallele zu § 143 Abs. 1 Nr. 2 MarkenG hergestellt werden, der auch diese spezielle Absicht erfordert, nicht jedoch auf das objektive Vorliegen dieser Merkmale verzichtet werden. Diese nicht objektiv vorauszusetzen mag wohl nur eine sprachliche Ungenauigkeit sein. Einschränkend ist demnach im Sinne einer einheitlichen Auslegung des Schutzes und auf Grund der Tatsache, dass die GMV, der die Tathandlungen entnommen sind, diese auch objektiv vorsieht, von einer teleologischen Reduktion des Tatbestandes auszugehen und auch objektiv eine Beeinträchtigung zu fordern. Ansonsten würde man im Fall einer irrtümlich angenommen Beeinträchtigung ein Verhalten pönalisieren, das zivilrechtlich jedoch erlaubt ist.

4. Trotz eines Verbots oder ohne Zustimmung

§ 143 a MarkenG stellt die Benutzung eines Zeichens trotz eines Verbotes oder ohne Zustimmung des Markeninhabers unter Strafe. Die Zustimmung ist hier wie bei § 14 MarkenG auszulegen. Hinsichtlich des Verbotes suggeriert der Wortlaut, dass ein solches für jeden Fall verhängt werden muss.[578] Dem steht aber der Charakter eines Markenrechts entgegen: Es gibt dem Inhaber das ausschließliche Recht die Marke zu nutzen, wobei dieses absolute Recht auch gegenüber jedermann gilt und kein gesondertes Verbot erforderlich ist.[579] Als Verbot kann demnach Art. 9 GMV selbst angesehen werden, da dieser die Markenrechte näher ausgestaltet. Kein Verbot liegt jedoch vor, wenn der durch Art. 9 GMV geschaffene Schutz durch innerhalb der GMV liegende Schutzschranken beschränkt wird. Auch die Schutzschranken entsprechen dem MarkenG meist: Eine Zustimmung liegt insbesondere bei Erteilung einer Lizenz vor: Wann Vertragsverletzungen Auswirkungen auf das Einverständnis haben, ergibt sich aus Art. 22 GMV, der § 30 MarkenG gleicht. Zwar enthält die GMV keine eigene Verjährungsvorschrift, diese Frage ist jedoch deshalb gem. Art. 98 Abs. 2 GMV nach deutschem Recht zu entscheiden.[580] Die Bestimmungen des § 21 MarkenG finden sich in Art. 53 GMV wieder.[581] Doch auch weitere, nationale Verwir-

---

[578] *Ingerl/Rohnke*, § 143 a Rn 13.

[579] So im Ergebnis auch *Fezer*, § 143 a Rn. 5.

[580] *Ingerl*, S. 100, problematisch ist jedoch, dass § 125 b MarkenG gerade keine Verweisung auf § 20 MarkenG enthält. Da dieser aber nur auf die allgemeinen Verjährungsregeln des BGB verweist, die dann eh zur Anwendung kommen werden, kommt der Frage praktisch keine Bedeutung zu (so jetzt *Ingerl/Rohnke*, § 20 Rn 3).

[581] Beim Zusammenspiel nationale Marken - Gemeinschaftsmarke sind noch die in Art. 106 und 107 GMV enthaltenen Einschränkungen zu beachten.

kungsgrundsätze sind über Art. 14 Abs. 1 S. 2 i.V.m. Art. 97 Abs. 2 GMV ebenso anwendbar.[582] § 22 MarkenG findet keine Entsprechung in der GMV; die zugrunde liegenden Grundsätze gelten jedoch auch im Gemeinschaftsmarkenrecht.[583] Art. 12 GMV entspricht im Wesentlichen der Schutzschranke des § 23 MarkenG und nimmt die beschreibende Nutzung von der Widerrechtrechtlichkeit aus. Der Erschöpfungsgrundsatz findet sich in Art. 13 GMV wieder und ist die europäische Parallele zu § 24 MarkenG. Der Benutzungszwang der Gemeinschaftsmarke ergibt sich aus Art. 15 GMV und kann einer Rechtsverletzung gemäß Art. 95 Abs. 3 GMV entgegengehalten werden.

Demnach entsprechen sich die Verletzungstatbestände zum Schutz der nationalen und der Gemeinschaftsmarke im Wesentlichen, so dass zumindest sinngemäß alle Ausführungen zu § 143 MarkenG - sofern nicht anderweitig darauf hingewiesen - auch auf § 143 a MarkenG übertragbar sind.[584]

5. Subjektiver Tatbestand

Auch hier können die zu § 143 MarkenG entwickelten Grundsätze übertragen werden: Für den Identitäts- und Verwechslungsschutz genügt dolus eventualis, für den Bekanntheitsschutz ist die Absicht erforderlich, die Marke in ihrer Wertschätzung oder Unterscheidungskraft ohne rechtfertigenden Grund in unlauterer Weise auszunutzen oder zu beeinträchtigen.

B. Sonstige Vorschriften

Zum Teil können Markenverletzungen unter bestimmten Voraussetzungen auch unter Tatbestände des Kernstrafrechts gefasst werden.[585] Wenn beispielsweise minderwertige Ware als Original verkauft wird, ist zumeist zugleich auch § 263

---

582 *Eisenführ*, Art. 9 Rn 57.

583 *Ingerl/Rohnke*, § 22 Rn 3.

584 Es kann nicht Ziel dieser Arbeit sein, Unterschiede zwischen nationalem und Gemeinschaftsmarkenrecht zu behandeln, diesbezüglich sei beispielsweise auf *Ingerl* oder Hasselblatt-*Hasselblatt* § 34 verwiesen. Für den Zweck dieser Arbeit genügt ein Verständnis der wesentlichen Grundzüge, die einander entsprechen.

585 Da sich sonstige Tatbestände für die Rechtsvergleichung wenig eignen, sei auf sie nur kurz verwiesen; detaillierte Ausführungen zur Strafbarkeit nach Tatbeständen des Kern- und Nebenstrafrechts finden sich zum Beispiel bei Harte-Bavendamm-*Holler*, § 5 Rn 158 ff; Wabnitz/Janovsky-*Möller*, Kap. 15 Rn 30 ff; *Schulz*, S. 146 ff; *Anduleit*, S. 114 ff; *Braun*, S. 146 ff; *Wölfel*, S. 135 ff; *Gravenreuth*, S. 90 ff.

StGB erfüllt. Eine neuere Entwicklung, das so genannte Domain-Grabbing[586] wird neben einer Markenverletzung zugleich auch als Erpressung im Sinne des § 253 StGB qualifiziert.[587]

Damit eine Urkunde im Sinne des § 267 StGB angenommen werden kann, müssen neben der Marke noch weitere Erklärungen des Herstellers auf der Ware angebracht werden.[588] Auch eine Hehlerei (§ 259 StGB) scheidet grundsätzlich aus.[589]

Die Strafbarkeit wegen dieser und sonstiger Delikte hängt in der Regel jedoch nicht von markenrechtlichen Besonderheiten ab. Auf Grund der in der Praxis häufig vorkommenden Begehung innerhalb einer kriminellen Vereinigung, wird aber beispielsweise § 129 StGB oft in Betracht kommen.

Daran oder an andere der zugleich verwirklichten Taten anknüpfend, kann auch ein weiterer Tatbestand, der sich gegen organisierte Kriminalität richtet, wie die Geldwäsche nach § 261 StGB in Betracht kommen.

Auch Tatbestände des Nebenstrafrechts, wie zum Beispiel Verstöße gegen das UWG bzw. gegen die Abgabenordnung können jeweils unter den dort bestimmten Voraussetzungen ebenso in Tateinheit erfüllt sein.

Kapitel 2 USA

A. Markenfälschungen: 18 U.S.C. § 2320[590]

Die Strafvorschrift 18 U.S.C. § 2320 wurde 1984 durch den Trademark Counterfeiting Act[591] eingeführt und stellt das Handeltreiben von Waren mit gefälschten Marken unter Strafe. Dabei ist der Anwendungsbereich der Strafvorschrift enger

586 Reservierung von Internetdomains, die beispielsweise aus einer Marke bestehen, um diese dann dem Markeninhaber zum Kauf anzubieten.

587 Vgl. OLG München wistra 2001, 33.

588 *Braun*, S. 187

589 Mit zum Teil leicht unterschiedlichen Begründungen: keine Perpetuierung einer rechtswidrigen Besitzlage, *Schulz*, S. 152 f; Angriff muss sich gegen in Sache verkörperten Vermögenswert richten, *Braun*, S. 181.

590 Einen knappen Überblick gibt ein jährlich erscheinender Aufsatz in der American Criminal Law Review mit dem Titel „Intellectual Property Crimes“, der auch die aktuellen Entwicklungen wiedergibt, vgl. zuletzt *Albert/Sanders/Mazzaro*, 42 Am. Crim. L. Rev. 631 ff.

591 Pub. L. No. 98-473, Ch. 15, 98 Stat. 1976 (1984).

als der der zivilrechtlichen Kollisionstatbestände: Im Hinblick auf die Tathandlung wurden nur Fälle besonders schwerwiegender Markenrechtsverletzungen unter den objektiven Tatbestand gefasst.[592] Auf subjektiver Seite ist - im Gegensatz zu den meisten Ansprüchen des Lanham Acts - Vorsatz erforderlich.[593] Dennoch wird im Rahmen der Strafvorschrift auch auf aus dem Lanham Act bekannte Rechtsbegriffe und -institute zurückgegriffen, so dass bei der Auslegung ein Blick auf die zivilrechtlichen Normen sehr hilfreich sein kann.[594]

18 U.S.C. § 2320(a) lautet:

> *Wer absichtlich mit Waren oder Dienstleistungen Handel treibt oder versucht Handel zu treiben und dabei wissentlich eine gefälschte Marke auf oder in Verbindung mit diesen Gütern oder Dienstleistungen verwendet, soll als natürliche Person mit einer Geldstrafe von nicht mehr als 2 Millionen Dollar oder einer Freiheitsstrafe von nicht mehr als 10 Jahren oder beidem und falls keine natürliche Person, mit einer Geldstrafe von nicht mehr als 5 Millionen Dollar bestraft werden. [...]*[595]

I. Tatobjekt: counterfeit mark

Das Tatobjekt wird dabei in 18 U.S.C. § 2320(e)(1) näher umschrieben:

Für diesen Abschnitt bedeutet der Begriff „counterfeit mark“

(A) eine gefälschte Marke,

(i) die in Verbindung mit dem Handeltreiben von Waren oder Dienstleistungen verwendet wird,

(ii) die identisch mit oder in ihren wesentlichen Merkmalen nicht von einer Marke zu unterscheiden ist, die für diese Waren oder Dienstleistungen im Hauptregister des U.S. Patent- und Markenamtes eingetragen ist und benutzt wird, unabhängig davon ob der Angeklagte von der Eintragung wusste oder nicht; und

(iii)deren Verwendung die Gefahr von Verwechslungen, Irrtümer oder Täuschungen hervorrufen kann; oder

---

592 130 Cong. Rec. 31673, 31673 (1984).

593 United States v. Torkington, 812 F.2d 1347, 1350 (11th Cir. 1987); United States v. Hon, 904 F.2d 803, 806 (2d Cir. 1990); *Epstein*, Ch. 3, II, E.

594 130 Cong. Rec. 31673, 31673; *U.S. DOJ*, Prosecuting I.P. Crimes, S. 18.

595 Whoever intentionally traffics or attempts to traffic in goods or services and knowingly uses a counterfeit mark on or in connection with such goods or services shall, if an individual, be fined not more than $2,000,000 or imprisoned not more than 10 years, or both, and, if a person other than an individual, be fined not more than $5,000,000 [...].

(B) ein gefälschtes Kennzeichen, das identisch oder in seinen wesentlichen Merkmalen nicht von einem Kennzeichen zu unterscheiden ist, für welches die Ansprüche aus dem Lanham Act über 36 U.S.C. § 220506 anwendbar werden,
wobei dieser Begriff keine Marken oder Kennzeichen umfasst, die in Verbindung mit Waren oder Dienstleistungen verwendet werden, wenn dem Hersteller oder Produzenten zur Zeit der in Frage stehenden Herstellung oder Produktion die Verwendung der Marke oder des Kennzeichens für diese Klasse von Waren oder Dienstleistungen durch den Inhaber des Nutzungsrechtes der Marke oder des Kennzeichens erlaubt war.[596]

Auf die einzelnen Definitionsbestandteile des Tatobjektes soll näher eingegangen werden.

1. Marken im Sinne des 18 U.S.C. § 2320(e)(1)(A)

In der Gesetzesbegründung weist der Kongress darauf hin, dass 18 U.S.C. § 2320 die bereits in 15 U.S.C. § 1127 enthaltene Definition von *counterfeit* ausfüllt und auch trotz leicht unterschiedlichem Wortlaut mit dem parallel eingeführten Begriff in 15 U.S.C. § 1116(d)(1)(B) inhaltlich identisch ist.[597]

Dabei ist stets zu beachten, dass es sich bei Vorliegen einer zivilrechtlichen Markenverletzung nicht automatisch um eine *counterfeit mark* handelt.[598] Der Ausdruck *counterfeiting* ist gedacht für Verletzungshandlungen, bei denen die gefälschte Marke dem Original so ähnlich ist, dass die Waren für Originalwaren des eigentlichen Herstellers gehalten werden.

---

596 For the purposes of this section the term "counterfeit mark" means
(A) a spurious mark
(i) that is used in connection with trafficking in goods or services;
(ii) that is identical with, or substantially indistinguishable from, a mark registered for those goods or services on the principal register in the United States Patent and Trademark Office and in use, whether or not the defendant knew such mark was so registered; and
(iii) the use of which is likely to cause confusion, to cause mistake, or to deceive; or
(B) a spurious designation that is identical with, or substantially indistinguishable from, a designation as to which the remedies of the Lanham Act are made available by reason of section 220506 of title 36
but such term does not include any mark or designation used in connection with goods or services of which the manufacturer or producer was, at the time of the manufacture or production in question authorized to use the mark or designation for the type of goods or services so manufactured or produced, by the holder of the right to use such mark or designation.

597 130 Cong. Rec. 31673, 31675 (1984).

598 *McCarthy*, § 30:117.

a) Gefälschte Marke (*spurious mark*)

Die Gesetzesbegründung versteht unter dem Begriff *spurious mark* alle nicht echten oder nicht authentischen Marken,[599] was jedoch lediglich eine Aufzählung von Synonymen aber keine Erklärung darstellt.[600]

In *United States v. Petrosian*[601] stellte sich die Frage, ob beim Einfüllen eines gefälschten Produktes in eine Originalverpackung (hier ein billiger Softdrink in eine Coca-Cola®-Flasche) auch von einer gefälschten Marke ausgegangen werden kann. Das Gericht bejahte dies, da die Marke fälschlicherweise anzeigte, dass sich in der Flasche ein Produkt von Coca-Cola® befand.[602] Der Gesetzgeber beabsichtigte beim Erlass der Norm gegen gefälschte Markenprodukte vorzugehen und wollte keinesfalls das Inverkehrbringen von nachgemachten Produkten mit Originalkennzeichen davon ausnehmen.[603] Im Urteil wird auch auf die zivilrechtliche Rechtsprechung verwiesen, die das Markenrecht nicht als Garant für die Echtheit der Marke sieht, sondern dafür, dass ein mit einer Marke gekennzeichnetes Produkt auch das Originalprodukt und kein Substitut ist.[604]

Ein ähnliches Problem stellte sich in *United States v. Hanafy*:[605] Ein Angeklagter verpackte echte Waren, die einzeln gekauft und auch nicht verändert wurden, zum Versand auf einer Palette, wobei deren äußere Verpackung der des Originalherstellers entsprach. Das Gericht interpretierte den Begriff *counterfeit* dahingehend, dass auf Grund der in der Definition enthaltenen Ausnahmen[606] für Überschussware und Waren vom grauen Markt nur Handeln von solchen Gütern verboten werden sollte, die unterschiedlich von der Ware, die normalerweise mit der Marke kennzeichnet wird, seien.[607] Im vorliegenden Fall handelte es sich jedoch um Originalware. Mit der Entscheidung stellte sich das Gericht gegen die Rechtsprechung des Supreme Court,[608] der in einem zivilrechtlichen Fall das Umverpacken von Gütern als Markenrechtsverletzung wertete. Dieser Grundsatz

---

599 130 Cong. Rec. 31673, 31675 (1984).

600 *Goldstone/Toren*, 31 Conn. L. Rev. 1, 26.

601 United States v. Petrosian, 126 F.3d 1232 (9th Cir. 1997).

602 *Petrosian*, 126 F.3d 1232, 1234.

603 *Petrosian*, 126 F.3d 1232, 1234; unter Verweis auf die Gesetzesbegründung des Kongresses, in der das Handeln von Waren, die als gefälscht bekannt sind, unter Strafe gestellt werden sollten („criminal penalties for intentionally dealing in materials that one knows to be counterfeit", 130 Cong. Rec. 31673, 31673).

604 *Petrosian*, 126 F.3d 1232, 1234.

605 United States v. Hanafy, 302 F.3d 485 (5th Cir. 2002).

606 Vgl. sogleich 3. dazu ausführlich.

607 *Hanafy*, 302 F.3d 485, 488.

608 Prestonettes, Inc. v. Coty, 264 U.S. 359, 368 f (1924); Monsanto Co. v. Haskel Trading, Inc., 13 F. Supp.2d 349, 356 ff (E.D.N.Y. 1998).

wurde als nicht auf das Strafrecht übertragbar angesehen, da es sich im Fall des Supreme Courts um zivilrechtliche Haftung handelte, die Strafvorschrift jedoch enger auszulegen sei.[609]

Demnach kann nicht allein, wie von *Goldstone/Toren*[610] vorgeschlagen, bei der Beurteilung der Fälschung darauf abgestellt werden, ob die Marke mit oder ohne Einverständnis des Markeninhabers angebracht wurde. Wenn umgepackt wird, ist es vielmehr von Relevanz, ob die gekennzeichneten Güter in dieser Form vom Hersteller stammen.[611]

Das neue Gesetz H.R. 32 sieht sogar vor, dass das Umverpacken von Originalwaren, das nicht beabsichtigt Verwechslungsgefahr hervorzurufen, von der Strafverfolgung explizit ausgenommen wird.[612]

b) Verwendung beim Handeltreiben mit Waren (i)

Eine derartige gefälschte Marke muss dann beim Handeltreiben mit Waren verwendet worden sein. Auf Grund der verfassungsrechtlichen Ermächtigung, die auf den *interstate commerce* begrenzt ist, muss sich der Handel auch auf diesen beziehen.[613]

Der Begriff der Ware ist dabei weit auszulegen und umfasst alle Güter, die im Handel gekauft oder verkauft werden.[614] Nicht erforderlich ist, dass die Tathandlung sich auf mehrere Waren bezieht: Auch bereits der Verkauf eines Füllers kann erfasst werden, da 1 U.S.C. § 1 ausdrücklich vorsieht, dass im Plural verwendete Begriffe den Singular mit einschließen.[615]

Wie vorzugehen ist, wenn lediglich ein Lederanhänger mit der Marke, der bei der Originalware zur Kennzeichnung anzubringen ist und keine eigenständige

---

[609] *Hanafy*, 302 F.3d 485, 489 unter Verweis auf United States v. Giles, 213 F.3d 1247, 1250 (10th Cir. 2000); dem sich anschließend *Harris*, 2 Buff. Intell. Prop. L.J. 1, 6.
[610] *Goldstone/Toren*, 31 Conn. L. Rev. 1, 27.
[611] Wobei eine Ausnahme für Waren besteht, die für einen anderen Markt gedacht waren, vgl. dazu näher IV.3.b).
[612] H.R. 32, Sec. 1(b)(4).
[613] 130 Cong. Rec. 31673, 31677 (1984).
[614] United States v. Amado Nunez, 127 F. Supp. 2d 53, 60 (D.P.R. 2000), dort ging es um gefälschte Steuermarken.
[615] United States v. Foote. 413 F.3d 1240, 1246 (10th Cir. 2005), es handelte sich allerdings klar um eine Tätigwerden im geschäftlichen Verkehr, nachgewiesen werden konnte jedoch nur der Kauf eines Füllers.

Funktion hat, verkauft wird, war in *Giles v. United States* zu beurteilen.[616] Die Staatsanwaltschaft argumentierte, dass angesichts der Tatsache, dass die Anhänger allein verkauft wurden, handelbare Ware vorliegt.[617] In einem zivilrechtlichen Fall[618] wurde entschieden, dass ein aufnähbares Emblem, welches aus der Marke eines Eishockey-Clubs bestand, als Ware anzusehen ist. Das Strafgericht wandte sich gegen eine Übertragung dieser Entscheidung: Es stellte parallel zur Entscheidung *United States v. Hanafy*[619] fest, dass es sich um ein Urteil zur breiteren zivilrechtlichen Haftung handelte, wobei der Begriff der Marke zudem übermäßig weit ausgelegt und auch später vom selben Gericht wieder enger interpretiert wurde.[620] Des Weiteren wies es darauf hin, dass eine Untersuchung anderer markenrechtlicher Definitionen den Schluss zuließe, dass das Gesetz Waren und Marken deutlich voneinander trennen wollte:[621] Da 18 U.S.C. § 2318 explizit das Handeltreiben mit Labels im Hinblick auf bestimmte Waren unter Strafe stellt und dieser Fall gerade nicht in 18 U.S.C. § 2320 genannt werde, müsse die Vorschrift zu Gunsten des Angeklagten eng ausgelegt werden.[622] So sah das Gericht den Tatbestand als nicht erfüllt an; nicht mit einer Ware verbundene Kennzeichnungsmittel sind kein taugliches Tatobjekt.

Diese Entscheidung wird von *Peterson* kritisiert: Sie weist darauf hin, dass kleine Teile einfacher zu transportieren seien und sich demnach durch diese Entscheidung für geschickte Fälscher eine Strafbarkeitslücke öffne.[623] Da der Hersteller der Original-Handtaschen selbst die Lederanhänger nicht einzeln verkauft, könnten diese mangels Benutzung nicht im Markenregister eingetragen werden. Der Lanham Act erlaubt demnach keinen Schutz von Produktbestandteilen, der Markenfälscher dürfte mit solchen straflos Handel treiben – in *Petersons* Augen eine Einladung an Fälscher sich auf separate Produktbestandteile zu spezialisieren.[624] Sie argumentiert, dass es sich bei den Lederanhängern um Teile handelt, die zumindest „in Verbindung" mit der Ware, für welche die Marke registriert wurde, verwendet werden sollen - was so ausdrücklich im Wortlaut vorgesehen sei.[625] Demnach hält es *Peterson* bereits jetzt für möglich Labels

[616] United States v. Giles, 213 F.3d 1247 (10th Cir. 2000).
[617] So in *Giles*, 213 F.3d 1247, 1249.
[618] Boston Professional Hockey Association v. Dallas Cap & Emblem MFG, 510 F.2d 1004 (5th Cir. 1975).
[619] United States v. Hanafy, 302 F.3d 485 (5th Cir. 2002).
[620] *Giles*, 213 F.3d 1247, 1250.
[621] *Giles*, 213 F.3d 1247, 1249.
[622] *Giles*, 213 F.3d 1247, 1251 ff.
[623] *Peterson*, 30 AIPLA Q. J. 457, 460 und 482.
[624] *Peterson*, 30 AIPLA Q. J. 457, 489.
[625] *Peterson*, 30 AIPLA Q. J. 457, 481.

auch unter den Tatbestand zu fassen, regt jedoch im Hinblick auf die Bestimmtheit eine Gesetzesänderung an.[626]

Peterson muss in der Schlussfolgerung zugestimmt werden, dass sich in der Tat durch diese Entscheidung eine unerträgliche Schutzlücke für Produktpiraten ergeben hat. Allerdings sehe ich beim derzeitigen Wortlaut keine Möglichkeit separate Kennzeichnungsmittel als umfasst anzusehen: Dem Gericht ist zustimmen, dass sich aus 18 U.S.C. § 2318 ein Umkehrschluss ergibt und somit Kennzeichnungsmittel grundsätzlich nicht unter den Tatbestand fallen. *Petersons* Argumentation mit der Formulierung „in Verbindung" kann nicht zugestimmt werden, da der Tatbestand das Handeln des Täters beschreibt: Es ist zwar richtig, dass üblicherweise die Kennzeichnungsmittel in Verbindung mit den Waren vertrieben werden, allerdings betrifft dies das Verhalten des Markeninhabers. Ein strafrechtlicher Tatbestand hingegen ist stets restriktiv auszulegen, die genannte Handlung muss durch den Täter selbst erfüllt werden. Wenn dieser es gerade bewusst vermeidet die Kennzeichnungsmittel in Verbindung mit den Waren zu vertreiben, dann fällt dieses Verhalten nicht unter die Norm.[627]

Dieses Problem könnte sich jedoch in Zukunft als hinfällig erweisen, da das neue Gesetz[628] ausdrücklich separate Anhänger, Etiketten und sonstige Kennzeichnungsmittel in den Tatbestand aufnimmt. Die Tatbestandshandlung würde dann auf das Handeltreiben mit diesen Kennzeichnungsmitteln, auf welchen wissentlich eine falsche Marke angebracht ist, erweitert und auch die Definition des Tatobjekts in 18 U.S.C. § 2320(e)(1)(A) entsprechend angepasst werden. Dabei soll es genügen, dass diese Kennzeichnungsmittel gedacht sind auf oder in Verbindung mit Waren genutzt zu werden, für welche die Marke eingetragen ist. Dies spricht auch für das vorab gefundene Ergebnis, Kennzeichnungsmittel als derzeit noch nicht vom Tatbestand umfasst anzusehen: Der Gesetzgeber sieht ebenso eine Schutzlücke und möchte diese durch die Neuregelung schließen.[629]

---

626 *Peterson*, 30 AIPLA Q. J. 457, 508.

627 Im vorliegenden Fall lag auch kein strafbarer Versuch vor, da der Angeklagte selbst nie vor hatte die Kennzeichnungsmittel in Verbindung mit den Waren zu vertreiben; Zum Problem der Beihilfe siehe Teil 3, Kap. 2, C.I.

628 H.R. 32 (109th Cong, 2006).

629 70 PTCJ 95, S. 6 zu H.R. 32; dafür auch *Amendolara,* 15 Fordham Intell. Prop. Media & Ent. L.J. 789, 827.

c) Identisch oder in wesentlichen Merkmalen nicht unterscheidbar (*identical or substantially indistinguishable*) (ii)

Die verwendete gefälschte Marke muss mit dem Original identisch oder davon im Wesentlichen nicht zu unterscheiden sein. Mit dieser Regelung wollte der Kongress klarstellen, dass auf der einen Seite nur ganz eindeutige Fälle von Markenrechtsverletzungen strafbar sind, auf der anderen Seite jedoch keine absolute Identität vorliegen muss, um Markenfälschern nicht zu ermöglichen durch triviale Abweichungen der Strafbarkeit zu entgehen.[630] Dieses Kriterium sollte dann später von Fall zu Fall von den Gerichten näher ausgefüllt werden.[631] Zu diesem Merkmal gibt es keine einschlägige Entscheidung. Diese Problematik überschneidet sich auch partiell mit dem Merkmal der Verwechslungsgefahr, da eine Verwechslung mit dem Original nur bei starker Ähnlichkeit eintreten kann – die beiden Merkmale ergänzen und beschränken sich somit gegenseitig.

d) Nachahmung einer registrierten Marke

Die der Fälschung dienende „Vorlage" muss im Hauptregister des U.S. Patent Trademark Office eingetragen sein, wobei die Kenntnis des Täters von der Eintragung ausdrücklich nicht erforderlich ist. Durch die Beschränkung auf eingetragene Marken sollte der Anwendungsbereich der Norm auf eine eindeutig erkennbare Klasse von Marken eingegrenzt werden und demnach leichter zu handhaben sein.[632] Ebenfalls kann durch diese Begrenzung auf die ausdrückliche Bezugnahme im Tatbestand auf *interstate commerce* verzichtet werden,[633] da dieser zwar Voraussetzung für die Gesetzgebungskompetenz ist, jedoch bereits für die Eintragung der Marke erforderlich und demnach schon erfüllt ist.

Neben der Eintragung müssen noch zwei weitere Voraussetzungen vorliegen:[634] Die Registrierung muss für dieselben Waren oder Dienstleistungen bestehen, deren Handeltreiben dem Angeklagten vorgeworfen wird. Es genügt nicht, wenn es lediglich ähnliche Waren sind.[635] Der Anwendbarkeit der Strafnorm ist demnach deutlich enger als die der zivilrechtlichen Rechtsfolgen.

---

[630] 130 Cong. Rec. 31673, 31675 f (1984).
[631] A.a.O.
[632] 130 Cong. Rec. 31673, 31674 (1984).
[633] A.a.O.
[634] *Goldstone/Toren*, 31 Conn. L. Rev. 1, 29.
[635] Dies würde nach der sogenannten *related goods-doctrine* jedoch zivilrechtlich eine Markenverletzung darstellen.

Darüber hinaus muss die Originalmarke auch tatsächlich verwendet werden. Letzteres dürfte kaum ein Problem sein, da zumeist nur derzeit sich im Umlauf befindende und deshalb sich besonders gut verkaufende Markenwaren gefälscht werden. Denkbar ist jedoch der Fall, dass diese Einschränkung bei Produktionseinstellung einer ehemals bekannten Marke von Relevanz werden könnte.

Für die Auslegung des Begriffes der Benutzung kann auf die Interpretationen im Lanham Act zurückgegriffen werden, beispielsweise auf das Verwendungserfordernis im Rahmen der Eintragung.[636] Nicht übertragen werden kann hingegen die zivilrechtliche Vermutung, dass die Eintragung prima facie Beweis für die fortgesetzte Verwendung ist; erforderlich ist vielmehr der Nachweis, dass die Marke tatsächlich benutzt wird.[637]

e) Gebrauch geeignet Verwechslungsgefahr hervorzurufen (iii)

Des Weiteren muss die Verwendung der Marke geeignet sein Verwechslungsgefahr hervorzurufen. Dieses Erfordernis wurde aus den zivilrechtlichen Kollisionstatbeständen übernommen um sicherzustellen, dass kein Verhalten kriminalisiert wird, welches nicht bereits zivilrechtlich als Markenverletzung geahndet werden kann.[638] Vom Kongress wurden bei diesem Merkmal keine Probleme erwartet, da Verwechslungsgefahr in der Regel anzunehmen sein wird, wenn bereits die vorgehenden Elemente bejaht worden sind.[639] Da insbesondere die Voraussetzung „identisch oder in wesentlichen Merkmalen nicht unterscheidbar" bereits hohe Hürden aufstellt, dürfte bei schrittweisem Vorgehen dann auch Verwechslungsgefahr bejaht werden.

Durch die Übernahme des Wortlautes aus 15 U.S.C. § 1114 zeigte der Gesetzgeber, dass dem Begriff auch die gleiche Auslegung gegeben werden sollte.[640] Demnach griff das Gericht in *United States v. Torkington* auch auf die sieben Faktoren zurück, die es im Rahmen zivilrechtlicher Kollisionsklagen beachtet.[641]

---

636 *Goldstone/Toren*, 31 Conn. L. Rev. 1, 31.
637 United States v. Guerra, 293 F.3d 1279, 1290 (11th Cir. 2002).
638 130 Cong. Rec. 31673, 31675 (1984).
639 A.a.O.
640 United States v. Torkington, 812 F.2d 1347, 1351 f (11th Cir. 1987).
641 *Torkington*, 812 F.2d 1347, 1354 unter Berufung auf John H. Harland Co. v. Clarke Checks, Inc., 711 F.2d 966, 972 (11th Cir. 1983): In die Beurteilung werden die Art des Zeichens, die Ähnlichkeit der Marke sowie der Produkte, die Übereinstimmung von Händlern und Käufern, Gleichartigkeit der für die Werbung verwendeten Medien, die Absicht des potenziellen Verletzers und auch tatsächliche Verwechslungen einbezogen.

Für die Feststellung einer Markenrechtsverletzung wenden die Gerichte der verschiedenen Circuits jeweils eigene Faktoren an, die sich jedoch zum Großteil überschneiden und nicht zu wesentlichen materiellen Unterschieden führen.[642]

Eine gute Übersicht findet sich in den §§ 21 ff des *Restatement of Unfair Competition*,[643] das diese verschiedenen Faktoren in drei Segmente aufteilt: Marktfaktoren, Absicht des Täters und Nachweis tatsächlicher Verwechslungen. Das erste wird dabei untergliedert in: Ähnlichkeit der Marken, Ähnlichkeit der Vermarktung und Vertriebskanäle, Eigenschaften und Sorgfalt der potenziellen Käufer, Grad der Unterscheidungskraft.[644] Auf der anderen Seite sind die genannten Gesichtspunkte keinesfalls als abschließend anzusehen und die Verwechslungsgefahr ergibt sich im Zusammenspiel aller Umstände, die das Umfeld, in welchem die Marke vermarktet werden soll, bestimmen.[645] Um Verwechslungsgefahr nachzuweisen, kann dabei auf Verbraucherumfragen, Nachweise tatsächlicher Verwechslungen sowie auf Rückschlüsse aus dem Vergleich der Marken und deren Verwendung zurückgegriffen werden.[646]

Verwechslungsgefahr kann dabei grundsätzlich hinsichtlich der Quelle der Ware (*confusion of source*) oder der Verbundenheit der Unternehmen (*confusion of affiliation and sponsorship*) vorliegen. Ersteres umfasst dabei den Fall, dass der Verbraucher den Täter tatsächlich für den Hersteller der Originalwaren hält; zweiteres, dass er durch das Verhalten des Täters den Eindruck bekommt, dass der potenzielle Verletzte in irgendeiner Weise die Ware des Verletzers gebilligt und unterstützt hat, sei es durch Lizenzvereinbarung oder anderweitige vertrag-

---

642 *Gilson*, § 5.10 [i]; einen Überblick über die Tests in den verschiedenen Circuits ist zu finden bei *McCarthy*, §§ 24:30 ff; *Rothe*, S. 42 ff.

643 *Restatements* sind Zusammenfassungen von verschiedenen Rechtsgebieten des Common Law in Gesetzesform, die vom American Law Institute herausgegeben werden; in ihnen wird üblicherweise die Anwendung des Common Law durch die Gerichte zusammengefasst, vielfach gehen sie jedoch darüber hinaus und reflektieren über die sinnvolle Anwendung, so dass sie oft auch Einfluss auf die Rechtsentwicklung nehmen, vgl. *Burnham*, Law and Legal System of the U.S., Ch. II.G.2.

644 Die weiteren genannten Faktoren finden nur Anwendung bei unterschiedlichen geographischen Verbreitungsgebieten und bei nur ähnlichen, jedoch nicht bei identischen Waren und sind deshalb für die Beurteilung im Rahmen des Strafrechts außer acht zu lassen: Bei Eintragung entsteht das Markenrecht im Gegensatz zum Common Law, auf das sich das *Restatement* primär bezieht, bundesweit und bei lediglich ähnlichen Waren ist auf Grund der eingeschränkten Definition keine strafrechtlich relevante Markenverletzung anzunehmen. Allgemein kann bei Waren der gleichen Produktkategorie auf die Berücksichtigung von Faktoren verzichtet werden, die nur bei verschiedenartigen Waren Sinn machen, vgl. A.T. Cross Co. v. Jonathan Bradley Pens, Inc., 470 F.2d 689, 692 (2d Cir. 1972); United States v. Hon, 904 F.2d 803, 808 (2d Cir. 1990).

645 Restatement (Third) of Unfair Competition, § 21 cmt. a.

646 *McCarthy*, § 23:2.1.

liche oder unternehmerische Verbundenheit.[647] Diese zwei Fallgruppen wurden jedoch für den Begriff der Verwechslungsgefahr im Rahmen zivilrechtlicher Klagen entwickelt. Durch die Beschränkung des Strafrechts auf Markenfälschungen innerhalb der gleichen Produktkategorie können die allgemeinen Grundsätze der Verwechslungsgefahr nicht uneingeschränkt übertragen werden. Das Konzept der *confusion of sponsorship* ist primär bei ähnlichen und nicht bei identischen Waren denkbar.[648] Auf Grund der weiteren Merkmale des Begriffs *counterfeit mark* ist dieser im Strafrecht enger zu verstehen als bei einer zivilrechtlichen Markenverletzung, für welche Verwechslungsgefahr genügt.[649] Im Rahmen des 18 U.S.C. § 2320 muss Verwechslungsgefahr in der Hinsicht vorliegen, dass die Ware als vom Hersteller oder zumindest von diesem genehmigt angesehen wird – den Hersteller der Originalware auf entfernterem Wege mit der Ware in Verbindung zu bringen, genügt nicht.

Entscheidend bei der Beurteilung der Verwechslungsgefahr im Sinne des 18 U.S.C. § 2320 ist, dass ein Produkt für das Original gehalten wird (egal ob direkt vom Markeninhaber oder mit seiner Zustimmung produziert). Sobald die Waren unterschieden werden können und „lediglich“ Verwechslungen hinsichtlich der Verbindung mit dem Markeninhaber auftreten, so ist dies im Zivilrecht, nicht jedoch im Strafrecht relevant.

Grundsätzlich ist darauf abzustellen, ob durch den Gebrauch der Marke bei einem durchschnittlichen, vernünftigen Verbraucher Verwechslungsgefahr hervorgerufen werden kann.[650] Dabei ist jedoch nicht auf den konkreten Käufer, sondern auf die gesamte als Käufer in Frage kommende Öffentlichkeit abzustellen: 18 U.S.C. § 2320 schützt trotz seiner prinzipiellen Ausgestaltung als Norm gegen den Betrug von Verbrauchern auch das Recht des Markeninhabers, sich durch seine Marken bei seinen Kunden zu identifizieren, so dass auch Verwechslungen, die nach dem Verkauf auftreten, dem Inhaber Schaden zufügen (sogenannte *post sale confusion*).[651] Verwechslungsgefahr kann bei der Öffentlichkeit beim Betrachten der Ware oder spätestens bei deren Weitergabe eintreten,[652] was beim Markeninhaber zu Imageschäden führt, wenn dadurch minderwertige Ware mit der Marke in Verbindung gebracht wird.

---

647 *Schechter/Thomas*, Intellectual Property, § 29.1.
648 Ameritech, Inc. v. American Information Technologies Corporation, 811 F.2d 960, 964 (6th Cir. 1987).
649 So auch *Abbott/Sporn*, § 5.02 und § 5.38 zum Begriff *counterfeiting* in 15 U.S.C. § 1116.
650 *Elias/Stim*, Patent, Copyright & Trademark, S. 439.
651 United States v. Torkington, 812 F.2d 1347, 1352 f (11th Cir. 1987); United States v. Foote, 413 F.3d 1240, 1246 (10th Cir. 2005).
652 United States v. Hon 904 F.2d 803, 805 (2d Cir. 1990).

Abschließend kann festgestellt werden, dass die im Hinblick auf die Verwechslungsgefahr im Zivilrecht entwickelten Grundsätze großteils auf das Strafrecht übertragen werden können. Auf Grund der weiteren Merkmale des 18 U.S.C. § 2320 ist jedoch einschränkend immer zu beachten, dass nur dann Verwechslungsgefahr vorliegt, wenn die Ware für das Original gehalten wird – darüber hinausgehende Fälle werden alleine vom Zivilrecht erfasst.

2. Gefälschtes Kennzeichen, 18 U.S.C. § 2320(e)(1)(B)

Neben den Marken werden über 18 U.S.C. § 2320(e)(1)(B) in Verbindung mit 36 U.S.C. § 220506 auch Zeichen und Symbole der Olympischen Spiele, der Paralympics und der Pan-American Sport Organization in verschiedenen Ausformungen (Wort, Bild, Emblem) dem Schutz der Marken gleichgestellt.

Im Gegensatz zur Definition der Markenfälschung ist dabei jedoch das Vorliegen von Verletzungsgefahr nicht vorgesehen. Auch die Beschränkung auf bestimmte Waren- oder Produktklassen ist nicht im Wortlaut des Tatbestandes enthalten,[653] so dass bei diesen Zeichen ein umfassender Schutz besteht.

3. Ausnahme: genehmigte Benutzung

18 U.S.C. § 2320 sieht bereits in der Definition des Begriffes *counterfeit mark* zwei Ausnahmen vor: Die Genehmigung des Markeninhabers zur Verwendung der Marke, weshalb vor allem Überschussproduktion und Waren vom grauen Markt aus dem Anwendungsbereich ausgenommen werden.

Die Gesetzesbegründung sieht ausdrücklich von einer Strafbarkeit ab, wenn eine Lizenzvereinbarung vorliegt, wobei es nicht auf die formelle Bezeichnung ankommt.[654] Wenn demnach für die produzierten Waren eine Lizenzvereinbarung bestand und lediglich die erlaubte Anzahl überschritten wurde, fällt dies nicht unter den Tatbestand. Begründet wird dies damit, dass bei einer Lizenzvereinbarung der Lizenzgeber quasi das Rad selbst ins Rollen brachte und im Rahmen des Vertrages die Möglichkeit hatte, sich beispielsweise durch Schadensersatz bei Vertragsbruch oder durch das Recht, die Herstellungsstätte zu inspizieren, vor diesen Folgen selbst zu schützen.[655] In dieser Fallkonstellation wird demnach kein Bedürfnis für das Eingreifen des Staates durch das Strafrecht gesehen,

---

[653] 130 Cong. Rec. 31673, 31676 (1984).
[654] A.a.O.
[655] A.a.O.

sondern auf eigenverantwortliche Schutzmaßnahmen durch den Lizenzgeber vertraut.

Als Überschuss kann nur bezeichnet werden, was während der Laufzeit einer gültigen Lizenzvereinbarung produziert wurde, nach deren Ablauf fällt die Herstellung weiterer Gegenstände unter den Tatbestand.[656] Auch gilt diese Ausnahme nur für Güter, auf die sich die Lizenzvereinbarung bezog: Wenn statt oder neben der Produktion von Trenchcoats vom Vertrag nicht umfasste Geldbörsen hergestellt und mit der gleichen Marke versehen werden, so kann sich der Hersteller nicht auf die Lizenzvereinbarung berufen.[657]

Ebenfalls nicht unter den Tatbestand fallen Güter, die rechtmäßig außerhalb der USA hergestellt und verkauft werden, dann jedoch über vom Markeninhaber ungewünschte Kanäle ins Land gelangen.[658] Diese Waren werden als Güter des grauen Marktes bezeichnet, da sie als Originalwaren rechtmäßig die Marke tragen, jedoch nur für ausländische Märkte bestimmt sind.[659] Bei diesen Waren wurden die Marken jeweils mit Genehmigung des Herstellers angebracht. Demnach hat der Markeninhaber auch hier die Möglichkeit sich durch vertragliche Regelungen vor derartigen Fallkonstellationen abzusichern; geschützt werden sollen das Vertrauen in die Marke und nicht das in die Handelskanäle.[660]

Als Ausnahme ist jedoch auch diese Vorschrift eng zu lesen und auszulegen: Besteht der Auftrag, die Überseeproduktion von Waren durch den Ankauf der Rohmaterialien und der Produktionsanlagen vorzubereiten, besteht keine Genehmigung im Sinne des 18 U.S.C. § 2320, wenn diese nur einzelne Produktionsschritte, jedoch nicht das ganze Verfahren betraf.[661] Selbst wenn die Produktion der Waren für den Hersteller gestattet war, bedeutet dies noch keine Erlaubnis zum Aufbringen der Marke – dies muss ausdrücklich vereinbart sein.[662]

In diesem Zusammenhang tritt zum Teil das Problem auf, dass Güter nicht den inländischen Qualitätsstandards entsprechen; dies kann auch bei inländischer Produktion vorkommen, wenn die qualitätssichernden Maßnahmen des Markeninhabers nicht befolgt werden. Gerichte haben in zivilrechtlichen Fällen ent-

---

[656] United States v. Bohai Trading Company, 45 F.3d 577, 580 f (1st Cir. 1995); 130 Cong. Rec. 31673, 31676 (1984).
[657] 130 Cong. Rec. 31673, 31677 (1984).
[658] A.a.O.
[659] *Abbott/Sporn*, § 1.02 [C].
[660] *Goldstone/Toren*, 31 Conn. L. Rev. 1, 43.
[661] United States v. Bohai Trading Company, 45 F.3d 577, 582 (1st Cir. 1995).
[662] www.cybercrime.gov/farmerplea.htm.

schieden, dass in solchen Situationen ein *counterfeit good* vorliegt.[663] Fraglich ist, ob dieser Grundsatz auch auf das Strafrecht übertragbar ist.

Mit diesem Themenbereich befassten sich Gerichte u.a. in folgenden Entscheidungen: In *United States v. Milstein*[664] wurde ein Angeklagter wegen Markenfälschung verurteilt, da er für ausländische Märkte gedachte Medikamente in den USA verkaufte, sie zuvor jedoch in inländische, gekennzeichnete Schachteln umpackte. *United States v. Farmer*[665] betraf den Fall, dass der Angeklagte T-Shirts, die von Unternehmern für Markenhersteller produziert werden, aufkaufte und selbst mit der Marke versah – bei den T-Shirts handelte es sich allerdings um Waren, die vom Markeninhaber nicht genehmigt worden waren und deshalb nur ohne die Marke verkauft werden durften.

Beide Fälle betreffen zwar das Problem der Qualitätssicherung, enthalten jedoch stets weitere Faktoren: Bei *Milstein* besteht die Besonderheit, dass der Verbraucher gerade nicht erkennen konnte, dass es sich um einen Reimport handelt, da die Waren in für den amerikanischen Markt üblichen Verpackungen vertrieben wurden. *Milstein* ist demnach als Grenze für *Hanafy*[666] zu sehen: *Hanafy* sah die Umverpackung von Waren als zulässig an, wenn diese dem Original entsprachen. Bei *Milstein* entsprachen die Waren zwar auch dem Original, jedoch einem für andere Märkte ausgerichteten – demnach gab die Verpackung (amerikanisches Produkt) den Inhalt (Produkt nicht für amerikanischen Markt gedacht) nicht korrekt wieder.

Diese Ansicht wurde durch das neue Gesetz H.R. 32 bestätigt: Dieses sieht zwar ausdrücklich vor, dass Umverpacken nicht strafrechtlich verfolgt werden soll, allerdings beschränkt es diese Aussage auf derartige Handlungsweisen, die nicht in der Absicht vorgenommen werden beim Verbraucher Verwechslungsgefahr hervorzurufen. In einer wie bei *Milstein* gelagerten Fallkonstellation müsste bei Nachweis des Vorsatzes die „Ausnahme von der Ausnahme" greifen: Wenn Ware und Verpackung sich nicht entsprechen, besteht Verwechslungsgefahr.

Bei *Farmer* scheint sich die Frage mehr darum zu drehen, wie weit die Genehmigung des Markeninhabers reicht. Bei den für den Markeninhaber produzierenden Firmen hatte sich der Markeninhaber das Recht vorbehalten Qualitätskontrollen durchzuführen und danach über die Zulässigkeit des Anbringens der Marke zu entscheiden. Dies ist im Endeffekt so zu verstehen, dass eine Geneh-

663 Nike Inc. v. Variety Wholesalers, Inc., 274 F. Supp. 2d 1352 (S.D. Ga. 2003); ein Überblick dazu findet sich bei *Bodewig*, GRUR Int. 2000, 597, 605.

664 United States v. Milstein, 401 F.3d 53, 61 f (2nd Cir 2005).

665 United States v. Farmer, 370 F.3d 435 (4th Cir. 2004).

666 United States v. Hanafy, 302 F.3d 485 (5th Cir. 2002).

migung zur Verwendung der Marke erst nach erfolgreicher Qualitätskontrolle gegeben wurde.

Eine eindeutige Antwort auf die Frage, ob Waren mit unterschiedlichen Qualitätsstandards auch als vom Markeninhaber genehmigt angesehen werden können, lässt sich demnach nicht gewinnen. *Farmer* stellt jedoch klar, dass die Genehmigung von Qualitätskontrollen abhängig gemacht werden kann. Demnach wird es bei der Beurteilung auf die konkrete Vertragsausgestaltung ankommen.

Fraglich ist jedoch, wie zu verfahren ist, wenn in verschiedenen Ländern bewusst mit unterschiedlichen Qualitätsstandards produziert wird.

Für eine Übernahme der zivilrechtlichen Auslegung spräche, dass die Gesetzesbegründung ausdrücklich auf die zivilrechtliche Begriffsdefinition verweist.[667] Auf der anderen Seite legte der Kongress in der Gesetzesbegründung jedoch in Bezug auf die Anbringung einer Marke mit der Genehmigung des Markeninhabers fest, dass unabhängig vom damals anhängigen zivilrechtlichen Streit über die Reichweite einer solchen Zustimmung[668] zumindest im Strafrecht der Fokus darauf zu richten sei, ob überhaupt eine Genehmigung vorlag oder nicht; die organisatorische oder wirtschaftliche Verbundenheit zwischen Markeninhaber und Lizenznehmer sollte keine Rolle spielen. Damit zeigte sich bereits eine Spaltung zwischen zivilrechtlicher und strafrechtlicher Auslegung bei der Beurteilung originärer Güter. Auch wurde klargestellt, dass das Unrecht einer Markenfälschung gerade im Handeln gegen den Willen des Markeninhabers gesehen wird.

Demnach ist es nur konsequent in ähnlich gelagerten Fällen, wie denen unterschiedlicher Qualitätsstandards im In- und Ausland, keine gefälschte Marke anzunehmen, da die Anbringung mit der Genehmigung des Markeninhabers erfolgte.

Nicht in den Tatbestand aufgenommen wurde eine vom Senat vorgeschlagene *Safe-harbour-exception,* nach welcher bei Zweifeln über den rechtsverletzenden Charakter eines bestimmten Verhaltens keine Strafbarkeit bestehen sollte, wenn der Markeninhaber 30 Tage vorab von den Plänen informiert wird und auf den Gütern ein Disclaimer angebracht wird, dass keine Verbindung zum Markeninhaber besteht.[669] Diese Vorschrift war gedacht, um Hersteller nicht auf Grund der drohenden Strafbarkeit vom legitimen Marketing abzuhalten. Allerdings sah

667 Vgl. vor I.

668 Umstritten war die sogenannte *common controll defense,* vgl. 130 Cong. Rec. 31673, 31676 (1984).

669 130 Cong. Rec. 31673, 31674 (1984).

man letztlich keine Notwendigkeit für die Vorschrift, da diese nur ein Schlupfloch für Markenfälscher bieten würde und ansonsten für „legale“ Zwecke selbstverantwortlich ähnliche Vorsichtsmaßnahmen vorgesehen werden könnten.[670] Wenn ein Hersteller tatsächlich die genannten Vorkehrungen trifft, kann in der Regel nicht davon ausgegangen werden, dass er mit dem für den Straftatbestand nötigen Vorsatz handelt.[671] Angesichts der Tatsache, dass der Begriff der Markenfälschung auf nahezu identische Marken in der identischen Produktklasse beschränkt ist, ist legitimes Marketing jedoch eh schwer vorstellbar.[672]

II. Tathandlung: Handeltreiben (*trafficking*)

18 U.S.C. § 2320(e)(2) definiert *trafficking* als transportieren, übertragen oder anderweitig gegen Gegenleistung über die Sache zu verfügen; herstellen oder Kontrolle erhalten mit der Absicht zu transportieren, übertragen oder anderweitig darüber zu verfügen.[673]

Diese Definition wurde aus 18 U.S.C. § 2318(b) übernommen,[674] so dass die Erwägungen zu dessen Ausgestaltung auf 18 U.S.C. § 2320 übertragen werden können. Bei allen Tathandlungen soll die Reichweite der Strafnorm dabei auf gewerbliche Aktivitäten beschränkt werden, der Kauf für den persönlichen Gebrauch straffrei sein.[675]

Für den ersten Halbsatz ist insbesondere das Erfordernis der Gegenleistung von Beachtung, wobei diese in vielen Formen erfolgen kann. Sie muss nicht finanziell messbar sein, es genügen auch nicht-gegenständliche Leistungen: In *United States v. Koehler*[676] wurde beispielsweise die Aussicht auf kontinuierlichen Nachschub an anderen, vom Angeklagten ebenfalls benötigten, gefälschten Bauteilen als ausreichend erachtet. Allerdings ist für die Vollendung der Nachweis erforderlich, dass das Geschäft auch tatsächlich statt fand.[677]

---

670 A.a.O.

671 A.a.O.

672 Zur vergleichenden Werbung vgl. auch IV.3.b).

673 “Transport, transfer, or otherwise dispose of, to another, as consideration for anything of value, or make or obtain control of with intent so to transport, transfer, or dispose of”.

674 130 Cong. Rec. 31673, 31675 (1984).

675 130 Cong. Rec. 31673, 31675 (1984), ebenso *Coblenz*, 9 Alb. L.J. Sci. & Tech. 235, 277, da in diesen Fällen kein *use in commerce* vorliegt.

676 United States v. Koehler, 24 F.3d 867, 871 (6th Cir. 1994).

677 *Goldstone/Toren*, 31 Conn. L. Rev. 1, 23.

Das Erfordernis der Gegenleistung sollte durch den Gesetzesvorschlag S. 1095 gestrichen werden. Wenig einleuchtend war allerdings die Begründung für diesen Vorstoß: Das Weitergeben von Markenwaren soll unter Strafe gestellt werden, wenn es in Aussicht künftiger Vorteile erfolgt.[678] Dies ist jedoch bereits unter der Auslegung nach *United States v. Koehler* möglich, da es sich bei einer Gegenleistung um keine unmittelbaren materiellen Vorteile handeln muss. Inzwischen wurde im Laufe des Gesetzgebungsverfahrens von diesem Vorschlag wieder Abstand genommen. Das Merkmal der Gegenleistung soll nun durch das Erfordernis „zum Zweck eines geschäftlichen oder eines privaten finanziellen Vorteils" ersetzt werden, wobei letzteres alles umfasst, was für den Empfänger von Wert sein kann.[679] Gründe und Auswirkungen dieser Wortlautänderung wurden in dem Entwurf nicht näher erörtert; die vorgeschlagene Lösung scheint jedoch der derzeitigen Rechtslage bereits weitestgehend zu entsprechen.

Die einzelnen Tathandlungen des ersten Halbsatzes wurden bislang weder vom Gesetzgeber noch von Gerichten näher definiert; sie können wohl als selbsterklärend angesehen werden. Die Tathandlungen des zweiten Halbsatzes fallen nur unter den Tatbestand, wenn sie in der Absicht begangen werden, die Waren dann zu transportieren oder über sie zu verfügen. Um dies klar herauszustellen wurde auch die Tathandlung des Herstellens im Laufe des Gesetzgebungsverfahrens in der zweiten Hälfte des Satzes positioniert, damit sich der Halbsatz, der die erforderliche Absicht näher definiert, auch auf das Herstellen und nicht nur auf die Kontrolle bezieht.[680]

Die Tathandlung des Kontrolle-Erlangens soll all die Situationen umfassen, die unter das Schlagwort „Verkaufsangebote" fallen: Erforderlich ist lediglich die Kontrolle, nicht jedoch der Besitz der Sache.[681] Demnach kann auch angeboten werden, was noch nicht existiert. ist diese Alternative besonders relevant, wenn die Ware während des Transports, der nicht durch den Täter selbst durchgeführt wird, aufgegriffen wird: Waren, die vom Täter in Kisten von China in die Vereinigten Staaten verschifft werden, sind zwar nicht in seinem Besitz, jedoch als unter dessen Kontrolle anzusehen.[682]

---

[678] 70 PTCJ 95, S. 2 zur Fassung S. 1095.IS.

[679] Vgl. S. 1095.RS unter http//thomas.loc.gov.

[680] S. Rep. No. 97-274, S. 3 (1981); im Hinblick auf 18 U.S.C. § 2318, aber übertragbar.

[681] S. Rep. No. 97-274, S. 9. Es sollte zum Ausdruck gebracht werden, dass für ein Angebot kein Besitz erforderlich ist; dass das Anbieten wohl Hauptgrund für dieses Tatbestandsalternative war, ist aus dem Wortlaut nicht klar ersichtlich. Dies ist jedoch unbedenklich, da die Tathandlung eindeutig umschrieben ist und nur typische Situationen nicht auf den ersten Blick erkennbar sind.

[682] United States v. DeFreitas, 92 F. Supp.2d 272, 277 (S.D.N.Y. 2000).

Das neue Gesetz H.R. 32 sieht vor, die Strafbarkeit des Besitzes einzuführen, wenn dieser mit der Absicht des späteren Handeltreibens verbunden ist. Ich sehe keine Notwendigkeit für diese Gesetzesänderung: Die Gesetzesbegründung zu 18 U.S.C. § 2320 lässt eindeutig erkennen, dass für die Alternative *to obtain control* nicht einmal Besitz erforderlich ist. Ist solcher gegeben, so muss dies erst recht unter diese Alternative subsumiert werden können, da es sich beim Besitz um eine stärkere Form der Kontrollmöglichkeit handelt.

Nicht im Tatbestand enthalten ist das Bewerben gefälschter Markenprodukte, was zumindest im Rahmen des Gesetzgebungsverfahrens noch zur Diskussion stand: Auf Grund der Tatsache, dass der Tatbestand sehr eng gefasst werden sollte, es sich bei Werbung jedoch um eine „unvollständige“ Verhaltensweise[683] (*inchoate act*) handelt und zudem Aspekte der Meinungsfreiheit einfließen, hat man auf die Aufnahme als Tathandlung verzichtet.[684]

Auch der Versuch des Handeltreibens (*attempts to traffic*) wird bereits vom Tatbestand als eigenständige Tathandlung umfasst. Da für die Abgrenzung von der straflosen Vorbereitung zum unmittelbaren Ansetzen allgemeine, materiellrechtliche Grundsätze relevant sind, soll darauf erst im folgenden Kapitel näher eingegangen werden.[685]

Generell ist der Tatbestand so gefasst, dass alle Tathandlungen, die im Zusammenhang mit kommerziellen Markenfälschungen auftreten, d.h. von der Herstellung bis zum Verkauf an den Endverbraucher, unter Strafe stehen sollen.[686] Nicht ausdrücklich erwähnt, jedoch vom Gesetzgeber gewollt (und auch verfassungsrechtlich erforderlich[687]) ist die Beschränkung auf Tathandlungen, die den zwischenstaatlichen oder internationalen Handel beeinflussen.[688] Dies dürfte in der Regel unproblematisch sein, zumal viele Markenfälschungen im Ausland angefertigt und dann erst ins Land gebracht werden. Auch ist die Beschränkung auf einen einzelnen Bundesstaat wirtschaftlich nicht lohnend. Des Weiteren sind die Hürden für den *interstate commerce* nicht sonderlich hoch anzusetzen: Markenfälschungen sind für eine bundesweit eingetragene Marke rufschädigend und haben so Wirkung über den Einzelstaat hinaus.[689]

683 Damit werden Handlungen umfasst, die im Hinblick auf die Haupttat keine Vollendung darstellen, z.B. Versuch, Verschwörung.

684 H.R. Rep. No. 98-997, S. 10 (1984).

685 Vgl. dazu Teil 3, Kap. 2, D.

686 *U.S. DOJ,* Prosecuting I.P. Crimes, S. 19; *Rackoff/Wolff,* 20 Am. Crim. L. Rev. 145, 179.

687 Vgl. dazu Teil 1, Kap. 2, A.I.2.a).

688 130 Cong. Rec. 31673, 31677 (1984).

689 *McCarthy,* § 19:117; 19:123.

III. Elemente des subjektiven Tatbestandes

Der subjektive Tatbestand (*mens rea*) wird in zwei Elemente aufgespaltet: Die Verwendung eines Zeichens muss in Kenntnis der Fälschung erfolgen, das Handeltreiben absichtlich.[690]

1. Kenntnis hinsichtlich der gefälschten Marke

Die gefälschte Marke muss *knowingly* verwendet werden: Dieser Begriff wird in der Gesetzesbegründung so definiert, dass der Täter sich dessen bewusst sein oder zumindest stark daran glauben muss.[691] Ebenso genügt jedoch, wenn er vor dieser Einsicht bewusst die Augen verschließt (*willful blindness*).[692] Mit positiver Kenntnis ist demnach folgende Situation gleichzustellen: Der Täter handelt in dem Bewusstsein, dass eine hohe Wahrscheinlichkeit einer Fälschung vorliegt und vermeidet gerade deswegen weiteres Nachfragen, um sich dieser möglichen Erkenntnis zu verschließen.[693] Geringere Voraussetzungen wie beispielsweise grobe Fahrlässigkeit (*recklessness*) wurden während der Gesetzeserörterungen als zu niedrig angesehen.[694] Von der strafrechtlichen Haftung sollten Personen ausgenommen werden, die zwar wissentlich in irgendeine Form von Markenverletzung involviert sind, sich jedoch nicht bewusst an den schwerwiegenderen kommerziellen Markenfälschungen beteiligen, gegen die der Tatbestand gerichtet ist.[695] Demnach kann Kenntnis dann angenommen werden, wenn der Umstand auf Grund persönlicher Beobachtung bekannt ist, der Täter richtigerweise an das Vorliegen des Umstandes glaubt oder die Augen bewusst vor der befürchteten Erkenntnis verschlossen werden.[696] Vermutet der Täter hingegen gutgläubig das Gegenteil (egal ob aus guten Gründen oder auf Fahrlässigkeit beruhend), kann keine Kenntnis angenommen werden.[697] Die Abgrenzung zur Fahrlässigkeit liegt darin, dass bei *willful blindness* der Täter die Möglichkeit einer Fälschung in Betracht ziehen muss; schlichte Unkenntnis genügt nicht.[698] Anders als bei der Fahrlässigkeit wird kein objektiver, sondern ein subjektiver

---

[690] United States v. Hon, 904 F.2d 803, 805 (2d Cir. 1990).
[691] 130 Cong. Rec. 31673, 31674 (1984) m.w.N.
[692] A.a.O.
[693] United States v. Jewel, 532 F.2d 697, 702 ff (9th Cir. 1976).
[694] S. Rep. No. 98-225, S. 11 (1984).
[695] *Rackoff/Wolff*, 20 Am. Crim. L. Rev. 145, 185 f.
[696] *Perkins/Boyce*, Criminal Law, Ch 7, Sec 4.
[697] A.a.O.
[698] Hard Rock Cafe Licensing Corporation v. Concession Services, Inc., 995 F.2d 1143, 1149 (7th Cir. 1992).

Standard angewendet,[699] da es gerade darauf ankommt, ob der Täter mit dem Umstand rechnete.

Benschar geht noch einen Schritt weiter und möchte es ausreichen lassen, dass der Täter keine wirkliche Basis für die Annahme der Echtheit der Waren hatte, um ihn unter den Tatbestand zu fassen.[700] Er begründet seine Auffassung mit einer Analogie zur Betrugsrechtsprechung, bei der für die Annahme von *scienter*[701] auch eine Aussage genügt, deren Richtigkeit der Täter selbst bezweifelt. Eine Parallele zum Betrug sei angebracht, da auch der Verkauf von Markenfälschungen als Betrug an der Öffentlichkeit gewertet wird. Er gesteht aber zugleich zu, dass diese im Rahmen der zivilrechtlichen Haftung nie angewandt worden ist.[702] *Perkins/Boyce* lassen es grundsätzlich genügen, dass jemand wahrheitswidrig Kenntnis hinsichtlich einer Tatsache vorgibt, über die er jedoch in Realität nichts weiß.[703] Zwischen dieser generellen Aussage und der Interpretation *Benschars* im Hinblick auf Markenfälschungen besteht ein Unterschied, der sich allerdings nicht oft auswirken wird. Beim Betrug wird die Täuschung darin gesehen, dass man etwas bewusst als seine Kenntnis darstellt, worüber man in Wahrheit jedoch nicht Bescheid weiß. Das Unrecht besteht im Vortäuschen von Kenntnis. In solchen Fällen können Zweifel hinsichtlich der Richtigkeit der eigenen Aussage genügen, da fälschlicherweise sichere Kenntnis vorgegeben wird.

Bei der Markenfälschung ist jedoch gerade kein betrügerisches Verhalten erforderlich und der Käufer kann durchaus die wahren Umstände kennen. Zur Beurteilung steht allein die Kenntnis des Täters: Diese ist, wie sowohl von *Benschar* als auch in der Gesetzesbegründung dargelegt, nach streng subjektiven Maßstäben zu ermitteln. Stets erforderlich ist die subjektive Einschätzung, dass eine Fälschung vorliegen könnte und nur aus Angst vor deren Entdeckung weitere Nachforschungen unterbleiben. Wenn keine reale Basis für die Annahme der Echtheit der Waren besteht, wird der Täter diese in der Regel in Zweifel ziehen und demnach die Möglichkeit einer Fälschung erkennen. Wenn jedoch dieser Schritt, d.h. die Feststellung der Zweifel an der Echtheit, unterbleibt, stellt man eine objektive Pflicht zur Überprüfung der Waren auf, die weder vom Gesetzgeber noch von der Rechtsprechung gewollt ist. *Benschar* kann demnach gefolgt werden, so lange er Rücksicht auf das subjektive Element, d.h. die Zweifel,

---

699 *Benschar/Kalow/Springut*, 27 Colum. J.L. & Arts 121, 125, im Text nur als *Benschar* zitiert.

700 *Benschar/Kalow/Springut*, 27 Colum. J.L. & Arts 121, 127.

701 Vorssatzform im Rahmen des Betruges, entspricht wissentlichem Handeln.

702 *Benschar/Kalow/Springut*, 27 Colum. J.L. & Arts 121, 128.

703 *Perkins/Boyce*, Criminal Law, Ch 7, Sec 4.

nimmt. Nur sein letzter Schritt, demzufolge bei unklarer Basis bereits Vorsatz anzunehmen ist, geht zu weit.

Umstände, durch die Zweifel entstehen können, sind beispielsweise Benachrichtigung durch den Markeninhaber, sehr niedrige Qualität/Preis oder die Verwendung von verschlüsselten Akten oder Scheingesellschaften.[704] Das Gericht in *United States v. Sultan*[705] setzt sich ausführlich mit dieser Problematik auseinander: Als nicht ausreichend wurde es angesehen, dass der Einkaufpreis unter dem üblichen lag, da beispielsweise Mengenrabatte, Insolvenzverkäufe oder ausländische Quellen dessen Unterschreiten möglich machen.[706] Auch der Nachweis der Vertrautheit mit der für Originalteile üblichen Verpackung genügt allein nicht.[707]

Die Kenntnis ist hinsichtlich aller Elemente der Definition der Markenfälschung erforderlich;[708] lediglich bzgl. der Eintragung ist sie vom Tatbestand ausdrücklich ausgenommen. Sie muss sich auf die Unechtheit beziehen, nicht jedoch auf die Tatsache, dass Markenfälschungen nicht nur zivilrechtswidrig sind, sondern auch strafrechtlich geahndet werden: Der Wortlaut des Tatbestandes legt klar jeweils ein subjektives Element für jede Tathandlung fest, darüber hinaus können keine weiteren Erfordernis aufgestellt werden.[709]

2. Absichtliche Benutzung

Das Handeltreiben mit mit falscher Marke versehenen Waren muss dabei absichtlich (*intentionally*) erfolgen. Dies umfasst zielgerichtetes und willentliches Handeln.[710] In der bisherigen Rechtspraxis hat sich dies nicht als Problem erwiesen, eher ergeben sich beim gerade diskutierten Element der Kenntnis Beweisschwierigkeiten.[711]

---

704 *Benschar/Kalow/Springut*, 27 Colum. J.L. & Arts 121, 130 ff, der diese jedoch in Fortführung seiner Ansicht als Umstände ansieht, in denen keine reale Basis mehr für eine gutgläubige Annahme der Echtheit besteht.

705 United States v. Sultan, 115 F.3d 321 (5th Cir. 1997).

706 *Sultan*, 115 F.3d 321, 328.

707 A.a.O.

708 United States v. Infurnari, 647 F. Supp. 57, 58 (W.D.N.Y. 1986).

709 United States v. Baker, 807 F.2d 427, 428 f (5th Cir. 1985); auf den ebenfalls dafür sprechenden Grundsatz, dass Kenntnis der Strafbarkeit grundsätzlich nicht erforderlich ist, wird später näher einzugehen sein.

710 *U.S. DOJ*, Prosecuting I.P. Crimes, S. 19 ff.

711 *Goldstone/Toren*, 31 Conn. L. Rev. 1, 25.

Die im Rahmen des Gesetzgebungsverfahrens ebenfalls diskutierte Möglichkeit eine Strafbarkeit erst bei Täuschungs- oder Betrugsabsicht anzunehmen, wurde nicht in 18 U.S.C. § 2320 aufgenommen, da dies den Schutz des Markeninhabers unterlaufen würde.[712] Nach Interpretation des Gerichts in *United States v. Hon*[713] war der Kongress nicht nur über den möglichen Betrug an Verbrauchern, sondern auch über die allgemein ansteigende Zahl von kommerziellen Fälschungen besorgt: Bekämpft werden sollten Markenfälscher, die bei geringen Eigenkosten sich den Ruf, die Entwicklungskosten und Werbemaßnahmen eines ehrlichen Hersteller zu Nutze machen und dabei hohe Gewinne erzielen. Dieses Ziel sei jedoch nur erreichbar, wenn man auf die allgemeine Öffentlichkeit und den Schutz des Markeninhabers abstelle. Deshalb ist der Tatbestand auch erfüllt, wenn der Abnehmer der Ware deren Unechtheit erkennt oder zumindest in Kauf nimmt, wie zum Beispiel bei billigen Imitaten, die von Verbrauchern erworben werden, die gerne Markenware zur Schau tragen wollen, aber sich die Originalware nicht leisten wollen oder können, aber auch bei polizeilichen Scheinaufkäufern. Ansonsten wären skrupellose Einzel- oder Großhändler, die auf Grund ihrer Expertise die Fälschung zwar erkennen, sich aber vom Verkauf an weniger informierte Verbraucher Gewinn versprechen, straflos.[714]

3. Kein Vorsatz hinsichtlich *interstate commerce*

Fraglich ist, ob auch die Tatsache des Handelstreibens im *interstate commerce* vom Vorsatz erfasst sein muss. Straftaten auf Bundesebene enthalten dieses Erfordernis oft explizit im Rahmen des Tatbestandes, bei 18 U.S.C. § 2320 lässt sich dies aus der Gesetzesbegründung entnehmen. Elemente einer Norm, die nur in Bezug auf die Gesetzgebungszuständigkeit und Gerichtsbarkeit von Relevanz sind, d.h. die Zuständigkeit des Bundes begründen, haben keine Auswirkungen auf den Unrechtsgehalt der Tat und erfordern demnach auch kein subjektives Element.[715] Dem folgen Gerichte auch einhellig im Rahmen anderer Tatbestän-

---

712 United States v. Infurnari, 647 F. Supp. 57, 60 (W.D.N.Y. 1986); United States v. Torkington, 812 F.2d 1347, 1353 (11th Cir. 1987); dem sich anschließend Unites States v. Yamin, 868 F.2d 130, 133 (5th Cir. 1989).

713 United States v. Gonzalez, 630 F. Supp. 894, 896 (S.D. Fl. 1986); United States v. Gantos, 817 F.2d 41, 43 (8th Cir. 1987) – hier weist das Gericht insbesondere auf den Zweck des Gesetzes hin auch den Markeninhaber zu schützen; United States v. Hon, 904 F.2d 803, 806 (2d Cir. 1990).

714 So auch *Goldstone/Toren*, 31 Conn. L. Rev. 1, 33.

715 *Kadish/Schulhofer*, Criminal Law and its Processes, S. 234.

de.[716] Da das Gesetz ausdrücklich nur zwei subjektive Elemente nennt, kann diese Aufzählung auch als abschließend angesehen werden.[717]

IV. Defenses

Da das amerikanische Strafverfahren viel stärker als das deutsche von den Parteien geprägt wird, können dem Vortrag der Staatsanwaltschaft vom Angeklagten sogenannte *defenses* entgegengesetzt, d.h. „Einreden" vorgebracht werden. Unter den Oberbegriff *defenses* fasst man allgemein alle Umstände, die eine Verurteilung wegen der angeklagten Tat ausschließen.[718] Eine Differenzierung nach Rechtfertigungs- und Entschuldigungs- sowie anderen Gründe ist in der Literatur zwar bekannt, jedoch wesentlich geringer als in Deutschland verbreitet und wird insbesondere von der Rechtsprechung kaum praktiziert.

In der Regel wird danach unterschieden, wer die Voraussetzungen zu beweisen hat: *Defenses* sind von der Anklagebehörde von Amts wegen zu ermitteln, bei *affirmative defenses* trifft den Angeklagten die Beweislast.[719] In der Gesetzesbegründung wird explizit darauf hingewiesen, dass die Beweislast wie im Lanham Act gehandhabt werden soll, bei Zweifeln wird sie jedoch den Strafverfolgungsbehörden auferlegt.[720]

1. In 18 U.S.C. § 2320 vorgesehene *defenses*

Die bereits im Rahmen der Definition von *counterfeit mark* genannten Ausnahmen für Graumarktgüter und Überschussproduktion stellen *defenses* dar, die schon den Tatbestand ausschließen.[721] Das Vorliegen einer Vereinbarung, die den Angeklagten zum Anbringen der Marken berechtigt, muss dabei von diesem auch bewiesen werden.[722] Demnach handelt es sich um eine *affirmative defense.*

---

716 Corey v. United States, 305 F.2d 232, 237 (9th Cir. 1962) zu 18 U.S.C. § 2315; United States v. Squires, 581 F.2d 408, 409 (4th Cir. 1978) zu 18 U.S.C. § 2314.

717 Vgl. United States v. Baker, 807 F.2d 427, 429 n. 1 (5th Cir. 1986).

718 *Weik*, S. 36; *Dubber*, US-amerikanisches Strafrecht, S. 52 bezeichnet sie deshalb auch als Verteidigungsmöglichkeiten; ähnlich *Stauder*, S. 41 f, der den Begriff Verteidigungsrechte wählt.

719 130 Cong. Rec. 31673, 31675 (1984); zur Beweislast näher *Stauder*, S. 57 ff.

720 A.a.O.

721 Selbst in solchen Fällen, in denen nicht alle Elemente des Tatbestandes nachgewiesen werden können, bezeichnet man dies als eine defense, vgl. *Robinson*, § 21; sich anschließend *LaFave*, Substantive Criminal Law, § 9.1.(a)(1).

722 130 Cong. Rec. 31673, 31676 (1984).

Da diese Beweislastverteilung mit dem Wortlaut der Vereinbarung begründet wird (wenn diese Umstände gegeben sind, liegt eine Ausnahme vom ansonsten erfüllten Tatbestand vor), gilt Entsprechendes auch für die Parallelimporte: Der Angeklagte hat darüber Beweis zu erbringen, dass er die Waren entweder im Ausland direkt vom Markeninhaber selbst oder von einem dortigen Lizenznehmer erworben (da nur dann die Anbringung der Marke mit Genehmigung erfolgte) und lediglich in die USA importierte.

2. Im Lanham Act vorgesehene *defenses*

18 U.S.C. § 2320(c) sieht vor, dass alle im Rahmen von zivilrechtlichen Markenrechtsver-letzungen möglichen Einreden und Begrenzungen der Rechtsfolgen auch im Strafverfahren erhoben werden können.[723]

Handelt es sich im Zivilrecht um eine vom Beklagten zu beweisende Einrede, liegt auch im Strafverfahren die Beweislast beim Angeklagten: Wie ausdrücklich vom Gesetz vorgesehen, genügt dabei ein Überwiegen der Beweise zu Gunsten des Angeklagten (*preponderance of evidence*), der ansonsten geltende höhere Standard des Nachweises über vernünftige Zweifel hinweg (*beyond reasonable doubts*) gilt nicht für Einreden.

Jedoch sind nur solche *defenses* anwendbar, die auch für das Strafverfahren Sinn machen.[724] Die Erfahrung zeigt, dass spezifisch markenrechtliche Einreden kaum von Angeklagten im Strafverfahren geltend gemacht werden.[725]

Generell ist festzustellen, dass für alle Entgegnungen, die zugleich auch einen Löschungsgrund darstellen,[726] zunächst der Angeklagte beweispflichtig ist, da die Registrierung einen Anscheinsbeweis für die Wirksamkeit der Eintragung darstellt.[727] Deshalb wird erwartet, dass er gewichtige Argumente vorträgt.[728]

[723] "All defenses, affirmative defenses, and limitations on remedies that would be aplicable in an action under the Lanham Act shall be applicable in a prosecution under this section. In a prosecution under this section, the defendant shall have the burden of proof, by a preponderance of the evidence, of any such affirmative defense.".

[724] 130 Cong. Rec. 31673, 31675 (1984).

[725] *Goldstone/Toren*, 31 Conn. L. Rev. 1, 44.

[726] Betrügerisches Erlangen einer Eintragung, Aufgabe einer Marke, irreführende Nutzung der Marke oder Funktionalität.

[727] 15 U.S.C. § 1057(b).

[728] Marshak v. Green, 505 F. Supp. 1054, 1060 (S.D.N.Y 1981).

Letztendlich muss der Beweis für die Gültigkeit der Marke jedoch vom Markeninhaber erbracht werden.[729]

15 U.S.C. § 1115(b) enthält eine Reihe von Einreden, die einer Markenrechtsverletzung entgegengehalten werden können. Sollte eine Marke nach fünf Jahren ununterbrochener Benutzung gemäß 15 U.S.C. § 1065 unanfechtbar geworden sein, können nur diese in 15 U.S.C. § 1115(b) enthaltenen Einreden vorgebracht werden. Der Anwendungsbereich des 15 U.S.C. § 1115(b) beschränkt sich aber nicht auf unanfechtbare Marken, sondern umfasst auch jüngere, anfechtbare Marken.[730]

a) Betrügerisches Erlangen der Anmeldung bzw. des Unanfechtbarkeitszertifikats, 15 U.S.C. § 1115(b)(1)

Um den Status der Unanfechtbarkeit zu erlangen, müssen nicht nur alle gesetzlichen Voraussetzungen (15 U.S.C. § 1065) erfüllt sein, sondern diese auch nach einer Überprüfung durch das U.S. Patent and Trademark Office durch ein Zertifikat bestätigt werden. Wenn im Rahmen dieses Verfahrens oder bei der Markenanmeldung unrichtige Angaben gemacht werden, kann dies unter gewissen Umständen als Einrede geltend gemacht werden. Dafür müssen fünf Voraussetzungen vorliegen:[731] Die falschen Angaben waren für die Entscheidung wesentlich und das Patent- und Markenamt hat auf die Richtigkeit vertraut. Dem Erklärenden muss die Unrichtigkeit bekannt gewesen, seine Handlung in Täuschungsabsicht erfolgt und aus dem unberechtigten Vertrauen Schaden entstanden sein.

Eine entscheidungserhebliche Tatsache liegt dabei vor, wenn bei richtiger Angabe die Eintragung abgelehnt worden wäre.[732] Der Nachweis der Entscheidungserheblichkeit, aber vielmehr der der betrügerischen Absicht kann jedoch selten erbracht werden.[733]

Da bei Markenfälschungen oft etablierte Marken als Vorlage dienen, die sich auf dem Markt durchgesetzt haben (und zumeist oft schon erfolglos von Konkurren-

---

[729] "Ultimate burden of proving [...] rests upon the registrant": Sylvania Electrical Products, Inc. v. Dura Electrical Lamp Co., 144 F. Supp. 112, 128 (D.C.N.J. 1956).

[730] *Rothe*, S. 100.

[731] Dial-A-Mattress Operating Corp v. Mattress Madness, Inc., 841 F. Supp. 1339, 1353 (E.D.N.Y. 1994); ebenso *McCarthy*, § 31:96.

[732] *Rothe*, S. 119.

[733] *Gilson*, § 11:08.

ten angegriffen wurden), ist es nicht sehr wahrscheinlich, dass die Einrede überhaupt erhoben wird bzw. Erfolg hat.

b) Aufgabe der Marke, 15 U.S.C. § 1115(b)(2)

Wenn eine Marke aufgegeben wurde (*abandonment*), steht dies auch der Annahme einer Verletzung entgegen. Der Begriff *abandonment* wird in 15 U.S.C. § 1127 näher definiert: Von der Aufgabe einer Marke ist auszugehen, wenn entweder deren Benutzung mit der Absicht aufgegeben wurden sie auch nicht wieder aufzunehmen oder wenn auf Grund des Verhaltens des Markeninhabers die Marke zu einer Gattungsbezeichnung abgesunken ist oder anderweitig ihre Kennzeichnungskraft verloren hat.[734] Der Hintergrund dieser Regelung ist darin zu sehen, dass bei Nichtnutzung einer Marke der Gebrauch eines identischen Zeichens durch einen anderen nicht zu Verwechslungsgefahr führen kann.[735]

Für die erste Fallgruppe wird gemäß 15 U.S.C. § 1127 nach dreijähriger Nichtnutzung prima facie von der Aufgabe der Marke ausgegangen, wobei jedoch vereinzelt gebliebene Benutzungshandlungen nicht zur Erhaltung des Markenrechts ausreichen.[736]

Die zweite Fallgruppe spielt oft bei der Übertragung von Markenrechten eine Rolle: In den Vereinigten Staaten ist die Übertragung einer Marke nur in Verbindung mit deren good will möglich, was heißt, dass auch das für die Sicherung charakteristischer Merkmale erforderliche Know how (z.B. Produktformel) oder die technischen Geräte (wie Produktionsanlagen) mit der Marke weitergegeben werden müssen.[737] Findet hingegen nur die Übertragung des Zeichenrechts als solchem (*assignment in gross*) statt, so ist diese ungültig. Zugleich ist darin die Aufgabe der Marke zu sehen, da damit die Marke ihre Funktion, die Kunden zuverlässig über das ihr zugehörige Produkt zu informieren, nicht mehr erfüllen kann.[738] Auch Lizenzvereinbarungen können zum Verlust der Unterscheidungskraft führen, wenn in ihnen nicht ein Mechanismus zur Qualitätskontrolle fest-

---

[734] A mark shall be deemed to be "abandoned" if either of the following occurs:
(1) When its use has been discontinued with intent not to resume such use. [...] Nonuse for three consecutive years shall be prima facie evidence of abandonment. [...]
(2) When any course of conduct of the owner, including acts of omission as well as commission, causes the mark to become the generic name for the goods or services on or in connection with which it is used or otherwise to lose its significance as a mark. [...].

[735] *Goldstone/Toren*, 31 Conn. L. Rev. 1, 49.

[736] Restatement (Third) of Unfair Competition, § 30 cmt. b.

[737] *Barrett*, Intellectual Property, S. 131.

[738] A.a.O.

gelegt wird, so dass die Funktion der Marke als Symbol für Qualität und kontrollierte Herkunft darunter leidet (sogenanntes *naked licensing*).[739]

Auch wenn nicht gegen die unberechtigte Nutzung Dritter vorgegangen wird, kann dies als Aufgabe der Marke gesehen werden, wenn diese dadurch ihre Unterscheidungskraft verliert (was allerdings eine weit verbreitete unberechtigte Nutzung voraussetzt).[740]

Da Markenfälscher in der Regel in auf dem Markt befindliche Marken verwenden und diese in der Regel auch „gepflegt" werden, ist diese Einrede im Strafverfahren nicht sehr wahrscheinlich.[741] Die Variante der Nichtbenutzung kommt allerdings bei älteren bekannten Marken, deren Gebrauch aufgegeben wurde, in Betracht. Die Möglichkeit des Verlusts der Kennzeichungskraft besteht, wenn bei weltweiter Tätigkeit Lizenznehmer nicht ausreichend überwacht werden. Angesichts der immer stärker steigenden Ausgaben und Aufmerksamkeit von Firmen für ihre Marken, sowie der Tatsache, dass die Verstöße zu einer Schwächung der Kennzeichnungskraft führen müssen,[742] erscheint diese Einrede nicht besonders erfolgversprechend - insbesondere da der Nachweis vom Angeklagten zu erbringen ist.[743]

c) Irreführende Marke, 15 U.S.C. § 1115(b)(3)

Wer eine eingetragene Marke verwendet, die bereits als solche die Öffentlichkeit in die Irre führt, dem kann der Schutz versagt werden. Wenn beispielsweise Kosmetika mit einer Marke verkauft werden, die „Dr." enthält, obwohl keiner der Hersteller diesen Titel führt, kann von einer solchen irreführenden Marke ausgegangen werden.[744] Wichtig ist, dass bereits die Marke selbst irreführend ist und nicht nur die Art und Weise, in der sie benutzt wird: Der Angeklagte müsste also nachweisen können, dass der Markeninhaber sein Zeichen in Täuschungsabsicht wählte sowie tatsächliche oder wahrscheinlich auftretende Irreführungen darlegen.[745]

---

739 Barcamerica International USA Trust v. Tyfield Importers, Inc., 289 F.3d 589, 595 f (9th Cir. 2002).
740 Restatement (Third) of Unfair Competition, § 30 cmt. c.
741 *Goldstone/Toren*, 31 Conn. L. Rev. 1, 48.
742 Quality Inns Intern, Inc. v. McDonald's Corp. 695 F. Supp. 198, 214 (D. Md. 1988).
743 So für das Zivilrecht: American Foods, Inc. v. Golden Flake, Inc., 312 F.2d 619, 624 f (5th Cir. 1963).
744 Strey v. Devine's Inc., 217 F.2d 187 (7th Cir. 1954).
745 *Goldstone/Toren*, 31 Conn. L. Rev. 1, 51 m.w.N.; *Gilson*, § 11:08.

Diese Einrede hat auf Grund der hohen Voraussetzungen selten Aussichten auf Erfolg; insbesondere in Counterfeiting-Fällen ist sie kaum zu erwarten, da zumeist starke Marken kopiert werden (die in der Regel nicht irreführend sind).[746]

d) *Fair use*, 15 U.S.C. § 1115(b)(4)

Wenn die Marke zugleich der Name des Geschäftsinhaber oder eines daran Beteiligten ist und dieser nicht markenmäßig verwendet wird, steht dies der Annahme einer Verletzungshandlung entgegen. Gleiches gilt, wenn der Begriff beschreibenden Charakter hat und nur billigerweise (*fairly*) und in gutem Glauben genutzt wird, um die Waren oder Dienstleistungen oder deren geographische Herkunft zu beschreiben. Diese Handlungen werden als *fair use* bezeichnet. Auch die Voraussetzungen dieser Einrede müssen vom Beklagten,[747] d.h. im Strafrecht vom Angeklagten, bewiesen werden.

„Beschreibende Marken" haben zweierlei Bedeutung: Die einer Marke und die einer Beschreibung. Ausschließlichkeitsrechte können jedoch nur für die Bedeutung als Marke erlangt werden, so dass der beschreibende Gebrauch frei bleibt und bleiben soll.[748]

Um vom *fair use* eines Begriffs ausgehen zu können, müssen drei Voraussetzungen erfüllt werden: Der Begriff wird nur zur Beschreibung genutzt, es liegt keine markenmäßige Nutzung vor und die Verwendung erfolgt in gutem Glauben.[749] Nicht erforderlich ist, dass eine Marke *descriptive* im Sinne der *Abercrombie*-Kriterien ist, da diese Festlegung immer im Hinblick auf das konkrete Produkt erfolgt. Vielmehr muss der Begriff als solcher beschreibend sein.[750] Die Beschreibung kann sich dabei auf Eigenschaften des Produktes oder dessen geographische Herkunft beziehen.

Um von einem nicht markenmäßigen Gebrauch auszugehen, muss beurteilt werden, ob Verbraucher den Begriff als Beschreibung oder als Herkunftsangabe sehen, wobei insbesondere die Größe, die Aufmachung und Anordnung des Beg-

---

746 *Goldstone/Toren*, 31 Conn. L. Rev. 1, 52.

747 Coherent, Inc. v. Coheren Technologies, Inc., 737 F. Supp. 1055, 1061 f (D. Co. 1990).

748 *Barrett*, Intellectual Property, S. 130. Beispielsweise kann - obwohl Safari® als Marke für Stiefel eingetragen ist - ein Wettbewerber auf Grund des stark beschreibenden Charakters seine eigenen Stiefel als „Safari-Stiefel" anpreisen, wenn sie für Safaris genutzt werden können, vgl. Abercrombie & Fitch Co. v. Hunting World, Inc., 537 F.2d 4 (2d Cir. 1976).

749 EMI Catalogue Partnership v. Hill, Holliday, Connors, Cosmopulos, Inc., 228 F.3d 56, 64 (2d Cir. 2000).

750 *Gilson*, § 11:8.

riffes auf dem Produkt ausschlaggebend sind.[751] Markenmäßigem Gebrauch liegt beispielsweise vor, wenn der Begriff eine dominante Stellung auf der Produktverpackung einnimmt.[752] Guter Glaube hinsichtlich der Verwendung wird beispielsweise angenommen, wenn die eigene Marke auffällig im Zusammenhang mit dem beschreibenden Begriff genannt wird; die Verwendung der exakten Form der fremden Marke selbst wenn mehrere Alternativen bestehen, kann als Hinweis für Bösgläubigkeit gewertet werden.[753]

Wenn diese Voraussetzungen erfüllt sind, kann auch eine geringe Verwechslungsgefahr in Kauf genommen werden, ohne dass eine Rechtsverletzung vorliegt.[754]

Die gleichen Voraussetzungen gelten auch für die Verwendung des eigenen Namens, wobei hier die Rechte des Markeninhabers sowie das Recht des Nameninhabers mit seinem eigenen Namen Waren zu vertreiben, gegeneinander abgewogen werden müssen. Entscheidende Frage ist dabei stets, ob der Verletzer versucht vom good will des Markeninhabers zu profitieren oder ob er Vorkehrungen getroffen hat, die die Verwechslungsgefahr herabsetzen: Im Rahmen von § 2320 ist dabei zu berücksichtigen, dass nur bei einer sehr engen Fallgruppe von Markenverletzungen die Strafnorm anwendbar ist (die Zeichen müssen nahezu identisch sein), so dass die Einrede eines Angeklagten allgemein weniger glaubwürdig ist als im Zivilrecht.[755]

e) Unschuldiger früherer Gebrauch bei Registrierung, 15 U.S.C. § 1115(b)(5)

Wenn das Zeichen ohne Kenntnis von der bereits früher stattfindenden Benutzung durch den Markeninhaber kontinuierlich verwendet wurde und dies dabei vor dem Tag, an dem die Anmeldung des Markeninhabers beim Patent- und Markenamt einging, erfolgte, liegt eine Einrede vor. Diese setzt auch voraus, dass die Verwendung der Zeichen in verschiedenen geographisch begrenzten Gebieten stattfand. Dadurch wird dem Umstand Rechung getragen, dass allein durch Nutzung der nicht zur Anmeldung vorlegten Marke bereits das Markenrecht entstand, das nicht durch eine Registrierung durch einen anderen wieder vernichtet werden kann.

---

751 A.a.O.
752 *Schechter/Thomas*, Intellectual Property, § 31.3.
753 Restatement (Third) of Unfair Competition, § 28 cmt. d.
754 KP Permanent Make up, Inc. v. Lasting Impression I, Inc., 125 S.Ct. 542, 550 (2004).
755 *Goldstone/Toren*, 31 Conn. L. Rev. 1, 53.

Eine Einrede entsteht dabei nur für das Gebiet, in welchem der ununterbrochene Gebrauch stattfand.[756] Genau dieses Erfordernis bereitet bei der Übertragung dieser Einrede auf das Strafrecht Probleme: Sie wäre nur für ein bestimmtes Gebiet anwendbar.[757] Markenfälschungen werden jedoch in der Regel ohne regionale Begrenzung vertrieben und fügen der Marke bundesweit Rufschaden zu, so dass die Einrede letztlich ohne Auswirkung bleibt. Zumeist werden sich Markenfälscher auch nicht auf eigene Markenrechte berufen können.

f) Unschuldiger früherer Gebrauch ohne Registrierung, 15 U.S.C. § 1115(b)(6)

§ 15 U.S.C. 1115(b)(6) umfasst eine ähnliche Situation: Zwei Zeichen werden unabhängig voneinander in geographischen verschiedenen Gebieten und ohne Kenntnis voneinander verwendet und später auch zur Eintragung gebracht. Die Einrede umfasst dann die Fallkonstellation, dass der zeitlich gesehen zweite Verwender jedoch vor dem ersten Verwender eine Eintragung erlangt. Diese Einrede wird allgemein selten vorgebracht.[758] Auch gelten im Strafrecht die gleichen Bedenken wie bei der vorgehenden Einrede.

g) Benutzung unter Verletzung von Kartellvorschriften, 15 U.S.C. § 1115(b)(7)

Wenn die Verwendung der Marke unter Verletzung von Kartellvorschriften erfolgt, kann der Markeninhaber grundsätzlich nicht gegen die Verletzung vorgehen. Die Befugnis diese Einrede zu erheben (*standing*), wird jedoch nur denjenigen zugestanden, deren Betrieb oder Eigentum durch Handlungen geschädigt wurden, die gegen das Kartellrecht verstoßen: Dies ist zumeist nur bei Lizenznehmern oder anderen Wettbewerbern, die Einschränkungen unterliegen, der Fall.[759] Diese hingegen sind zwar häufiger in Markenverletzungen involviert, in der Regel jedoch eher selten in *counterfeiting*. Auch wird bei Lizenznehmern oft bereits der Tatbestand ausgeschlossen sein. Demnach hat diese Einrede kaum praktische Bedeutung.

---

756 Burger King of Florida, Inc. v. Hoots, 403 F.2d 904, 906 f (7th Cir. 1968).

757 *Goldstone/Toren*, 31 Conn. L. Rev. 1, 58.

758 A.a.O..

759 *Goldstone/Toren*, 31 Conn. L. Rev. 1, 60 f.

h) Funktionalität der Marke, 15 U.S.C. § 1115(b)(8)

Wenn eine Marke funktional[760] ist, kann dies auch bei Unanfechtbarkeit stets vorgebracht und als Einrede gegen eine angebliche Markenverletzung erhoben werden.

i) *Equitable defenses*, 15 U.S.C. § 1115(b)(9)

Des Weiteren sind *equitable defenses* ins Gesetz aufgenommen, wobei ausdrücklich *laches*, *estoppel* und *acquiescence* genannt werden. *Laches*[761] und *acquiescence*[762] sind spezifisch markenrechtliche Einreden, die am ehesten dem deutschen Rechtsinstitut der Verwirkung entsprechen. Als *estoppel* kommt neben den beiden soeben genannten Einreden noch die Übertragung einer zum Patentrecht entwickelten Einrede in Frage: Wenn eine Partei ein Patent überträgt, ist es ihr anschließend auf Grund des sogenanntes *assignor estoppel* nicht möglich dessen Wirksamkeit anzugreifen.[763] Da dieses Institut auf das Verbot widersprüchlichen Verhaltens zurückgeführt wird, gilt der Grundsatz gleichermaßen für übertragene Marken.

Da sich jedoch nur ein gutgläubiger Beklagter auf *equitable defenses* berufen darf, ist die Geltendmachung in einem Strafprozess kaum denkbar, da mit dem Nachweis von Vorsatz die Gutgläubigkeit in der Regel widerlegt ist.[764] Zudem wurde in *United States v. Milstein* festgestellt, dass gegen den Ankläger (die Vereinigten Staaten von Amerika) bislang in keinem einzigen Verfahren die *laches*-Einrede für zulässig gehalten wurde, da diese allein an die Verjährungsvorschriften gebunden sind.[765] Dies dürfte auch auf *acquiescence* übertragbar sein.

Ein Abstellen auf das Verhalten des Markeninhabers erscheint ebenso wenig erfolgversprechend: Die strafrechtliche Relevanz der Tat beurteilt sich nach dem

760 Vgl. Teil 1, Kap. 2, I.2.b).

761 Bei *laches* ist erforderlich, dass dem Kläger der verletzende Gebrauch bekannt ist, diese unentschuldbar lang nicht dagegen vorgeht und dem Beklagten dadurch Nachteile entstehen, vgl. Lambda Electronics Corporation v. Lamba Technology, Inc., 515 F. Supp. 915, 930 (S.D.N.Y 1981).

762 *Acquiescence* ist dann anzunehmen, wenn der Markeninhaber durch ausdrückliche oder stillschweigende Versicherung zu erkennen gibt, dass er nicht gegen den Gebrauch der Marke durch den Beklagten vorgehen wird, *Rothe*. S.2.

763 Westinghouse Elec. & Mfg. Co. v. Formica Insulation Co., 266 U.S. 342 (1924).

764 United States v. Milstein, 401 F.3d 53, 61, 64 (2nd Cir 2005), *Goldstone/Toren*, 31 Conn. L. Rev. 1, 64; ebenso *Coblenz*, 9 Alb. L.J. Sci. & Tech. 235, 279.

765 *Milstein*, 401 F.3d 53, 63 (2nd Cir 2005).

Tatzeitpunkt und ist demnach unabhängig vom weiteren Verhalten des Markeninhabers.[766]

3. Ungeschriebene *defenses*

Die Verweisung in 18 U.S.C. § 2320 bezieht sich jedoch nicht allein auf die im Lanham Act ausdrücklich enthaltenen *defenses*, sondern auf all diejenigen, die im Rahmen einer zivilrechtlichen Markenverletzungsklage erhoben werden könnten.[767]

a) Markenfähigkeit in Abrede stellen

Da der Strafrichter im Rahmen des 18 U.S.C. § 2320 immer auch die Wirksamkeit der Marke positiv feststellen muss,[768] besteht seitens des Angeklagten die Möglichkeit diese selbst anzugreifen. In 15 U.S.C. § 1064 findet sich dabei eine Liste von Löschungsgründen, die im Rahmen eines Verletzungsprozesses als *defense* erhoben werden können: Wie auch schon in 15 U.S.C. § 1115 finden sich hier das betrügerisches Erlangen einer Eintragung, die Aufgabe einer Marke, die irreführende Nutzung der Marke oder deren Funktionalität.[769] Daneben kann geltend gemacht werden, dass es sich bei dem Zeichen lediglich um einen Gattungsbegriff handelt oder entgegen 15 U.S.C. § 1054 oder § 1052(a)-(c) eine Eintragung erlangt wurde.[770] Auch Verstöße gegen die Pflichten eines Inhabers einer *certification mark* können zur Löschung führen, 15 U.S.C. § 1064(5).

Diese genannten Gründe können auch einer unanfechtbar gewordenen Marke entgegengehalten werden. Nicht möglich ist jedoch beispielsweise, dass bei unanfechtbaren Marken deren Unterscheidungskraft (ursprüngliche oder erworbene) angezweifelt wird.[771]

Bei Marken, die diesen Status noch nicht erlangt haben, kann alles, was auch einer Eintragung entgegenstehen würde, im Rahmen des Verletzungsprozesses als Einrede gegen deren Rechtswirksamkeit geltend gemacht werden.[772]

---

766 A.a.O.
767 130 Cong. Rec. 31673, 31675 (1984); *Goldstone/Toren*, 31 Conn. L. Rev. 1, 43.
768 *Murphy*, Q 169, S. 4.
769 Vgl. dazu schon IV.2.
770 Vgl. dazu näher Teil 1, Kap. 2, I.2.
771 *Barrett*, Intellectual Property, S. 133.
772 Ausführliche Liste aller *defenses* bei *McCarthy*, § 34:5.

b) Bezugnehmende Benutzung

Die Rechtsprechung erweiterte die Einrede des *fair use* um die Kategorie des *nominative* oder *referental use*. Die Marke eines anderen kann auch verwendet werden, um dessen Waren zu bezeichnen.[773]

Dies kann beispielsweise der Fall sein, wenn die Nennung der fremden Marke erfolgt, um mit dieser Ware im Zusammenhang stehende eigene Leistungen anzubieten (z.B. Reparatur bestimmter Waren, ergänzende Bauteile). Zu beachten ist allerdings, dass es bei einer bezugnehmenden Verwendung bleibt und nicht der Eindruck erweckt wird, dass die Leistungen in einen offiziellen Zusammenhang mit dem Hersteller des Produktes gebracht werden.[774]

Ähnliches gilt bei vergleichender Werbung (*comparative advertising*): So lange diese wahrheitsgemäß ist und keine Verwechslungsgefahr hervorruft, kann keine Markenverletzung angenommen werden.[775] Eine solche kann jedoch vorliegen, wenn die beiden Marken gemeinsam auf einem Produkt angebracht werden.[776]

In all diesen Fällen ist zumeist der Tatbestand des 18 U.S.C. § 2320 schon nicht erfüllt, da es sich jeweils um ein anderes Produkt handelt. Eine *counterfeit mark* kann nicht mit der Begründung angenommen werden, dass zum Beispiel bei vergleichender Werbung gerade die identische Marke verwendet wird und demnach bei Verwechslungsgefahr alle Voraussetzungen für eine Rechtsverletzung erfüllt sind. Die Grenze zwischen *counterfeit use* und lediglich markenverletzendem Verhalten liegt bei der Frage, ob Verbraucher die Ware für ein Original halten könnten.[777] Wenn die eben aufgezeigten Grenzen derart massiv überschritten werden, dass der Eindruck eines Originalproduktes bewirkt wird, kann der Tatbestand erfüllt sein – dann liegt jedoch auch keine bezugnehmende Verwendung mehr vor.

c) Recht auf freie Meinungsäußerung

In Fällen der Markenparodie kann auch das Recht auf freie Meinungsäußerung[778] gegen eine Markenverletzung angeführt werden. Auf Grund des eng ge-

---

773 *Gilson*, § 11:8; vgl. näher zu den Voraussetzungen: New Kids On The Block v. News America Publishing, Inc., 971 F.2d 302, 308 (9th Cir. 1992).
774 Volkswagenwerk Aktiengesellschaft v. Church, 411 F.2d 350, 352 (9th Cir. 1969).
775 Smith v. Chanel, Inc. 402 F.2d 562, 563 (9th Cir. 1968); *Barrett*, S. 124.
776 *Schechter/Thomas*, Intellectual Property, § 31.2.2.
777 *Ross Cosmetics Distribution Centers, Inc.*, 18 Ct. Int'l Trade 979, 984.
778 U.S. Const. amend. I, § 2.

fassten Tatbestandes des 18 U.S.C. § 2320 ist eine derartige Einrede jedoch kaum denkbar: Eine identische Marke muss auf einem identischen Produkt aufgebracht werden, so dass dieses mit dem Original verwechselt werden könnte. Eine Parodie liegt jedoch nur vor, wenn die Marke Zielscheibe der Parodie ist.[779] Wenn ersichtlich eine Marke parodiert werden muss, ist dies jedoch nicht mit dem Erfordernis vereinbar, dass das gekennzeichnete Produkt vom Verbraucher für das Original gehalten wird.

d) Erschöpfung (*genuine goods defense)*

Der Erschöpfungsgrundsatz ist im amerikanischen Recht zwar auch als *exhaustion defense* oder *doctrine of first sale* bekannt, in der Regel verweist man bei Verletzungshandlungen jedoch darauf, dass es sich um die Originalwaren handelt und demnach eine Verletzung ausgeschlossen ist (*genuine goods defense*). Für 18 U.S.C. § 2320 bedeutet dies, dass die meisten unter diese Einrede fallenden Situationen bereits nicht unter das Tatbestandsmerkmal *counterfeit mark* subsumiert werden können, da das Originalprodukt vorliegt.

Vor allem hier sind Diskrepanzen zwischen dem Zivil- und Strafrecht zu beachten. Dass im Zivilrecht diese Einrede deutlich restriktiver ausgelegt wird als im Strafrecht, zeigte sich bereits in *United States v. Hanafy*[780]. Im Hinblick auf das Umverpacken wird im Zivilrecht beispielsweise gefordert, dass dies kenntlich gemacht wird.[781] Im Rahmen des 18 U.S.C. § 2320 ist die Kenntlichmachung nicht erforderlich, da es sich um die Originalprodukte handelt und Umverpacken nicht als strafwürdig empfunden wird.

Im Zivilrecht wird bei importierten Gütern auch dafür Sorge getragen, dass diese den in den USA auf den Markt gebrachten Waren entsprechen. Somit können bei abweichenden Eigenschaften Graumarktgüter eine Markenrechtsverletzung darstellen.[782] Davon wird wiederum eine Ausnahme gemacht, wenn der ausländische Hersteller wirtschaftlich dem U.S. Markeninhaber zuzuordnen ist (z.B. ein Unternehmen, Tochtergesellschaft o.ä.).[783] Hier ist das Strafrecht großzügiger: Damit keine *counterfeit mark* vorliegt, genügt es, dass das Zeichen mit der Genehmigung des Markeninhabers angebracht wurde. Nicht erforderlich ist eine unternehmerische Verbundenheit.

---

779 *Rothe*, S. 121.
780 United States v. Hanafy, 302 F.3d 485 (5th Cir. 2002).
781 *Schechter/Thomas*, Intellectual Property, § 31.1.2.
782 Restatement (Third) of Unfair Competition, § 24(a).
783 *Barrett*, S. 123; *Schechter/Thomas*, Intellectual Property, § 31.1.2.

In *United States v. Brooks* deutet sich jedoch an, dass auch bei Originalteilen die Marke nicht beliebig verwendet werden kann: Wenn beispielsweise Produkte selbst aus gebrauchten Bestandteilen der Markenware zusammengebaut werden, kann dies nicht mehr als Originalprodukt angesehen werden, da es in dieser Form nicht vom Hersteller stammt.[784]

Deshalb liegt es nahe, die zivilrechtliche Rechtsprechung zu gebrauchten oder reparierten Gütern heranzuziehen: Wenn deutlich kenntlich gemacht wird, dass es sich nicht um neue Waren handelt, können die Produkte unter der Marke weitervertrieben werden. Erst wenn sich durch die Bearbeitung ein anderes Produkt ergibt, muss die Marke entfernt werden.[785]

Die Grenze ist demnach folgendermaßen zu ziehen: Ist ein Produkt in der vorliegenden Form[786] vom Markeninhaber auf den Markt gebracht worden oder mit seiner Genehmigung mit einer Marke versehen worden, so liegt bereits kein *counterfeit* vor. Erfolgten jedoch nachträglich Änderungen, so müssen diese kenntlich gemacht werden. Bei schwerwiegenden Veränderungen kann die Verwendung der Marke völlig untersagt werden. Es ist zu empfehlen, all diese Erwägungen vollständig im Rahmen der Prüfung, ob eine *counterfeit mark* vorliegt, vorzunehmen und dabei die Übertragbarkeit der zivilrechtlichen Grundsätze zur *genuine good defense* stets sorgfältig zu hinterfragen.

4. Allgemeine *defenses*

Im Hinblick auf allgemeine Einreden stellt sich ein Problem bei der Verjährung: *Nessim*[787] sieht durch den pauschalen Verweis des 18 U.S.C. § 2320(c) auf die Einreden, die einer Klage aus dem Lanham Act entgegengesetzt werden können, auch die Verjährung als eine Frage an, die nach zivilrechtlichen Grundsätzen zu lösen sei. Da der Lanham Act jedoch selbst keine eigene Verjährungsnorm enthält, möchte er die ständige Rechtsprechung des Supreme Courts in solchen Fällen anwenden und hilfsweise auf eine Norm aus einem anderen, bundesstaatlich geregeltem Rechtsgebiet zurückgreifen.[788]

---

784 United States v. Brooks, 111 F.3d 365 (4th Cir, 1997); es wurde als nicht ausreichend angesehen, dass in einem inneren Label auf die eigene Montage hingewiesen wurde.

785 *Gilson*, § 5.09.

786 So auch bei unterschiedlichen Qualitätsstandards, vgl. dazu bereits I.3.

787 *Nessim*, 76 J. Pat. & Trademark Off. Soc'y 933.

788 *A.a.O*, wobei Nessim mehrere in Frage kommende Möglichkeiten diskutiert.

Alternativ könnte die generelle Verjährungsregel für Nicht-Kapitalverbrechen des 18 U.S.C. § 3282(a)[789] gelten: Sofern nicht anderweitig ausdrücklich im Gesetz vorgehen, verjährt eine Tat nach fünf Jahren.

Nessims Vorschlag ist entgegenzuhalten, dass der Lanham Act gerade keine eigene Norm zur Verjährung enthält, weshalb auch nicht von einer Ausnahme zu 18 U.S.C. § 3282 ausgegangen werden kann.[790] Bei Klagen, die auf dem Lanham Act basieren, wendet man aus dem Recht des Staates, in welchem geklagt wird, eine passende Verjährungsnorm an.[791] Diese würde jedoch Staatsanwälte zu einer Auswahl des „günstigsten Gerichtsstandes" (sogenanntes *forum shopping*) motivieren und die Verjährung wenig vorhersehbar machen.[792] *Goldstone/Toren* argumentieren, dass es im Sinne der Einheitlichkeit des Bundesrechts vom Kongress nicht beabsichtigt gewesen sein kann, ein derartiges Durcheinander bei der Verjährung von strafrechtlich relevanten Markenverletzungen zu schaffen.[793]

Von Einheitlichkeit des Bundesrechts kann zwar im Markenrecht allgemein nicht gesprochen werden, da gerade keine einheitliche Verjährungsregelung besteht. Insofern würde für *Nessims* Lösung sprechen, dass sie einen Gleichlauf von zivilrechtlicher und strafrechtlicher Verjährung schafft. Doch selbst dies ist in den meisten Fällen nicht gewährleistet, da eine Verletzung im *interstate commerce* erfolgen muss, d.h. in der Regel mehrere Bundesstaaten involviert sind, so dass es zu einem unterschiedlichen Gerichtsstand zwischen Zivilrecht und Strafrecht kommen kann und auch häufig kommen wird. Da die strafrechtliche Verjährung des 18 U.S.C. § 3282 sachnäher ist als eine aus einem anderen Rechtsgebiet eines Bundesstaates entnommene Norm und keine wie von dieser Grundregel geforderte ausdrückliche Ausnahme gesetzlich vorgesehen ist, sollte insbesondere im Hinblick auf die Rechtssicherheit auf diese Generalklausel zurückgegriffen werden.

---

789 "Except as otherwise expressly provided by law, no person shall be prosecuted, tried, or punished for any offense, not capital, unless the indictment is found or the information is instituted within five years next after such offense shall have been committed.".

790 United States v. Foote, 238 F. Supp. 2d 1271, 1277 (D. Ks. 2002); bestätigt durch United States v. Foote, 413 F.3d 1240 (10th Cir. 2005); *Goldstone/Toren*, 31 Conn. L. Rev. 1, 67.

791 Coca-Cola Co. v. Howard Johnson Co., 386 F. Supp. 330 (N.D. Ga 1974).

792 *U.S. DOJ,* Prosecuting I.P. Crimes, S. 26.

793 *Goldstone/Toren*, 31 Conn. L. Rev. 1, 70.

5. *Limitations on remedies*, 15 U.S.C. § 1114(2)

Durch die Bezugnahme auf die Beschränkungen bei gewissen Rechtsfolgen *(limitations on remedies)* in 18 U.S.C. § 2320(c) wird zugleich auch 15 U.S.C. § 1114(2) ins Strafrecht einbezogen.[794] Allerdings merkt bereits der Kongress selbst in dem dieser Feststellung folgenden Satz an, dass nur für das Strafverfahren passende Normen übertragen werden sollen.[795]

Die zitierte Regelung erscheint dabei jedoch als für das Strafrecht eher unpassend: Es handelt sich in 15 U.S.C. § 1114(2)(A) und (B) um Haftungsbeschränkungen für sogenannte „schuldlos handelnde" (*innocent*) Verleger, Drucker oder Werbetreibende. Nachdem jedoch für 18 U.S.C. § 2320 der Nachweis von Vorsatz erforderlich ist, können die Voraussetzungen dieser Beschränkung nicht erfüllt sein: Wer vorsätzlich handelt, gilt nicht als „schuldlos" im Sinne des 15 U.S.C. § 1114(2). Sonstige Einschränkungen, wie zum Beispiel im Rahmen des Schadensersatzes, werden bei den Rechtsfolgen erörtert.[796]

B. Sonstige Vorschriften

Mit einer Markenfälschung werden häufig zugleich andere Tatbestände (sowohl auf Bundes- als auch auf Staatenebene) verwirklicht.[797] Im Folgenden soll kurz auf einige Normen eingegangen werden, die einen besonderen Bezug zu 18 U.S.C. § 2320 haben und für die Strafverfolgung von wesentlicher Bedeutung sein können.

I. RICO, 18 U.S.C. §§ 1961 ff

Die Racketeer Influenced and Corrupt Organizations Statute wurde 1970 als Teil des Orga-nized Crime Control Act[798] eingeführt und sollte vor allem der Bekämpfung organisierter Kriminalität dienen. 18 U.S.C. § 1963(a) legt fest, dass bei Begehung der in 18 U.S.C. § 1962 genannten illegalen Aktivitäten eine Freiheitsstrafe von bis zu 20 Jahren möglich ist. Dreh- und Angelpunkt dieser Vorschriften ist das sogenannte *pattern of racketeering activities*. Die *racketeering activities* werden in 18 U.S.C. § 1961(1) definiert und umfassen eine Vielzahl von dort aufgelisteten Tatbeständen, darunter auch Markenfälschungen. Ein

---

794 130 Cong. Rec. 31673, 31675 (1984).

795 A.a.O.

796 Vgl. Teil 3, Kap. 2, E.VIII.

797 Vgl. dazu *Abbott/Sporn* § 2; *Coblenz*, 9 Alb. L.J. Sci. & Tech. 235, 298 ff.

798 Pub. L. No. 91-452, 84 Stat. 941 (1970).

Muster (*pattern)* dieser Handlungen liegt vor, wenn mindestens zwei in der Liste enthaltenen Taten innerhalb von 10 Jahren begangen wurden.[799] Dabei ist es nicht erforderlich, dass jeweils eine Verurteilung vorlag, eine Strafverfolgung wegen dieser Taten genügt.[800] Die genauen Tathandlungen sind in 18 U.S.C. § 1962 definiert, wobei die Alternativen (c) und (d) diejenigen sind, die am meisten Anwendung finden:[801] (c) umfasst bereits die Verbindung mit einem „Unternehmen" zur Begehung derartiger *racketeering activities* (wobei als Unternehmen sowohl legale als auch illegale Vereinigungen jeder Art zu verstehen sind[802]); (d) die Verabredung zur Begehung einer der in § 1962 genannten Tathandlungen.

Die Markenfälschungen wurden 1996 durch den Anticounterfeiting Consumer Protection Act[803] in die Liste des 18 U.S.C. § 1961 aufgenommen. Dadurch sollte ermöglicht werden, verstärkt gegen Markenpiraterie vorzugehen; bestehende Sanktionen wurden als ungenügend angesehen.[804] RICO schuf neben erweiterten Einziehungs- und Verfallsmaßnahmen auch eine weitere gesetzliche Basis (mit höherem Strafrahmen) für die Strafverfolgung von Markenpiraten; daneben kann nicht nur die Fälschungshandlung als solche, sondern die dahinter stehende Struktur der Organisation bekämpft werden.[805]

In Tateinheit begangene Verletzungen, zum Beispiel der gleichzeitige Verstoß gegen Copyright- und Markenvorschriften genügen nicht für ein Handlungsmuster gegen geistiges Eigentum; mehrere Absatzhandlungen hingegen oder auch die Verletzung mehrerer Marken können nicht mehr als eine Tat gewertet werden und unterfallen damit dem Tatbestand.[806]

II. Geldwäsche (*money laundering*), 18 U.S.C. § 1956 f

18 U.S.C. § 1956 und § 1957 enthalten Straftatbestände der Geldwäsche. Voraussetzung für beide ist, dass jeweils eine der im Tatbestand genannten unrechtmäßigen Aktivitäten vorliegt. Die Liste dieser umfassten Vortaten findet sich in 18 U.S.C. § 1956(c)(7), wobei in (D) auch der Tatbestand der Markenfälschung genannt wird. Je nach Tathandlung droht eine Freiheitsstrafe von bis zu

799 18 U.S.C. § 1961(5).
800 *Coblenz*, 9 Alb. L.J. Sci. & Tech. 235, 302.
801 *O'Sullivan*, Federal White Collar Crime, S. 845.
802 18 U.S.C. § 1961(4).
803 Pub.L. 104-153, 110 Stat 1386 (1996).
804 S. Rep. No 104-177, S. 1.
805 S. Rep. No 104-177, S. 9.
806 *Coblenz*, 9 Alb. L.J. Sci. & Tech. 235, 304.

20 Jahren sowie eine Geldstrafe von bis zu 500 000 US-$ oder das Doppelte des in der Transaktion geflossenen Betrages. Wie auch der RICO-Tatbestand ist die Vorschrift vor allem dazu gedacht gegen organisiertes Verbrechen effektiv vorzugehen und dabei insbesondere Drogengelder zu konfiszieren. Der Geldwäschetatbestand bringt aus Sichtweise der Staatsanwaltschaft ebenfalls viele Vorteile der RICO-Vorschriften mit sich (hohe Strafrahmen, weite Einziehungs- und Verfallsmöglichkeiten) und für die Strafverfolgung ist zumeist nicht wie bei RICO eine Genehmigung des Justizministeriums erforderlich.[807]

III. Verbrechensverabredung (*conspiracy*), 18 U.S.C. § 371

18 U.S.C. § 371 umfasst die Verabredung von zwei oder mehr Personen zur Begehung einer Tat, wobei eine dieser Personen eine offenkundige Handlung zur deren Förderung begehen muss. Wegen Markenfälschung Angeklagte werden zumeist zugleich auch wegen *conspiracy* verurteilt,[808] da selbst bei Begehung der verabredeten Tat die Verabredung nicht dahinter zurücktritt, sondern eine separate Sanktion nach sich ziehen kann.[809] So lange die Verabredung fortbesteht, können auch alle nur durch einen Beteiligten begangenen Taten den anderen *co-conspirators* zugerechnet werden.[810]

IV. Handeltreiben mit gefälschten Labels oder Verpackungen, 18 U.S.C. § 2318

Wer wissentlich mit einem Label, das an einer Phonoaufnahme, an einer Kopie eines Computerprogramms, zugehörigen Unterlagen oder an einer Verpackung für Computerprogramme, eines Film oder eines anderen audiovisuellen Werkes angebracht ist oder dazu dient an solchen angebracht zu werden, Handel treibt, kann mit bis zu fünf Jahren Freiheitsstrafe bestraft werden. Die Norm wurde bereits 1962 eingeführt und sollte dem Schutz der genannten Werke dienen – beabsichtigt war die Schutzlücke zu schließen, die durch die Abwesenheit von Strafvorschriften im Copyright-Bereich entstanden war.[811] Da die Labels in der Regel auch eingetragene Marken sind, wird über das Tatobjekt gefälschtes Label (= Marke) indirekt ein anderes Recht des geistigen Eigentums geschützt. Durch die Einführung von Strafvorschriften für Copyrightverletzungen (17 U.S.C. § 506) hat sich der Hauptanwendungsbereich der Norm erledigt, insbesondere

[807] *O'Sullivan*, Federal White Collar Crime, S. 907.
[808] *Coblenz*, 9 Alb. L.J. Sci. & Tech. 235, 312.
[809] Ianelli v. United States, 420 U.S. 770, 777 f (1975).
[810] Pinkerton v. United States, 328 U.S. 640, 646 (1946).
[811] *Coblenz*, 9 Alb. L.J. Sci. & Tech. 235, 252 f.

da bei Kopien von Musik- oder Filmaufnahmen derzeit sowohl Copyrightregelungen als auch Markenrecht herangezogen werden kann.[812] Allerdings könnte 18 U.S.C. § 2318 in einem Sonderfall eine derzeit noch in 18 U.S.C. § 2320 enthaltene Schutzlücke schließen: Wenn wie in *United States v. Giles*[813] lediglich Kennzeichnungsmittel gefunden werden, ohne dass eine Verbindung mit der Ware besteht, so könnte dies bei Musik- oder Filmaufnahmen unter diese Norm fallen.[814]

Kapitel 3 Vergleich der Vorschriften

Bereits auf den ersten Blick fällt auf, dass das deutsche Recht in wesentlich weiterem Umfang Markenrechtsverletzungen unter Strafe stellt als das amerikanische – dies wird sich sogleich näher beim Vergleich der einzelnen Merkmale zeigen. Unterschiedlich ist auch die Regelungstechnik: Zwar beziehen sich beide Tatbestände auf die zivilrechtlichen Regelungen, in den USA beschränkt sich dies jedoch im Wesentlichen auf die Auslegung einzelner Begriffe sowie die Einreden. In Deutschland hingegen wird die ganze Strafnorm durch Verweisungen auf die zivilrechtlichen Markenverletzungen geprägt.

A. Schutzumfang

Das MarkenG schützt alle Marken, d.h. alle in § 4 MarkenG genannten Markenformen, auch durch strafrechtliche Bestimmungen. In den USA hingegen beschränkt sich der Schutz auf im Bundesregister eingetragene Marken. Benutzungsmarken unterliegen dort nur dem Schutz durch das Zivilrecht.

Auch im Schutzbereich bestehen Unterschiede. In Deutschland lässt sich der gewährte Schutz in drei Kategorien einteilen: Identitäts-, Verwechslungs- und Bekanntheitsschutz. Je geringer die Voraussetzungen hinsichtlich des Tatobjektes (im Hinblick auf Ähnlichkeit von Zeichen und Waren) sind, desto stärker beschränken weitere eingrenzende Tatbestandsmerkmale den Umfang der Norm. Für den Identitätsschutz muss das Zeichen mit der Marke identisch und auch auf der gleichen Ware angebracht sein, für den Verwechslungsschutz genügt es, dass die Zeichen ähnlich sind und sich auf zumindest ähnlichen Waren befinden – allerdings tritt daneben das Merkmal der Verwechslungsgefahr. Beim Be-

812 *Coblenz*, 9 Alb. L.J. Sci. & Tech. 235, 265 f.

813 United States v. Giles, 213 F.3d 1247 (10th Cir. 2000).

814 Allerdings ist ein solcher Fall wenig wahrscheinlich, da gerade bei diesen Waren das Zeichen zumeist unmittelbar auf dem Produkt angebracht wird und dann auch 18 U.S.C. § 2320 greift.

kanntheitsschutz muss zu allererst eine bekannte Marke vorliegen, der das Zeichen zumindest ähnlich ist. Danach werden gekennzeichnete Waren außerhalb des Ähnlichkeitsbereiches umfasst, sofern dies mit Verwässerung oder Rufausbeutung der Originalmarke einhergeht. Das Strafrecht schützt somit jegliche Markenverletzung.

In den USA hingegen besteht im Wesentlichen im Strafrecht nur Identitätsschutz: Jedenfalls im Tatbestand enthalten ist die Kennzeichnung von identischen Waren mit identischem Zeichen. Darüber hinaus genügt es allerdings, wenn ein Zeichen von einer identischen Marke in seinen wesentlichen Merkmalen nicht unterscheidbar ist. Durch diesen Zusatz soll vermieden werden, dass Markenpiraten durch geringfügige Abänderungen der Strafbarkeit entgehen. Mit der neueren Auslegung des EuGH[815] zur Zeichenidentität scheint die deutsche Rechtslage der amerikanischen nun im Hinblick auf den Identitätsschutz weitestgehend angepasst.

Zwar findet sich der Begriff der Verwechslungsgefahr auch in 18 U.S.C. § 2320 wieder, allerdings nicht im Rahmen der Verletzungshandlung, sondern in der Definition des Tatobjekts der *counterfeit mark*: Da durch die Voraussetzung der Identität die Hürden bereits sehr hoch gelegt sind, kommt dem Merkmal jedoch nur noch die Aufgabe zu eine Anbindung an zivilrechtliche Verletzungsfälle herzustellen. Meiner Ansicht nach erfolgte die Aufnahme dieses Merkmals, um auf die Grundidee des Markenschutzes, nämlich den Verbraucher vor Verwechslungen zu schützen, zu verweisen: Im Rahmen des Identitätsschutzes könnte auf Grund der engen Voraussetzungen kraft Definition stets von Verwechslungsgefahr ausgegangen werden ohne dass dies eine im Strafrecht unzulässige Vermutung darstellen würde. Durch die Erwähnung der Verwechslungsgefahr wird lediglich auf diesen dem Markenrecht zu Grunde liegenden Schutzzweck verwiesen.

In den Vereinigten Staaten war im Rahmen eines Gesetzesentwurfes die Erweiterung des strafrechtlichen Schutzes bekannter Marken geplant: So sollten auch Zeichen, die mit bekannten Marken identisch sind, eine Rechtsverletzung darstellen, wenn sie auf nicht identischen Waren benutzt werden.[816] Dieser Teil des Vorschlages ist jedoch im aktuellen Gesetzesentwurf, der nach den Wahlen auf Grund der Diskontinuität erneut eingebracht wurde, nicht mehr enthalten.

Unabhängig von der Reichweite zivilrechtlicher Markenverletzungen, beschränkt sich der amerikanische Straftatbestand auf den Kernbereich, den Identi-

---

815 GRUR Int 2003, 533 – *Identisches Zeichen.*
816 Vgl. H.R. 4358 (108th Cong. 2003), Sec. 2(4).

tätsschutz, und ist somit im Vergleich zum deutschen Tatbestand wesentlich enger gefasst.

Lediglich im Hinblick auf die in 36 U.S.C. § 220506 erwähnten Zeichen, die im Zusammenhang mit den Olympischen Spiele, den Paralympics oder der Pan-American Sport Organization verwendet werden, besteht weiterer Schutz, da dieser nicht auf identische Waren beschränkt ist und jegliche Verwendung verboten wird. Einen derartigen Sondertatbestand hingegen kennt das deutsche Markenrecht nicht.

Auch in „zeitlicher Hinsicht" ist das deutsche Recht weiter gefasst: Indem in § 14 Abs. 4 MarkenG bereits vorbereitende Handlungen als Verletzung festgelegt werden, greift der strafrechtliche Schutz eher und ermöglicht ein frühzeitiges Eingreifen. Derartige Handlungen sind derzeit noch nicht vom amerikanischen Straftatbestand umfasst.[817]

B. Tathandlung

Wie bereits ausgeführt, bestimmt sich die tatbestandliche Handlung in Deutschland anhand der zivilrechtlichen Kollisionsnormen. Im Gegensatz dazu wird in 18 U.S.C. § 2320 die Tathandlung innerhalb des Tatbestandes definiert und ist nicht mit den zivilrechtlichen Verletzungshandlungen identisch.

I. Markenmäßiger Gebrauch

In Deutschland wird die Benutzung eines Zeichens nur bei dessen markenmäßigem Gebrauch vom Tatbestand erfasst, wobei jedoch die Reichweite dieses Begriffs bedenklich unscharf ist.

Eine ähnliche und dabei noch weitergehende Einschränkung ergibt sich in den USA aus der Definition des Tatobjekts: Das gefälschte Zeichen muss so verwendet werden, dass Verwechslungsgefahr mit dem Original besteht. Im Rahmen einer zollrechtlichen Beschlagnahme-Entscheidung wurde dieses Erfordernis dabei so ausgelegt, dass bei vergleichender Werbung keine Nutzung einer gefälschten Marke vorliege: Der Begriff der *counterfeit mark* sei so zu verstehen, dass auf Grund der Identität der Zeichen der Verbraucher davon ausgeht,

---

[817] Dazu sogleich näher unter B.II.

dass er das Originalprodukt erwirbt.[818] Wenn demnach im Rahmen der Vermarktung eigener Güter auf eine andere Marke Bezug genommen wird, liegt selbst bei Verwechslungsgefahr nur eine zivilrechtliche Markenverletzung, jedoch kein *counterfeit use* vor.[819] Ausdrücklich wurde demnach bei vergleichender Werbung eine strafrechtlich relevante Benutzungshandlung verneint. Bei Übertragung dieser Grundsätze auf andere ähnliche gelagerte Fälle ergibt sich demnach ebenfalls das Erfordernis einer markenmäßigen Verwendung,[820] wobei der Begriff wesentlich enger als in der derzeitigen Auslegung zu § 14 MarkenG zu verstehen ist. Umfasst sind nur solche Kennzeichnungen, die das gefälschte Produkt als Original erscheinen lassen; ausgeschlossen sind demnach mögliche zivilrechtliche Verletzungshandlungen wie vergleichende Werbung, Nennung der Marke, ornamentale Verwendung oder Verwendung als Parodie.

II. Fälle der Benutzung

Grundsätzlich besteht bei der Definition der Tathandlung Übereinstimmung, es ergeben sich nur in Einzelbereichen kleinere Unterschiede:

Das **Herstellen und Kennzeichnen** gefälschter Markenware fällt in Deutschland unter § 14 Abs. 3 Nr. 1 MarkenG, in den USA unter die Tatbestandsalternative *to make*. Bei letzterem ist allerdings zusätzlich erforderlich, dass die Herstellung in der Absicht erfolgt, die Ware anschließend zu transportieren, oder darüber zu verfügen. Die Herstellung muss demnach zweckgerichtet sein. Dies ergibt jedoch praktisch keinen Unterschied, da in Deutschland bei denjenigen Waren, die offensichtlich nicht zum Inverkehrbringen bestimmt waren (wie z.B. bei Probeläufen), der Tatbestand teleologisch reduziert wird.[821]

Wenn beispielsweise eine eigenes Produkt in eine fremde, gekennzeichnete Packung gefüllt wird und somit Marke und Ware sich nicht entsprechen, fällt dies in beiden Ländern unter den Tatbestand: In Deutschland liegt ein mittelbares Anbringen im Sinne des § 14 Abs. 3 Nr. 1 MarkenG vor. In den USA wird bereits im Rahmen des Tatobjekts klar gestellt, dass es sich bei derartig gekennzeichneten Produkten um eine Fälschung handelt: Die Marke gibt keinen korrekten Herkunftshinweis und ist somit ein *counterfeit*.

---

818 Ross Cosmetics Distribution Centers, Inc. v. United States, 18 Ct. Int'l Trade 979, 984 (1994); *Callmann*, § 22:53.

819 *Ross Cosmetics Distribution Centers, Inc.*, 18 Ct. Int'l Trade 979, 986.

820 Ähnlich für das Zivilrecht: Restatement (Third) of Unfair Competition, § 28 cmt. c, welches bei nicht markenmäßiger Verwendung bereits in der Regel die Verwechlungsgefahr ausschließt.

821 Vgl. dazu näher Kap. 1, A.I.3.a)(1)(c).

Der **Transport** solcher Waren ist in den USA ausdrücklich im Wortlaut erwähnt, in Deutschland kann er bei Grenzübertritt unter Export und Import fallen, innerhalb Deutschlands unter den Besitz. Dieser muss allerdings zweckgerichtet sein: Da es jedoch genügt, wenn das Handeltreiben durch einen Dritten geplant ist, wirkt sich auch dieses Erfordernis kaum einschränkend aus: Im Rahmen des geschäftlichen Verkehrs werden Piraterieware kaum grundlos transportiert. Selbst wenn Ware als gefälscht erkannt wurde und deshalb zurück an den Verkäufer geliefert wird, liegt die Absicht, diese in den Verkehr zu bringen, vor, da auch die Rückgabe unter die Tathandlung fällt.

Der klassische Fall des **Verkaufs** von Piraterieware ist in Deutschland als Inverkehrbringen zu sehen. Dies fällt in den USA unter die Tatbestandsalternativen *to transfer or otherwise dispose of* [...]. Beiden ist gemein, dass die Verfügungsgewalt auf einen anderen übergehen muss, wobei nur das amerikanische Recht eine Gegenleistung verlangt. Da aber auch in Deutschland nur der geschäftliche Verkehr umfasst ist, wird faktisch auch hier eine Gegenleistung der Regelfall sein. Des Weiteren wird der Begriff in den USA sehr extensiv ausgelegt, so dass keine *materielle* Gegenleistung erforderlich ist; auch ist derzeit sogar die völlige Streichung dieses Erfordernisses im Gespräch.[822]

Das **Anbieten** ist in Deutschland ausdrücklich im Wortlaut enthalten, in den USA fällt es unter die Tatalternative *to obtain control*, die jedoch auch zweckgerichtet sein muss. Da durch das Anbieten jedoch in der Regel versucht wird die Waren gegen Gegenleistung einem anderen zu übertragen, dürfte angesichts der weiten Auslegung der Gegenleistung dieses Merkmal stets erfüllt sein. Auch das versuchte Handeltreiben ist zugleich gegeben.

In Deutschland, jedoch nicht in den USA, ist das **Verwenden** von nachgeahmten Zeichen **in Geschäftsbriefen** oder **in der Werbung** strafbar. Oft werden jedoch in solchen Fällen auch andere Tatbestandshandlungen erfüllt sein: Insbesondere die Tatbestandsalternative *to obtain control* greift in den USA sehr früh: Da der Besitz der Sache nicht erforderlich ist, kann beim Bewerben der Produkte diese Alternative erfüllt sein, wenn über die Sachen schon Kontrolle ausgeübt wird (z.B. auf dem Versandweg). Auch ist der Versuch der Tatbestandsbegehung der Vollendung gleichgestellt, so dass derartige Verhaltensweisen zumeist auch unter den Versuch des Handeltreibens subsumiert werden können. Lediglich wenig konkretisierte Werbe- oder Angebotsschreiben fallen nicht unter den Tatbestand. Demnach ermöglicht das deutsche Recht theoretisch ein früheres Eingreifen, falls diese Verletzungen nicht nachgewiesen werden können. Da Geschäftsbriefe oder Werbung in der Regel zu Umsätzen führen sollen, könnte aus

[822] Vgl. dazu näher Kap. 2, A.II.

Opfersicht beispielsweise durch Einsatz von Scheinaufkäufer reagiert werden und die gegebenenfalls noch fehlende Tathandlung „provoziert" werden. Wesentliche Schutzunterschiede ergeben sich demnach nicht.

Der **Besitz** ist in Deutschland ausdrücklich genannt, muss aber zweckgerichtet sein. Dieser ist in den USA noch nicht extra aufgeführt, unterfällt aber der Tatbestandshandlung *to obtain control*, wofür nicht einmal Besitz erforderlich ist. Die Reichweite dieser Begriffe deckt jedoch auch alle Besitzformen ab: Da die Kontrolle genügt, können auch mittelbare Besitzer unter diese Alternative gefasste werden.

Ebenfalls gesondert im MarkenG erwähnt sind der **Export** und der **Import**: Diese Tathandlungen werden in den USA durch die Alternativen *to obtain control* und *to transport* umfasst. Erstere greift dabei sehr früh, da kein Besitz erforderlich ist: Das Kontrolle-Erhalten wurde in *United States v. DeFreitas*[823] bereits als Vorstufe zum Transport gesehen und es als genügend erachtet, dass die Waren zum Täter in die USA verschifft wurden.[824] Auf Grund dieser weiten Auslegung bereitet es auch kein Problem, die Vollendung bereits anzunehmen, wenn Waren am Zoll beschlagnahmt werden. Darüber hinaus lag dem Senat in den Vereinigten Staaten ein Gesetzesvorschlag[825] vor, der den Ex- und Import ebenso unter Strafe stellen möchte, dafür jedoch einen Sondertatbestand plant, der dann auch gleichermaßen für urheberrechtsverletzende Kopien gelten soll. Dieser Abschnitt wurde inzwischen wieder aus dem Gesetzesentwurf gestrichen.[826]

Durch den Transport könnte auch unproblematisch die **Durchfuhr** in den Tatbestand einbezogen werden. Fraglich ist, ob dabei ausreichend Zusammenhang mit *interstate commerce* besteht. Gerichte haben jedoch bereits entschieden, dass eine Markenverletzung auch dann angenommen werden kann, wenn die Ware lediglich in eine U.S.-Freihandelszone verbracht und von dort aus weiter verschifft wird.[827] Daraus ist zu schließen, dass bei einem Transit durch die Vereinigten Staaten erst recht von einer Verletzungshandlung ausgegangen werden kann. Die Behandlung der Durchfuhr ist in Deutschland derzeit durch die

823 United States v. DeFreitas, 92 F. Supp. 2d 272, 277 (S.D.N.Y. 2000).

824 Das Gericht deutete sogar an, dass bereits der Kauf in China schon Kontrolle erlangen lässt, stellt aber letztendlich auf den von ihm in Auftrag gegebenen Versand ab.

825 S. 1095.IS, 109th Congress (2005).

826 Vgl. S. 1095.RS, 109th Congress (2005).

827 Ocean Gardens, Inc. v. Marktrade Co. 953 F.2d 500, 506 (9th Cir. 1991); Babbit Electronics, Inc. v. Dynascan Corp., 38 F.3d 1161, 1179 f (11th Cir. 1994); so ist beispielsweise die Grenzbeschlagnahme explizit auch bei sogenannten *Transportation and Exportation Entrie* möglich, vgl. *U.S. Customs & Border Protection,* Mitigation Guidelines, S. 74.

höchstrichterliche Rechtsprechung noch nicht abschließend geklärt und liegt dem EuGH zur Entscheidung vor. Abgesehen von Gemeinschaftswaren sollte sie jedoch dem Tatbestand unterfallen.[828]

Vorbereitungshandlungen wie das Herstellen von Kennzeichnungsmitteln sind in Deutschland zumindest für nationale Marken - nicht jedoch für die Gemeinschaftsmarke - gesondert als Tathandlung ausgeformt worden. Eine Bestrafung ist in den USA nach derzeitiger Rechtslage noch nicht möglich und der Freispruch in *Giles v. United States*[829] zeigt auch, dass diese Fälle nicht durch die Versuchsstrafbarkeit aufgefangen werden können, wenn nur die Kennzeichnungsmittel allein hergestellt und verkauft werden. Demnach besteht in Deutschland die Möglichkeit zeitlich früher einzugreifen.

III. Geschäftlicher Verkehr

In beiden Ländern soll nur Handeln im geschäftlichen Verkehr unter Strafe gestellt werden. Das Verhalten eines privaten Endabnehmers, der nur aus Prestigegründen zu gefälschten Markenwaren greift, wird in beiden Rechtsordnungen als nicht strafwürdig empfunden.[830] Dem liegt zu Grunde, dass bereits das Zivilrecht Privatpersonen ausspart und Abhilfe nur bei Verletzungen im geschäftlichen Verkehr umfasst.

C. Subjektiver Tatbestand

In Deutschland gelten die allgemeinen strafrechtlichen Grundsätze, so dass – sofern nichts anderes vorgesehen ist – stets sämtliche Vorsatzformen genügen. Bei amerikanischen Strafnormen auf Bundesebene (die eigentlich die Ausnahme darstellen) werden die Voraussetzungen für den subjektiven Tatbestand meist genau in der jeweiligen Norm festgelegt, da kaum allgemeine Grundsätze bestehen. 18 U.S.C. § 2320 zeichnet sich nur eine Zweiteilung aus: Hinsichtlich des Tatobjekts ist nur Kenntnis erforderlich, bezüglich der Tathandlung jedoch Absicht. Der deutsche subjektive Tatbestand ist demnach im Hinblick auf die Handlung weiter, da auch dolus eventualis genügt. Allerdings fordert der Bekanntheitsschutz Absicht.

---

[828] Vgl. dazu ausführlich Kap. 1, A.I.3.a)(1)(c).
[829] United States v. Giles, 213 F.3d 1247 (10th Cir. 2000).
[830] Vgl. dazu auch Teil 3, Kap. 1, C.II.2. und Kap. 2, C.II.

Auch bezüglich des Tatobjekts scheinen die Anforderungen in den USA höher zu sein, was sich jedoch beim näheren Hinsehen als unzutreffend erweist: Das Merkmal *knowingly* wird so ausgelegt, dass es auch erfüllt ist, wenn trotz eines Verdachtes Nachforschungen unterlassen wurden. In einem derartigen Fall würde man in Deutschland in der Regel dolus eventualis annehmen – insofern haben die Vorsatzformen ähnlichen Inhalt.

Herauszuheben ist noch, dass die Eintragung der Marke in den Vereinigten Staaten nicht vom Vorsatz umfasst sein muss und demnach eine objektive Bedingung der Strafbarkeit darstellt. In Deutschland wird man viele Fälle, in denen Unkenntnis vorgetäuscht wird, unter *dolus eventualis* fassen können, in Ausnahmefällen kann es jedoch dazu führen, dass über § 16 StGB die Kenntnis hinsichtlich des Vorliegens einer Marke entfällt.[831]

D. Ausschlussgründe

Beiden Rechtordnungen ist im Hinblick auf die eine Strafbarkeit ausschließenden Gründe gemein, dass diese großteils parallel zum Zivilrecht laufen: Beide verweisen (direkt oder indirekt) auf die dort gültigen Regelungen. Da es sich oft um elementare Grundsätze des Markenrechts handelt, sind sie sich auch sehr ähnlich.

I. Zustimmung

Das Unrecht einer Markennutzung entfällt, wenn mit Zustimmung des Markeninhabers gehandelt wurde, wobei diese meist in einem Lizenzvertrag liegt.

Die Reichweite einer solchen Zustimmung ist in beiden Ländern ähnlich, jedoch nicht ganz gleich: Sie entfällt jedenfalls bei Verletzungen des Lizenzvertrages nicht automatisch, sondern nur in bestimmten Fällen. Trotz Lizenz ist in beiden Ländern eine strafrechtlich relevante Rechtsverletzung gegeben, wenn andere als in der Lizenz vereinbarte Waren produziert werden oder die Dauer der Lizenz überschritten wird.

Qualitätsabweichungen stellen in Deutschland ebenso eine Markenverletzung dar. In den Vereinigten Staaten bestehen dazu keine gesetzlichen Regelungen, so dass für den Einzelfall zu entscheiden ist: Wohl kann die Qualität als Bedingung

[831] Vgl. dazu Teil 3, Kap. 1, B.III.1.b)

für die Zustimmung gesehen werden – in der Praxis wird teilweise nur nach Vorlage die Genehmigung erteilt, so dass eine eindeutige Situation vorliegt. Überschusswaren fallen in den USA wie in Deutschland ebenfalls nicht unter den Tatbestand.

II. Verjährung

Die aktuelle Ausgestaltung des deutschen Tatbestandes lässt nicht klar erkennen, ob die zivilrechtliche Verjährungsfrist ins Strafrecht übertragen werden kann. Üblicherweise wird dies jedoch nicht angenommen[832] – ein entsprechender Wille des Gesetzgebers müsste sich demnach deutlicher im Gesetz wieder finden. In den USA sieht das Markenrecht keine bundeseinheitliche Verjährungsregel vor, so dass auf die generelle strafrechtliche Verjährung zurückgegriffen wird.

III. Verwirkung

In beiden Rechtsordnungen existiert im Zivilrecht neben der Verjährung die Verwirkung, beide halten diese aber im Strafrecht schon bereits deshalb für nicht anwendbar, da sich ein Bösgläubiger (Vorsatz!) grundsätzlich nicht darauf berufen kann.

IV. Fair use

Ebenso erkennen beide Markengesetze an, dass an gewissen Zeichen keine exklusiven Rechte vergeben werden können, da diese auch von anderen Wettbewerbern oder von am Wirtschaftsleben Beteiligten genutzt werden müssen. Dies betrifft vor allem beschreibende Zeichen sowie Namen. Allerdings ist man bei den Voraussetzungen für den erlaubten Gebrauch in den USA deutlich restriktiver: Die Verwendung als Marke ist untersagt. In Deutschland ist inzwischen anerkannt, dass eine Verwendung als Marke nicht zwangsweise § 23 MarkenG entgegensteht; eine endgültige Entscheidung über die Zulässigkeit der Verwendung wird jedoch erst im Rahmen einer Abwägung getroffen.

Die ebenfalls dem *fair use* im weiteren Sinne unterfallenden Kategorien des *nominative* oder *referrental use* sind in Deutschland ausdrücklich in § 23 Nr. 3 MarkenG enthalten.

---

[832] Vgl. dazu Kap. 1, A.I.4.b)(1).

V. Erschöpfung

Ein anerkannter Grundsatz des Markenrechts ist die Erschöpfung, wobei allerdings zwischen beiden Rechtsordnungen ein massiver Unterschied im Hinblick auf deren Reichweite besteht: In Deutschland herrscht ein eingeschränkter Erschöpfungsgrundsatz, der sich auf den Euro-päischen Wirtschaftsraum begrenzt; die Vereinigten Staaten hingegen sehen – wie auch die deutsche Rechtsprechung vor der Novellierung des Markenrechts – Markenrechte bereits dann als erschöpft an, wenn die mit ihnen gekennzeichneten Waren irgendwo auf der Welt auf den Markt gebracht wurden. Dies führt insbesondere im Hinblick auf den Handel zwischen den USA und Deutschland zu beträchtlichen Unterschieden: Ein in den USA auf den Markt gebrachtes Produkt eines deutschen Markeninhabers kann nicht straflos nach Deutschland importiert werden; ein in Deutschland vertriebenes amerikanisches Produkt nach Amerika hingegen schon.

Allgemein besteht dadurch in Deutschland eine strengere Regelung im Hinblick auf Güter des grauen Marktes, da nur ein Inverkehrbringen innerhalb des Europäischen Wirtschaftsraumes zur Erschöpfung führt. In den USA hingegen wird maßgeblich auf die Zustimmung als solche abgestellt, die das Unrecht entfallen lässt.

In beiden Ländern spielt es im Strafrecht im Hinblick auf die Erschöpfung keine Rolle, ob in verschiedenen Ländern mit unterschiedlichen Qualitätsstandards produziert wird – entscheidend ist, dass die Ware mit Genehmigung des Markeninhabers auf den Markt gebracht wird.

Beim Umverpacken von Produkten besteht zivilrechtlich starke Ähnlichkeit zwischen den Vorschriften: Beide Rechtsordnungen verlangen im Zivilrecht, dass dies dem Verbraucher ersichtlich wird. Im Strafrecht hingegen hat man sich in den USA dafür entschieden, diesen Grundsatz nicht zu übertragen, wobei jedoch darauf zu achten ist, dass zumindest Packung und Inhalt einander entsprechen müssen. In Deutschland wurde dieser Weg bislang nicht gewählt, wobei sich jedoch bislang keine publizierte Entscheidung mit dieser Problematik befasste. Tendenziell ist demnach der deutsche Erschöpfungsgrundsatz (auch im Hinblick auf das Umverpacken) deutlich restriktiver.

VI. Mangelnde Benutzung

Ebenfalls erforderlich ist eine kontinuierliche Benutzung der Marke, wobei sich das deutsche Recht großzügiger zeigt als das amerikanische: In Deutschland ist nach fünf Jahren von einer Aufgabe der Marke auszugehen, in den USA bereits nach drei.

Grundsätzlich ist man in den Vereinigten Staaten allgemein strenger bei der „Pflege" einer Marke: Eine Übertragung der Marke allein ist nicht möglich, stets muss der good will der Marke nachfolgen. Dem steht das in Deutschland bis 1992 übliche Erfordernis nahe, dass eine Marke lediglich mit dem dazugehörigen Geschäftsbetrieb mitübertragen werden kann, was jedoch abgeschafft wurde. Auch die mangelnde Kontrolle einer Marke kann in den USA zur Aufgabe eine Marke führen, wenn dadurch deren Bedeutung verloren geht. In Deutschland hat dies weniger drastische Konsequenzen, kann jedoch zu einer Schwächung der Kennzeichnungskraft und damit einhergehend zu einer Verringerung des Schutzumfangs führen.

VII. Sonstige Gründe

In den Vereinigten Staaten kann jede Marke, deren Fälschung behauptet wird, im Strafverfahren in ihrer Rechtswirksamkeit angegriffen werden. In Deutschland ist dies nur bei nicht eingetragenen Marken uneingeschränkt möglich. Bei eingetragenen Marken besteht hinsichtlich der absoluten Schutzhindernisse ein Prüfungsmonopol des Patent- und Markenamtes. Bei Vorliegen sonstiger Löschungsgründe entfällt jedoch wegen Löschungsreife die Widerrechtlichkeit der Benutzung. Über die Löschungsreife können die deutschen Pendants zu einigen der explizit im Lanham Act genannten Einreden im Strafverfahren berücksichtigt werden. Ältere Gegenrechte können in beiden Rechtsordnungen gleichermaßen entgegenhalten werden, wobei sich nur in den USA eine eindeutige gesetzliche Regelung für geographisch beschränkte Rechte findet. Gleiches ergibt sich in Deutschland aus dem Prioritätsprinzip.[833]

Ebenso ist es beiden Rechtsordnungen gemein, dass im Hinblick auf einzelne Schutzhindernisse Bestandskraft eintreten kann und diese dann nicht mehr einer Verletzung entgegengesetzt werden können.

E. Sonstige Strafvorschriften

Markenverletzendes Verhalten lässt sich in beiden Ländern oft zugleich auch unter andere Tatbestände fassen, wenn betrügerische Elemente auftreten oder

---

[833] *Ingerl/Rohnke*, § 14 Rn 22 f i.V.m. § 12 Rn 6, der explizit auf geographisch beschränkte Rechte eingeht.

zugleich im Hinblick auf andere Vorschriften (wie z.B. Arzneimittelkennzeichnung) relevante Tatsachen „mitgefälscht“ werden. Im Gegensatz zu Deutschland[834] ist in den USA die Markenfälschung auch als eine Form der organisierten Kriminalität anerkannt und somit auch als Anknüpfungstat in Vorschriften enthalten, die deren Bekämpfung dienen (z.B. RICO, Geldwäsche). Dies wirkt sich auch auf der Rechtsfolgenseite aus, da unter diesen Tatbeständen zum Teil erweiterte Einziehungs- und Verfallsmöglichkeiten bestehen.

[834] In Deutschland müssen um immer noch zusätzliche Voraussetzungen erfüllt werden, eine Markenstraftat dient zum Beispiel nicht als Anknüpfungspunkt zu § 261 StGB.

Teil 3 Materiellrechtliche Probleme bei Markenstraftaten

Im Hinblick auf allgemeine Grundsätze des materiellen Rechts ergeben sich bei strafbaren Markenverletzungen einige Besonderheiten, die erörtert werden sollen: die konkrete Ausgestaltung des Tatbestandes, die Irrtumsproblematik aber auch Fragen der Täterschaft und Teilnahme sowie der Versuchsstrafbarkeit. Von besonderem Interesse sind auch die Sanktionen, die bei einer Verurteilung verhängt werden können.

Kapitel 1 Deutschland

A. Ausgestaltung des Tatbestandes

I. Blankettnormen - normative Tatbestandsmerkmale

Im MarkenG findet sich eine insbesondere im Nebenstrafrecht oft anzutreffende Regelungstechnik: die Blankettgesetzgebung. Eine Blankettnorm liegt vor, wenn das tatbestandliche Verhalten ganz oder zum Teil durch Verweis auf eine andere Vorschrift definiert wird.[835] Erfolgt die Definition der Tathandlung durch Verweis auf die zivilrechtlichen Verletzungshandlungen im gleichen Gesetz, handelt es sich lediglich um eine „gesetzgeberische Vereinfachung“ und damit nur um ein unechtes Blankett oder Blankett im weiteren Sinne.[836] Die Besonderheit an dieser Vorgehensweise besteht darin, dass der Gesetzgeber die Strafandrohung aus Gründen der Übersichtlichkeit „hinter die Klammer“ zieht.[837] Durch den Verweis wird auch die den Tatbestand ausfüllende Norm in die Blankettnorm inkorporiert und demnach in den Wortlaut der Strafnorm aufgenommen.[838]

Abzugrenzen sind Blankettverweisungen von normativen Tatbestandsmerkmalen: Auch diese können nur durch eine andere Norm ausgefüllt werden.[839] Der Unterschied zwischen einer Blankettnorm und einem normativen Tatbestandsmerkmal ist jedoch darin zu sehen, dass die Blankettnorm ohne auf die verwiesene Norm unvollständig ist und nicht aus sich heraus erschlossen werden kann; ein normatives Tatbestandsmerkmal hingegen wird lediglich durch anderen Normen ausgelegt.[840]

---

835 *Warda*, S. 5; *Moll*, S. 26 m.w.N.; LK-*Gribbohm*, § 1 Rn 34.

836 BGHSt 6, 30, 41 f; *Dietmeier*, S. 8; *Warda*, S.11; *Baumann/Mitsch*, AT, § 8 Rn 102.

837 *Hesse*, GA 68, 225, 227.

838 BVerfGE 47, 285, 312; *Moll*, S. 27.

839 *Roxin*, AT I, § 10 Rn 60.

840 BVerfGE 78, 205, 213, nennt „fremd“ im Rahmen des § 242 StGB als Beispiel (Verweis auf zivilrechtliche Eigentumsordnung); *Schlüchter*, S. 23, *Lauer*, S. 45 ff.

II. Verfassungsrechtliche Zulässigkeit derartiger Regelungstechniken

Die Rechtsprechung geht davon aus, dass der Gesetzgeber eine Norm nicht stets unmittelbar umschreiben muss, sondern im Wege der Verweisung auf andere Vorschriften Bezug nehmen kann.[841] Der Tatbestand wird durch Inkorporation des Inhalts der verwiesenen Norm ausgefüllt und ist demnach ausreichend bestimmt und vorhersehbar.

Probleme mit dem Bestimmtheitsgebot könnten sich auch bei normativen Tatbestandsmerkmalen ergeben. Allerdings ist hier von der Rechtsprechung ebenfalls anerkannt, dass im Strafrecht nicht auf ausfüllungsbedürftige Tatbestandsmerkmale verzichtet werden kann: Ohne Verwendung derartiger Begriffe wäre der Gesetzgeber nicht in der Lage „der Vielgestaltigkeit des Lebens“ Herr zu werden.[842] Um dem Bestimmtheitsgebot gerecht zu werden, müssen diese Tatbestandsmerkmale so konkret sein, dass ihre Tragweite und ihr Anwendungsbereich erkennbar sind oder durch Auslegung ermittelt werden können.[843] Wenn zu einem Begriff bereits eine gefestigte Rechtsprechung besteht, ermöglicht dies auch die Auslegung und erfüllt demnach die rechtstaatlichen Erfordernisse.[844] Da Tatbestandsmerkmale stets abstrakt formuliert werden, besteht auch kein Verstoß gegen das Bestimmtheitsgebot, wenn in Grenzfällen zweifelhaft sein kann, ob ein bestimmtes Verhalten den Tatbestand erfüllt.[845] Erforderlich ist jedoch, dass im Regelfall das Risiko einer Bestrafung anhand des Gesetzeswortlautes vorhergesehen werden kann.[846]

III. Einordnung einzelner Tatbestandselemente

1. Schutzobjekt: Marke

Das Schutzobjekt der §§ 143, 143 a MarkenG ergibt sich näher aus der zivilrechtlichen Definition der Marke bzw. Gemeinschaftsmarke in §§ 3 ff MarkenG und Artt. 4 ff GMV. Das Tatbestandsmerkmal „Marke“ ist jedoch selbst im Tatbestand enthalten und wird lediglich anhand dieser zivilrechtlichen Definitionen ausgefüllt, so dass es sich um ein normatives Tatbestandsmerkmal handelt.[847]

---

841 BVerfGE 47, 285, 311.
842 BVerfGE 11, 234, 237; BVerfGE 73, 206, 235; BVerfGE 75, 329, 341; BGHSt 42, 79, 83.
843 BGHSt 42, 79, 83 unter Hinweis auf BVerfGE 75, 329, 341 m.w.N.
844 LK-*Gribbohm*, § 1 Rn 48.
845 BVerfGE 71, 108, 114; BVerfGE 73, 206, 235; BVerfGE 75, 329, 341.
846 *Tröndle/Fischer*, § 1 Rn 5 b.
847 So *Hildebrandt*, S. 256 für den Werkbegriff, der in den ersten Paragraphen des UrhG näher umschrieben wird.

Im Hinblick auf eingetragene Marken ergeben sich kaum rechtsstaatliche Bedenken: Zwar enthalten die Schutzvoraussetzungen und Eintragungshindernisse einige sehr weite Begriffe (zum Beispiel Unterscheidungskraft, Freihaltebedürfnis); durch die Eintragung im Register, das allgemein zugänglich ist, wird jedoch nach außen klar deutlich, wann eine Marke vorliegt. Die Voraussetzungen für die Eintragung müssen von Dritten nicht nachvollzogen werden können. Allein entscheidend ist, ob der Begriff der eingetragenen Marke hinreichend bestimmt ist. Dies ist ohne Zweifel der Fall.

Problematischer sind Benutzungsmarken und notorisch bekannte Marken, wobei sich bei letzteren das Bestimmtheitsproblem in geringerer Ausprägung stellt: Die PVÜ gibt vor, dass es sich bei diesen Marken um Kennzeichen mit außerordentlich hohem Bekanntheitsgrad handelt. Bei starken Marken kann es sich zwar zum Teil als unklar erweisen, ob der notwendige Grad an Bekanntheit bereits erreicht ist, auf Grund des Ausnahmecharakters derartiger Marken wird jedoch häufig eine zuverlässige Beurteilung möglich sein.

Schwieriger ist die Beurteilung der Benutzungsmarken: Diese müssen auf Grund einer analoger Anwendung der §§ 3 ff MarkenG die Schutzvoraussetzungen einer Marke erfüllen, ihnen dürfen keine Eintragungshindernisse entgegenstehen oder es muss zusätzlich Verkehrsgeltung vorliegen. Insbesondere die in § 8 Abs. 2 Nr. 1 - 3 MarkenG genannten Schutzhindernisse sowie deren Überwindung durch Verkehrdurchsetzung (§ 8 Abs. 3 MarkenG) sind stark von den Umständen des Einzelfalls abhängig und schwer abstrakt zu umschreiben. Zwar steht eine stark vom Einzelfall abhängige Beurteilung der Bestimmtheit nicht per se entgegen, problematisch ist jedoch, dass auch die Kriterien zur Auslegung der einzelnen Tatbestandsmerkmale wiederum sehr weit gefasst sind.[848] BGH und EuGH verweisen in ihren Entscheidungen wiederholt darauf, dass zum Beispiel bei der Frage der Verkehrsdurchsetzung und -geltung keine Richtwerte genannt werden können, sondern in einer Gesamtschau zu entscheiden ist.[849] Zwar ist es anerkannt, dass durch die Rechtsprechung ein Begriff näher konturiert werden kann und somit die Auslegung vorhersehbarer wird, allerdings muss es sich dabei um eine einheitliche und gefestigte Rechtsprechung handeln.[850] Ein Blick auf die Rechtsprechung und Literatur zeigt, dass gerade bei den Bekanntheitswerten starke Schwankungen vorliegen und durch Einbeziehung weiterer Kriterien die Ungewissheit nur ansteigt. Die Rechtsprechung vermeidet anscheinend bewusst eine Festlegung und behält sich eine stark am Einzelfall orientierte

[848] Vgl. dazu Teil 1, Kap. 1, B.I.1.a) und b).
[849] A.a.O. und Teil 1, Kap. 1, B.I.2. b).
[850] *Tröndle/Fischer*, § 1 Rn 5 c.

Entscheidung vor.[851] Die Anzahl der Entscheidungen zu den genannten Begriffen, die zum Teil höchst unterschiedlich ausfallen, zeigt, dass in der Tat ein weiter Wertungsspielraum besteht. Im Hinblick auf das im Strafrecht besonders eng zu sehende Bestimmtheitsgebot ergeben sich dadurch schwere rechtsstaatliche Bedenken.

Eine ähnliche Problematik besteht sich auch beim Schutz bekannter Marken: Die Beurteilung einer solchen erfolgt anhand qualitativer und quantitativer Kriterien.[852] Wie auch bei der Verkehrsdurchsetzung und -geltung wird diese Entscheidung anhand des Einzelfalls getroffen, was zu kaum vorhersehbaren Ergebnissen führt.[853] Mangels klarer Richtlinien (die zwar zugegebenermaßen schwer zu entwickeln sind), kann die Beurteilung an Glücksspiel grenzen.

2. Verweis auf zivilrechtliche Verletzungshandlungen

Da die Beschreibung der Verletzungshandlung des § 143 MarkenG dem § 14 MarkenG überlassen wird und nicht allein aus der Strafnorm heraus gelesen werden kann, handelt es sich um eine Blankettverweisung.[854]

Der Verweis auf § 14 MarkenG legt näher fest, wann eine Benutzungshandlung markenrechtlich unzulässig ist. Hierbei handelt es sich um ein normatives Tatbestandsmerkmal: Zwar findet sich in § 14 Abs. 3 MarkenG eine gesetzliche Definition der Benutzung, auf die der Straftatbestand jedoch nicht verweist. Allerdings wird sie zur Auslegung des Begriffes herangezogen. Als Verletzungshandlung wird darüber hinaus nur kennzeichenmäßiger Gebrauch angesehen, wobei jedoch dessen Grenzen noch nicht abschließend geklärt sind. Insofern liegt auch hier bislang keine einheitliche Rechtsprechung vor, die den Begriff konturiert – diese ist noch in Entwicklung. Auch wenn dies aus praktischer Sicht

851 *Ingerl/Rohnke*, § 4 Rn 19.

852 Teil 1, Kap. 1, B.III.4.

853 *Schiwek*, S. 77, der deshalb vorschlägt, dass aus Gründen der Bestimmtheit eine feste Bekanntheitsgrenze festgelegt werden und auch das qualitative Element entfallen sollte, a.A. *Schulz*, S. 72 ff, der diese Problematik ausführlich erörtert. Hierzu nur soviel: Nicht nachvollziehbar ist für mich seine Ansicht auf S. 74, dass durch die Eingrenzung im subjektiven Tatbestand des § 143 Abs. 1 Nr. 2 MarkenG auf die Absicht die Wertschätzung oder Unterscheidungskraft auszunutzen (so auch BT-Drs. 12/6581, S. 125) die Tatbestandsausgestaltung konkreter wird. Beim Bekanntheitsschutz besteht das Problem der ausfüllungsbedürftigen Tatbestandsmerkmale – dieses wird auch nicht gelöst, wenn die Voraussetzungen im subjektiven Tatbestand erhöht werden, da die Begrifflichkeiten grundsätzlich geklärt werden müssen.

854 So auch *Schulz*, S. 49; *Hesse*, GA 68, 225, 227 zur identisch aufgebauten Regelungstechnik im PatG.

unbefriedigend ist, ergibt sich aus verfassungsrechtlichen Gründen keine Notwendigkeit der Beschränkung: Der Wortlaut erfasst jede Benutzungshandlung, die durch Auslegung näher bestimmt werden kann; der kennzeichenmäßige Gebrauch stellt nur eine Eingrenzung zu Gunsten des Täters dar, so dass für diese Begrenzung nicht die strengen Standards des Bestimmtheitsgebots gelten.[855]

Durch den Verweis wird auch der in § 14 Abs. 2 Nr. 2 MarkenG enthaltene Begriff der Verwechslungsgefahr in den strafrechtlichen Tatbestand aufgenommen. Dieser erweist sich im Hinblick auf das Bestimmtheitsgebot als problematisch:[856] Die Reichweite und der Schutzumfang des Begriffes sind noch nicht ausreichend geklärt,[857] insbesondere der Verbraucherbegriff des EuGH und die von ihm gewünschte Einbeziehung aller Umstände des Einzelfalles werfen noch Fragen auf.[858]

Ähnliche Bedenken ergeben sich auch beim Schutz bekannter Marken: Da durch die Benutzung die Unterscheidungskraft oder die Wertschätzung ohne rechtfertigenden Grund in unlauterer Weise ausgenutzt oder beeinträchtigt werden müssen, finden sich viele ausfüllungsbedürftige Begriffe im Tatbestand. Diese setzen auch eine Interessenabwägung im Einzelfall voraus, was zu erheblichen Bedenken hinsichtlich der Bestimmtheit führt.[859]

3. Widerrechtlichkeit

Die Widerrechtlichkeit ist ein Tatbestandsmerkmal, das die Tathandlung näher charakterisiert. Bei der Auslegung wird auf die §§ 20 ff MarkenG zurückgegrif-

---

855 BVerfGE 73, 206, 238 f; *Schulz*, S. 94 f.

856 *Ingerl/Rohnke,* § 143 Rn. 10; dem sich anschließend Schultz-*v.Zumbusch*, § 143 Rn 2; a.A. *Schulz*, S. 67 ff, der ausführlich darlegt, warum er den Begriff als hinreichend bestimmt erachtet. Ihm ist im Ergebnis zuzustimmen, dass die Grenze der Verfassungswidrigkeit nicht überschritten ist, da angesichts der Vielgestaltigkeit möglicher Markenkollisionen kaum ein exakterer Wortlaut denkbar ist. *Ingerl/Rohnke* sehen diese Grenze ebenso nicht als überschritten an, sondern verweisen lediglich auf die bedenkliche Weite des Begriffes. Diese rechtspolitischen Bedenken teile ich durchaus auch – zur Frage, ob eine derartige Bestimmung sinnvoll ist, Teil 7, Kap. 1, A.

857 Achenbach/Ransiek-*Kouker*, Kap. 11 Abschn. 3 Rn 64.

858 *Ingerl/Rohnke*, § 14 Rn 233.

859 V*on Gamm*, FS Piper, S. 539; a.A. *Eichmann*, GRUR 1998, 201, 206: Rechtspraxis zeigt, dass die Bewertung von Interessen häufig unumgänglich sind und der Erwägungsspielraum im Wettbewerbsrecht wesentlich breiter angelegt ist als hier; bei berühmten Marken wurde in den USA bereits im Rahmen zivilrechtlicher Ansprüche darauf hingewiesen, dass ein spezielles Register zu besserer Vorhersehbarkeit führen würde, *Klieger*, 58 U. Pitt. L. Rev. 789, 842.

fen, welche den Umfang der Rechte aus § 14 MarkenG vorgeben.[860] Demnach handelt es sich auch hier um ein normatives Merkmal,[861] das anhand zivilrechtlicher Normen näher bestimmt wird. Durch diesen Verweis wird eine klare Auslegung des Begriffes der Widerrechtlichkeit ermöglicht, so dass in dieser Hinsicht keine Bedenken im Hinblick auf das Bestimmtheitsgebot bestehen.

Allerdings können sich solche bei der Ausgestaltung der Schranke des § 23 MarkenG ergeben: Die Benutzung darf nicht gegen die guten Sitten verstoßen, wobei diesem Merkmal gerade in letzter Zeit durch die Rechtsprechung vermehrt Bedeutung zugemessen wurde.[862] Der Verweis auf die guten Sitten ist im Hinblick auf das Bestimmtheitsgebot durchaus bedenklich.[863] Zu Recht weist *Schulz* jedoch darauf hin, dass der Begriff nicht wie bei § 138 BGB auszulegen ist, sondern entsprechend der Gepflogenheiten in Gewerbe oder Handel – und demnach eine Interessenabwägung zwischen Schutz des Markeninhabers und freiem Wirtschaftsverkehr statt zu finden hat.[864] Abwägungen sind im Strafrecht im Bereich der Wirtschaftsdelikte jedoch schon üblich und auch im Hinblick auf die Vielgestaltigkeit des Alltags nicht zu vermeiden: So entfällt zum Beispiel bei § 266 StGB die Pflichtwidrigkeit, wenn das Verhalten ordnungsgemäßem Wirtschaften[865] oder kaufmännischen Grundsätzen[866] entsprach. Auch bei § 283 StGB findet sich der Begriff der ordnungsgemäßen Wirtschaft sogar im Tatbestand und wird von der Rechtsprechung ebenso durch die Grundsätze einer ordnungsgemäßen Wirtschaftsführung ausgefüllt.[867] Auch wenn der Begriff nicht durch seine Bestimmtheit glänzt, ist er im Hinblick auf die Notwendigkeit Wertungen für den Einzellfall im Bereich des Wirtschaftslebens vorzunehmen, hinzunehmen.

---

860 Die Zustimmung des Markeninhabers ist bereits im Tatbestand selbst enthalten, Teil 2, Kap. 1, A.I.4.a).

861 So auch *Schumacher*, S. 149; a.A. *Moll.* S. 33 f, der derartige Formulierungen als eine konkludente Verweisung im Sinne eines Blanketts versteht, ähnlich *Schulz*, S. 106, was jedoch im Hinblick auf die Bestimmtheit keinen Unterschied macht, da sich die ausfüllenden Normen im gleichen Gesetz finden. Für die Annahme eines Blanketts ist es jedoch nicht genügend, dass der Inhalt der verwiesenen Norm deklaratorisch umrissen wird, vielmehr müsste erst dadurch konstitutiv die Strafbarkeit begründet werden, *Lange*, JZ 1956, 73, 75. Das Merkmal der Widerrechtlichkeit wird jedoch nur im Sinne der §§ 20 ff MarkenG ausgelegt und umfasst darüber hinausgehend auch noch weitere Schutzschranken wie die Einrede der Löschungsreife oder allgemeine Verwirkungsgrundsätze.

862 Vgl. dazu Teil 2, Kap. 1, A.I.4.b)(4).

863 So konkret *Ingerl/Rohnke*, § 143 Rn 10; ähnlich Sch/Sch-*Eser*, § 1 Rn 18 für die „öffentliche Ordnung".

864 *Schulz*, S. 96; ebenso *Eichmann*, GRUR 1998, 201, 206.

865 BGH wistra 1987, 216, 216.

866 BGH wistra 1991, 107, 109.

867 BGHSt 34, 309, 310.

Es zeigte sich, dass die gegenwärtige Ausgestaltung des Tatbestandes aus verfassungsrechtlicher Sicht nicht unproblematisch ist. Auf Grund der gerade im Bereich des geistigen Eigentums besonders schwer abstrakt zu fassenden Begrifflichkeiten würde das Bundesver-fassungsgericht dem Gesetzgeber aber wohl eher milde gestimmt sein und die Grenze der Verfassungswidrigkeit als nicht überschritten ansehen. Trotz dieser bestehenden Schwierigkeit ist es aber nicht ausgeschlossen durch eine Änderung des Tatbestandes diesen zum Teil schwerwiegenden Bedenken entgegen zu treten – dazu näher im letzten Kapitel.

B. Irrtümer

Die zum Teil schwer zu fassenden Begrifflichkeiten führen unweigerlich zu Unsicherheiten und folglich auch zu Irrtümern. Deshalb muss man sich gerade im Markenrecht besonders Gedanken über die strafrechtliche Qualifikation dieser möglichen Fehlvorstellungen machen.

I. Tatbestands- und Verbotsirrtum

§ 16 StGB legt fest, dass derjenige ohne Vorsatz handelt, der bei Begehung der Tat einen zum gesetzlichen Tatbestand gehörenden Umstand nicht kannte. Dabei ist zwischen rein deskriptiven und normativen Merkmalen zu unterscheiden: Bei ersteren genügt die Umstandskenntnis, bei zweiteren muss auch deren Bedeutung zumindest in Grundzügen nachvollzogen werden. Bei normativen Merkmalen ist es ausreichend, wenn sich der durch das Merkmal beschriebene soziale Sinngehalt dem Täter erschließt (Parallelwertung in der Laiensphäre).[868] Sollten dabei auch rechtliche Bewertungen nötig sein, um die Bedeutung korrekt zu erfassen, kann die zutreffende rechtliche Qualifikation auch zum Tatbestand gehören.[869]

Im Gegensatz zum Irrtum über das Vorliegen bestimmter Umstände umfasst § 17 StGB die Einsicht Unrecht zu tun: Diese entfällt, wenn unvermeidbar eine Verbotsnorm dem Täter unbekannt ist oder er deren Grenzen verkennt.[870] Gleiches gilt, wenn er rechtfertigende Normen annimmt oder überdehnt und sich demnach nicht dem Unrecht seiner Tat bewusst ist. Bei der Vermeidbarkeit des Irrtums sind jedoch hohe Hürden anzusetzen: Ein Irrtum ist nur dann beachtlich,

---

868 *Tröndle/Fischer*, § 16 Rn 11 a.
869 *Roxin*, AT I, § 12 Rn 92 f; so im Ergebnis wohl auch BGHSt 3, 248, 254.
870 Vgl. nur BGHSt GrS 2, 194, 197.

wenn der Täter trotz zumutbarer Anspannung seines Gewissens die Unrechtmäßigkeit seiner Tat nicht erkenne konnte.[871]

II. Besonderheiten bei Blankettstrafgesetzen

Im Hinblick auf die Irrtumsfrage stellt sich bei Blankettstrafgesetzen ein gesondertes Problem: Ist lediglich der Inhalt der ausfüllenden Norm auf Grund der Inkorporation Gegenstand des Tatbestandes oder muss auch Kenntnis hinsichtlich der Existenz und Wirksamkeit der ausfüllenden Norm vorliegen?[872]

Nach einer Ansicht[873] wird die Besonderheit einer Blankettnorm, ihre Unvollständigkeit, anhand des „Zusammenlesens" mit der ausfüllenden Norm behoben, so dass keine weiteren Vorkehrungen nötig sind und lediglich allgemeine Irrtumsregeln Anwendung finden.[874] Für diese Ansicht spricht auch, dass das BVerfG und der BGH insbesondere Verweisungen innerhalb eines Gesetzes nur als gesetzgeberische Vereinfachungen bezeichnen.[875] Diese Auffassung vermeidet auch die zum Teil schwierige Abgrenzung zwischen normativen Tatbestandsmerkmal und Blankettverweisung.[876] Die andere Ansicht[877] macht geltend, dass es sich im Nebenstrafrecht oft um Normen handelt, die anders als die Regelungen des Kernstrafrechts nicht zur rechtsethischen Grundüberzeugung eines Durchschnittsbürgers gehören.[878] Durch das Zusammenlesen von Normen wird dem Bürger oft eine realitätsfremde, sehr weitreichende Gesetzeskenntnis zugemutet.[879]

---

871 BGHSt GrS 2, 194, 201; *Hildebrandt*, S. 255 regt für das Urheberrecht an, dass aus Rücksicht auf die Komplexität der Materie dieser Standard gelockert werden könnte. Das MarkenG ist im Unterschied zum UrhG auf den geschäftlichen Verkehr beschränkt, weshalb jedoch höhere Anforderungen gestellt werden können. Insbesondere im Hinblick auf die bei Einzelproblemen unklare Rechtslage könnte jedoch die Unvermeidbarkeit eins Irrtums an Bedeutung gewinnen; kritisch bzgl. der Verwendung der Schuldtheorie im Nebenstrafrecht allgemein: *Tiedemann*, FS Geerds, S. 95 und S. 103.

872 Einen Überblick über beide Meinungen geben *Hesse*, GA 68, 229; SK-StGB-*Rudolphi*, § 16 Rn 18; Sch/Sch-*Cramer/Sternberg-Lieben*, § 15 Rn 99.

873 LK-*Schroeder*, § 16 Rn 39; SK-StGB-*Rudolphi*, § 16 Rn 19; *Roxin*, AT I, § 12 Rn 100 ff; *Warda*, S. 37; *Witte*, GRUR 1958, 419 f.

874 *Warda*, S. 36 f; *Jescheck/Weigend*, AT, § 29 V 3.

875 Vgl. nur BVerfG 47, 285, 312, BGHSt 6, 3, 40 f.

876 LK-*Schroeder*, § 16 Rn 39.

877 *Bockelmann/Volk*, AT, S. 76 f; *Schroth*, S. 32 f; NK-*Puppe*, § 16 Rn 83; *Lauer*, S. 81; *Tiedemann*, FS Geerds, S. 95 und S. 106 (jedoch mit abweichender Begründung).

878 *Schroth*, S. 33, NK-*Puppe*, § 16 Rn 85.

879 *Lauer*, S. 70; *Tiedemann*, FS Geerds, S. 95, 97.

Fraglich ist, ob diese Diskussion für § 143 MarkenG überhaupt von Relevanz ist. Die Besonderheit des Tatbestandes liegt darin, dass es sich nur um eine unechte Blankettverweisung handelt: Die Definition der Tathandlung findet sich im gleichen Gesetz und ist nur aus systematischen Gründen an das Ende gestellt worden. Sie enthält einen klaren und eindeutigen Verweis auf § 14 MarkenG.

Diejenigen, die die Kenntnis von der ausfüllenden Norm zum Bestandteil des Tatbestandes machen möchten, argumentieren grundsätzlich, dass dem Bestimmtheitsgebot nicht ausreichend Rechnung getragen wird, wenn auf Normen verwiesen wird, die nicht als bekannt vorausgesetzt werden können.[880] Diese Befürchtung läuft hier jedoch leer: Sollte ein Markenverletzer sich die Mühe machen und § 143 MarkenG nachschlagen, so kann er klar anhand der Norm erkennen, dass sich sein Verhalten an § 14 MarkenG zu orientieren hat, welcher sich im gleichen Gesetz befindet. Auch lassen Vertreter beider Ansichten erkennen, dass sich die Problematik nur bei echten Blankettgesetzen ergibt, die auf eine durch einen anderen Gesetzgeber erlassene Norm verweisen.[881]

Zu Recht merkt *Schlüchter* an, dass es sowohl bei normativen Tatbestandsmerkmalen wie auch bei Blankettverweisungen darauf ankommt, ob der Täter die rechtsgutsbezogene Komponente, d.h. den Sinngehalt der Norm, verstanden hat.[882] Wie bereits dargelegt, kann auch bei normativen Merkmalen rechtliche Kenntnis notwendig sein, um über entsprechenden Vorsatz zu verfügen; demnach können auch außerstrafrechtliche Wertungen zum Inhalt des Vorsatzes gemacht werden, sofern sie für das Verständnis erforderlich sind.[883] Dies gilt selbstverständlich auch für Tatbestandsmerkmale, die durch ein Blankett in die Strafvorschrift inkorporiert wurden. Da demnach im besonderen Fall des Markenrechts rechtliche Wertungen häufig auch auf die Umstandskenntnis durchschlagen können, ist ein rechtliches Grundverständnis der Materie ohnehin vorausgesetzt: Die Kenntnis der ausfüllenden Normen fließt pragmatisch gesehen über die Parallelwertung in der Laiensphäre bereits in den Tatbestand ein.

---

880 Vgl. nur *Lauer*, S. 77.

881 Beispielsweise nennt *Tiedemann* (FS für Geerds, S. 106) die Problematik bei Ausfüllung durch untergesetzliche Normen oder Einzelakte; auch *Roxin* (AT I, § 12 Rn 99) nennt in diesem Zusammenhang nur Blankette, die durch andere Gesetze, Verordnungen oder Verwaltungsakte ausgefüllt werden.

882 *Schlüchter*, wistra 1985, 43, 45.

883 *Tiedemann*, FS Geerds, S. 107; so auch *Hildebrandt*, S. 254.

III. Kategorisierung verschiedener Irrtümer

Im Rahmen der Markenstraftaten sind verschiedene Irrtümer denkbar, die sich anhand des Tatbestandes in verschiedene Bereiche aufgliedern lassen: Es können Fehlvorstellungen hinsichtlich des Schutzobjektes, der Tathandlung und auch deren Widerrechtlichkeit bestehen.

1. Irrtum über Schutzrecht

a) Markenfähigkeit

Der Täter kann der Ansicht sein, dass die von ihm nachgeahmte Marke nicht markenfähig ist, da sie entweder die Schutzvoraussetzungen nicht erfüllt oder gegen Schutzhindernisse verstößt und diese auch nicht durch Verkehrsdurchsetzung überwindet. Bei diesen Irrtümern kommt es auf eine nähere Differenzierung an: Liegen dem Irrtum Fehlvorstellungen über Tatsachen zu Grunde oder handelt es sich um eine unzutreffende Interpretation rechtlicher Umstände? Letztere sind grundsätzlich als Subsumtionsirrtum unbeachtlich und können allenfalls beim Verbotsirrtum eine Rolle spielen. Wie bereits angedeutet, kann jedoch bei stark normativen Tatbestandsmerkmalen auch die rechtliche Wertung für das Erfassen des Sinngehalts der Norm erforderlich sein, so dass stets in einem zweiten Schritt zu fragen ist, ob die rechtliche Fehlvorstellung sich in beachtlicher Weise auf die Umstandskenntnis auswirken kann.[884]

Wie *Schiwek* zu Recht darlegt, sind viele der Begriffe anhand der Verkehrsanschauung zu ermitteln, was eine Tatsachenfrage darstellt.[885] Die Verkehrsauffassung ist für die Beurteilung der Unterscheidungskraft, des beschreibenden Charakters, einer Gattungsbezeichnung oder des Bekanntheitsgrades, der zum Beispiel bei der Verkehrsdurchsetzung eine Rolle spielt, von Bedeutung. Wenn demnach ein Irrtum über die Verkehrsauffassung besteht, d.h. zum Beispiel davon ausgegangen wird, dass die Mehrheit des relevanten Verkehrskreises eine Marke als nicht unterscheidungskräftig ansieht, so liegt ein Tatbestandsirrtum vor.[886]

Wenn ein Irrtum über die Markenfähigkeit geltend gemacht wird, ist folglich stets zu hinterfragen, ob dieser auf einem Irrtum über die Verkehrsanschauung

---

[884] So auch *Schulz*, S. 108.

[885] *Schiwek*, S. 188 ff, ebenso *Schulz*, S. 110 f, der nach Fehlvorstellungen tatsächlicher und rechtlicher Art differenziert.

[886] *Ingerl/Rohnke*, § 143 Rn 6.

beruht oder eine rechtliche Fehlbewertung vorgenommen wurde. Nur ersteres stellt einen Tatbestandsirrtum dar. Wird hingegen trotz Kenntnis der Verkehrsauffassung aus irriger Rechtsauffassung die falsche Schlussfolgerung gezogen (z.B. dass trotz hoher Bekanntheit freihaltungsbedürftige Ausdrücke nie eingetragen werden dürfen), so stellt dies einen grundsätzlich unbeachtlichen Subsumtionsirrtum dar. Bei neueren Markenformen (zum Beispiel Formmarken, Geruchsmarken oder Hörmarken) ist denkbar, dass diese als nicht eintragungsfähig angesehen werden. Allerdings besagt das Kriterium der „Parallelwertung in der Laiensphäre" auch, dass der Täter den Unwertgehalt seiner Tat richtig erfasst haben muss, da nur in solchen Fällen überhaupt die Hemmwirkung des Tatbestandes eintreten kann.[887] Wenn demnach ein Benutzer von der Unwirksamkeit einer Marke ausgeht, da er fälschlicherweise ein absolutes Schutzhindernis annimmt, bleibt diesem der Bedeutungsgehalt seiner Tat verborgen und er handelt vorsatzlos.[888] Oft wird sich eine Fehlvorstellung als Tatsachenirrtum über die Verkehrsanschauung herauskristallisieren, da einer solchen zumeist der Gedanke, dass „das doch niemand als unterscheidungskräftig verstehen kann" zu Grunde liegt.

b) Entstehung des Schutzrechtes

Ein besonders nahe liegender Irrtum ist die Unkenntnis der Marke: Wem nicht bekannt ist, dass ein identisches oder ähnliches Zeichen besteht, dem fehlt die Kenntnis hinsichtlich des Tatobjekts.[889] Dies ist zwar im Rahmen der Markenpiraterie nicht zu erwarten, da nur das Nachahmen bekannter Marken umsatzversprechend ist.[890] Derartige Unkenntnis kann aber beispielsweise bei Benutzungsmarken, für welche regionale Bekanntheit genügt, vorkommen.

Wenn das Zeichen an sich bekannt ist, kann ein Irrtum über dessen Eigenschaft als Marke bestehen: Das Zeichen kann beispielsweise als nicht ausreichend bekannt angesehen werden, um als Benutzungsmarke oder notorisch bekannte Marke Schutz erlangt zu haben. Doch auch die Begriffe der Verkehrsgeltung oder der Bekanntheit beurteilen sich großteils nach der Verkehrsgeltung. Irrtümer darüber sind – wie dargelegt – als Tatbestandsirrtum zu qualifizieren.

Denkbar ist auch, dass geltend gemacht wird, die Eintragung einer Marke sei nicht bekannt gewesen. Hier ist jedoch zu beachten, dass für den subjektiven

---

[887] *Kaufmann*, FS Henkel, S. 20 f.

[888] *Schulz*, S. 108, a.A. *Fezer*, § 143 Rn 22, im Hinblick auf Freizeichen, jedoch ohne Begründung und Differenzierung.

[889] *Ingerl/Rohnke*, § 143 Rn 6.

[890] So auch *Schiwek*, S. 188, Harte-Bavendamm-*Holler*, § 5 Rn 155.

Tatbestand dolus eventualis genügt: Ist demnach die Marke dem Täter bekannt, wird oft davon auszugehen sein, dass er zumindest mit einer Eintragung rechnete.[891] Lediglich bei sehr unbekannten Marken wird ein solcher Irrtum glaubhaft vorgetragen werden können und den Vorsatz entfallen lassen.

2. Irrtum über Tathandlung

Wer sich über den Umfang der Verletzungshandlungen irrt und zum Beispiel davon ausgeht, dass nur die Verwendung identischer Zeichen strafbar ist, unterliegt einem Verbotsirrtum.[892] Gleiches gilt, wenn einzelne Tathandlungen als nicht umfasst angesehen werden, wie zum Beispiel der Export, wenn im Importland ein Recht für das angebrachte Zeichen besteht. Auch hier handelt es sich um einen Irrtum über rechtliche Wertungen, der § 17 StGB unterfällt.

Schwieriger wird die Beurteilung, wenn ein Angeklagter geltend macht, dass ihm nicht bewusst war, dass die Verwendung in vergleichender Werbung ebenfalls dem Benutzungsbegriff unterfällt. Vom Tatbestand umfasst wird nur der kennzeichenmäßige Gebrauch. Wenn dieser auf Grund der zum Teil noch ungeklärten Sachlage falsch interpretiert wird, liegt es zumindest beim Laien nahe, an einen beachtlichen Subsumtionsirrtum zu denken, wenn der Sinngehalt des Benutzungsbegriffes nicht verstanden wurde und demnach auf die Umstandskenntnis durchschlägt. Auf Grund der weiten Fassung des Wortlautes und der Tatsache, dass der kennzeichenmäßige Gebrauch durch einschränkende Auslegung angenommen wird, ist es jedoch wenig wahrscheinlich, dass sich jemand erfolgreich auf einen solchen Irrtum berufen kann: Durch die detaillierte Kenntnis, die für dessen Geltendmachung erforderlich ist, zeigt er, dass ihm der Sinngehalt sehr wohl bekannt ist und nur Unsicherheit hinsichtlich rechtlicher Wertungen, d.h. hinsichtlich der Weite des Verbots besteht. Demnach kann in solchen Fällen zumindest von dolus eventualis ausgegangen werden, da auch die andere Rechtsauffassung in Betracht gezogen werden muss.

Im Rahmen der Tathandlungen kann auch ein Irrtum über die Verwechslungsgefahr relevant werden: Dabei ist – wie immer – primär zwischen einem Irrtum über tatsächliche oder rechtliche Umstände zu unterscheiden. Die Verwechslungsgefahr ergibt sich aus einem Zusammenspiel zwischen Ähnlichkeit der Zeichen und Warenbereiche, sowie der Kennzeichnungskraft der Marke. Vielen dieser Begriffe liegen Tatsachen zur Grund, wie zum Beispiel bei der Kennzeichnungskraft die Bekanntheit der Marke oder deren geographische Ausbrei-

891 Vgl. *Ströbele/Hacker*, § 143 Rn 28.
892 Harte-Bavendamm-*Holler*, § 5 Rn 155.

tung. Wenn diese oder auch nur einzelne Umstände unbekannt sind, kann dies zu einer rechtlichen Fehlbewertung führen. Bei der Verwechslungsgefahr handelt es sich um einen Rechtsbegriff; ihr Vorliegen wird durch ein Abwägen verschiedener Faktoren bestimmt. Demnach wirkt sich die Unkenntnis hinsichtlich eines Faktors nicht automatisch vorsatzausschließend aus. Wenn jedoch der Irrtum dazu führte, dass die Verwechslungsgefahr ganz ausgeschlossen wird, ist sich der Täter der Bedeutung seiner Tat nicht bewusst und handelt vorsatzlos.[893]

Anders sieht es aus, wenn die zu Grunde liegenden Umstände bekannt sind, aber dennoch fälschlicherweise nicht von Verletzungsgefahr ausgegangen wird. *Schulz* möchte in diesen Fallkonstellationen einen Irrtum sehen, der den Täter ebenso die soziale Bedeutung seines Verhaltens verkennen lässt und demnach einen Tatbestandsirrtum annehmen.[894] Von einem Straftäter wird jedoch nicht ein umfassend korrektes, rechtliches Verständnis der Tathandlung erwartet. Erforderlich ist, dass er die Wertungen des Tatbestandes nachvollzieht. Demnach genügt es für den Laien zu verstehen, dass bei Verwechslungsgefahr die beiden gekennzeichneten Waren miteinander in Verbindung gebracht werden könnten. Diese Einsicht liegt nahe, wenn die oben genannten Umstände wie zum Beispiel die Ähnlichkeit der Waren, der Zeichen oder einige der Kennzeichnungskraft zu Grunde liegenden Tatsachen bekannt sind. Wenn dann diese Faktoren jedoch nicht korrekt gewichtet werden und der Täter irrigerweise zu dem Schluss kommt, dass seine Handlung keine Verwechslungsgefahr auslösen kann, handelt es sich lediglich um einen unbeachtlichen Subsumtionsirrtum.[895]

Demnach ist bei der Verwechslungsgefahr zu differenzieren, worauf sich der Irrtum zurückführen lässt und im Einzelfall eine Beurteilung des Irrtums vorzunehmen.[896]

3. Irrtum über Schutzschranke

Auch bei der Beurteilung der Schutzschranken muss stets eine genaue Differenzierung zwischen Tatsachenkenntnis und rechtlicher Wertungen vorgenommen werden.

Wer irrtümlich die Zustimmung des Markeninhabers annimmt, handelt ohne Vorsatz. Gleiches gilt, wenn die Bedingungen des Lizenzvertrages unrichtig

---

[893] So auch *Ingerl/Rohnke*, § 143 Rn 6.
[894] *Schulz*, S. 111.
[895] So im Ergebnis auch *Ströbele/Hacker*, § 143 Rn 29; Schultz-*vZumbusch*, § 143 Rn 8, wobei es sich hier mehr um ein Problem der Beweiswürdigung handelt.
[896] So auch *Fezer*, § 143 Rn 22.

ausgelegt werden und der Täter deshalb wegen des Vertrages irrtümlich eine Zustimmung annimmt.[897] Obwohl es sich um eine rechtliche Bewertung handelt, ist diese hier notwendig um den Sinngehalt der Tat richtig nachzuvollziehen. Wenn jedoch bei Vorliegen der in § 30 Abs. 2 MarkenG genannten Lizenzvertragsverletzungen davon ausgegangen wird, dass diese die Zustimmung nicht entfallen lassen, handelt es sich um einen unbeachtlichen Subsumtionsirrtum: Der Täter weiß, dass er sich nicht entsprechend der Abmachung verhalten hat, was genügt, um von ausreichender Bedeutungskenntnis auszugehen – wann diese Verletzungen sich auch „dinglich“ auswirken, ist eine juristische Klassifizierung, die er nicht nachvollziehen muss.

Auch bei allen sonstigen Schutzschranken ist zwischen Tatsachenbasis und rechtlicher Wertung zu unterscheiden. Wurde die territoriale Grenze des Erschöpfungsgrundsatzes überdehnt, handelt es sich ebenso um einen für den Vorsatz unbeachtlichen Subsumtionsirrtum, wie wenn davon ausgegangen wird, dass schon nach drei Jahren fehlender Benutzung die verletzte Marke löschungsreif sei. Wenn hingegen irrtümlich davon ausgegangen wurde, dass die Waren innerhalb des Europäischen Wirtschaftsraumes in den Verkehr gebracht wurden, liegt ein vorsatzausschließender Tatbestandsirrtum vor.[898]

C. Täterschaft und Teilnahme

I. Täterschaft

Auf Grund der weiten Ausgestaltung der Tathandlung ist auch der Kreis der möglichen Täter weit: Der Hersteller oder Produzent, der die Waren mit dem Zeichen versieht, Händler oder auch im Transport involvierte Personen können bei entsprechender Kenntnis der Umstände Täter einer Markenrechtsverletzung sein. Die Tatsache, dass bereits die einzelnen Schritte in der Kette vom Hersteller zum Kunden jeweils selbständig den Tatbestand erfüllen, ermöglicht die Strafverfolgung ohne den zum Teil schwierigen Nachweis des einverständlichen Zusammenwirkens führen zu müssen.[899] Dadurch, dass auch die Herstellung und der Verkauf von Kennzeichnungsmitteln bereits Tathandlung ist, führt dies zu Erleichterungen im Hinblick auf den subjektiven Tatbestand: Dem zuarbeitenden Dritten muss nicht angelastet werden können, dass er Kenntnis von der rechtsverletzenden Verwendung seiner Kennzeichnungsobjekte hatte. Ausrei-

[897] Vgl. *Schulz*, S. 108 f.

[898] Ebenso *Schulz*, S. 113, der allgemein näher auf Irrtümer im Rahmen des § 24 MarkenG eingeht.

[899] *Anduleit*, S. 110; *Wölfel*, S. 130.

chend ist der Nachweis, dass die Gefahr bestand, dass ein Dritter diese unberechtigt verwenden könnte, worauf sich der Vorsatz jedoch auch beziehen muss. Allerdings muss noch Gefährdungsvorsatz, nicht jedoch ein gemeinsamer Tatplan (wie bei der Mittäterschaft) oder zumindest dolus eventualis hinsichtlich der wesentlichen Umstände der Haupttat (wie bei der Beihilfe) nachgewiesen werden. Angesichts der Tatsache, dass in vielen Fällen kaum legale Verwendung für die Kennzeichnungsmittel denkbar ist, liegt dolus eventualis hinsichtlich einer späteren rechtsverletzenden Benutzung nahe.

Bei einer juristischen Person ist auf den gesetzlichen Vertreter abzustellen, der vorsätzlich handeln muss.[900] Der Inhaber eines Betriebes (Produktion oder Vertrieb) kann je nach Kenntnis seiner Mitarbeiter entweder Mittäter oder auch mittelbarer Täter sein.[901] Insbesondere wenn nicht alle Mitarbeiter eines Betriebes eingeweiht werden oder wenn sich Tatbeteiligte auf unterschiedlichen hierarchischen Ebenen befinden, müssen die Regeln über die mittelbare Täterschaft und die Mittäterschaft in Abgrenzung zur Beihilfe herangezogen werden.[902] Diese Probleme stellen sich jedoch stets im Rahmen von Taten mit zum Teil zahlreichenden Mitwirkenden und Helfern: Wer war wie stark an der Ausführung beteiligt? Wer kannte welche Umstände? Dies sind in der Regel Beweisprobleme; für die rechtliche Beurteilung kann auf allgemeine, zur Täterschaft und Teilnahme entwickelte Grundsätze zurückgegriffen werden.

Nie Täter ist, wer nicht im geschäftlichen Verkehr handelt, d.h. der Endverbraucher. Auch der Lizenznehmer kann nur unter bestimmten Voraussetzungen Täter einer Markenstraftat sein.[903] Wenn der Markeninhaber eine ausschließliche Lizenz vergeben hat und die Marke dann selbst vertragswidrig nutzt, fällt die Nutzung nicht unter den Tatbestand, da der Wortlaut des § 14 Abs. 2 Marken eindeutig nur „Dritte“ in Abgrenzung zum Markeninhaber umfasst.[904]

---

[900] *Fezer*, § 143 Rn 24.

[901] Achenbach/Ransiek-*Kouker*, Kap. 11 Abschn. 3 Rn 62; zur mittelbaren Täterschaft vgl. näher *Schulz*, S. 128 f.

[902] Vgl. dazu näher *Schiwek*, S. 178 ff; ebenso S. 56: Er legt dar, dass ein Angestelltenverhältnis mangels Selbständigkeit nicht ein Handeln im geschäftlichen Verkehr ausschließt: Die wirtschaftliche Tätigkeit als solche muss eine selbständige sein, nicht das Handeln eines jeden daran Beteiligten; darüber hinaus genügt das Tätigwerden für einen fremden Geschäftszweck..

[903] Vgl. dazu näher Teil 2, Kap. 1, A.I.4.a).

[904] *Schulz*, S. 58 f.

II. Teilnahme

Bei der Teilnahme stellt sich v.a. das gerade angesprochene Problem der Abgrenzung zur Mittäterschaft, das jedoch nicht durch Besonderheiten des Tatbestandes geprägt wird.

1. Notwendige Teilnahme

Eine bei allen Tatbeständen, die dem Schutz geistigen Eigentums dienen, hingegen besonders zu beachtende Frage der Teilnahme ist, ob derjenige, der schutzrechtsverletzende Ware erwirbt, sich ebenfalls strafbar macht. Dies betrifft v.a. den privaten Endabnehmer, da dieser nicht im geschäftlichen Verkehr handelt und somit den Tatbestand selbst nicht erfüllen kann. Doch auch der Abnehmer im geschäftlichen Verkehr erfüllt durch die Entgegennahme nicht den Tatbestand, durch den auf den Erwerb folgende Besitz zum Zwecke des Inverkehrbringens hingegen schon. Da eine solche Absicht zumeist vorliegt, bleibt Schwerpunkt des Problems der private Endabnehmer.

Der Erwerb von gefälschten Markenwaren ist selbst nicht im Tatbestand des § 143 i.V.m. § 14 MarkenG enthalten, durch die Handlung des Erwerbers wird jedoch dem Täter die Vollendung seiner Tat ermöglicht. Mangels Aufnahme in den Tatbestand kann nach den Grundsätzen der notwendigen Teilnahme eine derartige Beteiligung straflos bleiben, wenn sie sich auf die Mitwirkung beschränkt, die für den Täter zur Verwirklichung des Tatbestandes unabkömmlich ist.[905] Wann diese Grundsätze greifen, hängt von den Besonderheiten des Tatbestandes ab: Im Rahmen der strafbaren Markenverletzung ist eine notwendige Teilnahme nur für die Tathandlung des Inverkehrbringens denkbar, da nur dafür der Übergang der Verfügungsgewalt vorausgesetzt wird und demnach das Mitwirken einer weiteren Person erforderlich ist. Aus Gründen der Rechtssicherheit sind Verbotshandlungen so auszulegen, dass nicht ausdrücklich erwähnte Verhaltensweisen nicht unter den Tatbestand fallen und das demnach das Inverkehrbringen nur den Veräußerer trifft.[906] Dieses Ergebnis wird durch rechtspolitische Erwägungen getragen: Der private Endabnehmer ist zivilrechtlich keinen Ansprüchen ausgesetzt; ihn strafrechtlich als Teilnehmer zu belangen, würde

---

[905] *Roxin*, AT I, § 26 Rn 44 ff; SK-StGB-*Hoyer*, vor § 26 Rn 74.

[906] Zum Patentrecht a.F., BGH GRUR 1987, 626, 627 - Rundfunkübertragungssystem; so im Ergebnis auch KG NStZ 1983, 561, 562 zum Tatbestand des „Verbreitens" im Rahmen des UrhG.

einen groben Wertungswiderspruch darstellen.[907] Das Verhältnismäßigkeitsgebot stützt diese Ansicht ebenso: Um bei minimaler Inkriminierung möglichst viel Rechtsgüterschutz zu gewähren, ist es geboten „das Übel an der Wurzel zu packen“ und nur den die Waren vertreibenden Täter zu belangen.[908]

2. Tathandlung über Mindestmitwirkung hinaus

Diese Straflosigkeit für den Abnehmer ergibt sich jedoch nur, wenn er nicht über die für die Vollendung notwendige Mitwirkung hinaus handelt.[909] Wer mehr als nur die Gelegenheit wahrnimmt und beispielsweise einen Händler aktiv auffordert, ihm gewisse Stücke zu besorgen, kann nicht mehr straflos bleiben und ist nach den allgemeinen Grundsätzen der Teilnahme (in der Regel Anstiftung) zu belangen.[910] Vorwerfbar ist dann jedoch nicht die Handlung des Entgegennehmens, sondern das darüber hinausgehende Verhalten wie zum Beispiel die Aufforderung Markenfälschungen zu besorgen. Dies ist für die Vollendung des Tatbestandes durch einen anderen nicht erforderlich und unterfällt demnach auch nicht dem Privileg der Straflosigkeit notwendiger Teilnahmehandlungen.

Wann genau die Grenze des noch Erlaubten überschritten ist, ist stark am Einzelfall und an den üblichen Gegebenheiten derartiger Geschäfte festzumachen. Wenn ein Verkäufer grundsätzlich Piraterieprodukte ablehnt und nur auf Drängen des Kunden hin diesem eine Fälschung verschafft, handelt er nicht mehr im Bereich des Üblichen.[911] Gleiches gilt, wenn der Kunde durch Nennung guter Bezugsquellen dem Händler erst den Erwerb der Fälschung ermöglicht.[912] Wenn der Händler grundsätzlich dazu bereit ist auch Fälschungen zu verschaffen, ist stets danach zu entscheiden, von wem letztlich die Initiative zur Tat ausgeht.[913]

---

907 So auch *Weber*, S. 346. *Hildebrandt*, S. 303; *Braun*, S. 189; im Ergebnis ähnlich, jedoch mit unterschiedlicher Begründung: *Sowada* S. 178 ff, der nicht handlungsbezogen (notwendige Mitwirkung), sondern positionsbezogen (Straflosigkeit des privaten Endabnehmers) argumentiert. Demnach kommt er jedoch bei der Abnahme durch einen im geschäftlichen Verkehr Handelnden zur Strafbarkeit (insofern restriktivere Auslegung), beschränkt die Freistellung des Endabnehmers jedoch nicht auf die notwendige Teilnahmehandlung (weitere Auslegung). Gegen seine engere Auslegung spricht jedoch eindeutig der Wortlaut der Norm, der nur die aktive Seite umfasst; so auch *Braun*, S. 189 f.

908 *Gropp*, S. 211 f.

909 *Braun*, S. 190.

910 *Gropp*, S. 213.

911 *Weber*, S. 347 f.

912 *Weber*, S. 348.

913 Str., so *Weber*, S. 348, *Hildebrandt*, S. 304 m.w.N; insbesondere wenn eine Konkretisierung durch den Kunden auf ein spezielles Objekt hin erfolgt, kann Anstiftung vorliegen, *Ganter*, NJW 1986, 1479, 1480.

D. Versuch

I. Strafbarkeit des Versuchs

§ 143 Abs. 3 MarkenG (bei Gemeinschaftsmarken über § 143 a Abs. 2 MarkenG anwendbar) sieht die Strafbarkeit des Versuchs vor und wurde durch das PrPG eingeführt. Die Versuchsstrafbarkeit wurde mit der Notwendigkeit Gesetzeslücken zu schließen begründet:[914] Bei Markenpiraten werden die Einzelteile oft bis zum Schluss getrennt aufbewahrt, was einem strafrechtlichem Vorgehen entgegenstand; bei einem groß angelegten Vertrieb ist jedoch gerade das frühzeitige Einschreiten von entscheidender Bedeutung für den Rechtsgüterschutz. Da mit Einführung des MarkenG Vorbereitungshandlungen zu eigenständigen Verletzungshandlungen (§ 14 Abs. 4 MarkenG) erklärt wurden und damit nun auch unter den Tatbestand des § 143 MarkenG fallen, hat die Versuchsstrafbarkeit an praktischer Bedeutung verloren.[915]

Bei der Herstellung ist ein Versuch quasi nur noch denkbar, wenn beispielsweise das Produkt oder ein separates Kennzeichnungsmittel noch unfertig sind,[916] es aber schon absehbar ist, welches Zeichen verwendet werden soll (Beispiel: Die einzelnen Bauteile eines Mountainbikes sind schon mit der Marke versehen, aber noch nicht zusammengebaut.). In dem schmalen Bereich der Vorbereitungshandlungen, die noch nicht unter den Verletzungstatbestand fallen, kommt es auf eine genaue Prüfung des unmittelbaren Ansetzens an.

Von Bedeutung bleibt der Versuchsstrafbarkeit allerdings bei der Gemeinschaftsmarke für die Benutzungshandlung der Herstellung, da § 143 a MarkenG keine dem § 14 Abs. 4 MarkenG entsprechende Tathandlung vorsieht[917] und somit die Vorbereitungshandlung keine Rechtsverletzung darstellt. Bei Gemeinschaftsmarken ist beim getrennten Auffinden der Kennzeichnungsmittel somit ein Rückgriff auf die Versuchsstrafbarkeit erforderlich.

Zwar wird dadurch ebenfalls ein früheres Eingreifen ermöglicht, im Ergebnis kommt es bei Vorbereitungshandlungen zur Herstellung jedoch darauf an, welche Markenart verletzt wird: Handelt es sich um eine rein nationale Marke, liegt eine vollendete Straftat vor; bei einer Gemeinschaftsmarke ggf. nur ein Versuch. Bei den sonstigen Tatbestandsalternativen ist ein Versuch eher denkbar: Zum Beispiel der Versuch der Einfuhr, die durch den Zoll verhindert wird; die Wer-

---

914 BT-Drs. 11/4792, S. 24.

915 Ebenso Wabnitz/Janovsky-*Möller*, Kap. 15 Rn 26, Harte-Bavendamm-*Holler*, § 5 Rn 157.

916 So für letzteres auch *Schiwek*, S. 183.

917 *Ströbele/Hacker*, § 143 a Rn 4.

bung für Piraterieprodukte, die bei einer Zeitung eingereicht, jedoch nicht veröffentlicht wird, da der Verleger die Staatsanwaltschaft eingeschaltet.

Da auch die Herstellung der Kennzeichnungsmittel nun eine eigenständige Tathandlung ist (§ 143 Abs. 1 Nr. 3 MarkenG), ist auch das unmittelbare Ansetzen dazu bereits strafbar, was zu einer erheblichen Ausdehnung des Straftatbestandes führt.

II. Unmittelbares Ansetzen

Nach § 22 StGB versucht eine Straftat, wer nach seiner Vorstellung von der Tat zur Verwirklichung des Tatbestandes unmittelbar ansetzt. Erforderlich ist ein Verhalten, das bereits so eng mit der tatbestandlichen Ausführungshandlung verknüpft ist, dass bei ungestörtem Fortgang unmittelbar die Verwirklichung des gesamten Tatbestandes folgen wird oder in einem unmittelbar räumlichen und zeitlichen Zusammenhang steht.[918]

Wie bereits dargelegt, ergibt sich auf Grund der weiten Fassung des Tatbestandes nur ein schmaler Anwendungsbereich für die Versuchsstrafbarkeit, weshalb auch die Abgrenzung zwischen strafloser Vorbereitung und Versuch besondere Aufmerksamkeit verdient.

Das getrennte Aufbewahren von Kennzeichnungsmitteln (jetzt nur noch für Gemeinschaftsmarken relevant) und der entsprechenden Ware sollte nach Meinung des Gesetzgebers durch Einführung des Versuchtatbestandes unter Strafe gestellt werden.[919] Fraglich ist jedoch, ob dies bereits ein unmittelbares Ansetzen zum Versuch des **Herstellens** darstellt oder nur eine straflose Vorbereitungshandlung vorliegt. Es bietet sich an zu unterscheiden, ob zu kennzeichnende Ware und Kennzeichnungsmittel aufgefunden werden oder die Kennzeichnungsmittel alleine.

Bei letzterem Fall bestehen schwerwiegende Bedenken bereits unmittelbare Ansetzen anzunehmen: Erforderlich ist, dass der Täter subjektiv von einem unmittelbaren Übergang zur Tatbegehung ausgeht. Die Praxis zeigt jedoch, dass zum Teil die Kennzeichnungsmittel von Dritten produziert und verkauft werden, diese jedoch nie in Berührung mit den zu kennzeichnenden Waren kommen. In solchen Fällen kann kein Versuch angenommen werden, da der Täter nicht einmal Tatentschluss zur Begehung des Tatbestandes hatte. Selbst wenn Mittäterschaft

---

918 BGHSt 36, 249, 250; *Wessels/Beulke*, AT, Rn 601; *Lackner/Kühl*, § 22 Rn 4 m.w.N.
919 BT-Drs. 11/4792, S. 24.

vorliegt oder die Herstellung der Kennzeichnungsmittel durch den potenziellen Täter selbst, jedoch an einem anderen Ort vorgenommen wird, ist ein unmittelbares Ansetzen fraglich: Die Täter müssen davon ausgehen, dass unmittelbar nach der Fertigung der Kennzeichnungsmittel diese an den zu kennzeichnenden Waren angebracht werden und dass kein weiterer Zwischenschritt mehr erforderlich sei. Müssen Waren oder Kennzeichnungsgegenstände jedoch erst noch zum Fertigungsort transportiert werden, ist ein solcher Schritt erforderlich und damit die Schwelle zum Versuch noch nicht überschritten.

Doch auch wenn in einer Fälscherwerkstatt die Ware und die Kennzeichnungsmittel getrennt voneinander aufbewahrt und erst bei Bedarf zusammengefügt werden, ist fraglich, ob bereits von einem unmittelbaren Ansetzen gesprochen werden kann: *Braun* weist darauf hin, dass zum Teil die Gegenstände lange aufbewahrt werden und es so an einem engen zeitlichen Zusammenhang fehlen kann.[920] Ein Indiz gegen die Annahme eines Versuchs stellt auch die verwendete Terminologie dar: Die unter § 14 Abs. 4 MarkenG genannten Tathandlungen werden häufig als Vorbereitungshandlungen bezeichnet.[921] Dies ist zwar nicht entscheidend für die strafrechtliche Qualifikation, zeigt jedoch, dass der Gesetzgeber Handlungen unter Strafe stellt, die dem Herstellen von gefälschten Markenwaren vorausgehen und nicht zwingend in einem engen Zusammenhang stehen müssen. Ein Blick auf andere Tatbestände erweist sich ebenfalls als hilfreich: Bei der Herstellung von falschen Urkunden wertet man zwar bereits das Fertigen von Vordrucken als unmittelbares Ansetzen.[922] Jedoch wird stets darauf hingewiesen, dass dies nur dann der Fall ist, wenn unmittelbar danach eine Verwendung zu Fälschungszwecken stattfindet.[923] Wird der Vordruck hingegen aufbewahrt und erst bei Bedarf ergänzt, liegt lediglich eine straflose Vorbereitungshandlung vor.[924] Auch die Existenz des § 149 StGB, welcher die Vorbereitungen zur Geldfälschung unter Strafe stellt, zeigt, dass das Vorbereiten von Materialien nicht als Versuch gewertet werden kann, da dieser Tatbestand sonst obsolet wäre.[925] Beide Situationen sind vergleichbar mit der Herstellung von Kennzeichnungsmitteln, da es sich in beiden Fällen um mehraktige Vorgänge handelt und die vorbereiteten Sachen (Kennzeichnungsmittel, Vordrucke) übli-

[920] *Braun*, S. 193.
[921] Vgl. nur *Ingerl/Rohnke*, § 14 Rn 209; HK-*Ekey*, § 14 Rn 162; Maßnahme im „Vorfeld" einer Markenverletzung, *Ströbele/Hacker*, § 14 Rn 125.
[922] BGH MDR 1978, 623, 624 zur Herstellung eines Ausweisvordruckes; zustimmend *Tröndle/Fischer*, § 267 Rn 32 a; LK-*Gribbohm*, § 267 Rn 279.
[923] BGH, a.a.O; LK, a.a.O.
[924] BGH NJW 1965, 594, 959 zum Verschaffen einer Blankounterschrift, die erst später verwendet werden sollte; LK-*Gribbohm*, § 267 Rn 279 zur Herstellung von Führerscheinvordrucken, die erst bei Bedarf auszufüllen sind.
[925] *Roxin*, AT I, § 29 Rn 174.

cherweise auch nicht anderweitig verwendet werden können. Demnach ist stets darauf abzustellen, ob die Kennzeichnungsmittel in unmittelbarem Fortgang auf den Waren angebracht werden sollten – was in den wenigsten Fällen zutreffend sein wird. Entgegen der Gesetzesbegründung kann somit in den Fällen des getrennten Aufbewahrens oder Auffinden nur der Kennzeichnungsmittel kein unmittelbares Ansetzen gesehen werden. Demnach bleiben diese Handlungen bei Gemeinschaftsmarken mangels Erfassung durch den Tatbestand straflos.

Eine straflose Vorbereitung liegt auch dann vor, wenn lediglich die Tatwerkzeuge beschafft (z.B. die Druckmaterialien) und die Tatmittel vorbereitet werden.[926]

Beim **Anbieten** genügt es nicht, wenn der Stand aufgebaut wird, eine Rechtsgutsgefährdung tritt erst mit Auslegen der Stücke ein.[927]

In einem Versuch des **Inverkehrbringens** wird zumeist zugleich ein Anbieten liegen, so dass bereits Vollendung gegeben ist.

Bei der Tathandlung des **Besitzens** kann ein Versuch dann angenommen werden, wenn vergeblich versucht wird, in den Besitz einer Fälschung zum Zweck des Weitervertriebes zu kommen. Da auch hier die Grundsätze zur notwendigen Teilnahme beachtet werden müssen, sind Versuche, die Ware lediglich entgegenzunehmen, straflos.

Im Rahmen der **Ein-** und **Ausfuhr** wird sich zumeist ein Rückgriff auf die umfassende Rechtsprechung zu § 30 BtMG anbieten, da diese Vorschrift denselben Wortlaut hat und ebenso ein Verbringen des Betäubungsmittels auf deutsches Hoheitsgebiet voraussetzt. So kann beispielsweise ein Einfuhrversuch in einem Flugzeug oder mit dem Zug bereits viel früher angenommen werden als beim PKW:[928] Bei einem Flug kann schon mit Einchecken des Gepäcks davon ausgegangen werden, dass eine Handlung vorliegt, die unmittelbar zur Tatbestandserfüllung führen soll; beim PKW kommt dies erst bei Annäherung an die Grenze in Betracht.

Ein unmittelbares Ansetzen zur **Verwendung in Geschäftspapieren** kann vorliegen, wenn diese z.B. bereits frankiert im Wirkungskreis des Täters abgefangen werden und somit nicht nach außen getreten sind. Ähnliches gilt für **Werbung**, wie zum Beispiel das Vorhaben Anzeigen zu schalten oder Plakate zu kleben, wenn diese jeweils kurz vorher verhindert werden.

---

926 *Wessels/Beulke*, AT, Rn 602 m.w.N. aus der Rspr.
927 So im Ergebnis auch *Hildebrandt*, S. 289 zum UrhG, zum Teil mit anderer Begründung.
928 BGHSt 36, 249, 250 f zum BtMG.

E. Qualifikation

Eine qualifizierte Form der Markenverletzung liegt vor, wenn der Täter gewerbsmäßig handelt (§§ 143 Abs. 2, 143 a Abs. 2 MarkenG). Im Unterschied zum Grundtatbestand sollten damit gezielte, wiederholte (jedenfalls mit Wiederholungsabsicht) und mit Gewinnerzielungsabsicht begangene, vorsätzliche Schutzrechtsverletzungen umfasst werden, wobei für die Bestimmung des Begriffs der Gewerbsmäßigkeit auf gefestigte Rechtsprechung zu anderen Tatbeständen zurückgegriffen werden kann.[929] Der Grundtatbestand soll all diejenigen Täter erfassen, die im Rahmen eines Geschäftsbetriebes handeln; für die Gewerbsmäßigkeit ist darüber hinaus erforderlich, dass durch die wiederholte Tatbegehung eine nicht nur vorübergehende Einnahmequelle geschaffen werden soll.[930]

Der Gesetzgeber sah die Gefahr, dass mit dem Grunddelikt in der Regel zugleich auch die Qualifikation erfüllt werde, da die Begriffe zu nahe aneinander lägen, als nicht gegeben an: Durch das Erfordernis des geschäftlichen Verkehrs erfolge die Abgrenzung zum privaten Gebrauch; eine gewerbsmäßige Verletzungshandlung sei erst anzunehmen, wenn das Begehen von Straftaten quasi zum Gewerbe gemacht werde und nicht nur einmaliges oder gelegentliches Handeln vorliege.[931] Eine gelegentlich im Rahmen eines Geschäftsbetriebes auftretende Markenverletzung erfüllt mangels Wiederholungsabsicht beispielsweise nicht das Merkmal der Gewerbsmäßigkeit.[932] Wenn hingegen Falsifikate mehrerer Markenprodukte vertrieben werden, so kann dies ein Indiz für gewerbsmäßiges Handeln sein.[933] Auch wenn bei einem Täter eine hohe Anzahl markenrechtsverletzender Gegenstände gefunden werden, deren Absatz oder Vertrieb längere Zeit in Anspruch nimmt, spricht dies für ein Vorliegen des Qualifikationstatbestandes.[934] Ein ebenso deutliches Indiz ist das Auffinden von Fälschungswerkstätten, die eindeutig nur zu Fälschungszwecken geeignete Gegenstände, wie Druckformen mit nachgeahmten Kennzeichen enthalten.

Wer nur in Unkenntnis erworbene Piraterieware nach Erkennen der Unechtheit weiterverkauft, um nicht selbst einen wirtschaftlichen Schaden zu erleiden, begeht lediglich das Grunddelikt. Wer hingegen regelmäßig zur Aufbesserung seiner Einnahmen auch Fälscherwaren neben dem eigentlichen Sortiment vertreibt oder darunter mischt, handelt gewerbsmäßig, da es sich nicht um die Hauptein-

929 BT-Drs. 11/4792, S. 17 und S. 24.
930 A.a.O.
931 BT-Drs. 11/4792, S. 24.
932 Wabnitz/Janovsky-*Möller*, 15. Kap. Rn 23.
933 Wabnitz/Janovsky-*Möller*, 15. Kap. Rn 25.
934 *Schiwek*, S. 185; Wabnitz/Janovsky-*Möller*, 15. Kap. Rn 23.

nahmequelle des Täters handeln muss.[935] Die Gewerbsmäßigkeit wird demnach allein durch das subjektive Element der Wiederholungsabsicht zur Schaffung einer Einnahmequelle begründet.[936]

F. Sanktionen

I. Freiheitsstrafe

Das Grunddelikt der Markenverletzung wird gemäß § 143 Abs. 1 und § 143 a Abs. 1 MarkenG jeweils mit einer Freiheitsstrafe von bis zu drei Jahren bewehrt, für die Qualifikation des gewerbsmäßigen Handelns ist gemäß § 143 Abs. 2 MarkenG (für Gemeinschaftsmarken über § 143 a Abs. 2 MarkenG) eine Höchststrafe von bis zu fünf Jahren vorgesehen.

Diese Strafrahmen wurden durch das Produktpirateriegesetz festgesetzt und stellten eine deutliche Erhöhung im Vergleich zur früheren Rechtslage dar: Bis 1990 waren lediglich sechs Monate die Höchststrafe. Als Gründe für diese deutliche Erhöhung wird in der Gesetzesbegründung unter anderem die generalpräventive Wirkung genannt:[937] Bei der strafrechtlichen Markenverletzung handle es sich um eine Tat der Wirtschaftskriminalität, die vielfach begangen, jedoch leider oft als Kavaliersdelikt angesehen werde; deshalb sei in diesem Bereich besonderer Wert auf die generalpräventive Wirkung zu legen. Auch standen die wegen des Strafrahmens nur in geringer Höhe verhängbaren Geldstrafen in keinem Verhältnis zum Schaden, der durch derartige Taten verursacht werden kann, so dass angesichts der erzielbaren Gewinne eine Abschreckungswirkung ausblieb. Insbesondere wurde moniert, dass so nach der alten Rechtslage bei Wiederholungstätern keine angemessene Bestrafung möglich war.[938]

Es wurde auch auf die Parallele zum materiellen Eigentum verwiesen, allerdings letztlich eine völlige Gleichbehandlung abgelehnt: Man schreckte davor zurück die alten Strafrahmen gleich um das zehnfache zu erhöhen und verwies deshalb auf die Besonderheit der zeitlichen Begrenzung des geistigen Eigentums.[939] Allerdings sollte durch die Erhöhung des Strafrahmens den Delikten gegen das geistige Eigentum höhere Aufmerksamkeit und - die Relevanz des geistigen Ei-

---

[935] BGH GA 1955, 212, 212.
[936] *Tröndle/Fischer*, vor § 52 Rn 62.
[937] BT-Drs. 11/4792, S. 22.
[938] A.a.O.
[939] BT-Drs. 11/4792, S. 23.

gentums im Wirtschaftsleben berücksichtigend - im Allgemeinen angemessenere Bedeutung zukommen.[940]

2. Geldstrafe, §§ 40 ff StGB

Die Verhängung einer Geldstrafe bemisst sich nach den allgemeinen Grundsätzen der §§ 40 ff StGB. Bei voller Ausschöpfung der rechtlichen Möglichkeiten ergibt sich demnach als absolute Grenze eine Geldstrafe von 1,8 Millionen Euro[941], bei Tatmehrheit von 3,6 Millionen Euro.[942] Die zu entrichtende Summe berechnet sich aus der Anzahl der Tagessätze, die sich anhand der Schuldschwere bestimmt, und der Höhe der Tagessätze, die sich an den finanziellen Verhältnissen des Täters orientiert. Bei Uneintreibbarkeit der Geldstrafe kann eine den Tagessätze entsprechende Ersatzfreiheitsstrafe angesetzt werden (§ 43 StGB).

3. Einziehung, §§ 74 ff StGB

Ebenfalls anwendbar sind die Vorschriften über die Einziehung (§§ 74 ff StGB), die durch § 143 Abs. 5 MarkenG ergänzt werden.

Grundsätzlichen werden von der Einziehung gemäß § 74 Abs. 1 StGB all diejenigen Gegenstände erfasst, die durch die Tat hervorgebracht oder zu ihrer Begehung oder Vorbereitung gebraucht oder bestimmt gewesen sind: Letztere Fallgruppe umfasst dabei im Rahmen von Markenverletzungen insbesondere Transportfahrzeuge, Vorlagen oder Produktionsvorrichtungen.[943] Für die aus der Tat hervorgebrachten Gegenstände kommen nur dann die gekennzeichneten Waren selbst in Betracht, wenn die verfolgte Tathandlung deren Herstellung war.[944] Konsequenterweise muss gleiches auch für die Herstellung der Kennzeichnungsmittel (§ 143 Abs. 1 Nr. 3 MarkenG i.V.m. § 14 Abs. 4 Nr. 1 MarkenG) gelten, da auch diese aus der Tat (der Vorbereitungshandlung) hervorgehen.[945]

---

940 BT-Drs. 11/4792, S. 23.

941 § 40 Abs. 1 S. 2 i.V.m. Abs. 2 S. 3 StGB.

942 § 54 Abs. 2 S. 2 i.V.m. § 40 Abs. 2 S. 3 StGB.

943 *Braun*, S. 225 m.w.N.

944 Harte-Bavendamm-*Holler*, § 5 Rn 180; so auch *Braun*, S. 225 zur alten Rechtslage, was sich trotz geändertem Wortlaut jedoch auf § 143 MarkenG übertragen lässt; dem sich anschließend: *Schiwek*, S. 198 f.

945 Ungenau *Maske*, S. 210, die Kennzeichnungsmittel generell als Beziehungsgegenstände bezeichnet, was zwar in vielen Fällen korrekt sein wird, nicht jedoch, wenn es um deren Herstellung geht.

Durch die Beschränkung auf die producta und instrumenta sceleris ergaben sich insbesondere Probleme, wenn die Waren bei einem Händler aufgefunden wurden, dem jedoch die Markierung nicht zur Last gelegt werden konnte.[946] Bei den sonstigen Tatbestandsalternativen handelt es sich bei den Waren stets um notwendige Tatobjekte, da deren Existenz zur Begehung der Tat vorausgesetzt wird und die dadurch nicht als durch die Tat hervorgebracht angesehen werden können. Um diese Gesetzeslücke zu schließen, wurde durch das PrPG die Einziehung auch auf sogenannte Beziehungsgegenstände erstreckt;[947] die dafür nötige spezielle gesetzliche Regelung findet sich in § 143 Abs. 5 S. 1 MarkenG.

Die Einziehung ist nur zulässig, wenn sich die betroffenen Gegenstände im Eigentum des Täters befinden[948] oder wenn von ihnen eine Gefahr für die Allgemeinheit ausgeht bzw. die Gefahr zur Verwendung für weitere Straftaten besteht (§ 74 Abs. 2 StGB). In den beiden letzten Fällen ist auch die Einziehung gegenüber Dritteigentümern möglich.

Eine Gefahr für die Allgemeinheit kann bei gefälschten Markenwaren insbesondere bei falsch gekennzeichneten Produkten minderwertiger oder anderer Qualität, die sich im Einzelfall fatal auswirken kann. Zu denken ist dabei an Medikamente mit geringeren Wirkstoffen, giftige Pflanzenschutzmittel, sowie auch minderwertige Ersatzteile für Kraft- und Luftfahrzeuge.[949] Liegt keine derartige abstrakte Gefahr vor, besteht die Möglichkeit der Einziehung jedoch immer noch, wenn eine konkrete Gefahr der Verwendung der Gegenstände für weitere kriminelle Handlungen nachgewiesen werden kann.[950] Dabei ist es unerheblich von wem eine Tatbegehung droht.[951] Bei Gegenständen, deren Verwendung quasi nur für derartige Handlungen denkbar ist, kann dabei in der Regel von einer solchen Gefahr ausgegangen werden.[952] *Braun* bejaht diese Gefahr insbesondere im Hinblick auf Vorlagen (z.B. Druckplatten mit dem gefälschten Zeichen) für die Produktion von gefälschten Markenwaren.[953] Da bereits der zweckgerichtete Besitz gefälschter Markenwaren als Straftat anzusehen ist, kann zum

---

946 BT-Drs. 11/4792, S. 29; *Ströbele/Hacker*, § 143 Rn 40.

947 BT-Drs. 11/4792, S. 29.

948 Für die Frage des Eigentums ist der Zeitpunkt der letzten tatrichterlichen Entscheidung relevant, BGHSt 8, 205, 212.

949 *Braun*, S. 227; *Gaul*, S. 173.

950 BGHSt 23, 64, 69. Der Streit, ob § 74 Abs. 2 Nr. 2 StGB auch auf Beziehungsgegenstände Anwendung findet (vgl. SK-StGB-*Horn*, § 74 Rn 22), spielt keine Rolle, da hier jedenfalls eine besonderer Vorschrift zur generellen Einziehung von Beziehungsgegenständen besteht (§ 143 Abs. 5 S. 1 MarkenG) und dadurch über § 74 Abs. 4 StGB die Regelungen jedenfalls entsprechend anzuwenden sind.

951 SK-StGB-*Horn*, § 74 Rn 22.

952 *Braun*, S. 227.

953 A.a.O.

Beispiel auch bei Händlern oft eine derart konkrete Gefahr angenommen werden, da selbst die Rückgabe von gefälschten Markenprodukten an den Verkäufer eine Straftat darstellt. Auch für Kennzeichnungsmittel findet sich nur schwerlich eine Verwendung ohne dabei Markenrechte zu verletzen. Bei gekennzeichneter Ware oder Kennzeichnungsmitteln genügt deshalb die Gefahr, dass diese in den geschäftlichen Verkehr gebracht wird – eine Annahme, die insbesondere zutreffend ist, wenn große Mengen aufgefunden werden und keine Lizenz ersichtlich ist.

Darüber hinaus verweist § 143 Abs. 5 S. 2 MarkenG auf § 74 a StGB und eröffnet damit die Möglichkeit, unter erweiterten Voraussetzungen auch bei Nichteigentümern eine Einziehung vorzunehmen. Diese Regelung wurde eingeführt, da bewusst Tatgegenstände verwendet wurden, die nicht im Eigentum des Täters stehen, und eine Einziehung dann nicht möglich ist, so lange dem Eigentümer selbst keine Tat nachgewiesen oder keine der oben beschriebenen Gefahrenlagen angenommen werden kann. Letztere sah man als oft nicht nachweisbar an.[954] Dadurch ist nun die Einziehung bei einem Dritteigentümer auch dann möglich, wenn er leichtfertig dazu beigetragen haben, dass der Gegenstand bei der Begehung der Tat involviert war (Nr. 1) oder er einen solchen in Kenntnis der Umstände, die die Einziehung zugelassen hätten, in verwerflicher Weise erworben hat (Nr. 2).

Ob für die Verwerflichkeit im Sinne des § 74 a Nr. 2 StGB mehr als Kenntnis der die Einziehung ermöglichenden Umstände erforderlich ist, wird nicht einheitlich beurteilt: Damit das Merkmal der Verwerflichkeit nicht überflüssig ist, wird von einigen das Handeln in begünstigender, hehlerischer oder ähnlicher Absicht gefordert.[955] Da jedoch *Fischer* (der lediglich Kenntnis fordert) die Nr. 2 selbst als „Quasi-Hehlerei“ bezeichnet,[956] liegt eine derartige Absicht bei Kenntnis der die Einziehung begründenden Umstände nahe, da gerade den Vertretern der von ihm nicht geteilten Ansicht das Handeln zur Vereitelung der Einziehung für die Verwerflichkeit genügt.[957] Dennoch ist auf Grund der gesonderten Erwähnung im Tatbestand diese über die Kenntnis hinausgehende Verwerflichkeit zu fordern; praktische Unterschiede ergeben sich jedoch kaum.

---

[954] BT-Drs. 11/4792, S. 29; diese Bedenken kann ich angesichts der weiten Tathandlung jedoch kaum nachvollziehen.

[955] So z.B. Sch/Sch-*Eser*, § 74 a Rn 10; SK-StGB-*Horn*, § 74 a Rn 8; *Schiwek*, S. 200; a.A. LK-*Schmidt*, § 74 a Rn 18; MünchKomm-StGB-*Joecks*, § 74 a Rn 16 unter Hinweis auf die Entstehungsgeschichte.

[956] *Tröndle/Fischer*, § 74 a Rn 8.

[957] SK-StGB-*Horn*, § 74 a Rn 9.

Die Einziehung ist gemäß § 143 Abs. 5 S. 3 MarkenG ausgeschlossen, wenn dem Opfer im Rahmen eines Adhäsionsverfahrens der zivilrechtliche Vernichtungsanspruch zugestanden wird. Durch diese Regelung soll klar gestellt werden, dass der Schutz des geistigen Eigentums primär über zivilrechtliche Ansprüche bewirkt werden soll und das Strafrecht nur ergänzende Funktion hat.[958] Dadurch wird auch dem Umstand Rechnung getragen, dass die Einziehung im Ermessen des Richters steht – durch den Vorrang des Adhäsionsverfahrens kann das Opfer jedenfalls die Unschädlichmachung der Waren veranlassen.[959] Dieser Vorrang besteht nach dem Wortlaut aber nur im Rahmen des Adhäsionsverfahrens. Wenn ein solches nicht durchgeführt wird oder das Opfer auf seinen Anspruch verzichtet, bleibt die Einziehung möglich.[960]

Mit Rechtskraft des Urteils geht das Eigentum an den Sachen auf den Staat über (§ 74 e StGB). Eine Verwertung der Waren durch den Staat ist nicht möglich, da das Markenrecht dem entgegensteht.[961] Gemäß § 63 Abs. 1 S. 2 StrafVollstrO erfolgt in solchen Fällen die Zerstörung. Allerdings sieht § 67 a StrafVollstrO vor, dass nach Entfernung des schutzrechtsverletzenden Zeichens die Gegenstände karitativen Organisationen überlassen werden können.

Denkbar ist auch von der Einziehung abzusehen und als milderes Mittel nach § 74 b Abs. 2 StGB die Anweisung zu erlassen, die Gegenstände unbrauchbar zu machen oder die Kennzeichen zu entfernen. Dagegen lässt sich jedoch einwenden, dass der Gesetzgeber durch § 67 a StrafVollstrO zeigte, dass er offensichtlich von der Möglichkeit der Einziehung ausging und nur die dort genannten Gruppen Empfänger von ehemals schutzrechtsverletzender Ware sein können sollen. Aus rechtspolitischen Erwägungen ist dem zuzustimmen, da ansonsten die Gefahr besteht, dass die Waren wieder markiert und erneut in den Umlauf gebracht werden könnten. Demnach ist im Regelfall der Zweck der Einziehung nicht gleichermaßen erfüllt und es sollte von einer Maßnahme nach § 74 b Abs. 2 StGB abgesehen werden.

IV. Verfall, §§ 73 ff StGB

Die aus der Tat erlangten Vorteile können gemäß § 73 Abs. 1 S. 1 StGB für verfallen erklärt werden. Zulässige Objekte für den Verfall sind Vermögensvorteile aus der Tat, die sich unter Berücksichtigung der Unkosten ergeben[962] sowie ge-

[958] BT-Drs. 11/4792, S. 30.
[959] Möhring/Nicolini-*Spautz*, § 110 Rn 2 zur parallelen Vorschrift im Urheberrecht.
[960] *Pohlmann/Jabel/Wolf*, § 67 Rn 1.
[961] *Pohlmann/Jabel/Wolf*, § 67 a Rn 2.
[962] *Lührs*, GRUR 1994, 264, 266; *Satzger*, wistra 2003, 401, 403.

zogene Nutzungen und Surrogate (§ 73 Abs. 2 StGB). Bei Markenstraftaten kommen deshalb die erzielten Gewinne in Betracht.

Allerdings schließen mögliche zivilrechtliche Ansprüche des Opfers gemäß § 73 Abs. 1 S. 2 StGB die Einziehung aus, wenn diese dem Täter das aus der Tat Erlangte entziehen würde. Dies ist gerade bei den genannten Schadensersatzansprüchen aus § 14 Abs. 6 MarkenG der Fall. Auch Ansprüche aus § 823 Abs. 2 BGB i.V.m. § 143 MarkenG kommen in Betracht.[963] Hintergrund der Regelung ist, dass dem Täter nicht die notwendigen Mittel zur Erfüllung der zivilrechtlichen Ansprüche entzogen, er aber auch nicht doppelt belastet werden soll.[964] Der Ausschluss greift dann, wenn ein zivilrechtlicher Anspruch besteht und auch rechtlich durchsetzbar ist, was der Strafrichter zu prüfen hat.[965] Ob der Anspruch tatsächlich geltend gemacht wird, ist dabei nicht relevant.[966] Um den Tätern die Tatgewinne jedoch in jedem Fall zu entziehen, wird zum Teil gefordert, dass bei Ansprüchen, die tatsächlich nicht geltend gemacht werden, eine teleologische Reduktion der Ausschlussklausel vorzunehmen und dennoch der Verfall anzuordnen sei.[967] Dabei wird jedoch übersehen, dass es auch Fälle geben kann, in denen sich das Opfer später doch noch zur Geltendmachung seiner Ansprüche entschließt – in solchen Fällen würde der Täter dann doppelt belastet werden.[968] Ein Risiko, das man gerade durch die Ausschlussklausel vermeiden wollte.

Derzeit besteht allenfalls die Möglichkeit über § 111 i StPO die Beschlagnahme für weitere drei Monate aufrecht zu erhalten;[969] macht das Opfer auch dann seine Ansprüche nicht geltend, ist die Beschlagnahme aufzuheben.

Eine bessere Abschöpfung der Tatgewinne soll jedoch demnächst durch eine Gesetzesänderung ermöglicht werden.[970]

---

963 *Lührs*, GRUR 1994, 264, 266.

964 *Kiethe/Hohmann*, NStZ 2003, 505, 508; *Satzger*, wistra 2003, 401, 403.

965 *Kiethe/Hohmann*, NStZ 2003, 505, 506 ff.

966 Vgl. nur Schleswig-Holsteinisches OLG wistra 2001, 312, 313; *Tröndle/Fischer*, § 73 Rn 11 a m.w.N.; *Rönnau*, Rn 563; MünchKomm-StGB-*Joecks*, § 73 Rn 36.

967 *Kiethe/Hohmann*, NStZ 2003, 505, 510 beziehen sich dabei auf Fälle, in denen die Verletzten ihre Ansprüche nicht geltend machen oder gar nicht erst ermittelt werden können.

968 LK-*Schmidt*, § 73 Rn 34; gegen eine teleologische Reduktion, auch wenn die Durchsetzung zum Beispiel wegen der Vielzahl der Opfer praktisch ausgeschlossen scheint, MünchKomm-StGB-*Joecks* § 73 Rn 42.

969 Diese zeitlich begrenzte Verlängerungsmöglichkeit bereitet gerade bei Taten mit Auslandsbezug Schwierigkeiten, vgl. *Heghmanns*, ZRP 1998, 475, 476 f.

970 Vgl. Pressemitteilung des Bundesjustizministeriums vom 10.3.2006.

V. Öffentliche Bekanntmachung des Urteils, § 143 Abs. 6 MarkenG

Der Verletze kann bei berechtigtem Interesse auch die öffentliche Bekanntmachung der Verurteilung[971] verlangen, wobei die näheren Modalitäten im Urteil festzulegen sind (§ 143 Abs. 6 MarkenG).

Einen derartigen Antrag kann nur der Verletzte im Laufe des Verfahrens stellen: Wer als Verletzter gilt, soll wie im Rahmen des Strafantrags beurteilt werden.[972] Der Verletzte muss ein berechtigtes Interesse an der Bekanntmachung geltend machen können, wobei dieser Begriff weit zu fassen ist. Ein besonderes Interesse an einer Veröffentlichung kann beispielsweise bestehen, wenn in der Öffentlichkeit der Eindruck entstand, dass die verbreiteten Produkte Originalwaren waren[973] oder wenn die Bekanntmachung des Urteils die einzige Möglichkeit ist, Genugtuung zu erlangen, da die Einzelstücke unwiederbringlich an Endabnehmer gelangt sind.[974] Allgemein sind insbesondere die Anzahl der gefälschten Waren oder deren Verbreitungsgrad für die Abwägung von Bedeutung.[975] Letztendlich ist eine Einzelfallentscheidung unter Abwägung der Interessen des Verletzten und der Belastung des Verurteilten durch die öffentliche Bekanntmachung zu treffen.[976]

Die Veröffentlichung wird regelmäßig auf den Urteilstenor beschränkt[977] und ist nur innerhalb eines Monats vollziehbar (§ 463 c Abs. 2 StPO). Es ist eine Veröffentlichung in der Art und Weise zu wählen, dass diejenigen, in deren Kreisen sich die Verletzung ausgewirkt hat auch von dem Urteil Kenntnis erlangen können.[978] Wird nicht auf Bekanntmachung erkannt, kann der Nebenkläger Rechtsmittel einlegen.[979]

---

971 Erforderlich ist eine Verurteilung wegen des Delikts, eine Verwarnung mit Strafvorbehalt genügt nicht, da der Täter gerade vor dem Strafmakel bewahrt werden soll (*Schricker*, § 111 Rn 3); wie im Fall des Zusammentreffens von mehreren Delikten zu entscheiden ist, bemisst sich anhand der konkreten Konkurrenzverhältnisse: Die Bekanntmachung ist auch zulässig bei Idealkonkurrenz mit schwereren Delikten, sowie bei Realkonkurrenz. Ausführlich dazu und zum Umfang der Bekanntmachung in diesen Fällen vgl. *Hildebrandt*, S. 414 f und auch *Braun*, S. 223 f.

972 *Hildebrandt*, S. 408, Teil 4, Kap. 1, A.I.3.a).

973 *Hildebrandt*, S. 410 f für Urheberrechtsverletzungen, was jedoch insbesondere bei Fälschungen minderwertiger Qualität auch für Markenwaren gilt.

974 *Weber*, S. 368. Insofern kommen insbesondere Fachzeitschriften in Betracht.

975 *Braun*, S. 222.

976 *Fezer*, § 143 Rn 37; beachtlich sind dabei alle durch die Rechtsordnung als schutzwürdig anerkannten Interessen, *Schricker*, § 111 Rn 5.

977 *Ströbele/Hacker*, § 143 Rn 45.

978 *Weber*, S. 368.

979 *Gaul*, S. 177.

VI. Berufsverbot, § 70 StGB

§ 70 StGB ermöglicht die Verhängung eines Berufsverbotes, sofern der Täter die Tat unter Missbrauch seines Berufes oder Gewerbes beging. Ein solcher ist anzunehmen, wenn er die seiner Berufssparte von der Allgemeinheit gestellten Aufgaben missachtete und seine Tätigkeit bewusst und planmäßig zur Begehung von Straftaten ausnutzte.[980] Dies kommt dann in Betracht, wenn ein Hersteller für sein Gewerbe übliche Waren mit gefälschtem Kennzeichen produziert[981] und ist auch bei einem Händler denkbar, der derartige Falsifikate vertreibt.[982] Einem Berufsverbot kann dabei aber häufig der Grundsatz der Verhältnismäßigkeit entgegenstehen (§ 62 StGB i.V.m. Art. 12 GG). Auch führen Markenpiraten zumeist ihr „Gewerbe" nicht offiziell, so dass diese Sanktion oft ins Leere geht; Erfolg versprechend ist sie jedoch bei Firmen, die Markenfälschungen neben ihrem legalen Gewerbe betreiben.[983]

VII. Strafzumessung, § 46 ff StGB

§ 46 StGB legt die Maßstäbe für die Strafzumessung fest. Welche Umstände dabei zu beachten sind, wird in Abs. 2 näher ausgeführt: Beweggründe und Ziele des Täters, seine Gesinnung, das Maß der Pflichtwidrigkeit, die Art der Ausführung sowie die verschuldeten Auswirkungen der Tat, aber auch das Vorleben und die individuellen Verhältnisses des Täters sowie sein Nachtatverhalten können für die Beurteilung von Relevanz sein.[984]

Handeln aus Gewinnstreben oder um den Berechtigten bewusst zu schädigen, kann sich beispielsweise negativ auswirken.[985] Auch das Unrecht der Tat kann bei Markenverletzungen unterschiedlich ausfallen: So ist dies bei Fällen vergleichender Werbung, die gerade die Grenzen des Zulässigen überschritten hat, weniger hoch anzusetzen, als wenn minderwertige Waren unter Täuschung der Käufer als Originalprodukte verkauft werden. Ebenso spielen die verursachten Schäden eine starke Rolle bei der Strafzumessung.[986] Dazu zählen hohe finanzielle Einbußen auf Seiten des Markeninhabers oder Verluste durch Erwerb

---

980 *Anduleit*, S. 117.
981 Harte-Bavendamm-*Holler*, § 5 Rn 185.
982 *Braun*, S. 232 f.
983 *Maske*, S. 212.
984 Näher zu den einzelnen Elementen und zur Strafzumessung im Allgemeinen: *Brögelmann*, JuS 2002, 903 ff.
985 *Weber*, S. 364 ff zu den Urheberrechtsdelikten, z.T. jedoch übertragbar.
986 *Weber*, a.a.O.; vgl. dazu und allgemein zu den Strafzumessungskriterien im Zusammenhang mit Urheberrechtsdelikten ausführlich *Hildebrandt*, S. 390 ff.

minderwertiger Ware bei Käufern ebenso wie sonstige Schäden. Letztere sind denkbar, wenn beispielsweise durch gefälschte Pharmaprodukte Gesundheitsschäden auftreten oder es auf Grund mangelhafter Bauteile zur Gefährdung von Menschenleben im Luft- oder Straßenverkehr kommen kann. Allgemein kann sich die bei Markenpiraten häufig professionelle Produktion und Organisation des Vertriebs im Rahmen der Faktoren „Gesinnung" und der „Art der Ausführung" negativ niederschlagen. Auch einschlägige Vortaten, die bei Markenpiraten häufig vorliegen, wirken sich zu Ungunsten des Täters aus.

Die Gewichtung dieser Umstände, sowie die Einbeziehung weiterer, bleibt dem Ermessen des Richters überlassen, der eine für den Einzelfall schuldangemessene Strafe finden muss.

Kapitel 2 USA

In den USA liegt das Strafrecht grundsätzlich in der Kompetenz der einzelnen Bundesstaaten, jedoch steht es dem Bund zu, zur Umsetzung anderer ihm durch die Verfassung garantierter Kompetenzen auch strafrechtliche Sanktionen einzusetzen.[987] Auf Bundesebene ist weder der Model Penal Code[988] noch das Common Law[989] einschlägig, da diese nur innerhalb der Bundesstaaten Anwendung finden. Die allgemeinen durch die Rechtsprechung entwickelten Grundsätze gleichen jedoch oft den Common-Law-Regeln.[990]

A. Ausgestaltung des Tatbestandes

Die *Due-Process-clause* des fünften Verfassungszusatzes[991] erfordert, dass ein Straftatbestand hinreichend bestimmt ist:[992] Der auch als *vagueness-doctrine* bezeichnete Grundsatz legt fest, dass eine Norm dann unwirksam ist, wenn ein

---

[987] *Levasseur*, Law of the United States, S. 160.

[988] Beim Model Penal Code handelt es sich wie bei der Model Trademark Bill um ein vom American Law Institute herausgegebenes Modellgesetzbuch, das als Vorlage für Strafgesetzbücher der einzelnen Bundesstaaten dienen soll; viele der Bundesstaaten haben sich daran stark orientiert.

[989] In United States v. Hudson, 11 U.S. 32 (1812) wurde entschieden, dass es auf Bundesebene keine *Common Law Crimes* gibt; auf dieser Ebene sind Straftaten letztendlich immer auf Gesetzesrecht zurückzuführen, wobei jedoch de facto die Gerichte vielfach nicht geregeltes durch Rechtsprechung ausfüllen, vgl. *Rosenberg*, 29 Am. J. Crim. L. 193, 194.

[990] *Low*, Federal Criminal Law, S. 3 f.

[991] U.S. Const, amend V, cl. 4.

[992] United States v. Bohai Trading Company, 45 F.3d 577, 580 (1st Cir. 1995).

Mensch durchschnittlicher Intelligenz auf Grund der vagen Formulierung gezwungen ist die Reichweite der Norm zu erraten und demnach nicht sein Verhalten an ihr ausrichten kann.[993]

Da jedoch der Gesetzgeber nicht alle denkbaren Umstände vorhersehen und demnach den Tatbestand nicht bis ins letzte Detail vorformulieren kann, ist es anerkannt, dass die Schwierigkeit, den Umfang der Vorschrift abzuschätzen, nicht automatisch zu deren Unwirksamkeit führt.[994] Wenn die Norm der ihrem Regelungsgehalt unterliegenden Person einen „fairen Hinweis" gibt und sie effektiv vor gewillkürter und diskriminierender Anwendung schützt, wird sie der *Due-Process-clause* gerecht.[995]

Die Verfassungsmäßigkeit des 18 U.S.C. § 2320 wurde bislang in zwei Verfahren zum Thema gemacht. *McEvoy* empfand die Tathandlung als zu unbestimmt: Dies wurde vom mit dem Strafverfahren befassten Gericht als abwegig verworfen, da die Bedeutung des Wortlautes sehr klar sei und die Norm bereits von mehreren Gerichten konsistent angewandt wurde – vorausgehende Verfahren hätten auch gezeigt, dass den Angeklagten jeweils bewusst war, dass sie unrechtmäßig handelten.[996] In *United States v. Bohai Trading Company* wurde die Ausnahmeklausel des 18 U.S.C. § 2320 als nicht verfassungsgemäß angegriffen, da sich nicht klar ergebe, in welchen Abschnitten der Produktion die Genehmigung vorliegen müsse.[997] Auch diesem Einwand wurde nicht gefolgt: Das für diese Anklage zuständige Gericht hielt es aus dem Wortlaut und unter Berücksichtigung der Absicht des Kongresses als erwiesen an, dass während des gesamten Produktionsprozesses die Genehmigung vorliegen muss.[998]

Auch in den USA findet sich der Begriff der Verwechslungsgefahr im Tatbestand wieder, der im Hinblick auf die Bestimmtheit des Tatbestandes problematisch sein könnte: Auf Grund des Erfordernisses, dass die Zeichen in ihren wesentlichen Merkmalen nicht unterscheidbar sein dürfen, ist der Begriff deutlich enger zu verstehen als im Lanham Act, wo eine Vielzahl von zum Teil stark wertungsbedürftigen Faktoren in dessen Beurteilung einfließen. Zwar wird auf die zivilrechtliche Rechtsprechung zurückgegriffen; die sachliche Reichweite des zivilrechtlichen Begriffs ist aber sehr viel weiter ist als die des strafrechtli-

---

993 Connaly v. General Construction Co., 269 US 385, 391 (1926); *Dubber*, US-amerikanisches Strafrecht, S. 15.

994 United States v. National Dairy Products Corp., 372 U.S. 29, 32 (1963); *LaFave*, Substantive Criminal Law, § 2.3(a).

995 *LaFave*, a.a.O.

996 United States v. McEvoy, 820 F.2d 1170, 1172 (11th Cir. 1987).

997 *Bohai Trading Company*, 45 F.3d 577, 580.

998 A.a.O.

chen: Im Strafrecht muss das Merkmal im Rahmen der Definition einer gefälschten Marke gesehen werden. Beabsichtigt war, dass Markenfälschungen. die so den Originalprodukten ähneln, dass sie von diesen nicht unterscheidbar sind und demnach mit diesen verwechselt werden könnten, ebenso unter den Tatbestand fallen. Die Bezugnahme auf die Verwechslungsgefahr erfolgt, um auf den Grundgedanken des Markenschutzes zu verweisen, wäre jedoch auf Grund der Fassung der Definition nicht notwendig gewesen. Demnach kommt dem Begriff eine sehr enge Bedeutung zu, die sich unmittelbar aus dem Tatbestand ergibt und er genügt somit dem Bestimmtheitsgebot.

Die einer Verletzungshandlung entgegenzusetzenden Einreden ergeben sich aus dem Verweis des 18 U.S.C. § 2320(c) auf den Lanham Act, wobei sowohl geschriebene als auch ungeschriebene Ausschlussgründe umfasst werden. Dies ist aus verfassungsrechtlicher Sicht unproblematisch, da es sich um Umstände handelt, die zu Gunsten des Täters wirken. Lediglich wenn diese Normen wiederum einschränkend ausgelegt werden, geht dies zu Lasten des Täters und kann sich als problematisch erweisen. Ähnlich dem § 23 MarkenG sieht 15 U.S.C. § 1115(b)(4) eine Einrede für den beschreibenden Gebrauch vor, der nur *fairly* erfolgen darf. Diesem Merkmal wurde aber durch die Rechtsprechung eine klare Kontur gegeben: Sobald ein Zeichen als Marke verwendet wird, ist die Berufung auf diese Einrede ausgeschlossen. Damit ist der Begriff ausreichend bestimmbar.

B. Irrtümer

Hinsichtlich der Irrtumslehre besteht auf Bundesebene keine gesetzliche Regelung: Die Probleme werden von Fall zu Fall entschieden. Zumeist ergibt sich jedoch eine starke Annäherung an die Irrtumslehre im Common Law.[999] Grundsätzlich wird dabei eine Unterscheidung anhand der Grenze „Tatsachen/rechtliche Frage" getroffen.

I. Tatsachenirrtum

Ein Irrtum über Tatsachen ist nur dann eine *defense*, wenn der Irrtum zum Ausschluss der für die Tat notwendigen subjektiven Elemente führt.[1000] Dabei ist es

[999] *Low*, Federal Criminal Law, S. 196.
[1000] United States v. Vasarajs, 908 F.2d 443, 448 (9th Cir. 1990).

unbedeutend, ob der Täter in völliger Unkenntnis einer Tatsache handelt oder einer Fehlvorstellung unterliegt.[1001]

Allerdings ist zur Beurteilung des Irrtums von Bedeutung, ob der Tatbestand auf der subjektiven Seite lediglich *general intent* oder *specific intent* erfordert: Nur bei letzterem entfällt automatisch bei einem Irrtum über ihm zu Grunde liegende Tatsachen der Vorsatz.[1002] Demnach muss vorab jeder Tatbestand entsprechend kategorisiert werden. Der Begriff *general intent* ist historisch zu erklären: Wenn, wie früher zum Teil üblich, ein Tatbestand nicht explizit vorsätzliche Elemente festschrieb, musste zumindest *general intent* vorliegen, womit das innere Verhältnis des Täters zur Tat gemeint ist.[1003] *Specific intent*-Taten hingegen zeichnen sich dadurch aus, dass im Tatbestand über diese allgemein notwendige verwerfliche Gesinnung hinaus spezielle subjektive Elemente (= besonderer Vorsatz) festgeschrieben werden;[1004] darunter fallen insbesondere Absichten oder besondere Kenntnis.[1005]

Ein klassischer Fall einer *specific intent*-Tat liegt vor, wenn bestimmte Kenntnis hinsichtlich des Tatobjekts vorliegen muss. Zum Beispiel hat im Rahmen eines hehlereiähnlichen Tatbestandes dem Täter bekannt zu sein, dass die entsprechende Sache eine gestohlene ist.[1006] Dies ist vergleichbar mit 18 U.S.C. § 2320, welcher Kenntnis hinsichtlich der Tatsache erfordert, dass eine gefälschte Marke vorliegt („knowingly uses a counterfeit mark"). *Specific intent* ist darüber hinaus auch gegeben, wenn die beschriebene Tatbestandshandlung absichtlich begangen wurde.[1007] Demnach fällt auch das willentliche Handeltreiben (*intentionally traffics*) unter diese Definition.

Damit sind beide Elemente des subjektiven Tatestandes als *specific intent*-Elemente zu klassifizieren. Dieser Beurteilung stehen auch nicht die Entscheidungen *United States v. Baker*[1008] und *United States v. Gantos*[1009] entgegen, die darauf abstellten, dass keine besondere Absicht vorliegen muss, die Strafnorm zu verletzen: Die Gerichte verneinten das Erfordernis von *specific intent* allein im Hinblick auf die Behauptung der Angeklagten, sie können nicht verurteilt

---

[1001] *Dressler*, Understanding Criminal Law, § 12.01, n. 2.
[1002] United States v. Gracidas-Ulibarry, 231 F.3d 1188, 1196 (9th Cir. 2000).
[1003] *Dressler*, Understanding Criminal Law, § 10.06; kann als „allgemeiner Vorsatz" übersetzt werden, *Schmid*, S. 182 f.
[1004] *LaFave*, Substantive Criminal Law, § 5.2(e).
[1005] *Batey*, 18 Ga. St. U. L. Rev. 341, 380 f.
[1006] *Dressler*, Understanding Criminal Law, § 10.06.
[1007] Black's Law Dictionary - *intent*; *Batey*, 18 Ga. St. U. L. Rev. 341, 380 f.
[1008] United States v. Baker, 807 F.2d 427, 428 f (5th Cir. 1986).
[1009] United States v. Gantos, 817 F.2d 41, 43 (8th Cir. 1987).

werden, da ihnen mangels Kenntnis der Strafnorm die Absicht gefehlt habe gegen diese zu verstoßen. Das Gericht legte nur eindeutig fest, dass der Tatbestand diese spezielle Absicht nicht erfordert.[1010]

II. Rechtsirrtum

1. Grundsatz der Unbeachtlichkeit

Rechtsirrtümer stehen einer Verurteilung grundsätzlich nicht entgegen.[1011] Unwissenheit schützt nicht vor Strafe;[1012] es wird von jedem erwartet, dass er das Gesetz kennt.[1013]

Demnach ist auch - wie schon eben angesprochen - nicht erforderlich, dass der Täter weiß, dass er gegen ein Strafgesetz verstößt: Bei United *States v. Baker* wusste der Angeklagte zwar, dass sein Tun nicht dem Markenrecht entsprach, allerdings war ihm die Einführung der Strafnorm entgangen. Das Gericht entschied jedoch, dass die Kenntnis der Strafbarkeit nicht erforderlich sei.[1014]

2. Ausnahmen

a) Außerstrafrechtlicher Irrtum (*mistake about non-penal law*)

Von dieser Grundregel gibt es eine wichtige Ausnahme: Ein Irrtum über eine außerhalb des Strafrechts liegende Rechtsfrage kann beachtlich sein. In manchen Fällen kann die Unkenntnis etwa der zivilrechtlichen Lage zum Ausschluss des speziellen subjektiven Elements führen: Beispielsweise kann keine Kenntnis hinsichtlich einer gestohlenen Sache angenommen werden, wenn der Täter auf Grund einer irrigen Rechtsauffassung hinsichtlich der Eigentumsfrage zu dem Ergebnis gelangt, dass es sich um seine Sache handle.[1015]

Ein Angeklagter soll nicht auf Grund seiner falschen Rechtauslegung verurteilt werden, wenn – die Richtigkeit seiner Rechtsauffassung unterstellt – die Tat nicht strafbar gewesen wäre, da er dann nicht mit vorwerfbarer Gesinnung han-

---

[1010] Ebenso *Green*, 54 Hastings L.J. 167, 185; vgl. dazu bereits oben Teil 2, Kap. 2, A.III.1.
[1011] Lambert v. People of the State of California, 355 U.S. 225, 243 (1957).
[1012] Velasquez v. United States, 4 F. Supp. 2d 331, 334 (S.D.N.Y. 1998).
[1013] *LaFave*, Substantive Criminal Law, § 5.6(d).
[1014] United States v. Baker, 807 F.2d 427, 429 (5th Cir. 1986), dem sich anschließend United States v. Gantos, 817 F.2d 41, 43 (8th Cir. 1987); vgl. Teil 2, Kap. 2, A.III.1.
[1015] Townsend v. United States, 95 F.2d 352, 358 (D.C.Cir. 1938).

delte.[1016] Durch die Anerkennung dieses Rechtsirrtums als beachtliche Einrede wird die Grundregel „*Mistake of law is no defense*" und die damit verbundene Anerkennung des Strafrechts nicht unterlaufen, da nur das Strafrecht, nicht aber sonstiges Recht eine moralische Bewertung enthält.[1017] Demnach kommt es darauf an, ob ein außerstrafrechtlicher Rechtsirrtum letztendlich zur Konsequenz hat, dass der speziell definierte Vorsatz ausgeschlossen wird.[1018]

b) Vertrauen auf offizielle Interpretationen des Rechts

Von der vorab erörterten Grundregel wird auch keine Ausnahme gemacht, wenn man sich auf rechtlichen Rat verlassen hat – außer es handelt sich dabei um eine offizielle Interpretation des Rechts, wie z.B. ein Gesetz, eine gerichtliche Entscheidung oder die Erklärung einer Behörde.[1019] Wer demnach in gutem Glauben eine Handlung vornimmt, hinsichtlich derer ihm von staatlicher Seite zugesichert wurde, dass diese strafrechtlich nicht relevant sei, kann nicht verurteilt werden.[1020]

Dies ist in Betracht zu ziehen, wenn beispielsweise das Patent- und Markenamt eine mit einem älteren Recht kollidierende Marke erteilt oder wenn ein Gericht eine Benutzungshandlung für zulässig befunden hat. Gegen ersteres lässt sich jedoch einwenden, dass das U.S. Patent and Trademark Office nach außen nur die Eintragung in das Register erklärt[1021] und nicht das Nichtvorliegen sämtlicher Schutzhindernisse. Somit liegt in der Erteilung bereits keine Erklärung, dass die Marke keinerlei Rechte eines Dritten verletzt, auf die vertraut werden könnte. Da in den USA die Strafnorm nur einen Kernbereich der Markenverletzungen erfasst, ist es wenig wahrscheinlich, dass bei derart eindeutigen Konstellationen ein Zivilgericht eine solche Benutzungshandlung „genehmigt." Wenn dies jedoch eintreten sollte, wäre es ein denkbarer Fall für einen vorsatzausschließenden Rechtsirrtum.

1016 *Keedy*, 22 Harv. L. Rev. 75, 95.
1017 *Perkins/Boyce*, Criminal Law, Ch. 9 Sec. 1 A.2.
1018 United States v. Petito, 519 F. Supp. 838, 841 (E.D.N.Y. 1981).
1019 *Perkins*, 88 U. Pa. L. Rev. 35, 42.
1020 United States v. Laub, 385 U.S. 475, 487 (1967).
1021 15 U.S.C. § 1057.

III. Kategorisierung verschiedener Irrtümer

1. Irrtum über Schutzrecht

Wenn sich der potenzielle Verletzer darüber geirrt hat, dass er eine Marke verletzt, kann dieser Irrtum auf mehrere Faktoren zurückführbar sein.

Wenn dem Täter die Marke als solche nicht bekannt ist, dann hat er keine Kenntnis hinsichtlich deren Bestand (= Tatsache). Da per definitionem das Tatobjekt auf ein mit der Marke nahezu identisches Zeichen begrenzt ist, ist es relativ unwahrscheinlich, dass eine derartige Nähe zwischen den Zeichen vorliegt, jedoch keine Kenntnis von der Marke. Gleiches gilt auch, wenn das Merkmal *substantially indistinguishable* als nicht erfüllt angesehen wird: Angesichts der hohen objektiven Voraussetzungen liegt in solchen Fällen immer nahe, dass diese Möglichkeit zumindest in Betracht gezogen wurde und somit die Grenze zur *wilfull blindness* rasch überschritten ist.

Denkbar ist jedoch, dass ein Irrtum über die Schutzfähigkeit der Marke vorliegt. Das Gesetz legt durch 18 U.S.C. § 2320(e)(1)(A)(ii) fest, dass keine Kenntnis hinsichtlich der Eintragung der Marke bestehen muss und schließt somit auch die Relevanz derartiger Irrtümer aus.[1022]

Dadurch ist jedoch nicht die Behauptung ausgeschlossen, dass eine Marke nicht die für den Schutz notwendigen Voraussetzungen erfüllt. Nach den amerikanischen Grundsätzen zur Irrtumslehre muss dabei stets zwischen Tatsachen- und Rechtsirrtümer unterschieden werden.

Viele der Irrtümer sind dabei oft auf mangelnde Tatsachenkenntnis zurückzuführen, wenn das Schutzhindernis beispielsweise die Verkehrsanschauung als Grundlage nimmt. So beurteilt sich der Erwerb von *Secondary Meaning* zum Beispiel danach, welche Bedeutung dem Zeichen im Verkehr primär zugewiesen wird. Ein Irrtum darüber ist deshalb auf die Tatsache der korrekten Verkehrsanschauung zurückzuführen; der Vorsatz entfällt.

Doch selbst wenn ein Irrtum hinsichtlich der Auslegung der markerechtlichen Normen besteht, führt dies zum Ausschluss des Vorsatzes: Wie oben dargelegt, wird zwar die Kenntnis des Rechts vorausgesetzt, dies bleibt jedoch auf strafrechtliche Normen beschränkt. Wenn demnach Unkenntnis oder eine irrige Vorstellung über die Ausgestaltung des Markenrechts herrscht, so ist dies ein außerstrafrechtlicher Irrtum, der ebenfalls der Annahme von Vorsatz entgegensteht.

[1022] United States v. Guerra, 293 F.3d 1279, 1287 (11th Cir. 2002).

Dies bestätigt auch die Gesetzesbegründung, die dann keine strafrechtliche Verantwortlichkeit annehmen möchte, wenn jemand guten Glaubens davon ausging, dass es sich bei dem verwendeten Zeichen nicht um eine gefälschte Marke handelt.[1023]

Demnach halte ich die Anmerkung in *Guerra* für nicht zutreffend, dass es ohne Belang sei, dass der Angeklagte die gefälschten Zigarrenlabel lediglich als nicht schützbare kubanische Marken ansah.[1024] Dies lässt sich nicht mit den Grundsätzen der Irrtumslehre vereinbaren, die keine vertiefte Kenntnis zivilrechtlicher Rechtsgebiete verlangen. Das Gericht setzte sich mit der Irrtumsproblematik kaum auseinander. Allerdings lagen zusätzlich Tatsachen vor, die nachwiesen, dass *Guerra* angesichts der hohen Nachfrage hinsichtlich der Legitimität seines Tuns Zweifel bekam. Der Entscheidung des Gerichts ist somit im Ergebnis zuzustimmen, da zumindest *willful blindness* hätte angenommen werden können – die Begründung ist unter dem Aspekt der Irrtumslehre jedoch nicht vollständig.

Somit hat im amerikanischen Recht die Unterscheidung zwischen Tatsachen und Rechtsfragen bei der Beurteilung der Wirksamkeit der Marken faktisch keine Auswirkung.

2. Irrtum über Tathandlung

Ein tatsächlicher Irrtum über die Tathandlung ist schwer vorstellbar. Denkbar ist, dass dem Täter nicht bekannt war, dass er zum Beispiel über Staatsgrenzen hinweg transportierte. Wie bereits im Rahmen des Vorsatzes angesprochen,[1025] muss sich der subjektive Tatbestand nicht auf den *interstate commerce* beziehen, da es sich gerade nicht um ein Tatbestandsmerkmal, sondern nur um eine Voraussetzung für die Kompetenz des Bundes handelt. Ein Irrtum kann demnach keine Auswirkungen haben.

Irrt der Täter hingegen darüber, was vom Tatbestand umfasst wird, so handelt es sich lediglich um einen unbeachtlichen Rechtsirrtum. Ein solcher liegt beispielsweise vor, wenn der Täter davon ausgeht, dass der Transport von Piraterieprodukten nicht strafbar sei.

[1023] 130 Cong Rec. 31673, 31674 (1984).
[1024] United States v. Guerra, 293 F.3d 1279, 1287 f (11th Cir. 2002).
[1025] Vgl. Teil 2, Kap. 2, A.III.3.

3. Irrtum über Einrede

Bei den einzelnen Einreden zieht sich das entwickelte Muster weiter durch: Es ist danach zu unterscheiden, ob Fehlvorstellungen hinsichtlich einer Tatsache oder einer rechtlichen Beurteilung vorliegen.

Ein Irrtum kann zum Beispiel im Hinblick auf das Vorliegen der Zustimmung zur Verwendung bestehen. Wird irrtümlich ein Einverständnis angenommen, so liegt ein Irrtum über Tatsachen vor und somit kein Vorsatz. Wenn hingegen die Lizenzvereinbarung falsch ausgelegt wird, handelt es sich um einen Rechtsirrtum: Da jedoch die Beurteilung des Vertrages nach zivilrechtlichen Grundsätzen erfolgt, ist dieser Irrtum ausnahmsweise beachtlich.

Häufig vorkommen kann ein Irrtum über die Reichweite einer Einrede aus dem Lanham Act, d.h. ob zum Beispiel bestimmtes Verhalten noch unter *fair use* fällt. Hinsichtlich der Einreden besteht die Besonderheit, dass ausdrücklich auf das Zivilrecht verwiesen wird. Insofern könnte es sich um einen außerstrafrechtlichen Irrtum handeln. Die Einreden könnten jedoch auch als strafrechtlicher Natur qualifiziert werden, da sie durch 18 U.S.C. § 2320(c) in den Tatbestand inkorporiert wurden. Dies würde zu einer künstlichen Aufspaltung zwischen der Beurteilung von Fehlvorstellungen über die Marke als solche und über mögliche Benutzungshandlungen kommen. Ein Blick auf die Strafvorschrift zum Copyright[1026] zeigt, dass dort die herrschende Meinung annimmt, dass der Angeklagte Kenntnis von der Verletzung des Rechtes gehabt haben muss.[1027] Bei zivilrechtlichen Markenverletzungen, deren Regelungen dem Wortlaut des 18 U.S.C. § 2320 entsprechen,[1028] wird auch Kenntnis der Rechtswidrigkeit der Benutzung verlangt.[1029] Wenn demnach beim zivilrechtlichen Äquivalent bereits Kenntnis vorliegen muss, so hat dies erst recht für das Strafrecht zu gelten.

Stellt sich also ein Angeklagter irrig vor, dass beispielsweise *fair use* selbst dann noch vorliegen kann, wenn er das Zeichen als Marke verwendet oder er geht davon aus, dass bereits mangelnde Benutzung einer Marke innerhalb eines Jahres zum Erlöschen des Rechtes führt, so handelt es sich um einen Irrtum über rechtliche Bewertungen außerhalb des Strafrechts, die somit zur Straflosigkeit führen.

[1026] 17 U.S.C. § 506; da dieser Tatbestand jedoch als subjektives Element *wilfullness* voraussetzt, was mit wissentlicher Rechtsverletzung umschrieben werden kann, kann diese Auslegung nicht unmittelbar übertragen werden; allerdings gebietet die Gleichbehandlung aller Rechte des geistigen Eigentums auch im Markenrecht eine derartige Interpretation.

[1027] *Loren*, 77 Wash. U. L.Q. 835, 877; *Coblenz*, 9 Alb. L.J. Sci. & Tech. 235, 247 f.

[1028] Vgl. nur 15 U.S.C. § 1117(b); für Unterlassungsanspruch etc. wird keine Kenntnis vorausgesetzt.

[1029] Vgl. z.B. Mattel, Inc. v. Robarb's, Inc., 139 F. Supp. 2d 487, 494 f (S.D.N.Y. 2001).

Allerdings ist dabei stets zu beachten, dass Gerichte bei der Annahme von Vorsatz bei Markenverletzungen keine all zu hohen Hürden aufstellen werden – wenn Zweifel hinsichtlich der Legitimität der entsprechenden Benutzungshandlung bestehen und nur aus Angst vor unerwünschter Erkenntnis nicht weiter hinterfragt wird (= *wilfully blind*), genügt dies zur Erfüllung des subjektiven Tatbestandes.

C. Täterschaft und Teilnahme

I. Grundkonzept: Einheitstäterschaft

Auf Bundesebene herrscht in den USA der Grundsatz der Einheitstäterschaft: 18 U.S.C. § 2 legt fest, dass sowohl Mittäter, mittelbare Täter, Anstifter oder auch Gehilfen wie Täter behandelt werden.[1030] Um einen Gehilfen als Täter zu bestrafen, ist dessen Beteiligung an der Haupttat nachzuweisen; auf subjektiver Seite muss die Absicht vorliegen, die Begehung der zu Grunde liegende Haupttat durch einen anderen zu fördern, sowie auch der für die Haupttat erforderliche Vorsatz gegeben sein.[1031]

Der objektive Tatbestand umfasst eine Vielzahl von Handlungen: Herstellung, Transport, Weitergabe oder auch schon Verkaufsangebote allein führen zur Täterschaft. Auf Grund der weiten Fassung der Norm werden an Markenfälschungen Beteiligte deshalb bereits zumeist den Tatbestand selbst verwirklichen. Beihilfe kann aber dennoch vorkommen, da objektiv bereits jede noch so unbedeutende Unterstützungshandlung genügt.[1032]

Eher als problematisch wird sich bei der Beihilfe der subjektive Tatbestand erweisen, da der Gehilfe grundsätzlich sowohl über den erforderlichen Vorsatz zur Haupttat verfügen als auch diese fördern wollen muss: Fraglich ist demnach, ob es genügt, wenn ein Gehilfe zwar Kenntnis von der Haupttat hat, diese jedoch

---

[1030] 18 U.S.C.§ 2 Principals
(a) Whoever commits an offense against the United States or aids, abets, counsels, commands, induces or procures its commission, is punishable as a principal.
(b) Whoever willfully causes an act to be done which if directly performed by him or another would be an offense against the United States, is punishable as a principal.

[1031] Nye & Nissen v. United States, 336 U.S. 613, 619 (1949); United States v. Gaskins, 849 F.2d 454, 459 (9th Cir. 1988); für 18 U.S.C, § 2320: United States v. Yamin, 868 F.2d 130, 134 (5th Cir. 1989); auch wenn die Teilnehmer wie Täter bestraft werden, muss dennoch zwischen Täterschaft und Teilnahme unterschieden werden, da jeweils unterschiedliche Elemente zu beweisen sind, *Gaskins*, 849 F.2d 454, 460.

[1032] *Weiss*, 70 Fordham L. Rev. 1341, 1347.

nicht in seinen Willen aufgenommen hat. Dies kann beispielsweise beim Verkauf von Lederanhängern, die später an gefälschte Handtaschen angebracht werden können,[1033] vorkommen, wenn der Verkäufer zwar mit dieser Möglichkeit rechnet, aber nicht handelt, um genau diese Tat zu fördern. Er erfüllt selbst den Tatbestand nicht, da das Handeltreiben mit Kennzeichnungsmitteln nicht strafbewehrt ist.[1034] Nach den eben genannten Grundregeln der Täterschaft und Teilnahme ist Kenntnis nicht ausreichend, um ihn als Teilnehmer zu verurteilen, da 18 U.S.C. § 2320 gerade Absicht erfordert. Dies lässt sich dadurch erklären, dass die Teilnahme als eine Alternative der Tatbegehung gesehen wird, weshalb auch die gleichen Anforderungen an den subjektiven Tatbestand gestellt werden müssen.[1035] Wenn demnach lediglich der legale Verkauf von tatfördernden Werkzeugen stattfindet und der Verkäufer die Haupttat dadurch nicht nachweisbar fördern will, kann keine Bestrafung erfolgen.[1036] Angedeutet wird dies in *United States v. Giles*[1037] und *United States v. Guerra*[1038], wenn auch in beiden Fällen auf Grund anderer Umstände auf dieses Problem nicht näher einzugehen war. Beim Verkauf von Kennzeichnungsobjekten, die üblicherweise nur zur Begehung einer Markenverletzung verwendet werden können, wird aber oft eine entsprechende Absicht vorliegen.

II. Ausnahmen von der Strafbarkeit

Nicht jeder kann jedoch Täter sein: Ein Lizenznehmer kann sich nur dann einer Markenrechtsverletzung strafbar machen, wenn er die zeitlichen Grenzen der Vereinbarung überschreitet oder die Marke auf anderen als im Vertrag genehmigten Waren anbringt.[1039] Wenn der Markeninhaber selbst entgegen einer ausschließlichen Lizenz weiterhin seine Zustimmung zur Nutzung der Marke gibt, so begeht er zwar eine Vertragsverletzung, macht sich aber nicht strafbar: Es wird weiterhin ein Originalprodukt auf den Markt gebracht und weder werden Verbraucher getäuscht noch der Markeninhaber in seinen Rechten verletzt; nur

---

[1033] So geschehen bei United States v. Giles, 213 F.3d 1247 (10th Cir. 2000).

[1034] Vgl. dazu bereits Teil 2, Kap. 2, A.I.1.b).

[1035] *Weisberg*, 4 Buff. Crim. L. Rev 217, 225.

[1036] United States v. Falcone, 109 F.2d 579, 581 (2d Cir. 1940); die zum Teil von der Literatur bei schweren Verbrechen entwickelten Ausnahmen von diesem Grundsatz sind hier nicht anwendbar, vgl dazu allgemein *Weiss*, 70 Fordham L. Rev. 1341.

[1037] United States v. Giles, 213 F.3d 1247 (10th Cir. 2000), keine *aiding* und *abetting*, da dies von der Staatsanwaltschaft nicht angeklagt wurde.

[1038] United States v. Guerra, 293 F.3d 1279 (11th Cir. 2001); wegen gleichzeitig vorliegender *Conspiracy* bereits Zurechnung der Tat, so dass keine näheren Erläuterungen dazu nötg waren.

[1039] Vgl. dazu bereits Teil 2, Kap. 2, A.I.3.

diese beiden Gruppen sollten jedoch durch das Strafrecht geschützt werden. Vertragsverletzungen sind zivilrechtlich zu lösen. Wenn eine Lizenz jedoch ausschließlich und unwiderruflich erteilt wird, kann man von einer Übertragung der Marke ausgehen[1040] - damit kann sich dann auch der ehemalige Markeninhaber strafbar machen.

Darüber hinaus legt bereits die Gesetzesbegründung klar dar, dass der private Endabnehmer selbst nicht den Tatbestand verwirklicht, wenn er für den Privatgebrauch Waren erwirbt.[1041] Allerdings stellt sich die Frage, ob er als Gehilfe strafbar sein kann und demnach letztendlich der gleichen Strafdrohung wie der Täter unterliegt.

Grundsätzlich kann eine Person, die nicht in den Anwendungsbereich der Norm fällt, gleichwohl Gehilfe der Tat sein.[1042] Allerdings soll nicht durch die Hintertür wieder eine Strafbarkeit eingeführt werden, die bei Schaffung der Norm ausdrücklich abgelehnt wurde.[1043] Wenn demnach im Hinblick auf eine Interaktion das Gesetz so formuliert wurde, dass nur einem der daran Beteiligten Schuld zugewiesen wird, dann kann daraus geschlossen werden, dass der andere unbestraft bleiben sollte.[1044] Im Fall des Handelns mit gefälschten Markengütern ist das für die Tatbestandsalternativen der Übertragung oder des Verfügens der Fall, da in beiden Fällen ein Dritter die Sachen in Empfang nehmen muss. Wenn demnach bei einem illegalen Verkauf von Gütern vom Gesetz nur die verkaufende Seite ausdrücklich mit Strafe belegt wird, so kann daraus geschlossen werden, dass der Käufer nicht umfasst werden sollte.[1045]

Diese Ausnahme wird jedoch stets auf Tathandlungen begrenzt, die der Begehung der Tat unvermeidbar inne lagen (*inevitably incident*).[1046] Wenn über die notwendige Beteiligung hinausgegangen wird, steht einer Bestrafung nichts entgegen: Vorwerfbare Tathandlung ist dann nicht das Annehmen der rechtsverletzenden Güter, sondern die darüber hinausgehende Handlung, wie zum Beispiel das Anstiften zur Produktion oder zum Ankauf rechtsverletzender Waren.

[1040] Ste. Pierre Smirnoff, Inc. v. Hirsch, 109 F. Supp. 10, 12 (S.D. Ca. 1952), davon wird jedoch nur in wenigen Ausnahmefällen auszugehen sein.

[1041] 130 Cong. Rec. 31673, 31675.

[1042] United States v. Shear, 962 F.2d 488, 493 (5th Cir. 1992); United States v. Odom, 736 F.2d 150, 151 f (5th Cir. 1985).

[1043] *Shear*, 962 F.2d 488, 496.

[1044] United States v. Amen, 831 F.2d 373, 381 (2d Cir. 1987).

[1045] Zum Verkauf von Likör: United States v. Farrar, 281 U.S. 624, 634 (1930).

[1046] *LaFave*, Substantive Criminal Law, § 13.3(e).

III. Strafrechtliche Verantwortlichkeit von Unternehmen

Der Tatbestand sieht eine gesondert definierte Strafdrohung für Unternehmen vor. Es ist anerkannt, dass ein Unternehmen für Taten strafrechtlich verantwortlich gemacht werden kann, die Angestellte im Rahmen ihrer Tätigkeit für das Unternehmen begehen.[1047] Die Tat muss zu Gunsten des Unternehmens ausgeübt werden, so dass letztendlich die Handlung und die Absicht dem Unternehmen zugerechnet werden.[1048]

Der Strafbarkeit steht nicht entgegen, dass der Angestellte fahrlässig oder sogar gegen ausdrückliche Anordnung handelte, wenn die Tat zu Gunsten des Unternehmens erfolgte und er unter Ausnutzung seiner ihm verliehenen Befugnisse tätig war.[1049]

Ebenfalls unerheblich ist es, ob die Tat tatsächlich dem Unternehmen zugute kam. Entscheidend ist, dass der Angestellte mit der Absicht handelte, dem Unternehmen einen Vorteil zu verschaffen.[1050] Im Rahmen des subjektiven Tatbestandes kann im Extremfall auch die Kenntnis einzelner Mitarbeiter, die für sich genommen nicht zur Begehung des Tatbestandes ausreichen würde, kollektiv betrachtet und dem Unternehmen zugerechnet werden.[1051]

D. Versuch

Ein Blick auf die Tathandlung zeigt, dass auch der „Versuch“ des Handeltreibens (*to attempt to traffic*) mit Markenfälschungen bereits unter den Tatbestand fällt. Demnach besteht keine eigene Versuchsstrafbarkeit; entsprechende Handlungen stellen eine Alternative der Tatbestandbegehung dar.[1052] Hinsichtlich des unmittelbaren Ansetzens gelten jedoch die zum Versuch entwickelten Grundsätze entsprechend.

[1047] New York Central & Hudson Railroad Company v. United States, 212 U.S. 481, 493 (1909); Ziel dieser Arbeit ist nicht eine Beurteilung der Unternehmensstrafbarkeit, allgemeine Überlegungen dazu finden sich beispielsweise bei: *Coffee*, 79 Mich. L. Rev. 386; *Khanna*, 109 Harv. L..Rev. 1477; *Friedmann*, 23 Harv. J.L. & Pub. Pol'y 833 ff.

[1048] Dazu näher *Brickey*, Corporate Criminal Liability, § 1:04; *Drew/Clark*, 42 Am. Crim. L. Rev. 277, 279 ff m.w.N., (jährlicher erscheinender Überblicksaufsatz zu diesem Thema).

[1049] *New York Central & Hudson Railroad Comp*, 212 U.S. 481, 493 und 495; *Tigar*, 17 Am. J. Crim. L, 211, 216 ff.

[1050] United States v. Automated Medical Laboratories, Inc., 770 F.2d 399, 407 (4th Cir. 1985).

[1051] *Reeves/Harris/Loewensen*, S. 91, sogenannte *„collective knowledge“ doctrine* (str.).

[1052] Diese Konstruktion entspricht im deutschen Recht einem Unternehmensdelikt.

Somit ist es lediglich notwendig zu beurteilen, wann die Grenze von den straflosen Vorbereitungshandlungen zum „strafbaren Versuch“ überschritten wird (wobei unmittelbar mit dem Überschreiten zugleich die Vollendung des Tatbestandes eintritt). Es wird gefordert, dass das Verhalten einen wesentlichen Schritt in Richtung der Begehung der Tat darstellt:[1053] In diesem Schritt muss auch der Vorsatz des Täters klar zum Ausdruck kommen, was nur der Fall ist, wenn dieser über rein vorbereitende Handlungen hinaus tätig wird. Das Gericht in *United States v. Mandujano* verwies auf die wortgleiche Definition des Model Penal Code,[1054] so dass dazu ergangene Überlegungen auch auf das unmittelbare Ansetzen im Rahmen von bundesrechtlich normierten Straftaten übertragen werden können.

In § 5.01(2) MPC werden einige Handlungen aufgezählt, die grundsätzlich als unmittelbares Ansetzen gewertet werden können:

> *Verhalten, welches als wesentlicher Schritt verstanden werden kann [...]: [...]*
> *(e) Besitz von Materialen, die bei Begehung der Tat eingesetzt werden können, die speziell für solchen unrechtmäßigen Gebrauch bestimmt sind oder die unter den gegebenen Umständen dem Täter zu keinem rechtmäßigen Zweck dienen können;*
> *(f) Besitz, Sammlung oder Herstellung von Gegenständen, die bei Begehung der Tat eingesetzt werden können, am oder nahe dem vorgesehenen Tatort, wenn diese unter den gegebenen Umständen dem Täter zu keinem rechtmäßigen Zweck dienen können;*
> *(g) einen unschuldigen Tatmittler dazu bewegen, eine Handlung zu begehen, die ein Element des Tatbestandes ist.*[1055]

Beim Auffinden von Fälscherwerkstätten kann das Problem bestehen, dass entgegen § 5.01(e) MPC die aufgefundenen Produktionsanlagen auch einem legitimen Zweck dienen können. Das gleiche Problem stellt sich bei Vorbereitungen am Tatort im Sinne von § 5.01(f) MPC. Wenn allerdings schon Vorlagen mit einer gefälschten Marke versehen wurden, so können diese in Ermangelung

---

[1053] United States v. Mandujano, 499 F.2d 370, 376 f (5th Cir. 1975).
[1054] *Mandujano*, 499 F.2d 370, 377 n. 6.
[1055] (2) Conduct That May Be Held Substantial Step [...]: [...]
(e) possession of materials to be employed in the commission of the crime, that are specially designed for such unlawful use or that can serve no lawful purpose of the actor under the circumstances;
(f) possession, collection or fabrication of materials to be employed in the commission of the crime, at or near the place contemplated for its commission, if such possession, collection or fabrication serves no lawful purpose of the actor under the circumstances;
(g) soliciting an innocent agent to engage in conduct constituting an element of the crime.

eines Lizenzvertrages nicht rechtmäßig genutzt werden. Doch selbst bei Vorliegen einer Lizenzvereinbarung kann rechtswidriger Gebrauch vorliegen, wenn an dieser Produktionsstätte nur nicht vom Vertrag umfasste Waren hergestellt werden oder werden können. In diesem Bereich wird das neue Gesetz H.R. 32 die Rechtslage ändern, da dann u.a. die Herstellung von Kennzeichnungsmitteln von der Strafbarkeit umfasst wird und zumindest diese dann nicht mehr als neutral gewertet werden kann. Dennoch bleibt zu beachten, dass beim Besitz auch anderweitig verwendbarer Herstellungsanlagen wie Nähmaschinen oder Bedruckvorrichtungen kein unmittelbares Ansetzen anzunehmen ist. Demnach muss in diesen Fallkonstellationen immer noch auf Grund weiterer Umstände festgelegt werden, dass nur illegaler Gebrauch denkbar ist.

Da Markenfälschungen oft im großen Stil und deshalb unter Beteiligung zahlreicher Personen begangen werden, kommt für das unmittelbare Ansetzen ebenso die letzte im Model Penal Code genannte Alternative in Betracht: Wer andere dazu bewegt, ihm bei der Tat zu helfen, überschreitet dabei auch selbst die Grenze zum Versuch.

Ein unmittelbares Ansetzen kann zum Beispiel auch im Beladen eines LKWs mit Piraterieprodukten oder beim Einstellen der Maschinen für die dann zu beginnende Produktion sein. Wenn erfolglos versucht wird, über gefälschte Markenware zu verfügen, wäre dies zwar ein unmittelbares Ansetzen; das Verhalten fällt aber auch schon unter die Tathandlung *to obtain control*, da dieses auch erfolglose Verkaufsangebote umfasst.[1056]

Auf Grund der frühen Vollendung des Tatbestandes gibt es demnach kaum Raum für eine versuchte Tatbegehung: Eindeutige Fälschungshandlungen fallen zumeist bereits unter andere Tatbestandsalternativen; vorbereitende Handlungen sind oft noch so interpretierbar, dass sie auch legalen Zwecken dienen könnten, weshalb unmittelbares Ansetzen ausscheidet.

E. Sanktionen

I. Strafzumessungsrichtlinien

1984 wurde in den USA die Sentencing Guideline Commission eingesetzt, um Strafzumessungsrichtlinien zu erarbeiten, welche 1987 in Kraft traten. Die Kommission stellt ein unabhängiges Organ der Judikative dar, das die Um-

---

[1056] Vgl. dazu bereits Teil 2, Kap. 2, A.II.

setzung der Richtlinien überwacht und auch Änderungen vorschlägt, die jedoch durch die Legislative bestätigt werden müssen.[1057]

1. Vorgehen bei Bestimmung des Strafrahmens

Im Rahmen der Strafzumessung sind die Richter gehalten, die Strafzwecke für die Festsetzung der schuldangemessenen Strafe zu berücksichtigen;[1058] erst danach sollen die Richtlinien angewendet und deren Ergebnis mit der ursprünglichen Festsetzung verglichen werden.[1059] Sowohl die Richtlinien selbst als auch der dazugehörige Kommentar waren für die Gerichte unmittelbar bindend.[1060]

Mit der Entscheidung *United States v. Booker*[1061] des U.S. Supreme Courts wurde jedoch die Bindung der Richter an die Richtlinien aufgehoben: Die Richtlinien waren verfassungsrechtlich angegriffen worden, weil unter ihnen die Möglichkeit bestand, auch Tatsachen zu berücksichtigen, die nicht durch eine Jury festgestellt worden waren, und dadurch zu deutlich höheren Strafen zu verurteilen. Das Gericht befand dies als Verletzung des Rechts auf ein Verfahren vor einer Jury (U.S. Const. Amend. VI).[1062] Allerdings führte dies nicht zur Nichtigkeit der Richtlinien: Man entschied sich stattdessen dafür, die in 18 U.S.C. § 3553(b) enthaltene Bindungswirkung der Richtlinien aufzuheben.[1063] Derzeit besteht demnach wieder ein erweiterter Ermessensspielraum bei der Strafzumessung für den Richter, der ursprünglich durch die Richtlinien eingeschränkt werden sollte. So ist zu erwarten, dass in näherer Zukunft eine gesetzgeberische Antwort auf dieses Urteil erfolgen wird. Bis dahin ist anzunehmen, dass die Richtlinien von Bedeutung bei der Strafzumessung bleiben, da durch sie eine gute und detaillierte Bewertung verschiedenster Faktoren vorgenommen wird.

Kernpunkt der Richtlinien bildet eine Strafzumessungstabelle, die im Wesentlichen abhängig von der Tat und dem Vorleben des Täters einen Strafrahmen vorgibt, innerhalb dessen sich die verhängte Strafe grundsätzlich zu bewegen hat.

Als erster Schritt[1064] wird für die Tat anhand des verwirklichten Tatbestandes ein Basiswert festgelegt (auf einer Skala von 1-43, mit Unrechtgehalt aufsteigend).

[1057] Siehe dazu auch allgemein: *Fischer*, S. 119; *Reichert*, S. 202.
[1058] 18 U.S.C. § 3551(a) i.V.m. § 3553(a)(2).
[1059] *Fischer*, S. 112.
[1060] Stinson v. United States, 508 U.S. 36, 42 (1993); 18 U.S.C. § 3553(b).
[1061] United States v. Booker, 125 S.Ct. 738 (2005).
[1062] *Booker*, 125 S.Ct. 738, 756.
[1063] *Booker*, 125 S.Ct. 738, 764.
[1064] U.S. Sentencing Guidelines Manual, Ch. 2.

In einem zweiten Schritt werden die speziellen Umstände der Tat untersucht: Zu jedem Tatbestand gibt es eine Aufzählung typischer Attribute, die sich sowohl strafmildernd als auch strafschärfend auswirken können. Anschließend finden unabhängig vom Tatbestand verschiedene Korrekturen des Tatwertes anhand allgemeiner Umstände, wie z.B. kooperativem Verhalten des Täters oder mehrerer gleichzeitig vorliegender Gesetzesverletzungen, statt.[1065] Danach wird separat davon die kriminelle Vorgeschichte des Täters ebenfalls mit Punktwerten versehen, wobei die Anzahl der Vorstrafen, deren Höhe, offene Bewährungsstrafen u.ä. in die Beurteilung einfließen.[1066] Anhand dieser beiden gewonnenen Punktwerte (ein Wert für die Tat, einer für den Täter) wird anhand einer Tabelle der Strafrahmen festgelegt.[1067] Die Tabelle selbst ist wiederum in vier Zonen eingeteilt, die dem Richter vorgeben, wann welche Art von Sanktion verhängt werden dürfen. In besonderen Ausnahmefällen war früher eine Abweichung vom errechneten Strafrahmen möglich, die jedoch begründet werden musste[1068] - dies entfällt nun zumindest formell, da die Strafzumessung im Ermessen des Richters steht.

2. Anwendung auf 18 U.S.C. § 2320

Der Basiswert für 18 U.S.C. § 2320 ist gemäß U.S. Sentencing Guidelines Manual § 2B5.3 mit 8 anzusetzen. Dieser ergab sich nach einer im Jahr 2000 erfolgten Erhöhung, durch welche der Tatwert dem für Betrug gleichgesetzt wurde.[1069] Strafschärfend kann sich ein besonders hoher Wert der Rechtsverletzung, eine mögliche Gesundheitsgefährdung oder das Beisichführen einer Waffe auswirken. Wenn die verwirklichte Tathandlung die Herstellung oder der Import von gefälschten Markenwaren ist, so werden ebenfalls zwei zusätzliche Punkte zum Tatwert hinzugerechnet. Wenn die Tat hingegen nicht mit Gewinnstreben begangen wird, werden zwei Punkte erlassen.[1070]

Die Bemessung des Ausmaßes der Tat ist dabei nicht unproblematisch: Wenn die rechtsverletzende Ware im Wesentlichen mit der Markenware gleichwertig

---

[1065] U.S. Sentencing Guidelines Manual, Ch. 3.
[1066] U.S. Sentencing Guidelines Manual, Ch. 4.
[1067] Vgl. Anhang C.
[1068] 18 U.S.C. § 3553(c)(2).
[1069] U.S. Sentencing Guidelines Manual, Appendix C, Amend. No. 593, background.
[1070] Dieser Teil könnte mit der durch H.R. 32 geplanten Gesetzesänderung obsolet werden, da der Gesetzeswortlaut bei der Tathandlung dieses Erfordernis wortgleich im Tatbestand aufnehmen möchte. Zu klären wäre dann, ob die Auslegung im Rahmen der Strafzumessungsrichtlinien auch zu einem ähnlich weiten Verständnis der zu erhaltenden Vorteile führt.

ist, deren Verkaufspreis nicht weniger als 75 % des Preises der Markenware beträgt, der Wert des markenverletzenden Gegenstandes schwer zu bestimmen ist oder wenn der Verkaufswert des verletzten Markenproduktes eine genauere Festsetzung des finanziellen Schadens ermöglicht, so wird der Markwert des Originals Grundlage der Berechnung.[1071] In anderen Fällen hingegen kann auch auf den Wert der rechtsverletzenden Ware abgestellt werden. Diese Berechnungsweise wurde ebenfalls 2000 festgelegt:[1072] Abweichend vom bis dahin üblichen Procedere sollte ab der Reform auf den Wert des verletzten Markenproduktes abgestellt werden, wenn dieser auf Grund der besonderen Umstände eine zutreffendere Schätzung des eingetretenen Schadens ermöglicht; nachdem jedoch bei Produkten minderer Qualität oder zu besonders günstigen Preisen nicht davon ausgegangen werden kann, dass die Käufer auch das Originalprodukt erworben hätten, besteht für diese Fälle weiterhin die Möglichkeit den Wert der markenverletzenden Ware zu Grunde zu legen.

Multipliziert mit der Anzahl der rechtsverletzenden Waren ergibt sich ein Schadenswert, der, soweit er den Schwellenwert von 5000 US-$ überschreitet, sich abhängig von seiner Höhe strafschärfend auswirkt, wobei auf die für den Betrug geltende Tabelle verwiesen wird. Da im Rahmen des Betruges auf die Verluste des Opfers abgestellt wird, machte ein Angeklagter geltend, dass die für den 18 U.S.C. § 2320 vorgesehene Berechnungsweise nur für die Überschreitung des Schwellenwertes anzuwenden, danach jedoch wie beim Betrug der reine Verlust zu berechnen sei.[1073] Das Strafgericht verwies auf den Kommentar zu den Richtlinien, der eindeutig festlegt, dass für die Berechnung der Erhöhung, die für 18 U.S.C. § 2320 angegebene Methode anzuwenden sei, die dabei zumeist nicht dem Wert des finanziellen Gewinns oder Einbuße entspräche[1074] - die Verfasser der Richtlinien haben demnach die Problematik erkannt und sich bewusst für die existierende Lösung entschieden.

Wenn durch die Tat eine erhebliche Rufschädigung des Markeninhabers eintritt oder diese Teil der Aktivitäten einer nationalen oder internationalen kriminellen Vereinigung darstellt und demnach der errechnete Strafrahmen der Schwere der Tat nicht gerecht wird, so kann auch auf eine höhere Strafe erkannt werden.[1075]

Das Gesetz H.R. 32 gibt zugleich den Auftrag an die United Sentencing Commission die Richtlinien im Hinblick auf Straftaten gegen das geistige Eigentum auf ihre Angemessenheit zu überprüfen. Zudem regt er an, dass auch der Begriff

[1071] U.S. Sentencing Guidelines Manual, § 2B5.3, cmt. n. 2(A).
[1072] U.S. Sentencing Guidelines Manual, Appendix C, Amendment No. 593.
[1073] United States v. Cho, 136 F.3d 982, 983 (5th Cir. 1998).
[1074] *Cho*, 136 F.3d 982, 984.
[1075] U.S. Sentencing Guidelines Manual § 2B5.3, cmt. n. 5.

des „Wertes der Rechtsverletzung“ auf seine Anwendbarkeit bei der Tathandlung des Handeltreibens mit Kennzeichnungsmitteln kontrolliert werden soll.[1076]

II. Freiheitsstrafe

Der Tatbestand sieht für natürliche Personen eine Freiheitsstrafe von bis zu 5 Jahren vor, bei Wiederholungstätern können bis zu 20 Jahre verhängt werden. Dieser Strafrahmen wurde 1994 von damals 5 und 15 Jahre auf 10 und 20 Jahre erhöht.[1077]

Auf die Verhängung einer Freiheitsstrafe sollte nach den Strafzumessungsrichtlinien verzichtet werden, wenn sich ein Strafrahmen innerhalb der Zone A der Tabelle ergibt.[1078] Diese Grenze wird zumeist überschritten, wenn bei einem Ersttäter der Tatwert über 8 liegt. Dies stellt jedoch zugleich den Ausgangswert für Taten gemäß 18 U.S.C. § 2320 dar. Beim Vorliegen erschwerender Umstände (welche de facto oft gegeben sind) kann demnach davon ausgegangen werden, dass bei strikter Anwendung der Richtlinien eine Freiheitsstrafe oder eine Bewährungsstrafe der Regelfall ist.

Darüber hinausgehend ist zu beachten, dass zwar das berechnete Schadensausmaß zu einem hohen Tatwert und damit zu einem hohen Strafrahmen aus der Tabelle führen kann. Wenn jedoch der Tatbestand eine geringere Obergrenze festsetzt, so ist allein diese maßgebend.[1079]

III. Geldstrafe

Für die Geldstrafe werden ebenfalls im Tatbestand die Höchstsätze festgelegt: Eine natürliche Person muss mit einer Geldstrafe von bis zu 2 Millionen US-$, Wiederholungstäter mit bis zu 5 Millionen US-$ rechnen. Abweichend davon betragen die Höchstgrenzen für juristische Personen 5 Millionen US-$, bei wiederholter Verurteilung 15 Millionen. Auch dieser Strafrahmen wurde 1994 erhöht: Zuvor waren für natürliche Personen nur 250.000 US-$ bzw. 1 Million US-$, für juristische Personen 1 Million US-$ bzw. 5 Millionen US-$ vorgesehen.

1076 H.R. 32, Sec. 1(c).

1077 Violent Crime Control and Law Enforcement Act of 1994, Pub. L. No. 103-322, § 320104(a)(2), 108 Stat. 1796.

1078 U.S. Sentencing Guidelines Manual § 5C1.1(b); Tabelle im Anhang A.

1079 Edwards v. United States, 523 U.S. 511, 514 (1998); U.S. Sentencing Guidelines Manual § 5G1.1.

Bei Nichtzahlung besteht die Möglichkeit des Bewährungswiderrufes und einer sich daran anschließenden Neuverurteilung.[1080] Die Geldstrafe kann zusätzlich zu anderen Sanktionen verhängt werden.[1081] Die Strafzumessungsrichtlinien gehen sogar davon aus, dass eine solche stets vorzusehen sei.[1082] Die Höhe bemisst sich dabei bei den natürlichen Personen allein nach dem errechneten Tatwert und ist einer gesonderten Tabelle zu entnehmen.[1083]

Der Berechnung der Geldstrafe von juristischen Personen[1084] widmen die Strafzumessungsrichtlinien in § 8C ein eigenes Kapitel: Auf Grund des Tatwertes (dem eine Summe in der Tabelle des USSGM § 8C2.4(d) entspricht), des eingetretenen Schadens oder der finanziellen Vorteile für die juristische Person wird eine Basisgeldstrafe errechnet, wobei der höchste der genannten Werte ausschlaggebend ist. Diese wird wiederum mit einem Verschuldenswert, der sich maßgeblich u.a. aus dem Anteil der Beteiligung von Führungspersonen, Versuche der juristischen Person, derartigen Taten vorzubeugen oder auch deren Nachtatverhalten bestimmt,[1085] multipliziert. Ergebnis ist die zu verhängende Geldstrafe. Grundlegend ist dabei auch zu beachten, dass einer juristischen Person, die einen kriminellen Zweck verfolgt, eine Geldstrafe auferlegt werden soll, die ihr die gesamten Vermögenswerte entzieht.[1086]

Unabhängig vom errechneten Ergebnis gilt auch hier, dass die gesetzliche Höchststrafe eine absolute Grenze darstellt.[1087]

IV. Vernichtung, 18 U.S.C. § 2320(b)

Für die sich im Besitz eines wegen strafrechtlicher Markenverletzung angeklagten Täters befindenden Markenfälschungen kann eine Anordnung zur Vernichtung ergehen, 18 U.S.C. § 2320(b). Dafür ist nicht der im Strafrecht übliche Beweisstandard anzulegen, es genügt wie bei zivilrechtlichen Verfahren ein einfaches Überwiegen der Beweise (*preponderance of evidence*). Diese Anordnung hat unabhängig davon Bestand, ob der Angeklagte im Strafverfahren letztend-

---

[1080] 18 U.S.C § 3613A i.V.m. § 3614; U.S. Sentencing Guidelines Manual § 5E1.2(g).

[1081] 18 U.S.C § 3551(b) und (c).

[1082] U.S. Sentencing Guidelines Manual § 5E1.2(a).

[1083] U.S. Sentencing Guidelines Manual § 5E1.2(b)(3).

[1084] Zur Problematik der Strafen für juristische Personen vgl. allgemein *Brickey*, Corporate Criminal Liability, § 1.06 ff.

[1085] U.S. Sentencing Guidelines Manual § 8C2.5; zur Berechnung vgl. *Drew/Clark*, 42 Am. Crim. L. Rev. 277, 293 ff.

[1086] U.S. Sentencing Guidelines Manual § 8C1.1.

[1087] U.S. Sentencing Guidelines Manual § 8C3.1.

lich freigesprochen wird, da es keinen ersichtlichen Grund dafür gibt, ihn im Besitz tatsächlich gefälschter Markenprodukte zu lassen.[1088] 15 U.S.C. § 1115 stellt die zivilrechtliche Parallelvorschrift dar. In der Gesetzesbegründung führt der Gesetzgeber auch die Möglichkeit an, dass Güter, von denen keine Gefahr für die Allgemeinheit ausgeht, an Wohltätigkeitsorganisationen weitergegeben werden können, sofern die gefälschte Marke entfernt wird.[1089] Dieser Wunsch hat jedoch im Gesetzeswortlaut keinen Niederschlag gefunden, so dass in der Literatur diese im Ermessen des Richters liegende Entscheidung zu Gunsten einer dritten Partei als nicht existent angesehen wird.[1090]

Nach dem Wortlaut des 18 U.S.C. § 2320(b) können Gegenstände, die eine gefälschte Marke tragen, zerstört werden. Demnach fallen die zur Herstellung der Waren benötigte Ausrüstung und Werkzeuge grundsätzlich nicht in den Anwendungsbereich der Vorschrift. Nach dem Wunsch des Gesetzgebers sollte die Anordnung jedoch parallel zur zivilrechtlichen Vernichtungsanordnung ausgestaltet werden. 15 U.S.C. § 1118 bezieht ausdrücklich Gegenstände, die bei der Produktion genutzt werden und mit der Marke versehen sind, ein. Dies deckt sich auch mit dem Wortlaut des 18 U.S.C. § 2320. Demnach sind all diejenigen Teile der Ausrüstung, die ein Abbild der gefälschten Marke tragen, wie zum Beispiel Druckformen, auch mögliche Objekte einer derartigen Anordnung.

Voraussetzung der Anordnung ist, dass sich die Sache im Besitz des Angeklagten befindet. Fraglich ist, wann dieser vorliegen muss. Kann eine derartige Anordnung noch stattfinden, wenn die Waren beschlagnahmt wurden und sich demnach nicht mehr im Besitz des Angeklagten befinden? Wäre der Besitz bis zum Anordnungszeitpunkt erforderlich, würde die Vorschrift weitgehend leer laufen, da in der Regel im Laufe der Ermittlungsverfahren bei Auffinden markenverletzender Waren diese beschlagnahmt werden,[1091] um sie als Beweismittel zu verwenden und auch der Gefahr weiterer Straftaten vorzubeugen. Auch die Gesetzesbegründung lässt erkennen, dass sie nicht auf den Anordnungszeitpunkt abstellen wollte: Sie sieht den Normzweck darin, dass eine Vernichtungsanordnung für Markenfälschungen ergehen soll, welche im Zuge von Ermittlungsmaßnahmen erlangt wurden.[1092]

Das Gesetz H.R. 32 wird diesen Abschnitt abschaffen und durch eine speziell auf Markenverletzungen zugeschnittene *forfeiture*-Regelung ersetzen.[1093]

[1088] 130 Cong. Rec. 31673, 31674 (1984).
[1089] A.a.O.
[1090] *U.S. DOJ,* Prosecuting I.P. Crimes, S. 123.
[1091] Vgl. dazu Teil 4, Kap. 2, B.I.
[1092] 130 Cong. Rec. 31673, 31674.
[1093] Vgl. dazu sogleich näher VI.3.

V. Bedingte Verurteilung (*probation*), 18 U.S.C. §§ 3561 ff

Die bedingte Verurteilung, zum Teil auch als Bewährungsstrafe übersetzt, ist konzeptionell unabhängig von Geld- oder Freiheitsstrafe: Der Angeklagte wird hinsichtlich einer Tat schuldig gesprochen, die Verhängung einer Strafe wird jedoch vorbehalten.[1094] Es wird eine Bewährungszeit bestimmt, in welcher der Verurteilte die ihm erteilten Auflagen befolgen muss. Verhängt werden kann sie nur, wenn sich aus der Strafzumessungstabelle ein Strafrahmen innerhalb der Zonen A oder B errechnet.[1095] Bei Nichterfüllung der Bewährungsauflagen kann die Strafe widerrufen werden und es erfolgt eine erneute Verurteilung.[1096] Deshalb ist sie auch für juristische Personen geeignet.

VI. Forfeiture

In den Vereinigten Staaten sind Einziehung und Verfall unter dem Begriff *forfeiture* zusammengefasst, wobei diese als *civil forfeiture* oder *criminal forfeiture* betrieben werden kann. Bei ersterem ist das Verfahren dabei gegen die Sache also solche gerichtet, bei zweiterem hingegen gegen den Eigentümer.[1097]

1. *Civil forfeiture*

Die *civil forfeiture* beruht auf der rechtlichen Fiktion, dass ein Gegenstand selbst eines Unrechts „schuldig" ist – unabhängig davon, ob die zu Grunde liegende Tat dem Eigentümer vorgeworfen werden kann.[1098] Da sie somit gegen Gegenstände und nicht gegen Personen gerichtet ist, sind viele verfassungsrechtliche Grundsätze, die normalerweise einem Angeklagten Schutz bieten, nicht anwendbar; auch setzt sie gerade keine strafrechtliche Verurteilung voraus.[1099] Ziel ist es jedoch, einen Gegenstand, der bei der Begehung einer Tat genutzt wurde, einziehen zu können und damit weitere kriminelle Aktivitäten zu verhindern.[1100]

18 U.S.C. § 981(a)(1)(C) sieht vor, dass alle *proceeds*, die aus einer in 18 U.S.C. § 1957(c)(7) genannten ungesetzlichen Aktivität stammen, für verfallen erklärt

---

1094 *Schmid*, S. 176.
1095 Vgl. Tabelle im Anhang A.
1096 18 U.S.C. 3565(a)(2).
1097 United States v. Sandini, 816 F2d. 869, 872 (3rd Cir. 1987).
1098 H.R. Rep. No. 105-358, S. 20.
1099 *Gurulé/Guerra*, § 1-5.
1100 *Gurulé/Guerra*, a.a.O.

werden können.[1101] Eine Tat nach 18 U.S.C. § 2320 ist eine der in diesem Katalog genannten Taten, womit bei Markenstraftaten grundsätzlich der Verfall angeordnet werden kann.

Proceeds werden näher in 18 U.S.C. § 981(a)(2)(A) definiert und umfassen jegliches Eigentum, das direkt oder indirekt aus der Tat stammt, so dass u.a. die Gewinne umfasst sind. Bei 18 U.S.C. § 2320 könnte man darüber hinaus andenken, ob nicht die Pirateriegegenstände zumindest bei der Tatbestandsalternative der Herstellung oder des Kontrolle-Erlangens als producta sceleris anzusehen sind. Im Rahmen von Markenverletzungen kann dies jedoch dahinstehen, da mit 18 U.S.C. § 2320(b) eine dem vorgehende Spezialnorm geschaffen wurde: Dieser sieht eine Einziehung der schutzrechtsverletzenden Gegenstände nur im Rahmen eines laufenden Strafverfahrens vor, so dass ein davon unabhängiges *civil forfeiture* Verfahren diese Einschränkung unterlaufen würde.[1102]

Daneben besteht in 49 U.S.C. § 80303 i.V.m. § 80302(a)(6)(D) eine Spezialnorm zur Einziehung derjenigen Fahrzeuge, die zum Transport von gefälschten Markenartikeln genutzt wurden. Die Mit dem Anticounterfeiting Consumer Protection Act wurde die Vorschrift durch die Aufnahme der Markenstraftaten in den Katalog der umfassten Delikte erweitert.[1103]

2. *Criminal forfeiture*

Im Gegensatz zur *civil forfeiture* hat *criminal forfeiture* strafenden Charakter und setzt demnach den Nachweis einer Tat voraus.[1104]

Eine spezielle Vorschrift für *criminal forfeiture* existiert für Markenstraftaten nicht. Allerdings spielen hier andere Straftaten, die oft im Zusammenhang mit diesen begangen werden, eine wichtige Rolle. Beispielsweise kann ein *forfeiture*-Verfahren allgemein nach 18 U.S.C. § 982(a)(1) oder 18 U.S.C. § 1963 durchgeführt werden, wenn sich der Angeklagte zugleich der Geldwäsche oder eines RICO-Delikts strafbar gemacht hat. Beide Taten können dabei an Markenverletzungen anknüpfen.[1105]

1101 Any property, real or personal, which constitutes or is derived from proceeds traceable to a violation of [...] or any offense constituting "specified unlawful activity" (as defined in section 1956(c)(7) of this title), or a conspiracy to commit such offense.

1102 *U.S. DOJ,* Prosecuting I.P. Crimes, S. 121.

1103 *McCarthy*, § 30:116.

1104 H.R. Rep. No. 105-358, S. 21 Fn 7.

1105 Teil 2, Kap. 2, B.I. und II.

Darüber hinaus wurde durch den Civil Asset Forfeiture Reform Act 2000 mit 28 U.S.C. § 2461(c) eine allgemeine *criminal forfeiture*-Zuständigkeit begründet, wenn bereits *civil forfeiture* möglich ist: Die Strafverfolgungsbehörden müssen nun kein getrenntes *civil forfeiture*-Verfahren mehr anstrengen, sondern können dieses dem Strafverfahren anschließen.[1106] Mit dem Schuldspruch erfolgt dann auch die Anordnung der *forfeiture*.

Zusammenfassend ist festzuhalten, dass die gefälschten Produkte selbst gem. 18 U.S.C. § 2320 der Vernichtung zugeführt, Einkünfte auf Grund von 18 U.S.C. § 981 für verfallen erklärt und Transportfahrzeuge gem. 49 U.S.C. § 80303 eingezogen werden können. Hinsichtlich der Tatwerkzeuge besteht hingegen keine Möglichkeit diese einziehen zu lassen, sofern sie nicht mit der Marke gekennzeichnet sind und deshalb unter 18 U.S.C § 2320 fallen. Im Gegensatz zu den Markenverletzungen besteht in 15 U.S.C. § 506(b) für Urheberrechtsverletzungen eine Spezialvorschrift, die dies ermöglicht.

3. Neuregelung

Diese Lücke soll nun auch durch das neue Gesetz H.R. 32 geschlossen werden, das explizit in 18 U.S.C. § 2320 eine Vorschrift zur *forfeiture* aufnehmen möchte und damit auch die Vernichtungsanordnung ersetzen würde. Vorgesehen ist sowohl die Einziehung der schutzrechtsverletzenden Gegenstände als auch der Tatwerkzeuge. Aus der Tat gezogene Gewinne sollen für verfallen erklärt werden können, wobei auch Substitute erfasst werden sollen. Gegenstände, die mit dem schutzrechtsverletzenden Zeichen versehen sind, sollen grundsätzlich der Vernichtung zugeführt werden. Ob es sich dabei um *civil* oder *criminal forfeiture* handeln soll, wird nicht explizit festgelegt, erschließt sich jedoch aus dem Kontext: Alle Gegenstände, die ein gefälschtes Zeichen tragen, sollen unabhängig von der strafrechtlichen Verurteilung des Angeklagten eingezogen und vernichtet werden. Hierbei muss es sich um *civil forfeiture* handeln, da eine *criminal forfeiture* gerade eine Verurteilung voraussetzt. Für diese Ansicht spricht ebenso, dass im Senat auch Vorschläge hinsichtlich der prozessualen Regelung gemacht wurden, die sich explizit auf die *civil forfeiture* unter dieser Vorschrift berufen. Die Einziehung der Tatwerkzeuge und der Verfall der Tatgewinne hingegen sollen zusätzlich zur auferlegten Strafe ergehen, so dass hier eine Verurteilung vorausgesetzt wird, was eine *criminal forfeiture* annehmen lässt. Für diese Auslegung spricht auch der Hinweis in der Gesetzesbegründung[1107] auf die

---

[1106] H.R. Rep. No. 105-358, S. 35 und S. 62, *Casella*, 27 J. Legis 97, 115 m.w.N.
[1107] H.R. Rep. No. 109-68, S. 7.

entsprechenden Vorschriften im Urheberrecht, die inhaltlich vergleichbar sind und dergestalt unterteilt werden.[1108]

VII. Benachrichtigung des Opfers *(notice to victim)*, 18 U.S.C. § 3555

18 U.S.C. § 3555 ermöglicht in Fällen, in denen ein Angeklagter wegen Betrugs oder einer anderen absichtlich begangenen, täuschenden Handlung verurteilt wurde, das Opfer zu benachrichtigen. Die Vorschrift soll es Opfern ermöglichen in einer privaten Klage Entschädigung für ihre Verluste geltend zu machen. Sie soll jedoch nicht benutzt werden, um eine Art „korrigierende Werbung" oder öffentliche Bloßstellung zu ermöglichen.[1109]

Einer Anwendung auf 18 U.S.C. § 2320 könnte entgegenstehen, dass der Tatbestand gerade keine betrügerische Absicht erfordert. Dies ist jedoch unter anderem darauf zurückzuführen, dass man auch Fälle erfassen wollte, in denen der unmittelbare Abnehmer Kenntnis hinsichtlich der Unechtheit hat. Da im Rahmen der Verwechslungsgefahr auch auf die allgemeine Öffentlichkeit abgestellt werden kann, die möglicherweise getäuscht wird, wird jedoch 18 U.S.C. § 2320 oft als Betrug an dieser bezeichnet.[1110] Im Rahmen der Strafzumessungsrichtlinien zeigt sich ebenso eine Parallele zum Betrug durch die Angleichung des Basis-Tatwerts, sowie durch die Strafschärfung anhand eines Verweises auf die Betrugstabelle. Auch nach der Ratio der Norm macht eine Anwendung auf 18 U.S.C. § 2320 Sinn: Es könnten zum Beispiel bei der Aufdeckung mehrerer Taten durch einen Täter die Kunden benachrichtigt werden, die für minderwertige Qualität einen deutlich erhöhten Preis bezahlt haben, und ihnen entsprechend dem Grundgedanken der Norm die Möglichkeit für eigenes Vorgehen gegeben werden.

VIII. Entschädigung, 18 U.S.C. § 3663A *(restitution)*

In 18 U.S.C. § 3663A ist für einige Straftaten eine obligatorisch anzuordnende Entschädigung des Opfers vorgesehen. Beispielsweise hat eine solche bei Delikten gegen das Eigentum gemäß 18 U.S.C. § 3663A(c)(1)(A)(ii) zu erfolgen. Straftaten gegen das geistige Eigentum werden auch darunter gefasst.[1111] Das

---

1108 *U.S. DOJ,* Prosecuting I.P. Crimes, S. 120 ff.
1109 S. Rep. No. 98-225 (1984), S. 83 ff; abgedruckt in: 1984 U.S.C.C.A.N. 3182, 3266 ff.
1110 United States v. Hon, 904 F.2d 803, 805 (2d Cir. 1990).
1111 *Murphy,* Q-169, S. 5; *U.S. DOJ,* Prosecuting I.P. Crimes, S. 115.

Gesetz H.R. 32 sieht darüber hinaus vor, nun explizit in 18 U.S.C. § 2320 eine Verweisung auf die Anordnung der Entschädigung aufzunehmen.

Da diese Taten zumeist begangen werden, um finanzielle Vorteile zu erlangen, verfügen die Angeklagten oft über die Möglichkeit eine substanzielle Entschädigung zu leisten.[1112] Von der Anordnung einer Entschädigung kann abgesehen werden, wenn auf Grund einer zu hohen Anzahl von Opfern die Anordnung nicht mehr praktikabel erscheint oder die Berechnung einer angemessenen Summe das Verfahren übermäßig verlängern oder verkomplizieren würde, so dass dies in keinem Verhältnis mehr zum legitimen Interesse der Opfer steht.[1113] Beides kommt bei Markenfälschungsfällen durchaus in Betracht: Bei schwer erkennbaren Fälschungen kann eine Vielzahl von Verbrauchern geschädigt sein, deren Auffinden jedoch unverhältnismäßig viel Aufwand nach sich ziehen würde. Auch die Berechnung des Schadens ist insbesondere bei eindeutigen und billigen Fälschungen nicht immer einfach, da diese nicht den verlorenen Einnahmen des Markeninhabers entsprechen.

Als Opfer, denen Entschädigung zusteht, kommen sowohl die Markeninhaber, aber auch die Endverbraucher sowie zwischengeschaltete Händler in Betracht. Zumeist wird seitens der Strafverfolgungsbehörden jedoch nur eine Entschädigung für die Markeninhaber beantragt, da die sonstigen Opfer oft schwer ermittelbar sind.[1114]

Allerdings ist die Entschädigung ausgeschlossen, wenn zivilrechtlich der Schadensersatz ebenfalls entfällt: 15 U.S.C. § 1111 gibt das Recht die Marke mit dem ®-Zeichen zu versehen. Wer dies unterlässt, kann mit der Verletzungsklage nur dann Schadensersatz fordern, wenn er nachweist, dass der Verletzer auch tatsächliche Kenntnis von der Eintragung der Marke hatte. Diese Begrenzung ist über 18 U.S.C. § 2320(c) auch im Rahmen des Strafrechts bei Entschädigungszahlungen anwendbar, da diese das Gegenstück zum Schadensersatz darstellen.[1115] Genauso sind sonstige Beschränkungen des Schadensersatzes, wie z.B. die in 15 U.S.C. § 1114(2)(D) vorgesehenen Privilegierungen für Domain-Registrierungs- und Vergabestellen zu behandeln. All diese Beschränkungen gelten nur für die Entschädigungszahlung, nicht jedoch bei Geldstrafen, da diese eine Kriminalstrafe darstellen und nicht parallel zu zivilrechtlichen Rechtsinstituten zu behandeln sind.[1116]

[1112] *U.S. DOJ,* Prosecuting I.P. Crimes, S. 116.
[1113] 18 U.S.C. § 3663A(c)(3).
[1114] *U.S. DOJ,* Prosecuting I.P. Crimes, S. 116.
[1115] United States v. Sung, 51 F.3d 92, 94 (7th Cir. 1997).
[1116] United States v. Foote, 413 F.3d 1240, 1252 (10th Cir. 2005).

Ansonsten berechnet sich die Höhe der Entschädigung wie folgt: Nur unmittelbare und tatsächlich eingetretene Verluste können erstattet werden; die Berechnung hängt von verschiedenen Faktoren ab.[1117] Wenn **hochwertige** Fälscherwaren zum **Marktpreis** der Markenprodukte verkauft werden, so stellt die Anzahl der Verkäufe multipliziert mit dem Preis den Verlust des Markeninhabers dar. Es kann davon ausgegangen werden, dass jeder Käufer bei Nicht-Vorhandensein der Markenfälschung das Originalprodukt gekauft hätte. Für den getäuschten Käufer liegt kein Verlust vorliegen vor, wenn die Sachen gleichwertig sind. Allein die Tatsache, dass kein Markenprodukt erworben wurde, stellt grundsätzlich keinen relevanten Schaden dar. Tatsächlich wird jedoch auch für den Käufer oft ein Verlust vorliegen, wenn die Marke selbst einen Teil des Wertes ausmacht: Dies ist beispielsweise der Fall, wenn für bestimmte Waren beim Wiederverkauf ein höherer Preis erzielt werden kann – um diesen Mehrwert, der dem Produkt bereits inne wohnt, wird der Kunde dann betrogen.[1118]

Wenn hingegen **minderwertige** Ware zum Preis des Markenproduktes erworben wurde, so liegt beim Käufer ein Schaden in Höhe der Differenz aus bezahltem Preis und Wert der erlangten Ware vor. Für den Markeninhaber berechnen sich die verlorenen Einnahmen wie in der ersten Fallgruppe.

Bei zu **deutlich niedrigeren Preisen** vertriebenen Markenfälschungen ist die Schadensberechnung schwieriger: Bei großen Preisunterschieden kann nicht davon ausgegangen werden, dass alle Käufer der Fälschung das Originalprodukt erworben hätten.

Das *Prosecuting Intellectual Property Crimes Manual* schlägt vor, dass über Sachverständigengutachten beispielsweise untersucht werden kann, inwiefern der Wert der Marke durch die Fälschungen reduziert wurde.[1119] Problematisch an dieser Vorgehensweise ist jedoch, dass dies nicht auf einzelne Taten rückführbar sein wird – ein Wertverlust der Marke ergibt sich allenfalls aus der Summe aller Markenfälschungen. Insofern dürfte der Nachweis eines direkten Rufschadens schwer möglich bzw. nicht für die Geltendmachung im Strafverfahren geeignet sein.

In solchen Fällen liegt es näher, sich an allgemeinen Grundsätzen zu orientieren: 18 U.S.C. § 3663A(b)(1)(B) sieht vor, dass bei Verletzung von Eigentum dessen Wert erstattet werden soll, wenn es nicht zurückgegeben werden kann. Die Ver-

[1117] Vgl. dazu ausführlich *U.S. DOJ*, Prosecuting I.P. Crimes, S. 117 ff.
[1118] Wobei die Berechnung dieses Wertes in der Praxis eine derartige Hürde darstellen kann, dass von der Verhängung einer Entschädigugn im Strafverfahren abgesehen wird.
[1119] *U.S. DOJ*, Prosecuting I.P. Crimes, S. 120.

letzung des Eigentums liegt in der Anmaßung des Nutzungsrechtes: Demnach könnten beispielsweise Lizenzgebühren zur Berechnung herangezogen werden. Da sich die Strafvorschrift auch beim Schadensersatz an Haftungsbeschränkungen des Zivilrechts anlehnt, ist es mehr als gerechtfertigt, die Bestimmungen auch zur Schadensberechnung zu übernehmen. So legt 15 U.S.C. § 1117(a) fest, dass insbesondere der Gewinn des Verletzers dem Verletzten als Schadensersatz zusteht. Auch ist ein Rückgriff auf die gesetzlich vorgeschlagene Höhe des Schadensersatzes aus 15 U.S.C. § 1117(c) möglich, der vom Nachweis tatsächlich erlittener Schäden befreit.[1120] Nicht möglich ist die Verhängung des dreifachen Schadensersatzbetrages, der nach 15 U.S.C. § 1117(b) vorgesehen ist: In der Gesetzesbegründung wurde dieser klar als der Abschreckung und nicht dem Ersatz der erlittenen Schäden dienend bezeichnet.[1121] Die Entschädigung soll aber gerade diese Schäden kompensieren; Straffunktion hat sie nicht.

Zur näheren Berechnung des Entschädigung kann auf das *victim impact statement* zurückgegriffen werden: 18 U.S.C. § 2320(d) sieht vor, dass das Opfer im Stadium der Urteilsfindung einen Bericht einreichen kann, in dem es darlegt, in welchem Ausmaß es von der Tat betroffen ist und insbesondere auch welche wirtschaftlichen Auswirkungen die Tat hat.

Kapitel 3 Vergleich

A. Ausgestaltung des Tatbestandes

Im Hinblick auf das geschützte Rechtsobjekt ist festzustellen, dass in den USA der Schutz aus Gründen einer klaren Abgrenzung auf eingetragene Marken beschränkt ist und demnach anders als das MarkenG Benutzungsmarken nicht umfasst. Dies führt im Vergleich zu Deutschland zu einer höheren Rechtssicherheit, da durch die Eintragung nach außen klar erkennbar ist, welche Marke strafrechtlichen Schutz genießt. Dies wird noch dadurch verstärkt, dass mit der Eintragung die Markeninhaber die Berechtigung bekommen, ihre Marken mit dem ®-Zeichen zu kennzeichnen, was auch umfassend erfolgt. Wenn eine Marke zur Vorlage genommen wird, so ist klar erkennbar, ob diese auch strafrechtlichem Schutz unterliegt. Die „amerikanische Lösung“ wird demnach den Anforderungen an die Bestimmtheit eines Tatbestandes im Hinblick auf das Tatobjekt besser gerecht.

[1120] *U.S. DOJ*, Prosecuting I.P. Crimes, S. 118; *McCarthy*, § 30:95.
[1121] 130 Cong. Rec. 31673, 31680 (1984).

Zwar sollte der strafrechtliche Schutz bekannter Marken kurzzeitig auch auf nicht identische Waren erweitert werden; die entsprechende Passage wurde jedoch wieder aus dem Gesetzesvorschlag gestrichen.[1122] Im Hinblick auf das Bestimmtheitsgebot ist dies nur zu begrüßen: Wann eine bekannte Marke vorliegt, ist stark vom Einzelfall abhängig und macht den Anwendungsbereich der Norm schwer vorhersehbar. Derartige Kritik wird oft am entsprechenden deutschen Tatbestand geübt.

Hinsichtlich der Tathandlung hat der U.S.-amerikanische Gesetzgeber eine andere Regelungstechnik als das MarkenG gewählt: Er definiert diese im Tatbestand selbst und greift dabei nicht wie in Deutschland auf die zivilrechtliche Verletzungshandlung zurück. Dies hat den Vorteil, dass die Tathandlung unmittelbar dem Tatbestand entnommen werden kann; andererseits besteht angesichts der geringen Zahl an entschiedenen Fällen kaum Rechtsprechung, die diese Tatbestandsmerkmale ausfüllt. Dies ist hingegen bei § 143 MarkenG unproblematisch: Auf Grund des Blankettverweises kann auf die umfangreiche Rechtsprechung zu zivilrechtlichen Rechtsverletzungen zurückgegriffen werden.

Da der Schutzbereich der Strafnorm deutlich enger gefasst ist als der zivilrechtliche Schutz, enthält der Tatbestand auch weniger wertungsbedürftige Merkmale, was zu erheblich höherer Rechtssicherheit führt. So ist zwar auch hier der Begriff der Verwechslungsgefahr im Tatbestand enthalten, auf Grund flankierender Merkmale erhält dieser im Strafrecht jedoch eine engere Bedeutung als im Zivilrecht. In Deutschland ist die Verwechslungsgefahr wie im Zivilrecht auszulegen, was den Begriff zum Teil bedenklich unscharf macht.

Im Hinblick auf die Markenrechte einschränkenden Umstände, wie Zustimmung oder sonstige Schutzschranken, erfolgt in beiden Ländern eine Orientierung am Zivilrecht: Diesmal verweist der amerikanische Tatbestand auf die zivilrechtlichen Rechtsinstitute. Der deutsche Gesetzgeber hat durch das Merkmal „widerrechtlich“ die Beschränkung zwar im Tatbestand verankert, durch die Auslegung jedoch de facto auf die zivilrechtlichen Schutzschranken zurückgegriffen.

B. Irrtümer

Die in den USA übliche Unterscheidung zwischen Tatsachen- und Rechtsirrtum, wobei letzterer noch in inner- und außerstrafrechtlichen Irrtum untergliedert

[1122] Vgl. H.R. 4358 (108th Cong. 2004). Der Vorschlag wurde nach Wahlen in leicht veränderter Form als H.R. 32 wieder neu in den Kongress eingebracht.

wird, wurde in Deutschland 1952 von der Rechtsprechung aufgegeben.[1123] Dennoch besteht weiterhin eine ähnliche Trennlinie: § 16 StGB unterfallen grundsätzlich nur Irrtümer über das Vorliegen von Merkmalen des objektiven Tatbestandes, § 17 StGB umfasst Irrtümer über rechtliche Wertungen. Durch das Erfordernis einer „Parallelwertung in der Laiensphäre" besteht jedoch auch auf Ebene des Tatbestandsirrtums die Möglichkeit, bei Irrtümern über rechtliche Wertungen (die zumeist außerhalb des Strafrechts liegen) den Vorsatz entfallen zu lassen, wenn sich der Irrtum derart auswirkt, dass die Tat in ihrem Sinngehalt verkannt wird. Dies entspricht im Ergebnis oft der amerikanischen Vorgehensweise, die bei außerstrafrechtlichen Irrtümern prinzipiell den Vorsatz entfallen lässt. Hier kann zum Beispiel ein Irrtum über die Markenfähigkeit oder über das Eingreifen von Schutzschranken genannt werden. In den Vereinigten Staaten handelt es sich in beiden Fällen um außertatbestandliche Rechtsfragen, bei denen ein Irrtum vorsatzausschließend ist. In Deutschland hingegen kann man in diesen Situationen darauf abstellen, dass der Täter das Unrecht seiner Tat nur korrekt erfasst, wenn er in groben Zügen die zivilrechtliche Lage nachvollzogen hat. In den meisten dieser Fälle fehlt ihm bei einem Irrtum über die zivilrechtliche Lage dann die Bedeutungskenntnis, so dass kein Vorsatz vorliegt. Demnach fällt die Beurteilung der Auswirkung der einzelnen Irrtümer oft identisch aus.

Ein theoretisch wichtiger Unterschied besteht jedoch hinsichtlich der Eintragung einer Marke: Die Kenntnis der Eintragung ist in den Vereinigten Staaten per ausdrücklicher Anordnung im Tatbestand nicht erforderlich.[1124] In Deutschland hingegen kann in solchen Fällen der Vorsatz entfallen, wenn zu Unrecht keine Eintragung und damit auch keine Marke angenommen wird. Allerdings relativiert sich dieser Unterschied bei näherer Betrachtung zugleich, da für den Vorsatz dolus eventualis ausreicht – dieser wird jedoch in den meisten Fällen vorliegen.

C. Täterschaft und Teilnahme

Wegen des Grundsatzes der Einheitstäterschaft erübrigt sich für die Vereinigten Staaten das Problem, anhand des Umfangs der Tatbeteiligung Rückschlüsse auf die Qualifizierung als Täter oder Teilnehmer vornehmen zu müssen. Jeder noch so geringe Beitrag genügt zur Annahme täterschaftlichen Handelns. Dieser Unterschied kann jedoch auf der Rechtsfolgenseite wieder ausgeglichen werden, da die Strafzumessungsrichtlinien in § 3B die Möglichkeit geben, den Tatwert dem Umfang der Beteiligung an der Tat entsprechend anzuheben als auch zu senken.

[1123] BGHSt 2, 194, 203 f.
[1124] 18 U.S.C. § 2320(e)(1)(A)(ii).

Ein wesentliche Abweichung, die sich generell bei der Teilnahme ergibt, liegt im subjektiven Tatbestand: In Deutschland genügt dolus eventualis hinsichtlich der Haupttat, in Amerika muss diese absichtlich gefördert werden. Der Nachweis, dass eine fremde Tat gefördert werden soll, ist dabei nicht immer leicht zu erbringen. Relevant wird dies in Fallkonstellationen wie dem Verkauf von Materialien, von denen der Täter vermutet, dass diese zur Begehung eine Haupttat eingesetzt werden. In Deutschland ergibt sich dieses Problem schon deshalb nicht, da bei dem wohl wichtigsten Fall, dem Verkauf von Kennzeichnungsmitteln, bereits kein „neutrales Werkzeug" vorliegt: Deren Herstellung ist bereits vom Tatbestand umfasst.[1125] Diese Rechtslage soll nun durch die aktuellen Änderungsvorschläge auch in den USA geschaffen werden.

Beide Tatbestände sind so konzipiert, dass der Großteil der an einer Markenfälschung beteiligten Personen jeweils selbständig den Tatbestand erfüllt, da alle Stufen im Rahmen des Verwertungsprozesses unter Strafe gestellt werden.

Nur in einigen Fällen können in beiden Rechtsordnungen die Lizenznehmer Täter einer Straftat sein. Sie bleiben bei der Produktion von Überschussware vor strafrechtlicher Verfolgung verschont, so lange sie die zeitlichen Grenzen der Lizenz einhalten. Im Hinblick auf die Lizenz besteht in Deutschland eine stärkere Anlehnung an das Zivilrecht als in den USA: Während dort im Wesentlichen das strafrechtliche Unrecht danach bestimmt wird, ob die Marke mit oder ohne Genehmigung des Markeninhabers angebracht wurde, können in Deutschland beispielsweise auch Qualitätsunterschiede zur Strafbarkeit führen. Sofern eine Genehmigung vorliegt, werden derartige Fällen ist in den USA allein über das Zivilrecht gelöst.

Beiden Rechtsordnungen gemein ist die Straflosigkeit des privaten Verbrauchers: Dessen Erwerb von gefälschten Markenartikeln wird als nicht strafwürdig empfunden. Konzeptionell wird die Straffreiheit dadurch erreicht, dass der Erwerb der Tatobjekte nicht unter den Tatbestand fällt und dass über den Grundsatz der notwenigen Teilnahme keine Strafbarkeit „durch die Hintertür" eingeführt werden kann. Die Begründungen sind dabei quasi identisch.

Ein grundlegender Unterschied im Rahmen von Täterschaft und Teilnahme besteht darin, dass in den Vereinigten Staaten auch juristische Personen strafrechtlich belangt werden können. Im deutschen Strafrecht ist eine solche Möglichkeit nicht vorgesehen, da im Strafrecht nur natürliche Personen als handlungsfähig

[1125] Beim Verkauf anderer zur Fälschung verwendeter Gegenstände wird es zumeist am Vorsatz scheitern; dies betrifft auch allgemein die Problematik der Beihilfe durch neutrale Handlungen.

angesehen werden.[1126] Dies stellt jedoch keine Besonderheit des Markenstrafrechts dar, sondern ist eine Grundfrage des allgemeinen Strafrechts.

D. Versuch

Der amerikanische Tatbestand kennt keine separate Versuchsstrafbarkeit, da ein Versuch eine Möglichkeit der Tatbegehung darstellt und somit unmittelbar zur Vollendung des Tatbestandes führt. § 143 Abs. 3 MarkenG sieht zwar die Versuchsstrafbarkeit vor, sie läuft jedoch für das Anbringen de facto leer, da seit 1995 bei nationalen Marken auch Vorbereitungshandlungen, wie das Herstellen von Kennzeichnungsmitteln, unter den Tatbestand fallen. Dies führt zum Teil dazu, dass ein noch früheres Eingreifen möglich ist, da über § 143 Abs. 3 MarkenG nun sogar schon das unmittelbare Ansetzen zu einer „Vorbereitungshandlung" (§ 14 Abs. 4 MarkenG) als Versuch bestraft werden.

In beiden Ländern ist zu beachten, dass gerade bei der Herstellung Gegenstände aufgefunden werden können, für die auch eine Verwendung in legaler Weise denkbar ist. Demnach müssen Strafverfolgungsbehörden besonders sorgfältig argumentieren und zumeist auch auf zusätzliche Tatumstände verweisen, um eindeutig den Tatentschluss beweisen zu können. Das Problem ist derzeit in den USA noch ausgeprägter als in Deutschland, da die Kennzeichnungsmittel noch nicht unter den Tatbestand fallen.

Generell ergibt sich demnach wegen der Weite des Tatbestandes und der zum Teil auch legal verwendbaren Tatwerkzeuge in beiden Ländern nur ein schmaler Anwendungsbereich für die Versuchsstrafbarkeit.

E. Sanktionen

I. Strafrahmen

Auffallend ist der bis zu vierfach höhere Strafrahmen des amerikanischen Rechts: Bei Ausschöpfung der rechtlichen Möglichkeiten können für Wiederholungstäter bis zu 20 Jahre Freiheitsstrafe verhängt werden. In Deutschland kann im Rahmen der Qualifikation der gewerbsmäßigen Begehung lediglich eine fünfjährige Strafe auferlegt werden.

[1126] Vgl. nur *Lackner/Kühl*, § 14 Rn 1a; zu dieser Problematik im deutschen Recht allgemein: *Volk*, JZ 1993, 429 ff; *Krekeler*, FS Hanack, S. 639 ff; *Scholz*, ZRP 2000, 435 ff; zur europäischen Entwicklung: *Schünemann*, Madrid-Symposium, S. 291 ff.

Auch bei der Geldstrafe ergeben sich Unterschiede, jedoch nicht derart ausgeprägt: Einer natürlichen Person droht in den USA eine Geldstrafe von bis zu 5 Millionen US-$, in Deutschland theoretisch immerhin noch 3,6 Millionen Euro. Angesichts der Ausgestaltung als Tagessatzsystem ist dies jedoch höchst unwahrscheinlich, da dieser Betrag ein sehr hohes Einkommen voraussetzt, was in den seltensten Fällen gegeben ist und selbst bei dessen Vorliegen zumeist geringere Strafen verhängt werden.[1127] Auch ist es rein rechtlich möglich, bei Zugrundelegung des niedrigsten Tagessatzes und der höchsten Anzahl von Tagessätzen lediglich auf eine maximale Geldstrafe von 360 bzw. 720 Euro zu kommen. Dies zeigt einen weiteren Unterschied zum amerikanischen Recht: Dort werden die Geldstrafen allein anhand der Schuldschwere und unabhängig von den finanziellen Verhältnissen des Täters bestimmt, während sich in Deutschland die Höhe der Geldstrafe aus einer von der Schuld abhängigen Komponente (Anzahl der Tagessätze) und einer am Leistungsvermögen des Täters orientierten (Höhe des Tagessatzes) bestimmt.

In beiden Rechtsordnungen ist eine Strafschärfung für Mehrfachtäter enthalten: In den USA muss allerdings bereits eine Verurteilung wegen einer Markenstraftat vorliegen, damit der höhere Strafrahmen angewendet werden kann. In Deutschland handelt es sich um eine Modifikation auf Tatbestandsebene: Bei gewerbsmäßiger Begehung liegt eine qualifizierte Markenverletzung vor, die einen höheren Strafrahmen mit sich bringt – dafür genügt jedoch auch bereits die Absicht mehrere Taten zu begehen. Doch auch in Deutschland sollen mit dem Qualifikationstatbestand vor allem Wiederholungstäter bestraft werden.[1128]

II. Sanktionsmöglichkeiten

Neben den „klassischen Sanktionen" der Geld- und Freiheitsstrafe, sind in beiden Rechts-systemen zusätzliche Maßnahmen zur wirkungsvollen Bekämpfung der Kriminalität und zur Wiederherstellung der jeweiligen Rechtsordnungen vorgesehen:

Im deutschen Recht nicht explizit vorgesehen ist die Anordnung der **Vernichtung** markenverletzender Gegenstände. Diese kann jedoch auch auf anderem Wege erreicht werden: Es besteht ein zivilrechtlicher Vernichtungsanspruch aus § 18 MarkenG, der auch im Rahmen eines Adhäsionsverfahren geltend gemacht werden kann. Ansonsten können derartige Gegenstände eingezogen werden;

[1127] Vgl. dazu Teil 5, Kap. 2, A.

[1128] *Neumann*, § 25 d, S. 102 zur inhaltlich identischen „Vorgängernorm".

zumeist verzichten die Angeklagten formlos auf das Eigentum.[1129] Beiden Varianten folgt eine Vernichtung der rechtsverletzenden Objekte.

Im Hinblick auf schutzrechtsverletzende Gegenstände zeigt sich eine kleine Kuriosität: § 67 StrafVollstrO sieht nach Entfernung der nachgeahmten Zeichen die Weitergabe dieser Gegenstände an karitative Organisationen vor. Vorbild dieser Vorschrift war das amerikanische Recht.[1130] Dort wurde diese Option zwar in den Gesetzesmaterialen diskutiert, fand aber im Gegensatz zu Deutschland keinen Niederschlag im Gesetz, so dass die Literatur die Weitergabe an Dritte mangels gesetzlicher Grundlage für nicht durchführbar hält.

Die **Bewährungsstrafen** unterscheiden sich dahingehend, dass in Deutschland eine Freiheitsstrafe festgelegt wird, deren Vollstreckung jedoch nur bei Widerruf der Bewährung eintritt. In den USA hingegen wird keine konkrete Strafe, sondern nur Auflagen und Bewährungszeit festgelegt; bei Widerruf erfolgt eine erneute Verurteilung.

Einziehung und Verfall sind in den zu vergleichenden Rechtsordnungen konzeptionell unterschiedlich geregelt. Hinsichtlich des Verfalls bestehen große Unterschiede: Gewinne aus der Tat können theoretisch zwar in beiden Ländern eingezogen werden. In Deutschland greift jedoch zumeist die Ausschlussklausel des § 73 Abs. 1 S. 2 StGB. In den USA hingegen ist der Verfall nicht ausgeschlossen, es besteht jedoch bei der *civil forfeiture* die Möglichkeit,[1131] die erlangten Erlöse den Opfern der Tat zukommen zu lassen.

Doch auch die Einziehung ist zum Teil anders ausgestaltet: In den Vereinigten Staaten können nur mit der Marke versehene Werkzeuge und Transportfahrzeuge eingezogen werden, sonstige nach außen „neutrale" Gegenstände mangels entsprechender Regelung jedoch nicht. In Deutschland bestehen hier weitergehende Möglichkeiten; jedes Tatwerkzeug kann grundsätzlich der Einziehung unterliegen. Demnächst könnte jedoch durch das neue amerikanische Gesetz H.R. 32 hier eine Angleichung stattfinden: Dieser möchte nun auch bei Tatwerkzeuge, die selbst nicht mit einem nachgeahmten Zeichen versehen sind, eine Einziehung ermöglichen. Auch der Verfall soll unmittelbar in 18 U.S.C. § 2320 geregelt werden.[1132]

1129 Gespräch mit RiAG (München) Mecklinger vom 14.3.2005.

1130 Beschlussempfehlung und Bericht des Rechtsausschusses, BT-Drs. 11/5744. S. 31.

1131 18 U.S.C. § 981(e)(6) bei *civil forfeiture* und 28 U.S.C. § 2561(c) i.V.m. 21 U.S.C. § 853(i)(1) beim im Rahmen des Strafverfahrens durchgeführter *forfeiture*.

1132 Vgl. dazu näher Kap. 2, E.VI.3.

Das amerikanische Recht sieht zwar eine **Benachrichtigung** des Opfers vor; in den Gesetzesmaterialien dazu wird aber vor einer öffentlichen Darstellung gewarnt – eine Möglichkeit, die § 143 Abs. 6 MarkenG explizit vorgibt. Zu erklären ist dieser Unterschied primär aus der Zwecksetzung der Normen: Die Benachrichtigung dient allein der Sicherung zivilrechtlicher Ansprüche und findet sich im allgemeinen Strafrecht. Die **Veröffentlichung** ist eine auf vereinzelte Tatbestände zugeschnittene Anordnung, die auch der Beseitigung der Schäden dient, die zum Teil nur öffentlich erfolgen kann, indem durch Bekanntgabe die Verwechslungsgefahr gebannt werden und auch der Ruf einer Marke wiederhergestellt werden soll. Der Gesetzesbegründung zu 18 U.S.C. § 3555 lässt sich aber dennoch ein grundsätzliches Misstrauen gegen derart öffentlichkeitswirksame Maßnahmen entnehmen.

Das U.S. Strafrecht sieht als weitere Sanktion auch die Anordnung einer **Entschädigung** an das Opfer vor. Bei Eigentumsdelikten, wie den Markenfälschungen, ist dies sogar zwingend vorgeschrieben. Im deutschen Recht besteht ein separater Anspruch auf Entschädigung: Dieser wird oft im Rahmen einer Einstellung oder bei einer Bewährungsstrafe als Auflage erwirkt. Das Interesse des Opfers an Entschädigung wird im deutschen Strafrecht nicht durch eine eigene Sanktion, sondern nur durch die Möglichkeit der Geltendmachung zivilrechtlicher Ansprüche im Adhäsionsverfahren anerkannt.[1133] Da bei einem Täter-Opfer-Ausgleich oder der Schadenswiedergutmachung gem. § 46 a StGB eine Strafmilderung möglich ist, besteht jedoch für den Täter zumindest ein Anreiz das Opfer finanziell zu entschädigen.

Ein **Berufsverbot** als separate Sanktion ist nur in Deutschland vorgesehen; allerdings können in den USA berufliche Beschränkungen als Bewährungsauflage verhängt werden.[1134]

III. Strafzumessung

Dem deutschen Richter stehen bei der Strafzumessung größere Freiheiten zu, da er nur unter Berücksichtigung der in § 46 StGB genannten Kriterien eine schuldangemessene Strafe innerhalb des gesetzlichen Strafrahmens finden muss. Zu berücksichtigen sind demnach unter anderem die Beweggründe, Ziele und Gesinnung bei der Tat, sowie die Art der Tatbegehung.

[1133] Vgl. dazu Teil 4, Kap. 1, A.V.
[1134] U.S. Sentencing Guidelines Manual, § 5F1.5.

Quasi die gleichen Faktoren werden in den USA auch im Rahmen der Strafzumessungsrichtlinien beachtet: Die in § 2B5.3 der Strafzumessungsrichtlinien genannten, auf den Tatbestand bezogenen Tatwertkorrekturen (Gesundheitsgefahr, Waffe, keine Bereicherungsabsicht) zielen sowohl auf Art der Begehung, Ausmaß der Tat sowie auch auf Beweggründe ab. Ein Geständnis wirkt sich wie auch in Deutschland zumeist strafmildernd aus. Das Vorleben des Täters (*criminal history*) nimmt in den USA maßgeblich Einfluss auf die Berechnung der Strafe, da Vorstrafen ein wesentlicher Faktor bei der Bestimmung des Strafrahmens sind. Auch nach § 46 StGB sind Vorstrafen bei der Strafzumessung zu berücksichtigen.

Im Hinblick auf die Strafzumessungsrichtlinien ist vor allem zu beachten, dass diese – berücksichtigt man die Zonenaufteilung der Tabelle – zumeist die Freiheitsstrafe zur Folge haben. Auch ist daneben als Regelfall eine Geldstrafe vorgesehen und nicht wie in Deutschland als Ausnahme konzipiert. Seit dem Urteil *United States v. Booker*[1135] kommt jedoch den Strafzumessungsrichtlinien in den Vereinigten Staaten keine bindende Wirkung mehr zu, die Sanktionsentscheidung liegt wieder mehr – wie auch in Deutschland – im Ermessen des Richters.

Wie sich die unterschiedlichen Regelungen in der Praxis auswirken, soll näher in Teil 5 besprochen werden.

[1135] United States v. Booker, 125 S.Ct. 738 (2005).

Teil 4 Strafprozessuale Besonderheiten

Im Hinblick auf Markenstraftaten spielen auch einige Aspekte des Prozessrechts eine besondere Rolle: Die Beteiligung des Opfers und mögliche Ermittlungsmaßnahmen können für die Durchsetzbarkeit eines Tatbestandes von Bedeutung sein. Bei Wirtschaftskriminalität, wozu Verletzungen des geistigen Eigentums zu zählen sind, ist auf Grund der internationalen Begehungsweise die gerichtliche Zuständigkeit und wegen der zum Teil hohen Komplexität der Fälle auch die vereinfachte Verfahrensbeendigung von Bedeutung. Schließlich prägen Besonderheiten des Markenrechts auch die Beweisführung und die materielle Rechtskraft.

Kapitel 1 Deutschland

A. Beteiligung des Opfers am Verfahren

Im Rahmen von Markenstraftaten bestehen für das Opfer viele Möglichkeiten sich offiziell am Verfahren zu beteiligen. Auf die verschiedenen Beteiligungsformen soll im Folgenden kurz eingegangen werden.

I. Einleitung des Verfahrens

Bereits die Einleitung des Verfahrens liegt zum Teil allein in den Händen des Opfers.

1. Antragserfordernis

§ 143 Abs. 4 MarkenG legt fest, dass das Grunddelikt nur auf Antrag verfolgt werden kann, es sei denn, die Strafverfolgungsbehörden halten ein Einschreiten wegen des besonderen öffentlichen Interesses für geboten. Der Qualifikationstatbestand hingegen ist ein Offizialdelikt. Gleiches gilt über die Verweisung des § 143 a Abs. 2 MarkenG auch für die Verletzung von Gemeinschaftsmarken.

Das Antragserfordernis wurde 1990 mit dem PrPG neu eingeführt und sollte zum Ausdruck bringen, dass die Norm primär den Markeninhaber vor unerlaubter Verwertung seines Rechtes schützt.[1136] Da sich Markeninhaber bei Markenverletzungen durch Kunden oft in einem Interessenskonflikt befinden oder

[1136] BT-Drs. 11/4792, S. 25.

Rechtsinhaber im Ausland sitzen und nicht in angemessener Zeit erreicht werden können, wurde auch die Möglichkeit vorgesehen, bei öffentlichem Interesse einzuschreiten.[1137] Der erhöhte Unrechtsgehalt und die höheren Schäden für die Volkswirtschaft ließen den Gesetzgeber vom Antragserfordernis für die Qualifikation absehen.[1138]

2. Besonderes öffentliches Interesse

Wann besonderes öffentliches Interesse vorliegt, wird näher durch die § 261 a RiStBV bestimmt: Öffentliches Interesse ist insbesondere dann anzunehmen, wenn der Täter einschlägig vorbestraft ist, erheblicher Schaden droht oder eingetreten ist, die Tat den Verletzten in seiner wirtschaftlichen Existenz bedroht oder die öffentliche Sicherheit und Gesundheit der Verbraucher gefährdet. Oft liegt dies bei organisiertem Handeln vor.[1139] In solchen Fällen wird jedoch oft auch die Grenze zum gewerbsmäßigen Handeln überschritten werden und demnach das Offizialdelikt vorliegen.

Die Erheblichkeit des Schadens hängt von der Wirtschaftskraft des Opfers ab: Bei großen Unternehmen wird die Summe grundsätzlich höher anzusetzen sein, um von einer Existenzbedrohung ausgehen zu können.[1140] Die öffentliche Sicherheit und Gesundheit kann bei Fälschungen im Pharmabereich oder bei Waren für Luft- und Straßenverkehr gefährdet sein.

Die Entscheidung über die Strafverfolgung steht letztendlich jedoch im Ermessen der Strafverfolgungsbehörden, das Ablehnen des öffentlichen Interesses ist gerichtlich nicht überprüfbar.[1141] Bei konsequenter Anwendung der Richtlinien könnte jedoch oft öffentliches Interesse begründet werden.[1142]

3. Antragsstellung

a) Berechtigung, § 77 StGB

Antragsberechtigt ist der Verletzte, d.h. der Inhaber des Markenrechts. Die Aufklärungspflicht gebietet es, diesen zu kontaktieren und nachzufragen, ob er einen

---

[1137] A.a.O.
[1138] A.a.O.
[1139] *Heghmanns*, NStZ 1991, 112, 116.
[1140] *Hildebrandt*, S. 339.
[1141] *Tröndle/Fischer*, § 230 Rn 4.
[1142] *Knaak/Tilmann*, GRUR Int. 1986, 336, 337.

Antrag stellen möchte.[1143] Nicht als Verletzte zu betrachten sind hingegen getäuschte Verbraucher.[1144]

Bei Lizenzverträgen stellt sich die Frage, wer antragsberechtigt ist: Der Lizenzgeber oder auch der Lizenznehmer, dem das Recht zur Benutzung eingeräumt wurde, welches durch die Verletzungshandlung ebenfalls beeinträchtigt werden kann. Das Problem spitzt sich zu, wenn eine ausschließliche Lizenz vergeben wird, d.h. wenn der Lizenzgeber von der Vergabe weiterer Lizenzen sowie auch von der eigenen Benutzung der Marke absieht.[1145] § 30 Abs. 3 MarkenG sieht vor, dass zivilrechtliche Klagen jeweils nur mit Zustimmung des Rechtsinhabers betrieben werden können. Dies ist zumindest vergleichbar mit der Stellung eines Strafantrages, so dass auch hier kein unabhängiges Antragsrecht des Lizenznehmers angenommen werden kann.[1146] Da bei Vermögensdelikten stets der Eigentümer oder Rechtsinhaber Verletzter ist,[1147] kommt es bei Marken, die übertragen wurden, darauf an, wer zum Zeitpunkt der Verletzungshandlung Inhaber war: Bei einem Wechsel des Inhabers ist der Zeitpunkt der Abtretung entscheidend, die Änderung der Eintragung im Markenregister ist für die Wirksamkeit nicht erforderlich.[1148]

b) Formelle Voraussetzungen

Der Antrag ist in der Form des § 158 Abs. 2 StPO und innerhalb einer Frist von drei Monaten zu stellen, § 77 b StGB. Inhaltlich muss lediglich der Wille erkennbar sein, dass eine bestimmte Tat strafrechtlich verfolgt werden soll.[1149] Ein Strafantrag kann auch in der Erhebung einer Privatklage[1150] oder in der Anschlussserklärung als Nebenkläger[1151] gesehen werden.

[1143] Harte-Bavendamm-*Holler*, § 5 Rn 187; *Braun*, S. 304.

[1144] HK-StPO-*Kurth*, § 374 Rn 9. Diese werden zwar auch, jedoch nur nachrangig durch die Strafvorschrift geschützt, siehe dazu später Teil 7, Kap. 1, A.I.1.b).

[1145] *Ingerl/Rohnke*, § 30 Rn 12.

[1146] *Ingerl/Rohnke*, § 143 Rn 7, wobei § 30 MarkenG für alle Lizenzarten gilt; ebenso *Schulz*, S. 179 ff, der darüber hinaus auch auf den nach § 29 MarkenG dinglich Berechtigten eingeht. Anders beispielsweise das österreichische Markenstrafrecht, das auch den einfachen Lizenznehmer Privatklage erheben lässt, *Mosing*, GRUR Int. 2005, 647, 649.

[1147] *Tröndle/Fischer*, § 77 Rn 2.

[1148] *Ingerl/Rohnke*, § 28 Rn 11; ebenso *Gravenreuth*, S. 134 f, der jedoch daneben noch den alten, immer noch im Register eingetragenen Inhaber ebenso als antragsbefugt ansieht.

[1149] *Lackner/Kühl*, § 77 Rn 4 m.w.N.

[1150] RGSt 8, 207, 209.

[1151] BGHSt 33, 114, 116.

Anders ist hingegen ein Antrag auf Grenzbeschlagnahme zu beurteilen, da allein auf Grund des Beschlagnahmewillens nicht auf den Willen zur Strafverfolgung geschlossen werden kann. Ebenso muss sich der Strafantrag auf eine konkrete Tat beziehen und bei den nach § 158 Abs. 2 StPO zuständigen Stellen gestellt werden.

II. Klageerzwingungsverfahren, § 172 StPO

Ein Klageerzwingungsverfahren ist bei Privatklagedelikten grundsätzlich nicht zulässig (§ 172 Abs. 2 S. 3 StPO), da selbst die Strafverfolgung übernommen werden kann. Beim Tatbestand der Qualifikation ist eine Verweisung auf den Privatklageweg nicht möglich, so dass ein Klageerzwingungsverfahren in Betracht kommt.

III. Privatklage, § 374 Abs. 1 Nr. 8 StPO

§ 374 Abs. 1 Nr. 8 StPO lässt bei einer Tat nach § 143 Abs. 1 und § 143 a Abs. 1 MarkenG die Verfolgung durch den Verletzten im Wege der Privatklage zu. Dies gilt nur für das Grunddelikt und nicht für die Qualifikation. Durch die Aufnahme der §§ 143 f MarkenG in den Katalog der Privatklagedelikte sollten die Strafverfolgungsbehörden von Bagatellfällen entlastet werden.[1152]

Klageberechtigt ist der Verletzte; es gelten die gleichen Grundsätze wie beim Strafantrag.[1153]

Eine Privatklage kann durch den Verletzten unabhängig von der Staatsanwaltschaft erhoben werden.[1154] Diese wiederum kann jedoch bei öffentlichem Interesse an der Strafverfolgung selbst die öffentliche Klage erheben (§ 376 StPO) oder das bereits begonnene Verfahren übernehmen (§ 377 Abs. 2 S. 1 StPO). Ab Übernahme scheidet der Verletzte aus dem Verfahren aus, kann sich diesem jedoch gegebenenfalls als Nebenkläger anschließen.[1155]

Dabei ist zu beachten, dass das Strafantragserfordernis der §§ 143 f MarkenG nicht unterlaufen wird: Ist ein Strafantrag gestellt, so kann die Staatsanwalt-

---

1152 BT-Drs. 11/4792, 25.

1153 Demnach kann der Lizenznehmer auch nicht als Privat- oder Nebenkläger auftreten, *Ströbele/Hacker*, § 143 Rn 36.

1154 *Volk*, StPO, § 39 Rn 8; *Roxin*, Strafverfahrensrecht, § 61 Rn 8.

1155 *Volk*, a.a.O.

schaft bei öffentlichem Interesse übernehmen.[1156] Liegen derartige Schritte (noch) nicht vor, muss die Staatsanwaltschaft besonderes öffentliches Interesse nachweisen, um mit der Strafverfolgung beginnen zu können.

Wann öffentliches Interesse anzunehmen ist, bestimmt sich nach den RiStBV: Insbesondere ist dies nach Art. 86 Abs. 2 der Fall, wenn der Rechtsfrieden über den Lebenskreis des Verletzten hinaus gestört und die Strafverfolgung ein gegenwärtiges Anliegen der Allgemeinheit ist. Zu den Straftaten gegen geistiges Eigentum erläutert Nr. 261 RiStBV, dass öffentliches Interesse dann gegeben ist, wenn eine nicht nur geringfügige Schutzrechtsverletzung vorliegt, wobei insbesondere Ausmaß der Verletzung, Schaden und erstrebte Bereicherung von Bedeutung sind. Dies ist beispielsweise dann anzunehmen, wenn mehrere Schutzrechte gleichzeitig verletzt[1157] oder Fälschungen in großen Mengen aufgefunden werden.

Eine Verweisung auf den Privatklageweg ist jedoch nicht möglich, wenn ein Privatklagedelikt mit einem Offizialdelikt in einer Tat zusammentrifft; in diesen Fällen sind beide Taten im Offizialverfahren zu verfolgen.[1158] Dies kann bei Markenrechtsverletzungen insbesondere dann zutreffen, wenn zugleich ein Betrug am Käufer vorliegt.[1159]

IV. Nebenklage, § 395 Abs. 2 Nr. 2 StPO

Durch § 395 Abs. 2 Nr. 2 StPO kann sich der Verletzte der öffentlichen Klage auch als Nebenkläger anschließen. Die Nebenklagebefugnis geht im Hinblick auf § 143 f MarkenG über den Katalog der Privatklagedelikte hinaus und umfasst auch die Qualifikationstatbestände.

Durch den Anschluss ergeben sich für den Nebenkläger gerade im Bereich des geistigen Eigentums interessante Möglichkeiten: Er kann auf die Einziehung bzw. Urteilsbekanntmachung hinwirken und v.a. eigene Sachkenntnis einbringen, die bei komplizierten und selten angewandten Tatbeständen wie den §§ 143 f MarkenG auf Seiten der Strafverfolgungsbehörden zum Teil fehlt.[1160]

[1156] Vgl. *Tröndle/Fischer*, § 376 Rn 3.
[1157] Harte-Bavendamm-*Holler*, § 5 Rn 192.
[1158] *Meyer-Goßner*, § 376 Rn 9 f.
[1159] *Schiwek*, S. 207.
[1160] *Braun*, S. 303; Harte-Bavendamm-*Holler*, § 5 Rn 190.

V. Adhäsionsverfahren, §§ 403 ff StPO

Durch das Adhäsionsverfahren besteht die Möglichkeit, zivilrechtliche Ansprüche bereits im Strafverfahren zu verfolgen (§ 403 StPO). Geltend gemacht werden können neben Schadensersatzansprüchen auch Herausgabe-, Bereicherungs- oder Unterlassungsansprüche.[1161] Im Rahmen von Markenverletzungen kommen insbesondere ein Anspruch auf Unterlassung der rechtsverletzenden Benutzung gemäß § 14 Abs. 5 MarkenG, der Schadensersatzanspruch aus § 14 Abs. 6 MarkenG, sowie auch der Herausgabeanspruch hinsichtlich der schutzrechtsverletzenden Waren aus § 18 MarkenG[1162] in Betracht. Einzige Voraussetzung ist, dass der Anspruch nicht schon anderweitig rechtshängig ist. Auch wenn, wie häufig üblich, hinsichtlich des Unterlassungsanspruches schon der Weg der einstweiligen Verfügung beschritten wurde, steht dies einer Geltendmachung nicht im Wege: Zwischen einstweiliger Verfügung und der endgültigen Feststellung im Hauptsacheverfahren besteht im Hinblick auf den Streitgegenstand keine Identität.[1163]

Keine Rolle spielt der Streitwert der zivilrechtlichen Klage: Das Amtsgericht kann darüber entscheiden, wenn es im Strafverfahren zuständig ist (§ 403 StPO a.E.). Allerdings ergibt sich bei den Markenstraftaten die Problematik, dass für die zivilrechtlichen Klagen per Sonderzuweisung des § 140 Abs. 1 MarkenG stets das Landgericht zuständig ist. Da sich § 403 StPO explizit nur auf den Streitwert bezieht, könnte im Umkehrschluss davon ausgegangen werden, dass sonstige Ansprüche, die zur Zuständigkeit des Landgerichts gehören, grundsätzlich nicht vor dem Amtsgericht geltend gemacht werden können.[1164]

Daraus schließt *Schiwek*, dass ein Adhäsionsverfahren nur möglich ist, wenn eine Markenstrafsache ausnahmsweise vor das Landgericht gebracht wird.[1165] Dem lässt sich jedoch entgegensetzen, dass der Gesetzgeber die Problematik der ausschließlichen Zuständigkeiten erkannt hat: Er hat bewusst für diese Fälle keine ausdrückliche Ausnahme vorgesehen; die Richter können in diesen Situatio-

---

[1161] *Meyer-Goßner*, § 403 Rn 10; AK-*Schöch*, § 403 Rn 11.

[1162] Für nicht zutreffen halte ich die Ansicht *Brauns* (S. 240), dass bei einer Beschlagnahme der Waren mangels Besitz der Anspruch aus § 18 MarkenG nicht mehr geltend gemacht werden kann: Bei der Beschlagnahme kann durchaus ein Besitzmittlungsverhältnis angenommen werden (vgl. MünchKomm-BGB-*Joost*, § 868 Rn 41), was als Anspruchsvoraussetzung genügt (vgl. *Ingerl/Rohnke*, § 18 Rn 16).

[1163] *Schiwek*, S. 220.

[1164] LR-*Hilger*, § 403 Rn 16; SK-StPO-*Velten*, § 403 Rn 8, letzterer zwar nur im Hinblick auf § 71 Abs. 2 GVG, wobei dieser Gedanke jedoch auch auf andere Spezialzuweisungen übertragen werden kann.

[1165] *Schiwek*, S. 221.

nen gemäß § 406 Abs. 1 S. 3 StPO von der Entscheidung absehen.[1166] Auch lässt sich der in § 143 Abs. 5 S. 3 MarkenG enthaltenen Erwähnung des Adhäsionsverfahrens entnehmen, dass der Gesetzgeber von einer grundsätzlichen Zulässigkeit dieses Verfahrens ausging. Der Grundsatz des gesetzlichen Richters widerspricht dieser Auslegung nicht, da durch § 403 StPO eine entsprechende gesetzliche Zuständigkeit geschaffen wurde. Demnach sind Sinn und Zweck der Regelungen gegeneinander abzuwägen: Die Spezialzuweisung des § 140 MarkenG trägt dem Umstand Rechnung, dass es sich um eine komplizierte Materie handelt, die von einer spezialisierten Kammer entschieden werden soll (deshalb sogar die Möglichkeit des § 140 Abs. 2 MarkenG eine Zuständigkeitskonzentration bei einzelnen Landgerichten einzuführen). Das Adhäsionsverfahren soll dem Opfer die Möglichkeit geben, schneller und unter geringeren Kosten eine Entschädigung zu erlangen.[1167] Mit dessen Einführung hat der Gesetzgeber damit in Kauf genommen, dass auch üblicherweise nur mit Strafsachen betraute Richter über zivilrechtliche Ansprüche entscheiden. Ist die Materie für eine schnelle Erledigung nicht geschaffen, besteht die Möglichkeit von der Entscheidung abzusehen. Demnach ist es grundsätzlich möglich auch „fachfremde" Angelegenheiten entscheiden zu lassen. Bei markenrechtlichen Fragestellungen könnte angesichts der Sonderzuweisung im Zivilrecht per se von einer besonderen Schwierigkeit der Materie ausgegangen werden, die grundsätzlich nicht vor ein Amtsgericht (noch dazu ein Strafgericht) gehört, so dass von einer Entscheidung abgesehen werden sollte.

Markenstraftaten sind jedoch grundsätzlich am Amtsgericht anzuklagen[1168] - dies ist deshalb besonders herauszuheben, da zur Beurteilung der Strafbarkeit nach § 143 f MarkenG nach den zivilrechtlichen Grundsätzen entschieden werden muss. Demnach sind markenrechtliche Kenntnisse bereits für das Strafurteil unabdingbar. Insbesondere für den Schadensersatz sind demnach keine weiteren Voraussetzungen zu prüfen. Wenn sich die Schadensberechnung jedoch besonders schwierig gestaltet, ist ein Grundurteil möglich. Angesichts der Tatsache, dass in Strafsachen bereits über die meisten Merkmale der zivilrechtlichen Ansprüche „mitzuentscheiden" ist, ist für den Fall der Markenstraftaten dem Interesse des Opfers an einer schnellen und billigen Erledigung der Vorrang zu geben. Empfindet es den Anspruch bei einer zivilrechtlichen Spezialkammer des Landgerichts besser aufgehoben, bleibt es ihm unbenommen, diesen dort und nicht im Rahmen des Strafverfahrens geltend zu machen.

1166 BT-Drs. 10/5305, S. 15.

1167 *Volk*, StPO, § 39 Rn 30; *Kühne*, Strafprozessrecht, § 69 Rn 1136; *Roxin*, Strafverfahrensrecht, § 63 Rn 1.

1168 Vgl. dazu sogleich C.II.

Nach derzeitiger Gesetzeslage ist demnach von einer Zuständigkeit des Amtsgerichts für die zivilrechtlichen Ansprüche im Adhäsionsverfahren auszugehen. Sieht ein Richter sich auf Grund weitergehender zivilrechtlicher Probleme nicht in der Lage ein Urteil zu treffen, kann er immer noch von der Entscheidung absehen. Daran hat auch die Reform des Adhäsionsverfahrens nichts geändert, die die Entscheidung über den Anspruch als Regelfall[1169] qualifizierte: Die gesetzliche Spezialzuweisung des § 140 MarkenG spricht für sich – bei Markensachen muss ein Absehen von der Entscheidung ohne längere Begründung möglich sein. Die seit neuestem bestehende Möglichkeit einen vollstreckbaren Vergleich zu schließen (§ 405 Abs. 1 StPO), könnte die Problematik der Komplexität der Materie zusätzlich entschärfen.

VI. Sonstige Befugnisse, §§ 406 d ff StPO

Auch ohne formelle Beteiligung am Verfahren stehen dem Verletzten besondere Befugnisse zu: Er hat das Recht vom Verfahrensausgang benachrichtigt zu werden (§ 406 d Abs. 1 StPO), Akteneinsicht zu verlangen (§ 406 e StPO) und sich des Beistandes eines Rechtsanwaltes zu bedienen (§§ 406 f und g StPO). Auf diese Rechte sowie das Adhäsionsverfahren muss er aufmerksam gemacht werden (§ 406 h StPO).

Hat sich der Verletzte als Nebenkläger angeschlossen, bestehen darüber hinausgehend einige Erleichterungen: Gemäß § 406 e Abs. 1 S. 2 StPO muss der Nebenkläger kein besonderes Interesse an der Akteneinsicht darlegen. Gerade im Rahmen des gewerblichen Rechtsschutzes können jedoch zum Teil sensible Daten in den Unterlagen zu finden sein, die unter das Betriebsgeheimnis fallen - es ist sicher zu stellen, dass dem potenziellen Täter (seine Schuld ist in einem frühen Verfahrensstadium ja gerade noch nicht festgestellt) keine ungerechtfertigten Nachteile entstehen. Demnach ist darauf zu achten, dass die zur Verfügung gestellten Akten sich sachlich auf die angeklagte Tat begrenzen.[1170]

Auch erteilt § 406 g Abs. 1 StPO bereits dem lediglich zur Nebenklage Berechtigten grundsätzlich ein Recht auf Anwesenheit in der Hauptverhandlung. Allerdings sieht § 397 Abs. 1 S. 1 StPO vor, dass demjenigen, der sich tatsächlich als Nebenkläger angeschlossen hat, die Anwesenheit in der Hauptverhandlung ge-

---

[1169] BT-Drs. 15/1976, S. 16; dies schlägt sich insbesondere im Wortlaut des § 406 Abs. 1 S.4 StPO nieder.

[1170] Vgl. zu dieser Problematik (auch in zeitlicher Hinsicht) näher *Braun*, S. 280 ff; *Ranft*, Strafprozessrecht, § 80 Rn 2506 ff; allgemein auch *Kempf*, StV 1987, 215, 217; *Schünemann*, NStZ 1986, 193, 198 ff, *Sieber*, FS Spendel, S. 757 ff; *Riedel/Wallau*, NStZ 2003, 393, 395 ff.

stattet ist - auch wenn er als Zeuge vernommen werden soll. Daraus lässt sich schließen, dass trotz § 406 g Abs. 1 StPO bei lediglich zur Nebenklage Berechtigten die Anwesenheit ausgeschlossen werden kann, wenn diese als Zeugen in Frage kommen.

B. Befugnisse im Ermittlungsverfahren

Bei den Ermittlungsmaßnahmen ist zu beachten, dass für das Grunddelikt das Erfordernis des Strafantrags nicht unterlaufen werden darf: Immer zulässig sind jedoch Ermittlungen, die darauf angelegt sind herauszufinden, ob das besondere öffentliche Interesse vorliegt, bei welchem die Strafverfolgungsbehörden die alleinige Verfahrensherrschaft innehaben.[1171] Ist das Ergebnis negativ, kann nur bei Vorliegen eines Strafantrages weiterermittelt werden. Selbst wenn ein solcher gestellt wurde, muss immer noch öffentliches Interesse bejaht werden, um nicht auf den Privatklageweg mit eigenen Ermittlungen verweisen zu müssen (§ 376 StPO).

I. Sicherstellung von Beweismitteln, §§ 94 ff StPO

Gemäß § 94 Abs. 1 StPO können Gegenstände, die für die Beweisführung von Relevanz sein können, beschlagnahmt werden. Erforderlich ist lediglich die potenzielle Beweisbedeutung.

Darunter fällt nicht nur gekennzeichnete Ware selbst, sondern auch Ausrüstung, die zur Herstellung erforderlich ist oder Transportmittel. Falls vorhanden, können auch Geschäftsbücher, Quittungen oder sonstige schriftliche Nachweise, die Aufschluss über Umfang und Inhalt von Lieferungen geben, beschlagnahmt werden.[1172]

Bei der Beschlagnahme kommt es nur auf die Beweiseignung an – es wird nicht wie bei der Durchsuchung zwischen einer Maßnahme beim Verdächtigen oder bei Dritten unterschieden: Demnach kann diese auch beim Verbraucher oder beim vorsatzlos handelnden Abnehmer im geschäftlichen Verkehr stattfinden.[1173]

[1171] Demnach ist das öffentliche Interesse alsbaldig zu prüfen, *Heghmanns*, NStZ 1991, 112, 114; vgl. auch *Meyer-Goßner,* § 376 Rn 5 zum parallelen Vorgehen bei Privatklagedelikten, die öffentliches Interesse voraussetzen.

[1172] *Braun*, S. 301.

[1173] *Wölfel*, S. 144.

Zum Teil wird die Beschlagnahme des gesamten Lagerbestandes für unzulässig gehalten, da dies zur Beweisführung nicht erforderlich ist.[1174] Dem ist jedoch nicht zu folgen: Zwar betrifft der Begriff der „Untersuchung" in § 94 StPO auch das Einziehungsverfahren,[1175] so dass potenziell der Einziehung unterliegende Gegenstände auch als Beweismittel beschlagnahmt werden könnten. Für die Sicherstellung zum späteren Verfall oder Einziehung besteht jedoch in § 111 b StPO eine gesonderte Rechtsgrundlage, so dass ein Gegenstand, der potenziell der Einziehung oder dem Verfall unterliegt, nicht automatisch als Beweismittel im Sinne des § 94 StPO zu qualifizieren ist.[1176] § 111 b StPO schließt aber auch nicht die Anwendung des § 94 StPO aus, wenn die Gegenstände mehreren Zwecken dienen.[1177] Eine Verwendung des gesamten Lagerbestandes als Beweismittel kommt sowohl bei der Feststellung des geschäftlichen Verkehrs, der Gewerbsmäßigkeit, auch der Schuld des Angeklagten sowie für die Festsetzung der Entschädigung im Rahmen des Adhäsionsverfahrens in Betracht: Die Anzahl der aufgefundenen Gegenstände lässt sowohl Rückschlüsse auf den Umfang der Geschäfte wie auch den verursachten Schaden[1178] zu und bildet damit eine wichtige Grundlage für die Urteilsfindung. Dennoch empfiehlt es sich für die Strafverfolgungsbehörden, bei derartigen Gegenständen auch eine Sicherstellung nach §§ 111 b ff StPO vorzunehmen, da dadurch zum Beispiel vom Veräußerungsverbot des § 111 c Abs. 5 StPO profitiert werden kann.[1179]

Bei Produktionsmitteln, die auch der Fertigung legaler Waren dienen können, ist darauf zu achten, dass die Beschlagnahme dem Verhältnismäßigkeitsgrundsatz entspricht:[1180] Zum Teil sind auch mildere Mittel denkbar, wie Fotoaufnahmen der Produktionsanlagen oder eine Beschlagnahme derjenigen Werkzeuge, die allein für die Fertigung illegaler Waren verwendet wurden (z.B. Druckformen).

Für die Beschlagnahme ist eine Anordnung durch den Richter erforderlich, bei Gefahr im Verzug kann die Staatsanwaltschaft ohne diese vorgehen, wobei je-

---

1174 *Braun*, S. 301; *Winter*, GRUR 1981, 782, 785; *Knaak/Tilmann*, GRUR Int. 1986, 336; *Schiwek*, S. 216; *Wölfel*, S. 145 unter Hinweis auf das Übermaßverbot; die von ihm zitierte Entscheidung des OLG Frankfurt im Hinblick auf Filme strafbaren Inhaltes (NJW 1973, 2074) ist jedoch nicht übertragbar, da es für den Tatbestand des § 184 StGB nicht auf die Menge ankommt – bei Markenverletzungen müssen diese jedoch gerade im geschäftlichen Verkehr vorliegen und deshalb gewissen Umfangs sein.

1175 *Meyer-Goßner*, § 94 Rn 9.

1176 So im Ergebnis auch KK-*Nack*, § 94 Rn 1.

1177 *Meyer-Goßner*, § 94 Rn 2; KMR-*Müller*, § 94 Rn 1; LR-*Schäfer*, § 94 Rn 21; HK-StPO-*Lemke*, § 94 Rn 3.

1178 Oft kann der genaue Umfang sogar nur so festgestellt werden, vgl. Wabnitz/Janovsky-*Möller*, Kap. 15 Rn 27.

1179 *Meyer-Goßner*, § 94 Rn 2; HK-StPO-*Lemke*, § 94 Rn 3.

1180 KK-*Nack*, § 94 Rn 13 m.w.N.

doch die richterliche Genehmigung unter den Voraussetzungen des § 98 Abs. 2 StPO innerhalb von drei Tagen nachgeholt werden muss.

II. Durchsuchung, §§ 102 ff StPO

Die Durchsuchung dient dem Auffinden von Beweisen und dem Ergreifen eines Verdächtigen. Die StPO unterscheidet zwischen Durchsuchungen beim Verdächtigen (§ 102) und bei anderen Personen (§ 103): Beim Verdächtigen genügt die Vermutung, Beweismittel oder die gesuchte Personen aufzufinden. Strengere Maßstäbe gelten bei einer Durchsuchung bei Dritten: Diese ist nur möglich, wenn Tatsachen vorliegen, die auf einen Fund schließen lassen.

Da eine Durchsuchung dem Auffinden von Beweismitteln dient, kann diese auch bei einem privaten Endverbraucher stattfinden. Da dieser jedoch grundsätzlich nicht Täter und damit auch nicht Verdächtiger sein kann, findet § 103 StPO Anwendung.[1181]

Soll bei einer juristischen Personen eine Durchsuchung stattfinden, ist zu differenzieren, da diese selbst keine Straftaten begehen kann: Besteht der Verdacht, dass eine vertretungsberechtigte natürliche Person als Organ der juristischen Person die Tat beging, so kann gemäß § 102 StPO vorgegangen werden.[1182] Sind nur untere Ebenen der Organisationsstruktur eines Unternehmens in die Straftaten involviert, müssen die Voraussetzungen des § 103 StPO vorliegen.

Da Unternehmensdurchsuchungen verheerende Wirkung haben und von Konkurrenten oder einer Gegenpartei im Zivilverfahren instrumentalisiert werden können, ist der Grundsatz der Verhältnismäßigkeit besonders zu beachten.[1183]

§ 111 b Abs. 4 StPO verweist auf die Vorschriften zur Durchsuchung und ermöglicht demnach eine solche auch um Gegenstände, die potenziell der Einziehung oder dem Verfall unterliegen, aufzufinden.

Für die Durchführung ist gemäß § 105 StPO eine richterliche Anordnung erforderlich, wobei auf diese bei Gefahr im Verzug verzichtet werden kann.

[1181] *Schiwek*, S. 211. § 102 StPO kann jedoch einschlägig sein, wenn der Verdacht einer Anstiftung besteht.

[1182] LR-*Schäfer*, § 103 Rn 5; AK-*Amelung*, § 102 Rn 6 und 17; *Ciolek-Krepold*, Rn 44, da Vertretungsberechtigte auch das Hausrechts ausüben, welches im Hinblick auf die Abgrenzung relevant ist.

[1183] *Ciolek-Krepold*, Rn 20 und 45; *Hildebrandt*, S. 374, welcher zum Beispiel Testkäufe als milderes Mittel vorschlägt.

III. Sicherstellung von Gegenständen, die Verfall oder Einziehung unterliegen, §§ 111 b ff StPO

Des Weiteren können Gegenstände, die potenziell einer Einziehung oder Sicherstellung unterliegen, gemäß § 111 b StPO sichergestellt werden. Da die Einziehung bei §§ 143 f MarkenG die Beziehungsgegenstände (d.h. die schutzrechtsverletzende Ware selbst) umfasst, gibt § 111 b StPO den Strafverfolgungsbehörden ein effektives Mittel gegen Produktpiraten an die Hand.[1184]

Bei Markenverletzungen ist § 111 Abs. 5 StPO von besonderer Bedeutung, der die Sicherstellung von Gegenständen auch dann ermöglicht, wenn später auf Grund vorrangiger privater Ansprüche die Einziehung nicht möglich ist (§ 73 Abs. 1 S. 2 StGB). Dadurch wird gewährleistet, dass die Betroffenen später ihre Ansprüche auch tatsächlich durchsetzen können und die Maßnahme deshalb auch als Zurückgewinnungshilfe bezeichnet.

Im Rahmen des Ermittlungsverfahrens erübrigt sich demnach die Feststellung, welche Regelung im Einzelfall einschlägig ist.[1185] Die Sicherstellung liegt jedoch im Ermessen der Strafverfolgungsbehörden, eine Pflicht zur Sicherung der Ansprüche des Verletzten besteht nicht.[1186] Die näheren Voraussetzungen der Sicherstellung bestimmen die §§ 111 c ff StPO.

IV. Sonstige Befugnisse

Den Strafverfolgungsbehörden stehen alle gängigen Ermittlungsbefugnisse zur Verfügung, wobei die bereits genannten zu den wohl am häufigsten angewandten gehören.

Die Telefonüberwachung nach § 100 a StPO ist nicht möglich, da es sich um keine Katalogtat handelt. Verdeckte Ermittler dürfen bei einem Einzeltäter nur bei Verdacht auf gewerbsmäßige Begehung oder bei einer bandenmäßigen Organisation eingesetzt werden (§ 110 a Abs. 1 Nr. 3 und 4 StPO). Bei „klassischer Markenpiraterie“ werden diese Voraussetzungen zumeist erfüllt sein – die Praxis ist in dieser Hinsicht jedoch sehr zurückhaltend.

[1184] *Braun*, S. 302.

[1185] *Meyer-Goßner*, § 111 b Rn 5; *Hees*, GRUR 2002, 1037, 1039 (ausführlich zur Zurückgewinnungshilfe für Opfer von Markenpiraterie).

[1186] SK-StPO-*Rudolphi*, § 111 b Rn 10.

Hinsichtlich der Untersuchungshaft wird in solchen Fällen zumeist auch der Haftgrund der Flucht- oder Verdunkelungsgefahr (§ 112 Abs. 2 Nr. 2 und Nr. 3 StPO) angenommen werden können, da Piraterieunternehmen sich dadurch auszeichnen, dass sie quasi über Nacht verschwinden können ohne Spuren zu hinterlassen. Allerdings ist zu bedenken, dass in der Praxis kaum Freiheitsstrafen verhängt werden, so dass die Anordnung zumeist außer Verhältnis zur erwartenden Strafe stehen wird.

C. Gerichtliche Zuständigkeit

Markenstraftaten finden selten an einem Ort statt: Zumeist sind Produktion und Vertrieb getrennt, letzterer umfasst oft ein weites Netz. Dazu kommt, dass häufig Teile der Tathandlung im Ausland begangen werden, so dass primär geklärt werden muss, ob deutsches Recht überhaupt anwendbar ist.

I. Internationale Zuständigkeit

Die internationale Zuständigkeit ist in den §§ 3 – 7 StGB geregelt. Die Vorschriften regeln den Anwendungsbereich des StGB. Da deutsche Strafrichter nur deutsches Recht anwenden, legen die Normen zugleich auch fest, in welchen Fällen deutsche Gerichte entscheiden dürfen.

1. Territorialitätsprinzip

Grundsätzlich ist deutsches Strafrecht anwendbar, wenn die Tat im Inland begangen wurde (§ 3 StGB), wobei der Tatort durch § 9 Abs. 1 StGB näher definiert wird. Demnach können sowohl Handlungs- als auch Erfolgsort als Anknüpfungspunkt dienen.

Wenn zum Beispiel in Deutschland gefälschte Markenwaren produziert, in den Verkehr gebracht oder beworben werden, gilt deutsches Strafrecht. Zu beachten ist jedoch, dass es sich stets um die Verletzung eines deutschen Markenrechts handeln muss: Wenn in Deutschland eine Ware mit einem Zeichen versehen wird, das in Deutschland nicht geschützt ist, sondern nur in dem Drittland, in welches es exportiert werden soll, so kommt das StGB nicht zur Anwendung. Ist hingegen das Zeichen in Deutschland als Marke geschützt, ist ein Eingreifen deutsche Behörden selbst dann möglich, wenn im Exportland der Täter das Recht an dieser Marke innehat.[1187]

Häufiger vorkommen wird jedoch der Fall, dass Waren im Ausland produziert und dann nach Deutschland importiert werden. Liegt keinerlei Handlung durch den Hersteller im Inland vor, werden also die Waren beispielsweise direkt an Händler oder Konsumenten versand, so tritt der Erfolg (das Inverkehrbringen) in Deutschland ein und deutsches Strafrecht findet Geltung. In solchen Fällen kann teilweise auch ein deutscher Handlungsort vorliegen, da sich der Täter eines Werkzeuges bedient, was ebenfalls als zurechenbare Handlung erfasst wird.[1188]

Da es für den Erfolgsort genügt, dass dort nach der Vorstellung des Täters der Erfolg hätte eintreten sollen,[1189] muss die Ware nicht einmal nach Deutschland gelangen. Vielmehr ist ausreichend, wenn diese bei der Grenzbeschlagnahme oder auch schon an der ausländischen Produktionsstätte aufgefunden wird, sofern in letzterem Fall nachgewiesen werden kann, dass eine Einfuhr nach Deutschland geplant war (und dazu schon unmittelbar angesetzt wurde).

Erfolgt jedoch die Vervielfältigung und Verbreitung deutscher Markenprodukte allein im Ausland, ist der Geltungsbereich des StGB nicht eröffnet.[1190] Denkbar wäre jedoch parallel zu einer zur Untreue ergangene Entscheidung[1191] die Anwendbarkeit deutschen Strafrechts dann zu bejahen, wenn der deutsche Konzern eine Rufschädigung[1192] erleidet, da dann er Erfolg in Deutschland eintritt. Dies ist jedoch auf Grund des im Markenrecht vorherrschenden Territorialitätsprinzips nicht möglich: Es ist stets erforderlich, dass ein deutsches Markenrecht innerhalb der deutschen Staatsgrenzen verletzt wird oder zumindest verletzt werden sollte.[1193]

[1187] Vgl. dazu Teil 2, Kap. 1, A.I.3.a)(1)(c).

[1188] *Tröndle/Fischer*, § 9 Rn 3.

[1189] Sch/Sch-*Eser*, § 9 Rn 9 m.w.N; LK-*Tröndle*, § 9 Rn 4.

[1190] So *Sternberg-Lieben*, NJW 1985, 2121, 2123 zum UrhG.

[1191] OLG Koblenz wistra 1984, 79, 80.

[1192] Die Überlegungen könnten nur für § 143 Abs. 1 Nr. 2 MarkenG gelten, da dieser sich auf § 14 Abs. 2 Nr. 3 MarkenG und nur dort die Rufschädigung auch als Tatbestandsmerkmal enthalten ist.

[1193] A.A. bei bloßer Absicht im Inland zu verbreiten: *Sternberg-Lieben*, NJW 1985, 2121, 2123; dem ist jedoch nicht zuzustimmen, da stets noch die Versuchsstrafbarkeit in Betracht kommt: Bei § 9 StGB und damit auch letztlich für die Anwendung deutschen Strafrechts ist es ausschlaggebend, dass beim Versuch der geplante Erfolg im Inland eingetreten wäre. Eine Beschränkung auf ein Handeln im Inland wie z.B. bei § 91 StGB (vgl. dazu Sch/Sch-*Eser*, § 9 Rn 9) ist dem Territorialitätsprinzip nicht zu entnehmen. Allerdings war 1985 nur der Versuch der gewerbsmäßigen Urheberrechtsverletzung strafbar (vgl. BT-Drs. 11/4792, S. 24), so dass dies zumindest partiell *Sternberg-Liebens* Aussage erklärt.

Wird Ware lediglich per Transit durch Deutschland gebracht, so sind die Tat nur im Inland begangen, wenn der Transitvorgang als solcher strafbar ist:[1194] Dies ist derzeit jedoch noch umstritten.[1195] Dafür und auch für die Einfuhr gilt zusätzlich: Freihandelszonen oder Transitbereiche sind deutsches Hoheitsgebiet, so dass das Begehen einer Tathandlung in einer derartigen Zone für die Anwendbarkeit deutschen Strafrechts genügt.[1196] Bei vorgelagerten Zollstationen hängt die Anwendbarkeit deutschen Strafrechts von der Ausgestaltung der jeweiligen völkerrechtlichen Abkommen ab; diese enthalten jedoch zumeist die Regelung, dass auch in diesen Zonen deutsches Recht angewendet werden soll.[1197]

Um einen deutschen Tatort zu begründen, ist es bei Mittäterschaft sogar ausreichend, wenn die Vorbereitung durch einen Mittäter in Deutschland erfolgte.[1198] Da eine Zurechnung der Tatbeiträge erfolgt, kann so ein an Markenverletzungen beteiligter Täter, der selbst nur im Ausland die Ware zur Einfuhr nach Deutschland übergibt, nach deutschem Strafrecht belangt werden.[1199] Für den Teilnehmer kann sowohl auf den Tatort der Haupttat als auch den Handlungsort der Teilnahmehandlung zurückgegriffen werden (§ 9 Abs. 2 S. 1 StGB).

2. Sonstige Anknüpfungspunkte

§§ 5 und 6 StGB begründen keine Anwendbarkeit deutschen Strafrechts, da Verstöße gegen das MarkenG keine der genannten Katalogtaten sind. Auch § 6 Nr. 9 StGB in Verbindung mit TRIPS begründet keine Zuständigkeit, da das Abkommen nicht zur Ahndung von Auslandsstraftaten verpflichtet.[1200]

Allenfalls nach § 7 StGB könnten deutschen Normen zur Geltung gelangen, da in vielen Ländern inzwischen Markenverletzungen als Straftat geahndet werden. Allerdings ist zu beachten, dass eine Tat nur dann als im Ausland mit Strafe bedroht gilt, wenn es sich um das gleiche Rechtsgut handelt: Bei Straftaten gegen rein inländische Rechtsgüter ist dies nicht der Fall. Hier kommt die Besonderheit

---

[1194] *Tröndle/Fischer*, § 9 Rn 3.

[1195] Vgl. dazu bereits Teil 2, Kap. 1, A.I.3.a)(1)(c).

[1196] *Weber*, § 2 Rn 41; die Wertungen des BtMG lassen sich übertragen, da - wie schon in Teil 2, Kap. 1, A.I.3.a)(1)(c) begründet - das MarkenG und das BtMG bei der Einfuhr gleichermaßen auf das Hoheitsgebiet abstellen; zu Zollfreibezirken *Sack*, riw 1995, 177, 184.

[1197] *Weber*, § 2 Rn 45.

[1198] *Tröndle/Fischer*, § 9 Rn 3.

[1199] BGH NStZ 1997, 286, 286 zum BtMG; *Satzger*, Internationales und Europäisches Strafrecht, § 5 Rn 15.

[1200] *Hildebrandt*, S. 315; entsprechendes gilt auch für sonstige Abkommen im Bereich des Markenrechts.

des Markenrechts erneut zum Tragen: Das Territorialitätsprinzip besagt, dass Markenrechte nur territorial begrenzt für Deutschland entstehen und somit nicht von fremden Rechtsordnungen geschützt werden. Da dieser Grundsatz der Territorialität im Zivilrecht einhellig anerkannt ist, kann das Strafrecht, das sich daran anlehnt, auch nicht darüber hinausgehen.[1201] Zwar wird durch das durch internationale Abkommen geltende Prinzip der Inländergleichbehandlung auch ausländischen Marken Schutz gewährt, dies erfolgt jedoch nur durch eine Gleichstellung mit nationalen Schutzrechten, so dass nur inländisches Recht zur Anwendung kommt:[1202] Selbst bei einer internationalen Anmeldung entsteht nur ein Bündel von nationalen Rechten, die jeweils nur durch die nationale Rechtsordnung geschützt werden.

Eine Durchbrechung dieser Grundregel erfolgt jedoch bei der Gemeinschaftsmarke:[1203] Im Gegensatz zur internationalen Registrierung entsteht bei der Eintragung einer Gemeinschaftsmarke kein Bündel von Rechten, sondern ein europaweit einheitliches Schutzrecht. Innerhalb der Grenzen der Europäischen Union kommt demnach eine Anwendung des § 7 StGB in Betracht, da jeweils die Gemeinschaftsmarke als Rechtgut geschützt wird. Daraufhin sind die weiteren Voraussetzungen des § 7 StGB zu prüfen, wobei insbesondere zu beachten ist, dass jeweils die konkrete Tat mit Strafe bedroht sein muss.[1204] Zwar sind in den meisten Staaten inzwischen Strafnormen vorgesehen, allerdings schwankt deren Reichweite oft stark. So verpflichtet Art. 61 TRIPS nur zur Einführung von Tatbeständen, die Ident- oder Quasi-Identfälschungen unter Strafe stellen. Demnach ist selbst innerhalb der Europäischen Union immer besonders genau auf die jeweilige Ausgestaltung der Strafnorm zu achten und zu prüfen, ob die zu verfolgende Tat auch umfasst ist.

II. Sachliche Zuständigkeit

Die sachliche Zuständigkeit ergibt sich aus den §§ 24 und 74 GVG und wird auf Grund der zu erwartenden Strafe[1205] grundsätzlich beim Amtsgericht und dort beim Strafrichter[1206] liegen. Wird ein Verfahren im Wege der Privatklage betrie-

---

[1201] Vgl. dazu und zur Verankerung des Territorialitätsprinzip im Zivilrecht ausführlicher *Hildebrandt*, S. 318 ff; so nun auch der BGH GRUR 2004, 421, 422 f, der § 7 StGB für unanwendbar erklärt.

[1202] *Sternberg-Lieben*, NJW 1985, 2121, 2125.

[1203] So angedeutet bei *Sternberg-Lieben*, NJW 1985, 2121, 2126.

[1204] *Hackner/Lagodny/Schomburg/*Wolf, Rn 25 zur Rechtshilfe, wo es auch auf die Strafbarkeit nach beiden Rechtsordnungen ankommt.

[1205] Vgl. dazu näher Teil 5, Kap. 3, A.

[1206] *Hildebrandt*, S. 378.

ben, ist der Amtsrichter zuständig (§ 25 Nr. 1 GVG). Ist die Zuständigkeit der großen Strafkammer nach § 74 Abs 1 GVG eröffnet, so ist gemäß § 74 c Abs. 1 Nr. 1 GVG vor der Wirtschaftsstrafkammer anzuklagen. Diese Zuständigkeit wurde mit dem PrPG eingeführt:[1207] Bei Delikten gegen geistiges Eigentum treten oft schwierige Rechtsfragen auf, die durch eine spezialisierte Instanz sachgerechter und auch rascher erledigt werden können – zudem bestehen oft Überschneidungen mit Delikten aus dem UWG, bei denen bereits eine spezielle Zuständigkeit gegeben ist. Auch dient diese Zuständigkeit der Vereinheitlichung und Fortentwicklung der Rechtsprechung. Von einer Zuständigkeitskonzentration am Amtsgericht wurde abgesehen, da dieses ein Novum darstellen würde und der gleiche Effekt durch den Geschäftsverteilungsplan eingeführt werden kann.[1208]

Gegen die Festlegung der Zuständigkeit bei den Amtsgerichten ergeben sich Bedenken, da § 140 MarkenG eine ausschließliche Zuständigkeit bei den Landgerichten vorsieht und daher die Komplexität der Materie anerkennt.[1209] Die Möglichkeit einer Aussetzung des Verfahrens zur Klärung zivilrechtlicher Vorfragen kann diesen jedoch in gewissem Rahmen begegnen.

III. Örtliche Zuständigkeit

Grundsätzlich ist das Gericht zuständig, in dessen Bezirk die Tat begangen wurde (§ 7 StPO), wobei sich die Bestimmung des Tatorts wie für die internationale Zuständigkeit nach § 9 StGB richtet und demnach die bereits genannten Grundsätze auf die örtliche Zuständigkeit übertragen werden können.

Daneben kommen als Gerichtsstand ebenso der Wohnsitz oder Aufenthaltsort des Angeschuldigten (§ 8 StPO) sowie der Ort der Ergreifung (§ 9 StPO) in Betracht. Treffen mehrere Gerichtsstände zusammen, so ist das Gericht zuständig, bei dem das Verfahren zuerst eröffnet wird (§ 12 StPO). Demnach besteht grundsätzlich für die Strafverfolgungsbehörden innerhalb der gesetzlichen Grenzen ein Wahlrecht, wo sie anklagen möchten.[1210]

[1207] BT-Drs. 11/4792, S. 26
[1208] BT-Drs. 11/4792, S. 26.
[1209] So auch *Schiwek*, S. 204 f.
[1210] *Meyer-Goßner*, vor § 7 Rn 10.

D. Einstellungen zur Verfahrensbeendigung, §§ 153 ff StPO

Nach § 153 StPO kann die Strafverfolgung eingestellt werden, wenn die Schuld als gering anzusehen wäre und kein öffentliches Interesse an der Strafverfolgung besteht. Bei Privatklagedelikten steht dem jedoch entgegen, dass nur bei öffentlichem Interesse überhaupt die Strafverfolgung übernommen werden darf.[1211] Da das Grunddelikt ein Privatklagedelikt darstellt, kommt bei diesen Markenrechtsverletzungen eine Einstellung nach § 153 StPO demnach nicht in Betracht. Bei § 143 Abs. 2 MarkenG muss zwar von Amts wegen verfolgt werden, so dass eine Einstellung an sich denkbar wäre, jedoch ist bei gewerbsmäßigen Markenrechtsverletzungen das öffentliche Interesse oft nicht mehr zu verneinen: Der gewerbsmäßig handelnde Täter zeichnet sich dadurch aus, dass er eine Mehrzahl von Taten zur Deckung der eigenen Lebensgrundlage begehen wollte. Für die Ablehnung des öffentlichen Interesses muss jedoch festgestellt werden, dass keine Wiederholungsgefahr mehr besteht.[1212] Demnach herrscht ein Spannungsfeld zwischen den Voraussetzungen des Qualifikationstatbestandes und der Einstellung. Dies ist nicht unlösbar, da der Wille zur Begehung mehrerer Taten aufgegeben werden kann. Darüber hinaus spricht jedoch bereits die Tatsache, dass es sich nicht mehr „nur" um das Grunddelikt, sondern bereits eine qualifizierte Form der Begehung handelt gegen die Annahme, dass kein öffentliches Interesse besteht. Demnach kann es zur Einstellung nach § 153 StPO kommen, es muss jedoch das Fehlen öffentlichen Interesses besonders gründlich dargelegt werden – § 153 a StPO wird oft näher liegen.

Dieser kann Anwendung finden, wenn öffentliches Interesse an der Strafverfolgung bejaht wurde, da dem Beschuldigten Auflagen und Weisungen erteilt werden können, die geeignet sind, dieses zu beseitigen.[1213] Diese Art der Verfahrensbeschleunigung ist besonders bei Wirtschaftskriminalität, worunter auch § 143 MarkenG zu zählen ist, von Bedeutung, da so all zu großer Verfahrenskomplexität vermieden werden kann.[1214] Dabei kommen insbesondere Auflagen oder Weisungen in Betracht, die den durch die Markenverletzungen geschaffenen Schaden kompensieren: zum Beispiel bei Minderwert Zahlungen an getäuschte Käufer oder Ausgleichszahlungen für verlorene Einnahmen an den Markeninhaber.

Hier ist erneut zu beachten, dass es sich bei § 143 Abs. 1 MarkenG um ein Antragsdelikt handelt: Ist ein Strafantrag (noch) nicht gestellt, so besteht nur bei

---

[1211] AK-*Schöch*, § 153 Rn 10; *Beulke*, Strafprozessrecht, Rn 334.
[1212] KK-*Schoreit*, § 153 Rn 24.
[1213] *Beulke*, Strafprozessrecht, Rn 334.
[1214] *Volk*, StPO, § 12 Rn 22; AK-*Schöch*, § 153 a Rn 15.

besonderem öffentlichem Interesse Verfahrensherrschaft, die eine Einstellung nach § 153 a StGB ermöglicht.

Bei mehrfach begangenen Markenverletzungen ist auch an die §§ 154 ff StPO zu denken. Im Rahmen eines Privatklageverfahrens steht dem Gericht § 383 Abs. 2 StPO zur Verfügung.

E. Beweisführung

I. Validität des Schutzrechtes

1. Prüfung der Wirksamkeit

Bei eingetragenen Marken ist das Gericht an die Eintragung gebunden:[1215] Es darf nicht zu Gunsten des Angeklagten annehmen, dass eine Marke nicht hätte eingetragen werden dürfen, nichtig oder löschungsreif ist. Einige Löschungsgründe können bereits dem Tatbestand der Verletzungshandlungen entgegenstehen.[1216] Darüber hinaus ist jedoch keine Berücksichtigung möglich. Nichteingetragene Marken, die durch Benutzung oder notorische Bekanntheit entstanden sind, müssen durch das Gericht auf ihre Wirksamkeit hin überprüft werden.[1217]

2. Aussetzung zur Beurteilung zivilrechtlicher Vorfragen

Fragen hinsichtlich der Wirksamkeit können auch separat von der Strafverfolgung in zivilrechtlichen Verfahren ausgetragen werden: Im Ermittlungsverfahren besteht nach § 154 d StPO die Möglichkeit, die zivilrechtliche Rechtslage vorab zu klären. Durch derartiges Vorgehen kann verhindert werden, dass zivilrechtliche Klagen auf Kosten der Staatskasse vorbereitet werden.[1218] Dazu wird eine Frist gesetzt, nach deren fruchtlosem Ablauf das Verfahren eingestellt werden kann (§ 154 d S. 3 StPO). Die gleiche Möglichkeit besteht für ein Gericht gemäß § 262 Abs. 2 StPO im Rahmen der Hauptverhandlung, wobei jedoch das Urteil des Zivilgerichts abgewartet werden muss.

Ein solches Verfahren bietet sich insbesondere an, wenn wie bei den §§ 143 f MarkenG Rechtsbegriffe des Zivilrechts im Tatbestand enthalten sind.[1219] Als

1215 *Cremer*, GRUR Int. 2002, 511, 515.
1216 Vgl. dazu bereits Teil 2, Kap. 1, A.I.4.c).
1217 *Cremer*, a.a.O.
1218 *Gravenreuth*, GRUR 1983, 349, 354.
1219 KK-*Schoreit*, § 154 d Rn 2.

Vorfrage kommen beispielsweise die Wirksamkeit des Markenrechts, das Vorliegen einer Verletzungshandlung oder deren Widerrechtlichkeit in Betracht. Bei den Zivilgerichten liegt für Markenrechtsverletzungen in der Regel größere Sachkunde vor: § 140 MarkenG weist Kennzeichenstreitsachen unabhängig vom Streitwert den Landgerichten zu, und ermöglicht auch die Zuweisung an ein ausgewähltes Landgericht, so dass auf Grund der starken Spezialisierung große Sachkunde entstehen kann. Somit kann bei einer Aussetzung zur Klärung zivilrechtlicher Vorfragen ein Gericht mit größerer Sachnähe entscheiden.

Für Klagen auf Nichtigkeit einer Marke wegen Vorliegens eines absoluten Schutzhindernisses besteht sogar ein Entscheidungsmonopol des Patent- und Markenamtes (§§ 50, 54 MarkenG). In derartigen Situationen ist das Gericht demnach an die Eintragung gebunden.[1220] In solchen Fällen, in denen eine Rechtsfrage nur von einem anderen Gericht mit bindender Wirkung entschieden werden kann, kann sogar eine Rechtspflicht zur Vorlage bestehen:[1221] Besteht eine Eintragung, liegt bereits eine bindende Entscheidung vor. Wenn aber deren Wirksamkeit angezweifelt wird und eine Entscheidung darüber vom Patent- und Markenamt zu erwarten ist, so besteht für das Gericht sogar eine Pflicht zur Aussetzung.[1222] Diese Pflicht besteht nicht nur, wenn eine Löschung von Amts wegen durchzuführen ist, sondern auch, wenn diese nur auf Antrag eines Beteiligten möglich ist – ob der Antrag dabei schuldhaft verzögert wurde, spielt keine Rolle.[1223] Über den Wortlaut des § 262 StPO hinaus, der sich nur auf bürgerliche Rechtsverhältnisse bezieht, ist demnach eine Aussetzung auch bis zur Entscheidung des Patent- und Markenamtes möglich und bei deren Entscheidungsmonopol sogar geboten.

Liegen eindeutige Fälle von Markenpiraterie vor, empfiehlt es sich aus Gründen einer effektiven und zeitnahen Bekämpfung der Verletzungshandlungen von einer Klärung der sonstigen zivilrechtlichen Vorfragen im Wege der Vorlage jedoch abzusehen.[1224]

II. Verwertungsverbot hinsichtlich des Auskunftsanspruchs

Das MarkenG gibt einem Markeninhaber mit § 19 MarkenG einen Auskunftsanspruch hinsichtlich Herkunft und Vertriebswege rechtsverletzender Gegenstände

1220 RGSt 48, 389, 391; KK-*Engelhardt*, § 262 Rn 6.
1221 *Meyer-Goßner*, § 262 Rn 11.
1222 So im Ergebnis RGSt 48, 419; KK-*Engelhardt*, § 262 Rn 8; *Mes*, § 142 Rn 4.
1223 RGSt 48, 419, 424.
1224 So auch *Schiwek*, S. 209 f, der in diesen Fällen eine Aussetzung als nicht notwendig ansieht.

an die Hand. Um den nemo-tenetur-Grundsatz nicht zu unterlaufen, wurde für derartig erlangte Informationen ein Beweiswertungsverbot in § 19 Abs. 4 MarkenG vorgesehen.[1225] Nicht eindeutig geklärt ist die Reichweite dieses Verwertungsverbotes: Der Gesetzgeber wollte diesem wohl Fernwirkung zumessen, da auch Tatsachen und Gegenstände, die nicht unmittelbar Gegenstand der Auskunft waren, sondern auch solche, zu denen man erst über die Auskunft kam, als vom Verbot umfasst sein sollten:[1226] Diese Aussage begründete er mit einer Parallele zu § 136 a StPO und § 393 AO sowie dem Gemeinschuldnerbeschluss des BVerfG[1227].

Diese Begründung ist jedoch höchst zweifelhaft: Im Gemeinschuldnerbeschluss stellte das Bundesverfassungsgericht keine näheren Anforderungen an ein Beweisverwertungsverbot auf. Im Gegenteil: Die nähere Ausgestaltung sollte dem Gesetzgeber überlassen werden.[1228]

Demnach liegt es nahe, sich an Beweisverwertungsverboten aus anderen Rechtsgebieten zu orientieren, die ebenfalls auf einer Aussage- oder Mitwirkungspflicht beruhen.[1229]

Vom Gesetzgeber selbst wurden § 136 a StPO und § 393 AO als Begründung für die Ausgestaltung ins Feld geführt. Bei § 136 a StPO nimmt jedoch der BGH gerade nicht die vom Gesetzgeber gewünschte Fernwirkung an,[1230] auch wenn einige Stimmen in der Literatur dies fordern.[1231] Darüber hinaus hat die dem § 136 a StPO zu Grunde liegende Situation wenig mit der bei Markenverletzungen gemeinsam: Bei § 136 a StPO handelt es sich um rechtswidrig erlangte Beweismittel (einen einmaligen Verstoß), die dann nicht verwertbar sind – bei § 19 MarkenG hingegen werden die Auskünfte rechtmäßig „erzwungen".[1232] Das Argument des BGH gegen eine Fernwirkung ist stets, dass ein Verfahrensverstoß nicht das ganze Verfahren lahm legen darf.[1233] Bei § 19 MarkenG liegt jedoch

---

[1225] *Ingerl/Rohnke*, § 19 Rn 55.
[1226] BT-Drs. 11/4792, S. 39 f.
[1227] BVerfG wistra 1982, 25.
[1228] BVerfG wistra 1982, 25, 27; *Dingeldey*, NStZ 1984, 529, 530 f; *Verrel*, NStZ 1997, 361, 365.
[1229] *Dreier/Schulze*, § 101 a Rn 20 zum vergleichbaren Anspruch im UrhG.
[1230] BGHSt 34, 362, 364.
[1231] Vgl. dazu KK-*Boujong*, § 136 a Rn 42 m.w.N.
[1232] So Franzen/Gast/Joecks-*Joecks*, § 393 Rn 66 für § 393 AO, wobei dies ebenso für das Markenrecht in Abgrenzung zu § 136 a StPO gilt; dies sieht *Schulz*, S. 174 ff als Grundlage dafür an, dass bei einer rechtmäßig erlangten Auskunft dann erst recht keine weitere Wirkung des Verwertungsverbotes angenommen werden darf: Dem kann jedoch aus den im folgenden näher zu erläuternden Gründen nicht gefolgt werden.
[1233] BGHSt 34, 362, 364.

eine andere Konstellation zu Grunde: Dem Opfer wird unter Zuhilfenahme staatlicher Gewalt ermöglicht, Informationen zu erlangen, die ihm sonst verschlossen wären. Demnach wird den Opferinteressen Vorrang gegenüber dem nemo-tenetur-Grundsatz eingeräumt – diese Abwägung fordert jedoch auch Zugeständnisse.[1234]

Ebenso genannt wurde in der Gesetzesbegründung § 393 AO: Auch hier ist die Fernwirkung umstritten,[1235] nach wohl überwiegender Meinung jedoch abzulehnen.[1236] Das Verwertungsverbot des § 393 Abs. 2 AO beruht auf der Verpflichtung des Steuerpflichtigen, im Besteuerungsverfahren Angaben zu machen. Im Rahmen dieser Angaben erlangte Kenntnisse dürfen dann nicht zur Strafverfolgung wegen einer nicht-steuerrechtlichen Tat verwendet werden.

Hier zeigt sich der Unterschied zwischen § 393 Abs. 2 AO und § 19 Abs. 4 MarkenG: Ersterer erlaubt die zweckgemäße Verwendung der Daten, will aber im Hinblick auf andere als steuerstrafrechtliche Taten den Rückgriff auf diese Informationen ausschließen. Im MarkenG besteht der Auskunftsanspruch jedoch gerade wegen einer Verletzungshandlung, die zugleich auch Grundlage der Strafbarkeit ist – demnach würde der Auskunftsgebende sich unmittelbar selbst belasten. Im Steuerrecht hingegen besteht grundsätzlich die Pflicht im Besteuerungsverfahren mitzuwirken, welche in keinem Zusammenhang mit einer Rechtsverletzung steht.

Eines der wenigen Beweisverwertungsverbote, dem nach wohl herrschender Meinung[1237] eine Fernwirkung zugemessen wird, ist § 97 InsO. Dieses beruht zwar ebenfalls nicht auf einer Rechtsverletzung des Auskunftgebenden, sondern auf der Tatsache, dass der Schuldner der wichtigste Informationsträger im Insolvenzverfahren ist, dessen Angaben zur korrekten Abwicklung der Insolvenz unumgänglich sind.[1238] Dem Interesse der Gläubiger wird demnach gegenüber seiner Freiheit vor Selbstbelastung Vorrang eingeräumt.[1239]

Eine vergleichbare Situation besteht auch bei Markenverletzungen: Der Auskunftsanspruch soll es dem Markeninhaber ermöglichen, die Quelle und Ver-

[1234] Dazu nach Bewertung ähnlicher Beweisverwertungsverbote gleich näher.
[1235] *Kohlmann*, § 393 Rn 82; Klein-*Wisser*, § 393 Rn 25.
[1236] Wabnitz/Janovsky-*Kummer*, Kap. 18 Rn 232.
[1237] Vgl. nur LG Stuttgart wistra 2000, 439, 439; Nerlich/Römermann-*Wittkowski*, § 97 Rn 8; *Uhlenbruck*, NZI 2002, 401, 403; MünchKomm-InsO-*Passauer*, § 97 Rn 17; *Richter*, wistra 2000, 1, 4; Kübler-Prütting-*Lüke*, § 97 Rn 4a; a.A. *Bittmann/Rudolph*, wistra 2001, 81, 82.
[1238] BVerfG wistra 1982, 25, 26.
[1239] BVerfG wistra 1982, 25, 26 f.

triebswege der markenverletzenden Waren aufzudecken.[1240] Dazu ist die Mitwirkung des Verletzers erforderlich, da die Waren oft an eine Vielzahl von weiteren Händlern oder Kunden weitergegeben wurden, was die Aufklärung ohne Mithilfe des Verletzers unmöglich machen kann. Demnach verfügen sowohl Markenverletzer als auch Insolvenzschuldner über ausführliches und zum Teil auch überlegenes Wissen, welches zur „Schadensbegrenzung" eingesetzt werden kann. Aus diesem Grunde liegt es nahe, sich bei der Reichweite des Verwertungsverbotes an § 97 InsO zu orientieren, da dieses der Interessenlage bei Markenrechtsverletzungen stark ähnelt.

Der Übertragung der Reichweite könnte jedoch entgegenstehen, dass § 97 InsO explizit von einem Verwendungs- und nicht nur von einem Verwertungsverbot spricht; dies könnte im Umkehrschluss für § 19 Abs. 4 MarkenG ein „einfaches" Verwertungsverbot bedeuten, da hier der Wortlaut weniger eindeutig ist. Auch besteht die Gefahr, dass der Auskunftsschuldner die Reichweite des Verbotes beeinflussen kann: Je mehr Auskünfte er gibt, desto besser ist er vor strafrechtlicher Verfolgung geschützt, bei Fernwirkung umso mehr, da dann auch die Wege zu weiteren Beweisstücken abgeschnitten werden können.[1241] Diese Gefahr besteht jedoch bei jedem Beweisverwertungsverbot, das auf einer Auskunftspflicht beruht, da der Auskunftsgebende zum Beispiel bereitwillig den Inhalt anderer Beweismittel zum Gegenstand der Auskunft machen kann und damit diese auch möglicherweise unverwertbar werden. Diesem Problem kann man aber auch dadurch Herr werden, indem man die Fernwirkung auf den Gegenstand der Auskunft beschränkt und darüber hinausgehende Informationen überhaupt nicht einem Verwertungsverbot unterwirft. Zusätzlich sollte man die der amerikanischen Doktrin der *fruit of the poisonous tree* entlehnte Fernwirkung auch in allen Facetten übernehmen und demnach bei Beweismitteln, die – einen hypothetischen Ermittlungsverlauf zu Grunde gelegt – aufgefunden worden wären, vom Verbot der Fernwirkung ausnehmen. Demnach kann die Gefahr der Umgehung nicht als Argument gegen die Fernwirkung angeführt werden, da dieser auch anderweitig begegnet werden kann.

Für eine Fernwirkung des Verwertungsverbotes spricht, dass den diesem zu Grunde liegenden Interessen besser Rechung getragen werden kann: Im Gemeinschuldnerbeschluss stellte das BVerfG fest, dass bei der Entscheidung über ein Verwertungsverbot eine Abwägung der jeweiligen Interessen zu erfolgen hat, wobei auch berücksichtigt werden darf, welche Interessen konkret betroffen

[1240] BT-Drs. 11/4792, S. 30.
[1241] Zum Markenrecht: *Braun*, S. 310; zum Insolvenzrecht: Nerlich/Römermann-*Wittkowski*, § 97 Rn 8; MünchKomm-InsO-*Passauer* § 97 Rn 17.

sind.[1242] So sind im Insolvenzverfahren nicht nur staatliche und öffentliche Informationsbedürfnisse tangiert, sondern insbesondere die privater Dritter.[1243] Dies ist weder bei § 136 a StPO noch bei § 393 Abs. 2 AO der Fall, in denen es letztlich ausschließlich um staatliche Interessen geht: den staatlichen Strafanspruch bzw. die Besteuerung.

Bei Markenverletzungen hingegen besteht die Auskunftspflicht im Interesse des durch die Markenverletzung Geschädigten: Dieser soll möglichst umfassend die schutzrechtsverletzenden Waren verfolgen können, um so eine Schadensvertiefung zu vermeiden. Diese Sonderkonstellation muss sich nun auch auf die Reichweite des Verwertungsverbotes auswirken: Entscheidendes Argument für eine Fernwirkung ist, dass es sich bei einem Beweisverwertungsverbot um eine Art „Deal" handelt - der Auskunftsgläubiger erhält schnell und umfassend die benötigten Informationen, der Auskunftsschuldner hingegen im Gegenzug die Unverwertbarkeit seiner Angaben im Strafverfahren.[1244] Hier kommen nun die Interessen Dritter ins Spiel: Wenn der Staat sich durch die Gewährung von Auskunftsansprüchen „auf die Seite" des Geschädigten stellt, um diesem die Aufklärung zu erleichtern, erscheint es im Gegenzug gerechtfertigt dem Auskunftsgebenden auch umfassenden Schutz zu bieten. Ansonsten würde der Staat den Privaten mit umfangreichen Rechten ausstatten[1245] und dann die so erlangten Informationen und Beweismittel für eigene Zwecke ausnutzen, obwohl er sie selbst nicht hätte erlangen können ohne gegen den nemo-tenetur-Grundsatz zu verstoßen. Im Insolvenzrecht wurde dieser Interessenkonflikt zwischen Gläubigerinteressen und Selbstbelastungsfreiheit durch die Schaffung eines umfassenden Verwertungsverbotes gelöst.

Dieser Gedanke sollte auf die hiesige Situation übertragen werden. Die Weite des Verwertungsverbotes sollte auf Grund der Vergleichbarkeit der Interessen analog § 97 InsO bestimmt werden. Bei der Abwägung des nemo-tenetur-Grundsatzes mit den Interessen des Markeninhabers muss zusätzlich berücksichtigt werden, dass es sich bei § 143 Abs. 1 MarkenG um ein Privatklagedelikt handelt. Dies bedeutet, dass der Anspruchsgläubiger zuerst über § 19 MarkenG die nötigen Informationen erlangen und dann zumindest die auf Grund dieser

---

1242 BVerfG wistra 1982, 25, 27.

1243 A.a.O.

1244 *Hefendehl*, wistra 2003, 1, 8.

1245 Im Gegensatz zu § 136 a StPO, der eine Vernehmungssituation voraussetzt und demnach Informationen, die unter dem Einsatz verbotenen Methoden durch Private erlangt werden, nicht mit einem Verwertungsverbot sanktioniert, gibt der Staat dem Privaten mit § 19 MarkenG sogar das Instrumentarium zur Erzwingung der Aussagen an die Hand. Demnach besteht bei § 19 MarkenG eine stärkere Involvierung des Staates, die auch ein schärferes Verwertungsverbot rechtfertigt.

Auskunft erlangten weiteren Beweismittel unmittelbar selbst als Privatkläger im Strafverfahren einbringen kann. Demnach ist dem nemo-tenetur-Grundsatz noch mehr Gewicht als bei § 97 InsO zuzumessen, so dass das Verwertungsverbot zumindest die gleiche Reichweite haben muss.

Von der Unverwertbarkeit sollen jedoch Angaben und Beweismittel ausgeschlossen sein, die schon vorher bekannt waren, über den Gegenstand der Auskunft hinausgehen[1246] (zum Beispiel das Geständnis weiterer, dem Auskunftsanspruch nicht zu Grunde liegender Taten) und auch unabhängig von der Auskunft ermittelt worden sind[1247] bzw. wären.[1248] Dies entspricht auch den Interessen der Opfer, da diese zumeist mehr an der Verhinderung weiterer Taten als an der Bestrafung eines Einzelnen interessiert sind.[1249]

Nie ausgeschlossen ist die Verwertung der im Rahmen des Auskunftsanspruches erlangten Informationen in Strafverfahren gegenüber Dritten.[1250] Auch aus kriminalpolitischen Gründen kann deshalb die Fernwirkung durchaus lohnend sein: Markenverletzungen sind selten die Tat eines Einzeltäters, sondern die einer größeren, hoch spezialisierten Gruppe. Demnach kann es sich empfehlen, durch ein möglichst umfassendes Verwertungsverbot in Zusammenarbeit mit dem Opfer sich umfangreiche Informationen über die Tat bei einem Täter zu holen und damit solide Beweise gegen die Gruppe in der Hand zu haben. Die Aussagefreudigkeit des Täters wird bei einer „Quasi-Immunität" durchaus höher sein und die erlangten Informationen können den Preis wert sein, der dafür bezahlt wurde.

Demnach ist im Sinne des Gesetzgebers und um den Zweck des Auskunftsanspruches besser gerecht zu werden, von einer Fernwirkung des Verwertungsverbotes auszugehen.[1251]

Der Umfang des Verwertungsverbotes ist bei Geschäftsunterlagen[1252] nicht ohne Einzelfallbetrachtung zu bestimmen: Grundsätzlich gilt, dass der nemo-tenetur-Grundsatz nur für Aussagen, nicht jedoch für Vorlagepflichten gilt.[1253] Die Her-

---

1246 Vgl. dazu ähnlich MünchKomm-InsO-*Passauer*, § 97 Rn 16.
1247 *Bittmann/Rudolph*, wistra 2001, 81, 83.
1248 Vgl. dazu *Kübler-Prütting*, § 97 Rn 4a; LG Stuttgart wistra 2000, 439, 439 f.
1249 *Hopkins/Kotnik/Turnage*, S. 238.
1250 *Wandtke/Bullinger*, § 101 a Rn 13; *Dreier/Schulze*, § 101 a Rn 18.
1251 A.A. *Schulz*, S. 174 ff; *Braun*, S. 310.
1252 Deren Übergabe ist inzwischen durch die Rechtsprechung unter relativ geringen Voraussetzungen anerkannt, vgl. BGH GRUR 2002, 709, 712 – Entfernung der Herstellungsnummer III.
1253 BVerfG 55, 144, 151; ausführlicher dazu *Verrel*, NStZ 1997, 361, 363.

ausgabe von per Gesetz zu führenden Unterlagen kann demnach nie rechtswidrig sein.

Fraglich ist jedoch, wie zu entscheiden ist, wenn erst durch die Auskunft der Weg zu den Unterlagen gewiesen wurde. Die Auskunft selbst, die zu den Unterlagen führte, ist jedenfalls unverwertbar.[1254] In derartigen Situationen wird gefordert kein „Asyl für Geschäftsunterlagen" zu gewähren und demnach zwar den Weg zu den Unterlagen, nicht jedoch deren Inhalt dem Beweisverwertungsverbot zu unterwerfen.[1255] Dem ist unter Anbetracht der eben gefundenen Grundsätze im Wesentlichen zuzustimmen: Wenn ohne Veranlassung freiwillig Unterlagen übergeben werden, so unterliegen diese nicht dem Auskunftsgegenstand und dürfen nicht privilegiert sein. Wenn die Unterlagen ohnehin gefunden worden wären, da sie gesetzlich zu führen sind oder beschlagnahmt hätten werden können, kann auch stets ein rechtmäßiger Kausalverlauf zu ihnen hergestellt werden, der die Verwertung möglich macht. Zweifel müssen zu Lasten der Strafverfolgungsbehörden gehen. Wenn aber erst durch die Aussage die Aufmerksamkeit auf Dokumente gelenkt wurde, die sonst nicht gefunden worden wären, hat die Übergabe auch einen eigenständigen Erklärungswert:[1256] Mit ihr wird die Existenz der Unterlagen zugestanden. Demnach kann auch dieser Erklärungsgehalt unverwertbar sein, Auswirkungen auf die Verwendbarkeit des Inhalts der Unterlagen hat dies jedoch nicht.[1257]

Zusammenfassend lässt sich zu Geschäftsunterlagen demnach sagen, dass – sofern Belege beigebracht werden müssen – deren Inhalt stets verwertbar ist, nicht jedoch der darüber hinausgehende Erklärungsgehalt bei der Übergabe. Wenn es sich um Taten außerhalb der legalen Wirtschaft handelt, werden einem die Täter jedoch ohnehin selten „den Gefallen tun" und Papierspuren hinterlassen.

F. Auswirkungen einer Schutzrechtsvernichtung

Eingetragene Marken sind häufig auch Attacken auf ihre Wirksamkeit ausgesetzt und können verfallen oder wegen Nichtigkeit gelöscht werden. Zivilrechtlich kann die Löschung auch rückwirkend erfolgen: Erfolgt eine Löschung wegen Verfalls,[1258] so wirkt bei Erfolg einer Verfallsklage gemäß § 52 Abs. 1 MarkenG die Löschung immerhin bis auf den Zeitpunkt der Klageerhebung zurück.

[1254] *Richter*, wistra 2000, 1, 3; *Bittmann/Rudolph*, wistra 2001, 81, 82; *Hefendehl*, wistra 2003, 1, 9.

[1255] *Hefendehl*, a.a.O.

[1256] Darauf abstellend *Hefendehl*, wistra 2003, 1, 8.

[1257] *Richter*, wistra 2000, 1, 4.

[1258] Vgl. zu den Verfallsgründen § 49 MarkenG.

Weitergehend ist die Rückwirkung bei einer Löschung wegen Nichtigkeit:[1259] Hier gilt gemäß § 52 Abs. 2 MarkenG die Eintragung als nie erfolgt.

Fraglich ist, wie dies im Rahmen des Strafrechts zu beurteilen ist. Entfällt eine Marke wie beim Verfall ex nunc, so hat dies keine Auswirkungen auf die Strafbarkeit, solange im Zeitpunkt der Verletzungshandlung die Marke noch Bestand hatte.[1260] Wird hingegen eine Marke mit ex-tunc-Wirkung gelöscht, hat dies Auswirkungen auf die Strafbarkeit: Grundsätzlich werden zwar im Strafrecht Rückwirkungsfiktionen des Zivilrechts nicht berücksichtigt, so dass zum Beispiel die nachträgliche Genehmigung einer Verfügung zwar diese zivilrechtlich „heilen", aber z.B. immer noch eine Untreuehandlung vorliegen kann.[1261] Dieser Grundsatz passt jedoch nicht auf die Situation, wenn eine Marke rückwirkend wegfällt. In derartigen Fällen bestand eine Marke niemals zu recht und konnte demnach auch nach außen keine Wirkungen entfalten, d.h. insbesondere nicht verletzt werden.[1262] Der Unterschied zum vorab genannten Beispiel besteht darin, dass das von der Norm geschützte Rechtsgut in Wirklichkeit niemals existierte. Konzeptionell ähnelt dies der Situation bei einem Wahndelikt, das ebenfalls straflos ist: Entgegen geltenden Rechts erfolgte eine Eintragung; der Vorstellung eine solche Marke zu verletzen liegt demnach aus Sicht des Täters eine Überdehnung des Markenrechts zu seinen Lasten zu Grunde.

Prozessual können derartige Auswirkungen nach Ablauf der Rechtsmittelfristen vor allem durch die Wiederaufnahme gemäß § 359 StPO berücksichtigt werden. Wenn die Wirksamkeit der Marke bereits zivilrechtlich angegriffen worden war, jedoch im dem dem Strafurteil zu Grund liegenden Zivilurteil dieser Löschungsklage nicht stattgegeben wurde, so gilt bei einem zur Löschung führenden Berufungsurteil die neue Rechtslage, § 359 Nr. 4 StPO.[1263] Die Löschung durch das Patent- und Markenamt fällt hingegen nicht unter diese Alternative, da Verwaltungsakte von dieser Vorschrift nicht umfasst sind.[1264] Dafür steht jedoch § 395 Nr. 5 StPO zur Verfügung: das Beibringen neuer Tatsachen und Beweismittel, die geeignet sind, eine andere Entscheidung zu begründen. Bei einer Löschung wegen Nichtigkeit gemäß § 50 MarkenG handelt es sich immer um eine neue

---

1259 § 50 und § 51 MarkenG.

1260 So auch *Mes*, § 142 Rn 4 zum Patentrecht; missverständlich *Schiwek*, S. 225, der von einer weiteren Rückwirkung auszugehen scheint, die jedoch nur in besonderen Ausnahmefällen möglich ist (§ 52 Abs. 1 S. 2 MarkenG, es setzt ein besonderes Interesse des Klägers voraus, vgl. dazu *Ingerl/Rohnke*, § 52 Rn 6).

1261 OLG Hamm NStZ 1986, 119, 119.

1262 RGSt 30, 187, 188; RGSt 42, 340, 340; RGSt 48, 419, 421 jeweils zum Patentrecht; dem sich für das Markenrecht anschließend Harte-Bavendamm-*Holler* § 5 Rn 150.

1263 So auch *Schiwek*, S. 224.

1264 KK-*Schmidt*, § 359 Rn 15, str.

Tatsache, da das Gericht an eine bestehende Eintragung gebunden ist und nicht von ihr abweichen darf. In solchen Fällen muss es dann zu einem Freispruch kommen, da das angeblich zu schützende Rechtsgut nie bestand.[1265] Problematisch erscheint eine Löschung gemäß § 51 MarkenG, da die dort genannten Löschungsgründe bereits im Prozess die Widerrechtlichkeit ausgeschlossen hätten.[1266] Demnach könnte es sich nicht mehr um eine neue Tatsache oder Beweismittel handeln, wenn die Problematik bereits im Rahmen des Verfahrens erläutert, jedoch die Löschungsreife abgelehnt und damit auch die Widerrechtlichkeit der Handlung bejaht wurde. Dem lässt sich jedoch entgegenhalten, dass eine Löschung gestaltenden Charakter hat und demnach nicht nur Löschungsreife als Ausschluss der Widerrechtlichkeit geltend gemacht werden kann, sondern der Verurteilung nachträglich die Grundlage entzogen wurde.

Vereinfachend lässt sich demnach sagen, dass bei einer Löschung wegen Verfalls grundsätzlich die Strafbarkeit unberührt bleibt, bei einer Löschung wegen Nichtigkeit jedoch entfällt, was im Wege der Wiederaufnahme geltend gemacht werden kann.

Kapitel 2 USA

Das amerikanische Strafverfahren kann wie das Strafrecht von den einzelnen Bundesstaaten geregelt werden. Hier soll auf Grund der Beschränkung auf 18 U.S.C. § 2320 nur auf das Bundesstrafverfahren eingegangen werden.[1267] Das Verfahren ist im Wesentlichen durch die Verfassungszusätze geprägt, die zum Teil bereits sehr detailliert sind.

A. Beteiligung des Opfers am Verfahren

Die Rechte des Opfers im Verfahren bestimmen sich nach 42 U.S.C. § 10606 und § 10607 wurden durch den Victims' Rights and Restitution Act of 1990[1268] eingeführt.

[1265] So auch *Schiwek*, S. 225.

[1266] Vgl. dazu Teil 2, Kap. 1, A.I.4.c), Einrede der Löschungsreife.

[1267] Einen guten Überblick über das amerikanische Strafverfahren auf Bundesebene gibt *Andreoff*, 72 Mich. B.J. 60 ff.

[1268] Im Rahmen des Crime Control Act, Pub.L. No. 101-647 Sec. 501 f (1990).

I. Einleitung des Verfahrens

1. Anklageerhebung durch U.S. Attorney (*indictment/information*)

Da es sich bei einer Tat nach 18 U.S.C. § 2320 um ein Verbrechen handelt, das mit einer Freiheitsstrafe von über einem Jahr belegt werden kann, ist nach Abschluss der Ermittlungen ein Überweisungsbeschluss an das Gericht durch eine *Grand Jury* erforderlich (*indictment*).[1269] Da dieses Verfahren vor allem dem Schutz des Beschuldigten vor unhaltbaren Anklagen dienen soll, kann er auf diesen Verfahrensabschnitt verzichten: Dann können die Strafverfolgungsbehörden selbst eine Anklageschrift (*information*) verfassen und beim zuständigen Gericht einreichen.[1270]

2. Kein Antragsrecht des Opfers

Die Einleitung eines Strafverfahrens ist dabei allein den staatlichen Strafverfolgungsbehörden vorbehalten, eine Beteiligung von Privatpersonen ist nicht vorgesehen.[1271]

Gemäß Fed. R. Crim. P. 7(c) ist Voraussetzung, dass eine Anklage durch den Staatsanwalt unterschrieben wird. Selbst wenn ein einzelner Bürger unmittelbar die Jury angehen und sie um Aufnahme der Strafverfolgung bitten würde, so bleibt stets die Beteiligung des Staatsanwaltes unumgänglich. Ohne dessen Unterschrift liegt keine wirksame Anklageerhebung vor.[1272] In der Regel berät sich die Staatsanwaltschaft zwar mit dem Opfer, eine weitere Beteiligung ist jedoch nicht vorgesehen.[1273]

3. Keine Überprüfung der staatsanwaltlichen Entscheidung

Die Entscheidung der Strafverfolgungsbehörden einen Fall nicht zur Anklage zu bringen, liegt in deren Ermessen und ist weder gerichtlich überprüfbar noch er-

[1269] Fed. R. Crim. P. 7(a) i.V.m. 6(f).
[1270] Fed. R. Crim. P. 7(b).
[1271] United States v. Bryson, 434 F. Supp. 986, 988 (W.D. Ok. 1977).
[1272] United States v. Cox, 342 F.2d 167, 171 (5th Cir. 1965).
[1273] Vgl. auch 42 USC 10606(5); *Tobolowsky*, 25 New Eng. J. on Crim. & Civ. Confinement 21, 59 f, der das Recht sich mit dem U.S. Attorney zu beratenschlagen auch auf die Klageerhebung bezieht; de facto wird den Opfern sogar eine starke Rolle in der Entscheidung über eine Strafverfolgung zugeschrieben, vgl. *Beloof*, 1999 Utah L. Rev. 289, 317.

zwingbar.[1274] Dies wird damit erklärt, dass die Entscheidung über eine Strafverfolgung von grundsätzlichen Überlegungen abhängen kann, die nicht zwingend im Zusammenhang mit dem Verdachtsgrad stehen müssen und dass diese Ermessensentscheidung Ausfluss des Gewaltenteilungsprinzips ist.[1275]

4. Tätigwerden der Staatsanwaltschaft

Ob und wann ein Verfahren zur Anklage gebracht wird, liegt demnach allein im Ermessen der Staatsanwaltschaft. Bei der Entscheidung, wann ein Verfahren geführt wird, hilft ein Blick in das U.S. Attorney Manual, das in § 9-27.220 ff Ermessensrichtlinien aufstellt: So kann bei fehlendem bundesstaatlichen Interesse, bei Strafverfolgung durch eine andere Gerichtsbarkeit oder bei Vorliegen nicht-strafrechtlicher Alternativen auf eine Strafverfolgung verzichtet werden.[1276] Das wesentliche bundesstaatliche Interesse hängt von folgende Faktoren ab: Der bundesstaatlich festgelegte Priorität der Verfolgung dieser spezieller Taten, der Schwere der Tat, der abschreckenden Wirkung von Strafverfolgung sowie der Schuld, dem kriminellen Vorleben, der Kooperationsbereitschaft des Täters und der zu erwartenden Strafe.[1277] Die Verfolgung von Straftaten gegen das geistige Eigentum wurde vom Justizministerium als eine mit Priorität zu verfolgende Tat klassifiziert.[1278] Im Hinblick auf die abschreckende Wirkung fällt auf, dass Täter die zivilrechtlichen Schadensersatzansprüche quasi als „Geschäftskosten" betrachten und mit in ihre Kosten-Nutzen-Rechnung einbeziehen – insofern kann durch Strafverfolgung durchaus eine bessere Abschreckung angestrebt werden. Da nicht-strafrechtliche Sanktionen sich gerade als nicht ausreichend erwiesen haben, wird der Rückgriff auf solche im Rahmen von Markenstraftaten als nicht sonderlich Erfolg versprechend angesehen.[1279]

Bei der Schwere der Tat müssen insbesondere von den Markenfälschungen ausgehende Sicherheits- und Gesundheitsrisiken oder das Handeln im Rahmen von organisierter Kriminalität berücksichtigt werden.[1280] Zur Strafverfolgung durch

---

[1274] Wayte v. United States, 470 U.S. 598, 607 (1985); *Tobolowsky*, 25 New Eng. J. on Crim. & Civ. Confinement 21, 60; *LaFave/Israel/King*, Criminal Procedure, § 13.3(a); *Dubber*, 3 Buff. Crim. L.R. 3, 17 f; *Cardenas*, 9 Harv. J.L. & Pub. Pol'y 357, 387 weist sogar explizit darauf hin, dass kein Klageerzwingungsverfahren wie in Deutschland existiert.

[1275] *Cox*, 342 F.2d 167, 171; *Wayte*, 470 U.S. 598, 607; *Loewenstein*, 38 Am. Crim. L. Rev. 351, 369.

[1276] U.S. Attorney Manual, 9-27.220.

[1277] U.S. Attorney Manual, 9-27.230.

[1278] *Goldstone*, United States Attorneys' USA Bulletin, Vol. 49, No. 2.

[1279] A.a.O.

[1280] A.a.O.

andere Gerichtsbarkeiten wird darauf hingewiesen, dass Amerika bei der Durchsetzung der Rechte geistigen Eigentums als Vorreiter gelte und für ausländische Firmen als Wahrer deren Rechte in den USA auftreten möchte.[1281] Demnach wird die Entscheidung über die Strafverfolgung unter Abwägung einer Vielzahl von Faktoren getroffen, wobei das Justizministerium durchaus starke Aktivitäten in diesem Bereich wünscht.

II. Mitteilungsrechte

42 U.S.C. § 10606(b)(3) und (7) sowie § 10607(c)(3) sehen das Recht des Opfers auf Mitteilungen zu wesentlichen Verfahrensschritten vor: Mitzuteilen sind beispielsweise der Stand der Ermittlungen, eine Verhaftung, die Einleitung eines Verfahrens, der Zeitplan des Verfahrens, ggf. die Freilassung des Verdächtigen, die Annahme einer Schulderklärung durch das Gericht oder einen Urteilsspruch sowie über Informationen über das Strafmaß bis hin zur voraussichtlichen Entlassung. Des Weiteren kann das Recht, über Schritte des Gerichts informiert zu werden, so ausgelegt werden, dass es die Freilassung auf Kaution, Anhörungen über Aufhebung eines Haftbefehls oder eine Entlassung aus der Freiheitsstrafe auf Bewährung umfasst.[1282] Auch soll das Opfer zumindest über die Aufnahme von Verhandlungen hinsichtlich der Schulderklärung informiert werden.[1283] Diese Rechte sind jedoch nicht einklagbar.[1284]

III. Anwesenheitsrechte

Dem Opfer wird das Recht zugestanden, dem Verfahren beizuwohnen. Es kann nur ausgeschlossen werden, wenn die Gefahr besteht, dass - wenn es als Zeuge aufzutreten hat - durch andere Zeugenaussagen, die es während der Verhandlung hört, beeinflusst werden könnte.[1285] Eine mögliche Beeinflussung des Strafzumessungsverfahrens genügt nicht für einen Ausschluss.[1286] Es besteht auch kein Recht des bedürftigen Opfers auf kostenfreien Rechtsbeistand; die Gerichte können solchen zwar bestellen, nutzen diese Möglichkeit jedoch kaum.[1287]

1281 A.a.O.
1282 *Tobolowsky*, 25 New Eng. J. on Crim. & Civ. Confinement 21, 39 f.
1283 Attorney General Guidelines for Victim and Victim Assistance, IV.2.b.2.
1284 42 U.S.C. §§ 10606(c), 10607(d).
1285 42 U.S.C. § 10606(b)(4).
1286 18 U.S.C. § 3510(a). Es soll vielmehr daran teilnehmen, vgl. dazu sogleich unter IV.
1287 *Beloof*, 1999 Utah L. Rev. 289, 321.

IV. Beteiligungsrechte

Dem Opfer wird pauschal das Recht zugestanden, sich mit den Strafverfolgungsbehörden zu beraten.[1288] Dies wird oft auch so verstanden, dass es in die Entscheidung über die Eröffnung eines Verfahrens einbezogen wird. Als Verfahrensbeteiligter gilt es jedoch nicht.[1289]

42 U.S.C. § 10606(6) sieht vor, dass das Opfer entschädigt werden soll. Wird dies unterlassen, kann das Opfer nicht eingreifen, sondern hat ein separates zivilrechtliches Verfahren anzustrengen.[1290] Geht es allerdings nur um die Höhe einer Entschädigung, kann darauf durch die Abgabe des *victim impact statements* Einfluss genommen werden. Diese Mitwirkung ist sogar gesetzlich in 18 U.S.C. § 2320(d) vorgesehen.[1291] Darüber hinaus ist es auch anerkannt, dass sich das Opfer vor Urteilsfindung an das Gericht wenden darf, um zur Tat, zum Täter und zu den Folgen Stellung zu nehmen.[1292]

B. Befugnisse im Ermittlungsverfahren

I. Durchsuchung und Beschlagnahme *(search and seizure)*

Der vierte Verfassungszusatz[1293] gibt jedem das Recht in seiner Person, seinem Haus und hinsichtlich seiner Dokumente oder Habe vor ungerechtfertigten Beschlagnahmen oder Durchsuchungen bewahrt zu werden. Des Weiteren sollen keine derartigen gerichtlichen Anordnungen ausgestellt werden, sofern sie nicht die in der Verfassung genannten, besonderen Voraussetzungen erfüllen. Die nähere gesetzliche Ausgestaltung findet sich in Fed. R. Crim. P. 41.[1294]

1288 42 U.S.C. § 10606(5).

1289 *Beloof*, 1999 Utah L. Rev. 289, 320.

1290 *Burnham*, Law and Legal System of the U.S., Ch. VIII. D.

1291 Vgl. Teil 3, Kap. 2, E.VIII.

1292 *Chertoff*, 159-MAR N.J. Law 49, 49.

1293 U.S. Const. Amend. IV: The right of the people to be secure in their persons, houses, papers, and effects, against unreasonable searches and seizures, shall not be violated, and no warrants shall issue, but upon probable cause, supported by oath or affirmation, and particularly describing the place to be searched and the persons or things to be seized.

1294 Die Federal Rules of Criminal Procedure konkretisieren die zumeist in der Verfassung angelegten Grundsätze und sind im Bundesstrafverfahren anwendbar.

1. Vorliegen einer Durchsuchung oder Beschlagnahme

Primär muss geklärt werden, ob überhaupt der Schutzbereich des vierten Verfassungszusatzes eröffnet ist, da nur dann dessen einschränkende Voraussetzungen gelten. Eine Durchsuchung ist dabei stets anzunehmen, wenn durch die Maßnahme die legitime Erwartung auf ungestörte Privatsphäre verletzt wird.[1295] Dies wird üblicherweise zweistufig geprüft:[1296] Wurde am betroffenen Ort eine ungestörte Privatsphäre erwartet? Wird dieses Interesse von der Gesellschaft als vernünftig akzeptiert?

Was von einer Person wissentlich der Öffentlichkeit zugänglich gemacht wird, unterliegt nicht mehr dem Schutz der Verfassung.[1297] Dies kann bei offen an der Straße zum Verkauf ausliegenden Pirateriewaren der Fall sein. Auch wenn Warenverpackungen ein zweites Mal geöffnet werden, fällt dies ebenfalls nicht mehr in den Schutzbereich.[1298] So können zum Beispiel Warenladungen nach der Inspektion durch die Zollbehörden erneut geöffnet werden, ohne dass die Voraussetzungen des vierten Verfassungszusatzes erfüllt sein müssen.

Grundsätzlich unterfallen Bürogebäude und Warenlager sowie sonstiges Betriebsgelände dem gleichen Schutz.[1299] Allerdings gilt auch hier die Einschränkung, dass öffentlich zugängliche Räume ausgenommen sind: Polizeibeamte können demnach, soweit dies unter Kunden üblich ist, Waren näher betrachten und untersuchen – beschränkt sind sie dabei allerdings auf die Zeit, in der die Räumlichkeiten auch tatsächlich offen stehen.[1300] Sobald jedoch eine als privat gekennzeichnete Tür geöffnet oder auf Leitern geklettert wird, um weitere Einblicke zu bekommen, ist die Grenze zur Durchsuchung überschritten.[1301]

Eine Beschlagnahme liegt vor, wenn der Staat in geschützte Eigentumsinteressen eingreift[1302] und die zu beschlagnahmende Sache als Beweismittel verwen-

---

1295 Katz v. United States, 389 U.S. 347, 353 (1967); im Hinblick auf das Telefonieren in einer öffentlichen Telefonkabine.

1296 California v. Greenwood, 486 U.S. 35, 39 f (1988).

1297 *Katz*, 389 U.S. 347, 351.

1298 *Saltzburg/Capra/Davis*, Basic Criminal Procedure, S. 91.

1299 See v. City of Seattle, 387 U.S. 541, 543 (1967), *LaFave*, Search and Seizure, § 2.4(b) m.w.N; Unterschiede ergeben sich lediglich im Hinblick auf das ein Anwesen umgebendes, eingegrenztes Besitztum, vgl. dazu Dow Chemical Company v. United States, 749 F.2d 307, 314 (6th Cir. 1984).

1300 *LaFave*, a.a.O.

1301 *Taslitz/Paris*, Constitutional Criminal Procedure, S. 103; *LaFave* a.a.O.

1302 United States v. Mendenhall, 446 U.S. 544, 555 (1980).

det werden soll.[1303] Im amerikanischen Recht wird unter *search* and *seizure* auch das Durchsuchen und Festhalten von Personen umfasst.[1304]

2. Gerichtliche Anordnung

Der vierte Verfassungszusatz fordert, dass keine ungerechtfertigten Maßnahmen durchgeführt werden dürfen. Dieses Erfordernis wird grundsätzlich als erfüllt angesehen, wenn eine Durchsuchungs- oder Beschlagnahmeanordnung vorliegt, da dadurch die Beamten vor Durchführung der Maßnahme gezwungen werden, hinreichenden Tatverdacht darzulegen.[1305] Maßnahmen ohne richterliche Anordnung gelten demnach grundsätzlich als unangemessen (*unreasonable*), sofern nicht eine der später zu erörternden Ausnahmen vorliegt.[1306] Die Voraussetzungen für diese Anordnungen werden durch die Fed. R. Crim. P. 41 festgelegt.

a) Zuständigkeit und Gegenstand der Anordnung

Der Haftbefehl wird von einem *magistrate judge* erlassen.[1307] Diese Kompetenz steht Richtern eines Einzelstaates genauso zu wie Bundesrichtern.[1308]

Fed. R. Crim. P. 41(c) zählt auf, was Gegenstand einer Beschlagnahme oder Durchsuchung sein kann: (1) Beweismittel, (2) *contraband,* Früchte der Tat oder sonstige illegale Besitztümer, (3) Sachen, die für den Gebrauch bei einer Tat ausgerichtet sind, verwendet werden sollen oder bereits bei einer Tatbegehung Verwendung fanden sowie auch (4) zu verhaftende Personen [...].[1309]

Unter *contraband* werden Güter verstanden, deren Besitz strafbar ist.[1310] Da unter 18 U.S.C. § 2320 bereits die Kontrolle über nachgeahmte Markenwaren strafbar ist, liegt bei Besitz stets eine strafbare Handlung vor.[1311]

1303 *Whitebread/Slobogin*, Criminal Procedure, § 4.03.

1304 Vgl. z.B. Terry v. State of Ohio, 392 U.S. 1, 20, Fn. 16 (1968).

1305 *Saltzburg/Capra/Davis*, Basic Criminal Procedure, S. 119.

1306 *Levenson*, S. 380.

1307 Fed. R. Crim. P. 41(b).

1308 *Levenson*, S. 377.

1309 A warrant may be issued for any of the following: (1) evidence of a crime; (2) contraband, fruits of the crime, or other items illegally possessed; (3) property designed for use, intended for use, or used in committing a crime; (4) or a person to be arrested [...].

1310 United States v. 45.140.00 currency, 839 F. Supp. 556, 558 (N.D. Ill. 1993).

1311 So wird z.B. auch in 49 U.S.C. § 80302(a)(6)(D) eine Ware mit einer gefälschten Marke als *contraband* bezeichnet.

Der Beschlagnahme unterliegt demnach unproblematisch die Pirateriewaren, da diese sowohl Beweismittel als auch *contraband* darstellt.[1312] Gleiches gilt für Gegenstände, die zur Fertigung benutzt werden, sofern nachweisbar ist, dass diese konkret bei der Tat eingesetzt wurden. Dies kann problematisch sein bei „neutralen" Objekten wie Nähmaschinen, Druckerpressen u.ä. Allerdings wird in solchen Fällen durch Auffinden von Fälscherware und nur rechtswidrig verwendbaren Hilfsmitteln (Vorlagen mit der zu fälschenden Marke) eine Verwendung für die Tat nachzuweisen sein. Auch Geschäftsunterlagen können als Beweismittel dienen. Gleiches gilt für Vermögensvorteile aus der Tat, da diese zur Bestimmung des Umfangs der Markenrechtsverletzungen und damit auch für das Strafmaß relevant sind.

b) Erlass einer gerichtlichen Anordnung, Fed. R. Crim. P. 41(d)

Für den Erlass einer gerichtlichen Anordnung muss ein hinreichender Grund nachgewiesen werden. Dies ist anzunehmen, wenn die Umstände einen verständigen Bürger vermuten lassen, dass eine Tat begangen wurde oder unmittelbar bevorsteht – erforderlich ist eine hinreichende Wahrscheinlichkeit, nicht ausreichend sind pure Vermutungen.[1313] Zur Beurteilung sind alle Umstände des Einzelfalls zu berücksichtigen.[1314] Dabei wird nicht unterschieden, ob eine Anordnung für die Räumlichkeiten eines Verdächtigen oder eines unbeteiligten Dritten erlassen wird, so lange die Möglichkeit besteht, dass an diesem Ort Beweismittel aufgefunden werden könnten.[1315]

Der Verdacht muss anhand einer beschworenen schriftlichen Erklärung (*affidavit*) oder gegebenenfalls auch Aussage (*sworn oral testimony)* nachgewiesen werden können. Die Anordnung muss die zu durchsuchende Person oder Örtlichkeit sowie die zu beschlagnahmenden Gegenstände genau festlegen.[1316] Durch eine möglichst detaillierte Festlegung der Örtlichkeit soll dem ausführenden Beamten kaum Ermessen zustehen, allerdings ist man sich einig, dass eine Beschreibung nur so genau sein kann, wie die äußeren Umstände es zulassen.[1317]

1312 So auch *Levenson*, S. 379.

1313 Brinegar v. United States, 338 U.S. 160, 175 f (1949); Illinois v. Gates, 462 U.S. 213, 238 (1983).

1314 *Gates*, 462 U.S. 213, 238.

1315 Zurcher v. Stanford Daily, 436 U.S. 547, 554 (1978); *Saltzburg/Capra/Davis*, Basic Criminal Procedure, S. 126.

1316 Fed. R. Crim. P. 41(e)(2).

1317 Wharton-*Torcia*, § 163; *Tomkovicz*, Criminal Procedure, 50; *Saltzburg/Capra/Davis*, Basic Criminal Procedure, S. 120.

3. Ausnahmen

Von den genannten Voraussetzungen können im Einzelfall Ausnahmen gemacht werden. Die Ausnahmen beziehen sich zumeist auf das Erfordernis der gerichtlichen Anordnung. Beispielsweise können auch solche Gegenstände beschlagnahmt werden, die zwar nicht in der Anordnung genannt werden, aber für den ausführenden Beamten im Rahmen einer rechtmäßigen Durchsuchung ohne weiteres gesehen werden, da sie offen herumliegen (*plain view*).[1318] Im Anschluss an eine Festnahme kann, um die Sicherheit des Beamten zu gewährleisten und auch die Zerstörung von Beweismitteln zu verhindern, die verhaftete Person und deren unmittelbare Umgebung durchsucht werden (*incident to an arrest*).[1319] Ebenso ist bei Gefahr im Verzug oder sonstigen zwingenden Notfällen (*exigent circumstances*) ein Tätigwerden ohne gerichtliche Anordnung möglich.[1320]

Von besonderem Interesse bei Markenrechtsverletzungen kann die Ausnahme hinsichtlich der Durchsuchung von Kraftfahrzeugen (*automobile exception*) sein,[1321] da für diese nur ein geringes Interesse an Privatsphäre anerkannt wird. Voraussetzung ist, dass das Fahrzeug entweder bei der Fahrt aufgehalten wird oder sich auf Privatgrund, welcher nicht auch dem Eigentümer des Fahrzeuges gehört, befindet.[1322] Dazu muss der Verdacht bestehen, dass sich im Fahrzeug *contraband* befindet.[1323] In Rahmen von Ermittlungen gegen Markenpiraten können demnach aus einem verdächtigen Betriebsgelände abfahrende oder ankommende Fahrzeuge ohne weiteres einer Durchsuchung unterzogen werden.

II. Sicherstellung von Gegenständen, die *forfeiture/destruction* unterliegen

Grundsätzlich hat die Sicherstellung, um einen späteren Verfall oder Einziehung zu ermöglichen, eine relativ geringe Bedeutung, da bereits die Beschlagnahmemöglichkeiten sehr weit gehen und zumeist auch angewendet werden, weil sie leichter als die komplexen Einziehungs- und Verfallsvorschriften zu handhaben sind.

[1318] Vgl. nur Coolidge v. New Hampshire, 403 U.S. 443, 465 (1971); *Saltzburg/Capra/Davis*, Basic Criminal Procedure, S. 140 ff.

[1319] Chimel v. California, 395 U.S. 752, 763 (1969).

[1320] *Saltzburg/Capra/Davis*, Basic Criminal Procedure, S. 150.

[1321] Wovon auch Boote und Flugzeuge umfasst sind, vgl. *Whitebread/Slobogin*, Criminal Procedure, S. 196.

[1322] *Tomkovicz*, Criminal Procedure, S. 70.

[1323] United States v. Ross, 456 U.S. 798, 823 (1982); Caroll v. United States, 267 U.S. 132, 156 (1925).

Bei einem getrennt laufenden *civil forfeiture*-Verfahren kann das Gericht auf Antrag der Vereinigten Staaten gem. 18 U.S.C. § 983(j) Anordnungen treffen, die die Durchführung der Maßnahme sichern sollen. Auch kann nach 18 U.S.C. § 981(b) eine Beschlagnahme durchgeführt werden, wobei die Norm ausdrücklich auf die Regeln zu *search and seizure* verweist.

Bei einer im Strafverfahren eingebundenen *forfeiture* können über 21 U.S.C. § 853(e) ebenso Anordnungen erlassen werden. Genügen diese nicht, ist auch nach 21 U.S.C. § 853(f) die Beschlagnahme möglich.[1324]

III. Sonstige Maßnahmen

Viele der Verurteilungen wegen Markenfälschungen gehen letztlich auf das Tätigwerden von verdeckten Ermittlern zurück.[1325] Hinsichtlich deren Einsatzes bestehen keine speziellen gesetzlichen Grundlagen; die Grenzen ergeben sich v.a. aus der *entrapment defense*,[1326] der *due process clause*[1327] und polizeilichen Vorschriften.[1328] Insoweit bestehen für Markenstraftaten keine Besonderheiten. Gleiches gilt für sonst übliche Ermittlungsmaßnahmen.

C. Gerichtliche Zuständigkeit

I. Internationale Zuständigkeit

Wann amerikanisches Strafrecht angewendet werden kann, ist gesetzlich nicht geregelt. Die Gerichte orientieren sich häufig am *Restatement of Foreign Relations Law*, ergänzen oder modifizieren die dort genannten Faktoren auch oft anhand der konkreten Rechtsmaterie. Da es sich demnach um ein im Wesentlichen durch Rechtsprechung geprägtes Gebiet handelt, lässt sich nur schwer eine klare Vorgehensweise erkennen. Viele der relevanten Gesichtspunkte sind von Gerichten häufig in unterschiedlichen Zusammenhängen aufgegriffen worden,

---

1324 *Casella*, 27 J. Legis. 97, 115 m.w.N.

1325 Vgl. nur United States v. Gantos, 817 F.2d 41 (8th Cir. 1987); United States v. Hon, 904 F.2d 803 (2d Cir. 1990); United States v. Koehler, 24 F.3d 867 (6th Cir. 1994); United States v. Giles, 213 F.3d 1247 (10th Cir. 2000).

1326 Sorrells v. United States, 287 U.S. 435, 451 (1932): es wird darauf abgestellt, ob beim Angeklagten schon eine
Prädisposition zur Begehung der Tat bestand (subjektive Beurteilung, str.)

1327 U.S. Const, amend V, cl. 4.

1328 *Slobogin*, S. 507; auf Bundesebene bestehen Richtlinien für FBI Undercover Operations (erhältlich unter www.usdoj.gov/olp/fbiundercover.pdf)

letztendlich haben jedoch alle gemeinsam, dass die Entscheidung der Anwendbarkeit in einer Abwägung aller Faktoren entschieden wird. Grundsätzlich ist jedoch zu beurteilen, wie sich der Gesetzgeber die Anwendung der zur Beurteilung stehende Norm allgemein vorstellte und ob die konkret geplante Anwendung auch mit internationalem Recht vereinbar ist.

1. Auslegung der Norm

In allen Entscheidungen enthalten ist somit stets eine Analyse des gesetzgeberischen Willens, ob eine Norm auch auf einen Sachverhalt angewendet werden kann, der starken Bezug zum Ausland hat.[1329] Grundsätzlich wird davon ausgegangen, dass Gesetze nur innerhalb der territorialen Grenzen der Vereinigten Staaten anwendbar sind, sofern kein entgegengesetzter gesetzgeberischer Wille erkennbar ist.[1330]
Demnach ist die Reichweite einer Norm durch Auslegung des gesetzgeberischen Willens zu ermitteln. Für den Lanham Act wurde grundsätzlich in *Steele v. Bulova*[1331] entschieden, dass die Normen auch Anwendung finden, wenn es sich nicht um einen rein nationalen Sachverhalt handelt. Das Gericht schloss aus der weiten Definition von *commerce* in 15 U.S.C. § 1127, dass der Kongress vollständig von seiner ihm durch die Verfassung gegebenen Gesetzgebungskompetenz Gebrauch machen wollte: Unter Verweis auf *Blackmer v. United States*[1332] kam es zu dem Ergebnis, dass über die Grenzen der Vereinigten Staaten hinausgehendes Verhalten unter gewissen Umständen vom amerikanischen Recht umfasst werden darf und somit vom Lanham Act durch die bewusst weit gewählte Wortwahl auch abgedeckt werden sollte.[1333] Dieser Entscheidung ist im Ergebnis zuzustimmen, auch wenn die Erörterungen lediglich am sehr „schwammigen“ Wortlaut des 15 U.S.C. § 1127 festgemacht wurden.[1334]

[1329] Dieser Punkt wird oftmals auch inzident bei der Auslegung der Grundsätze des internationalen Rechts angesprochen: Es wird davon ausgegangen, dass der Gesetzgeber nur ein Verhalten, das nach diesen Regeln auch amerikanischer Gerichtsbarkeit unterworfen werden darf, unter die Norm fassen wollte. Hier soll jedoch abstrakt erörtert werden, ob in Fällen mit starkem Auslandsbezug eine Anwendbarkeit vom Willen des Gesetzgebers umfasst war; die Anwendung auf den konkreten Fall bleibt den weiteren Prüfungspunkten vorbehalten; so auch *Gurulé* § 9-1, der erst den Willen des Gesetzgebers und dann anschließend die Vereinbarkeit mit internationalem Recht prüft.

[1330] Deutlich in Equal Emplayment Opportunity Commission v. Arabian American Oil Co., 499 U.S. 244, 248 (1991).

[1331] Steele v. Bulova Watch Co., 344 U.S. 280 (1952).

[1332] Blackmer v. United States, 284 U.S. 421 (1932).

[1333] *Steele*, 344 U.S. 280, 286.

[1334] Kritisch dazu auch das *dissenting vote* in *Steele*, 344 U.S. 280, 290 ff.

Diese Wertung kann grundsätzlich auch auf 18 U.S.C. § 2320 übertragen werden, da in dessen Gesetzesbegründung mehrfach auf den 15 U.S.C. § 1127 verwiesen wird und auch dessen Elemente in die Strafvorschrift inkorporiert wurden.[1335] Ergänzend kann zur Auslegung des gesetzgeberischen Willens angeführt werden, dass 1984 bei Erlass der Strafnorm das Problem der internationalen Markenpiraterie bereits bekannt war und durch das Gesetz alles möglich getan werden sollte, um diesem Problem Herr zu werden.[1336]

Demnach ist vorbehaltlich des Vorliegens weiterer Voraussetzungen die Anwendung der Norm nicht auf rein nationale Sachverhalte begrenzt.

2. Vereinbarkeit mit internationalem Recht

Das Restatement geht bei der Beurteilung der Anwendbarkeit nationalen Rechts erneut zweistufig vor: Zuerst gibt es in § 402[1337] die allgemeinen internationalen Grundsätze wieder, unter welchen amerikanisches Recht Geltung finden kann und unterwirft dieses Ergebnis durch § 403 einer erneuten Prüfung unter dem Gesichtspunkt, ob die Anwendung auch sinnvoll sei.

a) Territorialitätsprinzip

Die elementare Grundregel lautet, dass die Strafbarkeit sich nach dem Recht des Staates bestimmt, in welchem die Tat begangen wurde.[1338] Wie bereits angedeutet, finden bei Markenverletzungen die Tathandlungen häufig nicht ausschließ-

---

[1335] Vgl. dazu näher Teil 2, Kap. 2, A.I.1.; die im Folgenden zu erörternden Faktoren wurden nur im Hinblick auf den Lanham Act entschieden. Entsprechendes gilt jedoch auch als Mindestvoraussetzung für die Strafvorschrift, da diese stets eine zivilrechtliche Verletzungshandlung voraussetzt (vgl. 130 Cong. Rec. 31673, 31677).

[1336] So zeigt beispielsweise die Existenz von Beschlagnahmevorschriften für den Zoll, dass der Kongress auch von seiner Möglichkeit Gebrauch machte nicht nur rein nationale Sachverhalte zu regeln.

[1337] Subject to § 403, a state has jurisdiction to prescribe law with respect to
(1) (a) conduct that, wholly or in substantial part, take place within its territory
(b) the status of persons, or interest in things, present within its territory
(c) conduct outside its territory that has or is intended to have substantial effect within its territory
(2) activities, interest, status, or relations of its nationals outside as well as within its territory; and
(3) certain conduct outside its territory by persons not its nationals that is directed against the security of the state or against a limited class of other state interests.

[1338] American Banana Co. v. United Fruit Co., 213 US 347, 356 (1909).

lich im Land statt, so dass die Reichweite des Territorialitätsprinzips von besonderem Interesse ist. In den Vereinigten Staaten wird unterschieden zwischen dem *subjective* und *objective territoriality principle*: Ersteres liegt vor, wenn die Tat innerhalb eines Staat begangen wurde, letzteres hingegen, wenn Verhalten außerhalb der Landesgrenzen einen bedeutenden Effekt innerhalb des Staates hat.[1339] Allerdings sind die Grenzen der zweiten Ausprägung umstritten: Die überwiegende Meinung lässt die Absicht genügen, dass in den Vereinigten Staaten der Erfolg hervorgerufen werden sollte,[1340] andere hingegen fordern tatsächliche Auswirkungen, wobei dann jedoch an diese nur geringe Anforderungen gestellt werden.[1341] Hintergrund für eine erweiterte Anwendung von Normen ist, dass durch eine strenge Auslegung des Territorialitätsprinzips bei einigen Vorschriften deren Zweck und Brauchbarkeit massiv beschränkt werden würde.[1342] Insbesondere bei Markenstraftaten, die zumeist aus dem Ausland begonnen werden, müssten bei fehlender Anwendungsmöglichkeit amerikanischen Strafrechts auf den Versuch die Waren stets erst ins Land gelangen, bevor die Staatsanwaltschaft eingreifen kann. Dies würde auch ein Abfangen an den Außengrenzen quasi unmöglich machen. Demnach ist es für die effektive Umsetzung der Norm von besonderer Bedeutung, dass auch bereits der Versuch nach amerikanischem Recht belangt werden kann. Die Situation ist vergleichbar mit der geplanten Einfuhr von Betäubungsmitteln, bei denen die Gerichte zumeist die Anwendbarkeit amerikanischen Rechts angenommen haben, wenn die Absicht, diese im Inland in den Verkehr zu bringen, nachgewiesen werden konnte.[1343]

Im Markenrecht ist zusätzlich zwischen den einzelnen *Circuits* umstritten, welche Anforderungen an den Grad der Auswirkungen innerhalb der Vereinigten Staaten gestellt werden sollen:[1344] Der *Second Circuit* fordert eine wesentliche Auswirkung innerhalb der Vereinigten Staaten,[1345] der *Ninth Circuit* lässt hingegen jeden beliebigen Effekt genügen.[1346] Letztendlich stellen jedoch alle Gerich-

[1339] *Tuerkheimer*, 39 Hous. L. Rev. 307, 315 m.w.N.

[1340] Strassheim v. Milton Daily, 221 U.S. 280, 285 (1911); Restatement (Third) of Foreign Relations Law, § 402(1)(c), *Gurulé*, § 9-3a; *Tuerkheimer*, 39 Hous. L. Rev. 307, 317 ff.

[1341] Eine Darstellung der abweichenden Ansicht findet sich bei *LaFave/Israel/King*, Criminal Procedure, § 4.2.d, der selbst diese Position zwar nicht explizit ergreift, sich allerdings auch kritisch gegenüber der herrschenden Meinung äußert.

[1342] United States v. Bowman, 260 U.S. 94, 98 (1922).

[1343] Vgl. *Gurulé*, § 9-3a m.w.N.

[1344] Die einzelnen Gerichte sprechen diese Problematik entweder im Rahmen der Auslegung des gesetzgeberischen Willens, des Territorialitätsprinzips oder bei der Abwägung, ob eine Anwendung amerikanischen Rechts sinnvoll erscheint, an.

[1345] Erstmals in Vanity Fair Mills Inc. v. The T. Eaton Co., 234 F.2d 633 (2d Cir. 1956).

[1346] In Timberlane Lumber Co. v. Bank of America, 549 F.2d 597 (9th Cir. 1977) für Antitrust-Fälle entwickelt, dann in Wells Fargo & Company v. Wells Fargo Express Co., 556 F.2d 406 (9th Cir. 1977) für das Markenrecht übernommen.

te einen Katalog von Gesichtspunkten auf, an Hand dessen dann über die Anwendbarkeit amerikanischen Rechts entschieden wird, so dass das Problem nicht isoliert betrachtet werden kann und im Zusammenhang mit weiteren Faktoren zu sehen ist.[1347]

Festzuhalten bleibt hier, dass es für die Anwendung amerikanischen Rechts grundsätzlich ausreicht, wenn Waren aus dem Ausland in die Vereinigten Staaten importiert werden sollen, und dies klar Auswirkungen im Inland zeigt oder zeigen würde. Nicht erforderlich ist, dass diese tatsächlich eintreten, da auch der Versuch bereits strafbar ist. Für den umgekehrten Fall, dass Waren aus den Vereinigten Staaten exportiert werden, kann bereits nach dem *subjective territoriality principle* die Anwendbarkeit des U.S.-Rechts begründet werden. Da die Beteiligung an einer Tat nur als Modalität der Tatbegehung zu verstehen ist, kann bei der Beurteilung sowohl auf den Ort des Tatbeitrags des Täters oder des Teilnehmers als auch auf den Erfolgsort abgestellt werden.

b) Sonstige Anknüpfungspunkte

Des Weiteren kommen nur noch die *doctrine of nationality* und das *passive personality principle* als Anknüpfungspunkt ernsthaft in Betracht.[1348] Ersteres knüpft an die Nationalität des Täters an; die Anwendung wird jedoch üblicherweise explizit im Tatbestand festgelegt.[1349] Das *passive personality principle* orientiert sich an der Nationalität des Opfers, ist jedoch von den Vereinigten Staaten bislang kaum anerkannt worden.[1350] Beide Prinzipien sind jedoch allein nicht geeignet, um für Markenverletzungen die Anwendbarkeit amerikanischen Rechts zu begründen:[1351] Der Grund dafür liegt erneut im Territorialitätsprinzip des Markenrechts, welches nur ermöglicht die Verletzung amerikanischer Markenrechte (die nur innerhalb der Landesgrenzen Geltung haben) zu ahnden. Allerdings besteht die Möglichkeit, nachdem Auswirkungen auf den amerikanischen Markt festgestellt wurden, im Rahmen der Abwägung, ob die theoretisch gegebene Gerichtsbarkeit auch ausgeübt werden soll, diese Erwägungen einflie-

---

[1347] Vgl. dazu sogleich näher unter I.3.

[1348] Die Grundsätze der *universal jurisdiction* und das *protective principle* kommen für Markenstraftaten nicht in Betracht (zu ersterem vgl. *Popov*, 77 S. Cal. L. Rev. 705, 730).

[1349] *Li*, 4 Pac. Rim L. & Pol'y J. 505, 521; *LaFave/Israel/King*, Criminal Procedure, § 4.3(c) nennen einige der gesetzlichen Beispiele.

[1350] *Gurulé*, § 9-3e; wird zumeist nur beschränkt auf Terrorismus anerkannt, vgl. *Watson*, 17 Yale J. Int'l L. 41, 63; *McCarthy*, 13 Fordham Int'l L.J. 298, 307 f.

[1351] So für letzeres *Popov*, 77 S. Cal. L. Rev. 705; gilt jedoch gleichermaßen auch für die *doctrine of nationality*.

ßen zu lassen.[1352] Demnach können sie allein keine Zuständigkeit begründen, jedoch als ein Gesichtspunkt im Rahmen der Abwägung sich zu Gunsten der Ausübung anführen lassen.

3. Abwägung

Das Restatement sieht in § 403(2)[1353] eine Reihe von Faktoren vor, die bei der Entscheidung, ob die Gerichtsbarkeit auch ausgeübt werden sollte, zu berücksichtigen sind: Dabei spielen u.a. die Verbindung der Handlung oder der Person zum Staatsgebiet, die Art der Handlung oder die Wahrscheinlichkeit des Konflikts mit anderen Rechtsordnungen eine Rolle.[1354]

Die Gerichte orientieren sich zum Teil stark an diesen Kriterien, andere erarbeiten hingegen eigene Gesichtspunkte. Alle greifen jedoch jeweils den Grundgedanken auf, dass eine bei Anwendung allgemeiner Grundsätze theoretisch gegebene Gerichtsbarkeit nur ausgeübt werden soll, wenn dies im Einzelfall auch sinnvoll ist. Insbesondere wenn darauf abgestellt wird, dass sich Auswirkungen der Tat in den Vereinigten Staaten ergeben und demnach auf Grund des *ob-*

[1352] So z.B. auch bei *Vanity Fair*, 234 F.2d 633.

[1353] (2) Whether exercise of jurisdiction over a person or activity is unreasonable is determined by evaluating all relevant factors, including, where appropriate:

(a) the link of the activity to the territory of the regulating state, i.e., the extent to which the activity takes place within the territory, or has substantial, direct, and foreseeable effect upon or in the territory;

(b) the connections, such as nationality, residence, or economic activity, between the regulating state and the person principally responsible for the activity to be regulated, or between that state and those whom the regulation is designed to protect;

(c) the character of the activity to be regulated, the importance of regulation to the regulating state, the extent to which other states regulate such activities, and the degree to which the desirability of such regulation is generally accepted.

(d) the existence of justified expectations that might be protected or hurt by the regulation;

(e) the importance of the regulation to the international political, legal, or economic system;

(f) the extent to which the regulation is consistent with the traditions of the international system;

(g) the extent to which another state may have an interest in regulating the activity; and

(h) the likelihood of conflict with regulation by another state.

[1354] Auch von den Strafverfolgungsbehörden wird bereits erwartet, dass diese eine Abwägung durchführen: Dazu bestehen im Kartellrecht Richtlinien des Justizministeriums (http://www.usdoj.gov/atr/public/guidelines/internat.htm), die jedoch das Äquivalent zur Regelung des Restatement darstellt, vgl. *Harris*, 20 N.C. J. Int'l L. & Com. Reg. 415, 426.

jective territoriality principle die Gerichtsbarkeit begründet ist, ist die Abwägung als limitierender Faktor besonders wichtig, um Konflikte mit der Gerichtsbarkeit anderer Staaten zu begrenzen.[1355]

Im Rahmen des Restatement sowie der einzelnen zum Lanham Act ergangenen Entscheidungen ist jedoch problematisch, dass diese stets das Zivilrecht betrafen. Das Restatement gilt zwar gleichermaßen auch für das Strafrecht, mahnt jedoch an, dass strafrechtliche Gerichtsbarkeit über Handlungen mit starker ausländischer Beteiligung zurückhaltender als zivilrechtliche ausgeübt werden sollte und besonderer Rechtfertigung bedarf.[1356]

Auf Grundlage der Entscheidung *Steele v. Bulova*[1357] nannte der *Second Circuit* in *Vanity Fair*[1358] folgende Faktoren: Das Verhalten muss wesentliche Auswirkungen auf die Vereinigten Staaten haben, der Angeklagte Amerikaner sein und kein Konflikt von Markenrechten bestehen, wobei das Gericht das Nichtvorliegen eines dieser Gesichtspunkte als möglicherweise entscheidend, das Nichtvorhandensein von zwei jedoch als die Gerichtsbarkeit ausschließend qualifizierte.[1359] Der *Ninth Circuit* stellte in *Timberlane*[1360] für einen Antitrust-Fall einen anderen Katalog auf, den er jedoch noch im gleichen Jahr in *Wells Fargo*[1361] auch für das Markenrecht übernahm: Das Gericht lässt grundsätzlich jegliche Auswirkungen genügen, diese müssen jedoch ausreichend stark sein, um eine relevante Verletzung anzunehmen; gleiches gilt für die Verbindungen zum amerikanischen Handel, damit die Ausübung von Gerichtsbarkeit auch gerechtfertigt erscheint, wobei dann im Wesentlichen die im Restatement genannten Faktoren in die weitere Bewertung einfließen.[1362] Der *Fourth Circuit* tendiert zur Auslegung des *Second Circuit*,[1363] der *Fifth Circuit* hingegen mehr zur Übernahme der vom *Ninth Circuit* erarbeiteten Vorgehensweise.[1364]

Der praktische Unterschied zwischen den einzelnen *Circuits* ist jedoch nicht sonderlich stark: Alle stellen primär auf Auswirkungen innerhalb der Vereinig-

---

1355 Restatement (Third) of Foreign Relations Law, § 403, Rep. Note 3.
1356 A.a.O.
1357 Steele v. Bulova Watch Co., 344 U.S. 280 (1952).
1358 Vanity Fair Mills Inc. v. The T. Eaton Co., 234 F.2d 633 (2d Cir. 1956).
1359 *Vanity Fair*, 234 F.2d 633, 642 f.
1360 Timberlane Lumber Co. v. Bank of America, 549 F.2d 597 (9th Cir. 1977).
1361 Wells Fargo & Company v. Wells Fargo Express Co., 556 F.2d 406 (9th Cir. 1977).
1362 *Timberlane*, 549 F.2d 597, 614 f.
1363 Vgl. Nintendo of America, Inc. v. Aeropower Ltd., 34 F.3d 246 (4th Cir. 1994); ein Überblick dazu findet sich bei *Dinwoodie/Hennessey/Perlmutter*, S. 1147.
1364 American Rice Inc. v. Arkansas Rice Grower Cooperatve Association, 701 F.2d 408 (5th Cir. 1983).

ten Staaten ab[1365] und unterscheiden sich nur in deren erforderlichem Grad. Zusätzlich ist der Test des *Second Circuits* im Vergleich zur Abwägung des *Ninth Circuit* ein wenig „mechanischer“.[1366] Auch setzen die Gerichte die Anforderungen an die Auswirkung allgemein nicht sehr hoch an.[1367]

Bereits auf Grund der Tatsache, dass eine Wertung verschiedener Faktoren vorzunehmen ist, ist abstrakt keine eindeutige Aussage möglich, so dass es stets auf die Umstände des Einzelfalls ankommt. Und letztendlich unterscheiden sich die Circuits in ihrer Auslegung im Ergebnis nur gering.

Bei den Antitrust-Fällen ist es anerkannt, dass u.a. danach differenziert wird, ob bereits Auswirkungen in den USA vorliegen oder nur geplant sind – bei letzteren werden dann die Voraussetzungen an deren Schweregrad angehoben.[1368] Da es sich beim Markenrecht auch um eine wettbewerbssichernde Regelung handelt, halte ich diese Grundsätze für übertragbar.[1369]

Strengere Voraussetzungen hinsichtlich des Grades der Auswirkungen erscheinen insbesondere angebracht, wenn ein Verhalten verfolgt werden soll, das im Staat, in dem die Handlung erfolgte, nicht nur auf Grund unterschiedlicher Weite der Straftatbestände erlaubt, sondern sogar von einem Markenrecht gedeckt ist.[1370]

Beispielsweise wurde in *Steele v. Bulova*[1371] entschieden, dass der Zusammenbau von Uhren aus Teilen, die unter anderem aus den USA stammten, und die danach wieder in die Vereinigten Staaten gelangten, die amerikanische Staatsbürgerschaft des Täters und das Nichtbestehen einer mexikanischen Markenrechts die Anwendung amerikanischen Rechts rechtfertigte, obwohl die markenverletzenden Uhren in Mexiko hergestellt wurden. Wenn hingegen die Hauptaktivitäten in einem anderen Land statt fanden und auch ein Konflikt mit ausländi-

---

1365 *Popov*, 77 S. Cal. L. Rev. 705, 718.

1366 *Butts*, 8 Fla. J. Int'l L. 447, 470.

1367 *Alpert*, 81 Trademark Rep. 125, 135.

1368 Restatement (Third) of Foreign Relations Law, § 415 cmt a.

1369 Dennoch können Antitrust-Entscheidungen nicht ohne weiteres auf das Markenrecht übertragen werden, da letzteres durch das Territorialitätsprinzip noch weiteren Einschränkungen unterliegt.

1370 So verweist z.B. das Gericht in Sterling Drug Inc. v. Bayer AG, 14 F.3d 733, 747 (2nd Cir. 1994) darauf, dass auch auf die Realität des Marktes Rücksicht genommen werden muss, d.h. dass heutzutage auf Grund der weltweit zugänglichen Medien insbesondere Werbung für Produkte kaum auf ein Land beschränkt werden kann; insofern bedarf es einer bedeutenden Auswirkung auf den U.S. Handel, damit eine Norm extraterritorial angewendet werden kann.

1371 Steele v. Bulova Watch Co., 344 U.S. 280 (1952).

schem Markenrecht im Raum stand (so z.B. bei Vorliegen eines eigenen Markenrechts) wurde die Ausübung der Gerichtsbarkeit trotz Auswirkungen in den Vereinigten Staaten auch schon abgelehnt - wobei in solchen Fällen stets immer noch eine Anwendung amerikanischen Rechts denkbar ist, wenn die Auswirkungen hinreichend stark sind.[1372]

Insbesondere bei Internetverkäufen wird demnach eine Gesamtabwägung nötig sein, da diesen grundsätzlich keine Grenzen gesetzt sind – wenn jedoch explizit der Verkauf in andere Länder ausgeschlossen ist, spricht das gegen eine Ausübung der Gerichtsbarkeit.[1373]

In zivilrechtlichen Fällen gingen U.S.-Gerichte zum Teil sehr weit bei der Annahme eigener Gerichtsbarkeit: Bei markenverletzenden Waren, die in den USA produziert, jedoch nur in Saudi-Arabien auf den Markt gebracht wurden, nahm man Verwechslungsgefahr hinsichtlich der saudi-arabische Kunden an und stellte eine Rechtsverletzung fest, da dadurch auch amerikanischen Mitbewerbern Umsätze verloren gehen könnten.[1374]

Solche Aussagen sind jedoch unter dem Gesichtspunkt des Territorialitätsprinzips des Markenrechts nicht haltbar: Rechte an Marken werden nur innerhalb des eigenen Landes gewährt und können demnach auch nur dort geschützt werden. Zwar ist es durchaus zulässig den Export markenverletzender Ware als Rechtsverletzung zu charakterisieren, allerdings müssen dafür alle Voraussetzungen auch im Inland erfüllt sein, d.h. die Verletzung einer inländischen Marke. Demnach ist relevanter Bezugspunkt auch stets nur der inländische Markt.[1375]

Abschließend kann festgehalten werden, dass die Entscheidung über die Gerichtsbarkeit von einer Abwägung der Umstände des Einzelfalls abhängt[1376] und dass insbesondere immer das Territorialitätsprinzip des Markenrechts gesondert berücksichtigt werden muss, das die allgemeinen, zur internationalen Zuständigkeit entwickelten Grundsätze zusätzlich einschränkt.

1372 *Sterling*, 14 F.3d 733, 747.

1373 *McCarthy*, § 29:56.

1374 American Rice Inc. v. Arkansas Rice Grower Cooperative Association, 701 F.2d 408, 414 f (5th Cir. 1983); ähnlich *Bradley*, 37 Va. J. Int'l L. 505, 527, der sich näher mit dem Grund dafür befasst, dass im Markenrecht im Gegensatz zum Patent- oder Urheberrecht auch amerikanisches Rechts angewendet wird, wenn die Verletzungshandlungen im Ausland statt finden.

1375 Ähnlich *Alpert*, 81 Trademark Rep. 125, 147 ff.

1376 Weshalb *Schechter*, 37 Va. J. Int'l L. 619 ff für eine gesetzliche Konkretisierung des Anwendungsbereiches plädiert.

II. Sachliche Zuständigkeit

Die generelle Zuständigkeit für Bundesstraftaten liegt bei den Bezirksgerichten (District Courts), 18 U.S.C. § 3231. Gemäß U.S. Const. Art. III § 2, cl. 3 und dem sechsten Verfassungszusatz hat jeder Angeklagter eines Verbrechens[1377] das Recht auf eine Verhandlung vor Geschworenengerichten (*jury*), welches durch Fed. R. Crim. P. 23 näher ausgestaltet wird. Dem Angeklagten steht es auch frei, auf eine *jury* zu verzichten.[1378]

III. Örtliche Zuständigkeit

Die örtliche Zuständigkeit bestimmt sich nach Fed. R. Crim. P. 18: Das Verfahren ist in dem Bezirk durchzuführen, in dem die Tat begangen wurde. Innerhalb des Bezirks kann das zuständige Gericht frei gewählt werden.[1379]

Wenn dabei ein Delikt in einem Bezirk begonnen und in einem anderen vollendet wurde, so sind beide, und wenn die Tat auch den zwischenstaatlichen Transport umfasst, auch alle passierten Bezirke örtlich zuständig.[1380] Dies ist insbesondere bei Markenverletzungen von Bedeutung, da der Transport Tathandlung ist und die Güter häufig nach Bedarf versandt werden. Insofern ergeben sich vielfache Möglichkeiten hinsichtlich der örtlichen Zuständigkeit. Nicht ausreichend, um die örtliche Zuständigkeit zu begründen, ist jedoch, dass die Ware in einen Bezirk versandt werden sollte[1381] - die Versendung muss hier tatsächlich statt gefunden haben.

Für Mittäter und Gehilfen gilt das Gleiche – unabhängig vom Ort, an welchen diese ihren persönlichen Tatbeitrag erbrachten, da ihnen die Tat des Haupttäters zur Last gelegt wird.[1382] Wenn es sich – wie bei Markenverletzungen häufig vorkommend – um mehrere Taten handelt, ist jedoch zu beachten, dass die örtliche Zuständigkeit für jede einzelne Tat gegeben sein muss.[1383] Die Zuständigkeit

---

[1377] Ausgenommen von dieser Garantie werden nur *petty offenses*, die sich dadurch auszeichenen, dass sie maximal eine
Freiheisstrafe von sechs Monaten vorsehen, siehe Duncan v. State of Louisiana, 391 U.S. 145, 160 (1969).

[1378] Fed. R. Crim. P. 23(a).

[1379] *Cissell*, § 1-2.

[1380] United States v. DeFreitas, 92 F. Supp. 2d 272, 277 (2000).

[1381] United States v. Williams, 274 F3rd 1079, 1083 f (im Hinblick auf Drogen, aber übertragbar).

[1382] United States v. Smith, 198 F.3d 377, 382 (1999).

[1383] United States v. Tingle, 183 F.3d 719, 726 (1999).

muss dabei lediglich durch ein Überwiegen der Beweise und nicht über jeden Zweifel hinaus bewiesen werden.[1384] Bei Mehrfachzuständigkeit besteht ein Wahlrecht der Staatsanwaltschaft.[1385]

D. Einstellungen zur Verfahrensbeendigung

Je nach Verfahrensabschnitt bestehen verschiedene Möglichkeiten, durch Zusammenarbeit mit den Strafverfolgungsbehörden auf den Fortgang des Verfahrens einzuwirken.

I. Diversion

Die Diversion stellt im wesentlichen eine Alternative zur Strafverfolgung dar: Um diese zu vermeiden, wird durch eine vor einem Strafverfahren durchzuführenden Diversionsvereinbarung ein Vertrag zwischen Anklagebehörde und Beschuldigtem geschlossen, worin sich letzterer verpflichtet, näher bestimmte Bedingungen zu erfüllen und von weiteren kriminellen Aktivitäten abzusehen.[1386]

Die näheren Einzelheiten, wie die Geeignetheit einzelner Täter für das Verfahren oder auch die nähere Ausgestaltung der Vereinbarung, regelt auf Bundesebene das United States Attorney Manual.[1387] Nach Erfüllung des Vertrages wird auf Strafverfolgung verzichtet.

II. Plea - Plea Bargaining

In den Vereinigten Staaten besteht die Möglichkeit durch ein Schuldeingeständnis positiv auf die Strafzumessung einzuwirken oder auch Taten aus der Anklage ausscheiden zu lassen.

1. Schulderklärung (*plea*)

In einer frühen Phase des Verfahrens (*arraignment*, eine Art Anklageeröffnungsverfahren) wird ein Gerichtstermin festgesetzt, in dem der Beschuldigte zu

---

[1384] *Cissell*, § 1-2.
[1385] 18 U.S.C. § 3237.
[1386] *Ulrich*, 66-DEC Fed. Probation 30, 30.
[1387] U.S. Attorney Manual, 9-22.000 ff.

den erhobenen Vorwürfen Stellung nehmen muss. Dabei kann er sich schuldig (*guilty*) oder unschuldig (*not guilty*) erklären, des Weiteren besteht die Möglichkeit die Taten lediglich nicht zu bestreiten (*nolo contendere*).[1388] Letzteres hat für das Strafverfahren den Effekt eines Schuldeingeständnisses, kann jedoch darüber hinaus nicht im Zivilverfahren verwendet werden.[1389] Anreiz für ein Schuldeingeständnis ist unter anderem, dass es im Rahmen der Strafzumessungsrichtlinien in der Regel als Zeichen für Verantwortungsübernahme gewertet wird und sich demnach strafmildernd auswirken kann.[1390]

2. Verhandlungen

Üblicherweise findet ein solches Schuldeingeständnis nicht ohne vorhergehende Absprachen statt, wobei sowohl das Strafmaß als auch einzelne Anklagepunkte verhandelt werden können. Durch die Strafzumessungsrichtlinien wurden den Verhandlungen hinsichtlich des Schuldspruches zwar Grenzen gezogen, allerdings verbleiben immer noch ausreichend Möglichkeiten:[1391] Außerhalb des Schuldspruches liegendes tatsächliches Verhalten kann berücksichtigen werden, auch die Darstellung der Tatsachen, auf welche der Richter die Anwendung der Strafzumessungsrichtlinien stützt, werden häufig ausgehandelt und somit das Strafmaß beeinflusst. Derartige Verhandlungen sind zu jedem Zeitpunkt des Verfahrens möglich, finden aber zumeist in einem frühen Stadium statt.

Der Supreme Court bewertet solche Vereinbarungen als verfassungsrechtlich unbedenklich, sofern sie ordnungsgemäß durchgeführt werden wurden; sie sollen sogar gefördert werden.[1392]

3. Überprüfung durch das Gericht

Bevor der Angeklagte ein Schuldeingeständnis abgibt, wird er vom Gericht unter Eid gestellt und umfassend belehrt. Gemäß Fed. R. Crim. P. 11(b)(1) muss die Belehrung unter anderem enthalten, dass der Angeklagte durch das Schuldeingeständnis auf verschiedene, ihm durch die Verfassung gegebene Rechte (z.B. das Recht auf eine Verhandlung mit Jury) verzichtet. Des Weiteren muss ihm die Natur des ihm zum Vorwurf gemachten Deliktes näher erläutert werden,

---

1388 Fed. R. Crim. P. 11(a)(1).

1389 United States v. Norris, 281 US 619, 622 (1930); *Whitebread/Slobogin*, Criminal Procedure, S. 668 f; ist jedoch nur mit Genehmigung des Gerichts möglich.

1390 U.S. Sentencing Guidelines Manual, § 3E1.1.

1391 *Fischer*, S. 153.

1392 Santobello v. New York, 404 U.S. 257, 260 (1971).

wobei auch auf die zulässige Höchststrafe, etwaige Nebenfolgen sowie auch die Möglichkeit des Gerichtes von den Strafzumessungsrichtlinien abzuweichen, verwiesen werden muss. Dann ist vom Gericht zu überprüfen, ob das Schuldeingeständnis freiwillig erfolgte und auch von einer ausreichenden Tatsachenbasis getragen wird.[1393]

Wenn hinsichtlich des Schuldeingeständnisses eine Vereinbarung getroffen wurde, so ist diese vor Gericht offen zu legen,[1394] welches diese ebenso wie die Schulderklärung einer Prüfung unterwirft. Das Gericht hat die Möglichkeit die Vereinbarung anzunehmen oder sie zurückzuweisen, wobei zum Teil erneut verschiedene Hinweispflichten entstehen.[1395] Bei einer Zurückweisung kann der Angeklagte das Geständnis zurückziehen.

4. Folgen

Das angenommene Schuldeingeständnis ersetzt den Schuldspruch;[1396] demnach wird die Hauptverhandlung übersprungen und es folgt die Strafzumessungsphase, die bereits durch eine Vereinbarung vorgezeichnet sein kann.

Wenn sich die Staatsanwaltschaft oder das Gericht nicht an die getroffene Vereinbarung hält, besteht die Möglichkeit, Erfüllung zu fordern oder das Schuldeingeständnis zurückzuziehen.[1397] Wenn auf Seiten des Verurteilten ein Verstoß vorliegt, wird das Schuldeingeständnis aufgehoben und auch mit ihm verbundene Privilegien; das Verfahren wird ins Stadium der Schulderklärung zurückgesetzt. Im Rahmen der ersten Verhandlungen getätigte Aussagen können jedoch nicht verwertet werden.[1398]

[1393] Fed. R. Crim. P. 11(b)(2) und (3).
[1394] Fed. R. Crim. P. 11(c)(2).
[1395] Fed. R. Crim. P. 11(c)(3).
[1396] *Cissell*, § 6-2(a).
[1397] United States v. Bowler, 585 F.2d 851, 856 (7th Cir.1978); *Whitebread/Slobogin*, Criminal Procedure, S. 680.
[1398] *Cissell*, § 6-2(f).

E. Beweisführung

I. Validität des Markenrechts

Das zuständige Gericht muss positiv feststellen, dass dem Opfer auch rechtswirksam ein Markenrecht zusteht, welches durch die Tat verletzt wurde.[1399] Es besteht keine Bindung an eine Eintragung durch das U.S. Patent and Trademark Office und auch keine Möglichkeit, das Verfahren auszusetzen und die Frage zur Klärung einem anderen Gericht vorzulegen. Letzteres erklärt sich unter anderem daraus, dass in den USA keine Trennung zwischen Zivil- und Strafgerichten besteht und so ein Gericht über ausreichend Kenntnisse über beide Rechtsgebiete verfügen muss. Verletzungsklagen werden wie Strafsachen beim Bezirksgericht betrieben (15 U.S.C. § 1121). Ein Abwarten der zivilrechtlichen Streitigkeit würde insofern keinen Vorteil bringen.[1400]

II. Beweisverbot

Im amerikanischen Zivilverfahren sind in einem dem Prozess vorgeschalteten Offenlegungsverfahren (*discovery*) die Parteien verpflichtet, die Beweise, die sie im Prozess zu verwenden gedenken, offen zu legen. Auch die Gegenseite kann durch Befragungen (*depositions, interrogatories*) oder Anfragen zu Dokumenten weitere Informationen gewinnen.[1401] In diesem Verfahrensstadium besteht für den potenziellen Markenverletzter das Risiko bei parallel stattfindender Strafverfolgung Aussagen zu tätigen, die ihn selbst belasten oder dass die Staatsanwaltschaft durch das deutlich weiter gefasste zivilrechtliche Offenlegungsverfahren Beweismittel erlangt, zu welchen unter dem strengeren Regime des Strafprozessrecht der Zugang sonst nicht möglich wäre.[1402] Das durch den fünften Verfassungszusatz anerkannte Recht, sich nicht selbst belasten zu müssen (*privilege against self-incrimination*) wird auch von den zivilrechtlichen Verfahrensregeln in Fed. R. Civ. P. 26 beachtet, welche nur die Offenlegung nicht „privilegierter" Angelegenheiten umfassen. Dies hat zur Konsequenz, dass bei Gefahr der Strafverfolgung die betroffene Partei sowohl die Antwort auf Fragen als auch die Übergabe von Dokumenten verweigern kann, wenn dadurch ihr verfassungsrechtlich garantiertes Recht gefährdet würde.[1403]

1399 *Murphy*, Q 169, S. 4.

1400 Darüber hinaus besteht auch keine Bindung an das Zivilurteil, da im Strafverfahren ein anderer Beweisstandard gilt (*beyond a reasonable doubt* statt *preponderance of evidence*).

1401 Zu den Formen der Informationsgewinnung vgl. näher Moore's Manual, § 15.09 ff.

1402 Parallel Civil and Criminal Proceedings, 92 Harv. L. Rev. 1311, 1333.

1403 *Wright/Miller/Marcus*, Civil 2d § 2018.

Der fünfte Verfassungszusatz bewahrt davor sich unter Zwang selbst belasten zu müssen. Der Zwang ergibt sich im Offenlegungsverfahren daraus, dass bei Nichtbeachtung von Anfragen wegen Missachtung gerichtlicher Anordnungen Zwangsmaßnahmen ergriffen werden können.

Kritisch ist, wie weit der persönliche Schutzbereich reicht: Das *privilege against self-incrimination* gilt unabhängig von der Rolle des Betroffenen (Partei oder Zeuge). Allerdings schützt es grundsätzlich nur Individuen und keine juristische Personen.[1404] Unterlagen, die einer juristischen Person gehören, fallen so nicht darunter, selbst wenn sie den Übergebenden persönlich belasten.[1405] Nicht möglich ist es jedoch einen Angestellten der juristischen Person zu Aussagen zu zwingen, die ihn selbst belasten könnten.[1406] In solchen Situationen muss ein anderer benannt werden, der die Fragen beantworten kann,[1407] so dass das Privileg keinen Schutz für die juristische Person bietet.

Sachlich sind nur Informationen umfasst, die den Wert einer Zeugenaussage haben, d.h. die Übergabe belastender physischer Beweismittel ist grundsätzlich möglich.[1408] Demnach ist fraglich, in wie weit die Übergabe von Dokumenten abgelehnt werden kann, die belastenden Inhalt haben. In *United States v. Doe* wurde klar gestellt, dass das Anfertigen von Geschäftsunterlagen freiwillig erfolgt und demnach ihr Inhalt nicht privilegiert ist; allerdings kann die Übergabe der Dokumente den Wert einer Zeugenaussage haben und deshalb unter den Schutzbereich des fünften Verfassungszusatzes fallen.[1409] Eine solche Funktion hat die Übergabe dann, wenn durch sie die Existenz, der Besitz und die Echtheit der Dokumente bestätigt werden.[1410] Dies kann jedoch dann nicht angenommen, wenn die Strafverfolgungsbehörden bereits aus anderen Quellen konkret von der Existenz der Dokumente wissen, wobei das Vorhandensein von Geschäftsunterlagen nicht per se vermutet werden darf.[1411]

Im Ergebnis kann ein wegen Markenrechtsverletzung Beklagter die Aussage verweigern, wenn er sich dadurch selbst belasten könnte.[1412] Sollten Geschäfts-

---

1404 Bellis v. United States, 417 U.S. 85, 87 (1974).
1405 Braswell v. United States, 487 U.S. 99, 107 (1988).
1406 Curcio v. United States, 354 U.S. 118, 128 (1957).
1407 United States v. Kordel, 397 U.S. 1, 8 (1970).
1408 *Saltzburg/Capra/Davis*, Basic Criminal Procedure, S. 360 f.
1409 United States v. Doe, 465 U.S. 605, 610 ff (1984); kritisch zu diesem Kriterium: *Allen/Mace*, 94 J. Crim. L. & Criminology 243, 246 f.
1410 United States v. Hubbell, 530 U.S. 27, 28 (2000); dazu *Alito*, 48 U. Pitt. L. Rev. 27, 53 ff.
1411 *Hubell*, 530 U.S. 27, 44.
1412 Dies ist allerdings wenig wahrscheinlich, da im Zivilverfahren aus der Geltendmachung gegenteilige Schlüsse gezogen werden dürfen, vgl. Moore's Manual, 15.03[3][f].

unterlagen bestehen, die belastende Informationen enthalten, so kann deren Herausgabe ebenfalls verweigert werden, sofern sich aus der Übergabe selbst die Gefahr der Selbstbelastung ergibt.[1413] Gleiches gilt auch hinsichtlich der Übergabe anderer Gegenstände, wie zum Beispiel schutzrechtsverletzender Ware, da hier die gleichen Prinzipien anwendbar sind.[1414] Insbesondere bei markenverletzenden Waren wird die Berufung auf das Privileg oft nicht sinnvoll sein, da deren Existenz oft anderweitig nachgewiesen werden kann. Eine reelle Chance für den Beklagten, die Übergabe zu verweigern, besteht nur hinsichtlich Aufzeichnungen, die er über Liefervorgänge o.ä. angefertigt hat – eine solche Papierspur wird jedoch ein Profi kaum hinterlassen.

Im Rahmen des Beweissicherungsverfahren des 15 U.S.C. § 1116(d) bestehen keine Bedenken im Hinblick auf das Privileg sich nicht selbst belasten zu müssen, da durch dieses Verfahren zwar Beweise auf private Initiative hin gesichert werden können, der Verdächtige jedoch zu keiner Aussage oder Handlung gezwungen wird.

F. Auswirkungen einer Schutzrechtsvernichtung

Wenn eine Marke gelöscht wird, so hat dies nur in den vom Patent- und Markenamt ausdrücklich bestimmten Fällen rückwirkenden Effekt.[1415]

Dies hat keine besonderen Auswirkungen auf das Strafverfahren, da die Rechtswirksamkeit der Marke stets positiv festgestellt werden muss. Wenn demnach zu Unrecht von der Wirksamkeit bzw. Unwirksamkeit einer Marke ausgegangen wird, handelt es sich um einen Fehler im Urteil, der im Rahmen der üblichen Rechtsmittel von der betroffenen Partei angegriffen werden kann. Eine Wiederaufnahme kommt nicht in Betracht: Auf Grund der Notwendigkeit, die Marke bereits im Verfahren auf ihre Wirksamkeit hin selbständig zu prüfen, kann es sich nicht um einen neuen Umstand handeln.

[1413] Vgl. Moore's Federal Practice, Criminal Procedure § 617.08 [5].

[1414] Vgl. Antonio v. Solomon, 42 F.R.D. 320 (D. Ma.). Allerdings ist fraglich, ob die Entscheidung im Ergebnis so erneut ergehen würde, da nicht unterschieden wurde, ob die Übergabe allein belastenden Charakter hat, vgl. *In re* Grand Jury subpoena duces tecum, 544 F. Supp. 721, 728 (S.D. Fl.). Dies ändert jedoch nichts an der Tatsache, dass die eben erörterten Prinzipien nicht nur bei Dokumenten anwendbar sind.

[1415] Betterbox Communications Ltd v. BB Technologies, Inv., 300 F.3d 325, 332 (3d Cir. 2002).

Kapitel 3 Vergleich

A. Beteiligung des Opfers am Verfahren

Große Unterschiede zeigen sich bei der Beteiligung des Opfers am Strafverfahren: In Deutschland wird dem Opfer einer Markenrechtsverletzung quasi jede in der Strafprozessordnung enthaltene Möglichkeit der Beteiligung zugestanden. Allgemein ist die Beteiligung des Opfers in Deutschland stärker im Strafverfahren verankert, in Verfahren wegen Markenrechtsverletzungen zeigt es sich jedoch besonders.

Im amerikanischen Strafverfahren hat das Opfer allgemein zumindest formell kaum Rechte. Die ihm in 42 U.S.C. §§ 10606 f zugestandenen Rechte sind nicht einklagbar, eine Beteiligung am Prozess als Partei ist nicht vorgesehen. Die einzige Form der Beteiligung am Verfahren bei Markenfälschungen findet sich in 18 U.S.C. § 2320(d), welcher das *victim impact statement* vorsieht, womit Einfluss auf die Strafzumessung ausgeübt werden soll.

Die Beteiligung des Opfers an der Strafzumessung ist dagegen in Deutschland nicht üblich: Ihm wird zwar eine Entschädigung zugestanden, wobei jedoch nur die prozessuale Durchsetzung im Strafverfahren ermöglicht wird – der Anspruch bleibt zivilrechtlicher Natur. Möglich ist jedoch bei Bemühen des Täters um einen Ausgleich oder Schadenswiedergutmachung dies strafmildernd zu berücksichtigen (§ 46 a StGB).

Ein Adhäsionsverfahren, das durch das Opfer angestrengt wird, ist in den USA nicht notwendig, da eine Entschädigung des Opfers durch den Richter als Sanktion zugesprochen werden kann, bei Markenfälschungen im Regelfall sogar ausgesprochen werden soll. Wenn eine Entschädigung verweigert wird, so kann diese in beiden Ländern in einem gesonderten zivilrechtlichen Verfahren eingeklagt werden.[1416]

Ebenfalls eine Sanktion „zu Gunsten" des Opfers ist die bereits erwähnte Benachrichtigung nach 18 U.S.C. § 3555. Auf den ersten Blick liegt eine Parallele zur Benachrichtigung vom Ausgang des Verfahrens nach § 406 d Abs. 1 StPO vor. Eine solche ist jedoch nur nach vorherigem Antrags des Opfers möglich; die amerikanische Variante hingegen möchte durch die Benachrichtigung die

[1416] Der Strafrichter kann in Deutschland entweder eine Entschädigung zusprechen oder von der Entscheidung absehen (wogegen eine sofortige Beschwerde möglich ist). Beim Absehen von einer Entschädigung bleibt auch die Möglichkeit den Zivilrechtsweg zu beschreiten, vgl. BT-Drs. 15/1976, S. 17.

Opfer gerade auf die Verurteilung aufmerksam machen und auf die Möglichkeit zum Schadensersatz hinweisen – ein vorheriger Antrag des Opfers würde dies konterkarieren. Allerdings sieht § 406 h StPO eine frühzeitige Benachrichtigung des Opfers vor, wodurch ihm auch eine Geltendmachung seiner Rechte ermöglicht wird.

Grundsätzlich besteht demnach die Tendenz, die Interessen des Opfers im amerikanischen Recht im Rahmen der Sanktionen zu berücksichtigen, in Deutschland hingegen mehr durch prozessuale Institute. Im Hinblick auf die Stellung im Verfahren kommt einem Opfer im deutschen Strafprozess eine deutlich stärkere Stellung zu, allerdings ist die amerikanische Vorgehensweise bei der Opferentschädigung de facto effektiver. Mitteilungsrechte bestehen in beiden Ländern in etwa gleichen Umfang.

In der Rechtswirklichkeit spielen jedoch die Opfer in beiden Ländern eine vergleichbar wichtige Rolle,[1417] so dass sich die unterschiedliche Ausgestaltung der Rechte (auf materieller Ebene bzw. durch prozessuale Berücksichtigung) kaum auswirkt.

B. Befugnisse im Ermittlungsverfahren

Die wichtigsten Ermittlungsmaßnahmen stellen wohl in beiden Rechtsordnungen die Durchsuchung und Beschlagnahme dar.

Zur Beschlagnahme ist anzumerken, dass diese in Deutschland nur zum Auffinden von Beweismitteln dienen darf – diese Beschränkung kennt das U.S. Recht nicht. De facto ergeben sich daraus jedoch keine großen Unterschiede, da einerseits bei Gegenstände, die für den Verfall oder die Einziehung relevant sind, auch in Deutschland über § 111 b StPO die Sicherstellung möglich ist und andererseits die meisten Gegenstände zugleich als Beweismittel für die Tat und deren Folgen dienen können und somit doch der Beschlagnahme unterliegen.

Da das amerikanische Beschlagnahmerecht im Wesentlichen durch Fallrecht geprägt wurde, bestehen auch beim Erfordernis einer gerichtlichen Anordnung viele anhand von Einzelfällen erarbeitete Ausnahmen. In Deutschland kann nur bei Gefahr im Verzug von einer richterlichen Anordnung abgesehen werden.[1418]

[1417] So berichtet beispielsweise *Correll*, 14 AIPLA Q.J. 278, 286, dass sich einige Staatsanwälte sogar die Beteiligung des Opfers an der Beweisführung zusichern lassen.

[1418] Wobei bei der Beschlagnahme eine solche dann innerhalb von drei Tagen nachgeholt werden muss, § 98 Abs. 2 StPO.

Dies deckt jedoch auch einige der amerikanischen Ausnahmen ab: Beispielsweise kann bei der Durchsuchung von Fahrzeugen argumentiert werden, dass die Anordnung eines Richters nicht in der gebotenen Eile herbeigeführt werden kann und somit eine Beweisvernichtung droht.

Bei der Durchsuchung wird in Deutschland zwischen der Durchführung beim Beschuldigten oder bei einer unbeteiligten Person unterschieden. Diese Differenzierung ist dem amerikanischen Verfahren unbekannt, da das Hauptaugenmerk auf das Auffinden von Beweismitteln gerichtet ist – egal wo.

Da in den Vereinigten Staaten sowohl höhere Strafen möglich sind und auch Markenverletzungen mit Tatbeständen gegen organisiertes Verbrechen bekämpft werden können, ist der Einsatz verdeckter Ermittler und auch die Anordnung von Untersuchungshaft unproblematischer möglich. Bei entsprechender Schwere der Tat und Beteiligung anderer könnten entsprechende Maßnahmen auch in Deutschland angewendet werden – davon ist aber die Realität noch weit entfernt.[1419]

C. Gerichtliche Zuständigkeit

Ein größeres Problem stellt die internationale Anwendbarkeit des jeweiligen nationalen Strafrechts dar: Im Wesentlichen konzentriert sich jedoch auf Grund des international anerkannten Grundsatzes des Territorialitätsprinzips im Markenrecht auch strafrechtlich alles auf den gleichnamigen Grundsatz und damit die Frage, wann der Taterfolg im Inland eingetreten ist. Das deutsche Strafgesetzbuch hält dafür klare Regeln bereit und lässt auch den potenziellen Erfolgsort als Anknüpfungspunkt genügen. Diese Anschauung hat sich auch in den Vereinigten Staaten durchgesetzt, wo jedoch die Thematik komplexer ist: Es bestehen keine gesetzlichen Regelungen, die einzelnen *Circuits* haben insbesondere für das Markenrecht spezifische Kriterien entwickelt, die zum Teil voneinander abweichen. Dadurch, dass zwar zumeist eine Orientierung am *Restatement* erfolgt, liegt gewisse Rechtseinheit vor – Unterschiede in der Anwendung je nach Gerichtsstand sind jedoch nicht ganz zu vermeiden.

Der Vorteil der amerikanischen Regelung ist, dass diese Abwägungen zulässt. Dies kann insbesondere bei Handlungen von Bedeutung sein, die zwar auf ein Land, ausgerichtet sind, jedoch auch Auswirkungen in einem anderen Staat zeigen. Hierbei ist es dann relevant, ob auch in diesem Staat dem Handelnden ein Markenrecht zusteht. Das Vorliegen einer Marke ist nach amerikanischem Rech-

---

[1419] Vgl. dazu sogleich Teil 5, Kap. 2. A.

te in der Abwägung zu berücksichtigen. In Deutschland legen die §§ 3 ff StGB eindeutig fest, wann die Gerichtsbarkeit gegeben ist – Abwägungen sind grundsätzlich nicht möglich. Im deutschen Zivilrecht wird jedoch wie im amerikanischen Recht stets ein wirtschaftlich relevanter Inlandsbezug gefordert,[1420] was einschränkend unter dem Merkmal „geschäftlicher Verkehr" berücksichtigt werden kann.[1421] Dies ist jedoch eine Frage des materiellen Rechts. Da im Strafrecht jedoch die Anwendung deutschen Strafrechts Prozessvoraussetzung ist,[1422] muss bereits im Rahmen der Zuständigkeit geklärt werden, ob überhaupt ein tatbestandlicher Erfolg im Inland vorliegt, um über § 9 StGB zur Anwendbarkeit deutschen Rechts zu gelangen. Insofern sind über das Auswirkungsprinzip gewisse Wertungsmöglichkeiten (indirekt) im Rahmen der Zuständigkeit möglich. Auch bestehen Erwägungen bei derartigen Sonderfällen, in denen der Tatort über die Strafbarkeit der Handlung entscheidet, ausnahmsweise auch hinsichtlich des Ortes Vorsatz zu verlangen.[1423]

Sachlich zuständig sind in beiden Ländern zumeist die untersten Gerichte: In den Vereinigten Staaten sind die District Courts die erste Instanz, in Deutschland in der Regel die Amtsgerichte. Auffallend ist, dass in den USA keine Trennung zwischen Straf- und Zivilgerichtsbarkeit statt findet, so dass insofern keinerlei Spezialisierung vorliegt. In Deutschland wird hingegen über diese generelle Trennung hinaus angesichts der Sonderzuständigkeit im Zivilrecht noch eine weitere Spezialisierung der Gerichte angemahnt.

Hinsichtlich der örtlichen Zuständigkeit ähneln sich die Vorschriften sehr: Bei Markenfälschungen kommen stets eine Reihe von Gerichtsständen in Frage, wobei ein Wahlrecht durch die Strafverfolgungsbehörden besteht.

[1420] BGH JZ 2005, 736 – Hotel Maritime; in diesem Zusammenhang kann auch die Problematik des Tatortbegriffes im Internet relevant werden, vgl. dazu näher *Satzger*, Internationales und Europäisches Strafrecht, § 5 Rn 41 ff.

[1421] *Kur*, wrp 2000, 935, 937; *Ohly*, JZ 2005, 738, 740.

[1422] *Volk*, S. 222; *Satzger*, Internationales und Europäisches Strafrecht, § 3 Rn 9.

[1423] *Jacobs*, Strafrecht AT, 2.5. Rn 13; generell so für Distanzdelikte *Oehler*, Rn 254. Auch im EGBGB stellt man z.B. bei Presseerzeugnissen darauf ab, ob diese zufällig oder willentlich im Inland verbreitet wurden, *Johannes*, GRUR Int. 2004, 928, 929 m.w.N. Nicht möglich ist es über § 153 c StPO Wertungen einfließen zu lassen, da dieser voraussetzt, dass sowohl Tätigkeits- als auch Erfolgort nicht im Geltungsbereich des StGB liegen (*Meyer-Goßner*, § 153 c Rn 3).

D. Vereinfachte Verfahrensbeendigung

In Deutschland gilt das Legalitätsprinzip, wohingegen die Staatsanwälte in den Vereinigten Staaten über wesentlich weitere Ermessensspielräume verfügen und demnach auch selektiv Strafverfolgung betreiben können. Dies wirkt sich auch auf die Möglichkeiten zur Verfahrensbeendigung aus: Eine Einstellung der Strafverfolgung ist in Deutschland nur nach den Regeln der §§ 153 ff bzw. § 170 Abs. 2 StPO möglich, wohingegen in den USA nach Durchführung eines Diversionsverfahrens auf diese ganz verzichtet werden kann. Beiden Vorgehensweisen ist jedoch gemein, dass einem Beschuldigten gewisse Auflagen erteilt werden können, nach deren Erfüllung dann eine Einstellung des Verfahrens möglich ist.

Eine Einstellung ist in Deutschland auch nach Beginn des Hauptverfahrens noch möglich, wobei dem zumeist Verhandlungen durch die Beteiligten vorausgehen. Absprachen müssen jedoch nicht zur Einstellung führen: Sie sind auch häufig in der Art vorzufinden, dass mit der Staatsanwaltschaft und dem Gerichts beispielsweise die Straferwartung bei einem Geständnis ausgehandelt wird. Werden im Rahmen eines Deals getroffene Zusagen nicht eingehalten, so stellt dies keine „Vertragsverletzung“ dar wie es in den USA der Fall ist: Ein Deal schafft jedoch einen Vertrauenstatbestand, der zu einer Strafmilderung führt; das im Zuge der Absprache abgegebene Geständnis kann nicht verwertet werden, da dies einen Verstoß gegen den gegen den fair-trial-Grundsatz darstellen würde.[1424]

In den USA hingegen sind derartige Verfahren stärker formalisiert: Absprachen werden geführt, um eine *guilty plea* zu erlangen, da diese die Hauptverhandlung ersetzt und somit sofort in das Strafzumessungsverfahren übergegangen werden kann.

In beiden Ländern haben Absprachen verfahrensabkürzende Funktion, in den USA wird dies durch Überspringen einer Verfahrensphase besonders deutlich. Obwohl die Staatsanwaltschaft in den Vereinigten Staaten grundsätzlich über größere Ermessensspielräume hinsichtlich der Strafverfolgung verfügt, sind Absprachen im amerikanischen Strafverfahren stärker gesetzlich verankert. Somit stehen auch bei deren Nichtbeachtung mehr Rechtsmittel zur Verfügung.

Die verschiedenen Möglichkeiten ein Verfahren vereinfacht zu beenden, sind allerdings prozessuale Rechtsinstitute, die mehr durch das Prozessrecht als durch

---

[1424] *Volk*, StPO, § 30 Rn 6 m.w.N.

das Markenrecht geprägt sind. Dennoch sind sie auch für diese Arbeit von Bedeutung, da die Vielzahl der Markenverletzungsfälle derart gelöst werden.[1425]

E. Beweisführung

Anders als in Deutschland muss in den USA stets die Wirksamkeit des Markenrechts positiv festgestellt werden, der deutsche Richter ist lediglich bei Benutzungs- und notorischen Marken zu dieser kompletten Prüfung veranlasst. Allerdings kann er auch einige Löschungsgründe bei eingetragenen Marken berücksichtigen, die die Widerrechtlichkeit der Benutzungshandlung ausschließen.[1426] Trotz Amtsermittlungsgrundsatz wird es jedoch dazu wohl nur kommen, wenn entsprechende Einwendungen durch den Angeklagten vorgebracht werden, da die wenigsten Strafrichter über fundierte Kenntnisse im Markenrecht verfügen dürften. Das Prüfungsmonopol des Patent- und Markenamtes ist demnach auf wenige, jedoch nicht unerhebliche Schutzhindernisse beschränkt. Einer der im Zivilrecht am häufigsten gegen eine Marke vorgebrachten Gründe wird jedoch die prioritätsältere Eintragung oder Nutzung einer Marke sein, was von den Gerichten beider Staaten berücksichtigt werden muss – allerdings wird diese Situation in klassischen Pirateriefällen in Ermangelung einer eigenen Marke des Verletzers kaum vorkommen.

Mit der partiellen Bindung des deutschen Richters an eine Eintragung im Markenregister geht auch die Möglichkeit einher bei rückwirkender Löschung der Marke das Verfahren wieder aufzunehmen. Diese Möglichkeit benötigt das amerikanische Verfahrensrecht nicht, da es einer positiven Feststellung der Rechtswirksamkeit der Marke bedarf, die dann nur im Rahmen der üblichen Rechtsmittel angegriffen werden kann.

Das deutsche Recht kennt bislang noch kein von einem potenziell Verletzten zu initiierendes Beweissicherungsverfahren. Ein solches besteht in dem amerikanischen Institut der *ex-parte seizure:* Dieses hat sich in den Vereinigten Staaten auf Grund der konkreten Ausgestaltung im Lichte des *privilege against self-incrimination* als unbedenklich herausgestellt.[1427] Bei der Umsetzung der EU-Richtlinie 2004/48/EG, die ein solches Verfahren fordert,[1428] ist demnach ebenso zu berücksichtigen, dass keine Selbstbelastung erfolgen darf und dies bei der näheren Ausgestaltung zu beachten.

1425 Siehe dazu Teil 5, Kap. 2, A.

1426 Siehe dazu Teil 2, Kap. 1, A.I.4.c).

1427 Vgl. Kap. 2, E.II.

1428 Art. 7, womit auch die Durchsuchung von Geschäfträumen ermöglicht werden soll, vgl. *Knaak*, GRUR 2004, 745, 748 f.

Allerdings gibt es auf einem anderen Gebiet Konfliktpotential im Hinblick auf die Freiheit vor Selbstbelastung: Für im Rahmen des Auskunftsanspruches erlangte Informationen gewährt § 19 Abs. 4 MarkenG ein Beweisverwertungsverbot. Ein Anspruch auf Auskunft besteht im amerikanischen Recht nicht und wird auch nicht benötigt, da Informationen im Rahmen des *discovery*-Verfahrens eingefordert werden können, wobei sich dann eine ähnliche Problematik ergibt: Das Interesse des Opfers/Klägers steht dem Recht des Angeklagten/Beklagten gegenüber, sich nicht selbst belasten zu müssen. Das in Deutschland ausdrücklich normierte Beweisverwertungsverbot findet sich in Amerika in dem allgemeinen Verfassungsgrundsatz des *privilege against self-incrimination* wieder, der dann über Fed. R. Civ. P. 26 berücksichtigt werden muss. Inhaltlich gleichen sich die Verbote sehr: In den USA wird Beweisverwertungsverboten grundsätzlich Fernwirkung zugestanden, in Deutschland diesem konkreten auch. Deshalb waren auch die Ausschlussgründe, wie zum Beispiel der hypothetische Ermittlungsverlauf, ins deutsche Markenstrafrecht zu übernehmen. Bei Geschäftsunterlagen erlauben beide Rechtsordnungen im Hinblick auf den Nemo-tenetur-Grundsatz zwar die Verwendung des Inhalts, nicht jedoch Rückschlüsse aus der Auskunft, die sie zu den Unterlagen führten oder den Erklärungswert aus dem Akt der Übergabe.

F. Internationale Zusammenarbeit

Zumindest bei Markenverletzungen im „großen Stil“ ist es inzwischen nahezu charakteristisch, dass diese nicht mehr innerhalb der Landesgrenzen vorbereitet und durchgeführt werden.[1429] Demnach ist es von besonderem Interesse, wie die Strafverfolgungsbehörden in derartigen Fällen kooperieren können. Dies beurteilt sich für beide Seiten nach den gleichen Abkommen, die hier kurz Erwähnung finden sollen.

I. Auslieferung

Seit 1978 besteht zwischen Deutschland und den USA ein Auslieferungsabkommen;[1430] am 25.6.2003 wurde auch zwischen der Europäischen Union und den Vereinigten Staaten ein Auslieferungs- und Rechtshilfeabkommen geschlossen, welches jedoch nur ergänzend neben bereits bestehende nationale Abkommen tritt.

[1429] Vgl. dazu sogleich näher Teil 5, Kap. 1, A.

[1430] BGBl. 1980 II S. 646, 1300.

Art. 2 der deutsch-amerikanischen Vereinbarung legt fest, dass eine Auslieferung nur dann zu erfolgen hat, wenn die Tat auch in beiden Ländern strafbar ist.[1431] Die Anfrage hinsichtlich der Auslieferung muss stets über die diplomatischen Kanäle laufen.[1432] Das Erfordernis der doppelten Strafbarkeit kann insbesondere bei Markenverletzungen eine große Rolle spielen, da in den USA im Vergleich zu Deutschland bei diesen nur ein deutlich geringerer Teil strafrechtlich zu ahnden ist. So ist bei der Beurteilung stets auf die konkrete Tat abzustellen und zu prüfen, ob diese auch nach nationalem Recht strafbewehrt wäre.

Insbesondere bei *federal crimes* sind im Tatbestand oft auch Voraussetzungen enthalten, die lediglich der Gesetzgebungskompetenz des Bundes dienen (wie z.B. *interstate commerce*). Diese haben jedoch im Verhältnis nach außen keine Wirkung und sollen bei der Beurteilung der Strafbarkeit nicht berücksichtigt werden.[1433]

II. Rechtshilfe

Zwischen den Vereinigten Staaten und Deutschland wurde am 14. Oktober 2003 ein Rechtshilfeabkommen geschlossen.[1434]

Rechtshilfe soll insbesondere im Hinblick auf Fahndung nach Personen, Überlassung von Urkunden und Akten, Durchsuchung und Beschlagnahme sowie auch auf andere Ermittlungsmethoden als auch bei Einziehung und Verfall geleistet werden.[1435] Für die Übermittlung von Anfragen sind grundsätzlich die Justizministerien zuständig.[1436]

[1431] Markenstraftaten sind dabei nicht im Anhang im Katalog der Taten, die einer Auslieferung zu Grunde liegen können, enthalten, dennoch ist eine Auslieferung unter den Bedingungen des Art. 2 Abs. 1 b) (doppelte Strafbarkeit) möglich.

[1432] Art. 14; vgl. zum genauen Vorgehen innerhalb der USA näher *Snow*, 11 Wm. & Mary Bill RtS. J. 209, 221 ff; *MacTaggart*, 51-FEB Fed. Law. 27 ff.

[1433] Art. 2 Abs. 3 b) sieht dies explizit vor.

[1434] Das Abkommen ist derzeit noch nicht ratifiziert (Stand Herbst 2005).

[1435] Art. 1 Abs. 2.

[1436] Art. 2 Abs. 2.

Teil 5 Rechtwirklichkeit

Kapitel 1 Ausmaß der Schutzrechtsverletzungen

Straftaten gegen das geistige Eigentum werden häufig von der Bevölkerung immer noch als „Kavaliersdelikte“ verstanden.[1437] Gefälschte Markenprodukte erweisen sich zum Teil unter Verbrauchern als Verkaufsschlager und werden auch bewusst auf Grund der geringen Kosten erworben. Insbesondere bei Reisen in andere Länder sind notorisch bekannte Viertel Anziehungspunkte für Touristen, die sich und den Freundeskreis mit „Schnäppchen“ versorgen. Derartiges Verhalten wird zumeist damit gerechtfertigt, dass man sich das Markenprodukt eh nicht gekauft hätte und allein der günstige Preis ausschlaggebend für die Kaufentscheidung war, so dass kein Schaden entstanden sei. Auch würden gegebenenfalls „nur Großkonzerne“ geschädigt werden, was zum Teil sogar gewollt ist.[1438] Eine ernsthafte Auseinandersetzung mit den Folgen von Schutzrechtsverletzungen findet in der breiten Öffentlichkeit nicht statt.

Im Folgenden soll auf das Vorgehen der Produktpiraten, den Umfang der Schutzrechtsverletzungen und deren Konsequenzen eingegangen sowie auch die Gründe für deren Ansteigen in den letzten Jahren betrachtet werden.

A. Vorgehen der Markenfälscher

Für eine effektive Bekämpfung von Markenfälschung ist Kenntnis von der Vorgehensweise der Schutzrechtsverletzer erforderlich, um diesen entsprechend entgegentreten zu können.

Im Bereich der Markenverletzungen ist eine „Zweiteilung“ zu beobachten: Die Produktion der Waren findet in Billiglohnländern statt, anschließend erfolgt der Export in Länder, in denen der Absatzmarkt für Markenwaren besonders hoch ist (zumeist westliche Länder).[1439] Teilweise werden Waren auch in einem Land produziert, einem anderen zusammengesetzt, durch ein drittes transportiert und in einem vierten verkauft.[1440]

1437 *Tyler*, 29 N.Y.U. J. Int'l L. & Pol. 219, 226.

1438 *Müller/Kornmeier*, Markenartikel 2001, 34, 39.

1439 So schon *Knaak/Tilmann*, GRUR Int. 1986, 338; dabei handelt es sich jedoch um einen ungebrochenen Trend, vgl. nur *Zentralstelle Gewerblicher Rechtsschutz,* Jahresbericht 2004, S. 5.

1440 *Union des Fabricants*, S. 7.

Die Nachahmung erfolgt dabei häufig auf professionelle Weise und im großen Stil und ist inzwischen nicht mehr auf Luxusartikel beschränkt.[1441] Vielfach finden sich sogar Nachahmungen von Produkten des täglichen Bedarfs, die keine großen Gewinnspannen erahnen lassen.[1442] Fälscher konzentrieren sich zumeist auch nicht auf einzelne Marken, sondern haben mehrere „im Angebot“.[1443] Bei der Art der Schutzrechtsverletzungen ist zu unterscheiden, auf welcher Ebene die Täter aktiv sind: In der regulären Wirtschaft werden Identfälschungen eher vermieden, die Untergrundwirtschaft bevorzugt sie hingegen.[1444]

Bei der Einfuhr wird auf die klassische Methoden der Schmugglerorganisationen zurückgegriffen, zumeist werden auch Waren und Kennzeichen getrennt eingeführt.[1445] Somit wird versucht, die Aufmerksamkeit von den Waren abzulenken und zumindest diese trotz der Entdeckung der Kennzeichen „retten“ zu können. Vielfach wird der Zwischenhandel eingesetzt, um ein Geflecht von unübersichtlichen Warenströmen zu erzeugen, so dass die Herkunft der Waren verschleiert wird.[1446] So werden beispielsweise viele Waren über Zentralamerika – großteils unter Nutzung von Freihandelszonen – nach Nordamerika eingeschleust.[1447] Allgemein werden bereits bestehende Kanäle der Geldwäsche und des Schmuggels nun gleichermaßen für Markenfälschungen eingesetzt.[1448]

Gerade hier zeigen sich auch Verbindungen zur organisierten Kriminalität: Markenverletzungen versprechen hohe Gewinnspannen bei überschaubarem Risiko und werden dabei gerne auch zur Finanzierung anderer Vorhaben eingesetzt. Im Vergleich zu sonstigen gewinnbringenden Geschäften wie Drogen oder Schmuggel sind Markenfälschungen ein relativ sicheres Terrain.[1449] Der Verkauf eines Kilos Cannabis-Blätter bringt in Europa ca. 2000 Euro ein, ein Kilo kopierte CDs hingegen 3000 Euro,[1450] wobei bei letzterem das Entdeckungsrisiko

---

1441 BT-Drs. 11/4792, S. 16.

1442 *Blumenthal*, S. 86 nennt Rasierklingen als Beispiel.

1443 Wabnitz/Janovsky-*Möller*, Kap. 15 Rn 25.

1444 *Cremer*, Mitt. 1992, 153 f.

1445 *Maske*, S. 262; Wabnitz/Janovsky-*Möller*, Kap. 15 Rn 11; H.R. Rep. No. 109-68, S. 4; das Zusammensetzen erfolgt oft auch erst nach konkreter Warenbestellung, *Cremer*, Mitt. 1992, 153, 160.

1446 *Winter*, GRUR 1981, 782, 782; Harte-Bavendamm-*Harte-Bavendamm*, § 1 Rn 12; Union des Fabricants, S. 7.

1447 http://europa.eu.int/comm/taxation_customs/customs/customs_controls/counterfeit_piracy/combating/index_en.htm.

1448 *Anti-Counterfeiting Group*, Get real…, S. 2.

1449 Final Report on Green Paper, S. 9.

1450 http://europa.eu.int/comm/taxation_customs/customs/customs_controls/counterfeit_piracy/combating/index_en.htm.

deutlich geringer sein dürfte. Man schätzt sogar, dass bei Markenfälschungen aus der Investition von einem Euro ein Profit von 10 Euro entsteht.[1451]

Oft werden die Einnahmen für den Waffen- oder Drogenhandel eingesetzt, Fälscherwerkstätten werden mit zu waschendem Geld gebaut.[1452] Es wird vermutet, dass beispielsweise bereits ein Drittel der in Nordirland in der organisierten Kriminalität aktiven Gruppen auch im Bereich der Produktpiraterie tätig ist.[1453] In New York konnte man eine Gang festnehmen, die bereits zu Beginn der 90er Jahre mit gefälschten Markenuhren jährlich einen Gewinn von 13 Millionen US-$ erzielte; einem koreanischen Verbrechersyndikat werden Nettogewinne von 26 Millionen US-$ nachgesagt – in beiden Fällen wurde das Geld zur Finanzierung anderer krimineller Aktivitäten eingesetzt.[1454]

Der Absatzmarkt bewegt sich inzwischen weg von den Straßenhändlern und Flohmärkten und wird ins Internet verlagert, wo ein weltweiter Markt zur Verfügung steht. Über 40 % der vom deutschen Zoll beschlagnahmten Waren beruhen mittlerweile schon auf Internetkäufen.[1455]

Vielfach wird kein Hehl aus der Natur der Fälschungen gemacht und es werden allein über den günstigen Preis Kunden angesprochen. Dennoch bleibt die Begehung durch Täuschung die häufigste Erscheinungsform der Markenpiraterie.[1456] Oft wird mit gefälschten Dokumenten wie Lieferscheinen oder Rechnungen gearbeitet, um die „Echtheit" der Waren zu bestätigen; Preisunterschiede werden durch günstige Parallelimporte, Verkäufe aus Insolvenzen oder Waren zweiter Klasse „erklärt".[1457] Um eine Aufdeckung zu erschweren und dennoch höhere Gewinne zu erzielen, werden beim Verkauf Fälschungen unter echte Waren gemischt. Eine beliebte Technik ist auch das Vermischen von Fälschungen

---

[1451] *Union des Fabricants*, S. 9.

[1452] http://europa.eu.int/comm/taxation_customs/customs/customs_controls/counterfeit_piracy/combating/index_en.htm, *Krechevsky*, 93 Trademark Rep. 145, 148; *Meister*, S. 32.

[1453] *Anti-Counterfeiting Group*, Proving the Connection, S. 18; weitere Beispiele für die Verbindung von Markenfälschungen und sogar terroristischen Gruppen finden sich bei: *Paradise*, 21 ff oder Hearing before the Committee on International Relations, 108th Cong. Serial No. 108-48, S. 14 ff; es handelt sich um eine Anhörung vor dem Kongress, die durchgeführt wurde, um gerade die Verbindung zwischen Produktpiraterie und Terrorismus herauszufinden; insbesondere in den USA wird inzwischen vielfach die Verbindung zum internationalen Terrorismus hervorgehoben.

[1454] H.R. Rep. No. 104-556, S. 3

[1455] *Zentralstelle Gewerblicher Rechtsschutz*, Jahresbericht 2004, S. 5.

[1456] *Schuhmacher*, S. 43; *Schulz*, S. 38.

[1457] *Blumenthal*, S. 90.

und gestohlenen echten Gütern.[1458] Über gutgläubige Händler schleust man Waren in den regulären Vertrieb ein.[1459]

Bereits die Vorgehensweise zeigt, dass hinter all diese Taten zumeist keine Einzeltäter stehen: Der zum Teil „politisch motivierte Klassenkämpfer“, der mit Fälschungen gegen das Kapital demonstrieren möchte[1460] wurde abgelöst von international auftretenden, konzernartig organisierten Banden, die legalen Unternehmen in puncto Ausrüstung und Know how ebenbürtig sind.[1461] Insbesondere sind - wie schon angesprochen - vermehrt auch Verbrechenssyndikate in diesem Bereich aufzufinden, die die Markenfälschungen nutzen, um ihre sonstigen Aktivitäten zu finanzieren.

Ebenso gut organisiert sind die Informations- und Infrastruktur: Bei stärkerer Aktivität der Strafverfolgungsbehörden und damit ansteigendem Entdeckungsrisiko können die Täter über Nacht verschwinden und tauchen dann häufig in einem weniger gefährdeten Gebiet wieder auf.[1462] Zum Teil findet dieser Wechsel sogar zwischen Staaten statt; Schutzrechtslücken sowieso Schwächen in der Verfolgung werden dabei gekonnt ausgenutzt. Gerade diese Flexibilität gestaltet ein Vorgehen gehen Markenfälschungen besonders schwierig: Gerichtliche Anordnungen können zumeist gar nicht erst zugestellt werden oder man entzieht sich ihnen durch Flucht.[1463]

B. Umfang

Den Umfang von Markenrechtsverletzungen zu schätzen bereitet große Schwierigkeiten, da sowohl ein großes Dunkelfeld besteht[1464] als auch die finanzielle Bewertung nicht einfach ist (Soll auf den Wert der Originalware oder der Fälschung abgestellt werden?). Die zur Verfügung stehenden Zahlen schwanken,

---

[1458] *Union des Fabricants*, S. 7.

[1459] *Schuhmacher*, S. 32, wobei oft eine Durchmischung mit legalen Parallelimporten oder Originalprodukten, die von außerhalb des Europäischen Wirtschaftsraums eingeführt werden, erfolgt.

[1460] Vgl. dazu *Gravenreuth*, GRUR 1983, 349, 351 zum Urheberrecht; ähnliche Rechtfertigungen finden sich jedoch zum Teil noch in Entwicklungsländern, die geistiges Eigentum als Besitz der Menschheit ansehen, so *Müller/Kornmeier*, Markenartikel 2001, 34, 39.

[1461] *Hetzer*, Kriminalistik 2002, 326; *Blumenthal*, S. 91

[1462] Wabnitz/Janovsky-*Möller*, Kap. 15 Rn 38.

[1463] *Abbott/Sporn*, § 5.02[B][2].

[1464] Bereits zwischen zivilrechtlichen Klagen und Strafanzeigen wegen derselben Tat besteht ein wesentlicher Unterschied: In Frankreich lagen im Jahr 2000 beispielsweise um die 2000 zivilrechtliche Klagen vor, jedoch nur 100 strafrechtliche Fälle, vgl. *Pattloch*, GRUR Int. 2002, 30, 34.

zum Teil auch stark davon abhängig, von welchen Organisationen sie herausgegeben werden.[1465] Zumeist wird auch nicht zwischen den verschiedenen Schutzrechten unterschieden; die Entwicklungen in anderen Rechtsgebieten des geistigen Eigentums verlaufen jedoch sehr ähnlich.

Dennoch zeichnen sich bei allen Statistiken einige Trends deutlich ab: Markenverletzungen sind in den vergangenen Jahren stark angestiegen; sie können hohe Schäden hervorrufen und beschränken sich nicht auf einzelne Nationen.

In Deutschland vermutet man einen jährlichen Schaden von ca. 30 Milliarden Euro, weltweit von ca. 250-300 Milliarden Euro;[1466] doch selbst konservative Berechnungen sprechen sogar von 600 Milliarden US-$[1467] oder von 1000 Milliarden US-$ weltweit.[1468] Bereits 1998 schätzte man, dass 5 - 7 % des Welthandels auf Produktpiraterie und Nachahmungen zurückgehen,[1469] inzwischen kann die Summe bei 7 - 9 % angesetzt werden.[1470]

Tendenzen hinsichtlich der Herkunftsländer und der Warengruppen lassen sich aus Statistiken zur Grenzbeschlagnahme ablesen, wobei jedoch stets zu bedenken ist, dass beim Zoll nur etwa 5 % der Einfuhren einer wirklichen Kontrolle unterzogen werden.[1471]

[1465] Interessenverbände neigen zum Teil etwas zur Dramatisierung, so erstaunlich deutlich auch Final Report on Green Paper, S. 13.

[1466] *Holzbach*, MMR 2003, VI; in der PKS wird der Schaden der bekannt gewordenen Fälle aller Verletzungen des geistigen Eigentums auf 92,8 Mio. Euro geschätzt: Dabei werden jedoch nur bekannte Taten berücksichtigt, sowie bei nicht bezifferbarem Schaden ein ideeller Schaden von einem Euro angenommen, PKS, Aufgliederung der Straftaten nach Schadenshöhe (Tabelle 07, Berichtzeitraum: 2004).

[1467] *International Chamber of Commerce*, http://www.iccwbo.org/home/news_archives/2005/WES_counterfeiting.asp; so auch die World Customs Organization und Interpol aus, vgl. 70 PTCJ 95, S. 1.

[1468] *Anti-Counterfeiting Group*, The extent of counterfeiting, S.1, wobei diese bereits den geschätzten Schaden für die USA bei 250 Milliarden US-$ ansetzen; kritisch zu all diesen Zahlen *Blumenthal* S. 93, der Schwachpunkte in der Berechnung aufzeigt, jedoch auch klar zugesteht, dass es sich um ein Problem hohen Ausmaßes handelt.

[1469] http://europa.eu.int/comm/taxation_customs/customs/customs_controls/counterfeit_piracy/combating/index_en.htm; dies entspräche etwa 350 Milliarden US-$, vgl. H.R. 4358, Sec. 1(b)(2), (108th Cong. 2004).

[1470] *Anti-Counterfeiting Group*, The extent of counterfeiting, S.1.; ähnlich *Grauel*, MarkenR 2000, 91, 91: 8-10 %.

[1471] Wabnitz/Janovsky-*Möller*, Kap 15 Rn 4; ähnliche Zahl auch in den USA: 6 %, wobei jedoch darauf Wert gelegt wird zu betonen, dass bereit vorab ein „Screening“ statt findet, *U.S. Customs & Border Protection* http://www.cbp.gov/xp/cgov/newsroom/fact_sheets/factsheet_container_security.xml.

Innerhalb von zehn Jahren haben sich die Fälle der Grenzbeschlagnahme in Deutschland von 269 auf 8564 erhöht.[1472] Dabei wurden 2004 Waren im Wert von 145 Millionen Euro beschlagnahmt, wobei wertmäßig jeweils die Branchen der Konsumgüter, der Soft- und Hardware (inkl. der Bild-, Ton- und Datenträger) sowie der Textilien besonders stark vertreten waren.[1473] Näher nach Warengruppen untergliedert zeigt sich vor allem ein hoher Anteil an Sportbekleidung (30,18 %), Accessoires (21,21 %), Freizeitbekleidung (19,69 %) sowie Uhren und Schmuck (11,14 %). In den soeben genannten Fällen liegt nahe, dass die Schutzrechtsverletzung zumindest auch auf einer Markenverletzung basierte.[1474] Überwiegend stammten die beschlagnahmten Güter dabei aus China und Thailand (jeweils ca. 23 %), der Anteil osteuropäischer Staaten ist von 21 % auf 7 % gesunken.[1475]

Ähnliche Daten ergeben sich bezogen auf ganz Europa: Bei über 60 % aller Fälle wurden Kleidungsstücke und Accessoires beschlagnahmt.[1476] Bei den Stückzahlen liegen allerdings Zigaretten mit 40 % und Spielwaren mit 17 % vorn, wobei 54 % aller Artikel aus China stammen.[1477] Jährlich werden inzwischen über 100 Millionen Gegenstände beschlagnahmt, was im Vergleich zu 1998 eine Steigerung um 1000 % darstellt.[1478]

In den Vereinigten Staaten wurden im Jahr 2004 Güter im Wert von fast 140 Millionen US-$ auf Grund von Rechtsverletzungen vom Zoll beschlagnahmt,[1479] in der ersten Jahreshälfte von 2005 im Wert von 44 Miollionen US-$.[1480] Circa 18 % des Warenwertes sind auf beschlagnahmte Kleidungsstücke, 15 % auf

---

[1472] *Zentralstelle Gewerblicher Rechtsschutz*, Jahresbericht 2004, S. 31.

[1473] A.a.O.

[1474] Die Statistik unterscheidet nicht, jedoch wird bei den genannten Warengruppen üblicherweise nicht nur Design, sondern auch die Marke gefälscht; auf Grundlage der EU-VO erfolgen beispielsweise in Deutschland 95 % aller Beschlagnahmen auf Grund von Markenverletzungen, EU-weit immer noch 74 % (http://europa.eu.int/comm/taxation_customs/resources/documents/customs/customs_controls/counterfeit_piracy/statistics/counterf_comm_2004_en.pdf).

[1475] *Zentralstelle Gewerblicher Rechtsschutz*, Jahresbericht 2004, S. 33.

[1476] Http://europa.eu.int/comm/taxation_customs/resources/documents/customs/customs_controls/counterfeit_piracy/statistics/counterf_comm_2004_en.pdf.

[1477] A.a.O.

[1478] http://europa.eu.int/comm/taxation_customs/customs/customs_controls/counterfeit_piracy/statistics/index_en.htm.

[1479] Http://www.customs.gov/xp/cgov/import/commercial_enforcement/ipr/seizure/seizure_stats.xml, 2004 stellt dabei ein „Rekordjahr" dar, da gegenüber 2003 im Hinblick auf den Wert eine Steigerung um 48 % vorlag; die Anzahl der Beschlagnahmen war um 11,6 % gewachsen.

[1480] *U.S. Customs & Border Protection*, Mid-year-FY 2005 IPS seizure statistics; damit zeichnet sich bereits ein Abfallen gegenüber der Rekordsumme aus dem Jahr 2004 ab.

Spielwaren, elektronische Geräte und Sammelkarten, 14 % auf Handtaschen, Geldbörsen und Rucksäcke, 13 % auf Verbraucherelektronik und 11 % auf Zigaretten zurückzuführen.[1481] Unangefochten an der Spitze der Herkunftsländer steht dabei China (64 %), in weitem Abstand folgen Hong Kong (6 %), die Vereinigten Arabischen Emirate (4 %) und Pakistan (3 %).[1482]

C. Konsequenzen

Entgegen der landläufigen Meinung, dass sich Markenpiraterie lediglich negativ in den Umsatzzahlen von Großkonzernen niederschlägt, ziehen die Auswirkungen weite Kreise – die Folgen sind sowohl gesamtwirtschaftlich als auch beim Verbraucher selbst zu spüren.

I. Schutzrechtsinhaber

Primär von den Schutzrechtsverletzungen betroffen bleibt natürlich der Markeninhaber selbst: Durch Fälschungen können Umsatzverluste entstehen, die Kosten für Innovation und Investition in die Marke werden möglicherweise nicht amortisiert.[1483] Dadurch ergeben sich insbesondere Schäden für die innovativen Klein- und Mittelbetriebe, die bei diesen sogar bis zur Existenzgefährdung führen können.[1484]

Die Folgen bestehen für die Markeninhaber jedoch nicht nur aus Absatzverlusten. Sie tragen Kosten für Präventivmaßnahmen sowie für die Durchsetzung ihrer Rechte; das Preisgefüge kann durch Billigwaren durcheinander geraten, Marktverwirrungen müssen bereinigt werden und getäuschte Verbraucher wenden sich oft mit Gewährleistungsansprüchen an den vermeintlichen Hersteller, weshalb diesem auch noch ein Prozessrisiko auferlegt wird.[1485] Allein zur Entdeckung und Abwehr von Rechtsverletzungen müssen teilweise Millionensummen ausgegeben werden, die sich gerade kleinere Betriebe finanziell nicht leisten können.[1486]

[1481] A.a.O; der Rest verteilt sich v.a. auf Schuhe, Parfüm, Auto- und Roller(teile), Uhren.

[1482] A.a.O; des Weiteren werden noch Russland, Indien, Taiwan, Italien, Korea und Singapur namentlich genannt.

[1483] *Ensthaler*, Gewerblicher Rechtsschutz und Urheberrecht, S. 173; *Selzer*, S. 61.

[1484] BT-Drs. 11/4792, S. 16.

[1485] Ausführlich dazu *Braun*, S. 32 f, *Selzer*, S. 62 f.

[1486] Wabnitz/Janovsky-*Möller*, Kap. 15 Rn 12; die Fortune 500 Unternehmen geben beispielsweise im Schnitt zwischen zwei und vier Millionen US-$ im Kampf gegen Produktpiraterie aus, H.R. Rep. No. 109-68, S. 4.

Da auch Lizenznehmer Verluste hinnehmen müssen, verschlechtert sich ebenso die Position des Markeninhabers, da Lizenzen nicht mehr interessant erscheinen oder Verträge zu schlechteren Konditionen abgeschlossen werden.[1487]

Amerikanische Unternehmen spüren die finanziellen Folgen besonders stark, da die USA im Bereich des geistigen Eigentums weltweit führend sind und deshalb besonders unter Kopien leiden.[1488] Beispielsweise schätzt man, dass 15 - 20 % der in China im Umlauf befindlichen Waren der Firma Proctor & Gamble Fälschungen sind, welche für das Unternehmen jährlich Kosten von 150 Millionen US-Dollar verursachen.[1489] Der Schaden für amerikanische Unternehmen wird bei bis zu 250 Milliarden US-$ vermutet.[1490]

Doch auch Deutschland trifft als Exportnation ein ähnliches Schicksal.[1491] In Deutschland vermutet man, dass 20 % aller Umsätze von Markenartikeln mit Fälschungen gemacht werden und circa jedes zwölfte Produkt eine Fälschung darstellt; jährlich hat die deutsche Wirtschaft folglich Umsatzeinbußen von 30 Milliarden Euro hinzunehmen.[1492] Von der EU wird der durchschnittliche Umsatzverlust der Unternehmen durch Plagiate bei 6,4 % angesetzt.[1493]

Die Folgen von Markenfälschungen können sich auf andere Warengruppen mit identischer Marke ausdehnen, wenn durch eine hohe Anzahl von Fälschungen der Ruf der Exklusivität leidet.[1494] Der Wert einer Marke wird auf Grund deren Profit, zukünftigen Einnahmenmöglichkeiten sowie unter anderem einem Risikoprofil gemessen; auch hier können Fälschungen zu einer Abwertung der Marke als solcher mit weit reichenden Folgen führen.[1495]

[1487] *Blumenthal*, S. 95; *Hopkins/Kotnik/Turnage*, S. 135.

[1488] US Government Interagency Working group, International Crime Threat Assessment (Dezember 2004), http://clinton4.nara.gov/WH/EOP/NSC/html/documents/pub45270/pub45270chap2.html#13.

[1489] *Hopkins/Kotnik/Turnage*, S. 162.

[1490] 70 PTCJ 95, S. 1.

[1491] Harte-Bavendamm-*Harte-Bavendamm*, § 5 Rn 1 schätzt sogar, dass Deutschland in Europa der größte Absatzmarkt für Falsifikate ist.

[1492] www2.justiz.bayern.de/_presse/PM/2005/451.htm.

[1493] KOM(2003)46, S. 9.

[1494] *Selzer*, S. 62.

[1495] *Hopkins/Kotnik/Turnage*, S. 152.

II. Volkswirtschaft

Die gesamte Volkswirtschaft hat unter den Konsequenzen von Markenfälschungen zu leiden: Mangelnde Amortisationsmöglichkeiten führen zu einem Verlust an Investitions- und Innovationsbereitschaft, was gesamtwirtschaftlich weit reichende Folgen hat:[1496] Arbeitsplätze[1497] und Steuern[1498] gehen verloren und auch Chancen für die Zukunft. Durch Markenfälschungen entgehen darüber hinaus dem Fiskus weitere Abgaben, die bei ordnungsgemäßer Herstellung, Einfuhr und Vertrieb angefallen wären.[1499] Auch kommt es bei illegalen Geschäftsbetrieben oft zu Verstößen gegen das Arbeits-, Gesundheits- oder Produktsicherheitsrecht.[1500] Zusätzlich müssen auch von staatlicher Seite zur Bekämpfung dieser Auswirkungen Investitionen betrieben werden, wie zum Beispiel in Gerichtsbarkeit, Zoll und Strafverfolgungsbehörden. Auch beeinträchtigen Wettbewerbsverzerrungen, die durch Markenfälschungen entstehen, das gesamtwirtschaftliche Preisgefüge.

Die Folgen für eine Volkswirtschaft sind auch stark davon abhängig, ob es sich um ein Ursprungs- oder Zielland für Pirateriewaren handelt: Letztere müssen damit rechnen, dass ausländische Unternehmen vor Investitionen zurückschrecken, wenn ein Staat im Hinblick auf den Schutz geistigen Eigentums über einen schlechten Ruf verfügt.[1501]

Je nachdem wohin die Gewinne aus derartigen Taten fließen, können dahinter stehende Banden ihre sonstigen Aktivitäten finanzieren und ausbauen, was eine allgemeine Verschlechterung der Sicherheitslage nach sich ziehen kann.

[1496] BT-Drs. 11/4792, S. 16.

[1497] Die Schätzungen im Hinblick auf Arbeitsplätze gehen stark auseinander: eine vergleichsweise niedrige Zahl nennt die EU-Kommission mit 100 000 verlorenen Arbeitsplätzen europaweit und 120 000 in den USA (vgl. Grünbuch, S. 4); die amerikanische Autoindustrie hingegen schätzt bereits, dass bei Wegfall von Fälschungen 300 000 zusätzliche Arbeiter eingestellt werden könnten (*McDonald/Brokate*, 798 PLI/Pat 593, 601), U.S. Customs vermutet 750 000 verlorene amerikanische Arbeitsplätze (70 PTCJ 95, S. 1.); für Deutschland kursieren Zahlen in der Größenordnung von 70 000, vgl. www2.justiz.bayern.de/_presse/PM/2005/451.htm.

[1498] Allein die Stadt New York schätzt seine Steuermindereinnahmen auf 400 Millionen US-$ jährlich (*McDonald/Brokate*, a.a.O.).

[1499] *Lührs*, GRUR 1994, 264, 264, *Blumenthal*, S. 98, der z.B. auf dem Staat entgehende Einfuhrzölle, Sozialversicherungsbeiträge und sonstige Abgaben verweist.

[1500] KOM(2003)46, S. 12.

[1501] Harte-Bavendamm-*Harte-Bavendamm*, § 1 Rn 24; *Selzer*, S. 64; *Garcia*, 8 Am. U. J. Int'l L. & Pol'y 817, 820.

III. Verbraucher

Der Erwerb von Fälschungen hat in vielen Fällen bereits Gesundheits- und Sicherheitsrisiken für den Kunden mit sich gebracht: Zu nennen sind beispielsweise nur wirkungslose Arzneimittel oder fehlerhafte Kraftfahrzeug- bzw. Flugzeugbauteile.[1502] Immer wieder wird auch bekannt, dass der Konsum gefälschter Alkoholika zum Tode führt.[1503] Die Liste lässt sich über leicht entflammbare Spielwaren und gefälschte Parfüms mit hautirritierenden Zusatzstoffen bis hin zu nicht getesteten Kosmetika noch beliebig erweitern.[1504]

Oft erhält der Verbraucher beim Kauf von gefälschten Markenwaren mindere Qualität, die Marke verliert dadurch ihre Garantiefunktion.[1505] Wie die bereits genannten Beispiele zeigen, beschränken sich aber Markenfälschungen nicht mehr auf den Sektor der Luxusgüter, bei denen geringere Qualität zu einem günstigeren Preis zum Teil bewusst in Kauf genommen wird. Die Gefahr liegt vielmehr in Alltagsgegenständen, bei denen häufig keine Fälschungen vermutet werden: So schätzt die WHO beispielsweise, dass 7 - 10 % der sich weltweit im Umlauf befindenden Medikamente gefälscht sind, wobei dieser Prozentsatz in Entwicklungsländern sogar bei bis zu 60 % liegen kann.[1506] Doch auch im Bereich kostspieliger Ersatzteile, bei denen es gerade auf hohe Belastbarkeit ankommt, mehren sich Fälschungen: So wird geschätzt, dass bereits 2 % aller jährlich installierten Flugzeugteile keine Originale sind,[1507] selbst in amerikanischen Kernkraftwerken wurden gefälschte Bauteile gefunden.[1508]

Auch wenn keine derartig sensiblen Produktbereiche betroffen sind, trägt der Käufer immer noch das Risiko, dass er Opfer betrügerischen Handelns wird, einen Vermögensschaden erleidet und keine Garantie erhält. Es kann wohl davon ausgegangen werden, dass die zusätzlich durch Markenfälschung entstehenden Kosten großteils auf die Verbraucher umgelegt werden, wie auch die meisten bereits genannten Auswirkungen wie Jobverlust, geringere Steuereinnahmen etc. zumeist für den Steuerzahler als Mitglied der Volkswirtschaft spürbar werden.

[1502] BT-Drs. 11/4792, S. 16.

[1503] *Anti-Counterfeiting Group*, Get real..., S. 2; *Hopkins/Kotnik/Turnage*, S. 157.

[1504] BT-Drs. 11/4792, S. 16; *Anti-Counterfeiting Group*, Get real..., S. 2; *Abbott/Sporn*, § 1.03[c][2].

[1505] *Ensthaler*, Gewerblicher Rechtsschutz und Urheberrecht, S. 175.

[1506] *Anti-Counterfeiting Group*, The extent of counterfeiting, S.5; *Abbott/Sporn*, § 1.03[C][1].

[1507] *Abbott/Sporn*, § 1.03[C][3].

[1508] *Paradise*, S. 205.

D. Gründe für das Ansteigen der Schutzrechtsverletzungen

Beweggrund[1509] für Markenfälscher sind die viel versprechenden Gewinnspannen: Durch das Kopieren bereits auf dem Markt etablierter Produkte sparen sich Markenpiraten Entwicklungs- und Marketingkosten und können dennoch Erlöse bis zum üblichen Marktpreis erzielen.[1510] Demnach erwarten den Fälscher hohe Gewinne und bislang nur ein für ihn durchaus „akzeptables“ Risiko der Strafverfolgung.

Die Gründe für das starke Ansteigen von Schutzrechtsverletzungen in den letzten Jahren sind vielfältig, liegen unter anderem insbesondere in sinkenden Reproduktionskosten sowie steigender Globalisierung: Häufig verlagern Unternehmen ihre Produktion in Billiglohnländern, um von einer kostengünstigen Fertigung zu profitieren. Mit der Verlagerung werden auch Fertigungsanlagen und Know how exportiert - beides wird nur zu gerne von Fälschern übernommen.[1511] Durch die technische Entwicklung sind heutzutage Reproduktionen überall möglich sowie einfach und billig,[1512] was die ohnehin beträchtliche Gewinnspanne für die Hersteller von Markenfälschungen noch erhöht. Die globale Infrastruktur und der Abbau von Handelshemmnissen ermöglicht Produktpiraten sowohl Kosten in der Produktion zu minimieren als auch Herstellungsstätten in Ländern mit geringer Verfolgungswahrscheinlichkeit[1513] zu wählen und dennoch die Waren gewinnträchtig in Staaten mit hoher Nachfrage auf den Markt zu bringen. Auch ist ein Bedeutungszuwachs von Marken zu beobachten, was für steigende Nachfrage bei Markenprodukten sorgt und damit hohe Gewinnschancen garantiert.[1514] Die Möglichkeit, im Ausland billig zu produzieren und die Waren trotz weiter Transportwege dann immer noch kostengünstig auf den deutschen Markt zu bringen, macht insbesondere mittelständischen Unternehmern zu schaffen: Diese lassen ihre Marken aus Kostengründen zum Teil nur national oder in nur wenigen Staaten schützen; auf Grund des Territorialitätsprinzips können jedoch in anderen Staaten Herstellung und Absatz straflos erfolgen.[1515]

[1509] Zu den Beweggründen allgemein vgl. z.B. *Blumenthal*, S. 100 ff.

[1510] BT-Drs. 11/4792, S. 16.

[1511] *Zentralstelle gewerblicher Rechtsschutz*, Jahresbericht 2004, S. 5; hier zeigt sich das Problem, dass man neue Märkte zwar offen halten möchte, aber somit auch mit den weniger erwünschten Aspekten zu kämpfen hat, *Meister*, S. 29.

[1512] BT-Drs. 11/4792, S. 16.

[1513] Auch rechtliche Schutzlücken oder die Schwerfälligkeit länderübergreifender Ermittlungen werden bewusst ausgenutzt, *Kröger/Bausch*, GRUR 1997, 321, 322.

[1514] *Selzer*, S. 50, Harte-Bavendamm-*Harte-Bavendamm*, § 1 Rn 16; so auch *Braun*, S. 21.

[1515] BT-Drs. 11/4792, S. 16; Harte-Bavendamm-*Harte-Bavendamm*, § 1 Rn 19. Kleine und mittlere Betriebe leiden insbesondere auch darunter, dass die Prozesskosten sehr hoch sein können und dass sie sich keine eigenen Abwehrmaßnahmen leisten können, *Wich*, S. 36.

Kapitel 2 Strafrechtliche Aufarbeitung

A. Deutschland

2003 wurden in Deutschland 106 Täter wegen §§ 143 f MarkenG verurteilt:[1516] Dabei wurde in sieben Fällen eine Freiheitsstrafe verhängt (die alle zur Bewährung ausgesetzt wurden) und in 99 eine Geldstrafe.[1517] Interessant ist, dass in drei Fällen eine Freiheitsstrafe von unter sechs Monaten ausgesprochen wurde und die Gerichte demnach diesen wohl generalpräventive Erwägungen zu Grunde gelegt haben.[1518] In keinem Fall wurde jedoch eine Strafe von über neun Monaten verhängt.[1519] Bei den Geldstrafen liegt die Mehrzahl der Verurteilungen zwischen 16 und 90 Tagessätzen, wobei diese dann mehrheitlich zwischen 10 und 50 Euro festgesetzt wurden.[1520] In keinem Fall wurde der Betrag von 50 Euro überschritten.[1521] Die geringe Höhe der Tagessätze mag unter anderem daran liegen, dass sich die Strafverfahren vor allem gegen das „Fußvolk“[1522] richtet, d.h. gegen eine Gruppe sozial Schwacher und die dahinter stehenden Täter nicht erreicht werden können, insbesondere nicht, wenn diese im Ausland sitzen.[1523]

In 46 Fällen wurde eine Entscheidung über Verfall und Einziehung getroffen.[1524] Letztendlich wird jedoch quasi in jedem Verfahren die schutzrechtsverletzenden Ware eingezogen und vernichtet: Zumeist werden Verfahren nur eingestellt, wenn vorher auf das Eigentum an den Waren verzichtet wird; auch einem Urteil folgt oft ein freiwilliger Verzicht.[1525]

Im Hinblick auf die Täter fällt auf, dass der Anteil ausländischer Verurteilter prozentual nicht signifikant höher ist als bei den sonstigen Straftaten.[1526] Wohl

---

1516 *Statistisches Bundesamt*, Fachserie 10, R 3, 2003, S. 48 f.

1517 *Statistisches Bundesamt*, Fachserie 10, R 3, 2003, S. 108 f.

1518 *Statistisches Bundesamt*, Fachserie 10, R 3, 2003, S. 168 f; § 47 Abs. 1 StGB ermöglicht in Ausnahmefällen unter anderem aus generalpräventiven Erwägungen auch eine Freiheitsstrafe unter sechs Monaten verhängt werden.

1519 A.a.O.

1520 *Statistisches Bundesamt*, Fachserie 10, R 3, 2003, S. 220 ff.

1521 A.a.O.

1522 *Cremer*, Mitt. 1992, 160; *Müller/Kornmeier*, Markenartikel 2001, 34, 40; Wabnitz/Janovsky-*Möller*, Kap. 15 Rn 22: Ein Zugriff auf die Drahtzieher ist oft nicht möglich.

1523 Die Durchsetzung der Rechte geistigen Eigentums ist dabei in einigen Ländern kaum zu erreichen; die Lage ändert sich auch nur langsam, vgl. *Rebel*, S. 72.

1524 *Statistisches Bundesamt*, Fachserie 10, R 3, 2003, S. 324.

1525 BT-Drs. 14/2111, S. 10; Schreiben der StA Hamburg vom 21.4.2005; Schreiben der StA Stuttgart vom 18.3.2005.

1526 *Statistisches Bundesamt*, Fachserie 10, R 3, 2003: 24,2 % allgemein und 25,5 % bei Markenstraftaten, S. 438 u. S. 452.

wegen der geringen Straferwartung wurde 2003 auch kein wegen Markenverletzungen Beschuldigter in Untersuchungshaft genommen.[1527]

Bei der Einleitung von Strafverfahren spielen die Markeninhaber eine große Rolle: Diese setzen oft Testkäufer ein und erstatten Strafanzeige.[1528] Die Verletzungshandlungen werden dabei häufig in Internetauktionen sowie immer noch auf Flohmärkten und in Ladengeschäften festgestellt.[1529] Vielfach werden auch durch den Zoll Ermittlungsverfahren veranlasst.[1530]

Nicht selten werden die Strafverfolgungsbehörden im Rahmen anderer Ermittlungen auf Markenstraftaten aufmerksam: Da diese Taten oft von kriminellen Banden begangen werden, die auch im Drogenmilieu aktiv sind, ergeben sich zum Beispiel bei Durchsuchungen oft Zufallsfunde.[1531] Doch auch wenn die kriminellen Machenschaften sich auf Markenfälschungen konzentrieren, werden in der Regel die § 143 f MarkenG nicht isoliert begangen: Oft liegen zugleich Steuerhinterziehung, Betrug oder sonstige Straftaten vor, die den Behörden auffallen und die diese dann auch zu den Markenverletzungen führen.[1532] Auch Anzeigen anonymer Insider oder durch Konkurrenten kommen vor.[1533]

In vielen Fällen kommt es jedoch nicht zur Anklageerhebung, da die Verfahren eingestellt werden (§§ 153 ff StPO).[1534] Anklage wird häufig erst bei höheren Warenwerten oder bei Wiederholungstätern erhoben.[1535]

Ist das Verfahren erst angestoßen, geht die Beteiligung der Verletzten zurück: Eine Prozessbeteiligung als Nebenkläger oder im Adhäsionsverfahren wird so gut wie nie angestrebt.[1536] Allerdings spielen die Opfer während der Ermittlungen und für das Hauptverfahren weiterhin eine wichtige Rolle, da sie über ent-

---

1527 *Statistisches Bundesamt*, Fachserie 10, R 3, 2003, S. 360.
1528 Schreiben der StA Hamburg vom 21.4.2005.
1529 Schreiben der StA Stuttgart vom 18.3.2005.
1530 *Cremer*, GRUR Int. 2002, 511, 514, *Maske*, S. 264.
1531 Schreiben der StA Stuttgart vom 18.3.2005.
1532 *Cremer*, GRUR Int. 2002, 511, 516.
1533 Wabnitz/Janovsky-*Möller*, Kap. 15 Rn 38.
1534 Schreiben der StA Hamburg vom 21.4.2005; BT-Drs. 14/2111, S. 10; die StA Stuttgart schätzt die Zahl der Einstellungen (inkl. § 170 Abs. 2 StPO) auf ca. 80 - 90 % der Abschlussverfügungen, wobei § 170 StPO in Betracht zu ziehen ist, wenn kein Tätigwerden im geschäftlichen Verkehr oder bei gut gemachten Fälschungen bei Händlern kein Vorsatz nachweisbar ist (Schreiben der StA Stuttgart vom 18.3.2005); Harte-Bavendamm-*Holler* § 5 Rn 179.
1535 Schreiben der StA Stuttgart vom 18.3.2005, nennt Warenwert im fünfstelligen Bereich als groben Anhaltspunkt.
1536 Schreiben der StA Hamburg vom 21.4.2005, BT-Drs. 14/2111, S. 10.

sprechende Expertise verfügen: In Stellungnahmen wird zumeist die Unechtheit der Waren dargelegt; dies geschieht zum Teil bereits im Vorfeld und entsprechende Gutachten werden mit den Strafanzeigen der Staatsanwaltschaft übergeben.[1537] Die geringe Anzahl an Adhäsionsverfahren erklärt sich unter anderem dadurch, dass sowohl der Unterlassungsanspruch als auch die Übergabe schutzrechtsverletzender Ware im Rahmen einer einstweiligen Verfügung schneller geltend gemacht werden können.[1538] Eine Verweisung auf den Privatklageweg findet nur in wenigen Fällen statt.[1539] Die Zurückgewinnungshilfe zu Gunsten des Opfers wird von staatlicher Seite allgemein nur sehr zurückhaltend eingesetzt.[1540] Von der Möglichkeit, zivilrechtliche Vorfragen vorab klären zu lassen, wird in der Regel nicht Gebrauch gemacht.[1541]

Die Aufklärungsquote ist bei Delikten gegen das geistige Eigentum[1542] mit über 95 % sehr hoch.[1543] Dies mag daran liegen, dass Strafantrag oft nur dann gestellt wird, wenn die Tat durch den Markenrechtsinhaber bereits „durchermittelt“ wurde.[1544]

Die strafrechtliche Verfolgung wird vielfach als unzureichend eingeschätzt, wobei jedoch nicht die materielle Rechtslage, sondern die prozessuale Umsetzung als sehr unbefriedigend empfunden wird.[1545]

B. USA

2004 wurden in den Vereinigten Staaten 89 Verfahren, bei denen Anklage erhoben worden war, abgeschlossen:[1546] 68 Angeklagte wurden auf Grund eines Schuldeingeständnisses verurteilt, bei 15 das Verfahren eingestellt, fünf wurden

1537 Gespräch mit RiAG (München) Mecklinger am 14.3.2005, Schreiben der StA Stuttgart vom 18.3.2005.

1538 *Gaul*, S. 177.

1539 *Cremer*, Mitt. 1992, 160; BT-Drs. 14/2111, S. 10.

1540 *Hees*, S. 41.

1541 Schreiben der StA Hamburg vom 21.4.2005; Schreiben der StA Stuttgart vom 18.3.2005; Gespräch mit RiAG (München) Mecklinger am 14.3.2005.

1542 In PKS als Straftaten gegen Urheberrechtsbestimmtungen ausgewiesen, umfasst aber auch MarkenG, vgl. PKS, Straftatenkatalog, 7150.

1543 PKS, Berichtsjahr 2004, 3.10. (Tabelle 01).

1544 Gespräch mit RiAG (München) Mecklinger am 14.3.2005; auch die PKS weist darauf hin, dass die Tatverdächtigen bei der Anzeigeerstattung zumeist schon bekannt sind, vgl. PKS a.a.O.

1545 *Grauel*, MarkenR 2000, 91, 92.

1546 Report des Attorney General für das fiskalische Jahr 2004: www.usdoj.gov/ag/annualreports/pr2004/Appd/A-c.pdf.

in der Hauptverhandlung für schuldig befunden und einer frei gesprochen. In circa der Hälfte aller Fälle wurde eine Freiheitsstrafe verhängt, wobei die Dauer mehrheitlich zwischen einem und 24 Monaten festgesetzt wurde.[1547] Allerdings wurden auch vier Täter zu Strafen von über 61 Monaten verurteilt.[1548]

Von der United Sentencing Commission[1549] liegen für die Jahre 1999 - 2002 hinsichtlich der Geldstrafen näher aufgeschlüsselte Daten vor: Über diesen Vierjahreszeitraum hinweg wurden bei über 20 % der verhängten Geldstrafen Beträge von über 2500 US-$ festgesetzt. Wenn eine Geldstrafe verhängt wurde, so betrug diese im Durchschnitt 6644 US-$. In 25 % aller Fälle wurde auch eine Zahlung zur Wiedergutmachung festgesetzt, wobei diese in einigen Fällen auch über 300 000 US-$ hinausging; im Durchschnitt handelte es sich jedoch um ca. 150 000 US-$.

Nähere Angaben zur Vernichtung der schutzrechtsverletzenden Ware, zum Verfall oder zur Benachrichtigung des Opfers sind nicht bekannt, da zumindest für Markenstraftaten darüber keine Statistik geführt wird. Auch in den USA werden Verfall und Vernichtung der Waren häufig bereits durch Absprache festgelegt und zumeist inoffiziell vollzogen.

Besonders spektakuläre Fälle mit zum Teil hohen Geld- und Freiheitsstrafen sowie Entschädigungszahlen werden auf der Homepage des Justizministeriums aufgeführt:[1550] So wurde beispielsweise einem Verurteilten ein Betrag von einer Million US-$ für Geldstrafe, Entschädigung und Verfall auferlegt.

Die Fallzahlen sind jedoch nicht besonders aussagekräftig, da bei Markenverletzungen auch Verurteilungen wegen einer RICO-Tat oder Geldwäsche möglich sind, was auf Grund des weiten Strafrahmens dieser Delikte von den Strafverfolgungsbehörden oft vorgezogen wird. In derartigen Fällen erscheinen Taten wegen Markenverletzungen dann häufig nicht in der Statistik, wenn sie nur als „Nebentat“ gewertet werden.

In den Vereinigten Staaten wird durch das Justizministerium immer wieder anhand besonderer Aktivitäten die Wichtigkeit der Strafverfolgung von Marken-

[1547] A.a.O.
[1548] A.a.O.
[1549] Statistik nicht veröffentlicht.
[1550] http://www.usdoj.gov/criminal/cybercrime/ipcases.htm.

verletzungen hervorgehoben:[1551] Beispielsweise existiert im Justizministerium eine eigene Abteilung für Computerstraftaten und Straftaten gegen das geistige Eigentum.[1552]

1999 wurde die Joint Piracy Initiative gegründet, in der beispielsweise die Verfolgung von Straftaten gegen das geistige Eigentum als eine Priorität im Rahmen der Bekämpfung der Wirtschaftskriminalität festgelegt wurde.[1553]

Durch eine Intellectual Property Task Force, die im April 2004 ins Leben gerufen wurde, wurde untersucht, wie bislang mit Verfahren zu Delikten gegen das geistige Eigentum umgegangen wurde und daraus Empfehlungen für die Zukunft entwickelt. Empfohlen wurde die bereits bestehenden spezialisierten CHIP-Units (Computer Hacking and Intellectual Property Units) auszubauen und auch in weiteren Bezirken einzusetzen, in denen eine hohe Anzahl von Schutzrechtsverletzungen vorkommt,[1554] sowie angeregt bestehenden Einheiten aufzustocken.[1555] Auch sollte in Zukunft bei der Begehung mehrerer Taten in Tateinheit (wenn zum Beispiel neben der Markenfälschung noch ein Verstoß gegen das Arzneimittelrecht oder gegen die RICO-Vorschrift vorlag) darauf Wert gelegt werden, dass alle angeklagt werden und somit im Urteil aus Klarstellungsgründen auch immer die Verletzung des geistigen Eigentums genannt wird.[1556]

Aus den genannten Beispielen lässt sich ein starkes Interesse der amerikanischen Behörden an der Strafverfolgung der Taten gegen das geistige Eigentum erkennen – dieses gilt es effektiv umzusetzen.

[1551] Als Grund für dieses gestiegene Interesse kann man neben den hohen wirtschaftlichen Schäden, die Produktpiraten inzwischen hervorrufen, auch den Umstand sehen, dass sich die Vereinigten Staaten insbesondere im Hinblick auf internationale Abkommen bei der Durchsetzung der Rechte des geistigen Eigentums international profilieren möchten, *Abolsky*, 14 Fordham Intell. Prop. Media & Ent. L.J. 567, 586; kritisch zu der Vielzahl von Arbeitsgruppen, die sich unabhängig voneinander mit dem gleichen Problem befassen: *Amendolara,* 15 Fordham Intell. Prop. Media & Ent. L.J. 789. 831.

[1552] http://www.usdoj.gov/criminal/cybercrime/index.html.

[1553] http://www.usdoj.gov/criminal/cybercrime/ipinitia.htm.

[1554] *U.S. DOJ,* Report of IP Task Force, S.20; wurde für District of Columbia, Sacramento, Pittsburgh, Nashville und Orlando vorgeschlagen.

[1555] *U.S. DOJ,* Report of IP Task Force, S. 22.

[1556] *U.S. DOJ,* Report of IP Task Force, S. 28.

C. Vergleich

Die Zahlen zeigen, dass in den Vereinigten Staaten sowohl bei den Geld- als auch bei den Freiheitsstrafen wesentlich weniger Zurückhaltung geübt wird als in Deutschland, was jedoch auch auf eine allgemeine Tendenz im Strafrecht zu schärferen Sanktionen begründet werden kann. Auffallend ist, dass in beiden Staaten nur eine geringe Anzahl von Markenstraftaten verfolgt wird, die in keinem Verhältnis zu den tatsächlich vorkommenden Taten stehen dürfte. Dies ist wohl darauf zurückzuführen, dass bei Engpässen im finanziellen und personellen Bereich im Zweifel die Markenstraftaten bei der Strafverfolgung immer noch hinten an stehen.

Hinsichtlich der Vorgehensweise ist beiden Staaten gemeinsam, dass zumeist eine vereinfachte Form der Verfahrenserledigung gewählt wird: In Deutschland ist dies die Einstellung, in den Vereinigten Staaten das Schuldeingeständnis.

Ein Blick auf die veröffentlichten Entscheidungen zeigt, dass in den USA häufig verdeckte Ermittler zur Ermittlung von Markenfälschungen eingesetzt werden. Dies liegt unter anderem daran, dass Markenpiraterie in den Vereinigten Staaten auch durch Tatbestände gegen die organisierte Kriminalität bekämpft werden kann.

Grundsätzlich scheint sich in den USA eine höhere Sensibilität hinsichtlich derartiger Taten zu entwickeln, was sich in der nach außen erklärten hohen Priorität der Verfolgung solcher Taten oder den verschiedenen Maßnahmen wie Bildung spezieller Einheiten etc. ausdrückt. Doch all diese Bemühungen können nicht verdecken, dass es sich auch in der Vereinigten Staaten noch um eine vergleichsweise sehr geringe Anzahl von Verfahren handelt.

Die Europäische Union wird nun ebenso verstärkt in diesem Bereich tätig, wobei als kurzfristige Maßnahme vor allem die Zollkontrollen ausgebaut und verbessert werden sollen.[1557]

[1557] Vgl. dazu den Maßnahmenkatalof der Europäischen Kommission, Presseerklärung vom 11.10.2005, IP/05/1247.

Teil 6 Internationale Initiativen zur Ausgestaltung von Straftatbeständen

Kapitel 1 Völkerrechtliche Verträge

Im Bereich des Markenrechts gibt es eine Vielzahl internationaler Vereinbarungen, die sich auch mit den Rechten am geistigen Eigentum und deren Durchsetzung befassen. Sie beschränken sich jedoch zumeist auf die zivilrechtliche Seite. Verpflichtungen im Hinblick auf strafrechtliche Sanktionierung von Markenverletzungen finden sich im TRIPS-Abkommen und in NAFTA sowie weiteren Free Trade Agreements der Vereinigten Staaten, die jedoch jeweils stark den NAFTA-Bestimmungen ähneln.[1558] Für letztere orientierte man sich bei den Verhandlungen an einem Entwurf des TRIPS-Abkommens, so dass die Vorschriften inhaltsgleich sind.

A. Verpflichtung im Hinblick auf Strafnormen: Art. 61 TRIPS

Art. 61 des TRIPS-Abkommens lautet wie folgt:

> *Die Mitglieder sehen Strafverfahren und Strafen vor, die zumindest bei vorsätzlicher Nachahmung von Markenwaren oder vorsätzlicher unerlaubter Herstellung urheberrechtlich geschützter Waren in gewerbsmäßigem Umfang Anwendung finden. Die vorgesehenen Sanktionen umfassen zur Abschreckung ausreichende Haft- und/oder Geldstrafen entsprechend dem Strafmaß, das auf entsprechend schwere Straftaten anwendbar ist. In geeigneten Fällen umfassen die vorzusehenden Sanktionen auch die Beschlagnahme, die Einziehung und die Vernichtung der rechtsverletzenden Waren und allen Materials und aller Werkzeuge, die überwiegend dazu verwendet wurden, die Straftat zu begehen. Die Mitglieder können Strafverfahren und Strafen für andere Fälle der Verletzung von Rechten des geistigen Eigentums vorsehen, insbesondere wenn die Handlungen vorsätzlich und in gewerbsmäßigem Umfang begangen werden.*[1559]

[1558] Die beiden Abkommen vergleichend: *Bereskin*, 83 Trademark Rep. 1 ff.

[1559] Deutsche Übersetzung aus *Fezer*, Dritter Teil, III. 10.; Originalfassung: Members shall provide for criminal procedures and penalties to be applied at least in cases of wilful trademark counterfeiting or copyright piracy on a commercial scale. Remedies available shall include imprisonment and/or monetary fines sufficient to provide a deterrent, consistently with the level of penalties applied for crimes of a corresponding gravity. In appropriate cases, remedies available shall also include the seizure, forfeiture and destruction of the infringing goods and of any materials and implements the predominant use of which has been in the commission of the offence. Members may provide for criminal procedures and penalties to be applied in other cases of infringement of intellectual property rights, in particular where they are committed wilfully and on a commercial scale.

Im Folgenden sollen die Reichweite dieser Verpflichtung erläutert, sowie die nationalen Regelungen auf ihre Konformität mit dem Abkommen überprüft werden.

I. Tatbestand

Im Originaltext wird *counterfeiting* unter Strafe gestellt. Was diesem Begriff unterfällt, ist in Art. 61 TRIPS selbst nicht definiert. Allerdings enthält die Fußnote 14 zu Art. 51 TRIPS eine Definition der Begriffes *counterfeit trademark goods*, welche für das gesamte Abkommen gelten soll:

> *Im Sinne dieses Übereinkommens sind*
> *a) „nachgeahmte Markenwaren" Waren einschließlich Verpackungen, auf denen unbefugt eine Marke angebracht ist, die mit einer rechtsgültig für solche Waren eingetragenen Marke identisch ist oder die sich in ihren wesentlichen Merkmalen nicht von einer solchen Marke unterscheiden lässt und die dadurch nach Maßgabe des Rechts des Einfuhrlands die Rechte des Inhabers der betreffenden Marke verletzt;* [...][1560]

Die Definition ist vor allem aus zollrechtlichen Regelungen bekannt: Die Verhandlungsführer entnahmen sie dem Regelwerk der heutigen World Customs Organisation[1561] und sie findet sich auch in EU-Verordnungen zur Grenzbeschlagnahme.[1562]

1. Schutzobjekt: Eingetragene Marken

Eine Verpflichtung zur Strafverfolgung besteht demnach nur bei der Verletzung eingetragener Marken. Durch die Beschränkung auf Marken und Urheberrecht wurde auch nur eine Pflicht zum strafrechtlichen Einschreiten bei „sichtbaren" Verletzungen statuiert, schwer auszumachende Rechtsverletzungen wie bei Pa-

---

1560 Fn 14; Deutsche Übersetzung aus *Fezer*, Dritter Teil, III. 10.; For the purposes of this Agreement:
(a) "counterfeit trademark goods" shall mean any goods, including packaging, bearing without authorization a trademark which is identical to the trademark validly registered in respect of such goods, or which cannot be distinguished in its essential aspects from such a trademark, and which thereby infringes the rights of the owner of the trademark in question under the law of the country of importation [...].

1561 *Gervais*, Rn 2.432.

1562 *Staehelin*, S. 185.

tenten oder der Topographie von Chips wurden ausgespart.[1563] Nicht verpflichtend ist demnach der strafrechtliche Schutz von reinen Benutzungsmarken.

Fraglich ist, ob der Schutz notorisch bekannter Marken auf Grund deren herausgehobener Stellung auch unter Art. 61 TRIPS fällt: Notorisch bekannte Marken werden im Rahmen des TRIPS-Abkommens zum Teil wie registrierte Marken geschützt und die Eintragung wird demnach nicht als entscheidendes Kriterium angesehen. Gegen eine Einbeziehung spricht jedoch der eindeutige Wortlaut der Definition, der nur eingetragene Marken umfasst. Auch unterscheidet das TRIPS-Abkommen in Art. 16 selbst zwischen eingetragenen und nicht eingetragenen notorisch bekannten Marken, so dass nicht von einem generellen Willen zur Gleichstellung ausgegangen werden kann. Ebenso sind teleologische Überlegungen anzuführen: Strafnormen sollten nur für einfach zu entdeckende Rechtsverletzungen vorgesehen werden. Dem Zoll (für den die Definition entwickelt wurde) ist es nicht zumutbar, dass angesichts des hohen Warenumschlags erst noch ermittelt werden soll, welche Marken nun Schutz verdienen – die Beschränkung auf eingetragene Marken ermöglicht eine schnelle Einschätzung.[1564] Diese Überlegungen lassen sich gleichermaßen auf Strafverfolgungsbehörden übertragen, die in verschiedenen Situationen auch auf schnelles Handeln angewiesen sind.

Auch die Bestimmbarkeit des Ausmaßes der Bekanntheit lässt sich gegen eine Einbeziehung anführen: Art. 61 TRIPS beschränkt sich auf eine Form des Identitätsschutzes.[1565] Demnach müssen die gekennzeichneten Waren mit denen übereinstimmen, für welche die Marke eingetragen ist. Wenn man jedoch hinsichtlich der Warengruppen auf keine Eintragung abstellen kann, muss neben der Bekanntheit der Marke auch noch ermittelt werden, auf welche Warenklassen sich diese bezieht, was nicht Aufgabe der Strafverfolgungsbehörden sein kann. Demnach sind notorisch bekannte Marken, die nicht eingetragen sind, nicht durch Art. 61 TRIPS geschützt.

Ebenfalls nicht umfasst sind Dienstleistungsmarken: Diese sind jedoch dann auch strafrechtlich zu schützen, wenn sie zugleich für bestimmte Waren eingetragen sind.[1566]

[1563] *Gervais*, Rn 2.213.
[1564] *Levy/Weiser*, 27 Int'l Law. 671, 687.
[1565] Dazu sogleich unter 2.
[1566] *Watal*, S. 356.

2. Tatobjekt/Tathandlung

Die Beschreibung der Tathandlung erfolgt im Originaltext lediglich durch den Ausdruck *counterfeiting*. Auch hier ist auf die Definition zu Art. 51 des TRIPS-Abkommens zu verweisen, welche die Verwendung eines identischen Zeichens für identische Waren verbietet, es jedoch auch genügen lässt, wenn diese sich in wesentlichen Merkmalen entsprechen. Demnach werden unter *counterfeiting* primär Identfälschungen verstanden. Allerdings wird keine absolute Identität zwischen verwendetem Zeichen und eingetragener Marke verlangt. Auf Grund des Zusammenhangs ist jedoch erkennbar, dass mit dieser Ausweitung lediglich die Umgehung der Vorschriften durch die Verwendung nur leicht veränderter Zeichen verhindert werden sollte. Ein Blick auf Art. 16.1 des Abkommens zeigt, dass auch grundsätzlich zwischen Identitäts- und Verwechslungsschutz differenziert wird. Indem in der Definition auf die Verwendung des Begriffes Verwechslungsgefahr verzichtet wurde und die Ähnlichkeit in wesentlichen Merkmalen mit der Identität auf eine Stufe gestellt wurde, ist zu schließen, dass das Abkommen diese Begrifflichkeiten eng ausgelegt verstanden wissen möchte. Eine derartige Auslegung wird auch bei anderen Rechtsakten mit entsprechender Terminologie zu Grunde gelegt.[1567]

Demnach ist taugliches Tatobjekt nur eine Ware, für welche die Marke eingetragen ist und die mit einem der Originalmarke quasi-identischem Zeichen versehen ist. Explizit bezieht sich die Definition auch auf Verpackungen als solche.

Im Hinblick auf die Verletzungshandlungen finden sich keine näheren Ausführungen im Abkommen, allerdings wird auf die nationalen Gesetzgebungen verwiesen: Ein *counterfeit trademark good* soll vorliegen, wenn das Tatobjekt nach nationalen Regelungen die Rechte des Markeninhabers verletzt.[1568] Allerdings sind die Staaten im Hinblick auf die Definition der Verletzungshandlung wiederum an Art. 16 TRIPS gebunden, der nur eine Verwendung *in the course of trade* (im Handel) für identische Waren[1569] ohne Zustimmung des Markeninhabers als Verletzungshandlung einstuft. Dies und auch noch mehr die in Art. 61 TRIPS enthaltene Beschränkung auf *commercial scale* zeigen, dass Geschäfte in einem gewissen Umfang getätigt werden müssen. Da das TRIPS-Abkommen im Hinblick auf den Schutz nur Mindestvoraussetzungen aufstellt,[1570] ist es jedoch den einzelnen Staaten unbenommen höhere Schutzvoraussetzungen zu schaffen.

[1567] So z.B. *Scherbauer*, S. 128 f für die Grenzbeschlagnahme-VO.

[1568] So die Fn. 14 zu Art. 51 TRIPS.

[1569] Die Verwendung auf für ähnliche Waren, die Art. 16 enthalten ist, wird durch die Definition in Fn 14 wieder eingeschränkt.

[1570] WIPO-Handbuch, 5.681.

Hinsichtlich der Tathandlung enthält Art. 61 TRIPS somit keine näheren Angaben, so dass die nähere Ausgestaltung den nationalen Staaten überlassen bleibt. Aus der engen Definition des Tatobjektes ergibt sich jedoch, dass Verhaltensweisen unter Strafe gestellt werden sollen, in denen der Anschein der Originalware erweckt wird.

3. Subjektiver Tatbestand

Im Originaltext wird verlangt, dass die Verletzungshandlung *wilfully* begangen wird, womit das Erfordernis eines subjektiven Elementes aufgestellt wird:[1571] Ausgeschlossen sind demnach Handlungen, die ohne Kenntnis im Hinblick auf die Verletzung fremder Rechte vorgenommen wurden. Damit fallen Benutzungshandlungen, die gutgläubig erfolgen, aus dem Tatbestand. Nicht erforderlich ist Täuschungsabsicht.[1572]

4. Ausschlussgründe

In Art. 6 TRIPS wird der Erschöpfungsgrundsatz knapp angesprochen: Es handelt sich dabei aber um keine inhaltliche Regelung, sondern die Frage wird der Kompetenz der Streitbeilegungsorgane entzogen.[1573] Damit können die Mitgliedsstaaten bestimmen, wann und in welchem Umfang die Erschöpfung eintritt.[1574]

In engem Zusammenhang mit dem Erschöpfungsgrundsatz stehen Waren, die aus Parallelimporten stammen: Aus Stellungnahmen und Vorüberlegungen zum Abkommen lässt sich entnehmen, dass nicht von einem *counterfeit trademarked good* ausgegangen werden soll, wenn dieses mit dem Einverständnis des Markeninhabers produziert oder auf den Markt gebracht wurde – sie sind demnach von der Regelung ausgeschlossen.[1575]

[1571] *Gervais*, Rn. 2.473.
[1572] *Sodipo*, S. 124 f.
[1573] *Weiß/Hermann*, Welthandelsrecht, Rn 926.
[1574] Prieß/Berrisch-*Stoll/Raible*, Teil B, B.III. Rn 15.
[1575] MDF/W/19, S. 9, Fn 1; L/5878, S. 10 und S. 12 (vgl. Anhang A); anders *Scherbauer*, S. 302, die den Mitgliedstaaten die Entscheidung über die Beschlagnahme von Parallelimporten überlässt. Dies ist insofern richtig, da TRIPS lediglich Mindeststandards aufstellt, die jedoch grundsätzlich ausgedehnt werden können – das Abkommen selbst wollte allerdings Parallelimporte nicht umfasst wissen.

Allgemein zu Ausschlusstatbeständen äußerst sich Art. 17 TRIPS,[1576] der den Mitgliedsstaaten die Möglichkeit einräumt solche einzuführen, wobei jedoch Interessen des Markeninhabers und diejenigen Dritter ausreichend berücksichtigt werden müssen. Als Beispiel wird *fair use* von beschreibenden Zeichen genannt.

II. Rechtsfolgen

Die vorzusehenden Rechtsfolgen sollen Freiheitsstrafen und/oder Geldstrafen sein, die ausreichend sind, um der Abschreckung zu dienen und Strafen für Taten vergleichbarer Schwere entsprechen. Demnach müssen die Strafen zwei Bedingungen erfüllen: Abschreckung und Vergleichbarkeit mit ähnlichen Delikten.

Im Hinblick auf die Abschreckung weist *Watal* darauf hin, dass in Entwicklungsländern auf Grund eines geringen Pro-Kopf-Einkommens bereits im Vergleich zur Industriestaaten geringere Sanktionen abschreckend sind.[1577] Dem kann jedoch nur teilweise zugestimmt werden: Wenn Waren auf ausländischen Märkten vertrieben werden, auf denen für inländische Verhältnisse vergleichbare hohe Gewinne erzielt werden können, so wird sich ein Täter von Sanktionen, die den nationalen Einkommensverhältnissen entsprechen, nicht abschrecken lassen. Demnach erscheint es angemessener, die Abschreckungswirkung nicht nur an den nationalen Verhältnissen, sondern auch an den Gewinnchancen auszurichten. Alternativ oder ergänzend kann eine entsprechend abschreckende Wirkung jedoch auch entstehen, wenn die Gewinne in jedem Fall entzogen werden oder bei geringer Abschreckungswirkung von Geldstrafen auf Freiheitsstrafen zurückgegriffen wird. Bei der Vergleichbarkeit wird üblicherweise auf andere Eigentumsdelikte abgestellt.[1578]

In geeigneten Fällen soll ebenso die Beschlagnahme, die Einziehung und die Vernichtung schutzrechtsverletzender Waren sowie aller Materialien und Werkzeuge, die überwiegend bei der Begehung der Tat Verwendung fanden, vorgesehen werden. Damit wird insbesondere auf Herstellungs- und Reproduktionsausrüstung abgezielt, aber auch Transportfahrzeuge und ähnliches können davon umfasst sein.[1579]

[1576] Members may provide limited exceptions to the rights conferred by a trademark, such as fair use of descriptive terms, provided that such exceptions take account of the legitimate interests of the owner of the trademark and of third parties.

[1577] *Watal*, S. 337.

[1578] *Gervais*, Rn 2.473.

[1579] *Gervais*, Rn 2.474.

B. Nationale Umsetzung

I. Deutschland

1. Tatbestand

Deutschland geht im Hinblick auf das Schutzobjekt über die Erfordernisse des Art. 61 TRIPS hinaus: Es schützt neben eingetragenen Marken für Waren auch Dienstleistungsmarken, sowie reine Benutzungsmarken und notorisch bekannte Marken unter dem Tatbestand des § 143 MarkenG. Auch erfahren bekannte Marken einen erweiterten Schutz, der von TRIPS auf strafrechtlicher Ebene nicht vorgesehen ist.

Bei den Tatobjekten ist die deutsche Norm deutlich weiter gefasst als TRIPS vorschreibt: Strafrechtlich relevant sind auch ähnliche Zeichen; die Benutzung muss nicht innerhalb der Kategorie erfolgen, für welche die Marke eingetragen ist, sondern kann auch bei ähnlichen Waren und beim Bekanntheitsschutz sogar bei nicht ähnlichen Waren erfolgen.

Da das deutsche Recht neben Identitätsschutz auch Schutz vor Verwechslungsgefahr und Bekanntheitsschutz gewährt, geht es über den „erweiterten Identitätsschutz“ von Art. 61 TRIPS weit hinaus.

Indem mit § 143 Abs. 1 Nr. 4 MarkenG auch die Benutzung von Kennzeichnungsmitteln, die gemäß § 14 Abs. 4 MarkenG ausdrücklich Verpackungen umfassen, unter Strafe gestellt wird, wird Art. 61 TRIPS genüge getan, der auch die Verpackungen explizit nennt.

2. Rechtsfolgen

Die vorgesehenen Geld- und Freiheitsstrafen müssen abschreckend wirken und denen ähnlicher Delikten entsprechen. Zieht man als Vergleich die Eigentumsdelikte heran, so bleiben die §§ 143 f MarkenG im Strafrahmen hinter § 242 StGB zurück, der bereits für das Grunddelikt eine Höchststrafe von bis zu fünf Jahren vorsieht und bei der Qualifikation eine bis zu zehn Jahren. Demgegenüber stehen die Markenstraftaten mit einer maximalen Freiheitsstrafe von bis zur drei Jahren beim Grunddelikt und bis zu fünf Jahren bei gewerbsmäßiger Begehung. Auf Grund dieser Diskrepanz wird zum Teil von einer ungerechtfertigten Privilegierung der Schutzrechtsverletzer ausgegangen.[1580] Andere hingegen se-

[1580] *Cremer*, GRUR Int. 2002, 511, 513; *Wölfel*, S. 177; *Flechsig*, S. 23; *Weber*, S. 424 ff.

hen die Ungleichbehandlung als gerechtfertigt an: So sei der Diebstahl von geistigem Eigentum und von Sacheigentum nicht im Unrecht vergleichbar, was eine Ungleichbehandlung rechtfertige.[1581] Unter anderem wird darauf hingewiesen, dass bei § 242 StGB dem Eigentümer die Verfügungsgewalt entzogen wird, was bei § 143 MarkenG nicht der Fall ist.[1582] Der Kritik an der Gleichbehandlung ist jedoch nicht zuzustimmen. Um in der Terminologie beim Diebstahl zu verbleiben: Mangels Sachsubstanz bei geistigem Eigentum kann auch nicht dieser, sondern allenfalls der „Sachwert" entzogen werden. Zwar ist es richtig, dass es bei einer Markenstraftat dem Markeninhaber unbenommen ist, weiterhin über die Marke zu verfügen und mit dieser Rechtsgeschäfte, wie den Abschluss von Lizenzvereinbarungen zu tätigen. Letztere werden ihm durch Markenpiraten jedoch gerade vorenthalten, die die Marke nutzen ohne dafür zu bezahlen. Es ist jedoch das Charakteristische des Markenschutzes, dass die wirtschaftliche Verwertbarkeit durch den Markeninhaber geschützt wird: Dies folgt auch aus § 24 MarkenG, der das Markenrecht bei wirtschaftlicher Verwertung durch erstmaliges Inverkehrbringen als erschöpft ansieht. Somit wird gerade durch Markenfälschungen dieses der Marke innewohnende Recht dem Inhaber entzogen.

Darüber hinaus ist zu beachten, dass Art. 61 TRIPS auf Delikte vergleichbarer Schwere abstellt und damit nach allgemeiner Auslegung die Parallele zu Sacheigentum gemeint war.[1583] Zwar kann der Vergleich mit § 242 StGB durchaus kritisch gesehen werden,[1584] nicht zu rütteln ist jedoch an der völkerrechtlichen Verpflichtung, die Deutschland mit Art. 61 TRIPS eingegangen ist und die nach dem historischen Willen der Vertragsparteien dergestalt ausgelegt wird.

Neben dem Unterschied auf dem Papier besteht auch noch eine Diskrepanz in der tatsächlichen Strafverfolgung: So werden bei Markenstraftaten vor allem Geldstrafen mit geringer Tagessatzzahl verhängt, die wenig geeignet sind, potenzielle Täter abzuschrecken. Auch dies könnte einen Verstoß gegen Art. 61 TRIPS darstellen: Die vom Gesetz vorgesehene Strafe sind jedoch ausreichend, um abschreckend zu wirken. Allgemein genügt für das TRIPS-Abkommen, dass die geforderten Sanktionen zur Verfügung gestellt wurden – wenn im Vollzug ein Defizit besteht, so stellt dies keine Verletzung dar.[1585]

Außerdem soll in geeigneten Fällen auch die Beschlagnahme, die Einziehung und Vernichtung der schutzrechtsverletzenden Waren oder der Tatwerkzeuge erfolgen. Die Beschlagnahme bzw. Sicherstellung der Waren und Tatwerkzeuge

1581 *Maske*, S. 94; *Hildebrandt*, S. 496; *Selzer*, S. 190.
1582 *Selzer*, a.a.O.
1583 Vgl. *Cremer*, GRUR Int. 2002, 511, 513.
1584 Dazu generell *Lemley*, 83 Tex. L. Rev. 1031, 1032.
1585 *Weiß/Hermann*, Welthandelsrecht, Rn 953; *Hopkins/Kotnik/Turnage*, S. 247.

ist nach § 94 StPO bzw. § 111 b StPO möglich: ersteres, wenn sie als Beweismittel dienen und zweiteres, wenn sie anschließend der Einziehung unterfallen könnten. Problematisch könnte sein, dass im Hinblick auf die Waren und Tatwerkzeuge gemäß § 143 Abs. 5 S. 3 MarkenG dem im Adhäsionsverfahren geltend gemachten Vernichtungsanspruch des § 18 MarkenG der Vorrang eingeräumt wird. Sinn und Zweck des Art. 61 TRIPS ist es jedoch, die genannten Gegenstände „aus dem Verkehr zu ziehen", so dass die Begehung weiterer Taten ausgeschlossen wird. Wie dieses Ziel erreicht wird, soll nicht entscheidend sein. Auch das TRIPS-Abkommen selbst stellt hauptsächlich auf zivilrechtliche Maßnahmen ab[1586] und nutzt das Strafrecht nur flankierend, so dass nichts gegen den Vorrang zivilrechtlicher Ansprüche einzuwenden ist. Wichtig ist, dass durch die deutsche Konstruktion – anders als beim Verfall – sichergestellt wird, dass dem Täter in jedem Fall die Gegenstände entzogen werden: Das Strafrecht greift ein, wenn der zivilrechtliche Anspruch nicht geltend gemacht wird – es besteht keine Lücke. Die Vernichtung ist nicht ausdrücklich vorgesehen, erfolgt jedoch zumeist nach der Einziehung durch den Staat.

Demnach erfüllt Deutschland grundsätzlich die Anforderungen des Art. 61 TRIPS, jedoch müsste der Strafrahmen angehoben werden, um eine vergleichbare Bestrafung wie bei ähnlichen Taten zu gewährleisten.[1587]

II. USA

1. Tatbestand

Im Hinblick auf das Schutzobjekt entspricht 18 U.S.C. § 2320 exakt den Erfordernissen des TRIPS-Abkommens: Geschützt werden nur eingetragene Marken – reine Benutzungsmarken genießen auf Bundesebene ebenfalls nur zivilrechtlichen Schutz.

Auch im Hinblick auf das Tatobjekt sind die Vorschriften nahezu wortgleich: Geschützt werden identische oder in ihren wesentlichen Merkmalen kaum unterscheidbare Zeichen, die auf identischen Waren angebracht sind.

Allerdings umfasst die U.S. Vorschrift keine Verpackungen – es wird stets die Verbindung mit Waren gefordert: Diese Schutzlücke widerspricht Art. 61 TRIPS. Sie soll allerdings durch eine Gesetzesänderung geschlossen werden.[1588]

1586 *Selzer*, S. 111.
1587 Siehe deshalb Teil 7, Kap.1, B.VII.1.
1588 Vgl. dazu bereits Teil 2, Kap. 2, I.1.b).

2. Rechtsfolgen

Die vom amerikanischen Tatbestand vorgesehenen Strafrahmen bieten ausreichend Spielraum um auch abschreckend zu wirken. Wie in Deutschland ist jedoch die Strafverfolgung und die tatsächliche Verhängung solcher Strafen noch relativ unüblich – bei uneffektiver Durchsetzung besteht jedoch zumindest keine Verletzung des TRIPS Abkommens.

Problematisch ist in den USA, welche sonstigen Straftatbestände als Vergleichsbasis herangezogen werden können, da das Strafrecht grundsätzlich in der Kompetenz der Einzelstaaten liegt. Doch auch auf Bundesebene gibt es Vermögensdelikte – zumeist unter der Einschränkung, dass *interstate commerce* vorliegt. Da das TRIPS Abkommen nur die Vereinigten Staaten als Gesamtstaat verpflichtet, soll nur eine Betrachtung auf Bundesebene erfolgen. Die einzelnen Delikte sind jedoch auf Grund der Tatsache, dass eine Kompetenz für den Bundesgesetzgeber bestehen muss, immer sehr spezifisch auf bestimmte Sachverhalte zugeschnitten, was die Vergleichbarkeit erschwert. Allerdings werden die meisten Vermögensdelikte bei den Strafzumessungsrichtlinien unter § 2B1.1 gefasst, wobei sich in Absatz (b) eine Tabelle findet, die den Strafrahmen abhängig von der Schadenshöhe näher bestimmt. Und durch zu 18 U.S.C. § 2320 gehörenden Strafzumessungsregel § 2B5.3(b)(1) wird auf diese Tabelle verwiesen, so dass hier sogar eine Gleichbehandlung vorliegt. Auch in 18 U.S.C. § 3663A, der obligatorisch eine Entschädigung für Opfer von Eigentumsdelikten vorsieht, werden die Straftaten gegen das geistige Eigentum einbezogen. Demnach sind die Sanktionen denen ähnlicher Taten vergleichbar.

Daneben werden als weitere Rechtsfolgen noch Beschlagnahme, Einziehung und Vernichtung angesprochen: Letzteres ist explizit in 18 U.S.C. § 2320(b) vorgesehen. Die Beschlagnahme von schutzrechtsverletzenden Waren ist in allen Fällen nach Fed. R. Crim. P. 41 möglich.

Problematisch ist derzeit noch die Einziehung der Tatwerkzeuge, wenn diese nicht selbst das schutzrechtsverletzende Zeichen tragen. Diese Lücke soll jedoch durch das Gesetz H.R. 32 geschlossen werden.[1589]

Auch in den Vereinigten Staaten bestehen demnach kleinere Umsetzungsdefizite, die jedoch durch geplante Gesetzesänderungen geschlossen werden sollen.

[1589] Vgl. dazu bereits Teil 3, Kap. 2, E.IV und VI.3.

Kapitel 2 Entwicklungen im Rahmen der EU

Auf EU-Ebene wurde die Richtlinie 2004/48/EG zur Durchsetzung der Rechte am geistigen und gewerblichen Eigentum erlassen, die alle Mitgliedsstaaten verpflichtet wirksame Sanktionen gegen Produktpiraten zu schaffen.[1590] Inzwischen liegt ein Vorschlag[1591] für eine weitere Richtlinie und einen Rahmenbeschluss vor, der explizit strafrechtliche Maßnahmen vorsieht.

A. EG-Grünbuch

Der Beschlussfassung ging ein langjähriges Verfahren voraus, in welchem unter anderem ein „Grünbuch zur Bekämpfung von Nachahmungen und Produkt- und Dienstleistungspiraterie im Binnenmarkt"[1592] erstellt wurde. Durch das Grünbuch sollte von den Mitgliedsstaaten und interessierten Gruppen in Erfahrung gebracht werden, wie effektiv bestehende Rechtsvorschriften sind und wie diese verbessert werden können – insbesondere wollte die Kommission dabei die Notwendigkeit gemeinschaftsrechtlichen Handelns in Erfahrung bringen.[1593]

Im Grünbuch werden unter Nachahmungen alle Erzeugnisse erfasst, die Gegenstand oder Ergebnis einer Verletzung eines Rechtes des geistigen Eigentums sind, wobei darunter zum Beispiel auch Überschusswaren aus Lizenzvereinbarungen verstanden werden.[1594] Nicht umfasst werden sollten hingegen sogenannte *Look alikes*, die dem unlauteren Wettbewerb zuzuordnen sind. Der Großteil der Fragen und Antworten bezog sich dabei auf zivilrechtliche Rechtsdurchsetzung und die Zollbeschlagnahme, einige befassten sich jedoch auch mit strafrechtlichen Sanktionen. Es wurde unter anderem moniert, dass die wegen Fälschungen verhängten Geldstrafen viel zu gering seien.[1595] Vielfach wurde der Ruf nach einer Harmonisierung von Mindeststrafen sowie Sicherstellung und Verfall von Vermögenswerten laut; allerdings wurde auch darauf verwiesen, dass Maßnahmen auf dem Gebiet des Strafrechts nicht durch die Verträge gedeckt seien.[1596] Uneinigkeit bestand auch bei der Behandlung von Parallelimporten: Diese wurden von manchen nicht als Nachahmungen angesehen, andere hingegen forderten eine Ausdehnung der Grenzbeschlagnahme auf derartige Waren.[1597]

[1590] Presseerklärung der Kommission vom 9. März 2004, IP/04/316.
[1591] KOM(2005)276.
[1592] KOM(98)569.
[1593] KOM(98)569, S. 8.
[1594] KOM(98)569, S. 7.
[1595] Report on Green Paper, S. 18.
[1596] Report on Green Paper, S. 22.
[1597] Report on Green Paper, S. 32.

B. Richtlinienvorschlag, KOM(2003)46

Als Reaktion auf das Grünbuch erarbeitete die Kommission einen Richtlinienvorschlag.

Dieser enthielt in Art. 20 auch Ausführungen zu möglichen strafrechtlichen Bestimmungen:

> *1. Die Mitgliedstaaten achten darauf, dass jede schwerwiegende oder versuchte schwerwiegende Verletzung eines Rechts an geistigem Eigentum sowie Beihilfe und Anstiftung dazu als strafbare Handlungen gilt. Eine schwerwiegende Verletzung liegt vor, wenn sie vorsätzlich und zu gewerblichen Zwecken erfolgt ist.*
> *2. Bei natürlichen Personen sehen die Mitgliedstaaten strafrechtliche Sanktionen einschließlich Freiheitsstrafen vor.*
> *3. Bei juristischen Personen sehen die Mitgliedstaaten die folgenden Sanktionen vor:*
> *a) Geldstrafen;*
> *b) die Beschlagnahme der Ware, Instrumente und Erzeugnisse aus der in Absatz 1 genannten strafbaren Handlung, oder von Vermögenswerten, die im Wert diesen Erzeugnissen entsprechen.*
> *In geeigneten Fällen sehen die Mitgliedstaaten ferner folgende Sanktionen vor:*
> *a) Vernichtung der Ware, die Rechte an geistigem Eigentum verletzt;*
> *b) völlige oder teilweise, endgültige oder vorübergehende Schließung der Betriebsstätte, die vorwiegend zur Begehung der Rechtsverletzung gedient hat;*
> *c) dauerhaftes oder zeitweiliges Verbot der gewerblichen Betätigung;*
> *d) Anordnung richterlicher Aufsicht;*
> *e)gerichtliche Auflösung;*
> *f) Ausschluss von öffentlichen Zuwendungen und Beihilfen;*
> *g)Veröffentlichung von Gerichtsentscheidungen.*
> *4. Im Sinne dieses Kapitels bedeutet „juristische Person" eine Rechtspersönlichkeit, die diesen Status nach dem einzelstaatlichen Recht hat, ausgenommen Staaten und andere Körperschaften des öffentlichen Rechts, die in Ausübung ihrer hoheitlichen Befugnisse handeln, und internationale Organisationen des öffentlichen Rechts.*

Die Bestimmung sollte auf Art. 61 TRIPS aufbauen, jedoch den Schutz auf alle Rechte am geistigen Eigentum ausdehnen.[1598] Hinsichtlich der für juristische Personen vorzusehenden Sanktionen ergibt sich im Umkehrschluss aus Nr. 2, die strafrechtliche Sanktionen verlangt, dass die Sanktionen nicht strafrechtlicher Art sein müssen.

[1598] KOM(2003)46, S. 26.

Die Richtlinie 2004/48/EG wurde allerdings ohne diesen Artikel erlassen; er wurde kurzfristig und ohne nähere Angabe von Gründen[1599] gestrichen. Man behielt sich jedoch vor, zu gegebener Zeit erneut Vorschläge in diese Richtung zu unterbreiten.[1600]

C. Zweiter Richtlinienvorschlag, KOM(2005)276

Am 12.7.2005 wurde die Kommission erneut tätig und legte einen Vorschlag für eine Richtlinie über strafrechtliche Maßnahmen zur Durchsetzung der Rechte des geistigen Eigentums sowie einen Vorschlag für einen Rahmenbeschluss des Rates zur Verstärkung des strafrechtlichen Rahmens zur Ahndung der Verletzung geistigen Eigentums vor.

Art. 3 des Vorschlages sieht vor, dass jede vorsätzliche, in gewerblichem Umfang begangene Verletzung eines Rechts des geistigen Eigentums, der Versuch einer solchen Rechtsverletzung sowie die Beihilfe und Anstiftung dazu als Straftat gelten soll. Dies entspricht inhaltlich dem Vorschlag der letztendlich ohne Strafvorschrift erlassenen Richtlinie 2004/48/EG. Auch Art. 4 greift den ursprünglichen Vorschlag wieder auf und listet die bereits damals vorgeschlagenen Sanktionen auf.

Neu ist jedoch der Rahmenbeschluss. Da durch ihn der Strafrahmen und die Einziehungsbefugnis konkretisiert werden, sowie die Koordinierung der Strafverfolgung angeregt und deren Einleitung geregelt werden soll, handelt es sich um eine Materie, für welche die Gemeinschaft keine Kompetenz hat. Die geplanten Regelungen fallen in den Bereich der polizeilichen und justiziellen Zusammenarbeit in Strafsachen,[1601] in welchem nur der Rat einstimmig Maßnahmen beschließen kann.[1602] Die Kommission entschloss sich deshalb einen Rahmenbeschluss[1603] zu initiieren.

Bei Straftaten im Sinne des Art. 3 der geplanten Richtlinie wird zumindest in schweren Fällen eine Höchststrafe von vier Jahren angepeilt, wobei solche anzunehmen seien, wenn die Tat im Rahmen einer kriminellen Vereinigung oder

[1599] Zum Teil liest man die wenig schlüssige Begründung, dass man nicht Jugendliche, die sich eine CD aus dem Internet herunterladen, kriminalisieren wollte (so Basler Zeitung Online vom 9.3.2004). Die Strafbestimmungen sollten jedoch nur gewerbliches Handeln umfassen, so dass diese Begründung nicht tragfähig ist.

[1600] Pressemitteilung der Kommission vom 9. März 2004, IP/04/316.

[1601] KOM(2005)276, S. 3.

[1602] Art. 34 Abs. 2 S.2 EUV.

[1603] Art. 34 Abs. 2 lit b EUV.

unter Gefährdung der Gesundheit oder Sicherheit von Personen begangen wurde.[1604] Als Geldstrafe sollen dabei im Höchstmaß mindestens 100 000 Euro, in schweren Fällen mindestens 300 000 Euro vorgesehen werden.[1605] Bei Lebensgefährdung oder Gefahr eines körperlichen oder geistigen Gebrechens sollen darüber hinaus höhere Strafen möglich sein.[1606] Art. 3 verweist für die schweren Taten im Hinblick auf die Einziehung auf einen bereits ergangenen Rahmenbeschluss[1607], der die näheren Modalitäten der Einziehung festlegt.

Rechtsinhaber sollen einerseits stärker in die Rechtsverfolgung eingebunden werden und nach Art. 4 zukünftig an gemeinsamen Ermittlungsgruppen teilnehmen können. Andererseits soll ihr Einfluss auf die Entscheidung, ob Strafverfolgung betrieben wird, zurückgedrängt werden und gemäß Art. 6 die Einleitung des Verfahrens nicht mehr von einer Anzeige des Opfers abhängig gemacht werden dürfen.

Im Hinblick auf die Zuständigkeit sollen die Mitgliedsstaaten Sorge dafür tragen, dass sie in Fällen, in denen die Straftat ganz oder teilweise in ihrem Hoheitsgebiet begangen wurde, strafrechtlich einschreiten können.[1608] Ergibt sich die Zuständigkeit mehrerer Mitgliedstaaten, so können diese gemeinsam entscheiden, wer den Täter verfolgt, um die Strafverfolgung auf einen Staat zu konzentrieren; dabei soll gegebenenfalls auch Eurojust hinzugezogen werden.[1609] Im Rahmen dieser Entscheidung sind folgende Faktoren zu berücksichtigen: in wessen Hoheitsgebiet die Tat begangen wurde, die Staatsangehörigkeit des Täters, der Wohnsitz oder der Sitz der juristischen Person sowie in wessen Hoheitsgebiet der Täter ergriffen wurde.

Ob eine Richtlinie in dieser Form umgesetzt werden wird, ist fraglich – 2003 waren die gleichen Vorschriften nicht durchsetzbar.

Äußerst fraglich ist die Kompetenz der EG für die Richtlinie in diesem Bereich: Der Bundesrat kritisiert in einem Beschluss das Tätigwerden, da es nicht auf die Binnenmarktkompetenz gestützt werden kann.[1610] Darin noch nicht berücksichtigt ist jedoch die Entscheidung des EuGH vom 13.9.2005[1611], in welcher er zu-

---

[1604] Art. 2 Abs. 1.
[1605] Art. 2 Abs. 2.
[1606] Art. 2 Abs. 3.
[1607] 2005/212/JI vom 24.2.2005.
[1608] Art. 5 Abs. 1.
[1609] Art. 5 Abs. 2.
[1610] Bundesrat vom 23.9.2005, Drucksache 600/05.
[1611] EuGH, C-176/03.

mindest für den Umweltschutz[1612] der EG eine Art Annexkompetenz für den Bereich des Strafrechts zuschreibt, sofern diese für die volle Wirksamkeit der erlassenen Normen notwendig ist.

Die Kommission sieht das Urteil als „Einladung“ je nach den Erfordernissen des betroffenen Rechtsgebietes neben dem Tatbestand auch die Strafart und das Strafniveau zu definieren.[1613] Sie deutete auch bereits an bei neuen, noch zu beschließenden Rechtsakten diese neue Rechtsprechung entsprechend zu berücksichtigen und nennt in diesem Kontext auch den hier angesprochenen Vorschlag.[1614] Dies kann nur dahingehend ausgelegt werden, dass die Kommission nun die vorgeschlagenen Änderungen weitestgehend in eine Richtlinie und nicht mehr in einen Rahmenbeschluss fassen wird.

Allerdings bezieht sich der EuGH in seinem Urteil ausdrücklich nur auf „wirksame, verhältnismäßige und abschreckende Sanktionen“. Auch wenn eine Richtlinie letztendlich zum Erlass nationaler Strafvorschriften führt, dürfen keine all zu konkreten Anweisungen ergehen, da sonst die fehlende Kompetenz für das Strafrecht umgangen wird.[1615] Indem die Kommission von einer Regelung der „Strafart“ und des „Strafniveaus“ spricht, scheint sie diesem Grundsatz Tribut zu zollen. Abzuwarten bleibt demnach, wie sich die neue Rechtsprechung auf den Richtlinienvorschlag auswirken wird. Die derzeit noch vorliegende Regelung dürfte auch nach der von der Kommission gewählten Ausdrucksweise zu sehr ins Detail gehen. Es wird sich jedoch erst wenn die Kommission die überarbeiteten Vorschläge vorlegt zeigen, wie weit sie ihre Kompetenz einschätzt.[1616]

[1612] Wobei ungeklärt ist, ob dieser Entscheidung überhaupt in dieser Form auf die Binnenmarktkompetenz übertragbar ist. Die Kommission geht zumindest von einer grundsätzlichen Übertragbarkeit aus, KOM(2005) 583, S. 3.

[1613] KOM(2005) 583, S. 4.

[1614] KOM(2005) 583, S. 6 ff.

[1615] Gegen eine Kompetenz für diese Vorschriften: *Hoeren*, MMR 2003, 302 zum ersten Vorschlag KOM(2003)46. Eine Umgehung der Kompetenzen ist insbesondere zu befürchten, da durch den Tatbestand sämtliche Verletzungen geistigen Eigentums unter Strafe gestellt werden sollen. Im Hinblick auf nationale Marken ergeben sich diese Verletzungshandlungen aus der MRRL, für Gemeinschaftsmarken hingegen unmittelbar aus der GMV. Im letzteren Fall hat demnach der nationale Gesetzgeber keinerlei Ausgestaltungsmöglichkeiten für den Tatbestand; die Strafbarkeit folgt quasi unmittelbar aus der GMV, in welche jedoch keine Strafnorm hätte aufgenommen werden dürfen, vgl. dazu *Satzger*, Internationales und Europäisches Strafrecht, § 8 Rn 37 ff. Eine ausführliche Auseinandersetzung mit dieser höchst umstrittenen Problematik würde jedoch weit über das Thema dieser Arbeit hinausgehen, vgl. dazu ausführlich *Satzger*, S. 393 ff.

[1616] Es kann davon ausgegegangen werden, dass die Reichweite dieser „Annexkompetenz“ für das Strafrecht in Zukunft den EuGH beschäftigen wird.

Eine detaillierte Regelung könnte allenfalls durch die bereits bestehenden völkerrechtlich Verpflichtung[1617] aus Art. 61 TRIPS gerechtfertigt sein. Die Begründung des Richtlinienvorschlages bezieht sich im Hinblick auf die Gewerbsmäßigkeit auch explizit auf Art. 61 TRIPS,[1618] geht dann jedoch ohne Begründung weit über dessen sonstige sachliche Reichweite hinaus. Warum dieser Schutz „zu viel des Guten" ist, wird im nächsten Kapitel ausführlich dargelegt. Jedenfalls kann die völkerrechtliche Verpflichtung jedoch nicht als Grundlage dienen, da deren Grenzen nicht eingehalten werden.

Darüber hinaus ist höchst unklar, wie juristische Personen nach Art. 4 „für Straftaten" bestraft werden sollen, ohne einen massiven Bruch mit Grundsätzen des deutschen Strafrechts herbeizuführen. Hier bedürfte es einer Klarstellung, dass es sich nicht um Kriminalstrafen handeln muss.[1619] Auch einige der genannten Sanktionen, wie die Schließung der Betriebsstätte, der Unterstellung unter richterliche Aufsicht, die gerichtliche Auflösung einer juristischen Person sowie der Ausschluss von öffentlichen Zuwendungen und Beihilfen muten in Zusammenhang mit einer Strafnorm seltsam an und sind durchaus erklärungsbedürftig. Der Bundesrat lehnt diesen Abschnitt vollständig ab: Für strafrechtliche Sanktionen muss den Mitgliedsstaaten die Wahl verbleiben, doch auch für nichtstrafrechtliche Sanktionen mit diesem Inhalt bestünde kein Bedürfnis.[1620]

Da der Rahmenbeschluss durch den Rat einstimmig zu ergehen hat, ist er kompetenzrechtlich unbedenklich, da jedes Mitgliedsland sich selbst verpflichtet. Zugleich ist der Erlass in der vorgelegten Form wegen der erforderlichen Einstimmigkeit wenig wahrscheinlich. Hier bleibt jedoch zu befürchten, dass die Kommission versuchen wird die Regelungen auf Grund ihrer Annexkompetenz nun in eine Richtlinie zu gießen und demnach der Rahmenbeschluss - trotz seiner für eine Richtlinie meiner Ansicht nach zu detaillierten Regelung – wegfallen wird.

Zu begrüßen ist die Forderung, die Strafverfolgung nicht von einem Antrag des Opfers abhängig zu machen,[1621] ebenso die Möglichkeit, bei Begehung in einer kriminellen Vereinigung oder unter Gefährdung der Gesundheit und der Sicher-

---

[1617] In solchen Fällen beruht dann die Verpflichtung direkt aus dem internationalen Abkommen und nicht aus der Rechtssetzung der EU, vgl. *Satzger*, Internationales und Europäisches Strafrecht, § 8 Rn 39.

[1618] KOM(2005)276, S. 3.

[1619] Ähnlich der Bundesrat (Drucksache 600/05), der im Falle einer Kriminalstrafe diesen Vorschlag ablehnt.

[1620] BR-Drs. 600/05 (Beschluss).

[1621] Dazu sogleich näher Teil 7, Kap. 1, C.I.1.

heit von Personen einen schweren Fall anzunehmen.[1622] Unglücklich erscheint eine konkrete Festlegung der Höchststrafe, da alle WTO-Mitglieder durch Art. 61 TRIPS bereits verpflichtet sind, Strafrahmen aus vergleichbaren Delikten zu übernehmen – in Deutschland sind demnach fünf Jahre angebracht.[1623] Des Weiteren ist die Festlegung einer Untergrenze bei Geldstrafen nicht in Einklang mit dem Tagessatzsystem zu bringen.[1624]

Der Bundesrat meldet auch Bedenken gegen die in Art. 4 vorgesehene Beteiligung der Opfer an den Ermittlungen an: Diese sind nur unbedenklich, sofern sie nicht über die bereits in der StPO vorgesehenen Mitwirkungsrechte hinausgehen; ansonsten bestünde die Gefahr, dass die Ermittlungsbehörden das Gebot der Unparteilichkeit verletzen könnten.[1625]

Ebenso ungeschickt erscheint die Formulierung des Art. 5: Insbesondere bei Markenrechten herrscht ein strenger Territorialitätsgrundsatz – die Staaten dürfen nur mit Wirkung für ihr eigenes Hoheitsgebiet Schutzrechte vergeben. Es kommt demnach maßgeblich auf den Erfolg der Tat und nicht den Handlungsort an, was in Art. 5 nicht klar zum Ausdruck kommt. Auch die dort genannten Faktoren können bei gegebener Zuständigkeit zwar berücksichtigt werden, naheliegender wäre es jedoch darauf abzustellen, wo die Tathandlung die stärksten Auswirkungen zeigt.

Zusammenfassend lässt sich festhalten, dass Teile der Regelung bereits kompetenzrechtlich äußert bedenklich sind, eine nähere Auseinandersetzung mit den einzelnen Vorschriften unterblieb und der Vorschlag in der derzeitigen Form wohl auf Widerspruch stoßen wird.

Kapitel 3 Ausgewählte Vorschläger internationaler Organisationen

A. WIPO: Modellvorschriften

I. Mustervorschriften zur Bekämpfung und Sanktionierung von *Counterfeiting*

Bereits 1985 beschloss die WIPO Mustervorschriften zum Schutz gegen Markennachahmungen zu entwerfen. 1986 nahm sich eine Expertenkommission in

[1622] Vgl. dazu sogleich näher Teil 7, Kap. 1, B.VII.2.
[1623] Vgl. dazu bereits Kap. 1, B.I.2. Allerdings legt Art. 31 Abs. 1 lit. EUV fest, dass es sich nur um Mindestvoraussetzungen handeln darf.
[1624] BR-Drs. 600/05 (Beschluss).
[1625] A.a.O.

einer ersten Sitzung dieses Themas an[1626] und sah in Art. A der Mustervorschriften eine Definition für *Counterfeiting* vor: Umfasst werden sollten sowohl Herstellung, Import, Verkauf, Vermietung, Leihe oder kostenlose Verteilung (oder ein dementsprechendes Angebot[1627]) von Waren, die mit einem Zeichen, das eine sklavische oder quasi sklavische Nachahmung einer geschützten Marke darstellt, gekennzeichnet sind, sofern die Waren gleicher oder ähnlicher Art sind wie diejenigen, für welche die Marke Schutz genießt und sofern die Tat ohne Zustimmung des Inhabers der geschützten Marke erfolgt.[1628] Als Art. D waren strafrechtliche Sanktionen für *Counterfeiting* vorgesehen, wobei noch keine näheren Aussagen zur Strafhöhe getroffen wurden, jedoch eine Anlehnung an den Diebstahl vorgeschlagen wurde.[1629]

Für die zweite Sitzung wurde das Memorandum[1630] überarbeitet und auch im Rahmen der ersten Sitzung gemachte Vorschläge eingebracht. Die Definition von *Counterfeiting* wurde erweitert, so dass auch gekennzeichnete Waren, zwischen denen Verwechslungsgefahr auftreten kann, umfasst werden sollten – ohne dafür eine Beschränkung auf ähnliche Waren zu fordern. Dies hätte eine erstmalige Anerkennung des Schutzes über den Warengleichartigkeitsbereich hinaus auf internationale Ebene bedeutet.[1631] Darüber hinaus wurde auch die Nachahmung eines Designs auf dem Produkt sowie des Produktes selbst mit in die Definition aufgenommen, da vielfach derartige Elemente nicht von Markengesetzen geschützt werden konnten.[1632] Im Hinblick auf die Tathandlung wurde klar gestellt, dass diese in gewerbsmäßigem Umfang begangen werden muss. Der Besitz zum Zweck des Inverkehrbringens sowie auch der Export (und fakul-

---

1626 Ein Konferenzbericht (mit Abdruck der diskutierten Mustervorschriften) findet sich in Ind. Prop. 1986, 300 ff.

1627 Wobei sich das Angebot nur auf die letzten vier genannten Tathandlungen bezog.

1628 For the purpose of this Law,
(i) the manufacturing
(ii) the importation
(iii) the offering for sale, rental, lending or free distribution,
(iv) the sale, rental, lednging or free distribution
of goods bearing a trademark that is a slavish or near-slavish imitation of the protected trademark shall be considered an act of couterfeiting *provided* that the goods are of the same kind or of a silimar kind in connection with which the trademark is protected and *provided* that the act is committed without the authorization of the owner of the protected trademark.

1629 Ind. Prop. 1986, 300, 307.

1630 PAC/CE/II/2 (vgl. Anhang D).

1631 *Knaak*, GRUR Int. 1987, 693, 694.

1632 PAC/CE/II/2, S. 10. Darauf soll hier nicht näher eingegangen werden – derartige Merkmale sind jedenfalls in Deutschland grundsätzlich als Marke eintragbar. Diese Erweiterung wurde auch während der Sitzung bereits stark kritisiert, vgl. *Knaak*, GRUR Int. 1987, 693, 693. Zur rechtspolitischen Bewertung dieser Definition siehe Teil 7, Kap. 1, B.II.

tativ auch der Transit) wurden ebenso in den Katalog der Begehungsweisen aufgenommen.[1633] Im Hinblick auf die Strafnorm wurde zur Debatte gestellt, dass beim Nachweis nicht vorsätzlichen Handelns durch den Täter eine geringere Strafe, bei rückfälligen Tätern sowie bei Gefährdung von Leib oder Leben eine höhere Strafe zu verhängen sei.[1634] All diese Vorschläge blieben jedoch nicht ohne Widerspruch.[1635]

Eine ursprünglich vorgesehene weitere Überarbeitung der Vorschriften blieb letztendlich aus.[1636] Nachdem die vorläufigen Ergebnisse der Expertenkommission auch den Beratungen des TRIPS-Abkommens zu Grunde gelegt wurden,[1637] sind die Vorschriften im Wesentlichen als überholt anzusehen, da sie in den TRIPS-Beratungen aufgingen und deren Resultat (Art. 61 TRIPS) im Gegensatz zu den Modellvorschriften verpflichtenden Charakter hat.

II. Modellgesetze zur Umsetzung des TRIPS-Abkommens

Die WIPO hat über vereinzelte Modellvorschriften hinaus ganze Gesetzesvorschläge[1638] zum Schutz der Rechte des geistigen Eigentums erarbeitet, die interessierten Staaten als Vorlage zum Erlass eigener Normen dienen und ihnen helfen sollen, die Verpflichtungen aus dem TRIPS-Abkommen zu erfüllen.[1639] Die Vorschläge werden regelmäßig überarbeitet und dadurch an aktuelle Entwicklungen angepasst.

In Art. 38(3) findet sich die Empfehlung, sämtliche wissentlich begangenen Markenverletzungen auch strafrechtlich zu ahnden, wobei hinsichtlich der Verletzungshandlungen auf die den zivilrechtlichen Ansprüchen zu Grunde liegenden Normen verwiesen wird. Zusammengefasst werden als Markenverletzungen diejenigen Benutzungshandlungen angesehen, die ohne Zustimmung des Markeninhabers erfolgen und geeignet sind Verwechslungsgefahr hervorzurufen.[1640] Damit werden neben identischen Zeichen auch ähnliche Zeichen, die auf ähnlichen Waren angebracht werden, umfasst.[1641]

[1633] Art. A Abs. 1.
[1634] Art. D Abs. 1 - 3.
[1635] *Knaak*, GRUR Int. 1987, 693, 695.
[1636] Näheres zur Entwicklung der Vorschriften vgl. *Blumenthal*, S. 113 ff.
[1637] Vgl. MTN.GNG/NG11/W/5 (vgl. Anhang A).
[1638] Http://www.wipo.int/cfdiplaw/en/trips/pdf/ip_law.pdf.
[1639] Vgl. dazu näher http://www.wipo.int/cfdiplaw/en/trips/.
[1640] Art. 38(1) i.V.m. Art. 26.
[1641] Im Gegensatz zu den oben erwähnten Vorschlägen nach dem zweiten Treffen der Expertenkommission findet hier explizit eine Beschränkung auf ähnliche Waren statt.

Dies ist deshalb bemerkenswert, da dieser Vorschlag weit über die Verpflichtung des Art. 61 TRIPS hinausgeht, der sich auf den Identitätsschutz beschränkt. Da sich auch im Kommentar der WIPO zu den einzelnen Vorschriften keinerlei Ausführungen zu den strafrechtlichen Bestimmungen finden lassen, ist zu vermuten, dass lediglich eine pauschale Verweisung auf zivilrechtliche Markenverletzungen vorgenommen wurde, eine vertiefte Diskussion der Norm jedoch nicht stattfand. Zur Umsetzung der Verpflichtung aus dem TRIPS-Abkommen ist entgegen der Zielrichtung der Mustervorschriften ein derart weiter Tatbestand jedenfalls nicht notwendig.

B. AIPPI: Q 169 (Lissabon, 2002)

Im Juni 2002 tagte der Geschäftsführende Ausschuss der Internationalen Vereinigung für den Schutz des Geistigen Eigentums (AIPPI) in Lissabon und befasste sich dabei unter anderem unter dem Punkt Q 169 mit der Frage der strafrechtlichen Sanktionen bei der Verletzung von Rechten des geistigen Eigentums. Auf der Basis der verschiedenen Landesgruppenberichte entstand eine gemeinsame Entschließung und es wurde ein abschließender Bericht erstellt.

Gemäß der Entschließung[1642] sollen Strafverfahren bei gewerbsmäßigen Markennachahmungen und –verletzungen zur Verfügung stehen, wobei die Tathandlung nicht näher definiert wird. Die Unwirksamkeit einer Marke soll dabei in solchen Verfahren immer geltend gemacht werden können, wobei auf Antrag des Angeklagten entweder das Strafgericht mit Wirkung nur für das Strafverfahren über die Frage entscheidet oder das Verfahren zur Einholung einer Entscheidung der zuständigen Stelle ausgesetzt wird. Durch diese Lösung sollte es ermöglicht werden, unnötige Verzögerungen zu vermeiden.[1643]

Als mögliche Sanktionen werden neben Freiheits- und Geldstrafe unter anderem auch Urteilsveröffentlichung, Zerstörung der Fälschungen sowie der Tatwerkzeuge angeregt.[1644] Einige der Ländergruppen hatten in ihren Berichten Verschärfungen der strafrechtlichen Sanktionen angeregt.[1645] Oft wurde die fehlende Durchführung strafrechtlicher Verfahren bemängelt.[1646] Der Bericht fordert abschließend, dass eine Harmonisierung der Sanktionen erfolgen soll.[1647]

[1642] *AIPPI*, Entschließung, S. 2.
[1643] *AIPPI*, Bericht, S. 5.
[1644] *AIPPI*, Entschließung, S. 2.
[1645] *AIPPI*, Bericht, S. 2.
[1646] *AIPPI*, Bericht, S. 3.
[1647] *AIPPI*, Bericht, S. 7.

Teil 7 Schlussfolgerungen

Im Folgenden wird erörtert, wann Markenverletzungen vom Strafrecht sanktioniert werden sollen und zu welchen konkreten Änderungen des deutschen Markenstrafrechts diese Überlegungen führen können. Im Anschluss daran werde ich darlegen, welche der gefundenen Ergebnisse auch verallgemeinerungsfähig sind und welche Rahmenbedingungen sich deshalb für eine international einsetzbare Norm ergeben.

Kapitel 1 Verbesserungsvorschläge für das deutsche Markenstrafrecht

Die derzeitige Rechtslage ist geprägt von einem pauschalen Verweis der Strafnorm auf die zivilrechtlichen Verletzungshandlungen, so dass jede Markenverletzung zugleich den objektiven Tatbestand der §§ 143 f. MarkenG verwirklicht. Ob es sinnvoll ist, jegliche Rechtsverletzung strafrechtlich zu ahnden oder ob eine Beschränkung auf bestimmte Begehensweisen angebracht ist, hängt von verschiedenen, nun zu erörternden Erwägungen ab.

A. Voraussetzungen für den Einsatz des Strafrechts

Aus verfassungsrechtlicher Perspektive steht der ultima-ratio-Grundsatz bei Überlegungen hinsichtlich des Einsatzes von Strafrecht im Vordergrund. Im anglo-amerikanischen Rechtsraum werden Gesetze hingegen auch unter ökonomischen Gesichtspunkten betrachtet. Auf beide Aspekte soll eingegangen werden und dann unter deren Berücksichtigung eine auf das Markenstrafrecht zugeschnittene Lösung gesucht werden.

I. Verfassungsrechtliche Erwägungen

1. Rechtsgut und Sozialschädlichkeit

Voraussetzung für den Einsatz des Strafrechts ist, dass ein schutzfähiges Rechtsgut vorliegt.[1648] Ist ein solches gefunden, kann es auch Aufschluss über die Reichweite eines Tatbestandes geben. Darüber hinaus muss die zu bestrafende Handlung sozialschädlichen Charakter haben.[1649] Die negativen Auswir-

---

[1648] *Volk*, JZ 1982, 85, 86.

[1649] *Eisenberg*, Kriminologie, § 47 Rn 2, *Neumann/Schroth*, S. 41 m.w.N.

kungen der Markenfälschungen wurden bereits ausführlich dargelegt,[1650] an der Sozialschädlichkeit derartigen Verhaltens besteht kein Zweifel.

a) Funktionen einer Marke

Um das Rechtsgut bestimmen zu können, ist es hilfreich, die Funktionen einer Marke zu kennen. Wie schon das Einführungskapitel[1651] zeigt, nutzt man Marken seit jeher zur Kennzeichnung von Waren. Sie ermöglichen es dem potenziellen Käufer, verschiedene Waren voneinander zu unterscheiden.

Bei immer größer werdendem Angebot an gleichartigen Waren muss es dem Kunden möglich sein, seine Wahl nach seinem persönlichen Geschmack zu treffen – die Marke hilft ihm dabei.[1652] Die Kennzeichnung ermöglicht es dem Verbraucher, mit geringem Aufwand zwischen den Produkten zu unterscheiden.[1653] Die Marke verringert damit die Kosten der Erwerbers, die er ansonsten zur Gewinnung von Informationen über die Waren aufbringen müsste.[1654] Der Kunde orientiert sich an der Marke, wenn er bereits bekannte Waren mit bekannter Qualität erwerben möchte und sie garantiert ihm deshalb, dass seine Erwartungen in das Produkt erfüllt werden. Die Möglichkeit, über Marken Kunden an sich zu binden, stellt auch einen Anreiz für Unternehmer dar, ihre Produkte mit gleich bleibender Qualität zu produzieren oder diese sogar zu verbessern. Dies führt zu Investitionen in Qualitätssicherung bzw. -steigerung und wirkt sich damit auch stimulierend auf den wirtschaftlichen Fortschritt aus.[1655]

Damit diese Funktionen zur Geltung kommen, wird dem Inhaber einer Marke das Recht zugestanden, Dritte von der Nutzung seiner Marke auszuschließen.[1656] Nur wenn die Marke einem Unternehmen ausschließlich zugeschrieben werden kann, besteht für den Erwerber die Möglichkeit, Waren eindeutig zuzuordnen. Auf der anderen Seite amortisieren sich die Investitionen des Unternehmers nur, wenn er sein Markenrecht ausschließlich verwerten darf.

[1650] Siehe Teil 5, Kap. 1, C.
[1651] Vgl. Teil 1, Kap. 1, A.I.
[1652] WIPO-Handbuch, 2.316; *Economides*, 78 Trademark Rep. 523, 525; *Schechter*, 40 Harv. L. Rev. 813, 818.
[1653] *Blair/Cotter*, 39 Wm. & Mary L. Rev. 1585, 1611.
[1654] *Bone*, S. 11; *Landes/Posner*, 30 J.L. & Econ. 265, 269.
[1655] WIPO-Handbuch, 2.317; *Economides*, 78 Trademark Rep. 523, 525; *Lehmann*, GRUR Int. 1983, 535, 537 f.
[1656] Vgl. nur Art. 16.1 TRIPS.

Marken dienen demnach sowohl dem Kunden zur Orientierung und Erleichterung seiner Kaufentscheidung (indem sie ihm die Herkunft der Waren aufzeigen) als auch dem Markeninhaber, der mit dem Verwertungsrecht für seine Aufrechterhaltung oder Verbesserung der Standards „belohnt" wird.

b) Rechtsgut

Als Rechtsgüter bezeichnet man Gegebenheiten oder Zwecksetzungen, die dem Einzelnen seine freie Entfaltung im sozialen Gesamtsystem ermöglichen oder dem System selbst nützlich sind.[1657] Geschützt ist dabei jedoch nicht die statische Gegebenheit, sondern die Beziehung des Einzelnen zu einem Gut: Umfasst ist demnach nicht das Gut als solches, sondern das Gut in seiner Beziehung zu dem Inhaber und die diesem dadurch eingeräumten Handlungsmöglichkeiten.[1658] Demnach kommt es darauf an, dass dem Inhaber durch die Zuordnung Herrschaftsmöglichkeiten eröffnet werden.[1659]

Auf das Markenrecht bezogen bedeutet dies: Die Marke ist als ein Schutzrecht des geistigen Eigentums von Art. 14 GG umfasst.[1660] Durch § 14 Abs. 1 MarkenG wird dem Markeninhaber ein ausschließliches Recht eingeräumt: Er kann die Marke im eigenen Interesse nutzen und andere von der Verwertung ausschließen. Gerade dieses Ausschlussrecht kann er auch wirtschaftlich nutzen.[1661] Demnach wird ihm ein Verwertungsrecht zugesprochen, welches die für ein Rechtsgut geforderte Beziehung zwischen dem Inhaber und der Marke darstellt.[1662]

Schuhmacher sieht deshalb § 143 MarkenG als ausschließlich individualschützende Norm an.[1663] Ihr ist zwar zuzustimmen, dass der Individualschutz

---

[1657] *Roxin*, AT I, § 2 Rn 9.

[1658] *Rudolphi*, FS Honig, S. 163; *Niggli*, ZStrR 111, 236, 244.

[1659] *Rudolphi*, FS Honig, S. 164.

[1660] So schon BVerfG GRUR 1979, 773, 778 – Weinbergsrolle zum WZG; siehe auch innovationstheoretische und ökonomische Überlegungen zum Schutz geistigen Eigentums bzw. der Marken generell bei *Preuße*, S. 7 ff; *Landes/Posner*, 30 J.L. & Econ. 265 ff; *Besen/Raskind*, 5 J. Econ. Persp. 3, 20 ff; *Economides*, 78 Trademark Rep. 523 ff.

[1661] *Fikentscher*, § 8 II 3. Das Kennzeichenrecht beschränkt sich jedoch nicht auf dieses Ausschließlichkeitsrecht, sondern umfasst zum Beispiel auch das Ankündigungs- und Erstvertriebsrecht, BGH GRUR 2000, 879, 881. Doch auch dieses kann wirtschaftlich verwertet werden, weshalb im weiteren Verlauf einfachheitshalber die Bezeichnung Verwertungsrecht verwendet wird.

[1662] *Schmidl*, S. 39; dem sich anschließend HK-*Ekey*, § 143 Rn 5; ebenso im Ergebnis *Braun*, S. 327 f.

[1663] *Schuhmacher*, S. 151.

insbesondere auf Grund von Art. 14 GG und der Gleichbehandlung mit Sacheigentum Schwerpunkt der Norm ist,[1664] allerdings haben die vorgehenden Erörterungen gezeigt, dass eine Marke nicht nur den Interessen des Inhabers dient. Die ebenso geschützten Interessen können zusätzlich den Einsatz von Strafrecht legitimieren: Zu denken ist hierbei vorrangig an den Verbraucherschutz, da gutgläubige Konsumenten vor Verwechslungsgefahr bewahrt werden sollen.[1665] Dem Verbraucher sollte es möglich sein, anhand der ihm zur Verfügung gestellten Angaben eine Entscheidung hinsichtlich eines Produktes treffen zu können. Wird der Informationsfluss jedoch durch Fälschungen unterbrochen, so bleibt ihm diese freie Entscheidung verwehrt. Vergleichbar mit dieser Konstellation ist das strafrechtliche Verbot der irreführenden Werbung in § 16 UWG, für welches der BGH den Verbraucherschutz als Rechtsgut anerkannt hat.[1666]

Die Volkswirtschaft kommt in Anbetracht der sie betreffenden, weit reichenden Konsequenzen bei Markenverletzungen ebenso als Schutzgut in Betracht. Dagegen spricht sich *Schulz* aus, da jedes Vermögensdelikt bei entsprechendem Umfang sich auf diese negativ auswirken könne.[1667] Diese für die Vermögensdelikte generell zwar zuzustimmenden Aussage vernachlässigt allerdings einige Aspekte, die speziell für das Markenrecht zu einer anderen Beurteilung führen: Das Markenrecht ist als Teilgebiet des Wettbewerbsrechts zu verstehen; es schützt neben dem Markeninhaber zugleich auch den freien Wettbewerb der Marktteilnehmer untereinander. Wenn jedoch fremde Leistungen für eigene Zwecke in Anspruch genommen werden, so wird das Gefüge beeinträchtigt. Demnach liegt es im Interesse einer Volkswirtschaft eine möglichst gerechte Marktordnung zu schaffen, die auf dem Leistungsprinzip beruht.[1668] Markendelikte sind wie Absprachen oder auch die bereits genannte irreführende Werbung[1669] als Eingriff in diese Ordnung zu sehen, da bei falscher Information der Verbraucher kein ehrlicher Wettbewerb mehr zwischen den einzelnen Marktteilnehmern stattfindet. Demnach sind zumindest einzelne Aspekte der Volkswirtschaft ebenso neben dem Recht des Markeninhabers geschützt.

Nicht primär, sondern allenfalls als Reflex erfasst, sind jedoch Rechtsgüter, die bei Markenverletzungen ebenso verletzt werden können: Dass dem Staat Abgaben und Steuer entgehen, ist nicht zwangsweise Folge einer Markenstraftat, sondern eines zugleich vorliegenden Verstoßes gegen andere Tatbestände, die die-

---

[1664] So auch *Schulz*, S. 45 f.
[1665] *Coblenz*, 9 Alb. L.J. Sci. & Tech. 235, 273.
[1666] BGH NJW 1978, 173, 173, zu § 4 UWG a.F.
[1667] *Schulz*, S. 47.
[1668] So auch *Tröndle/Fischer*, vor § 298 Rn 6 für strafbare Wettbewerbsbeschränkungen.
[1669] BGHSt 26, 293, der neben dem Schutz der Mitbewerber auch ausdrücklich das Interesse der Allgemeinheit an der erhaltung eines leistungsfähigen Wettbewerbs nennt.

ses speziellen Rechtsgüter schützen. Markenstraftaten sollen sich auf das Wesentliche – den Schutz des Markeninhabers und daneben auch des Verbrauchers und des Wettbewerbs – konzentrieren, da sie ansonsten zu einem abstrakten Gefährdungsdelikt für ein Bündel von Rechtsgütern zu verkommen drohen. Ebenso betroffene Rechtsgüter können im Rahmen der Tatbestandsausgestaltung oder der Strafzumessung berücksichtigt werden, dienen jedoch nicht der grundsätzlichen Legitimation der Strafnorm.

Gleiches gilt für potenzielle Gefahren für Leib oder Leben, die bei minderwertigen Fälschungen entstehen können. Da qualitativ gleichwertige Waren das Verwertungsrecht des Markeninhabers gleichermaßen verletzen, ist der Schutz dieser Rechtsgüter ebenso lediglich als Reflex anzusehen.
Als Ergebnis ist festzuhalten, dass der Schutz des dem Markeninhaber gewährten Verwertungsrechtes auf Grund dessen verfassungsrechtlicher Verankerung im Vordergrund steht, daneben jedoch noch der Verbraucher- und Wettbewerbsschutz tritt.

2. Ultima ratio

Demnach ist es grundsätzlich zulässig, Strafrecht zum Schutz von Marken einzusetzen, da diese ein schutzfähiges Rechtsgut darstellen. Allerdings muss und soll nicht jede Verletzungshandlung deshalb strafrechtlich sanktioniert werden.

Da es sich bei strafrechtlichen Sanktionen um stark eingreifende Maßnahmen handelt, gebietet es der Grundsatz der Verhältnismäßigkeit, zunächst auf mildere Mittel zurückzugreifen. Das Strafrecht ist zu anderen Rechtsfolgen subsidiär und sollte nur dort Einsatz finden, wo Rechtsgüterschutz nicht auch gleichermaßen effektiv durch weniger einschneidende Maßnahmen bewirkt werden kann.[1670] Da es gerade das eingriffsintensivste Mittel ist, welches dem Staat zum Rechtsgüterschutz zur Verfügung steht, muss es damit besonders gewichtigen Normbrüchen vorbehalten werden.[1671]

Strafrecht soll bewusst fragmentarisch bleiben und nicht umfassend alle sozial nicht wünschenswerten Verhaltensweisen unter Strafe stellen. Demnach ist es Aufgabe des Gesetzgebers, aus den durch die Rechtsordnung verbotenen Verhaltensformen einen Teilbereich zu wählen, der anderweitig nicht ausreichend

---

[1670] *Volk*, JZ 1982, 85, 88; SK-StGB-*Rudolphi*, § 13 Rn 14; *Wessels/Beulke*, AT, Rn 9; *Roxin*, AT I, § 2 Rn 38 f; *Kaufmann*, FS Henkel, S. 102; *Lüderssen*, in: Ott/Schäfer, S. 37; *Schöch*, ZStW 92, 143, 146; zur Terminologie vgl. *Volk*, ZStW 97, 871, 896 ff.
[1671] *Frisch*, FS Stree/Wessels, S. 86 und S. 95 f.

geschützt werden kann, und nur diesen unter strafrechtlichen Schutz zu stellen.[1672] Strafrecht schützt Interessen nur akzessorisch und soll demnach zurücktreten, wo mildere und gleich wirkungsvolle zivilrechtliche Instrumente zur Verfügung stehen.[1673]

Fraglich ist, ob der Gesetzgeber diesen Erfordernissen gerecht wird, wenn er wie im derzeitigen § 143 MarkenG pauschal alle zivilrechtlichen Verhaltensformen mit einer Strafdrohung belegt. Bei Markenverletzungen kommen als mildere Mittel im Vergleich zum Strafrecht insbesondere die in den §§ 14 ff MarkenG enthaltenen Maßnahmen in Betracht. Entsprechende Überlegungen, den Schutz auch anderweitig zu gewährleisten, finden sich in den Gesetzesbegründungen jedoch nicht.[1674]

Demnach ist es zur Beantwortung der Frage, ab wann Strafrecht eingesetzt werden sollte, ein Vergleich zwischen zivilrechtlichen und strafrechtlichen Sanktionen erforderlich.[1675] Wenn gegen Verletzungshandlungen mit dem Zivilrecht gleich effektiv vorgegangen werden kann, muss das Strafrecht zurücktreten; es soll nur dann als ultima ratio eingesetzt werden, wenn das Zivilrecht keine ausreichenden Mittel zur Verfügung stellt.

II. Ökonomische Erwägungen

Rechtliche Problemkreise werden im anglo-amerikanischen Rechtsraum häufig unter ökonomischen Gesichtspunkten betrachtet. Für das Strafrecht kann dies unter anderem in folgende Fragestellungen münden: Wann lohnt es sich aus der Sicht einer Volkswirtschaft das grundsätzlich kostenintensivere Strafrecht einzusetzen? Wie muss dann die Strafnorm ausgestaltet werden, um eine ausreichende Abschreckungswirkung zu erzielen?

Gerade im durch Dogmatik stark geprägten Strafrecht erscheint die Berücksichtigung ökonomischer Überlegungen für Kontinentaleuropäer auf dem ersten Blick befremdlich. Die folgenden Erwägungen sollen jedoch zeigen, warum beim Markenstrafrecht dieser Ansatzpunkt erfolgversprechend ist und durchaus mit deutschen Strafrechtsgrundsätzen konform geht.

1672 *Frisch*, FS Stree/Wessels, S. 82.

1673 *Haffke*, KritV 1991, 165, 173 ff; *Volk*, JZ 1982, 85, 88.

1674 Es wird nur knapp auf den Vorschlag eingegangen lediglich einen Tatbestand für besonders schwere Fälle der Rechtsverletzung zu schaffen – dies wird jedoch mit der Bemerkung abgetan, dass dies zu einer Schäwchung des geistigen Eigentums führen würde, BT-Drs.11/4792, S. 23.

1675 Vgl. dazu sogleich III.3.

1. Kriminologische Erklärung für Markenstraftaten: *rational choice*

Ein Argument, warum ökonomische Erwägungen für das Markenstrafrecht von Bedeutung sind, liegt in einer Besonderheit des Markenrechts: Nur die Nutzung eines Zeichens im geschäftlichen Verkehr kann eine Rechtsverletzung darstellen – der private Konsum ist gerade nicht umfasst. Was aber kennzeichnet den geschäftlichen Verkehr? Im geschäftlichen Verkehr steht die Gewinnerzielungsabsicht im Vordergrund: Zumeist werden die Kosten und die aus einzelnen Handlungsweisen erhofften Erträge gegeneinander abgewogen und so über die Durchführung eines Vorhabens entschieden. Irrationale Gründe wie zum Beispiel Markenbewusstsein spielen wegen der Beschränkung auf den geschäftlichen Verkehr keine Rolle, da Verbraucher den Tatbestand nicht erfüllen können.

Demnach wird sich ein potenzieller Täter bei der Entscheidung über die Tatbegehung rein rational verhalten und eine ökonomische Abwägung der möglichen Folgen durchführen.[1676] Gerade bei Eigentumsdelikten kann man ein derart rationales, strikt an ökonomischen Folgen ausgerichtetes Verhalten oft beobachten[1677] - Verletzungen des geistigen Eigentums fallen gerade in diese Kategorie.

Die Entscheidung wird für die Tat ausfallen, wenn die Kosten der Tat, d.h. die zu erwartende Strafhöhe multipliziert mit der Wahrscheinlichkeit entdeckt zu werden, geringer sind als die zu erzielenden Gewinne.[1678] Wenn hingegen die Kosten in der Summe die möglichen Gewinne übersteigen, wird der potenzielle Täter von einer Tatbegehung absehen. Er wird stets die Handlungsalternative wählen, die seinen Nutzen maximiert.[1679]

Demnach sind für die Entscheidung die Strafhöhe und die Wahrscheinlichkeit, mit welcher diese tatsächlich auch verhängt wird, ausschlaggebend. Darauf ist später bei der Festlegung der Rechtsfolgen näher einzugehen.[1680]

[1676] Als rational wird in diesem Zusammenhang eine Person bezeichnet, die sich hinsichtlich der Erlangung ihrer Ziele nicht von Schuld oder internalisierter Moral leiten lässt, vgl. *Cooter/Ulen*, Law and Economics, S. 455; *dies.*, S. 463; dazu näher auch: *Schäfer/Ott*, Ökonomische Analyse des Zivilrechts, S. 56 ff. Insbesondere bei geplanten Taten kommt dieses ökonomische Modell der Realität sehr nahe. Üblicherweise wird gegen diese Theorie eingewandt, dass sie Affekttaten oder Taten aus Planlosigkeit oder Ziellosigkeit nicht erklären kann – in Bereichen der Wirtschaftskriminalität hingegen ist rationales Verhalten sehr wahrscheinlich, vgl. *Göppinger*, Kriminologie, S. 147; *Satzger*, S. 427 f.

[1677] *Garoupa* in: Defains/Kirat, S. 203.

[1678] So grundlegend *Becker*, 76 J. Pol. Econ. 169, 176 ff; *Cooter/Ulen*, Law and Economics, S. 459 f.

[1679] *Curti*, S. 77; *Polinsky/Shavell*, The Optimal Use of Fines and Imprisonment, S. 91.

[1680] Vgl. dazu B.VII.

Generell ist zu beachten, dass der Täter seinen Überlegungen seine subjektive Wahrnehmung der Strafhöhe und des Entdeckungsrisikos zu Grunde legt.[1681]

Dies ist vor allem von Relevanz, wenn eine große Diskrepanz zwischen theoretischen Möglichkeiten und Rechtswirklichkeit besteht. So kommt es kaum auf den im Gesetz vorgesehenen Strafrahmen an. Doch auch die tatsächlichen Strafen sind nicht mit den Erwartungen des Täters gleichzusetzen, da allein dessen subjektive Sicht für ihn entscheidend ist. In der Praxis dürfte jedoch der Wert der subjektiven Straferwartung deutlich näher an den tatsächlich verhängten Sanktionen als dem gesetzlichen Strafrahmen liegen.

Gleiches gilt auch für die Wahrnehmung der Verfolgungswahrscheinlichkeit: Entscheidend sind nicht die tatsächlichen Aufdeckungs- und Verurteilungsquoten, sondern die befürchtete Entdeckungswahrscheinlichkeit.

Nach der *rational-choice*-Theorie sind, um den Täter von einer Tatbegehung abzuhalten, diesem somit Kosten aufzuerlegen, so dass die „Bilanz" seiner Überlegungen zum dem Ergebnis führt, dass sich eine Tatbegehung nicht lohnt.[1682] Demnach müssen, um die Kriminalitätsrate zu senken, die beiden Kostenfaktoren verändert werden: Die zu erwartende Strafe ist wie die Wahrscheinlichkeit einer Bestrafung zu erhöhen,[1683] wobei erfahrungsgemäß hinsichtlich der Entdeckungswahrscheinlichkeit eine höhere Sensibilität der Täter zu beobachten ist.[1684]

Demnach entsteht der Tatentschluss bei Markenpiraten auf der Basis ökonomischer Überlegungen, so dass deren Beachtung bei der Ausgestaltung der Strafnorm angebracht ist.

1681 *Curti*, S. 35; *Kirchner*, S. 15; die Realität wird zumeist nur selektiv wahrgenommen, *Eidenmüller*, JZ 2005, 216, 218.

1682 *Adams*, S. 501.

1683 *Entorf* in: Ott/Schäfer, S. 5. Im Rahmen einer strengen ökonomischen Analyse des Strafrechts ist daran anschließend zu beachten, dass eine optimale Abschreckung dann vorliegt, wenn die zusätzlich für den Staat entstehenden Kosten auch durch die denen gegenüberstehenden Erlöse noch abgedeckt sind (vgl. *Entorf*, in: Ott/Schäfer, S. 7 ff; *Coase*, 3 J.L. & Econ. 1, 44) – weitere Ausführung dazu und damit die Folgerungen aus diesen Theorien für eine effektive Kriminalpolitik würden dem Umfang dieser Arbeit nicht entsprechen. Sie sind aber dennoch stets zu bedenken, da jegliche Beeinflussung der oben genannten Faktoren grundsätzlich nicht kostenneutral ist.

1684 *Garoupa* in: Defains/Kirat, S. 199, 205 m.w.N; *Beck*, JuS 1994, 89, 95.

2. Verursachung von Kosten durch Sanktionen

Um einen potentiellen Täter von der Begehung einer Straftat abzuhalten, sind diesem demnach Kosten aufzuerlegen, so dass er sich basierend auf wirtschaftlichen Erwägungen gegen die Tat entscheidet. Für den Täter ist es allein von Bedeutung, dass seinen Gewinnerwartungen höhere Kosten gegenüberstehen. Die ihm drohenden Sanktionen können dabei jedoch unterschiedlichen Charakters sein. In Betracht kommen bei Markenstraftaten vor allem zivilrechtliche und strafrechtliche Sanktionen. Der Gesetzgeber muss sicherstellen, dass die möglichen Sanktionen den Täter hinreichend abschrecken; die Wahl der Mittel bleibt ihm allerdings überlassen.[1685]

a) Vergleich zivil- und strafrechtlicher Sanktionen

Der Wahl der Sanktionen kann der Gesetzgeber auch wirtschaftliche Erwägungen zu Grunde legen: Ökonomisch sinnvoll ist für eine Volkswirtschaft nur, was das Gesamtwohl der Gesellschaft verbessert.[1686] Wenn feststeht, was das gewünschte Ergebnis ist (hier: Bekämpfung von Markenfälschungen), schließt sich die Überlegung an, wie dieses bestmöglich erreicht werden kann. Stehen verschiedene Mittel zur Verfügung, sollte man diejenige wählen, welche weniger Kosten für die Gesellschaft verursachen - das ist grundsätzlich der zivilrechtliche Schadensersatz.[1687]

Allerdings sind Situationen denkbar, in denen der Einzelne seine ihm zustehenden Rechte nicht oder nur unter unverhältnismäßig hohem Aufwand selbst durchsetzen kann, wie zum Beispiel wenn die Identität des Täters nicht bekannt ist. In diesen Fällen bietet sich ein Rückgriff auf in einem „Monopol“ gebündelte Kräfte an, die sich der Private nicht leisten könnte.[1688] Manche notwendigen

---

[1685] Die ökonomische Theorie eignet sich besonders für die Gesetzgebung, da das Parlament über die demokratische Legitimation verfügt ökonomische Bewertungen vorzunehmen, vgl. *Eidenmüller*, S. 395.

[1686] *Moohr*, 54 Am. U. L. Rev. 783, 785; so soll Strafrecht die sozialen Kosten von Verbrechen minimieren, wobei auch die Kosten der Prävention selbst in die Rechnung einzuführen sind, *Cooter/Ulen*, Law & Economics, S. 470. Diese sind jedoch im Strafrecht grundsätzlich höher, da sowohl die Strafverfolgung als auch die Strafdurchsetzung sehr kostenintensiv sein kann.

[1687] *Schmidtchen*, in: Ott/Schäfer, S. 68; *Posner*, 85 Colum. L. Rev. 1193, 1204; stellt man die Problematik in einen größeren Kontext können auch Kosten-Nutzen-Analysen, die Vorteile und Nachteile des Schutzes per se gegenüberstellen, durchgeführt werden, vgl. nur *Moohr*, 54 Am. U. L. Rev. 783, 785 ff.

[1688] *Kaplow/Shavell*, Economic Analysis of Law, S. 67; ähnlich *Shavell*, S. 278.

Maßnahmen dürfte er angesichts des Gewaltmonopols des Staates auch gar nicht erst ergreifen.

Der Staat sollte sich grundsätzlich nur dann einschalten, wenn die Rechtsdurchsetzung durch zivilrechtliches Vorgehen nicht genügt und nur durch den Einsatz hoheitlicher Gewalt effektiv möglich ist.[1689] Demnach kommen hier im Ergebnis die gleichen Erwägungen in Betracht, die für den verfassungsrechtlichen ultima-ratio-Grundsatz von Relevanz sind: Zivilrechtliche und strafrechtliche Sanktionen bei Rechtsverletzungen sind einander gegenüber zu stellen.[1690]

b) Mangelnde Durchsetzung zivilrechtlicher Sanktionen im Einzelfall

Ebenso kommt staatliches Einschreiten in Betracht, wenn die sozialen Kosten, die auf Grund einer Straftat entstehen, dem Täter nicht allein durch zivilrechtliches Vorgehen des Opfers auferlegt werden können.[1691] Hinsichtlich der Entscheidung, ob eine privatrechtliche Rechtsdurchsetzung im Einzelfall erfolgen soll oder nicht, wird das Opfer einer Tat nur seine eigenen Kosten und Vorteile aus einem Vorgehen gegen den Täter zur Grundlage seiner Entscheidung machen. Soziale Kosten werden sich in seiner Kalkulation jedoch nicht wieder finden.[1692] In solchen Fällen kann das Strafrecht helfen Verhaltensweisen vorzubeugen, die externe Kosten entstehen lassen.[1693]

In folgenden Fällen ergibt sich für das Opfer eine negative Kosten-Nutzen-Analyse, die dazu führt, von der Rechtsdurchsetzung abzusehen: Mögliche Schadensersatzansprüche sind so gering, dass sie in keinem Verhältnis zu den Kosten der Rechtsverfolgung stehen; dies ist insbesondere der Fall, wenn es sich nur um geringfügige Rechtsverletzungen handelt.[1694] Doch auch der exakt entgegengesetzte Fall (hoher Schaden) kann zum Ergebnis führen, dass sich ein Einschreiten nicht lohnt: Der bei einem zivilrechtlichen Vorgehen zu erwartende Schadensersatz kann vom Täter nicht erbracht werden, da dieser entweder ganz

---

[1689] *Polinsky/Shavell,* Economic Theory of Public Enforcement of Law, S. 41; *Posner*, Economic Analysis of Law, S. 384; *Landes/Posner*, 4 Journal of Legal Studies 1, 32 f; *Schmidtchen* in: Ott/Schäfer, S. 45.

[1690] Vgl. dazu sogleich näher III.3.

[1691] *Cooter/Ulen*, Law and Economics, S. 452; die Grundlagen dazu legte *Coase*, 3 J.L. & Econ. 1 ff, vgl. auch *Harrison*, Law and Economics, S. 39.

[1692] *Ulen* in: Hatzis, Economic Analysis of Law, im Erscheinen.

[1693] *Harrison*, Law and Economics, S. 202.

[1694] *Posner*, Economic Analysis of Law, S. 383.

vermögenslos ist oder entsprechende Summen nicht aufbringen kann.[1695] In solchen Fällen kann die Verhängung nicht-monetärer Sanktionen Abhilfe schaffen und abschreckende Wirkung entfalten.[1696]

III. Anwendung auf Markenstraftaten

Unter Berücksichtigung der verschiede Aspekte komme ich zu dem Ergebnis, dass das Strafrecht benötigt wird, um die Verwendung identischer Zeichen auf identischen Waren zu verhindern. Nur bei derartigen Identfälschungen sind strafrechtliche Sanktionen erforderlich; anderen Fällen von Markenverletzungen kann auch mit dem Zivilrecht gleich wirksam begegnet werden.

1. Stärkste Rechtsgutbeeinträchtigung

Dieses Ergebnis basiert unter anderem auf Überlegungen zu den durch einen Markenstraftatbestand geschützten Rechtsgütern.

Im Vordergrund steht der Schutz des Markeninhabers. Die Stärkung seiner Rechte war auch Beweggrund für das PrPG. Bereits damals wurde von einigen die Einführung eines Sondertatbestandes für Identfälschungen gefordert, für welche ein deutlich höherer Strafrahmen als bei der einfachen Schutzrechtsverletzung vorgesehen werden sollte.[1697] Eine starke Abstufung des Strafrahmens hielt der Gesetzgeber bei Einführung des PrPG jedoch für nicht vertretbar, da das Qualifikationsdelikt nicht losgelöst vom Grunddelikt gesehen werden dürfte.[1698] Gegen eine völlige Abschaffung des Straftatbestandes bei „einfachen" Schutzverletzungen wurde angeführt, dass dies zu einer nicht gewollten Schwächung der Schutzrechte des geistigen Eigentums führen würde.[1699]

[1695] *Posner*, Economic Analysis of Law, S. 384; *Polinsky/Shavell*, Economic Theory of Public Enforcement of Law, S. 42; *Garoupa*, Optimal Magnitude and Probability of Fines, S. 5.

[1696] Stellungnahme GRUR zum Grünbuch, GRUR 1999, 479, 481; *Shavell*, S. 275 f; dies verstöß auch nicht gegen das Schuldprinzip, da die eben genannten Erwägungen weniger innerhalb der Strafzumessung relevant werden, sondern generell den Einsatz von Strafrecht legitimieren sollen.

[1697] Stellungnahme GRUR zum Grünbuch, GRUR 1999, 481; dem sich anschließend *Anduleit*, S. 286; ebenso *Wölfel*, S. 181 f.; *Knaak/Tilmann*, GRUR Int. 1986, 337;

[1698] BT-Drs. 11/4792, S. 23.

[1699] A.a.O.

Die Praxis zeigt jedoch, dass der Markeninhaber diesen weiten Schutz offensichtlich nicht benötigt. Wie schon an früherer Stelle dargelegt,[1700] dominiert in der strafrechtlichen Praxis der Identitätsschutz. Sonstige Verfahren werden kaum geführt. Durch die Ausgestaltung der §§ 143 f. MarkenG als Antrags- und sogar Privatklagedelikt bestünde für Opfer jedoch die Möglichkeit, entsprechende Verfahren auch zu forcieren bzw. selbst zu führen. Somit zeigt sich, dass bei anderen als den Identitätsschutz betreffenden Verletzungsfällen strafrechtlicher Schutz von den Rechtsinhabern nicht als notwendig empfunden wird. Demnach wird das gewünschte Ziel in solchen Fällen bereits durch zivilrechtliches Vorgehen erreicht.

Die befürchtete Schwächung der geistigen Eigentumsrechte ist demnach nicht eingetreten und auch in Zukunft nicht zu befürchten. Ein Gleichlauf zwischen Straf- und Zivilrecht ist für den effektiven Rechtsgüterschutz nicht zwingend erforderlich. Es ist sogar für das Strafrecht charakteristisch, dass nur Ausschnitte aus zivilrechtlich sanktioniertem Handeln auch strafrechtlich belangt werden.[1701] Vielmehr besteht bei der derzeitigen Rechtspraxis ein anderes Problem: Mangelnde Durchsetzung der Straftatbestände führt dazu, dass diese nicht ernst genommen werden und dadurch kaum generalpräventive Wirkung entfalten.[1702]

Dass sich das Strafrecht auf den Identitätsschutz beschränken soll, lässt sich jedoch auch mit den anderen, vom Tatbestand ebenso mitgeschützten Rechtsgütern begründen: Bei Identfälschungen sind die Rechtsgüter Verbraucher- und Wettbewerbsschutz stärker tangiert als bei sonstigen Verletzungsfällen. Die Anbringung von identischen Zeichen auf identischen Waren ruft am stärksten eine Verwechslungsgefahr hervor. In sonstigen Verletzungsfällen besteht jedoch eine Möglichkeit zu erkennen, dass es sich nicht um die gewünschte Markenware handelt.[1703] Damit müssen die Verbraucher vor Identfälschungen stärker geschützt werden. Gleiches gilt auch im Hinblick auf den Wettbewerb: Zwar wird dieser durch jede Art von Markenverletzung beeinflusst, besonders massiv jedoch, wenn den Käufern die Möglichkeit genommen wird eine autonome Ent-

---

1700 Gespräch mit RiAG (München) Mecklinger vom 14.3.2005; Schreiben der StA Stuttgart vom 18.3.2005.

1701 Strafnormen werden nur bei offensichtlichen Verletzungen mit schweren wirtschaftlichen Auswirkungen benötigt, *Beier*, in: Cornish, S. 48; Beschränkung auf den Kernbereich auch in der Eingabe der GRUR zum Referentenentwurf (1985), GRUR 1985, 867, 868.

1702 So weist *Frisch*, FS Stree/Wessels, S. 95 f darauf hin, dass Strafrecht entwertet werden kann, wenn es nicht ausschließlich für gewichtige Rechtsverletzungen eingesetzt wird.

1703 Je größer der Abstand zwischen den Zeichen, desto geringer auch der Anreiz derartige Waren zu erwerben, *Müller/Kornmeier*, Markenartikel 2001, 34, 41; ebenso *Schuhmacher*, S. 48.

scheidung für eine Markenware zu treffen. Diese Entscheidungsfreiheit besteht nicht, wenn der Käufer keinerlei Unterscheidungsmöglichkeit hat.

Demnach werden bei Identfälschungen die genannten Rechtsgüter am stärksten beeinträchtigt.

2. Soziale Kosten

Die sozialen Kosten sind bei Identfälschungen am höchsten: Die meisten Straftaten haben neben den unmittelbaren Folgen für den Geschädigten (hier: Verlust des Verwertungsrechtes) auch Auswirkungen auf die Gesellschaft. Bei Markenfälschungen ergeben sich dabei negative Konsequenzen für alle Verbraucher und die Volkswirtschaft. Markenverletzungen können sich insbesondere negativ auf die Innovations- und Investitionsbereitschaft, auf die Arbeitslosigkeit, staatliche Einnahmen und den Wettbewerb auswirken.[1704] Auch können Gesundheits- und Sicherheitsrisiken auftreten; die Finanzierung organisierter Kriminalität wird ermöglicht. Diese sozialen Kosten spielen jedoch für die Entscheidung des Opfers, ob es gegen die Rechtsverletzung vorgeht, keine Rolle, da dieses lediglich darauf bedacht ist, seine erlittenen Schäden ersetzt zu bekommen. Das Strafrecht kann demnach Kosten, die für die Frage der zivilrechtlichen Rechtsdurchsetzung faktisch ohne Belang sind, dem Täter auferlegen.

Einige der Folgen (wie das Absinken der Innovations- und Investitionsbereitschaft) entstehen bei jeder Form der Markenverletzung und somit auch die mit dem Verlust von Umsatz einhergehenden Auswirkungen auf die Volkwirtschaft, wie geringere Steuereinnahmen und Verlust von Arbeitsplätzen. Viele dieser Effekte treten jedoch überhaupt erst oder in besonderer Intensität bei Markenverletzungen in der Schatten- und Untergrundwirtschaft. Blickt man auf die Art der Verletzungshandlungen, so zeigt sich, dass diese Bereiche der Wirtschaft vor allem mit Identfälschungen arbeiten.[1705] Der reguläre Markt hingegen ist eher in Rechtsverletzungen involviert, die den Verwechslungs- und Bekanntheitsschutz betreffen.

Bei der Begehung von Markenverletzungen durch ansonsten rechtmäßig handelnde Marktteilnehmer erfolgt zumindest die Produktion mit legalen Arbeitskräften; es werden wenigstens die entstehenden Steuern und Abgaben errichtet.

[1704] Vgl. dazu näher Teil 5, Kap. 1, C.

[1705] *Cremer*, Mitt. 1992, 153 f.

Dies entfällt zumeist in der Untergrundwirtschaft.[1706] Im Hinblick auf die Produktqualität kann auch davon ausgegangen werden, dass legale Wettbewerber zumindest annähernd gleichwertige Waren auf den Markt bringen müssen, um im Wettbewerb bestehen zu können, so dass dort kaum Gesundheits- oder Sicherheitsrisiken auftreten.

3. Mängel der zivilrechtlichen Sanktionen

Sowohl verfassungsrechtliche als auch ökonomische Erwägungen fordern einen Vergleich der zivil- und strafrechtlichen Sanktionen. Das Strafrecht soll erst eingesetzt werden, wenn das Zivilrecht als milderes oder kostengünstigeres Mittel nicht genügt.

Es bedarf demnach für beide Argumentationsstränge einer sorgfältigen Analyse, inwiefern zivilrechtliche Sanktionen effektiven Rechtsgüterschutz gewährleisten können.

In Betracht kommen im Zivilrecht insbesondere die in § 14 Abs. 5 und Abs. 6 MarkenG enthaltenen Unterlassungs- und Schadensersatzansprüche. Sie werden flankiert von Vernichtungs- (§ 18 MarkenG) und Auskunftsansprüchen (§ 19 MarkenG). Diese bislang im MarkenG enthaltenen Ansprüche müssen demnächst auf Grund der EU-Richtline 2004/48/EG noch um weitere, wie zum Beispiel die Beweisvorlage, ergänzt werden – hinsichtlich der konkreten Umsetzung in Deutschland gibt es jedoch noch keine näheren Anhaltpunkte.

Schon mit den derzeit vorgesehenen Ansprüchen kann effektiv Rechtsverletzungen begegnet werden. Allerdings haben Markenfälscher ihrerseits bereits eine hohe Professionalität erlangt, die sich auch auf die Kenntnis zivilrechtlicher Rechtsverfolgung und insbesondere deren Grenzen bezieht. Da die der zivilrechtlichen Rechtsdurchsetzung immanenten Schwächen ausgenutzt werden, gewinnt das Strafrecht zunehmend an Bedeutung.[1707]

Deshalb sind insbesondere die Mängel der zivilrechtlichen Sanktionen zu ermitteln, die dadurch gleichzeitig die Grenzen effektiven Rechtschutzes durch das Zivilrecht aufzeigen.

[1706] Zum Teil werden jedoch auch Waren zoll- und abgabenrechtlich korrekt eingeführt, um die Markenverletzung verschleiern zu können. Nicht selten liegt jedoch auch ein Verstoß gegen derartige Bestimmungen vor.

[1707] *Maske*, S. 129.

Zivilrechtliche Schadensersatzansprüche werden als anfallende Kosten bei Markenfälschungen aufgefasst und demnach in die Kalkulation einbezogen. Der finanzielle „Ausfall“ berechnet sich für den Täter aus der Höhe des zu erwartenden Schadensersatzes und der Wahrscheinlichkeit, dass ihm ein solcher überhaupt auferlegt wird.[1708]

Die Kostenseite in der „Bilanz“ des Täters müsste demnach durch entsprechend **hohe Schadensersatzforderungen** belastet werden. Die Vereinigten Staaten gewähren dem Markenrechtsinhaber in Fällen vorsätzlicher Identfälschungen einen dreifachen Schadensersatzanspruch sowie den Ersatz der Anwaltsgebühren. Eine derartige „strafschadensersatzähnliche“ Folge kennt das deutsche zivilrechtliche Markenrecht nicht. Als Schadensersatz kann entweder der entgangene Gewinn des Markeninhabers, der Gewinn des Verletzers oder die Zahlung einer marktüblichen Lizenzgebühr verlangt werden.[1709] Dem liegt der Grundgedanke deutschen Schadensrechts zu Grunde, dass der Geschädigte durch die schädigende Handlung im Endeffekt nicht besser gestellt werden darf. Demnach kann besonders schadensträchtigen Rechtsverletzungen nicht adäquat begegnet werden. Die höchsten Schäden rufen dabei diejenigen Markenverletzungen hervor, die nicht rechtzeitig entdeckt oder nicht effektiv bekämpft werden können.

Markenrechtsverletzungen finden sowohl auf dem legalen Markt wie auch in der Untergrund- und Schattenwirtschaft statt. Insbesondere letztere stellen das Opfer jedoch bereits bei der **Aufdeckung** vor massive Probleme: Werden Waren mit gefälschten Zeichen offen angeboten, sind diese relativ gesehen leicht zu finden, da Testkäufe stattfinden können und auch Wettbewerber ihre Konkurrenten „anschwärzen“. Demgegenüber ist bereits die Entdeckung von Markenfälschungen außerhalb des legalen Marktes schwieriger, da die Schwarzhandelsplätze erst aufgespürt werden müssen. Der illegale Markt hat sich jedoch gerade auf Identfälschungen spezialisiert.

Doch auch wenn Identfälschungen in den legalen Handel eingeschleust werden, stellt sich das gleiche Problem: Da Fälschungen heutzutage oft qualitativ sehr hochwertig sind, ist es umso schwieriger diese überhaupt zu entdecken.

Daneben können mit Identfälschungen auch das Bedürfnis nach Statussymbolen der Käufer befriedigt werden, denen es nicht unbedingt auf die Echtheit der Ware ankommt. Demnach besteht in solchen Fällen auch kein Anlass für die Kun-

---

[1708] Vgl. dazu schon II.1.

[1709] *Ingerl/Rohnke*, vor §§ 14-19 Rn 112 ff; dies ist für potenzielle Täter wenig abschreckend, vgl. *Schmidtchen*, in: Ott/Schäfer, S. 64 und *Adams*, S. 127.

den die Waren zu überprüfen, was das Entdeckungsrisiko der Täter deutlich verringert.[1710]

Die Entdeckung allein genügt nicht; zur effektiven Bekämpfung von Fälschungen ist zugleich eine **erfolgreiche Rechtsdurchsetzung** erforderlich: Für das zivilrechtliche Vorgehen ist dabei stets Grundvoraussetzung, dass die Klage, gerichtliche Anordnungen und Urteile **zugestellt** werden können. Markenverletzter versuchen dem jedoch gerade zu entgehen, indem sie quasi über Nacht[1711] ihren Standort aufgeben – sie zeichnen sich zum Teil durch häufige und schnelle Ortswechsel aus.[1712] Neben dem Umzug kann auch die Änderung der Firmenbezeichnung oder die Einschaltung von Strohmännern einer effektiven zivilrechtlichen Bekämpfung entgegenstehen.[1713] Insbesondere in der Schattenwirtschaft sind derartige Vorgehensweisen „äußerst beliebt".

Bei einem Auftreten auf dem legalen Markt ist es hingegen einfacher an die Daten des Verletzers zu gelangen. Ähnliches gilt für den Umfang der Rechtsverletzung: Dieser kann bei offen ausgestellten Waren zumeist leichter erkannt werden. Demnach müssen bei der Durchsetzbarkeit der Rechte insbesondere auf dem illegalen Markt erhebliche Abstriche gemacht werden.

Ein weiterer Nachteil bei zivilrechtlicher Rechtsdurchsetzung ist, dass manchmal **Gewalt** angewendet oder zumindest angedroht werden müsste, um Informationen zu sammeln, Rechtsverletzer festzunehmen oder Wiederholungen abzuwenden, was jedoch privaten Parteien nicht erlaubt ist.[1714] Es ist beispielsweise daran zu denken, dass ein Markeninhaber bei einem Auskunftsanspruch mit falschen, aber nicht konkret widerlegbaren Informationen abgespeist wird[1715] und dann nur Instrumentarien des Strafrechts wie die Durchsuchung oder die Beschlagnahme weiterhelfen können. Auch werden oft Straßenhändler mit einer geringen Anzahl von Fälschungen losgeschickt und die Lagerbestände somit versteckt gehalten. Die Sammlung von Beweisen ist demnach in gewissen Situationen zum Teil nur unter Zuhilfenahme öffentlicher Gewalt möglich.[1716] Der

[1710] *Higgins/Rubin*, 29 J.L. & Econ. 211, 212.

[1711] *Correll*, 14 AIPLA Q.J. 278, 281.

[1712] *Hildebrandt*, S. 500; *Schrader*, in: Holbein/Musch, C.8A, S. 9.

[1713] *Braun*, S. 329; zivilrechtliches Vorgehen ist kaum möglich, wenn der Täter seine Identität verbirgt, *Shavell*, S. 274 und S. 278; Täter, die sich als resistent gegen zivilrechtliches Vorgehen erweisen, werden zum Teil auch als „Judgment-proof" bezeichnet, vgl. *Landes/Posner*, 4 Journal of Legal Studies, 1, 31; für derartige Fälle ist dann strafrechtliches Vorgehen erforderlich.

[1714] *Kaplow/Shavell*, S. 66 f, *Posner*, Economic Analysis of Law, S. 386..

[1715] Harte-Bavendamm-*Harte-Bavendamm*, § 5 Rn 12; *Schuhmacher*, S. 61.

[1716] *Harrison*, 57 Trademark Rep. 285, 285.

„Überraschungseffekt" einer Durchsuchung kann geboten sein, um das Verschwindenlassen von Fälschungen zu vereiteln. Gerade diese „Flexibilität" der Markenfälscher erschwert auch die Durchsetzung von Herausgabeansprüchen, so dass eine Beschlagnahme (auch als Zurückgewinnungshilfe) nötig sein kann.

Der Vorteil des Strafrechts besteht daneben auch in der Möglichkeit Freiheitsstrafen zu verhängen: Ganz grundsätzlich kann eine Freiheitsstrafe mehr Abschreckung hervorrufen als die Zahlung von Schadensersatz.[1717] Dies kann man sich insbesondere dann zu Nutze machen, wenn die für effektive Abschreckung nötige Schadensersatzhöhe rechtlich oder faktisch nicht möglich ist.[1718] Dazu sogleich näher.

Demnach ist festzustellen, dass insbesondere die Tätigkeiten in der Untergrund- und Schattenwirtschaft eine effektive Verfolgung durch das Zivilrecht nicht ermöglichen. Die in diesen Bereichen auftretenden Täter spezialisieren sich – wie schon dargelegt[1719] – dabei auf Identfälschungen.

4. Fehlende Durchsetzung zivilrechtlicher Sanktionen

Doch selbst wenn die zivilrechtlichen Sanktionen erfolgreich gegen eine Rechtsverletzung eingesetzt werden könnten, bestehen Situationen, in denen das Opfer dennoch von einer Rechtsverfolgung absieht. Dies ist dann der Fall, wenn seine wirtschaftlichen Überlegungen dazu führen, dass sich die Kosten einer Rechtsdurchsetzung nicht auszahlen werden.

Der Ertrag eines Verfahrens wird dann die eigenen Kosten nicht decken, wenn der dem Geschädigten zugesprochene Betrag niedrig ausfällt oder faktisch nicht durchsetzbar ist.

Mögliche zivilrechtliche Schadensersatzansprüche fallen in ihrer Höhe dann gering aus, wenn es sich auch nur um geringfügige Rechtsverletzungen handelt. Dies kann vorliegen, wenn sich die Verletzung auf wenige Stücke beschränkt, aber dennoch geschäftlicher Verkehr vorliegt.

[1717] *Braun*, S. 329; dies gilt insbesondere für Geschäftsleute, die nicht als Kriminelle gebrandmarkt werden möchten, vgl. *Ball/Friedmann*, 17 Stan. L. Rev. 197, 216 f.

[1718] *Schmidtchen*, a.a.O.

[1719] Vgl. Teil 5, Kap. 1, A.

Liegt in der Tat nur eine geringfügige Verletzung vor, so dass nicht einmal der Rechtsinhaber eine Verfolgung für notwenig erachtet, schließt dies zwar per se die Strafverfolgung nicht aus – in derartigen Fällen sind jedoch die sozialen Kosten, die bei Markenrechtsverletzungen in Abhängigkeit zur Schadenssumme entstehen, auch sehr gering, so dass auf eine Strafverfolgung verzichtet werden kann.

Bei Fällen mit potenziell hohen Schadensersatzansprüchen stehen zumeist auf Täterseite auch entsprechend hohe Einnahmen, so dass für das Opfer zumindest eine Kostendeckung möglich wäre. Ein Zugriff auf das Vermögen des Täters ist jedoch oft ausgeschlossen, wenn dieses verschleiert oder gewaschen wird und somit dem Zugriff des Opfers entzogen ist.

Das für die Abschreckung wünschenswerte Ziel, dem Täter hohe Kosten aufzuerlegen, um ihn von einer Tat abzuhalten, ist demnach durch zivilrechtliche Rechtsverfolgung dann nicht ausreichend gesichert, wenn sich der Täter den Schadensersatzzahlungen entziehen kann.

Wenn hohe Einnahmen vorliegen, besteht bei kriminellen Organisationen die Gefahr, dass diese verschleiert werden. Diese Taktik ist der Schatten- bzw. Untergrundwirtschaft zuzuordnen. Wettbewerber, die die Grenzen ausreizen möchten und diese dabei überschreiten, sehen ihre Tätigkeit hingegen oft als legale Vermarktungsmethode an und legen deswegen keinen Wert auf Verschleierung.

Wenig erfolgversprechend sind Schadensersatzansprüche auch, wenn beim Täter kein vollstreckbares Vermögen vorhanden ist.[1720] Gerade die Untergrundwirtschaft zeichnet sich dadurch aus, nur „kleine Fische“ mit geringer Anzahl von gefälschten Artikeln auf Straßen oder Flohmärkte zu schicken, so dass im Fall des Aufgreifens nur eine geringfügige Rechtsver-letzung nachgewiesen werden kann. Auch sind solche Verkäufer aus Sicht der im Hintergrund stehen Organisationen leicht ersetzbar. Bei den „an der Front“ tätigen Personen handelt es sich dann zumeist auch um sozial Schwächere, die nur geringe Geldbeträge bezahlen können.

Demnach zeichnet sich auch hier ein Überwiegen der Probleme bei Rechtsverletzungen außerhalb des legalen Marktes an; die Täter konzentrieren sich zumeist auf Identfälschungen.

Demnach halte ich es im Vergleich zur derzeitigen Situation für die bessere Lösung, einen Tatbestand zu schaffen, der sich auf die schwerwiegendsten Ver-

[1720] *Hildebrandt*, S. 500; *Harrison*, 57 Trademark Rep. 285, 286.

letzungshandlungen[1721], also die Identfälschungen, begrenzt und dadurch verfassungsrechtlichen wie auch ökonomischen Grundsätzen entspricht.

B. Materiellrechtliche Ausgestaltung

Die vorhergehenden Überlegungen führen zu dem Ergebnis, dass sich das Strafrecht im Gegensatz zur derzeitigen Rechtslage auf den Identitätsschutz beschränken soll. Diese grundsätzliche Entscheidung bedarf jedoch einer Konkretisierung im Rahmen einer Norm, auf welche nun eingegangen werden soll.

Folgender Tatbestand sollte meiner Ansicht nach die derzeitigen §§ 143 f. MarkenG ersetzen:

> *(1) Wer ein Zeichen, das mit einer eingetragenen Marke oder einer Gemeinschaftsmarke identisch oder in seinen wesentlichen Merkmalen nicht unterscheidbar ist, für Waren oder Dienstleistungen, die mit denjenigen identisch sind, für welche diese Schutz genießen, im geschäftlichen Verkehr widerrechtlich benutzt und dadurch der Anschein eines Originals hervorgerufen werden kann, wird mit Freiheitsstrafe bis zu fünf Jahren oder mit Geldstrafe bestraft.*
> *(2) Ebenso wird bestraft, wer derartige Zeichen im geschäftlichen Verkehr widerrechtlich für Aufmachungen, Verpackungen oder Kennzeichnungsmittel benutzt und dadurch die Gefahr einer Tat im Sinne des Absatzes 1 entsteht.*
> *(3) Als Benutzungshandlung sind insbesondere*
> *1. das Anbieten, das Inverkehrbringen, der Import, der Export und die Durchfuhr von Nichtgemeinschaftswaren sowie*
> *2. das Anbringen des Zeichens oder der Besitz zum Zweck des Inverkehrbringens anzusehen.*
> *(4) Widerrechtlichkeit liegt nicht vor, wenn*
> *1. zum Zeitpunkt der Tat die Zustimmung des Inhabers zur Benutzung des Zeichens für derartige Waren oder Dienstleistungen vorliegt,*
> *2. die Voraussetzungen des § 22 MarkenG oder eine vergleichbare Situation vorliegen,*
> *3. die Ware durch den Markeninhaber oder mit seiner Zustimmung in den Verkehr gebracht worden ist, es sei denn, dass auf Grund von Veränderungen die Gefahr einer Täuschung besteht oder*
> *4. die verletzte Marke gelöscht werden könnte.*
> *(5) Der Versuch ist strafbar.*
> *(6) In besonders schweren Fällen wird die Tat mit Freiheitsstrafe bis zu zehn Jahren bestraft. Ein besonders schwerer Fall liegt in der Regel vor, wenn*

[1721] *Abalos*, 5 B.C. Third World L.J. 151, 177.

1. durch die Tat ein besonders hoher Schaden entsteht,
2. die Begehung gewerbsmäßig oder bandenmäßig erfolgt oder
3. die Ware oder Dienstleistung geeignet ist, bei bestimmungsgemäßem Gebrauch eine Gesundheitsschädigung hervorzurufen.

(7) Gegenstände, auf die sich die Straftat bezieht, können eingezogen werden. § 74 a des Strafgesetzbuches ist anzuwenden. Wird auf Strafe anerkannt, so ist, wenn der Verletzte es beantragt und ein berechtigtes Interesse daran dartut, anzuordnen, dass die Verurteilung auf Verlangen öffentlich bekannt gemacht wird. Die Art der Bekanntmachung ist im Urteil zu bestimmen.

(8) § 248 a StGB ist entsprechend anzuwenden.

Im Folgenden ist auf die einzelnen Punkte des neuen Tatbestandes einzugehen. Im Bereich der Rechtsfolgen werden ebenso über den Vorschlag hinausgehende, in anderen Rechtsvorschriften oder der Sanktionspraxis notwendige Änderungen besprochen.

Allgemein zur Regelungstechnik: Zur besseren Verständlichkeit und Übersichtlichkeit des Tatbestandes wurde von einer Blankettregelung, wie sie derzeit vorliegt, Abstand genommen. Dies bietet sich deshalb an, da die strafrechtlichen und zivilrechtlichen Verletzungshandlungen nicht mehr parallel gestaltet sind, so dass ein Verweis nicht mehr angebracht ist. Allerdings wurde bewusst eine starke Anlehnung an die Formulierung des § 14 MarkenG gesucht: Angesichts der derzeit geringen Anzahl von strafrechtlichen Fällen im Vergleich zu den zivilrechtlichen Entscheidungen besteht bei Begriffsidentität die Möglichkeit auf die zivilrechtliche Auslegung zurückzugreifen. Damit wird die Auslegung der Tatbestandsmerkmale vorhersehbarer, was im Lichte des Bestimmtheitsgebotes wünschenswert ist.

I. Schutzobjekt

Die Norm beschränkt sich auf den Schutz **eingetragener Marken**: Anhand der Eintragung ist für jeden klar ersichtlich, dass ein Markenrecht besteht. Die Register sind öffentlich zugänglich, zusätzlich versehen Markeninhaber ihre Marke oft mit dem ®- oder ähnlichen Zeichen. Demnach sind derartige Marken nach außen klar erkennbar. Da allein die Eintragung entscheidend ist, muss der Einzelne auch die Eintragungsvoraussetzungen und -hindernisse nicht en detail nachvollziehen. Dies ist aus rechtsstaatlichen Erwägungen heraus zu begrüßen, da das Markenrecht grundsätzlich viele wertungs- und ausfüllungsbedürftige Normen enthält.

Aus diesem Grund sollen **Benutzungs-** und **notorisch bekannte Marken** nicht strafrechtlich geschützt werden. Um zu beurteilen, wann eine solche vorliegt, sind zumindest Grundkenntnisse des Markenrechts erforderlich. Dies führt zu erheblichen Bedenken im Hinblick auf den Bestimmtheitsgrundsatz.[1722] Dieses Problem wurde beispielsweise auch im TRIPS-Abkommen erkannt, das grundsätzlich eine Unterscheidung zwischen eingetragenen und nicht eingetragenen Marken kennt, den strafrechtlichen Schutz jedoch ausdrücklich auf eingetragene Markenrechte beschränkt. Im Rahmen der Grenzbeschlagnahme beschränkt man sich ebenso auf eingetragene Marken und begründet diese Entscheidung damit, dass für die Zollbehörden eine schnelle Beurteilung möglich sein soll.[1723] Dies kann bei Ermittlungen auch für Strafverfolgungsbehörden gelten, wenn innerhalb kurzer Zeit über ein Eingreifen entschieden werden muss. Dazu kommen im Strafrecht noch die erhöhten Voraussetzungen an die Bestimmtheit einer Norm: Aus dieser muss sich klar ergeben, wann eine Verletzungshandlung vorliegt. In den Vereinigten Staaten hat man sich - obwohl das gesamte Markensystem auf der Benutzung beruht (!) - dazu entschlossen aus Gründen der eindeutigen Erkennbarkeit den strafrechtlichen Schutz auf eingetragene Marken zu beschränken.[1724]

Wenn demnach nicht eingetragene Marken geschützt werden würden, wäre die Auslegung des Tatbestands sehr von Wertungen abhängig. Dies mag zwar nicht genügen, um den Vorwurf der Verfassungswidrigkeit zu begründen, ist jedoch aus rechtsstaatlicher Sicht höchst bedenklich. Auch kann es nicht Aufgabe der Strafverfolgungsbehörden sein, zu Beginn von Ermittlungen eine umfangreiche Prüfung zur Schutzfähigkeit eines Zeichens anzustellen.

Problematisch an der Beschränkung auf eingetragene Marken könnte sein, dass demnach insbesondere kleinen Betrieben der strafrechtliche Schutz ihrer **Benutzungsmarken** genommen wird. Dem ist jedoch entgegen zu halten, dass in vielen Fällen eine Eintragung erlangt werden kann, die auch – beschränkt auf wenige Warenklassen – keine allzu hohe finanzielle Hürde[1725] darstellt. Wie dargelegt, bedürfen nur diejenigen Markenverletzungen strafrechtlichen Schutzes, denen nicht allein mit zivilrechtlichen Ansprüchen beizukommen ist: Dies ist vor allem bei Rechtsverletzungen aus der Untergrundwirtschaft der Fall.[1726] Diese Markenverletzer gehen vor allem in Bereichen auf den Markt, die große Gewinne versprechen, und beschränken sich zumeist auf weltweit bekann-

[1722] Vgl. dazu schon Teil 3, Kap. 1, III.1.
[1723] *Levy/Weiser*, 27 Int'l Law. 671, 687; ebenso für die Grenzbeschlagnahme nach den europäischen Produktpiraterieverordnungen, vgl. *Heim*, wrp 2005, 167, 170.
[1724] 130 Cong. Rec. 31673, 31674 (1984).
[1725] Derzeit liegt die Gebühr für eine Eintragung bei 300 Euro für 10 Jahre.
[1726] Vgl. A.III.

te Marken. Derartige Fallkonstellationen werden demnach bei Waren, für die sich nicht einmal eine Eintragung lohnt, kaum anzutreffen sein. Sollte in Einzelsituationen dennoch eine Strafverfolgung nicht möglich sein, ist das ein Preis, den die genannten rechtstaatlichen Erwägungen wert sind. Auch die Erfahrungen der amerikanischen Rechtspraxis zeigen, dass sich diese „Lücke“ nicht als problematisch erwiesen hat. Demnach können reine Benutzungsmarken vom strafrechtlichen Schutz ausgeschlossen werden.

Bei **notorisch bekannten Marken** liegt zumeist zugleich eine Eintragung vor, so dass die Beschränkung keine Auswirkungen zeigt. Ansonsten ist eine solche auch unproblematisch zu erlangen, so dass durchaus erwartet werden kann, dass die Eintragung erst herbeigeführt wird, bevor strafrechtlicher Schutz greift.

In Deutschland werden sowohl nationale wie auch **Gemeinschaftsmarken** geschützt. Derzeit erfolgt der Schutz in zwei getrennten Tatbeständen; wie bereits dargelegt, entsprechen sich diese jedoch weitgehend.[1727] Durch den vorliegenden Vorschlag entsteht nun eine vollständige Gleichbehandlung; die Verletzung beider Marken wird in einem Tatbestand zusammengefasst.

Demnach richtet sich der Tatbestand gegen die Verletzung einer eingetragenen Marke oder einer Gemeinschaftsmarke. Da letztere nur durch Eintragung entstehen kann, muss diese nur für die nationalen Marken explizit gefordert werden.

Konsequenz dieser Umformulierung ist allerdings, dass der Schutz der **geschäftlichen Bezeichnungen** nicht mehr im Tatbestand enthalten ist, weshalb dieser in einer gesonderten Norm geregelt werden sollte. Dabei ist zu bedenken, dass viele der hier gegen die derzeitige Ausgestaltung des strafrechtlichen Markenschutzes geäußerten Bedenken gleichermaßen für den Schutz der geschäftlichen Bezeichnungen gelten, so dass auch für diese eine umfassende Neuregelung zu empfehlen ist. Eine Trennung der Tatbestände zum Schutz der verschiedenen Kennzeichen empfiehlt sich jedoch dennoch, da so besser auf die spezifischen Probleme eingegangen werden kann.[1728]

II. Tatobjekt

Wie bereits dargelegt, soll sich das Strafrecht auf den Identitätsschutz beschränken.[1729] Taugliches Tatobjekt sind demnach mit der Marke **identische Zeichen**.

[1727] Vgl. Teil 2, Kap. 1, A.II.
[1728] Zum Beispiel spielt die Erschöpfung nur bei Marken eine Rolle.
[1729] Ausführlich dazu A.III.

Für den Identitätsschutz ist jedoch nicht nur eine exakte Kopie einer Marke tatbestandsmäßig, es genügt auch ein **Übereinstimmen in den wesentlichen Merkmalen**. Diese Definition hat sich im Rahmen der Grenzbeschlagnahme bereits weltweit bewährt. Die Erweiterung ist notwendig, da es Markenpiraten nicht möglich sein soll, durch geringfügige Abweichungen der Strafbarkeit zu entgehen.[1730] In den USA und durch TRIPS wird bereits „erweiterter" Identitätsschutz gewährt;[1731] auch die Grenzbeschlagnahme setzt nicht eine hundertprozentige Kopie voraus.[1732] In Deutschland wird sich diese Ansicht für die jetzige Rechtslage nach dem EuGH-Urteil *LTJ Diffusion/Sadas Vertbaudet* [1733] nun auch durchsetzen.[1734]

Die Ergänzung, dass bei einem unbeteiligten Dritten der **Anschein der Originalmarke** hervorgerufen werden kann, hilft bei der Auslegung des Definitionsbestandteils *„Ähnlichkeit in wesentlichen Merkmalen"*: Es soll eine derart große Nähe zwischen Zeichen und Marke bestehen,[1735] dass sogar auf die Prüfung von Verwechslungsgefahr verzichtet werden kann.[1736]

Identitätsschutz bedeutet auch, dass der Schutz nur für **identische Waren** gewährt wird, d.h. für Waren, für welche die Marke auch eingetragen ist. Dadurch wird höchstmögliche Rechtssicherheit gewährleistet, da der derzeit im Tatbestand enthaltene Begriff der Ähnlichkeit auch stark wertungsabhängig und für das Strafrecht demnach wenig geeignet ist.

Die Begrenzung auf den Identitätsschutz ist auch aus rechtspolitischen Gründen empfehlenswert, weil dadurch auf im Lichte des Bestimmtheitsgebots problematische Begriffe[1737] wie den der Verwechslungsgefahr oder der Bekanntheit einer

[1730] So auch *Wölfel*, 182; ebenso die Begründung für die amerkanische Norm in 130 Cong. Rec. 31673, 31676.

[1731] Ebenso für die amerikanischen Bundesstaaten *Harrison*, 57 Trademark Rep. 285, 297.

[1732] In der Stellungnahme der GRUR zum Grünbuch der Europäischen Kommission (GRUR 1999, 479, 480) wird dies als Grundsatz des gewerblichen Rechtsschutzes bezeichnet.

[1733] EuGH GRUR Int. 2003, 533.

[1734] Vgl. dazu bereits Teil 2, Kap. 1, A.I.2.a).

[1735] So auch die Rechtslage in den USA (vgl. dazu Teil 2, Kap. 2, A.I.1.c) sowie Stellungnahme GRUR zum Grünbuch, GRUR 1999, 479, 480; vgl. auch Art. 2 (1) a) i) der VO (EG) Nr. 1383/2003; *Wölfel*, S. 184, der dieses zusätzliche Merkmal fordert, um dem strafrechtlichen Bestimmtheitsgebot gerecht zu werden; auch psychologische Erklärungsansätze zur Markenpiraterie kommen zu diesem Ergebnis, da nach dem Prinzip der Generalisation gelerntes Verhalten auch bei neuen ähnlichen Reizen (z.B. ähnliche Gestaltung des Markennamens) auftritt, vgl. dazu *Katz*, Markenartikel 1993, 188, 189.

[1736] *Knaak*, GRUR Int. 1988, 1, 5.

[1737] Vgl. dazu bereits Teil 3, Kap. 1, A.III.

Marke verzichtet werden kann.[1738] Da das Strafrecht sich auf die schwerwiegenderen Verletzungen konzentrieren soll, ist auch eine Beschränkung auf offensichtliche Schutzverletzungen nahe liegend.[1739]

Manchmal wird im Hinblick auf das Tatobjekt auch gefordert, dass die gekennzeichnete Ware zugleich im **äußeren Erscheinungsbild** der Originalware entsprechen müsse.[1740] Diese Forderung wurde jedoch nicht in den Vorschlag aufgenommen. Ein derartiges Erfordernis würde den Schutz der Marke übermäßig eingrenzen. Bei Vorliegen eines Produktes könnte man nur dann Schutz gewähren, wenn der Kunde auch die äußeren Merkmale der Markenware kennt. Oft erfolgt jedoch ein Kauf nicht auf Grund einer bestimmten optischen Gestaltung, sondern nur, weil es sich um ein Markenprodukt handelt. Der Wissensstand des Publikums beschränkt sich zumeist auf die Gestaltung der Marke und umfasst die des Produkts nicht. Ob unwissenden Verbrauchern beispielsweise „Markenuhren" verkauft werden, die nicht dem Originalmodell entsprechen, oder das Design der Fälschungen mit dem Original tatsächlich übereinstimmt, spielt für die Beurteilung des Unrechtsgehalts keine Rolle. Dieses ist in beiden Fällen vergleichbar. Doch auch in anderen Fällen würde es sonst zu bedenklichen Einschränkungen kommen: Beispielsweise muss nach derzeitiger und auch beizubehaltender deutscher Rechtslage für ein strafbares Angebot an einen Käufer die Ware noch nicht bestehen, sondern das Angebot nur hinreichend auf eine Markenware konkretisiert sein. In solchen Situationen wäre die äußerliche Ähnlichkeit dann zwangsläufig noch nicht gegeben bzw. nicht nachprüfbar. Bei sogenannten *look alikes* handelt es sich auch nicht um Verletzungen des Rechts an der Marke, sondern „nur" um unlauteren Wettbewerb.[1741] Eine Vermischung unterschiedlicher Aspekte sollte jedoch nicht stattfinden,[1742] da diese Handlungen schwerpunktmäßig ein anderes Rechtsgut betreffen und demnach unterschiedliche Erwägungen notwendig sind. Es handelt sich somit um verschiedene Phänomene, die im Sinne des Bestimmtheitsgebotes besser getrennt voneinander geregelt werden können.[1743]

[1738] So auch *Knaak*, GRUR Int. 1988, 1, 5.

[1739] Die Beschränkung des strafrechtlichen Schutzes widerspricht auch nicht der MRRL, da der dort genannte Schutzumfang zivirechtlich umfassend gewährt wird. Ob zusätzlich eine Sanktionierung durch das Strafrecht erfolgt, bleibt den Mitgliedstaaten überlassen, so lange diese wirksame, verhältnismäßige und abschreckende Sanktionen bei einer Rechtsverletzung verhängen, vgl. *Satzger*, Internationales und Europäisches Strafrecht, § 8 Rn 27.

[1740] *Knaak/Tilmann*, GRUR Int. 1986, 336, 337 (Bericht der deutschen Landesgruppe der AIPPI, Q 86).

[1741] *Müller/Kornmeier*, Markenartikel 2001, 34, 36.

[1742] A.A. Stellungnahme GRUR, GRUR 1999, 479, 481, die das Wettbewerbsrechts als ausreichend ansieht, jedoch die look alikes nicht als aus dem Bereich der Nachahmungen und Markenpiraterie ausgeklammert sehen möchte.

[1743] Im Ergebnis ebenso das Grünbuch der Kommission, KOM(98)569, S. 7.

Die im Text gewählte Formulierung, dass „*der Anschein eines Originals erweckt werden kann*", soll nicht auf die äußere Ähnlichkeit im Erscheinungsbild des Produktes abstellen. Durch die Wahl des unbestimmten Artikel („*Anschein eines Originals*" statt „Anschein des Originals") soll dies gerade zum Ausdruck gebracht werden: Erforderlich ist, dass Verbraucher das Tatobjekt für eine Markenware halten könnten – nicht erforderlich ist die Identität mit einem bestimmten Modell. In der Praxis wird es aber insbesondere um eine Entdeckung zu erschweren auch vermehrt zur Nachahmung des äußeren Erscheinungsbildes kommen.[1744] Entscheidend ist jedoch allein, ob der Eindruck erweckt wird, dass es sich um ein Originalprodukt handelt.[1745]

Demnach soll nach dem Entwurf jedes Zeichen ein taugliches Tatobjekt sein, dass mit „*einer eingetragenen Marke oder einer Gemeinschaftsmarke identisch oder in seinen wesentlichen Merkmalen nicht unterscheidbar ist*".

Ebenso im Tatbestand enthalten sind die **Kennzeichnungsmittel:** Wenn die Ware und Kennzeichnungsmittel getrennt voneinander aufbewahrt werden, kann noch nicht von einem unmittelbaren Ansetzen ausgegangen werden, so dass für solche Fälle die Strafbarkeit des Versuchs nicht genügt.[1746] Vielmehr war die gesonderte Aufnahme von „Vorbereitungshandlungen" in den Tatbestand erforderlich: Viele Täter versuchen der Strafbarkeit zu entgehen, indem Zeichen und Ware gerade voneinander getrennt aufbewahrt oder gehandelt werden. Die Erfahrungen in den Vereinigten Staaten bei diesen Fällen zeigen, dass hier eine Strafbarkeitslücke entstehen kann, welche der amerikanische Gesetzgeber nun beheben möchte.[1747] Hinsichtlich nationaler Marken hat sich die Ausweitung der Strafbarkeit auf Kennzeichnungsmitteln bereits bewährt. Im Sinne einer Gleichbehandlung und aus den genannten Gründen sollte für die Gemeinschaftsmarke die entsprechende Rechtslage herbeigeführt werden. Demnach werden Kennzeichnungsmittel im Gegensatz zu derzeitigen Rechtslage auch im Hinblick auf Gemeinschaftsmarken in den Tatbestand aufgenommen.

Bei Kennzeichnungsmitteln muss jedoch immer eine ausreichende Anbindung an das Rechtsgut gewährleistet werden: Das Verwertungsrecht des Markeninhabers besteht für bestimmte Warenklassen. Nur wenn die Gefahr besteht, dass später eine Verbindung mit der Ware erfolgt und diese dann rechtsverletzend verwendet wird, ist das Rechtsgut ernsthaft gefährdet. Diese Voraussetzung hat ihren Niederschlag in dem Satzteil „*und dadurch die Gefahr einer Tat im Sinne*

[1744] *Schuhmacher*, S. 48.
[1745] So im Ergebnis auch *Blumenthal*, S. 178.
[1746] Vgl. dazu bereits Teil 3, Kap. 1, D.II.
[1747] Vgl. dazu Teil 2, Kap. 2, I.1.b).

des Absatzes 1 entsteht" gefunden. Durch die neutral gewählte Formulierung soll klar gestellt werden, dass eine spätere rechtsverletzenden Benutzung sowohl durch den Täter selbst als auch durch einen Dritten erfolgen kann.

Für Verpackungen und Aufmachungen gelten die gleichen Erwägungen, sie sind jedoch gesondert im Tatbestand genannt, um dem Bestimmtheitsgebot gerecht zu werden.

Im Unterschied zur jetzigen Rechtslage ist das Anbringen von Zeichen auf Waren oder Verpackungen damit nicht mehr vom gleichen Absatz umfasst. § 14 Abs. 3 Nr. 1 MarkenG wollte sicherstellen, dass das Anbringen auf der Ware selbst wie auch auf der Verpackung erfolgen kann. Letzteres wird jedoch auch durch Absatz 2 des Entwurfs ohne weiteres abgedeckt: Wenn bereits eine Verbindung von Ware und Verpackung besteht, hat sich die Gefahr einer späteren Rechtsverletzung konkretisiert und die Handlung ist tatbestandsmäßig. Die Gefahr einer Schutzlücke ist nicht gegeben – die nähere Definition der Benutzungshandlung für beide Absätze erforderte jedoch diese getrennte Ausgestaltung.

III. Tathandlungen (Abs. III)

1. Geschäftlicher Verkehr

Da nur gegen Taten im geschäftlichen Verkehr zivilrechtliches Vorgehen möglich ist, sollen auch nur solche strafrechtlich belangt werden. Das Strafrecht darf nicht pönalisieren, was zivilrechtlich ungeahndet bleibt. Wenn bereits der Gesetzgeber für das Zivilrecht entschieden hat, dass gegen eine Rechtsgutsverletzung erst ab einem gewissen Umfang eingeschritten werden soll, ist diese Entscheidung auf das Strafrecht zu übertragen.

Doch auch im Hinblick auf das Rechtsgut macht diese Einschränkung Sinn: Von einer ernsthaften Beeinträchtigung eines Verwertungsrechts kann erst gesprochen werden, wenn dieses auch wirtschaftlich genutzt wird. Bei Verwendung einer Marke außerhalb des geschäftlichen Verkehrs zieht jedoch kaum ein Markeninhaber einen Lizenzvertrag in Betracht; das Verwertungsrecht würde in solchen Fällen zu keinerlei finanziellen Vorteilen führen.

Die Beschränkung auf den geschäftlichen Verkehr wäre zwar generell auch im Zivilrecht nicht notwendig, ist jedoch im Sinne des ultima-ratio-Gedankens insbesondere für das Strafrecht nahe liegend und wird auch in internationalen Abkommen zumeist so praktiziert.[1748]

Zu beachten ist, dass es sich immer nur um den inländischen Geschäftsverkehr handeln darf: Markenrechte unterliegen einem strengen Territorialitätsprinzip und dürfen nur innerhalb der nationalen Grenzen vergeben werden. Demnach kann nur eine Tathandlung im inländischen Geschäftsverkehr tatbestandsmäßig sein.

2. Kennzeichenmäßige Benutzung

Bei der Festlegung der Benutzungshandlung stellt sich die Frage, ob jede oder nur die markenmäßige Benutzung unter Strafe gestellt werden soll. Der Entwurf sieht letzteres vor. Wie bereits dargelegt, soll sich das Strafrecht auf den Kernbereich der Markenverletzungen beschränken: Das Verwertungsrecht des Inhabers, die Entscheidungsfreiheit der Verbraucher und der Wettbewerb sind am stärksten betroffen, wenn durch die gekennzeichnete Ware der Anschein eines Originals erweckt wird. In diesen Fällen ist auch die zivilrechtliche Verfolgung am wenigsten erfolgversprechend.[1749]

Der Anschein eines Originals wird jedoch nur erweckt, wenn ein Zeichen als Marke verwendet wird und damit versucht wird, eine eigene Ware als fremde zu verkaufen. Dies liegt dann vor, wenn ein Zeichen als Marke auf der Ware angebracht wird.

Für eine kennzeichenmäßige Verwendung spricht natürlich auch, dass nur diese vom Zivilrecht als rechtsverletzende Benutzungshandlung angesehen wird. Das Strafrecht muss demnach diese Auslegung ebenso zu Grunde legen und darf die Tathandlung nicht weiter, sondern höchstens enger fassen.

Der Entwurf definiert die Benutzungshandlung gerade enger als im Zivilrecht üblich ist. Die Rechtsprechung zum kennzeichenmäßigen Gebrauch bei § 14 MarkenG geht weiter: So soll eine markenmäßige Benutzung beispielsweise auch bei vergleichender Werbung oder bei Markenparodien vorliegen;[1750] der Vorschlag umfasst diese Fälle nicht. Sie betreffen nicht mehr den vorher definierten Schutzbereich: Entscheidend für den Strafrechtsschutz soll sein, dass der Anschein eines Originals erweckt wird. Dies ist jedoch nur dann der Fall, wenn

---

[1748] Vgl. nur Art. 61 TRIPS: *commercial effect*; vgl. auch *Levy/Weiser*, 27 Int'l Law, 671, 688.
[1749] Vgl. dazu berereits A.III.3.
[1750] Vgl. dazu näher Teil 2, Kap. 1, A.I.3.a)(1)(a).

das Zeichen auch wie die Marke, d.h. als Kennzeichnung der Ware verwendet wird. In Fällen der vergleichenden Werbung entsteht beim Verbraucher diese Vorstellung grundsätzlich nicht. Das Zeichen wird verwendet, um sich zwar gegenüber anderen Waren abzugrenzen oder auch eine Verbindung zu solchen herzustellen – nicht jedoch, um damit eigene Waren als die eines anderen zu kennzeichnen. Der Kern des Verwertungsrechtes (und genau dieser soll strafrechtlich geschützt werden) ist nur dann betroffen, wenn auf Grund der Identität von Zeichen und Ware der Abnehmer der Meinung ist, ein bestimmtes Markenprodukt zu erwerben. In Anlehnung an die amerikanische Rechtsprechung[1751] werden demnach aus dem Tatbestand diejenigen Fälle ausgeschieden, in denen lediglich eine beliebige Verwechslung auftreten kann – es kommt gerade auf den Anschein eines Originals an.

Eine Benutzungshandlung ist somit nur tatbestandsmäßig, wenn ein streng markenmäßiger Gebrauch vorliegt; entscheidend soll im Einzelfall sein, ob die Ware auf Grund der konkreten Art der Benutzung des Zeichens für ein Original gehalten wurde. Dies wird regelmäßig beim ornamentalen Gebrauch, vergleichender Werbung oder Markenparodie nicht der Fall sein.

Um diese Einschränkung zum Ausdruck zu bringen, wurde die Voraussetzung *„und dadurch der Anschein eines Originals hervorgerufen werden kann"* in den Tatbestand aufgenommen. Durch diese Beschränkung ergibt sich auch eine klare Abgrenzung zu sonstigen Benutzungshandlungen, so dass – anders als bei der derzeitigen deutschen Rechtslage[1752] – keine Bedenken hinsichtlich der Bestimmtheit bestehen.

Da der Anschein des Originals erweckt werden muss, stellt sich auch die Frage, ob **Fälschungen im Konsens** oder auffällig **schlecht verarbeitete Nachahmungen** unter die Norm fallen sollen. Der hier vorliegende Entwurf ist so auszulegen, dass diese Fälle grundsätzlich sanktioniert werden, sofern nicht die Gefahr von Verwechslungen vollständig ausgeschlossen werden kann.

Gegen eine Einbeziehung könnte sprechen, dass die Entscheidungsfreiheit der Abnehmer nicht beeinträchtigt ist, wenn sie wissen, dass sie eine Kopie erwerben. Hier ist jedoch relevant, dass durch den Tatbestand insbesondere das Verwertungsrecht des Markeninhabers geschützt wird. Dieses ist gleichermaßen betroffen, wenn der Käufer Kenntnis von der Fälschung hat. Auch ist der Wettbewerb als solcher und der Verbraucherschutz immer noch tangiert, da es bei der Beurteilung auf die in Frage kommende Kundschaft und nicht auf einen konkre-

---

[1751] Vgl. dazu näher Teil 2, Kap. 2, A.I.1.e).

[1752] Vgl. dazu näher Teil 2, Kap. 1, A.I.3.a)(1)(a).

ten Verbraucher ankommt.[1753] Demnach sind im Konsens vertrieben Fälschungen grundsätzlich strafbar.

Aus den oben genannten Gründen kann auch zweifelhaft sein, ob eine Verletzung angenommen werden soll, wenn für alle offensichtlich eine Nachahmung vorliegt.[1754] Durch eine Beschränkung auf nicht offensichtlich falsche Waren könnte ein Schlupfloch für die Markenfälscher geschaffen werden, die ihre Waren bewusst als Nachahmung vertreiben wollen.

Der Vorschlag orientiert sich am Hintergrund und an der Struktur der Norm: Eine Verwechslungsgefahr liegt bei sämtlichen Verletzungshandlungen vor;[1755] der Schutz vor Verwechslungen ist ein Kerngedanke des Markenrechts. So sieht beispielsweise Art. 16 Abs. 1 S. 2 TRIPS vor, dass bei der Verwendung eines identischen Zeichens auf identischen Waren die Verwechslungsgefahr vermutet wird; sie liegt demnach der Verletzungshandlung zu Grunde, muss nur nicht gesondert festgestellt werden.

Allerdings ist auch anerkannt, dass für eine Rechtsverletzung keine tatsächlichen Verwechslungen nachgewiesen werden müssen, sondern dass die Gefahr, dass ein verständiger Durchschnittsverbraucher einer Verwechslung unterliegt, genügt. Demnach handelt es sich genau genommen um ein Gefährdungsdelikt, da nicht die Verwechslung selbst, sondern nur eine diesbezügliche Gefahr als Erfolg eintreten muss.

Bei Gefährdungsdelikten wird eine Tat als nicht vollendet angesehen, wenn faktisch eine Gefährdung ausgeschlossen werden kann.[1756] Für einen solchen Ausschluss sind jedoch strenge Maßstäbe anzulegen: So entschied der BGH zu § 306 a Abs. 1 StGB, dass eine Verurteilung nicht in Frage kommt, wenn sich der Täter mit absolut zuverlässigen und lückenlosen Maßnahmen vergewissern kann, dass die sanktionierte Gefährdung mit Sicherheit nicht eintritt.[1757] Da je-

---

[1753] *Maske*, S. 75, so auch *Blumenthal*, S. 174, der zu Recht darlegt, dass von einer Fälschung immer dann gesprochen werden kann, wenn ein Gegenstand objektiv zur Täuschung geeignet ist.

[1754] Beispielsweise lehnte der Corte di Cassazione (Italien) GRUR Int. 2000, 1044 ff mit dieser Begründung bei einem Straßenhändler eine Markenverletzung ab; a.A. *Schulz*, S. 60.

[1755] Dieses Konzept liegt auch dem von mir vorgeschlagenen Tatbestand zu Grunde; eine Aufnahme des Begriffes Verwechslungsgefahr in den Tatbestand ist nicht notwendig: Indem das Tatobjekt als „identisch oder in wesentlichen Merkmalen nicht von der Marke unterscheidbar" definiert wird und der Anschein eines Originals hervorgerufen werden muss, wird eine besonders enge Form der Verwechslungsgefahr in anderen Worten vorausgesetzt.

[1756] Sch/Sch-*Heine*, Vorbem. §§ 306 ff Rn 3 f.

[1757] BGHSt 34, 115, 118.

doch bereits das Merkmal der Gefährdung weit gefasst ist (Verwechslungsgefahr bei allen potenziellen Abnehmern), ist es kaum denkbar, dass sie mit derart hoher Wahrscheinlichkeit ausgeschlossen werden kann. Zu denken wäre allenfalls an einen deutlichen und nicht entfernbaren Aufdruck „*Fake*" auf der Ware – ein Szenario, das nicht oft auftreten wird.

Da der Tatbestand demnach die Verwechslungsgefahr voraussetzt und zugleich als Gefährdungsdelikt ausgestaltet ist, ergibt sich folgende Lösung: Es muss die Möglichkeit bestehen, die Gefährdung zu widerlegen (wie zum Beispiel bei offensichtlich erkennbaren Fälschungen). Allerdings sind daran sehr strenge Maßstäbe anzulegen, so dass dies in der Regel nicht gelingen wird.

So sind im Konsens vertriebene Fälschungen stets und erkennbare schlechte Nachahmungen in der Praxis zumeist vom Tatbestand erfasst.

3. Konkrete Benutzungshandlungen

Das Vorgehen von Markenpiraten ist durch arbeitsteiliges Vorgehen geprägt. Erschwerend kommt dazu, dass die einzelnen Arbeitsschritte oft in unterschiedlichen Staaten statt finden. Demnach werden die einzelnen Schritte einer Markenfälschung von der Herstellung bis zum Verkauf im Entwurf jeweils gesondert als Tathandlung ausgestaltet.[1758] Dies erleichtert die Verfolgung, da keine Mittäterschaft nachgewiesen werden muss.

Eine unmittelbare Beeinträchtigung des Verwertungsrechts liegt vor, wenn die gefälschten Waren gegen Entgelt auf den Markt gebracht werden. Demnach muss das **Inverkehrbringen** unter Strafe gestellt werden. Dies soll jedoch nicht auf solche Fälle beschränkt werden, in denen der Empfänger eine Gegenleistung erhält: In den Vereinigten Staaten, die dieses Merkmal voraussetzen, wird keine materielle Gegenleistung gefordert, so dass dort der Begriff an Kontur verliert und kaum einschränkend wirkt. Auch wurde in Erwägung gezogen das Merkmal völlig abzuschaffen.[1759] Eine derartige Beschränkung auf das Inverkehrbringen gegen Gegenleistung wurde nicht in den Entwurf aufgenommen, da durch das Inverkehrbringen die wirtschaftliche Verwertung des Ausschlussrechtes am meisten tangiert wird: Der Markeninhaber soll bestimmen können, zu welchen Konditionen seine Leistungen auf den Markt kommen sollen. Seine Entscheidung wird durch unberechtigtes Inverkehrbringen (auch wenn dieses ohne Ge-

---

[1758] So sowohl derzeit die deutsche als auch amerikanische Rechtslage, vgl. Teil 2, Kap. 1, I.3.a)(1)(c) und Kap. 2, A.II.

[1759] S. 1095 (109th Cong. 2005).

genleistung erfolgt) gefährdet, da er so die Kontrolle über die Preisentwicklung auf dem Markt verliert. Demnach genügt das reine Inverkehrbringen.

Nicht erforderlich soll es zudem sein, dass bereits eine Übertragung der Verfügungsgewalt stattgefunden hat. Bereits durch das **Anbieten** besteht eine hohe Gefährdung für das Rechtsgut, so dass strafrechtliches Einschreiten schon in diesem Stadium gerechtfertigt ist.

Durch den **Import** markenverletzender Waren besteht auch eine hohe Gefahr, dass diese auf den deutschen Markt gelangen, so dass die Handlung des Importierens allein bereits tatbestandsmäßig sein soll. Eine Begrenzung durch eine Zweckrichtung ist im Gegensatz zum Herstellen und dem Besitz nicht erforderlich, da der Import keine interne Handlung darstellt – es besteht bereits Kontakt nach außen und damit auch die Gefahr, dass Waren auf den Markt gelangen. Durch die Einfuhr kommt die Ware mit dem inländischen Geschäftsverkehr in Berührung und gefährdet das Verwertungsrecht.

Problematisch ist die Strafbarkeit des **Exports**, da auf Grund des Territorialitätsprinzips beim Inverkehrbringen in anderen Ländern keine deutsche Marke verletzt werden kann. In den Rechtsordnungen der meisten Staaten ist es jedoch üblich, das Inverkehrbringen der markenverletzenden Waren schon mit dem Versand der Waren anzunehmen und demnach von einer inländischen Benutzungshandlung auszugehen.[1760] Durch den Versand wird der Kontakt mit dem inländischen Verkehr hergestellt und dadurch eine Gefährdung des Verwertungsrechts herbeigeführt.

Eine ähnliche Problematik stellt sich bei der **Durchfuhr**, welche jedoch schon vertieft im Rahmen der Tatbestandauslegung erörtert wurde.[1761] Das dortige Ergebnis ist zu übertragen, wonach die Durchfuhr von Nichtgemeinschaftswaren grundsätzlich unter den Tatbestand fallen soll; bei Gemeinschaftswaren auf Grund der Warenverkehrsfreiheit jedoch eine Ausnahme gemacht werden muss. Denkbar wäre es gewesen, in den Entwurf eine Beschränkung für Fälle, in denen ein Inverkehrbringen im Inland tatsächlich ausgeschlossen ist, aufzunehmen. Davon wurde jedoch abgesehen, da für solche Ausnahmefällen eine teleologische Reduktion genügt.[1762] Die Aufnahme in den Tatbestand ist weder notwendig noch durch eine klare Abgrenzung möglich.

[1760] *Sack*, S. 177, im Ergebnis auch *Fezer*, § 14 Rn 479; so auch der BGH GRUR 2004, 421 zum UrhG.

[1761] Vgl. ausführlich Teil 2, Kap. 1, A.I.3.a)(1)(c).

[1762] So auch die Vorstellung des Gesetzgebers, der beispielsweise bei der Durchfuhr in Einzelfällen die Rechtsprechung entscheiden lassen wollte, BT-Dr. 12/6581, S. 75.

Am Anfang der Kette steht allerdings das **Anbringen** der Zeichen auf den Waren. Da dies allein noch nicht das Verwertungsrecht beeinträchtigt, war eine Beschränkung auf Tathandlungen, die zum Zweck des Inverkehrbringens erfolgen, nötig.

Das Verwertungsrecht verwirklicht sich aus finanzieller Hinsicht erst durch das Inverkehrbringen. Ein Abwarten bis kurz vor dem Inverkehrbringen würde jedoch eine große Gefahr mit sich bringen, dass nicht mehr rechtzeitig eingeschritten werden könnte. An „neutralen Stellen“ aufgegriffene Waren würden nicht mehr als Tatobjekte in Betracht kommen und könnten nicht sichergestellt werden – eine effektive Bekämpfung der Produktpiraterie wäre sehr erschwert. Um eine ausreichende Anbindung an das Rechtsgut herzustellen, muss das Herstellen demnach darauf ausgerichtet sein, die Fälschungen später in den Verkehr zu bringen. Bei noch internen Handlungen, wie dem Anbringen, ist diese Auslegung auch nötig, um das Merkmal des geschäftlichen Verkehrs nicht zu unterlaufen. Nach der derzeitigen Rechtslage[1763] muss die Beschränkung auf zweckgerichtetes Handeln im Rahmen einer teleologischen Reduktion in den Tatbestand einfließen; jetzt wurde sie jedoch explizit aufgenommen.

Im Gegensatz zum derzeitigen Wortlaut des § 14 Abs. 3 Nr. 2 MarkenG genügt es für intern gebliebene Handlungen, wenn diese erfolgen, um die Waren in den Verkehr zu bringen. Dass auch die Ausrichtung auf ein Anbieten derzeit noch umfasst ist, scheint mehr auf stilistischen Erwägungen (Bezugnahme auf die vorhergehenden Tathandlungen) zu beruhen. Denn wenn eine Handlung erfolgt, um die Waren später anzubieten, hat dies immer den Hintergrund, dass diese in den Verkehr gebracht werden sollen. Insofern genügt dies als Bezugspunkt.

Wie auch schon im Rahmen der Auslegung festgestellt und auch für den neuen Vorschlag zu übernehmen,[1764] ist bei allen Handlungen, die auf das Inverkehrbringen zweckgerichtet sind, entweder Absicht oder Kenntnis erforderlich, wobei die spätere Handlung nicht durch den Täter selbst erfolgen muss. Die Gefährdung des Rechtsgutes liegt in vergleichbarer Stärke vor, wenn dieser sichere Kenntnis davon hatte, dass ein Dritter die Ware in den Verkehr bringen oder dies zumindest versuchen wird.

Die Handlung muss demnach zweckgerichtet sein, es genügt aber, dass der derzeitige Wortlaut beim Anbringen um das Merkmal *„zum Zweck des Inverkehrbringens“* erweitert wurde.

[1763] Vgl. dazu Teil 2, Kap. 1, A.I.3.a)(1)(c).
[1764] A.a.O.

Auch der **Besitz** trägt bereits eine hohe Gefahr des Inverkehrgelangens in sich, so dass auch dieser bereits allein zur Begründung der Strafbarkeit genügen könnte.[1765] Allerdings darf die vorher gewählte Beschränkung auf den geschäftlichen Verkehr auch hier nicht unterlaufen werden, da es sich beim Besitz um eine rein interne Handlung handelt. Wenn er jedoch ausgeübt wird, um ein späteres Inverkehrbringen zu ermöglichen, besteht bereits eine Gefährdung für den geschäftlichen Verkehr.[1766] Der zweckgerichtete Besitz ist demnach tatbestandsmäßig.

Bei der **Verwendung von Zeichen in der Werbung und Geschäftspapieren** kann bereits eine Gefährdung des Verwertungsrechts vorliegen. Dennoch wurden diese Tathandlungen nicht in den Entwurf aufgenommen: Der nun enger gefasste Tatbestand erfordert, dass durch die Benutzung des Zeichens der Anschein von Originalware hervorgerufen wird. Demnach müsste die Verwendung des Zeichens schon derart konkretisiert sein, dass diese Beurteilung vorgenommen werden kann. Dies erscheint möglich (z.B. bei mit Fotos versehenen Angebotsschreiben), ist jedoch auf Grund der weiten Ausgestaltung der sonstigen Tathandlung für unnötig. Bereits durch das Anbieten oder das Besitzen können alle hinreichend gefährlichen Handlungen unter Strafe gestellt werden.

Sämtliche Tathandlungen beziehen sich auch auf Kennzeichnungsmittel und Verpackungen, so dass die obigen Ausführungen entsprechend gelten.

Unverändert zur derzeitigen Rechtslage soll auch weiterhin der lediglich **Entgegennehmende** als notwendiger Teilnehmer nicht unter den Tatbestand fallen.[1767] Indem die Tathandlung wie bislang so formuliert wurde, dass nur der Aktive die Tat begehen kann, bleibt diese Beschränkung bestehen.

IV. Widerrechtlichkeit (Abs. IV)

Das MarkenG sieht für einige Benutzungshandlungen und Tatobjekte eine Ausnahme vom Tatbestand vor. In Deutschland werden derartige Einschränkungen als Schutzschranken des Markenrechts bislang im Rahmen der Widerrechtlich-

[1765] Aus beweistechnischer Sicht ist dies insbesondere zu fordern, da manchmal Besitzern von schutzrechtsverletzenden Waren nicht eindeutig die Herstellung, Kennzeichnung oder Vertrieb der Waren nachgewiesen werden kann, *Cremer*, GRUR Int. 2002, 511, 518.

[1766] Dieses Zweckrichtung ist in vielen Rechtsordnungen vorgesehen: vgl. neben Deutschland zum Beispiel auch Polen und Russland (dazu näher *Maske*, S. 174).

[1767] Vgl. dazu bereits Teil 3, Kap. 1, C.II.1.

keit geprüft, wobei diese ein Tatbestandsmerkmal darstellt.[1768] Da bei der Widerrechtlichkeit jedoch wie auch bei den Tathandlungen im Vergleich zur zivilrechtlichen Lage Modifikationen vorgenommen wurden, um dem besonderen Charakter einer Strafnorm gerecht zu werden, ist das Merkmal gesondert im vierten Absatz des Vorschlages definiert. Bei der Diskussion wird auch auf nicht im Entwurf enthaltene mögliche Ausschlussgründe eingegangen, um den Unterschied zum Zivilrecht herauszuarbeiten.

1. Zustimmung (Nr. 1)

Grundsätzlich kann eine Benutzungshandlung nicht tatbestandsmäßig sein, wenn sie mit Zustimmung des Markeninhabers erfolgt, da sich dieser so sein Verwertungsrecht finanziell zu nutze macht.

Einer Zustimmung liegen zumeist Lizenzvereinbarungen zu Grunde. Wird eine solche verletzt, so bestimmt das Zivilrecht in § 30 Abs. 2 MarkenG, wann die Vertragsverletzung auch als Markenverletzung im Sinne des § 14 MarkenG zu werten ist.

Diese Wertungen sind jedoch nicht gleichermaßen auf das Strafrecht zu übertragen: Auf der einen Seite kann es nicht angehen, dass das Strafrecht zur Ahndung von Vertragsverletzungen instrumentalisiert wird, auf der anderen Seite kann das Vorliegen einer Vereinbarung dem Markeninhaber nicht jeglichen strafrechtlichen Schutz nehmen. Demnach ist je nach Art der Verletzungshandlung zu unterscheiden:

Werden selbst **nach zeitlichem Ablauf** der Lizenz noch Waren hergestellt, so besteht keinerlei Vertragsbeziehung mehr zwischen den Parteien, innerhalb welcher eine solche Streitigkeit ausgetragen werden kann. Ein Schutzrechtsverletzer soll nicht dadurch besser gestellt werden, dass er irgendwann einmal über eine Genehmigung verfügte – zum Zeitpunkt der Verletzungshandlung steht er einem nie berechtigt Gewesenen gleich.[1769] Dies entspricht auch § 30 Abs. 2 Nr. 1 MarkenG, der eine entsprechende Regelung für das Zivilrecht trifft.

Wie auch im Zivilrecht[1770] stellt eine **Überschreitung der mengenmäßigen Grenzen** keine relevante Verletzungshandlung dar: Hier besteht der Unter-

---

[1768] Siehe dazu bereits Teil 2, Kap. 1, A.4; Wie auch bei der derzeitigen Rechtslage soll die Widerrechtlichkeit Tatbestandsmerkmal sein.

[1769] Vgl. beispielsweise die ähnliche Problematik bei § 985 BGB.

[1770] Vgl. dazu bereits Teil 2, Kap. 1, A.I.4. a).

schied, dass immer noch eine Vertragsbeziehung zu Grunde liegt und eine Streitigkeit hinsichtlich der Menge ohne weiteres als Vertragsverletzungsverfahren ausgetragen werden kann. Der Markeninhaber kann sich auch gegen solche Fälle schützen, indem er beispielsweise Kennzeichnungsmittel in nur begrenztem Umfang zur Verfügung stellt oder eine Seriennummer fordert, anhand welcher die produzierten Stückzahlen abgelesen werden können. Demnach können innerhalb des Vertrages Schutzmechanismen vorgesehen werden; der Markeninhaber muss sich zurechnen lassen, dass er „das Rad ins Rollen brachte".[1771]

Da somit zivilrechtliche Mittel in derartigen Fällen durchaus effektiv sind, wird kein strafrechtlicher Schutz benötigt.

Allerdings darf eine Lizenzvereinbarung für ein Produkt nicht als Freibrief für die **Herstellung anderer Waren** verstanden werden. Eine Lizenzvereinbarung bezieht sich immer auf ein bestimmtes Produkt und kann nicht legitimierend für andere wirken. Demnach ist die Situation mit dem zeitlichen Ablauf einer Vereinbarung vergleichbar: Der Lizenznehmer darf nicht besser gestellt werden, nur weil er für einen beschränkten Kreis an Waren die Zustimmung des Markeninhabers hatte. Dies entspricht auch dem § 30 Abs. 2 Nr. 3 MarkenG.

Im Gegensatz zur zivilrechtlichen Beurteilung ist die **qualitative Abweichung** der Ware von der Soll-Beschaffenheit nicht als strafrechtliche Markenverletzung anzusehen. Bei schlechter Qualität handelt es sich um eine klassische Vertragsverletzung, die durch entsprechende Schulungen oder Qualitätskontrollen verhindert werden kann. Auch sind derartige Fälle geeignet allein mit zivilrechtlichen Maßnahmen bekämpft zu werden.

Dem Markeninhaber soll es jedoch unbenommen bleiben die Zustimmung erst nach Qualitätskontrollen zu erteilen: Wenn die Waren tatsächlich einer Prüfung unterzogen werden und dann erst die Entscheidung fällt, ob die Marke angebracht werden darf, so wird erst in diesem Moment eine Genehmigung zur Kennzeichnung erteilt. Gleiches gilt, wenn im Lizenzvertrag genau bezeichnete Bedingungen genannt werden – dies ist beispielsweise bei Waren relevant, bei denen die Produktion von Prototypen wirtschaftlich nicht sinnvoll ist. Eine Lizenzvereinbarung stellt dann nur den rechtlichen Rahmen; die Zustimmung erfolgt erst später.

Demnach sind mengenmäßige Überschreitungen sowie Qualitätsabweichungen ohne Relevanz für die Zustimmung; es liegt keine strafbare Handlung vor. Gleiches gilt für Abweichungen hinsichtlich der Form der Marke oder geographi-

---

[1771] So die Argumentation des U.S. Kongresses in 130 Cong. Rec. 31673, 31676.

schen Beschränkungen (§ 30 Abs. 2 Nr. 2 und Nr. 4 MarkenG), da diese ebenso im Rahmen eines Vertragsverletzungsverfahrens effektiv geltend gemacht werden können – die bereits genannten Argumente sind hierauf übertragbar.

Wenn jedoch über die Dauer einer Lizenz hinaus weiter produziert oder ein anderer Warentyp gekennzeichnet wird, so liegt kein Einverständnis vor und es handelt sich um eine Straftat. Für dieses Ergebnis sprechen auch praktische Erwägungen: Bei Abweichungen im Rahmen einer Lizenz ist oft schwer zu beurteilen, wann eine Vertragsverletzung vorliegt – man denke nur an geringfügige Qualitätsabweichungen. Im Strafrecht muss aber klar erkennbar sein, wann eine Verletzungshandlung gegeben ist. Sowohl die Begrenzung der Zustimmung auf die in der Lizenz genannten Waren und die Zeitdauer sind einfach zu bestimmen. Dies ist ebenso für die Strafverfolgungsbehörden von großer Wichtigkeit: Wenn ein schneller Zugriff erfolgen muss, so sollten auch die Voraussetzungen schnell und eindeutig überprüfbar sein.

Demnach lassen lediglich Verletzungshandlungen im Sinne des § 30 Abs. 2 Nr. 1 und Nr. 3 MarkenG eine erteilte Zustimmung entfallen, was zu einer Spaltung zwischen rein zivilrechtlichen und strafrechtlich relevanten Verletzungshandlungen führt. Die derzeit herrschende Parallelität wurde jedoch schon aufgehoben, da sich der Vorschlag auf besonders schwerwiegende Verstöße beschränkt.[1772] Zwar hat der Gesetzgeber in § 30 Abs. 2 MarkenG bereits eine Wertung möglicher Vertragsverletzungen vorgenommen, diese jedoch auf zivilrechtliche Mittel abgestimmt. Der gesteigerte Unrechtsvorwurf der strafbaren Markenverletzung erlaubt es aus diesen noch einmal eine Auswahl zu treffen.

Durch die Formulierung *„wenn zum Zeitpunkt der Tat die Zustimmung des Inhabers zur Benutzung des Zeichens für derartige Waren oder Dienstleistungen bestand"* soll zum Ausdruck gebracht werden, dass aus dem Katalog des § 30 MarkenG lediglich Zeitpunkt (Nr. 1) und Art der Ware/Dienstleistung (Nr. 3) relevant sind.

2. Bestandskraft der jüngeren Marke (Nr. 2)

Wie bereits dargelegt,[1773] kann die Situation des § 22 MarkenG auch im Strafrecht relevant werden. Demnach wurde ein entsprechender Verweis in den Ent-

[1772] Auch bei der europäischen Grenzbeschlagnahme sind Parallelimporte und Waren, die unter Verletzung des Lizenzvertrages hergestellt wurden, vom Anwendungsbereich ausgenommen, *Helm*, wrp 2005, 167, 170.

[1773] Vgl. dazu bereits Teil 2, Kap. 1, A.I.4.b)(3).

wurf aufgenommen. Da eine entsprechende Norm in der GMV nicht existiert, ist ein Verweis auf eine vergleichbare Situation erforderlich: Die Grundsätze gelten für Gemeinschaftsmarken entsprechend, lediglich die Zeitpunkte können auf Grund des unterschiedlichen Verfahrensablaufs variieren.[1774]

Praktisch wird diese Ausnahme jedoch keine Rolle spielen. Insbesondere bei der nun engeren Fassung des Tatbestandes werden sowohl Täter zumeist selbst keine eigenen Marken besitzen bzw. Markeninhaber gegen quasi identische Marken rechtzeitig vorgehen.

3. Erschöpfung (Nr. 3)

Bei der Erschöpfung ergibt sich im Strafrecht eine vom Zivilrecht abweichende Rechtslage; im Unterschied zu § 24 MarkenG ist die strafrechtliche Ausschlussregelung weiter und umfasst sämtliche Waren, die durch den Markeninhaber oder mit seiner Zustimmung in den Verkehr gebracht worden sind, sofern nicht durch Veränderungen die Gefahr einer Täuschung besteht.

Der Erschöpfungsgrundsatz betrifft beispielsweise die Problematik, wie zu verfahren ist, wenn die Zustimmung für ein anderes Land erteilt wird und die Waren dann über ungewünschte Kanäle in andere Staaten gelangen oder wenn Waren re-importiert werden.

Wie sich gezeigt hat, besteht bei der Erschöpfung hinsichtlich deren territorialen Reichweite international keine Übereinstimmung.[1775] Hintergrund für diese Regelungen ist der Gedanke, dass mit Inverkehrbringen der Ware der wirtschaftliche Wert des Kennzeichens bereits abgeschöpft wurde und demnach dem Inhaber keine weiteren Rechte mehr zugestanden werden. Er soll nicht die Möglichkeit erhalten, darüber hinaus noch die Vertriebswege zu kontrollieren. Durch die Beschränkung der Erschöpfungswirkung in der Markenrechtsrichtlinie auf den Europäischen Wirtschaftsraum wird der Grundgedanke der Erschöpfung aber wieder teilweise eingeschränkt.[1776] Diese Entscheidung ist jedoch nicht auf das Strafrecht zu übertragen: Die Begrenzung der Erschöpfung auf den EWR stellt eine politisch motivierte[1777] und nicht unumstrittene[1778] Entscheidung dar, die nicht im Markenrecht begründet ist.

[1774] *Ingerl/Rohnke*, § 22 Rn 3.

[1775] Vgl. nur Teil 2, Kap. 3, D.V.

[1776] So kritisch *Ingerl/Rohnke*, § 24 Rn 8.

[1777] *Grauel*, MarkenR 2000, 89, 90, gibt auch nähere Informationen zur NERA-Studie, die von der Kommission durchgeführt wurde und die Auswirkungen internationaler und gemeinschaftsweiter Erschöpfung miteinander vergleicht.

Aus strafrechtlicher Sicht: Für die Bestimmung des Unrechts ist maßgeblich, ob eine Zustimmung zum Inverkehrbringen vorliegt oder nicht; in welchem Gebiet die Ware erstmals auf den Markt gebracht wurde, kann darüber hinaus keinerlei Konsequenzen haben.[1779] Es kann für die Beurteilung des Unrechts nicht entscheidend sein, ob Markenprodukte mit Zustimmung in den USA oder in Frankreich erstmals in den Verkehr gelangten. Der sich anschließende Import nach Deutschland ist „nach außen" gleich; es kann für die Strafbarkeit nicht darauf ankommen, aus welchem Land die Ware ursprünglich kam.[1780] Entscheidend muss sein, ob eine Zustimmung zum Inverkehrbringen vorlag, da gerade mit der Zustimmung das Verwertungsrecht, das ja geschützt werden soll, finanziell umgesetzt wird.

Dass damit in Deutschland eine Diskrepanz zwischen Zivil- und Strafverfahren entsteht, ist hinzunehmen. Auch bei der Grenzbeschlagnahme nach den EU-Verordnungen wird lediglich darauf abgestellt, ob die Kennzeichnung mit Genehmigung des Markeninhabers erfolgte.[1781]

Demnach kommt es im Rahmen des Strafrechts lediglich darauf an, ob beim ersten Inverkehrbringen eine Genehmigung vorlag.[1782]

Eingrenzend kann jedoch von der Erschöpfungswirkung wieder abgerückt werden, wenn die Waren so verändert werden, dass sie nicht mehr denen entsprechen, die auf den Markt gebracht wurden. Eine derartige Veränderung kommt beispielsweise in Betracht, wenn Produkte umgebaut oder so stark repariert werden, dass sie nicht mehr als Original angesehen werden können. Auch das Umpacken von Waren kann entsprechende Wirkungen haben: Es ist allerdings zu bedenken, dass es sich immer noch um Waren handelt, die mit Zustimmung des Markeninhabers auf den Markt gebracht wurden.

1778 *Selzer*, S. 43 hält sogar allgemein einen internationalen Erschöpfungsgrundsatz für gerechtfertigt, da in derartigen Fällen die Herkunftsfunktion der Marke nicht berührt wird; ebenso *Heath* in: Ehlers/Wolfgang/Pünder, S. 50 ff.

1779 So auch *Hopkins/Kotnik/Turnage*, S. 10, die darauf hinweisen, dass es sich um ein echtes Produkt handelt; *Ströbele/Hacker*, § 24 Rn 30 finden es sogar bedenklich Parallelimporte in die Nähe von Produktpiraterie zu rücken.

1780 Auch die gesamtwirtschaftlichen Folgen sind bei Parallelimporten deutlich geringer als bei sonstigen Markenverletzungen, vgl. dazu *Schulz*, S. 100, der sich aber letztlich gegen eine teleologische Reduktion des § 24 MarkenG ausspricht.

1781 Zur Grenzbeschlagnahme vgl. *Beußel*, GRUR 2000, 188, 188; *Natlacen/Prohaska-Marchried/Marosi*, S. 36 f; anders die Grenzbeschlagnahme nach § 146 MarkenG: dort gilt der Erschöpfungsgrundsatz gem. § 24 MarkenG, vgl. BFH GRUR Int. 2000, 780, 781 f; dazu kritisch *Beußel*, GRUR 2000, 188, 190.

1782 Wobei sich diese auch auf den Ort des Inverkehrbringens beziehen muss.

Hier kommt jedoch der Verbraucher- und Wettbewerbsschutz ins Spiel: Der Abnehmer wird getäuscht, wenn er nicht die erwartete Ware bekommt – woher diese letztlich stammt, ist dafür ohne Belang. Wenn jedoch ausländische Waren mit unterschiedlicher Qualität nicht ausreichend als Importe gekennzeichnet werden, so unterliegt er einem Irrtum über die Eigenschaften des Produkts.

Demnach ist im Interesse der mitgeschützten Verbraucher und des Wettbewerbs von einer Aufhebung der Erschöpfungswirkung auszugehen, wenn Abnehmer durch die Benutzung der Marke getäuscht werden. Eine solche Täuschung liegt vor, wenn Veränderungen an der Ware vorgenommen werden und dies nicht gekennzeichnet wird oder durch das Umverpacken Waren unterschiedlicher Qualität als solche des inländischen Marktes erscheinen. Derartige Tathandlungen sollen durch den Halbsatz *„es sei denn, dass auf Grund von Veränderungen die Gefahr einer Täuschung besteht“* von der Erschöpfungswirkung ausgenommen werden und demnach widerrechtlich sein.

Der amerikanische Gesetzesvorschlag zur Änderung des 18 U.S.C. § 2320 ist dem hier vorliegenden Entwurf ähnlich: Beim Umverpacken soll der strafrechtliche Schutz ausgeschlossen sein, solange dadurch nicht die Verbraucher getäuscht werden.[1783] Zwar wird diese Regelung vorrangig mit Rücksicht auf die Industrie, die mit Umverpackungen befasst ist, begründet,[1784] im Ergebnis ist dem Vorschlag jedoch aus den bereits genannten Gründen zuzustimmen.

Der vorliegende Entwurf pönalisiert mit seiner konkreten Ausgestaltung auch kein Verhalten, das nicht bereits zivilrechtlich verboten ist: Die Gefahr der Täuschung wird derzeit sowohl durch § 24 Abs. 2 MarkenG als auch die relativ restriktive Rechtsprechung zum Umverpacken unterbunden.[1785] § 24 Abs. 2 MarkenG ermöglicht, dass sich der Markeninhaber bei berechtigten Gründen der Verwendung von veränderten Waren widersetzen kann. In dieser Fallkonstellation besteht immer auch die Gefahr der Täuschung, so dass der Schutz des Markeninhabers durch die Neuregelung nicht aufgehoben wird.

Grundsätzlich wird demnach der Erschöpfungsgrundsatz übernommen, es wird jedoch von der Möglichkeit Gebrauch gemacht, aus dem Bereich des zivilrechtlich Untersagten nur einen Ausschnitt auch strafrechtlich zu sanktionieren. Aus den genannten Gründen gebietet die enge Anbindung an das Rechtsgut und das ultima ratio Prinzip einen Ausschluss der Strafbarkeit, wenn die Ware mit Zustimmung in den Verkehr gebracht wurde. Als Grenze ist lediglich der Verbrau-

---

[1783] H.R. 32.
[1784] 70 PCTJ 92, S. 6 zu H.R. 32.
[1785] Vgl. dazu Teil 2, Kap. 1, A.I.4.b)(5).

cher- und Wettbewerbsschutz zu sehen, was im letzten Halbsatz des Abs. 4 Nr. 3 des Entwurfes seinen Niederschlag fand.

4. Wirksamkeit der Marke (Nr. 4)

Wenn die verletzte Marke gelöscht werden könnte, ist die Widerrechtlichkeit der Benutzungshandlung ausgeschlossen.

Dies ist darauf zurückzuführen, dass die Wirksamkeit einer Marke eine entscheidende Rolle für die Beurteilung des Unrechts spielt. Nur wenn eine Marke auch rechtswirksam ist, besteht überhaupt ein schutzfähiges Rechtsgut.

Bei eingetragenen Marken wurden zumindest von einer offiziellen Stelle bereits einige Schutzvoraussetzungen und -hindernisse geprüft.[1786] Insbesondere das Bestehen prioritätsälterer, entgegenstehender Marken wird aber oft erst deutlich später geltend gemacht. Auch die mangelnde Benutzung kann zu einer Löschung führen.

Die Berücksichtigung aller Löschungsgründe ist dabei grundsätzlich auf verschiedene Weisen denkbar: Man kann es dem Strafrichter auferlegen stets die Rechtswirksamkeit der Marke zu prüfen oder diese Entscheidung den Fachgerichten bzw. dem Markenamt überlassen. Für ersteres spricht, dass alle relevanten Fragen in einem Verfahren zügig entschieden werden können; für zweiteres, dass ein Gericht oder eine Behörde mit größerer Sachnähe entscheidet. Das Vorgehen ist hier international nicht einheitlich.[1787] Inwiefern Strafgerichte Vorfragen selbst beantworten müssen oder auch eine Aussetzung eines Verfahrens möglich ist, ist eine Frage, die das grundsätzliche Kompetenzverhältnis von Gerichten untereinander betrifft und damit jeweils vor dem Hintergrund der jeweiligen Rechtsordnung zu sehen ist. Demnach ist eine ins System passende Regelung zu wählen.

Die in Deutschland bislang vorherrschende Lösung halte ich für gut gangbar: Löschungsgründe können die Widerrechtlichkeit ausschließen und sind somit durch das Gericht zu prüfen; Fragen dieser Art können jedoch ebenso bei Aussetzung durch die Fachgerichte oder das Patent- und Markenamt entschieden werden. Deshalb besteht die Möglichkeit, in eindeutigen Fällen das Strafgericht

[1786] Die jedoch auch weiterhin in Löschungs- oder Widerspruchsklagen angesprochen werden können.

[1787] Vgl. z.B. *AIPPI*, Bericht, S. 4 f.

selbst die Entscheidung treffen zu lassen und bei komplizierteren markenrechtlichen Fragestellungen das Verfahren auszusetzen.

Nach der derzeitigen Rechtslage ist bereits bei Löschungsreife der Marke die Widerrechtlichkeit der Benutzung ausgeschlossen; aus Klarstellungsgründen wurde dies nun ausdrücklich in den Entwurf aufgenommen. Davon unberührt bleibt jedoch die Möglichkeit, von der Aussetzung nach §§ 154 d, 262 Abs. 2 StPO Gebrauch zu machen; in einigen Fällen besteht auch weiterhin eine Pflicht zur Aussetzung.[1788]

Nicht erforderlich für das Eingreifen des Ausschlussgrundes ist das tatsächliche Vorgehen des Beklagten gegen die verletzte Marke. Es genügt, dass Gründe bestehen, diese löschen zu lassen, da bereits dann kein schutzfähiges Rechtsgut vorliegt.[1789] § 25 MarkenG, der auch im Zusammenhang mit den Ausschlussgründen genannt wird, ist nicht separat im Entwurf aufgeführt, da mangelnde Benutzung über § 49 Abs. 1 MarkenG zur Löschung führen kann und demnach bereits in Nr. 4 enthalten ist.

Sonstige Gründe, die die Widerrechtlichkeit ausschließen, sollen nicht gesetzlich vorgesehen werden. Allerdings ist es unbenommen diese im Einzelfall zu berücksichtigen: Da sie sich zu Gunsten des Täters auswirken würden, liegt kein Verstoß gegen das Analogieverbot vor. Nicht explizit genannt, aber im Markenrecht auch jetzt schon vorausgesetzt, ist beispielsweise die Priorität der verletzten Marke.

5. Nicht übernommene Ausschlussgründe

Folgende explizit im MarkenG geregelten Ausschlussgründe wurden nicht in den Entwurf übernommen, da sie entweder speziell geregelt sind oder auf Grund der ihnen zu Grunde liegenden Voraussetzungen im Strafrecht nicht erfüllt sein können.

a) Verjährung, § 20 MarkenG

Im Rahmen der bestehenden Vorschriften ist allein die strafrechtliche Verjährung maßgeblich.[1790] Derzeit könnte man auf Grund der Parallelität der zivil-

---

[1788] Vgl. dazu Teil 4, Kap. 1, E.I.2.
[1789] Vgl. dazu Teil 2, Kap. 1, A.I.4.c) und Teil 4, Kap. 1, F.
[1790] Vgl. dazu Teil 2, Kap. 1, A.I.4. b)(1).

rechtlichen und strafrechtlichen Verletzungshandlungen eine Anwendung der zivilrechtlichen Verjährungsvorschriften auf den strafrechtlichen Tatbestand in Betracht ziehen, um Wertungswidersprüche zu vermeiden. Durch die Entkoppelung von Zivil- und Strafrecht stellt sich dieses Problem nicht mehr. Zwar liegt jeder Straftat immer noch eine zivilrechtliche Rechtsverletzung zu Grunde, allerdings baut der Tatbestand nicht mehr direkt darauf auf. Bei allen anderen Vermögens- oder Eigentumsdelikten, bei denen in der Regel auch jeweils ein zivilrechtlicher Anspruch gegeben ist, bestehen jedoch strafrechtliche und zivilrechtliche Verjährung nebeneinander. Deswegen würde eine Angleichung einen Systembruch darstellen, der nicht mehr durch die Parallelität der Verletzungshandlungen gerechtfertigt werden könnte. § 20 MarkenG ist wie bislang demnach im Strafrecht unanwendbar; es wurde keine diesem entsprechende Bestimmung in die Definition der Widerrechtlichkeit aufgenommen.

b) Verwirkung, § 21 MarkenG

Auf die Aufnahme einer Verwirkungsregelung in die Strafnorm kann verzichtet werden, da eine solche immanent einen Vertrauenstatbestand voraussetzt, der bei Bösgläubigen nicht vorliegen kann. Für den Straftatbestand muss jedoch Vorsatz vorliegen;[1791] die Annahme von Verwirkung ist deshalb bereits grundsätzlich ausgeschlossen. Dies ist derzeit schon sowohl im deutschen als auch amerikanischen Recht so üblich.[1792] Demnach können sowohl § 21 MarkenG als auch der allgemeine Verwirkungsgrundsatz wie bislang nicht angewendet werden; der Entwurf benötigt keine entsprechende Regelung.

c) Namen, beschreibende Benutzung und Ersatzteilgeschäfte, § 23 MarkenG

Die Neuregelung enthält keine dem § 23 MarkenG entsprechende Ausnahme, da dessen Voraussetzungen angesichts der Neufassung der strafrechtlichen Norm bei Tatbestandserfüllung nicht mehr erfüllt werden können: Voraussetzung aller drei in § 23 MarkenG genannten Ausnahmefälle ist, dass die Benutzung nicht gegen die guten Sitten verstößt. Die Norm stellt dabei eine Ausformung des international anerkannten Ausnahmetatbestandes des *fair use* dar. In den Vereinigten Staaten besteht eine ähnliche *defense*: Dort wird bereits zur Voraussetzung gemacht, dass die Benutzung nicht markenmäßig erfolgt, da dies dem Grundsatz

---

[1791] Vgl. dazu sogleich B.V.

[1792] Vgl. dazu bereits Teil 2, Kap. 1, A.I.4.b)(2) und Kap. 2, A.IV.2.i).

des *fair use* entgegensteht.[1793] Die deutsche Rechtsprechung hat inzwischen allerdings anerkannt, dass selbst bei markenmäßiger Benutzung die Anwendung möglich bleibt, jedoch die Benutzung nicht gegen die guten Sitten verstoßen darf.[1794]

Durch die Neufassung des Tatbestands wurde sowohl das Tatobjekt einer rechtsverletzenden Handlung als auch die Benutzung selbst wesentlich restriktiver gefasst als die zivilrechtlichen Pendants. Für die strafrechtliche Beurteilung ist es demnach nun relevant, ob der Anschein des Originals erweckt wird – in solchen Fällen kann jedoch nicht mehr davon ausgegangen werden, dass die Benutzung nicht den guten Sitten widerspricht. Dem steht auch die eben erwähnte Rechtsprechung nicht entgegen, da diese deutlich weitere zivilrechtliche Begriffe zu Grunde legt. Demnach kann § 23 MarkenG im Strafrecht keine Anwendung finden; der Entwurf enthält somit auch keine dementsprechende Klausel.

V. Subjektiver Tatbestand

Grundsätzlich genügen zur Begehung des vorgeschlagenen Tatbestandes alle Vorsatzformen. Vorsatz soll auch hinsichtlich aller Merkmale des objektiven Tatbestandes vorliegen.

Einige der Tathandlungen müssen jedoch **zweckgerichtet** sein. Die Zweckrichtung ist allerdings nur bei den noch „internen" Verhaltensweisen wie dem Anbringen und dem Besitz erforderlich, um eine ausreichende Anbindung an das Rechtsgut zu gewährleisten. Ausreichend ist dabei Absicht oder sichere Kenntnis vom späteren Inverkehrbringen.

Ausnahmen, wie zum Beispiel in den Vereinigten Staaten hinsichtlich der **Kenntnis von der Eintragung,** sind im Entwurf nicht enthalten. Durch die Eintragung wird in den USA lediglich eine Verbindung zum *interstate commerce* hergestellt, der für eine Strafverfolgung durch den Bund Voraussetzung ist.[1795] Derartige Merkmale, die nur der Begründung der Gerichtsbarkeit dienen, müssen grundsätzlich nicht vom Vorsatz umfasst werden.[1796] Auch ist es in den Vereinigten Staaten erforderlich, dass dem Täter bekannt ist, dass er eine Marke verletzt. Wenn demnach derartige Kenntnis verlangt wird, dann ist es höchst wahrscheinlich, dass auch mit einer Eintragung zumindest gerechnet wurde. In-

1793 Vgl. dazu Kap. 2, A.IV.2.d).

1794 So der BGH GRUR 2004, 949, 950 *Regiopost/Regional Post* unter Berufung auf EuGH GRUR 2002, 613 - *Gerry/Kerry Spring*.

1795 *U.S. DOJ*, Prosecuting Intellectual Property Crimes, S. 16.

1796 Vgl. dazu bereits Teil 2, Kap. 2, III.3.

sofern besteht keine Notwendigkeit für eine objektive Bedingung der Strafbarkeit.

Nicht erforderlich ist **Täuschungsabsicht**, da ansonsten so genannte Fälschungen im Konsens nicht umfasst wären.[1797]

Einen **Fahrlässigkeitstatbestand** enthält der vorliegende Entwurf nicht. Das WZG sah einen solchen hinsichtlich des Versehens von Waren mit entsprechenden Zeichen vor. Man strich ihn jedoch 1990 wieder, da er sowohl im Vergleich zu sonstigen Strafnormen im Bereich des geistigen Eigentums ein Einzelfall war, als auch in der Praxis keine Bedeutung erlangt hatte.[1798] Neben Erfahrungen aus der Vergangenheit sprechen auch ökonomische Überlegungen dagegen. Die Einführung eines Fahrlässigkeitstatbestandes könnte sich wettbewerbsbeschränkend auswirken: Es ist durchaus üblich, dass Wettbewerber versuchen durch Nachahmungen im Rahmen des rechtlich Zulässigen so nahe wie möglich an die Leistungen eines Konkurrenten heranzukommen.[1799] Dies kann der Qualität zu gute kommen und wirkt sich auch positiv für die Verbraucher aus, da dadurch zwischen den Wettbewerbern Preisdruck entsteht, was sich in günstigeren Konditionen für den Käufer niederschlagen kann.

Wenn jedoch auch fahrlässiges Verhalten unter Strafe gestellt werden würde, so bestünde die Gefahr, dass aus Angst vor Strafverfolgung auch von diesen sich auf den Wettbewerb positiv auswirkenden Imitationen Abstand genommen wird.[1800] Darüber hinaus ist die Fahrlässigkeitsstrafbarkeit nicht notwendig: Der Tatbestand ist objektiv auf einen sehr engen Bereich beschränkt, so dass hinsichtlich des Vorsatzes auch kaum Beweisprobleme bestehen dürften.

VI. Versuch (Abs. 5)

Der Entwurf enthält in Abs. 5 die Strafbarkeit des Versuchs. Diese Regelung ist durch die Einbeziehung der Vorbereitungshandlungen in den Entwurf, wie die Markierung der Kennzeichnungsmittel, nicht obsolet geworden. Diese Handlungen sind bereits nach derzeitiger Rechtslage kaum über die Versuchsstrafbarkeit abgedeckt, da es zumeist am unmittelbaren Ansetzen fehlt.[1801] Für sie wird demnach die Versuchsstrafbarkeit auch nicht benötigt. Diese ist vielmehr gerade für die sonstigen Tathandlungen, wie zum Beispiel insbesondere die Einfuhr, von

[1797] Vgl. dazu bereits B.III.2.
[1798] BT-Drs. 11/4792, S. 40.
[1799] *Braun*, S. 337.
[1800] So für das Urheberrecht *Moohr*, 54 Am. U.L. Rev. 783, 802.
[1801] Vgl. Teil 3, Kap. 1, D.II.

Relevanz und kriminalpolitisch wünschenswert.[1802] Aus ökonomischer Sicht ist sie ebenso zu begrüßen, da nur so ein potenzieller Täter auch bei einem Fehlschlag Kosten zu tragen hat, was er vorher in seine Kalkulation einbeziehen und demnach auch von einem Versuch absehen wird.[1803]

VII. Rechtsfolgen

Aus ökonomischen Gesichtspunkten ist bei der Wahl der Rechtsfolgen darauf abzustellen, dass dem Täter Kosten in einer Höhe auferlegt werden, die seine potenziellen Erträge aus der Tat übersteigen und damit seine Entscheidung gegen die Begehung der Tat ausfallen lassen.

1. Freiheits- und Geldstrafe

Im Hinblick auf die Freiheitsstrafe gibt auch Art. 61 TRIPS bereits den Rahmen vor: Die Tat muss mit Sanktionen belegt werden, die bei einem Delikt ähnlicher Schwere sonst verhängt werden. Für Deutschland bedeutet dies, dass nach der hier vertretenen Ansicht die Maximalstrafe erhöht werden muss, wobei eine Orientierung an Diebstahl und Betrug erfolgen soll.[1804] Der Grundtatbestand soll demnach eine Maximalstrafe von 5 Jahren, die Regelbeispiele eine von 10 Jahren enthalten. Dieser Strafrahmen wird auch den ökonomischen Erwägungen gerecht: Durch die zur jetzigen Rechtslage deutlich angehobene Maximalstrafe erhöht sich für den Täter auf der Kostenseite der Faktor der zur erwartenden Strafe und steht damit in einem angemessenerem Verhältnis zu den möglichen Gewinnen.

Die Einführung einer Mindeststrafe halte ich entgegen *Maske*[1805] für wenig sinnvoll, da Markenstraftaten je nach der konkreten Begehungsweise sehr stark im Unrecht variieren können. Zwar ergibt sich im Vergleich zur jetzigen Rechtslage durch die Beschränkung auf Identfälschungen eine gewisse Nivellierung. Da jedoch hinsichtlich der Schäden keine Aussage getroffen wird, empfiehlt es sich diesbezüglich dem Richter freies Ermessen einzuräumen. Beispielsweise kann die Konstellation auftreten, dass ein Zwischenhändler, dem einige Fäl-

---

[1802] Nur so kann bei Gegenständen, über die noch keine Verfügungsgewalt im Inland erlangt wurde, eine Rechtsverletzung vorliegen und damit auch die Grenzbeschlagnahme vorgenommen werden, vgl dazu a.a.O.

[1803] *Posner*, 85 Colum. L. Rev. 1193, 1217 f.

[1804] Dies entspricht auch Art. 61 TRIPS; ebenso *Cramer*, GRUR Int. 2002, 511, 517, der dementsprechend eine Erhöhung auf zehn Jahre fordert.

[1805] *Maske*, S. 215.

schungen untergeschoben wurden, diese später erkennt und er nun bösgläubig deren Weiterverkauf betreibt, um den Schaden weiterzugeben. Dies ist bei einer Anzahl von wenigen Stücken im Unrechtsgehalt nicht vergleichbar mit professionellen Händlern, die verschiedensten Markenfälschungen Millionengewinne machen.

Die Freiheitsstrafe bietet sich insbesondere bei Wiederholungstätern an, die sich trotz früherer Verurteilungen wenig einsichtig zeigen oder auch bei Ersttätern, wenn entsprechend hohe Schäden verursacht werden.

Bei den Geldstrafen besteht ein ausreichender Strafrahmen, die Probleme liegen hier vor allem in der Rechtswirklichkeit.[1806] Ob es aus ökonomischer Sicht sinnvoll ist, Strafen in Form von Tagessätzen zu verhängen, kann durchaus bestritten werden.[1807] Allerdingssoll in dieser Arbeit eine Lösung innerhalb der Grundsätze des bestehenden Rechtsfolgensystems gefunden werden.

2. Regelbeispiele (Abs. 6)

Die Markenpiraterie kann unterschiedlichste Erscheinungsformen annehmen und variiert somit auch stark im Unrechtsgehalt. Auf die zum Teil dramatischen Folgen einiger der Begehungsweisen wurde schon hingewiesen.[1808]

Demnach enthält der Vorschlag für gewisse Fälle parallel zu den Eigentums- und Vermögensdelikten des Kernstrafrechts Strafschärfungen. Da die Markenpiraterie jedoch durch die verschiedenen Begehungsformen auffällt, empfiehlt es sich, statt eines Qualifikationstatbestandes die Strafzumessung durch Regelbeispiele zu gestalten. Aus diesem Grund wurde auch auf die Festsetzung einer Mindeststrafe verzichtet.

Ein besonders schwerer Fall liegt beispielsweise vor, wenn durch die Tat ein besonders **hoher Schaden** entsteht (Abs. 6 Nr. 1).

Um im System des Markenrechts zu bleiben, soll der Schaden parallel zur Berechnung des zivilrechtlichen Schadensersatzes erfolgen. Diesem liegt eine dreifache Berechnungsweise zu Grunde: Verlangt werden kann entweder der entgangene Gewinn, der Verletzergewinn oder Schadensersatz nach Lizenzanalo-

[1806] Vgl. dazu bereits Teil 5, Kap. 2, A.
[1807] *Becker*, 76 J. Pol. Econ. 169, 195.
[1808] Vgl. Teil 5, Kap. 1, C.

gie.[1809] Die Berechnungsmodalitäten sind auf die Bedürfnisse des Markenrechts zugeschnitten, da sie sowohl bei Nachahmungen zu minderen Preisen als auch bei wie ein Original verkauften Waren jeweils eine adäquate Methode zur Verfügung stellen. Wenn nach einer dieser Berechnungen eine hohe Schadenssumme vorliegt, ist das Regelbeispiel erfüllt. Ab wann von einem hohen Schaden gesprochen werden kann, muss sich im Wesentlichen in der Praxis ergeben.

Ein bei Eigentums- und Vermögensdelikten „gängiges" Regelbeispiel ist die **gewerbsmäßige oder bandenmäßige Begehung**. Diese Vorgehensweise wurde in Abs. 6 Nr. 2 übernommen, da sie auch bei Markenstraftaten häufig vorzufinden ist. Die von Art. 61 TRIPS geforderte Gleichbehandlung mit vergleichbaren Straftaten legt es auch nahe, dieses Regelbeispiel auf die strafrechtliche Markenverletzung zu übertragen.

Das Regelbeispiel Nr. 3, das eine Strafschärfung vorsieht, wenn der bestimmungsgemäße Gebrauch einer Ware geeignet ist, eine **Gesundheitsschädigung** hervorzurufen, berücksichtigt ein Rechtsgut der Abnehmer: deren körperliche Unversehrtheit.

In manchen Bereichen können Markenfälschungen verheerende Wirkungen haben, wenn die Qualität des Produktes nicht dem Original entspricht und dadurch nicht entsprechend eingesetzt werden kann oder sollte. Zu denken ist dabei insbesondere an Ersatzteile für Verkehrsmittel, gefälschte Medikamente, gepanschten Alkohol oder leicht entflammbares Kinderspielzeug. Das erhöhte Unrecht liegt bei diesen Taten in der Gesundheitsgefährdung von Menschen; der Schwerpunkt dieses Regelbeispiels ist demnach eine spezielle Form des Verbraucherschutzes.

Da es Ziel des Tatbestandes sein muss, entsprechende Taten effektiv ahnden zu können, darf in solchen Fällen der Vollendungszeitpunkt nicht zu spät gelegt werden: Ein Hersteller gesundheitsgefährdender Waren soll sich nicht darauf berufen können, dass sich nur durch Zufall die seinem Produkt innewohnende Gefahr noch nicht realisiert hat. Das besondere Unrecht besteht darin, dass ein Täter aus Profitgier über finanzielle Schäden hinausgehende Konsequenzen in Kauf nimmt. Dieses Unrecht liegt gleichermaßen vor, wenn die Waren beispielsweise an der Grenze aufgegriffen werden und demnach noch keine konkrete Gefahr eintreten konnte. Somit genügt es, wenn der bestimmungsgemäße Einsatz der Waren zu einer Gesundheitsgefahr führen kann.

[1809] *Ingerl/Rohnke*, § 14 Rn 112. Da der Markeninhaber im Zentrum dieses Regelbeispiels steht, kommt es auf sonstige Schäden, wie zum Beipiel ein Vermögensschaden des Käufers nicht an – dieser findet über § 263 StGB ausreichend Berücksichtigung

3. Einziehung und Verfall

Die Rechtsinstitute der Einziehung und des Verfalls (§§ 73 ff StGB) resultieren aus der Erkenntnis, dass für eine effektive Bekämpfung der Kriminalität sich Straftaten nicht lohnen dürfen. Ebenso muss sichergestellt werden, dass Tatwerkzeuge und aus der Tat Hervorgebrachtes dem Täter entzogen werden.

Die bereits bestehenden Regelungen zur Einziehung und zum Verfall bedürfen dabei zum Teil Änderungen bzw. Ergänzungen. Letztere wurden in den Entwurf aufgenommen.

Beim Verfall ist beispielsweise zu beachten, dass **Opferansprüche** nicht unmöglich gemacht werden. Wie dies am besten zu verwirklichen ist, stellt eine stark von den Besonderheiten einer Rechtsordnung abhängige Regelung dar. In Deutschland besteht das bekannte Problem, dass § 73 I 2 StGB quasi bei sämtlichen Vermögensdelikten den Verfall ausschließt. Hier muss dringend Abhilfe geschaffen werden.[1810]

Um effektiv weiteren Straftaten vorzubeugen, muss vor allem sichergestellt werden, dass schutzrechtsverletzende Gegenstände der Vernichtung zugeführt werden. Demnach ist – wie in § 143 Abs. 5 S. 1 MarkenG enthalten – die Einziehung in Abs. 7 S. 1 des Entwurfes auf **Beziehungsgegenstände** erweitert.[1811]

Auch ein Verweis auf **§ 74 a StGB** macht weiterhin Sinn. Die Einziehung soll auch dann möglich sein, wenn der Gegenstand nicht im Eigentum des Täters steht, da hinter zahlreichen Markenfälschungen kriminelle Organisationen und keine Einzeltäter stehen.

Allerdings ist der Verweis auf den Vorrang des **zivilrechtlichen Herausgabeanpruches**, der im derzeitigen § 143 Abs. 5 S. 3 MarkenG zu streichen.[1812]

Generell handelt es sich bei der Einziehung um ein erprobtes Instrument, das für Markenstraftaten keine weiteren Besonderheiten aufweist und in der jetzigen Form gute Dienste tut.

[1810] Hierbei handelt es sich um ein allgemein bekanntes und oft kritisiertes Problem, für welches im Rahmen dieser Arbeit keine Lösung entwickelt werden kann. Das Bundesjustizministerium arbeitet jedoch bereits an einer Neuregelung, vgl. Pressemitteilung vom 10.3.2006.

[1811] Vgl. zur derzeitigen Rechtslage, Teil 3, Kap. 1, F.III.

[1812] Vgl. dazu zugleich näher C.I.4.

Neben der Vernichtung kommt nach § 74 b Abs. 2 Nr. 1 StGB auch die **bloße Beseitigung des Kennzeichens** oder nach § 67 StrafVollStrO eine **Weitergabe an karitative Organisationen** in Betracht kommen. Gegen die Beseitigung spricht jedoch, dass dadurch die Gefahr eines erneuten Anbringens sehr hoch ist. Darüber hinaus ahmen die Täter zumeist auch die optische Gestaltung der Originalware nach, so dass immer noch Verwechslungsgefahr bestehen kann.[1813] § 74 b Abs. 2 Nr. 1 StGB soll deshalb keine Anwendung finden, da die Maßnahme nicht gleich effektiv ist.

Die gleichen Argumente gelten auch bei einer Überlassung an karitative Organisationen, da dafür zuvor die Kennzeichen entfernt werden müssen.[1814] Hier besteht ebenso die Gefahr, dass entsprechende Waren letztlich wieder in falsche Hände gelangen können; auch bleibt die äußere Ähnlichkeit.[1815] Darüber hinaus entsprechen Fälscherwaren oft nicht den gesundheitlichen oder technischen Anforderungen.[1816] Deswegen ist § 67 a StrafVollStrO zu streichen.

4. Veröffentlichung des Urteils und Berufsverbot

Wie Einziehung und Verfall sind die Veröffentlichung des Urteils und das Berufsverbot zwei allgemein anerkannte Rechtsfolgen. Deshalb wird in Abs. 7 S. 3 des Entwurfes die Veröffentlichung des Urteils vorgesehen; das Berufsverbot kann unter den in § 70 StGB genannten Voraussetzungen stets verhängt werden. Durch das Berufsverbot erhöhen sich aus ökonomischen Gesichtspunkten die Kosten für den Täter enorm, da er seine legale Einnahmequelle verliert.

Die Veröffentlichung des Urteils ist aus anderen Gründe bei Markenstraftaten eine besonders geeignete Rechtsfolge: Mit den Fälschungen gehen oft auch Täuschungen der Verbraucher einher – diese können auf Grund der zum Teil großen Anzahl von betroffenen Kunden nur durch eine Veröffentlichung des Urteils aufgedeckt werden. Auch der Ruf eines Unternehmens, der durch qualitativ minderwertige Waren beschädigt wurde, kann auf diese Weise wiederhergestellt werden. Im Bereich der Markenstraftaten ist eine derartige Sanktion des Weiteren aus generalpräventiven Erwägungen zu begrüßen: Die Taten werden vielfach noch als Kavaliersdelikte angesehen. Eine Bekanntmachung eines Strafur-

---

[1813] Vgl. dazu bereits Teil 3, Kap. 1, F.III.

[1814] § 67 a StrafVollstrO.

[1815] Stellungnahme GRUR zum Grünbuch, GRUR 1999, 479, 483, die auch darauf hinweisen, dass Wohlfahrtsverbände zumeist keinen Bedarf an derartigen Gegenständen haben und es sich oft um eine Scheinlösung handelt; so im Ergebnis auch Wabnitz/Janovsky-*Möller*, Kap. 15 Rn 46; kritisch auch *Maske*, S. 234

[1816] Wabnitz/Janovsky-*Möller*, Kap. 15 Rn 46.

teils kann dazu beitragen, das Rechtsbewusstsein der Bevölkerung in dieser Hinsicht zu verbessern.

5. Sanktionspraxis

Aus ökonomischen sowie auch aus generalpräventiven Gründen muss durchgesetzt werden, dass die gesetzlichen Möglichkeiten in der Praxis auch tatsächlich ausgeschöpft werden. In Deutschland ist man bei der Strafzumessung jedoch noch äußerst zurückhaltend.[1817]

Ein potenzieller Täter wird sich nur dann von der Tat abhalten lassen, wenn seine Kosten den möglichen Nutzen übersteigen. Die Kostenseite bestimmt sich dabei aus zu erwartender Strafe multipliziert mit der Wahrscheinlichkeit, dass diese verhängt wird.[1818] Die Erhöhung dieser beiden Faktoren müsste demnach zu einem Rückgang der Straftaten führen.[1819]

Derzeit ist die Verfolgungswahrscheinlichkeit äußerst gering, in Deutschland darüber hinaus ebenso die zu erwartende Strafe. Von existierenden Sanktionsmöglichkeiten wird nur in geringem Maße Gebrauch gemacht. Um mögliche Kriminelle tatsächlich beeinflussen zu können, genügt es jedoch nicht allein die gesetzlichen Bedingungen zu schaffen, die zu einer negativen Bilanz führen können. Da der Täter seiner Berechnung stets subjektive Einschätzungen zu Grunde legt, kann die Rechtswirklichkeit nicht außer Betracht bleiben.

Es bestehen verschiedene Möglichkeiten, die Kostenseite[1820] anzuheben: Es ist notwenig, in der Praxis bei den Geldstrafen die gegebenen Möglichkeiten im Rahmen des Schuldgrundsatzes auszuschöpfen. Auch die Verhängung von Freiheitsstrafen aus generalpräventiven Erwägungen[1821] ist in Betracht zu ziehen.

Dabei ist zu bedenken, dass die Freiheitsstrafe zum Teil enorme Auswirkungen auf die persönliche Bilanz eines zur Tat Geneigten haben kann: Geschäftsleute

---

[1817] Stellungnahme GRUR zum Grünbuch, GRUR 1999, 479, 481, vgl. dazu auch die Zahlenbeispiele in Teil 5, Kap. 2, A.

[1818] Auch die Kosten der Rechtsdurchsetzung können dem Täter auferlegt werden und fließen damit ebenso in die Rechung ein, *Polinsky/Shavell*, 35 J.L. & Econ. 133, 145.

[1819] *Landes/Posner*, 4 Journal of Legal Studies 1, 4.

[1820] Tendenziell zeigt sich jedoch empirisch, dass sich die Erhöhung des Sanktionsrisikos grundsätzlich stärker auswirkt als eine Ausweitung des Strafrahmens, *Bock*, JuS 1994, 95.

[1821] § 47 Abs. 1 StGB.

fürchten negative Auswirkungen auf den Ruf des Geschäftes;[1822] doch auch aus der Untergrundwirtschaft stammende Inhaftierte können nicht ihren üblichen Tätigkeiten nachgehen, so dass über die Tat hinaus weitere finanzielle Einbußen drohen.[1823]

Über eine geschickte Kombination von Geld- und Freiheitsstrafe sowie Einziehung und Verfall muss sichergestellt werden, dass sich die Tat für den Täter nicht lohnt. Auch die Einbeziehung von Opferansprüchen[1824] kann dazu beitragen, so dass ein Maximum an Kosten für den Täter entsteht, ohne das Schuldprinzip zu verletzen. Nur wenn ernsthafte Sanktionen drohen, besteht ein Zwang von der Tat abzusehen.

Ebenso sollte auch die Wahrscheinlichkeit, dass eine entsprechende Sanktion verhängt wird, erhöht werden, was jedoch für die öffentliche Hand meist sehr kostenintensiv ist und in Zeiten knapper Kassen schnell an Grenzen stößt.[1825] Hier könnte man sich jedoch die Erkenntnis, dass Täter ihrer Entscheidung subjektive Eindrücke zu Grunde legen, anderweitig zu Nutzen machen: Wenn durch effektive Strafverfolgung schwere Taten aufgedeckt und deswegen Täter zu entsprechend hohen Strafe verurteilt werden, so muss dies der Öffentlichkeit entsprechend zur Kenntnis gebracht werden. Wie zum Teil schon praktiziert, können auch eingezogene Fälschungen öffentlichkeitswirksam vernichtet und somit ein deutliches Zeichen gegen die Produktpiraterie gesetzt werden. Durch geschickte Pressearbeit seitens der Strafverfolgungsbehörden und der Opfer kann so die Einschätzung der Verfolgungswahrscheinlichkeit nach oben getrieben werden. Die Tendenz der Täter die Verfolgungswahrscheinlichkeit zu ihren Lasten zu hoch einzuschätzen, kann durch die genannten Vorgehensweisen noch forciert werden.

Abschließend bleibt festzustellen, dass in Rechtssystemen wie Deutschland, die keinen Strafschadensersatz kennen, rein ökonomischen Erwägungen schnell

---

1822 *Ball/Friedmann*, 17 Stan. L. Rev. 197, 216; generell ist bereits die Vorstellung bestraft zu werden der ausschlaggebende Punkt bei der Entscheidung, ob eine Tat begangen werden soll, *Schöch*, FS Jescheck, S. 1102.

1823 *Becker*, 76 J. Pol. Econ. 169, 179 f (wobei die Kosten subjektiv variieren); *Posner/Shavell*, Economic Theory of Public Enforcement of Law, S. 43; ähnlich *Eidenmüller*, S. 353.

1824 Zu Recht weißt *Schünemann*, in: Schünemann/Dubber, S. 10 darauf hin, dass Wiedergutmachung allein den Täter nach der rational choice-Theorie geradezu zur Tatbegehung einladen würde. Demnach muss gerade eine wirksame Kombination aller für den Täter kostenträchtiger Rechtsfolgen statt finden.

1825 Studien zeigen, dass Straftäter mehr auf die Veränderung der Wahrscheinlichkeit des Ergreifens als der Strafhöhe reagieren, so schon *Becker*, 76 J. Pol. Econ. 169, 176; ebenso *Entorf* in: Ott/Schäfer, S. 8; ökonomisch gesehen ist jedoch die Erhöhung der Geldstrafe kostengünstiger, vgl. *Cooter/Ulen*, Law and Economics, S. 474.

Grenzen gesetzt sind. Dennoch kann der fruchtbare Gedanke, die Kosten für den Täter in die Höhe zu treiben, zumindest in Ansätzen auch bei einem reinen Schuldprinzip verwirklicht werden. Wichtig ist vor allem, dass die Möglichkeiten nicht nur auf dem Papier stehen, sondern in der Praxis umgesetzt werden.

Der vorliegende Vorschlag kommt der Staatsanwaltschaft dabei entgegen: Er konzentriert sich auf die schwerwiegendsten Rechtsverletzungen und schafft durch seine Beschränkung auf den Identitätsschutz eine handhabbarere Norm, bei deren Anwendung keine markenrechtlichen Spezialkenntnisse mehr erforderlich sind.

C. Prozessuale Ausgestaltung

Ein auf die Bedürfnisse der Markenpiraterie zugeschnittener Tatbestand allein genügt nicht, um diesem die nötige Geltung zu verschaffen. Auch die prozessuale Ausgestaltung spielt für die Wahrnehmung der Norm eine ähnlich wichtige Rolle.

I. Opferbeteiligung

1. Antragsdelikt

Die Verletzung einer Marke soll ein Offizialdelikt sein. Damit ein Gleichlauf zwischen dem Tatbestand und anderen Eigentums- und Vermögensdelikten besteht, ist allerdings bei Geringfügigkeit ein Strafantrag erforderlich; der Entwurf verweist deshalb auf § 248 a StGB.

Schon bei der derzeitigen Rechtslage ist es umstritten, ob die Ausgestaltung des § 143 Abs. 1 MarkenG als Antragsdelikt rechtspolitisch sinnvoll ist.

Dagegen wird zumeist angeführt, dass Antragsdelikte, wie die meisten Straftaten gegen das geistige Eigentum ausgestaltet sind, allgemein als Bagatelltaten angesehen werden und somit durch das Antragserfordernis dokumentiert wird, dass grundsätzlich kein Interesse der Allgemeinheit an der Verfolgung derartiger Taten bestünde.[1826]

[1826] So schon *Flechsig*, ZRP 1980, 313, 315; *ders.* in: Flechsig, S. 24.

Ein Blick auf die möglichen Folgen zeigt jedoch, dass angesichts der vielschichtigen Folgen für die Verbraucher und auch die Volkswirtschaft[1827] durchaus öffentliches Interesse an der Verfolgung gegeben ist. Dies gilt umso mehr bei Identfälschungen, da bei diesen die Gefahr der Täuschung der Verbraucher am höchsten ist.

Ursprünglich wurde das Antragserfordernis eingeführt, um den Charakter der Norm als Schutz des Rechtsinhabers vor widerrechtlicher Verwendung seiner Marke zu unterstreichen.[1828] Dies rückt Markenstraftaten in die Nähe der Eigentumsdelikte. Auch Art. 61 TRIPS zeigt, dass grundsätzlich von einer Gleichstellung von Sach- und geistigem Eigentum auszugehen ist. Doch § 242 StGB, der primär dem Schutz der Sacheigentümer dient, sieht nicht per se einen Strafantrag vor.

Die Abschaffung des Antragserfordernisses kann demnach dazu beitragen, dass die Vorschrift in der öffentlichen Wahrnehmung und insbesondere in der der Strafverfolgungsbehörden ernster genommen wird. Wenn auch mit unterschiedlicher Abstufung zeigte der Gesetzgeber bereits, dass einige Taten (derzeit § 143 Abs. 2 MarkenG) ohne Antrag verfolgt werden können. Im Unterschied zur jetzigen Rechtslage beschränkt sich der neue Tatbestand auch auf besonders schwerwiegende Fälle der Markenverletzung, so dass im Vergleich zur jetzigen Lage nur bei schon erhöhtem Unrecht einzuschreiten ist.[1829]

Doch auch praktische Überlegungen sprechen für eine Abschaffung des Antragserfordernisses. Markenverletzungen finden oft grenzüberschreitend statt; auch auf Seite der Markeninhaber finden sich zumeist „Global Players". Es zeigte sich, dass Rechtsinhaber oft nicht rechtzeitig ausfindig gemacht werden können, um dem Antragserfordernis zu entsprechen.[1830]

Demnach ist der Strafantrag abzuschaffen. Da Markenverletzungen jedoch auch über ein weites Spektrum stattfinden können, ist es ratsam parallel zu den Eigentumsdelikten auch hier bei Geringfügigkeit einen Strafantrag zu fordern. Derartige Fälle sind beispielsweise denkbar, wenn einem Händler vereinzelt Fälschungen untergeschoben wurden und diese nun bösgläubig weiterverkauft wer-

---

[1827] Vgl. dazu Teil 5, Kap. 1, C.
[1828] BT-Drs. 11/4792, S. 25.
[1829] So legitimierte *Braun*, S. 344 das Antragserfordernis damit, dass es sich bei der Mehrheit der Marken- und Urheberrechtsverletzungen um unbedeutende Erscheinungsformen handelt; dies ist jedoch bei der vorgenommenen Tatbestandsbeschränkung gerade nicht mehr der Fall, dagegen jedoch auch schon *Weber*, S. 439 für die Grunddelikte im UrhG.
[1830] BT-Drs. 11/4792, S. 25, womit begründet wurde, dass bei der derzeitigen Rechtslage bei besonderem öffentlichen interesse auch ohne Strafantrag eingeschritten werden kann.

den. Als Grenze ist auch hier an ca. 30-50 Euro zu denken.[1831] Für die Berechnung gelten die Ausführungen zur Schadenshöhe beim Regelbeispiel entsprechend,[1832] wobei entscheidend ist, dass gegebenenfalls der höchste Wert unter dem genannten Betrag zu sein hat.

2. Privatklage

Die Markenstraftaten sind aus dem Katalog der Privatklagedelikte zu streichen.[1833]

Wie auch bei der rechtspolitischen Diskussion des Antragserfordernisses wird bei der Qualifizierung als Privatklagedelikte moniert, dass dadurch der Tatbestand „entwertet" werde.[1834] Demnach können die eben erörterten Argumente auch hier angeführt werden.

Daneben treten folgende Erwägungen: Allen Privatklagedelikten ist gemeinsam, dass die Folgen über den Kreis der Beteiligten kaum hinausgehen und die Allgemeinheit wenig berühren.[1835] Dies trifft schon bei der derzeitigen Rechtslage nicht zu, da Markenverletzungen zu weit reichenden Konsequenzen führen können.[1836] Insofern sind die Delikte gegen das geistige Eigentum bereits jetzt ein Fremdkörper im Katalog der Privatklagedelikte.[1837] Jedenfalls unzutreffend ist jedoch die Begründung des Gesetzgebers, der mit der Privatklage die Strafverfolgungsbehörden bei geringfügigen Schutzverletzungen entlasten möchte:[1838] Diese Problematik besteht ebenso beim Diebstahl, wo man über Verfahrenseinstellungen zum gleichen Ergebnis gelangen kann. Außerdem soll der Tatbestand auf schwerwiegende Rechtsverletzungen begrenzt werden.

Auch der Vergleich von zivil- und strafrechtlichen Sanktionen, auf dem die Beschränkung auf den Identitätsschutz basiert, führt dazu, dass eine Privatklage keinen Sinn macht: Der sachliche Schutzbereich der Norm ergibt sich unter an-

---

[1831] *Tröndle/Fischer*, § 248 a Rn 3 für 30 Euro; *Lackner/Kühl*, § 248 a Rn 3 für 50 Euro.

[1832] Vgl. dazu B.VII.2.

[1833] So im Ergebnis auch schon *Knaak/Tilmann*, GRUR Int 1986, 336, 337 im Hinblick auf einen Sondertatbestand.

[1834] *Flechsig*, in: Flechsig, S. 26; *Nordemann*, NStZ 1982, 372, 373, Wabnitz/Janovsky-*Möller*, Kap. 15 Rn 22.

[1835] *Meyer-Goßner*, vor § 374 Rn 1.

[1836] So auch *Schiwek*, S. 206, der zu recht darauf hinweist, dass immer auch eine Täuschung des Verkehrs vorliegt.

[1837] AK-*Rössner*, § 374 Rn 5.

[1838] BT-Drs. 11/4792, S. 25.

derem daraus, dass in Fällen der Identfälschungen die Durchsetzung zivilrechtlicher Ansprüche zumeist erschwert ist[1839] und demnach strafrechtliche Maßnahmen erforderlich sind, um Rechtsbrüche wirksam zu ahnden. Dieser Ansatz würde geradezu konterkariert werden, wenn man nun den Markeninhaber wieder auf den Privatklageweg verweisen würde, da ihm dort auch keine Zwangsmaßnahmen zur Verfügung stehen.

3. Nebenklage

Derzeit ist bei Straftaten gegen das geistige Eigentum auch eine Nebenklagebefugnis für das Opfer vorgesehen. Mit Streichung aus dem Katalog der Privatklagedelikte läuft die Verweisung in § 395 Abs. 2 Nr. 2 StPO partiell leer. Da eine Nebenklagebefugnis jedoch beibehalten[1840] werden soll, muss der Wortlaut der Norm dahingehend geändert werden, dass § 143 MarkenG explizit aufgeführt wird.[1841]

Gegen eine Beibehaltung der Nebenklagebefugnis könnte jedoch die bereits mehrfach postulierte Gleichbehandlung mit § 242 StGB angeführt werden. Im Rahmen der Gesetzesberatungen zum PrPG sprach man sich für die Beibehaltung der Nebenklage aus, da die Verletzten bei Markenstraftaten ein besonderes Interesse an der Einziehung sowie der Bekanntmachung des Urteils haben und dies als Nebenkläger auch selbst verfolgen können.[1842]

Zwar ist beim Diebstahl von Sacheigentum auch die Einziehung möglich, es bestehen aber dennoch Unterschiede in der Bewertung: Die gestohlenen Gegenstände selbst sind bei § 242 StGB nur in den falschen Händen, bei § 143 MarkenG hingegen sind die Waren als solche in einem „rechtswidrigen Zustand“. Auch bei den Tatwerkzeugen besteht häufiger schon eine „Konkretisierung“, da zumeist Druckvorlagen mit dem gefälschten Kennzeichen vorliegen, die unmittelbar wieder eingesetzt werden könnten. Dies könnte für ein im Vergleich zum Diebstahl verstärktes Interesse an der Durchsetzung dieser Rechtsfolge als Nebenkläger sprechen.

[1839] Vgl. dazu näher A.III.3.

[1840] Es entfällt nicht wie von *Gravenreuth* befürchtet automatisch die Nebenklagebefugnis, *Gravenreuth*, S. 171; *ders.*, GRUR 1985, 111, 112.

[1841] Da bislang hinsichtlich der Privatklage- und Nebenklagebefugnis alle Rechte des geistigen Eigentums gleich behandelt wurden, empfiehlt es sich die hier genannte Lösung auch im Hinblick auf die anderen Strafnormen zu überdenken, da die Argumente im Wesentlichen übertragbar sind.

[1842] BT-Drs. 11/4792, S. 26.

Allerdings kann die Vernichtung der genannten Gegenstände auch gemäß § 18 MarkenG gefordert werden. Demnach genügt das gesteigerte Interesse an der Einziehung allein nicht zur Begründung einer Nebenklagebefugnis.

Die Veröffentlichung des Strafurteils kann hingegen nur als Nebenkläger forciert werden. Auch im Zivilrecht ist zwar ein Anspruch auf Bekanntmachung des Urteils denkbar,[1843] er hat jedoch kaum Bedeutung erlangt.[1844] Doch auch die Möglichkeit der strafrechtlichen Urteilsbekanntmachung ist in der Sanktionspraxis ohne Relevanz.

Die Nebenklage bringt jedoch praktische Vorteile mit sich: Der Nebenkläger kann die Staatsanwaltschaft mit Informationen, z.B. über die Erkennungsmerkmale der Originalware oder über Vertriebswege, versorgen, für welche ansonsten ein Sachverständiger in Betracht zu ziehen wäre. Demnach hilft sie Kosten zu sparen und dient der Verfahrensbeschleunigung.

Eine Ungleichbehandlung ist demnach nicht auf Grund einer unterschiedlichen rechtlichen Bewertung, sondern wegen der tatsächlichen Verhältnisse geboten. Derzeit besteht das Problem, dass die Vorschrift von Strafverfolgungsbehörden zum Teil wenig ernst genommen wird, was durchaus auch an der Weite der Norm liegen mag.[1845] Dem soll zwar bereits durch eine Begrenzung auf schwerwiegende Markenverletzungen Rechnung getragen werden, allerdings wird dies nicht automatisch zu einer Veränderung in der Strafverfolgung führen. Da nur eine geringe Anzahl von Strafverfahren geführt wird, bestehen auch keine umfangreichen Kenntnisse in diesem Bereich. Dies ist ein Grund, warum Strafverfahren bei Markenverletzungen zum Teil noch nicht unter Zuhilfenahme aller möglichen Maßnahmen geführt werden.

Deshalb ist es derzeit noch empfehlenswert die Strafverfolgung durch die Nebenklage zu unterstützen. Allerdings ist es durchaus angebracht, diese Entscheidung nach gewisser Zeit auf ihre weitere Notwendigkeit hin zu überprüfen.

4. Adhäsionsverfahren

Die bereits genannten Änderungen beeinflussen auch das Adhäsionsverfahren.

[1843] BGH GRUR 1998, 830, 835 – Les-Paul-Gitarren, wobei dieser auf § 1004 oder § 249 BGB gestützt werden kann.

[1844] *Ingerl/Rohnke*, vor §§ 14-19 Rn 106.

[1845] So die Befürchtung *Knaak*, GRUR Int. 1988, 1, 5.

Als unmittelbare Konsequenz enthält der Entwurf keine dem § 143 Abs. 5 S. 3 MarkenG entsprechende Vorschrift. Bislang legt § 143 Abs. 5 S. 3 MarkenG fest, dass Ansprüche aus § 18 MarkenG, die im Adhäsionsverfahren geltend gemacht werden, der Einziehung vorgehen.

Mit dem Entwurf findet jedoch eine Entkoppelung von Zivil- und Strafrecht statt: § 18 MarkenG baut ebenso wie § 143 MarkenG auf den zivilrechtlichen Verletzungstatbeständen auf; nun wird die Strafvorschrift jedoch abweichend von § 14 MarkenG definiert.

Bei der vorgeschlagenen Regelung sind jedoch Fälle denkbar, in denen bei gleich bleibender zivilrechtlicher Lage nun zwar eine rechtswidrige Benutzung i.S.d. § 14 MarkenG vorliegen kann, jedoch keine Straftat. Zu denken ist dabei beispielsweise an Waren mit lediglich ähnlichem Zeichen oder an Waren, die außerhalb des Europäischen Wirtschaftsraums in den Verkehr gebracht wurden und nun reimportiert werden sollen.

Wenn das Strafrecht den Kreis der Verletzungshandlungen enger zieht als das Zivilrecht, kommt es im Endeffekt zu keinem Schuldspruch, ohne den jedoch im Strafverfahren keine Entscheidung über zivilrechtliche Ansprüche ergehen darf.[1846] Wird der Angeklagte einer Straftat schuldig gesprochen, liegen auf Grund der extensiveren Fassung der zivilrechtlichen Verletzungshandlungen weiterhin markenrechtliche Ansprüche vor. Diese können grundsätzlich auch durch den Strafrichter geprüft werden - wichtig ist nur, dass sie auf der gleichen Tat i.S.d. § 264 StPO beruhen.[1847] Dies bedeutet, dass bei der Entscheidung über den zivilrechtlichen Anspruch nur das strafrechtlich vorwerfbare Verhalten zu Grunde gelegt werden darf. Allerdings liegt jetzt auf Grund der nun vorgeschlagenen, unterschiedlichen Formulierung ein Absehen von der Entscheidung näher, da nun in der Tat für die Zuerkennung von Ansprüchen nach §§ 14 ff MarkenG markenrechtliche Spezialkenntnisse erforderlich sein können.

Die Umgestaltung des Tatbestandes hat demnach zur Folge, dass der Vernichtungsanspruch nun kaum mehr für eine Geltendmachung im Adhäsionsverfahren geeignet ist. Aus diesem Grund wurde auch der Vorrang des § 18 MarkenG gestrichen.

Dies hat keine negativen Auswirkungen auf den Geschädigten: Die schutzrechtsverletzenden Gegenstände werden in der Regel eingezogen; sollte die

---

[1846] Vgl. *Meyer-Goßner*, § 406 Rn 1.
[1847] KK-*Engelhardt*, § 403 Rn 2.

Staatsanwaltschaft diesen Schritt nicht gehen,[1848] ist es immer noch möglich, den Anspruch aus § 18 MarkenG vor einem Zivilgericht geltend zu machen. Auch bleibt es dem Opfer unbenommen, den Anspruch weiterhin im Adhäsionsverfahren geltend zu machen; die Wahrscheinlichkeit, dass darüber eine Entscheidung ergeht, ist jedoch wegen der Umgestaltung des Tatbestands und dem nun nicht mehr gegebenen Vorrang relativ gering.

Die Änderungen des Tatbestandes wirken sich auch im Hinblick auf Schadensersatzforderungen aus, die im Adhäsionsverfahren geltend gemacht werden können. Bislang waren auf Grund der Parallelität des § 14 MarkenG und § 143 MarkenG durch die Tat zugleich auch die Voraussetzungen des Schadensersatzanspruches nach § 14 Abs. 6 MarkenG erfüllt. Dieser Gleichlauf ist nun aufgehoben, was häufiger dazu führen wird, dass über diesen Anspruch mangels Eignung für die Erledigung im Strafverfahren nicht mehr entschieden wird.

Unproblematisch können jedoch Ansprüche aus § 823 BGB i.V.m. § 143 MarkenG n.F. geltend gemacht werden, da diese auf den gleichen festgestellten Tatsachen beruhen wie das Strafurteil. Somit entstehen im Hinblick auf den Schadensersatz keine Nachteile.

II. Befugnisse im Ermittlungsverfahren

Die Ermittlungsbefugnisse genügen in der derzeit vorliegenden Form. Zu beachten ist jedoch, dass durch die Beschränkung auf Identfälschungen per se ein höherer Unrechtsgehalt vorliegt, der sich bei der Entscheidung, welche Maßnahmen ergriffen werden können, auswirken sollte. Auch zeigt die Rechtswirklichkeit, dass bei diesen Taten zumeist Banden involviert sind, was oft „Schlüsselvoraussetzung" für Ermittlungsbefugnisse wie den Einsatz von verdeckten Ermittlern ist.[1849]

III. Gerichtliche Zuständigkeit

An der derzeitigen Zuständigkeitsverteilung ist auffallend, dass im Zivilrecht eine Sonderzuweisung zu den Landgerichten besteht, im Strafrecht jedoch grundsätzlich das Amtsgericht zuständig ist.[1850]

[1848] Dies ist jedoch nicht sehr wahrscheinlich; in der Regel erfolgt eine informelle Einziehung durch Aufgabe des Eigentums.

[1849] § 110 a Abs. 1 Nr. 3 StPO.

[1850] Vgl. dazu Teil 4, Kap. 1, C.II.

Durch die Erhöhung des Strafrahmens und die Beschränkung auf besonders schwerwiegende Fälle der Markenverletzungen ist es denkbar, dass nun auch mehr Fälle vor Strafkammern am Landgericht angeklagt werden können.

Doch auch die Zuständigkeit des Amtsgerichts ist nun weniger problematisch: Der hier vorgeschlagene Tatbestand würde die Rechtslage stark vereinfachen, so dass bei Standardfällen keine vertieften Kenntnisse im Markenrecht mehr erforderlich sind. Allenfalls im Bereich der Widerrechtlichkeit kann noch Spezialwissen erforderlich sein, wobei dann das Verfahren ausgesetzt werden kann. Durch die enge Ausgestaltung des Tatbestandes kommen die meisten der die Widerrechtlichkeit ausschließenden Gründe jedoch nicht mehr oder selten in Betracht, so dass diese Fälle in Kauf zu nehmen sind. Der neue Tatbestand eignet sich demnach besser für eine Verhandlung vor den Amtsgerichten, da er auf eindeutige Fälle der Markenverletzungen beschränkt ist.

Wie auch vom Gesetzgeber schon 1990 vorgeschlagen,[1851] empfiehlt sich es jedoch weiterhin durch den Geschäftsverteilungsplan - wie oft schon praktiziert - eine Zuständigkeitskonzentration herbeizuführen.

IV. Beweisführung

Die Beweisführung wird durch die Beschränkung auf eingetragene Marken erleichtert, da nicht mehr die Wirksamkeit von Benutzungsmarken oder notorisch bekannten Marken geprüft werden muss. Allerdings können die Löschungsgründe als Ausschluss der Widerrechtlichkeit weiterhin Kenntnisse des Markenrechts verlangen: Für absolute Schutzhindernisse besteht weiterhin ein Prüfungsmonopol des Deutschen Patent- und Markenamtes, doch auch bei sonstigen Gründen ist immer noch eine Aussetzung möglich.[1852]

Durch Vereinfachung des Tatbestandes wird eine solche jedoch generell noch seltener notwendig werden. Im Hinblick auf die Verwertung von durch einen Auskunftsanspruch erlangten Informationen sollte § 19 Abs. 4 MarkenG folgendermaßen geändert werden:

> (4) Die *gemäß Abs. 1 geltend gemachten Auskünfte* dürfen in einem Strafverfahren oder in einem Verfahren nach dem Gesetz über Ordnungswidrigkeiten wegen einer vor der Erteilung der Auskunft begangenen Tat gegen den zur Auskunft Verpflichteten oder gegen ei-

[1851] BT-Drs. 11/4792. S. 26.
[1852] Vgl. dazu bereits Teil 4, Kap. 1, E.I.2.

nen in § 52 Abs. 1 der Strafprozessordnung bezeichneten Angehörigen nur mit Zustimmung des zur Auskunft Verpflichteten *verwendet* werden.

Zwar könnte die Norm in ihrer jetzigen Form beibehalten werden, wenn sie entsprechend der bereits gefundenen Ergebnisse[1853] ausgelegt wird. Aus Klarstellungsgründen empfiehlt es sich jedoch kleinere Veränderungen am Wortlaut vorzunehmen. Mit der Neufassung wäre klar gestellt, dass der Anspruchsschuldner nicht von sich aus die Weite des Verwertungsverbotes festlegen kann und dass auch Fernwirkung anzunehmen ist.

Kapitel 2 Ausblick

Die Rechtswirklichkeit zeigt, dass Markenpiraterie trotz vielfältiger internationaler Initiativen stark zu- statt abgenommen hat und die zivilrechtliche Rechtsdurchsetzung an ihre Grenzen stößt. Insofern ist es an der Zeit, auch das Strafrecht zur wirksamen Bekämpfung dieses Phänomens weltweit einzusetzen. Geistiges Eigentum wird inzwischen in vielen Ländern bereits durch Strafnormen geschützt, wobei der Schutzumfang jedoch stark variiert.[1854] Insbesondere Art. 61 TRIPS verpflichtet nun sämtliche Mitglieder der WTO zum strafrechtlichen Schutz. Im Gegensatz zum Markenrecht, das bereits durch internationale Abkommen weltweit starke Annäherung erfahren hat, handelt es sich beim Strafrecht immer noch um eine nationale Domäne. Dennoch sind viele der in dieser Arbeit genannten Überlegungen auf andere Rechtsordnungen übertragbar; einige Probleme hingegen müssen im Kontext der nationalen Rechtsordnungen gelöst werden.

Dieser Arbeit liegen im Hinblick auf die Grundzüge des Markenrechts zwei unterschiedlich strukturierte Rechtsordnungen zu Grunde: Die Vereinigten Staaten führen den Markenschutz auf die Benutzung zurück, in Deutschland dominiert hingegen die Eintragung, wobei sich jedoch beide Vorgehensweisen auch auf Grund internationaler Vereinbarungen immer stärker einander annähern. Auffällig ist jedoch, dass die USA gerade bei der Strafnorm von ihrem Benutzungssystem abweichen und aus Bestimmtheitsgründen auf die Eintragung abstellen. Dies zeigt, dass selbst in einem benutzungsorientierten System (wobei sich die Vereinigten Staaten bei internationalen Verhandlungen immer als dessen stärkster Verfechter profiliert haben), eine Beschränkung des strafrechtlichen Schutzes auf **eingetragene Marken** möglich ist. Dies steht auch im Einklang mit interna-

---

[1853] Vgl. dazu Teil 4, Kap. 1, E.II.

[1854] Vgl. die einzelnen Länderbereichte zu AIPPI, Q 169 (erhältlich unter: http:// www. aippi.org/).

tionalen Regelungen zur Grenzbeschlagnahme sowie insbesondere mit dem TRIPS-Abkommen.

Der hier vorgeschlagene Umfang einer Strafnorm entspricht Art. 61 TRIPS: Die Strafnorm soll sich dem **Identitätsschutz** widmen und dabei nur Rechtsverletzungen **gewerblichen Umfangs** sanktionieren. Eine derartige Eingrenzung hat sich als international konsensfähig erwiesen. Darüber hinaus kennen auch viele Länder den Ultima-Ratio-Grundsatz, der als ein maßgeblicher Grund für diesen Schutzumfang genannt wurde. Zu ähnlichen Ergebnissen kommt man mit ökonomischen Erwägungen, die ebenso einen Vergleich mit zivilrechtlichen Vorgehensmöglichkeiten anstellen. Ein solcher Vergleich kann sinnvoll jedoch nur unter Berücksichtigung der jeweiligen zivil- und strafrechtlichen Rechtsfolgen, die durch nationale Besonderheiten geprägt sind, gezogen werden. Hier spielt es beispielsweise eine Rolle, ob Beweismittel durch Private gesichert werden können oder ob Strafschadensersatz möglich ist. Als allgemeine Tendenz lässt sich festhalten, dass bei sämtlichen Taten, bei denen Verdeckungs- und Verschleierungstaktiken angewendet werden, Privatpersonen rechtlich oft die Hände gebunden sind oder zumindest entsprechende Maßnahmen für Einzelne nicht finanzierbar sind. In solchen Fällen empfiehlt sich demnach das Eingreifen des Staates. Da Identfälschungen schwer zu erkennen sind oder auch täuschend als Statussymbole eingesetzt werden (und demnach auch auf Käuferseite die Entdeckung verhindert werden soll), besteht in diesem Bereich die geringste Wahrscheinlichkeit, dass zivilrechtlich gegen die Verletzung vorgegangen wird. Auch die „Spezialisierung" der Schattenwirtschaft auf diese Produkte, die mit den genannten Taktiken arbeitet, erschwert die Rechtsverfolgung. Derartige Erwägungen sind demnach auch auf andere Rechtsordnungen übertragbar und legen es nahe, Verletzungen des (erweiterten) Identitätsschutzes auch strafrechtlich zu sanktionieren, den strafrechtlichen Schutz aber zugleich auch auf Identfälschungen zu beschränken.

Bei der konkreten Ausgestaltung des Tatbestandes empfiehlt es sich, sämtliche Stufen von der **Herstellung bis zum Vertrieb** unter Strafe zu stellen, da damit ein umfassender Schutz garantiert wird und kein Nachweis der Zusammenarbeit zwischen den Tätern nötig ist. Ansonsten sollten sich die Formulierungen an die im zivilrechtlichen Markenrecht verwendeten Be-griffe anlehnen, da bei diesen zumeist mehr Rechtsprechung vorliegt, was die Auslegung erleichtert und vorsehbarer macht.

Bei den **Ausschlussgründen** ergeben sich einige bereits aus international anerkannten Grundsätzen (Erschöpfung, beschreibende Benutzung), so dass ähnliche Konzepte den nationalen Rechtsordnungen zu Grunde liegen. Auch hier ist demnach eine Anlehnung an das Zivilrecht durchaus empfehlenswert. Allerdings sind hier teilweise Anpassungen vorzunehmen, um dem Charakter einer Strafnorm gerecht zu werden. Einige Gründe, wie zum Beispiel die Verjährung oder die Prüfung der Wirksamkeit einer Marke, sind im System der jeweiligen Rechtsordnung verankert und sollten auch in diesem Kontext gelöst werden.

Im Hinblick auf **subjektive Elemente** empfiehlt sich eine Beschränkung auf eine in Kenntnis der Rechtsverletzung begangene Tat, da diese parallel zu den sonstigen Überlegungen die schwerwiegendere Form der Schutzverletzung darstellt und demnach besonders strafwürdig erscheint.

Durch die Beschränkung auf diese genannten Elemente entsteht eine ausgewogene Balance zwischen dem Schutz des Markeninhabers und einer Überkriminalisierung. Übermäßig weitreichende Strafnormen könnten sich wettbewerbshemmend auswirken, da möglicherweise auch im Sinne eines gesunden Wettbewerbs zu befürwortende Annäherungen an eine Produktgestaltung eines Wettbewerbers aus Angst vor Strafverfolgung unterbleiben.

Die hier für Deutschland vorgestellte Lösung stellt sicher, dass besonders schwerwiegende Schutzverletzungen strafrechtlich geahndet werden können, der Straftatbestand jedoch möglichst frei von unbestimmten Begrifflichkeiten bleibt und damit auch Wettbewerbern klare Grenzen gezeigt werden ohne jedoch gewünschte Annäherungen zu unterbinden.

Auch aus praktischen Erwägungen ist eine Beschränkung auf schwerwiegende Taten zu begrüßen: Dies ermöglicht einen Bewusstseinswandel bei Strafverfolgungsbehörden, die sich bei einer sehr weiten Fassung als „Erfüllungsgehilfen" bei Vertragsverletzungsverfahren missbraucht sehen.

Doch auch eine ausgewogene Norm bedarf der effektiven Durchsetzung. Im Hinblick auf die Sanktionen heißt dies, dass sie auch nicht nur auf dem Papier bestehen dürfen. Diese Arbeit befasst sich mit zwei Rechtsordnungen, die zu den Vorreitern im Bereich des Schutzes geistigen Eigentums zählen. Nichtsdestotrotz sind auf beiden Seiten die Anzahl der Verurteilungen und zum Teil auch die verhängten Strafen erstaunlich gering. Erforderlich ist allem voran ein Bewusstseinswandel bei den Strafverfolgungsbehörden, der unter anderem durch klare gesetzliche Vorgaben erreicht werden kann. Ansonsten ist der Bereich der Rechtsfolgen im Gesamtkontext des nationalen Strafrechts zu sehen und demnach auch systemgemäß zu gestalten. Übertragbar sind jedoch die ökonomischen Erwägungen, die durch den Täter vorgenommen werden. Es muss sichergestellt werden, dass es sich nicht lohnt Markenverletzungen zu begehen, was auf verschieden Art und Weise möglich ist.

Freiheits- und Geldstrafen sind allgemein im Strafrecht üblich. Allerdings gibt Art. 61 TRIPS für Mitglieder der Welthandelsorganisation bereits Vorgaben: Die Tat muss mit Sanktionen belegt werden, die bei einem Delikt ähnlicher Schwere sonst verhängt werden.

Eine für jedes Land gesondert zu klärende Frage ist, inwiefern auch **juristische Personen** strafrechtlicher Verantwortlichkeit unterworfen werden – dies kann auch Auswirkungen auf die konkrete Ausgestaltung von Sanktionen haben.

Daneben bieten sich bei Markenstraftaten einige spezielle Sanktionen an: Um effektiv weiteren Straftaten vorzubeugen, muss vor allem sichergestellt werden, dass schutzrechtsverletzende Gegenstände der **Vernichtung** zugeführt werden. Dies ist denkbar anhand einer tatbestandsspezifischen Regelung wie in den USA oder durch Verweis auf und gegebenenfalls Modifizierung allgemeiner Einziehungsregelungen wie in Deutschland. Die nähere Ausgestaltung sollte ansonsten den nationalen Rechtsordnungen überlassen werden, da oft bereits entsprechende Rechtsinstitute vorhanden sind, die zum Teil lediglich angepasst werden müssen. Gegen die **Beseitigung** des Kennzeichens und eine Weitergabe an karitative Organisationen sprechen die bereits genannten Gründe.[1855] Auch muss sichergestellt werden, dass die Tatgewinne für **verfallen** erklärt oder **eingezogen** werden können. Diese sind jedoch auch bereits wegen Art. 61 TRIPS vorzusehen. Allerdings dürfen damit nicht Opferansprüche unmöglich gemacht werden. Wie dies am besten zu verwirklichen ist, stellt hier erneut eine stark von den Besonderheiten einer Rechtsordnung abhängige Regelung dar und sollte den nationalen Gesetzgebern überlassen werden.

Darüber hinaus sind auch die **Belange der Opfer** zu berücksichtigen: Bei Markenstraftaten ist stets der Markeninhaber der Geschädigte, daneben kann auch noch der Erwerber der Fälschungen treten. Diese auch finanziell zu entschädigen, sollte Ziel jeder Strafverfolgung sein.[1856] Bereits der rechtsvergleichende Teil zeigte jedoch, dass dies auf höchst unterschiedliche Art und Weise durchgesetzt werden kann: als Sanktion oder als prozessuales Institut, das auf zivilrechtlichen Ansprüchen beruht. Auch hier sollte die grundlegende Entscheidung auf die Besonderheiten nationaler Rechtsordnungen zugeschnitten und demnach nicht pauschal geregelt werden.[1857]

[1855] Kap. 1, B.VII.3.

[1856] Dies ergibt sich unter anderem aus ökonomischen Erwägungen, da dann dem Täter vor Augen geführt wird, dass sich seine Tat nicht lohnt; für die Berücksichtigung dieses Opferinteresses grundsätzlich auch *Schöch*, NStZ 1984, 385, 387.

[1857] So auch *AIPPI*, Bericht, S. 6, der auf nationale Besonderheiten verweist.

Die Verhängung sonstiger Sanktionen ist ebenfalls oft eine Frage des allgemeinen Sanktionengefüges und demnach stark nationalrechtlich geprägt. In Betracht kommen insbesondere Berufsverbote oder Veröffentlichungen von Urteilen.[1858]

Die Ausgestaltung des Verfahrens hat auch Einfluss auf die Durchsetzbarkeit einer. Bereits in den vorherigen Kapiteln zeigte sich, dass im Rahmen des Prozessrechts die Besonderheiten des jeweiligen nationalen Rechts stärker wirken als markenrechtliche Sonderprobleme. Grundsätzlich sollte es immer möglich sein, schutzrechtsverletzende Waren und auch Werkzeuge bereits während des Ermittlungsverfahrens **beschlagnahmen** oder **sicherstellen** zu können. Entsprechende Regelungen müssen sich in die jeweilige Rechtsordnung einfügen; internationale Vorschriften sind in diesem Bereich wohl kaum konsensfähig.

Dies gilt gleichermaßen auch für die **Einstellung** eines Verfahrens, die **Zuständigkeit** der Gerichte, deren **Prüfungskompetenz** bzw. die Möglichkeit das Verfahren **auszusetzen** und auch die **Beweisführung.** Hier zeigte sich in dieser Arbeit, dass die unterschiedlichen Rechtsordnungen durchaus die verschiedenen Interessen im Blick haben und bei sehr unterschiedlicher Vorgehensweise dennoch zu ähnlichen Ergebnissen kommen. Wie am Beispiel der Opferbeteiligung zu erkennen, können die Interessen des Verletzten sowohl im Rahmen der Rechtsfolgen ebenso gut berücksichtigt werden, wie bei einem durch das Opfer zu initiierenden Adhäsionsverfahren.

Insofern können viele der in dieser Arbeit dargelegten Gedanken sowohl bei der Ausgestaltung von Strafvorschriften anderer nationaler Rechtsordnungen als auch bei internationalen Anstrengungen berücksichtigt werden.

Mit Art. 61 TRIPS wurde bereits ein großer und wichtiger Schritt in die richtige Richtung getan; nun ist es erforderlich, dass sich Strafnormen auch in der Praxis bewähren. Dies setzt vor allem einen tiefgreifenden Bewusstseinswandel bei Strafverfolgungsbehörden wie auch in der breiten Öffentlichkeit voraus. Für letztere sind beispielsweise groß angelegte Aufklärungskampagnen denkbar – vielen sind die möglichen Folgen von Markenpiraterie nicht bekannt. Im Bereich des Urheberrechts scheinen entsprechende Schritte bereits Erfolg zu versprechen: Die durch Aufklärungskampagnen und tatsächlich durchgeführte Verletzungsverfahren geschürte Angst vor Klagen oder Strafanzeigen gegen die eigene Person führt bei einem großen Anteil von File-Sharing-Nutzern zur Einstellung deren illegaler Aktivitäten:[1859] Obwohl die illegalen Downloads zwar

[1858] So auch im Ergebnis *AIPPI*, Bericht, S. 2.
[1859] Pressemitteilung IFPI International vom 21.07.05: www.ifpi.de/news/pdf/pr_ifpi.pdf.

immer noch leicht ansteigen, wird dies als Erfolg gewertet, da die legalen Downloads sich verdreifacht haben.

Ähnliche Effekte können auch im Markenrecht durch öffentlichkeitswirksame Rechtsdurchsetzung gepaart mit entsprechenden Aufklärungskampagnen erzielt werden. Auf Grund der internationalen Vorgehensweise der Täter ist dafür jedoch weltweiter Konsens erforderlich. Die Markenpiraterie stellt demnach die internationale Staatengemeinschaft vor eine schwere Aufgabe, deren Lösung im Sinne aller sein dürfte: Auch wenn schwacher Schutz des geistigen Eigentums anfangs durchaus förderlich für die eigene Wirtschaft sein kann, auf lange Sicht wird sich der Kampf gegen Nachahmer jedoch durchsetzen und lohnen.

Literaturverzeichnis

Abalos, Robert, Commercial Trademark Counterfeiting in the United States, the Third World and Beyond: American and International Attempts to Stem the Tide, 5 B.C. Third World L.J. 151 ff (1985)

Abbott, George/Sporn, Lee (Hrsg.), Trademark Counterfeiting, 1999

Abolsky, Lauren, Operation Blackbeard: Is Government Prioritization Enough to Deter Intellectual Property Criminals?, 14 Fordham Intell. Prop. Media & Ent. L.J. 567 (2004)

Achenbach, Hans/Ransiek, Andreas, Handbuch Wirtschaftsstrafrecht, 2004

Adams, Michael, Ökonomische Theorie des Rechts, 2. Auflage, 2004

AIPPI, Entschließung, Frage Q 169, Strafrechtliche Sanktionen bei der Verletzung von Rechten des Geistigen Eigentums, 2002, erhältlich unter: www.aippi.org

- Zusammenfassender Bericht, Frage Q 169, Strafrechtliche Sanktionen bei der Verletzung von Rechten des Geistigen Eigentums, 2002, erhältlich unter: www.aippi.org, zitiert: *AIPPI,* Bericht, S. _

Albert, Sylvia/Sanders, Jason/Mazzaro, Jessica, Intellectual Property Crimes, 42 Am. Crim. L. Rev. 631 ff (2005)

Alito, Samuel, Documents and the Privilege against Self-Incrimination, 48 U. Pitt. L. Rev. 27 ff (1986)

Allen, Ronald/Mace, Kristin, The Self-Incrimination Clause Explained and its Future Predicted, 94 J. Crim. L. & Criminology 243 ff (2004)

Alpert, Robert, The Export of Trademarked Goods from the United States: The Extraterritorial Reach of the Lanham Act, 81 Trademark Rep. 125 (1991)

Alternativ-Kommentar zur Strafprozessordnung (Hrsg. Wassermann), Band 2, Teilband 1 (§§ 94 – 212 b), 1992; Band 3 (§§ 276 – 477), 1996; zitiert: AK-*Bearbeiter*

Amendolara, Lauren, Knocking Out Knock-Offs: Effectuating the Criminalization of Trafficking in Counterfeit Goods, 15 Fordham Intell. Prop. Media & Ent. L.J. 789 ff (2005)

American Law Institute (Hrsg.), Restatement of the Law (Third), The Law of Foreign Relations Law, Stand Juni 2005, zitiert: Restatement (Third) of Foreign Relations Law, § _

- Restatement of the Law (Third), Unfair Competition, Stand Juni 2005, zitiert: Restatement (Third) of Unfair Competition § _

Andreoff, Christopher, A Primer on Federal Criminal Procedure, 72 Mich. B.J. 60 ff (1993)

Anduleit, Manfred, Die Rechtsdurchsetzung im Markenrecht, 2001

Anti-Counterfeiting Group, Get real... say no to fakes, abrufbar unter: www.a-cg.com

- Proving the Connection, abrufbar unter: www.a-cg.com
- The Extent of Counterfeiting, abrufbar unter: www.a-cg.com

Arnade, Rolf, Markenfähigkeit von Zeichen nach deutschem und U.S.-amerikanischem Recht, 1991

Bainton, Joseph, Reflections on the Trademark Counterfeiting Act: Score a few for the Good Guys, 82 Trademark Rep. 1 (1992)

Ball, Harry/Friedmann, Lawrence, The Use of Criminal Sanctions in the Enforcement of Economic Legislation: A Sociological View, 17 Stan. L. Rev. 197 (1965)

Barrett, Margreth, Intellectual Property – Patents, Trademarks & Copyright, 2000

Batey, Robert, Judicial Exploitation of Mens Rea Confusion at Common Law and under the Modal Penal Code, 18 Ga. St. U. L. Rev. 341 ff (2001)

Baumann, Jürgen/Weber, Ulrich/Mitsch, Wolfgang, Strafrecht, Allgemeiner Teil, 11. Auflage, 2003

Becker, Gary, Crime and Punishment: An Economic Approach, 76 J. Pol. Econ. 169 ff (1968)

Beier, Friedrich-Karl, Remedies against counterfeiting of well-known trade marks in German Law and Practice, in: Cornish, William (Hrsg.): Piracy and Counterfeiting of Industrial Property and Copyright, 1986, S. 43 ff

Beloof, Douglas, The Third Model of Criminal Process: The Victim Participation Model, 1999 Utah L. Rev. 289 ff

Benschar, Tal/Kalow, David/Springut, Milton, Proving Wilfullness in Trademark Counterfeiting Cases, 27 Colum. J.L. & Arts 121 (2003)

Bereskin, Daniel, Comparison of the Trademark Provision of NAFTA and TRIPS, 83 Trademark Rep. 1 ff (1993)

Berlit, Wolfgang, Die Verkehrsbekanntheit von Kennzeichen (§ 9 II Nr. 3, § 14 II Nr. 3 und § 15 III MarkenG), GRUR 2002, 572 ff

- Die Marke kraft Verkehrsgeltung – eine aktuelle Bestandsaufnahme zu § 4 Ziff. 2 MarkenG, wrp 2002, 177
- Der Begriff der Verkehrsdurchsetzung (§§ 8 Abs. 3 MarkenG), wrp 2002, 636
- Markenrecht, 6. Auflage, 2005

Bittmann, Folker Rudolph, Carolin, Das Verwendungsverbot gemäß § 97 Abs. 1 S. 3 InsO, wistra 2001, 81 ff

Blair, Roger/Cotter, Thomas, An Economic Analysis of Damages Rules in Intellectual Property Law, 39 Wm. & Mary L. Rev. 1585 (1998)

Blumenthal, Corsin, Der strafrechtliche Schutz der Marke, 2002

Bock, Michael, Prävention und Empirie – Über das Verhältnis von Strafzwecken und Erfahrungswissen, JuS 1994, 89 ff

Bockelmann, Paul/Volk, Klaus, Strafrecht, Allgemeiner Teil, 4. Auflage, 1987

Bodewig, Theo, Erschöpfung der gewerblichen Schutzrechte und des Urheberrechts in den USA, GRUR Int. 2000, 597 ff

Bone, Robert, Enforcement Costs and Trademark Puzzle, Boston Univ. School of Law Working Paper No. 04-06, 2004

Bradley, Curtis, Territorial Intellectual Property Rights in an Age of Globalism, 37 Va. J. Int'l L. 505 (1997)

Braun, Edwin, Produktpiraterie – Rechtsschutz durch Zivil-, Straf- und Verwaltungsrecht sowie ausgewählte Probleme der Rechtsdurchsetzung, 1993

Brickey, Kathleen, Corporate Criminal Liability, 2. Auflage, 1992

Brögelmann, Jens, Methodik der Strafzumessung, JuS 2002, 903

Burnham, William, Burnham's Introduction to the Law and Legal System of the United States, 3. Auflage, 2002

Busse, Rudolf, Warenzeichengesetz, 2. Auflage, 1953

Butts, Robert, Trademark Law: Interpreting the Congressional Intent of the Extraterritorial Application of the Lanham Trademark Act, 8 Fla. J. Int'l L. 447 (1993)

Callmann, Rudolf/Altmann, Louis, Callman on Unfair Competition, Trademarks and Monopolies, 4. Auflage, Stand Frühjahr 2005

Cardenas, Juan, The Crime Victim in the Prosecutorial Process, 9 Harv. J.L. & Pub. Pol'y 357 (1986)

Casella, Stefan, The Civil Asset Forfeiture Reform Act of 2000: Expanded Government Forfeiture Authority and Strict Deadlines Imposed on All Parties, 27 J. Legis. 97 (2001)
Celli, Alessandro, Internationales Kennzeichenrecht, Basel 2000
Chertoff, Michael, Victims Attain a Voice in the Criminal Justice Process, 159-MAG N.J. Law 49 (1994)
Chrocziel, Peter, Einführung in den Gewerblichen Rechtsschutz und das Urheberrecht, 2. Auflage, 2002
Ciolek-Krepold, Katja, Durchsuchung und Beschlagnahme in Wirtschaftsstrafsachen, 2000
Cissell, James, Federal Criminal Trials, 6. Auflage, 2003
Coase, Ronald, The Problem of Social Cost, 3 J.L. & Econ. 1 ff (1960)
Coblenz, Michael, Intellectual Property Crimes, 9 Alb. L.J. Sci. & Tech. 235 (1999)
Coffee, John, "No Soul to Damn; No Body to Kick": An Unscandalized Inquiry into the Problem of Corporate Punishment, 79 Mich. L. Rev. 386 (1981)
Cooter, Robert/Ulen, Thomas, Law and Economics, 4. Auflage, 2003
Coquillette, Daniel/Joseph, Gregory/ Schreiber, Sol/Solovy, Jerold/Vairo, Georgene (Hrsg.) Moore's Federal Practice, 3. Auflage, Stand 2004, zitiert: Moore's Federal Practice, Criminal Procedure, § _
Correll, Craig, Remedies against Counterfeiting, 14 AIPLA Q.J. 278 (1986)
Cremer, Richard, Die Bekämpfung der Produktpiraterie in der Praxis, Mitt. 1992, 153
- Strafrechtliche Sanktionen bei der Verletzung von Rechte des geistigen Eigentums (Q 169), Bericht für die deutsche Landesgruppe, GRUR Int. 2002, 511 ff
Curti, Henning, Abschreckung durch Strafe, 1999

Dietmeier, Frank, Blankettstrafrecht – ein Beitrag zur Lehre vom Tatbestand, 2002
Dingeldey, Thomas, Der Schutz der strafprozessualen Aussagefreiheit durch Verwertungsverbote bei außerstrafrechtlichen Aussage- und Mitwirkungspflichten, NStZ 1984, 529
Dinwoodie, Graeme/Hennessey, William/Perlmutter, Shira (Hrsg.), International Intellectual Property Law and Policy, 2001
Dreier, Thomas/Schulze, Gernot, Urheberrechtsgesetz, 2. Auflage, 2006
Dressler, Joshua, Understanding Criminal Law, 3. Auflage, 2001
Drew, Kendel/Clark, Kyle, Corporate Criminal Liability, 42 Am. Crim. L. Rev. 277 ff (2005)
Drexl, Josef/Hilty, Reto/Kur, Annette, Vorschlag für eine Richtlinie über die Maßnahmen und Verfahren zum Schutz der Rechte am geistigen Eigentum - eine erste Würdigung, GRUR Int. 2003, 605 ff
Dubber, Markus, The Victim in American Criminal Law: A Systematic Overview, 3 Buff. Crim. L. R. 3 ff (1999)
- Einführung in das US-amerikanische Strafrecht, 2005, zitiert: US-amerikanisches Strafrecht

Economides, Nicholas, The Economics of Trademarks, 78 Trademark Rep. 523 ff (1988)
Eichmann, Helmut, Der Schutz von bekannten Kennzeichen, GRUR 1998, 201 ff
Eidenmüller, Horst, Der homo oeconomicus und das Schuldrecht: Herausforderung durch Behavioral Law and Economics, JZ 2005, 216 ff
- Effizienz als Rechtsprinzip, 1995
Eisenberg, Ulrich, Kriminologie, 6. Auflage, 2005
Eisenführ, Günther/Schennen, Detlef, Gemeinschaftsmarkenverordnung, 2003
Eisenmann, Hartmut/Jautz, Ulrich, Grundriss Gewerblicher Rechtsschutz und Urheberrecht, 5. Auflage 2004

Elias, Stephen/Stim, Richard, Patent, Copyright & Trademark, 7. Auflage, 2004
Ensthaler, Jürgen, Produktpirateriegesetz, GRUR 1992, 273, 275
- Gewerblicher Rechtsschutz und Urheberrecht, 2. Auflage, 2003
Entorf, Horst, Ökonomische Theorie der Kriminalität, in: Ott, Claus/Schäfer, Hans-Bernd, Die Präventivwirkung zivil- und strafrechtlicher Sanktionen: Beiträge zum VI. Travemünder Symposium zur ökonomischen Analyse des Rechts vom 25.- 28. März 1998, S. 1 ff
Epstein, Michael, Modern Intellectual Property, 2004

Fezer, Karl-Heinz, Markenrecht, 3. Auflage, 2001
Fikentscher, Wolfgang, Weltwirtschaftsrecht, 1983
Fischer, Daniel, Die Normierung der Strafzwecke nach Vorbild der U.S. Sentencing Guidelines – eine Chance für das deutsche (Steuer)Strafrecht?, 1999
Flechsig, Norbert, Urheberrechtskriminalität und Urheberstrafrecht, ZRP 1980, 313 ff
- Bedürfen die Urheber- und Leistungsschutzrechte eines verstärkten Strafrechtsschutzes?, in: Flechsig, Norbert (Hrsg.), Rechtspolitische Überlegungen zum Urheberstrafrecht in Deutschland, Österreich und der Schweiz, 1982, S. 9 ff
- Anmerkung zu KG, Urt. v. 1.12.1 982 – Zur Strafbarkeit des Verbreitens von Video-Raubkopien, NStZ 1983, 562 ff
Franzen, Klaus/Gast-de Haan, Brigitte/Joecks, Wolfgang, Steuerstrafrecht, 6. Auflage, 2004
Friedmann, Lawrence, In Defense of Corporate Criminal Liability, 23 Harv. J.L. & Pub. Pol'y 833 (2000)
Frisch, Wolfgang, An den Grenzen des Strafrechts, in: Festschrift für Stree/Wessels, 1993, S. 69 ff
Fürmann, Jochen, Der strafrechtliche Schutz geographischer Herkunftsangaben, MarkenR 2001, 381 ff

von Gamm, Otto-Friedrich, Rufausnutzung und Beeinträchtigung bekannter Marken und geschäftlicher Bezeichnungen, in: FS für Henning Piper, 1996, S. 537 ff
Ganter, Alexander, Strafrechtliche Probleme im Urheberrecht, NJW 1986, 1479 f
Garcia, Frank, Protection of Intellectual Property Rights in the North American Free Trade Agreement: A Successful Case of Regional Trade Regulation, 8 Am. U. J. Int'l L. & Pol'y 817 (1993)
Garner, Bryan (Hrsg.), Black's Law Dictionary, 8. Auflage, 2004, zitiert: Black's Law Dictionary – *Suchbegriff*
Garoupa, Nuno, Optimal Magnitude and Probability of Fines, 2000
- An Economic Viewpoint of Criminal Systems in Civil Law Countries, in: Defains, Bruno/Kirat, Thierry, Law and Economics in Civil Law Countries, 2001, S. 199 ff
Gaster, Jens, Der Grundsatz der Erschöpfung aus der Sicht des Europäischen Gemeinschaftsrechts, in: Ehlers, Dirk/Wolffgang, Hans-Michael/Pünder, Hermann (Hrsg.), Rechtsfragen des internationalen Schutzes geistigen Eigentums, 2002, S. 99 ff
Gaul, Alexander, Die Durchsetzung markenrechtlicher Ansprüche gegenüber Produktpiraten, 2002
Gehrig, Klaus, Der Absichtsbegriff in den Straftatbeständen des Besonderen Teils des StGB, 1986
Gervais, Daniel, The TRIPS Agreement, Drafting History and Analysis, 2. Auflage, 2003
Gilson, Jerome/Gilson LaLonde, Anne, The Madrid Protocol: A Slumbering Giant Awakens at last, 2003

- Trademark Protection and Practice, Stand Oktober 2004

Goldstone, David, United States Attorneys' USA Bulletin, Vol. 49, No. 2 (March 2001); abrufbar unter www.cybercrime.gov/ipguidance.htm#D

- mit *Toren, Peter,* The Criminalization of Trademark Counterfeiting, 31 Conn. L. Rev. 1 (1998)

Göppinger, Hans, Kriminologie, 5. Auflage, 1997

Grauel, Holger, Erschöpfung des Markenrechts, MarkenR 2000, 89 f

- Bericht der Bundesregierung zur Produktpiraterie, MarkenR 2000, 91 f

Gravenreuth, Günter, Strafverfahren wegen Verletzung von Patenten, Gebrauchsmustern, Warenzeichen oder Urheberrechten, GRUR 1983, 349 ff

- Kritische Anmerkungen zur Novelle des Urheberstrafrechts, GRUR 1985, 111 ff
- Das Plagiat aus strafrechtlicher Sicht, 1986

Green, Stuart, Plagiarisam, Norm and the Limit of Theft law: Some Observations on the Use of Criminal Sanctions in Enforcing Intellectual Property Rights, 54 Hastings L.J. 167 (2002)

Gropp, Walter, Deliktstypen mit Sonderbeteiligung, 1992

GRUR, Eingabe betreffend den Referentenentwurf eines Gesetzes zur Änderung des Gesetzes über Urheberrecht und verwandte Schutzrechte, GRUR 1985, 867 ff

- Stellungnahme zum Grünbuch der Europäischen Kommission zur Bekämpfung von Nachahmungen und Produkt- und Dienstleistungspiraterie im Binnenmarkt KOM(98)559, GRUR 1999, 479
- Stellungnahme zum Vorschlag der Kommission für eine Richtlinie über die Maßnahmen und Verfahren zum Schutz der Rechte am geistigen Eigentum, GRUR 2003, 682 ff

Gurulé, Jimmy, Complex Criminal Litigation, 2. Auflage, 2000

- mit *Guerra, Sandra,* The Law of Asset Forfeiture, Stand 2003

Hacker, Franz, Die Benutzung einer Marke „als Marke“ als rechtliche Voraussetzung für den Erwerb, die Aufrechterhaltung und die Verletzung von Rechten (Q 168), GRUR Int. 2002, 502 ff

- Die Warendurchfuhr zwischen Markenverletzung, Grenzbeschlagnahme und Warenverkehrsfreiheit, MarkenR 2004, 257 ff

Hackner, Thomas/Lagodny, Otto/Schomburg, Wolfgang/Wolf, Norbert, Internationale Rechtshilfe in Strafsachen, 2003

Haffke, Bernhard, Symbolische Gesetzgebung? Das Wirtschaftsstrafrecht in der Bundesrepublik Deutschland, KritV 1991, S. 165-176.

Harris, David, United States v. Pilkington PLC and Pilkington Holdings, Inc.: The Expansion of International Antitrust Enforcement by the United States Justice Department, 20 N.C. J. Int'l L. & Com. Reg. 415 (1995)

Harris, Ray/Burgess, James, Compliance Planning for Intellectual Property Crimes, 2 Buff. Intell. Prop. L.J. 1 (2003)

Harrison, Jeffrey, Law and Economics, 3. Auflage, 2003

Harrison, Orval, Penal Action for Trademark Infringement: A Survey of Cases and Statutes, 57 Trademark Rep. 285 (1967)

Harte-Bavendamm, Henning (Hrsg.), Handbuch der Markenpiraterie in Europa, 2000, zitiert: Harte-Bavendamm-*Bearbeiter*

Harvard Law Review Association (Hrsg.), Developments in the Law: Corporate Crime: Regulating Corporate Behavior through Criminal Sanctions, Parallel Civil and Criminal Proceedings, 92 Harv. L. Rev. 1229, 1311 ff (1979), zitiert: Parallel Civil and Criminal Proceedings, 92 Harv. L. Rev. 1311

Hasselblatt, Gordian (Hrsg.), Gewerblicher Rechtschutz, 2. Auflage, 2005, zitiert: Hasselblatt-*Bearbeiter*

Heath, Christopher, Erschöpfung und Paralleleinfuhr, in: Ehlers, Dirk/Wolffgang, Hans-Michael/Pünder, Hermann (Hrsg.), Rechtsfragen des internationalen Schutzes geistigen Eigentums, 2002, S. 27 ff

Hees, Volker, Zurückgewinnungshilfe zu Gunsten der Opfer von Marken- und Produktpiraterie, GRUR 2002, 1037 ff

- Die Zurückgewinnungshilfe, Der Zugriff des Verletzten auf gem. §§ 111 b ff StPO sichergestellte Vermögenswerte, 2003

Hefendehl, Roland, Beweisermittlungs- und Beweisverwertungsverbote bei Auskunfts- und Mitwirkungspflichten, wistra 2003, 1 ff

Heghmanns, Michael, Öffentliches und besonderes öffentliches Interesse an der Verfolgung von Softwarepiraterie, NStZ 1991, 112 ff

- Praktische Probleme der Zurückgewinnungshilfe im Strafverfahren – Ursachen und Auswege, ZRP 1998, 475

Heidelberger Kommentar zum Markenrecht (Hrsg. Ekey/Klippel), 2003, zitiert: HK-*Bearbeiter*

- zur Strafprozessordnung (Hrsg. Lemke/Julis u.a.), 3. Auflage, 2001, zitiert: HK-StPO-*Bearbeiter*

Heim, Sebastian, Der Transit von Waren als markenrechtsverletzende Benutzungshandlung, wrp 2005, 167 ff

Hellmann, Uwe/Beckemper, Katharina, Wirtschaftsstrafrecht, 2004

Hesse, Gerd, Strafbare Patentverletzung und Irrtum, GA 1968, 225 ff

Hetzer, Wolfgang, Produktpiraterie und OK, Kriminalistik 2002, 326

Higgins, Richard/Rubin, Paul, Counterfeit Goods, 29 J.L. & Econ. 211 ff (1986)

Hildebrandt, Ulrich, Die Strafvorschriften des Urheberrechts, 2001

Hoeren, Thomas, High-noon im europäischen Immaterialgüterrecht – Überlegungen zum Vorschlag für eine EU-Richtlinie über die Maßnahmen und Verfahren zum Schutz der Rechte an geistigem Eigentum, MMR 2003, 299 ff

Holzbach, Christoph, Produktpiraterie, EU auf dem Vormarsch, MMR 2003, VI

Hopkins, David/Kotnik, Lewis/Turnage, Mark, Counterfeiting exposed, 2003

Hotz, Andreas, Die rechtsverletzende Markenbenutzung in der neueren Rechtsprechung von EuGH und BGH, GRUR 2003, 993 ff

Hubmann, Heinrich/Götting, Horst-Peter, Gewerblicher Rechtsschutz, 7. Auflage, 2002

Ilzhöfer, Volker, Patent-, Marken- und Urheberrecht, 6. Auflage, 2005

Ingerl, Reinhard, Gemeinschaftsmarke, 1996

Ingerl, Reinhard/Rohnke, Christian, Markengesetz, 2. Auflage, 2003

Jacobs, Günther, Strafrecht, Allgemeiner Teil, 2. Auflage, 1991

Jescheck, Hans-Heinrich/Weigend, Thomas, Lehrbuch des Strafrechts, Allgemeiner Teil, 5. Auflage, 1996

Johannes, Kay Ole, Markenpiraterie im Internet - Kennzeichenrecht im Spannungsfeld zwischen Territorialität und grenzenlosem Internet, GRUR Int. 2004, 928 ff

Jones, W./Hall, P., The Trips Agreement, in: Campell, Dennis (Hrsg.), World Intellectual Property Rights and Remedies, Stand Juli 2004

Kadish, Sanford/Schulhofer, Stephen, Criminal Law and its Processes, 6. Auflage, 1995

Kaplow, Loius/Shavell, Steven, Economic Analysis of Law, 1999

Karlsruher Kommentar zur Strafprozessordnung und zum Gerichtsverfassungsgesetz (Hrsg. Pfeiffer), 5. Auflage, 2003, zitiert: KK-*Bearbeiter*

Katz, Alexander, Zur Psychologie der Markenpiraterie, Markenartikel 1993, 188 ff

Kaufmann, Arthur, Subsidiaritätsprinzip und Strafrecht, in: Festschrift Henkel, 1974, S. 89 ff

Kearney, Brian, The Trademark Counterfeiting Act of 1984: A Sensible Legislative Response to the Ills of Commercial Counterfeiting, 14 Fordham Urban L.J. 115 (1986)

Keedy, Edwin, Ignorance and Mistake in the Criminal Law, 22 Harv. L. Rev. 75 ff (1908)

Kempf, Eberhard, Opferschutzgesetz und Strafverfahrensänderungsgesetz 1987, StV 1987, 215 ff

Khanna, Vikramaditya, Corporate Criminal Liability: What Purpose Does It Serve?, 109 Harv. L. Rev. 1477 (1996)

Kiethe, Kurt/Hohmann, Olaf, Das Spannungsverhältnis von Verfall und Rechten Verletzter (§ 73 I 2 StGB) - Zur Notwendigkeit der effektiven Abschöpfung von Vermögensvorteilen aus Wirtschaftsstraftaten, NStZ 2003, 505 ff

Kirchner, Christian, Ökonomische Theorie des Rechts, 1997

Klein, Franz, Abgabenordnung, 8. Auflage, 2003

Klieger, Robert, Trademark Dilution: The Whittling Away of the Rational Basis for Trademark Protection, 58 U. Pitt. L. Rev. 789 (1997)

KMR - Kommentar zur Strafprozessordnung (Hrsg. von Heintschel-Heinegg/Stöckel), Stand August 2005, zitiert: KMR-*Bearbeiter*

Knaak, Roland, Die nationalen und internationalen Arbeiten gegen die Markenpiraterie, GRUR Int. 1988, 1 ff

- Grundzüge des Gemeinschaftsmarkenrechts und Unterschiede zum nationalen Recht, GRUR Int. 2001, 665 ff
- Die EG-Richtlinie zur Durchsetzung der Rechte des geistigen Eigentums und ihr Umsetzungsbedarf im deutschen Recht, GRUR Int. 2004, 745 ff
- mit *Tilmann, Winfried,* Maßnahmen gegen die Nachahmung von Markenwaren (86), GRUR Int. 1986, 336

Kobiako, Iouri, Durchfuhr als Patentverletzungshandlung? – Zugleich Anmerkung zum Urteil des LG Hamburg vom 2. April 2004, GRUR Int. 2004, 832 ff

Kohlmann, Günter, Steuerstrafrecht, Stand 2005

Körner, Hans Harald, Betäubungsmittelgesetz, 5. Auflage, 2001

Koschtial, Ulrike, Die Einordnung des Designschutzes in das Geschmacks-, Urheber-, Marken- und Patentrecht, 2003

Krechevsky, Curtis, INTA and the Battle Against Trademark Counterfeiting, 93 Trademark Rep. 145 (2003)

Krekeler, Wilhelm, Brauchen wir ein Unternehmensstrafrecht?, in: Festschrift Hanack, 1999, S. 639 ff

Kröger, Bernd/Bausch, Thorsten, Produktpiraterie im Patentwesen, GRUR 1997, 321

Kübler, Bruno/Prütting, Hanns, Insolvenzordnung, Stand 2005

Kühne, Hans-Heiner, Strafprozessrecht, 6. Auflage, 2003

Kur, Annette, Formalschutz dreidimensionaler Marken, FS DPA – 100 Jahre Marken®-Amt, 1994, 175 ff

- Die notorisch bekannte Marke im Sinne von 6bis PVÜ und die "bekannte Marke" im Sinne der Markenrechtsrichtlinie, GRUR 1994, 330

- Die WIPO-Vorschläge zum Schutz notorisch bekannter und berühmter Marken, GRUR 1999, 866 ff
- Die Verwechslungsgefahr im europäischen Markenrecht, MarkenR 1999, 2 ff
- Was macht ein Zeichen zur Marke?, MarkenR 2000, 1 ff
- Territorialität versus Globalität – Kennzeichenkonflikte im Internet, wrp 2000, 935 ff

Lackner, Karl/Kühl, Kristian, Strafgesetzbuch, 25. Auflage, 2004
LaFave, Wayne, Substantive Criminal Law, 2. Auflage, 2003 (Stand 2005)
- Search and Seizure, 4. Auflage, 2003 (Stand 2004)
- mit *Israel, Jerold/King, Nancy,* Criminal procedure, 2. Auflage, 1999 (Stand 2005)

Landes, William/Posner, Richard, Trademark Law: An Economic Perspective, 30 J.L. & Econ. 265 ff (1987)
- The Private Enforcement of Law, 4 Journal of Legal Studies 1 ff (1975)

Lauer, Eva, Der Irrtum über Blankettstrafgesetze am Beispiel des § 106 UrhG, 1997
Leitzen, Mario, Innergemeinschaftlicher Transit, Markenverletzung und Produktpiraterie, GRUR 2006, 89
Lehmann, Michael, Eigentum, geistiges Eigentum, gewerbliche Schutzrechte, Property Rights als Wettbewerbsbeschränkungen zur Förderung des Wettbewerbs, GRUR Int. 1983, 356 ff
Lemley, Mark, Property, Intellectual Property and Free Riding, 83 Tex. L. Rev. 1031 ff (2005)
Levasseur, Alain/Baker, John, An Introduction to the Law of the United States, 1992
Levenson, Laurie, Federal Rules of Criminal Procedure, 2003
Levin, Marianne, Was bedeutet "counterfeiting"?, GRUR Int. 1987, 18 ff
Levy, Charles/Weiser, Stuart, The NAFTA: A Watershed for Protection of Intellectual Property, 27 Int'l Law, 671 (1993)
Li, Vickie, Child Sex Tourism to Thailand: The Role of The United States as a Consumer country, 4 Pac. Rim L. & Pol'y J. 505 (1995)
Leipziger Kommentar zum StGB (Hrsg. Jähnke/Laufhütte/Odersky), 11. Auflage, Band 1 (§§ 1 – 31), 2003; 34. Lfg. (§§ 73 – 76 a), 2000; Band 6 (§§ 223 – 263 a), 2005; Band 7 (§§ 264 – 302), 2005; zitiert: LK-*Bearbeiter*
Loewenstein, Andrew, Judicial Review and the Limits of Prosecutorial Discretion, 38 Am. Crim. L. Rev. 351 (2001)
Loren, Lydia, Digitization, Commodification, Criminalization: The Evolution of Criminal Copyright Infringement and the Importance of the Wilfulness Requirement, 77 Wash. U. L.Q. 835 (1999)
Low, Peter, Federal Criminal Law, 2. Auflage, 2003
Löwe-Rosenberg, Die Strafprozessordnung und das Gerichtsverfassungsgesetz (Hrsg. Rieß), 25. Auflage, Band 2 (§§ 72-136a), 2004; Band 6 (§§ 374-495; EGStPO), 2001; zitiert: LR-*Bearbeiter*
Lüderssen, Klaus, Ökonomische Analyse des Strafrechts und Alternativen zum Strafrecht, in: Ott, Claus/Schäfer, Hans-Bernd, Die Präventivwirkung zivil- und strafrechtlicher Sanktionen: Beiträge zum VI. Travemünder Symposium zur ökonomischen Analyse des Rechts vom 25.- 28. März 1998, S. 25 ff
Lührs, Wolfgang, Verfolgungsmöglichkeiten im Fall der „Produktpiraterie" unter besonderer Betrachtung der Einziehungs- und Gewinnabschöpfungsmöglichkeiten (bei Ton-, Bild- und Computerprogrammträgern), GRUR 1994, 264 ff

MacTaggart, Glen, Determining the Extraditability of Fugitives, 51-FEB Fed. Law. 27 (2004)

Maske, Barbara, Markenpiraterie und Strafrecht in Deutschland, der Republik Polen und der Russischen Föderation, 2004

McCarthy, John, The Passive Personality Principle and its Use in Combatting International Terrorism, 13 Fordham Int'l L.J. 298 (1990)

McCarthy, Thomas, McCarthy on Trademarks and Unfair Competition, 4. Auflage, Stand Dezember 2005

McCormick, Tracey, Will Traffix "Fix" the Splintered Funtionality Doctrine: *Traffix Devices, Inc. v. Marketing Displays, Inc.*, 40 Hous. L. Rev. 541 (2003)

McDonald, Heather/Brokate, Brian, The Basics of Trademark Counterfeiting, 798 PLI/Pat 593 (2004)

McManis, Charles, Unfair Competition and Intellectual Property, 5. Auflage, 2004

Meister, Herbert, Leistungsschutz und Produktpiraterie, 1990

Mes, Peter, Patentgesetz, Gebrauchsmustergesetz, 2. Auflage, 2005

Meyer-Goßner, Lutz, Strafprozessordnung, 48. Auflage, 2005

Möhring, Philipp/Nicolini, Käte, Urheberrechtsgesetz, 2. Auflage, 2000

Moll, Dietmar, Europäisches Strafrecht durch nationale Blankettgesetzgebung? – Eine Untersuchung zur strafrechtskonstituierenden Wirkung des EG-Rechts unter besonderer Berücksichtigung der allgemeinen verfassunsgrechtlichen Anforderungen an Blankettverweisungen, Göttingen, 1998

Moohr, Geraldine Szott, Defining Overcriminalization through Cost-Benefit Analysis: The Example of Criminal Copyright Law, 54 Am. U. L. Rev. 783 ff (2005)

Moore, James/Vestal, Allen/Kurland, Philip, Moore's Manual: Federal Practice and Procedure, Stand 2005

Mosing, Max, Kennzeichenstrafrecht nach dem österreichischen Markenschutzgesetz, GRUR Int. 2005, 647 ff

Münchner Kommentar zur Insolvenzordnung, Band 1, 2001, zitiert: MünchKomm-InsO-*Bearbeiter*

- Zum Bürgerlichen Gesetzbuch, Band 5 und 6, 4. Auflage, 2004, zitiert: MünchKomm-BGB-*Bearbeiter*
- Zum Strafgesetzbuch, Band 2/1, 2005, zitiert: MünchKomm-StGB-*Bearbeiter*

Müller, Stefan/Kornmeier, Martin, „Markenpiraterie hat geradezu beängstigende Ausmaße angenommen", Markenartikel 2001, 34 ff

Müller-Gugenberger, Christian/Bieneck, Klaus, Wirtschaftsstrafrecht, 3. Auflage, 2000

Murphy, John, Criminal law sanctions with regard to the infringement of intellectual property rights, Report Q 169 in the name of the United States Group, 2002, abrufbar unter: www.aippi.org/

Nägele, Thomas, Die rechtsverletzende Benutzung im Markenrecht, 1999

Natlacen, Dieter/Prohaska-Marchried, Martin/Marosi, Gerhard, Produktpirateriegesetz, 2001

Nerlich, Jörg/Römermann, Volker, Insolvenzordnung, Stand September 2005

Nessim, Ronald, Criminal (and Civil) Trademark Infringement: What Statute of Limitations Applies?, 76 J. Pat. & Trademark Off. Soc'y 933 (1994)

Neumann, Helmut, Warenzeichengesetz, 1992

Neumann, Ulfried/Schroth, Ulrich, Neuere Theorien von Kriminalität und Strafe, 1980

Newmann, Helen, Madrid Agreement and Protocol, in: Campell, Dennis (Hrsg.), World Intellectual Property Rights and Remedies, Stand Juli 2004

Niggli, Marcel, Ultima Ratio?, ZStrR 111, 236 ff (1993)

Nomos Kommentar zum Strafgesetzbuch, Band I, Stand November 2003

Nordemann, Wilhelm, Umwandlung der Straftaten gegen das Urheberrecht in Offizialdelikte, NStZ 1982, 372 ff

O'Sullivan, Julie, Federal White Collar Crime, 2. Auflage, 2003
Oehler, Dietrich, Internationales Strafrecht, 2. Auflage, 1983
Ohly, Ansgar, Anmerkung zu BGH – Hotel Maritime, I ZR 163/02, (abgedruckt in JZ 2005, 736 ff), JZ 2005, 738 ff

Paradise, Paul, Trademark Counterfeiting, Product Piracy and the Billion Dollar Threat to the U.S. Economy, 1999
Pattloch, Thomas, Symposium on Enforcement of Intellectual Property Rights and Patent Litigation vom 10. bis zum 14. September 2001 in München, GRUR Int. 2002, 30 ff
Perkins, Rollin, Ignorance and Mistake in Criminal Law, 88 U. Pa. L. Rev., 35 ff (1939)
- mit *Boyce, Ronald,* Criminal Law, 3. Auflage, 1982
Peterson, Debra, Criminal Counterfeiting and Component Parts: Closing the Perceived "Label Loophole", 30 AIPLA Quarterly Journal 457 (2002)
Plöckinger, Oliver/Gassner, Sabine, Strafrechtliche Überlegungen zum Domain-Grabbing, Medien und Recht 2001, 180 ff
Pohlmann, Hans/Jabel, Hans-Peter/Wolf, Thomas, Strafvollstreckungsordnung, 8. Auflage, 2001
Polinsky, Mitchell/Shavell, Steven, Optimal Use of fines and imprisonment, 1983
- Enforcement Costs and the Optimal Magnitude and Probability of Fines, 35 J.L. & Econ. 133 ff (1992)
- Economic Theory of Public Enforcement of Law, 2000
Popov, Anna, Watering down *Steele v. Bulova Watch Co.* to Reach Overseas: Analyzing the Lanham's Act Extraterritorial Reach under International Law, 77 S. Cal. L. Rev. 705 (2004)
Posner, Richard, An Economic theory of the Criminal Law, 85 Colum. L. Rev. 1193 (1985)
- Economic Analysis of Law, 6. Auflage, 2003
Preuße, Heinz, Die Welthandelsorganisation (WTO) und die geistigen Eigentumsrechte, 1995
Prieß, Hans-Joachim/Berrisch, Georg (Hrsg.), WTO-Handbuch, 2003

Rakoff, Jad/Wolff, Ira, Commercial Counterfeiting and the Proposed Trademark Counterfeiting Act, 20 Am. Crim. L. Rev. 145 ff (1982)
Ranft, Otfried, Strafprozessrecht, 3. Auflage, 2005
Rayle, Rudolf, The Trend towards Enhancing Trademark Owners Rights – a Comparative Study of U.S. and German Trademark Law, 7 J. Intell. Prop. L. 227 (2000)
Rebel, Dieter, Gewerbliche Schutzrechte, 4. Auflage, 2003
Reeves, Barbara/Harris, George/Loewenson, Carl (Hrsg.), Federal Criminal Litigation, 1994
Reichert, Christoph, Intersubjektivität von Strafzumessungsrichtlinien, 1999
Richter, Hans, Auskunfts- und Mitteilungspflichten nach §§ 20, 97 Abs. 1 ff InsO, wistra 2000, 1 ff
Riedel, Claudia/Wallau, Rochus, Das Akteneinsichtsrecht des „Verletzten" in Strafsachen - und seine Probleme, NStZ 2003, 393 ff
Rittweger, Christoph, Der Schutz bekannter und berühmter Marken in den USA, in Deutschland und im europäischen Gemeinschaftsrecht, 1998
Robinson, Paul, Criminal Law Defenses, Stand 2005
Rönnau, Thomas, Vermögensabschöpfung in der Praxis, 2003

Rosenberg, Ben, The Growth of Federal Common Law, 29 Am. J. Crim. L. 193 (2002)
Rothe, Oliver, Ansprüche bei Markenverletzungen im U.S.-amerikanischen Recht, 2001
Roxin, Claus, Strafrecht, Allgemeiner Teil, Band I, 3. Auflage, 1997
- Strafverfahrensrecht, 25. Auflage, 1998

Rudolphi, Hans-Joachim, Die verschiedenen Aspekte des Rechtsgutsbegriffs, Festschrift für Richard Honig, 1970, S. 151 ff.

Sack, Rolf, Export und Transit im Markenrecht, riw 1995, 177 ff.
- Die Durchfuhr im europäischen Markenrecht nach der EuGH-Entscheidung vom 6.4.2000 zur ProduktpiraterieVO (EG) Nr. 3295/94, wrp 2000, 702 ff

Saltzburg, Stephen/Capra, Daniel/Davis, Angela, Basic Criminal Procedure, 3. Auflage, 2003
Satzger, Helmut, Die Europäisierung des Strafrechts, 2001
- Die Berücksichtigung von Opferinteressen bei der Verfallsanordnung aus materiellrechtlicher wie prozessrechtlicher Sicht, wistra 2003, 401 ff
- Internationales und Europäisches Strafrecht, 2005

Schäfer, Hans-Bernd/Ott, Claus, Lehrbuch der ökonomischen Analyse des Zivilrechts, 4. Auflage, 2005
Schechter, Frank, Rational Basis of Trademark Protection, 40 Harv. L. Rev. 813 ff (1927).
Schechter, Roger, Unfair Trade Practices and Intellectual Property, 2. Auflage, 1993
- The Case for Limited Extraterritorial Reach of the Lanham Act, 37 Va. J. Int'l L. 619 (1997)
- mit *Thomas, John,* Intellectual Property: The Law of Copyrights, Patents and Trademarks, 2003

Scherbauer, Katja, Die Grenzbeschlagnahme von Produktpirateriewaren im Immaterialgüterrecht, 2000
Schiwek, Frank, Die Strafbarkeit der Markenpiraterie, 2004
Schlüchter, Ellen, Irrtum über normative Tatbestandsmerkmale im Strafrecht, 1983
- Irrtumslehre im Steuerstrafrecht, wistra 1985, 43 ff

Schmid, Niklaus, Strafverfahren und Strafrecht in den Vereinigten Staaten, 2. Auflage, 1993
Schmidl, Michael, Die Bekämpfung der Produktpiraterie in der Bundesrepublik Deutschland und in Frankreich, 1997
Schmidtchen, Dieter, Kommentar zu Klaus Lüderssen, in: Ott, Claus/Schäfer, Hans-Bernd, Die Präventivwirkung zivil- und strafrechtlicher Sanktionen: Beiträge zum VI. Travemünder Symposium zur ökonomischen Analyse des Rechts vom 25.- 28. März 1998, S. 42 ff
- Wozu Strafrecht? Einige Anmerkungen aus ökonomischer Sicht?, in: a.a.O., S. 49 ff

Schöch, Heinz, Kriminologie und Sanktionsgesetzgebung, ZStW 92, 143 ff (1980)
- Die Rechtsstellung des Verletzten im Strafverfahren, NStZ 1984, 385
- Empirische Grundlagen der Generalprävention, Festschrift Jescheck, 1985, S. 1081 ff

Scholz, Rupert, Strafbarkeit juristischer Personen?, ZRP 2000, 435
Schönke, Adolf/Schröder, Horst, Strafgesetzbuch, 26. Auflage, 2001
Schrader, Dorothy, Enforcement of Intellectual Property Rights under NAFTA, in: Holbein, James/Musch, Donald (Hrsg.), North American Free Trade Agreements, 1994, C.8A
Schricker, Gerhard (Hrsg.), Urheberrecht, 2. Auflage, 1999
Schroth, Ulrich, Vorsatz und Irrtum, 1998
Schuhmacher, Katja, Die Marken(artikel)piraterie, 2005
Schultz, Detlef (Hrsg.), Kommentar zum Markenrecht, 2002
Schulz, Jens-Peter, Das deutsche Markenstrafrecht, 2004

Schünemann, Bernd, Zur Stellung des Opfers im System der Strafrechtspflege, NStZ 1986, 193 ff

- Die Strafbarkeit der juristischen Personen aus deutscher und europäischer Sicht, in: Schünemann, Bernd/Suárez González, Carlos (Hrsg.), Bausteine des europäischen Wirtschaftsstrafrechts, Madrid-Symposium für Klaus Tiedemann, 1994
- Die Stellung des Opfers im System der Strafrechtspflege: Ein Drei-Säulen-Modell, in: Schünemann, Bernd/Dubber, Markus (Hrsg.), Die Stellung des Opfers im Strafrechtssystem, 2000

Selzer, Dagmar, Der Schutz vor Markenpiraterie auf internationaler und europäischer Ebene, 2002

Shavell, Steven, The Optimal Structure of Law Enforcement, 1993

Sieber, Ulrich, Zivilrechtliche Beweisinteressen im Strafprozess, Festschrift Spendel, 1992, S. 757 ff

Systematischer Kommentar zum Strafgesetzbuch, Stand Oktober 2005, zitiert: SK-StGB-*Bearbeiter*

- zur Strafprozessordnung und zum Gerichtsverfassungsgesetz, Stand Oktober 2005, zitiert: SK-StPO-*Bearbeiter*

Slobogin, Christopher, Criminal Procedure: Regulation of Police Investigation, 2. Auflage, 1998

Snow, Thomas, The Investigation and Prosecution of White Collar Crime: International Challenges and the Legal Tools Available to Address Them, 11 Wm. & Mary Bill Rts. J. 209 (2002)

Sodipo, Bankole, Piracy and Counterfeiting, 1997

Sowada, Christoph, Die „notwendige Teilnahme" als funktionales Privilegierungsmodell im Strafrecht, 1992

Sowade, Kirsten, Markenschutz in den USA, Eine rechtsvergleichende Untersuchung aus Sicht des deutschen Juristen, 2002

Staehlin, Alesch, Das TRIPS-Abkommen, 2. Auflage, 1999

Stauder, Stefan, Die allgemeinen defenses des New York Penal Law, 1999

Sternberg-Lieben, Detlev, Musikdiebstahl, 1985

- Internationaler Musikdiebstahl und deutsches Strafanwendungsrecht, NJW 1985, 2121

Stewart, Terence (Hrsg.), The GATT Uruguay Round, A Negotiating History, Volume 2, 1993

Ströbele, Paul/Hacker, Franz, Markengesetz, 7. Auflage, 2003

Taslitz, Andrew/Paris, Margaret, Constitutional Criminal Procedure, 1997

Tetzner, Heinrich, Kommentar zum Warenzeichengesetz, 1958

Thompson, George/Herrington, Wayne, U.S. Government Sanctions against Foreign Intellectual Property Violations, C.8C, in: Holbein, James/Musch, Donald (Hrsg.), North American Free Trade Agreements, 1994,

Tiedemann, Klaus, Verfassungsrecht und Strafrecht, 1991

- Zum Stand der Irrtumslehre, insbesondere im Wirtschafts- und Nebenstrafrecht, Festschrift für Geerds, 1995, S. 95 ff

Tigar, Michael, It Does the Crime but not the Time: Corporate Criminal Liability in Federal Law, 17 A.J. Crim. L, 211 ff (1990)

Tobolowsky, Peggy, Victim Participation in the Criminal Justice Process: 15 Years after the President's Task Force on Victims of Crime, 25 New Eng. J. on Crim. & Civ. Confinement 21 ff (1999)

Tomkovicz, James, Criminal Procedure, New York (NY) 1997
Torcia, Charles, Wharton's Criminal Procedure, 13. Auflage, Stand: 2004, zitiert: Wharton-*Torcia*
Tröndle, Herbert/Fischer, Thomas, Strafgesetzbuch, 53. Auflage, 2006
Tuerkheimer, Frank, Globalization of U.S. Law Enforcement: Does the Constitution Come Along?, 39 Hous. L. Rev. 307 (2002)
Tyler, Tom, Compliance with Intellectual Property Laws: A Psychological Perspective, 29 N.Y.U. J. Int'l L. & Pol. 219 ff (1997)

Ulen, Thomas, Analytical Tools for Law and Economics, in: *Hatzis, Aristides* (Hrsg.), Economic Analysis of Law, A European Perspective, im Erscheinen (April 2006)
U.S. Customs & Border Protection (Hrsg.), IPS seizure statistics, 2005, abrufbar unter: http://www.customs.gov/xp/cgov/import/commercial_enforcement/ipr/seizure/
- Mitigation Guidelines: Fines, Penalties, Forfeitures and Liquidated Damages, 2004; abrufbar unter http://www.customs.gov/xp/cgov/border_security/authority_enforce/seizures_penalties.xml
U.S. Department of Justice (Hrsg.), Prosecuting Intellectual Property Crimes, 2001, abrufbar unter: www.cybercrime.gov/ipmanual.htm, zitiert: *U.S. DOJ*, Prosecuting I.P. Crimes
- Report of the DOJ Task Force on IP Crimes, http://www.usdoj.gov/criminal/cybercrime/IPTaskForceReport.pdf, zitiert als: *U.S. DOJ*, Report of IP Task force
U.S. Patent and Trademark Office (Hrsg.), Trademark Manual of Examining Procedures, 4. Auflage, 2005 abrufbar unter: http://www.uspto.gov/web/offices/tac/tmep/; zitiert als: *U.S.P.T.O.*, TMEP
Uhlenbruck, Wilhelm, Auskunfts- und Mitwirkungspflichten des Schuldners und seiner organschaftlichen Vertreter im Insolvenzverfahren, NZI 2002, 401 ff
Ulrich, Thomas, Pretrial Diversion in the Federal Court System, 66-DEC Fed. Probation 30 (2002)
Union des Fabricants, Counterfeiting & Organized Crime, 2003, erhältlich unter: www.gacg.org/pdf/rapport_uk.pdf

Verrel, Thorsten, Nemo tenetur - Rekonstruktion eines Verfahrensgrundsatzes, NStZ 1997, 361 ff
Volk, Klaus, Prozessvoraussetzungen im Strafrecht, 1978
- Strafrecht und Wirtschaftskriminalität, JZ 1982, 85 ff
- Entkriminalisierung durch Strafwürdigkeitskriterien jenseits des Deliktsaufbaus, ZStW 97, 871 ff (1985)
- Zur Bestrafung von Unternehmen, JZ 1993, 429 ff
- Grundkurs StPO, 4. Auflage, 2005, zitiert: StPO
Vormann, Thorsten, Markenrechtlicher Schutz vor Parallelimporten, MarkenR 2003, 129 ff

Wabnitz, Heinz-Bernd/Janovsky, Thomas, Handbuch des Wirtschafts- und Steuerstrafrechts, 2. Auflage, 2004
Wadle, Elmar, Entwicklungslinien des deutschen Markenschutzes im 19. Jahrhundert, GRUR 1979, 383 ff
- Der Weg zum gesetzlichen Schutz des geistigen und gewerblichen Schaffens, in: FS GRUR, 1991, S. 93 ff
Wandtke, Artur-Axel/Bullinger, Winfried, Urheberrecht, 2. Auflage 2006

Warda, Heinz-Günter, Die Abgrenzung von Tatbestands- und Verbotsirrtum bei Blankettstrafgesetzen, 1955
Watal, Jayashree, Intellectual property rights in the WTO and developing countries, 2001
Watson, Geoffrey, Offenders Abroad: The Case for Nationality-Based Criminal Jurisdiction, 17 Yale J. Int'l L. 41 (1992)
Weber, Klaus, Betäubungsmittelgesetz, 2. Auflage, 2003
Weber, Ulrich, Der strafrechtliche Schutz des Urheberrechts, 1976
- Strafaufhebende Rückwirkungen des Zivilrechts, Gedächtnisschrift Schlüchter, 2002, S. 243 ff
Webster, Lee/Frith, Andraya, The Impact of NAFTA, GATT and TRIPS Provisions on Trademark and Copyright Law, 455 PLI/Pat 21 (1996)
Weik, Beate, Objektive und subjektive Verbrechenselemente im U.S.-amerikanischen Strafrecht, 2004
Weisberg, Robert, Reappraising Complicity, 4 Buff. Crim. L. Rev 217 (2000)
Weiss, Baruch, What were they thinking?: The Mental States of an Aider and Abettor and the Causer under Federal Law, 70 Fordham L. Rev. 1341 (2002)
Weiß, Wolfgang/Hermann, Christoph, Welthandelsrecht, 2003
Wessels, Johannes/Beulke, Werner, Strafrecht, Allgemeiner Teil, 35. Auflage, 2005
Wessels, Johannes/Hillenkamp, Thomas, Strafrecht, Besonderer Teil II, 28. Auflage, 2005
Whitebread, Charles/Slobogin, Christopher, Criminal Procedure, 4. Auflage, 2000
Wich, Donald, Internationale Markenpiraterie, 1985
Will, Stefanie, Der Markenschutz nach § 14 Markengesetz, 1996
Winter, Franz, Internationale Markenpiraterie – Ein Prüfstein unseres Rechts gegen den Missbrauch des freien Warenverkehrs, GRUR 1981, 782 ff
World Intellectual Property Organization (Hrsg.), WIPO Intellectual Property Handbook: Policy, Law and Use, http://www.wipo.int/about-ip/en/iprm/; zitiert: WIPO-Handbuch
Witte, Jürgen, Irrtum und Vertreterhaftung im Rahmen des § 49 I PatG, GRUR 1958, 419 ff
Wölfel, Helmut, Rechtsfolgen von Markenverletzungen und Maßnahmen zur Bekämpfung der Markenpiraterie, 1989
Wright, Charles/Miller, Arthur/Marcus, Richard, Federal Practice and Procedure, 1994, Stand April 2005, zitiert: *Wright/Miller/Marcus*, Civil 2d § _

Zentralstelle Gewerblicher Rechtsschutz, Jahresbericht 2004, abrufbar unter: http://www.zoll-d.de/e0_downloads/d0_veroeffentlichungen/ v6_gwr_jahresbericht_2004.pdf

Anhang A: Hinweise zu Materialien

Der Großteil der amerikanischen amtlichen Dokumente sich über das Internet oder die gängigen Datenbanken erhältlich. Dazu nur kurz einige Hinweise:

- Vorschriften des U.S.C: http://www4.law.cornell.edu/uscode/
- einzelne Gesetze (P.L. nach Nummern) sowie die Informationen über aktuelle Gesetzesvorschläge (*bills*) finden sich bei http://thomas.loc.gov/
- *Reports* aus dem Senat (S. Rep.) oder dem House of Representatives (H.R.) sowie *Hearings* sind unter Angabe der Nummer bei Westlaw oder Lexis Nexis (Congressional Universe) erhältlich
- eine jährliche Statistik zur Strafverfolgung von I.P. Crimes wird vom Attorney General herausgegeben: www.usdoj.gov/05publications/05_1.html
- eine Vielzahl aktueller Informationen enthält die Webseite des Computer Crime and Intellectual Property Section des Justizministeriums: www.cybercrime.gov
- Dokumente zu Verhandlungen des WTO- und TRIPS-Abkommens:
  MDF/W/19 und L/5878: http://gatt.stanford.edu/page/home
  MTN.GNG/NG11/W/5: Dokument „5.doc“ aus http://www.wto.org/english/tratop_e/trips_e/trips_e.htm#NegHist
- Sentencing Guidelines: http://www.ussc.gov/2005guid/TABCON05.htm

Folgende Dokumente sind nicht online erhältlich und deshalb in Auszügen im Anhang abgedruckt:
- 130 Cong. Rec. 31673 ff (1984): Anhang B
- PAC/CE/II/2: Anhang D

Anhang B: 130 Cong. Rec. 31673 (1984)

JOINT STATEMENT ON TRADEMARK COUNTERFEITING LEGISLATION

On June 28, 1984, the Senate approved the Trademark Counterfeiting Act of 1984, whose principal sponsor was Senator CHARLES McC. MATHIAS, JR., chairman of the Subcommittee on Patents, Copyrights, and Trademarks of the Senate Judiciary Committee. That bill was also sponsored by Judiciary Committee Chairman STROM THURMOND, Senator HOWELL HELFIN, Senator JOHN WARNER, Senator CHRISTOPHER DODD, Senator ALAN SIMPSON, Senator LOWELL WEICKER, Senator PETE WILSON, Senator CLAIRBONE PELL, Senator JESSE HELMS, Senator FRANK LAUTENBERG, Senator JOHN CHAFEE, Senator CHIC HECHT, Senator CHARLES PERCY, Senator JOSEPH BIDEN, Senator JAMES ABNOR, and Senator PATRICK LEAHY. On September 12,1 984, the House of representatives approved a similar a similar measure (H.R. 6071) also titled the trademark Counterfeiting Act of 1984. That bill was sponsored by Representative WILLIAM J. HUGHES, chairman of the Subcommittee on Crime of the House Judiciary Committee, Representative PETER W. RODINO, JR.,chairman of the Judiciary Committee, Representative HAROLD SAWYER, ranking Republican member of the Subcommittee on Crime, Representative BRUCE MORRISON, Representative LARRY SMITH, Representative EDWARD FEIGHAN, Representative CHARLES SCHUMER, Representative E. CLAY SHAW, Representative F. JAMES SENSENBRENNER, JR. and Representative NANCY JOHNSON.

The Senate and House bills both aimed at accomplishing three primary changes in the law: First, creation of criminal penalties for intentionally dealing in materials that one knows to be counterfeit; second, authorization for mandatory or virtually mandatory awards of trebel damages and attorney's fees in civil counterfeiting cases; and third, authorization for ex parte court orders for the seizure of counterfeit materials when it can be shown that the defendant would be likely to attempt to conceal or transfer the material.

The principal sponsors of S. 875 and H.R. 6071 have worked together to draft a compromise bill that incorpo- rates the best features of those two bills. The amendment to House Joint Resolution 648 relating to trademark counterfeiting is the product of those negotiations. It retains the three central features of the House and Senate bills, while harmonizing the technical differences between those bills as passed. The present statement explains the provisions of the compromise bill, although, of Course, the reports filed by the Senate and House Judiciary Committees with respect to S. 875 and H.R. 6071 should be consulted as to those matters not discussed in this statement.

There are minor differences between this statement and one placed in the CONGRESSIONAL RECORD, October 4, 1984, 513066-S13072, by the distinguished Senator from Maryland, CHARLES McC. MATHIAS. The House and Senate sponsors intend this statement to be the final and authoritative explanation of the legislative intent of this act.

U.S. SENATE, COMMITTEE ON THE JUDICIARY,
Washington, DC, October 9, 1984.

[...]

As explained more fully below this act is intended to apply to counterfeits both of registered trademarks and of Olympic designations that are protected under section 110 of the Olympic Charter Act, 36 U.S.C. 380. Unless otherwise indicated, any use of the term "mark" or "trademark" is intended to include Olympic designations. The scope of this act is narrower than current law, in that it creates enhanced penalties only for certain types of egregious conduct prohibited by existing law. The bill does not affect current statutory or common law gov-

erning other conduct proscribed by the Lanham Act, or other Federal, State, or local laws relating to trademarks. The Same reservation applies to conduct covered by section 110 of the Olympic Charter Act.
The amendments to title 18 of the United States Code that are contained in this bill rely to a great extent on concepts and definitions in the Lanham Act, the basic Federal statute governing trademarks. Unless it does so explicitly, this act does not in any way modify the Lanham Act or judicial interpretations of it.

TITLE 18 AMENDMENT
Both the Senate and House bills called for Federal criminal penalties for persons who intentionally deal in goods or services; or the marks thereon, that they know to be counterfeit. The compromise bill reflects the agreement between the two bills on this point. As did both the House and Senate bills, section 2 of the compromise bill amends chapter 113 of title 18 of the United States Code by adding a new section 2320. Section 2320 provides for criminal penalties for anyone who "intentionally traffics or attempts to traffic in goods or services and knowingly uses a counterfeit mark on or in connection with such goods or services."
This key criminal provision represents a compromise between the Senate and House bills. The Senate bill was drafted to prohibit "trafficking in counterfeit goods or services," while the House bill barred "use of a counterfeit mark" in connection with goods or services. Both the House and Senate sponsors recognize that a mark can be "counterfeit" only if it is used in connection with certain types of goods or services. However, conduct regulated by the Lanham Act relates to "marks" rather than "goods or services"; the sponsors feared that it might create confusion to adopt the terminology of "counterfeit goods or services" in a piecemeal fashion. An overall redrafting of the trademark ***31674** laws is an appropriate way to make such changes and is beyond the scope of this legislation.
Like both the House and Senate bills, the compromise bill contains two distinct mental state requirements.
The defendant must be shown, first, to have "intentionally" trafficked in particular goods or services, and second, to have "knowingly" used a counterfeit mark in connection with those goods or services he requirement that the defendant's trafficking be "intentional" means that the government must show that the defendant trafficked in the goods or services in question deliberately, or "on purpose."
Whether the defendant "knew" that the mark was counterfeit depends on whether he or she had an awareness or a firm belief to that effect. (See H. Rept. 96-1396, 96th Cong., 2d Sess. 33 (1980); S. Rept. 97-307, 97th Cong., Ist Sess. 67-68 (19811.) Of course, if the prosecution proves that the defendant was "willfully blind" to the counterfeit nature of the mark, it will have met its burden of showing "knowledge." (See United States V. Jewell, 532 F.2d 697 (9th Cir.), cert. denied, 426 U.S. 951 (1976); H. Rept. 96-1396, supra, at 36; S. Rept. 97-307, supra, at 68.) The government need not prove that it was the defendant's "purpose" or "objective" to use counterfeit marks, but merely that he or she knew that he or she was doing so.
The sponsors are aware that discount retail outlets sometimes obtain their merchandise from distributors who are not authorized by the trademark owner to provide those goods to the discount outlets. The sponsors are also aware of the existence of "parellel imports" or "gray market" goods, which are discussed more fully below. Neither of these types of goods are counterfeit within the meaning of this legislation. Because of the existence of these alternative distribution channels for noncounterfeit goods, a trademark owner will not ordinarily be able to establish that a defendant knew that goods bore counterfeit marks solely because the trade-

mark owner informed the defendant that the trademark owner's authorized dealers had not sold the goods to the defendant.

If a person has an honest, good faith belief that the mark in question is not counterfeit, he or she will not be liable under this bill. Thus, a manufacturer who believes in good faith that he or she has a prior right to use a particular mark, or that a mark does not infringe a registered mark, could not be said to "know" that the mark is coun- terfeit.

The definition of the "counterfeit mark," which is discussed in more detail below, includes the fact that the infringed mark must be registered on the principal register in the U.S. Patent and Trademark Office. This factor was included in the definition of "counterfeit mark" in order to make this act easier to administer by limiting its scope to a clearly defined class of marks. In a criminal prosecution for counterfeiting, however, or in the civil proceedings that are affected by this act, it is irrelevant whether the defendant knew that the mark in question is registered on the principal register in the Patent and Trademark Office. For that reason, the definition of "counterfeit mark" makes clear that it need not be shown that the defendant was aware of a mark's status at the Patent and Trademark Office.

With one exception, the penalties provided by the Senate and House bills are identical. Both bills provided that an individual may be imprisoned for up to 5 years and fined up to $250,000 or both. Both bills also provided that a person other than an individual, such as a corporation, may be fined up to $1,000,000. (The term "person" is defined in 1 U.S.C. 1.) The compromise bill includes an additional provision from the House bill, setting forth increased penalties for second offenders. However, these enhanced penalties may be imposed only when the second violation occurs after the defendant has been convicted of a prior violation. Thus, a defendant who violates section 2320 on two separate instances, but who is not convicted of the first violation until after the second violation, is not subject to the enhanced penalties.

Proposed section 2320 also provides for punishment of a person who attempts to engage in the proscribed conduct. An attempt is punishable at the same level as a completed offense. Through 18 U.S.C. 371, conspiracies to commit an offense under proposed section 2320 are also prohibited.

The sponsors wish to emphasize that the prison terms and fines specified in subsection (a) are maximum penalties, which they do not expect to be routinely imposed. In a case in which a defendant has trafficked in counterfeits that pose a grave danger to the public health and safety, these maximum penalties may be fully warranted. However, the sponsors also recognize that many instances of trademark counterfeiting do not pose these same risks, and in those cases imposition of the maximum penalties may not be warranted. The courts should exercise their discretion in imposing penalties that are appropriate under the circumstances.

The sponsors believe, however, that a combination of appropriate prison terms and substantial fines will create a needed deterrent to trademark counterfeiting. The compromise draft does not include proposed subsection 2320(b) from the House bill, which stated that documents seized in the course of a trademark counterfeiting prosecution are exempt from disclosure under the Freedom of Information Act, 5 U.S.C. 552. That provision has been omitted as unnecessary, because the public interest is adequately protected by the existing exemption in that act relating to disclosure of "investigatory records compiled for law enforcement purposes." 5 U.S.C. 552(b)(7).

Proposed subsection 2320(b). This provision authorizes the United States to obtain an order seeking the destruction of any counterfeit articles acquired by the Government in the course of a counterfeiting prosecution. Before such an order may be granted, the Government must prove by a preponderance of the evidence that the articles actually bear counterfeit marks.

Even if the defendant is ultimately acquitted of the criminal charge, there is no valid public policy reason to allow the defendant to retain materials that are in fact counterfeit.
This provision gives the court the same options it has in ordering destructions under 15 U.S.C. 1118. In practice, the courts have often ordered that counterfeit articles be given to charitable institutions or to the Federal Government. If goods are of value, and pose no threat to health or safety, they should be preserved whenever possible, so long as any counterfeit marks are removed.
The Senate bill contained a formal "safe harbor" provision. See proposed subsection 2320(c) of S. 875. This pro- vision was intended to offer a potentially useful option to a manufacturer or merchant who is in doubt about whether a mark that he or she plans to use will infringe the trademark rights of a current registrant. Under the Senate provision, such a person could have taken two steps to ensure that he or she would not be liable for counterfeiting: first, notifying the trademark owner of his or her plans 30 days before implementing them, and second, labeling the goods or material in question so as to disclaim any connection with the trademark owner. This provision was intended to address the concern of the Department of Justice that some manufacturers might be deterred from legitimate marketing techniques because of fear of potential liability under this act.
This compromise draft does not include this provision, in view of the concern of the House sponsors that the value of this provision had not been clearly shown and that it might offer a loophole to actual counterfeiters. However, a party is free to take, on an informal basis, the same sorts of precautions contemplated by the Senate safe harbor provision. Thus, a party planning to use a particular mark could provide ample advance written notice to the owner of an existing mark about the party's plans to use a similar mark. The party could ***31675** also conspicuously labe1 its goods and related materials so as to alert the public to the fact that the goods or services are not offered by the owner of the registered trademark. "If a party takes these steps in good faith, it would be virtually impossible to establish, in either a civil or a criminal case, that he or she "knowingly" used a counterfeit mark. Such a painstaking effort to provide advance notice to the trademark owner and to prevent consumer deception would ordinarily preclude any liability under this act. Of course, if a party were to attempt to take these steps in bad faith, as part of an effort to immunize its trafficking in marks it knew to be counterfeit, these procedures would not prevent that party from being found liable under this act.
A party's failure to use this informal notice and labeling procedure is not evidence that he or she dealt in particular marks knowing that they were counterfeit. Indeed, if one believes in good faith that one has a right to use a particular mark, one will not have acted with "knowledge" that the mark was counterfeit, and will not incur any liability under this act.
A person's use of the informal notice and labeling procedures here described does not exempt that Person from liability under the Lanham Act or other Federal, State or local laws. The courts must make an independent assessment of whether a party has violated such laws, and the notice and labeling procedures here described do not provide a generalized immunity for liability under those laws.
DEFENSES: In a civil proceeding under the Lanham Act, a number of defenses, affirmative defenses, and limitations on remedies are applicable. (See, e.g., 15 U.S.C. 1114(2); 15 U.S.C. 1115(b).) Subsection 2320(c) provides that any defense, affirmative defense, or limitation on remedies that would be applicable in an action under the Lanham Act shall be applicable in a prosecution under this section.
"Defense" means any issue as to which the plaintiff has the burden of proof in a Lanham Act case, and "affirmative defense" refers to matters as to which the defendant bears that burden.

Under this subsection, allocations of burdens of proof will be identical to those in a comparable Lanham Act case. Thus, any affirmative defense under the Lanham Act will remain an affirmative defense under this Act, which a defendant must prove by a preponderance of the evidence. Should there be any serious doubt about the allocation of the burden of proof on a particular issue under the Lanham Act, the burden should be placed on the Government as to that issue. In addition, should any issue appear to be both an element of the offense and part of an affirmative defense, the con flict should be resolved by placing the burden on the prosecutor.

Among the matters on which the defendant appears to have the burden of proof under the Lanham Act are laches, *See* Valmor Products Co. v. Standard Products Corp., 464 F.2d 200, 204 (1st Cir. 19721, and the "antitrust" defeme, see Coca-Cola Cs. v. Qverland, Inc., 692 F.2d 1250, 1256 (9th Cir. 1982); Union Carbide v. Ever-Ready, Inc., 531 F.2d 366, 389 (7th Cir. 1976) ("the burden of . . . proof is a heavy one on the (defendant)" to establish an antitrust defense).

By "limitation on relief," this act incorporates the protections for innocent printers and publishers that are contained in 15 U.S.C. 1114(2), and any other limitatiom on relief that may be applicable under the Lanham Act. Of course, as is the case in any legal proceeding, only those defenses, affirmative defenses, and limitations on relief that are relevant under the circumstances will be applicable in a prosecution under this section.

DEFINITION OF "TRAFFICKING": Subsection 2320(d) provides a definition of the term "trafficking." This definition is derived from a related, recently enacted statute, the Piracy and Counterfeiting Amendments Act of 1982, now codified at 18 U.S.C. 2318(b). Under this definition, the scope of the act is limited to commercial activities. Thus, it is not a crime under this act for an individual knowingly to purchase goods bearing counterfeit marks, if the purchase is for the individual's personal use.

The "for value" clause in the definition of trafficking means that transfers without consideration of goods or materials bearing counterfeit marks are not covered by this section. Of course, consideration can take many forms, and the courts should analyze transactions based on their substance and not on their form. The definitions of "Lanham Act" and of "Olyrnpic Charter Act" in subsection 2320(d) are self-explanatory.

DEFINITION OF "COUNTERFEIT MARKS": The proposed act defines "counterfeit mark" in two places - in the criminal code amendment, proposed 18 U.S.C. 2320(d), and in the Lanham Act amendment, proposed 15 U.S.C. 1116(d)(l)(B). This definition is important for three reasons. First, it helps to define the conduct for which the criminal penalties of this act may be imposed. See proposed 18 U.S.C. 2320(a). Second, it identifies the cases in which ex parte seizures are authorized by this act. See proposed 15 U.S.C. 1116(d)(l)(A). Finally, it helps to define the circumstances in which treble damages or profits and attorney's fees are to be awarded in Lanham Act cases, absent extenuating circumstances. See proposed 15 U.S.C. 1117(b).

For technical reasons, the two definitions of "counterfeit mark" differ slightly in their terms, but they are identical in substance. The Lanham Act already contains a definition of the term "counterfeit": a "spurious mark which is identical with; or substantially indistinguishable from, a registered mark." 15 U.S.C. 1127. Because it is part of the Lanham Act, the definition of "counterfeit mark" contained in proposed subsection 1116(1)(B) incorporates the section 1127 definition. By contrast, existing Federal criminal laws contains no definition of "counterfeit" with respect to trademarks; the amendment to title 18 therefore spells out the elements that are included in the section 1127 definition of "counterfeit." (As the Senate bill indicated, "spurious" means "not genuine or authentic.")

Under this act, there are two types of "counterfeit marks." The first is counterfeits of marks that are registered on the principal register of the Patent and Trademark Office and in use, and that are used by the defendant in connection with the same goods or services for which the mark is registered. See proposed 18 U.S.C. 2320(d)(l)(A); proposed 15 U.S.C. 1116(d)(1)(B)(i). The second is spurious designations that are substantially indistinguishable from Olympic designations protected under 36 U.S.C. 380. See proposed 18 U.S.C. 2320(d)(1)(B); proposed 15 U.S.C. 1116(d)(1)(B)(ii). Under this act, Olympic symbols will receive the Same protection as will federally registered trademarks, subject to the limitations specified in 36 U.S.C. 380 concerning the protections afforded those symbols.

Proposed subsection 18 U.S.C. 2320(d)(1)(A)(iii) states that a "counterfeit mark" must be one the use of which is likely "to cause confusion, to cause mistake, or to deceive." This is the key phrase in the remedial section of the Lanham Act, 15 U.S.C.1114, and its inclusion here is intended to ensure that no conduct will be criminalized by this act that does not constitute trademark infringement under the Lanham Act. As a practical matter, however, this element should be easily satisfied if the other elements of a "counterfeit mark" have been proven - since a counterfeit mark is the most egregious example of a mark that is "likely to cause confusion."

Under both the criminal and civil definitions, the term "counterfeit mark" refers to a mark or designation that is "identical with or substantially indistinguishable from" a genuine mark or designation. The definition of "substantially indistinguishable" will need to be elaborated on a case-by-case basis by the courts. See, e.g., Montres Rolex S.A. V. Snyder, 718 F.2d 524, 530-32 (2d Cir. 19831, 104 S. ct. 1594 (1984). ***31676**

Obviously, a mark need not be absolutely identical to a genuine mark in order to be considered "counterfeit." Such an interpretation would allow counterfeiters to escape liability by modifying the registered trademarks of their honest competitors in trivial ways. However, the sponsors do not intend to treat as counterfeiting what would formerly have been arguable, but not clear-cut, case of trademark infringement.

For example, a manufacturer may adopt a mark for its goods that is reminiscent of, although certainly not "substantially indistinguishable from," a trademark used by the "name-brand" manufacturer of the product. Thus, "'Prastimol" might be used as the mark for a medication that is the functional equivalent of a product sold under the trademark "Mostimol." Whether or not this sort of imitation violates the Lanham Act or other provisions of law, it does not constitute use of a "counterfeit mark" for purposes of the bill.

The definition of "counterfeit mark" in this Act (other than in cases involving protected Olympic symbols) reaches only instances in which the mark is used in connection with goods or services for which the mark is registered on the principal register in the U.S. Patent and Trademark Office and in use. Thus, this act has no impact on cases in which the allegedly infringed mark is unregistered. In addition, because this act is intended to reach only the most egregious forms of trademark infringement, it does not affect cases in which the defendant uses a registered mark in connection with goods or services for which the mark is not registered. Under the Lanham Act, a plaintiff can sometimes obtain relief against a defendant who uses a mark in connection with goods or services that are "related" to those for which the mark is registered. For example, a plaintiff with a Federal registration for use of the mark "Hopscotch" on typewriters might have a Lanham Act remedy against a defendant who used that mark to identify typing paper, even though the plaintiff had not registered that mark for use in connection with typing paper. Under the present act, however, the use of the mark "Hopscotch" on typing paperwould not count as the use of a "counterfeit mark."

The term "counterfeit mark" in this bill also excludes the marks on so-called "parallel imports" or "graymarket" goods - that is, trademarked goods legitimately manufactured and sold overseas and then imported into the United States outside the trade- mark owner's desired distribution channels. (See generally Bell & Howell: Mamiya Co. v. Masel Supply Co., 719 F.2d 42 (2d Cir. 1983).) Current Treasury Department regulations permit the importation of such goods when the foreign and domestic owners of the trademark are under common ownership and control. See 19 CFR 133.31(c). This regulation is now being challenged in the courts. (See, eg., Vivitar Corp. v. United States, No. 84-1- 00067 (U.S. Court of International Trade, slip. op., Aug. 20, 1984); Osawa & Co. v. B & H Photo, No. 83-6874 (S.D.N.Y., slip op. May 24, 1984); Coalition to Preserve the Integrity of American Trademarks v. United States, No. 84-0390 (D.D.C., filed Feb. 5, 1984).) Regardless of the status of parallel imports" or "gray market" goods under the Treasury regulations, however, the sponsors do not consider such goods to bear "counterfeit marks" for purposes of this legislation, since the marks on these goods are placed there with the consent of the trademark owner or of a person affiliated with the trademark owner.

The bill also does not extend to imitations of "trade dress," that is the color, shape, or design of a product or of its packaging, unless those features have been registered as trademarks. For example, generic drugs may be manufactured in pills or capsules that resemble the chemically equivalent brand-name product. This practice has generated litigation under the existing provisions of the Lanham Act. See, e.g., Inwood Laboratories v. Ives Lab- oratories, 456 U.S. 844 (19821.) Provided that such goods are not sold through use of a counterfeit of a registered trademark, they will not be affected by this legislation. The sponsors do not intend, however, to exempt generic drugs entirely from the scope of this bill. If such a drug were to be marketed through use of a counterfeit mark, this Act would make available the same remedies that would exist in any other counterfeiting case.

Third, the definition of "counterfeit mark" follows the House bill in explicitly excluding marks that are used in connection with so-called "overrun" goods-that is, certain goods produced without authorization by a current licensee of a trademark owner. In this Statement, the term "licensee" will be used to describe a person who has been authorized by a trademark owner to use a particular mark in connection with certain goods or services, whether or not the agreement between the trademark owner and the authorized party is formally titled a "license," The exclusion would cover a case, for example, in which a licensee was authorized to make 500,000 umbrellas bearing a trademark owner's mark, and the licensee without authorization manufactured an additional 500,000 umbrellas bearing that mark during the course of the license. The exemption is not limited to "manufacturing," but extends to any type of production of goods or services, including, for example, agricultural production.

The House report explained the reasoning behind the overrun provision in H.R. 6071 as follows: The trademark owner has put the wheels in motion for the manufacturer to make the overruns, and has the means to protect himself or herself. For example, the trademark owner can specify in the contract that the making of overruns shall constitute a breach of contract, and that the manufacturer shall be liable for liquidated damages if overruns are made. The contract might also specify that the trademark owner has the right to inspect the manufacturer's fa- cilities to ensure that overruns are not being made * * *. The contractual and other civil remedies already existing make it inappropriate to criminalize such practices. (H. Rept. 98-997, 98th Cong., 2d Sess. 13 (1984).

The overrun provision contained in the compromise draft has been revised from the provision in the House bill. First, the compromise bill does not create a grace period for persons dealing with former licensees - that is, licensees whose right to manufacture goods bearing a particular mark has been terminated at the time of manufacture. Correspondingly, the language of the House bill concerning the knowledge of the user about the termination of the relationship between the trademark owner and the licensee has been omitted. Finally, the phrase "contractual or other relationship" has been replaced by the phrase "authorized by." This last change in wording is simply intended to clarify the precise nature of the relationship between the trademark owner and the licensee that was described in the House bill.

If a licensee manufactures overruns during the course of a valid license, the marks on those goods will remain noncounterfeit for purposes of this act, whatever changes may later occur in the relationship between the trade- mark owner and the licensee. Thus, if goods are manufactured during the course of a valid license, and sold after the termination of the license, the marks of those goods remain noncounterfeit. In addition, if one purchases goods or services produced by a former licensee in the good faith belief that the licensee is then authorized to produce that type of goods, one will not know that the goods are counterfeit and will thus not be liable under proposed 18 U.S.C. 2320(A) or 15 U.S.C. 1117(b).

As the House report made clear, the burden will be on the defendant to prove that the goods or services in question fall within the overrun exclusion, under both the criminal and civil provisions. (This allocation of the burden of proof is indicated in both the House bill and the compromise draft by the phrase introducing the overrun exemption: "but such terms does not include * * * ." The compromise bill also follows the House bill in that the overrun exemption does not apply if a licensee produces a type of *31677 goods in connection with which he or she was not authorized to use the trademark in question. Thus, if a licensee is authorized to produce “Zephyr” trenchcoats, but without permission manufactures “Zephyr” wallets, the overrun exception would not apply.

The overrun exclusion in this legislation does not in any way alter of affect any remedy that may now exist under the Lanham Act or other provisions of law for the manufacture or sale of overrun goods. The exclusions is intended simply to exempt those goods from the special penalties available under this bill.

At the suggestion of the Justice Department, neither the Senate nor the House bill included an explicit effect on interstate commerce element. The Department argued that the explicit inclusion of this element was unnecessary, since a Federal nexus exists because the marks protected are federally registered trademarks or Olympic symbols protected by a Federal statute. However, the bill is intended to reach all trafficking in counterfeits that affects interstate commerce, including trafficking that is discovered in it incipiency, such as before counterfeit merchandise has left the factory.

LANHAM ACT AMENDMENTS [...]

Anhang C: Tabelle aus Strafzumessungsrichtlinien

SENTENCING TABLE
(in months of imprisonment)

	Offense Level	Criminal History Category (Criminal History Points) I (0 or 1)	II (2 or 3)	III (4, 5, 6)	IV (7, 8, 9)	V (10, 11, 12)	VI (13 or more)
Zone A	1	0-6	0-6	0-6	0-6	0-6	0-6
	2	0-6	0-6	0-6	0-6	0-6	1-7
	3	0-6	0-6	0-6	0-6	2-8	3-9
	4	0-6	0-6	0-6	2-8	4-10	6-12
	5	0-6	0-6	1-7	4-10	6-12	9-15
	6	0-6	1-7	2-8	6-12	9-15	12-18
	7	0-6	2-8	4-10	8-14	12-18	15-21
	8	0-6	4-10	6-12	10-16	15-21	18-24
Zone B	9	4-10	6-12	8-14	12-18	18-24	21-27
	10	6-12	8-14	10-16	15-21	21-27	24-30
Zone C	11	8-14	10-16	12-18	18-24	24-30	27-33
	12	10-16	12-18	15-21	21-27	27-33	30-37
Zone D	13	12-18	15-21	18-24	24-30	30-37	33-41
	14	15-21	18-24	21-27	27-33	33-41	37-46
	15	18-24	21-27	24-30	30-37	37-46	41-51
	16	21-27	24-30	27-33	33-41	41-51	46-57
	17	24-30	27-33	30-37	37-46	46-57	51-63
	18	27-33	30-37	33-41	41-51	51-63	57-71
	19	30-37	33-41	37-46	46-57	57-71	63-78
	20	33-41	37-46	41-51	51-63	63-78	70-87
	21	37-46	41-51	46-57	57-71	70-87	77-96
	22	41-51	46-57	51-63	63-78	77-96	84-105
	23	46-57	51-63	57-71	70-87	84-105	92-115
	24	51-63	57-71	63-78	77-96	92-115	100-125
	25	57-71	63-78	70-87	84-105	100-125	110-137
	26	63-78	70-87	78-97	92-115	110-137	120-150
	27	70-87	78-97	87-108	100-125	120-150	130-162
	28	78-97	87-108	97-121	110-137	130-162	140-175
	29	87-108	97-121	108-135	121-151	140-175	151-188
	30	97-121	108-135	121-151	135-168	151-188	168-210
	31	108-135	121-151	135-168	151-188	168-210	188-235
	32	121-151	135-168	151-188	168-210	188-235	210-262
	33	135-168	151-188	168-210	188-235	210-262	235-293
	34	151-188	168-210	188-235	210-262	235-293	262-327
	35	168-210	188-235	210-262	235-293	262-327	292-365
	36	188-235	210-262	235-293	262-327	292-365	324-405
	37	210-262	235-293	262-327	292-365	324-405	360-life
	38	235-293	262-327	292-365	324-405	360-life	360-life
	39	262-327	292-365	324-405	360-life	360-life	360-life
	40	292-365	324-405	360-life	360-life	360-life	360-life
	41	324-405	360-life	360-life	360-life	360-life	360-life
	42	360-life	360-life	360-life	360-life	360-life	360-life
	43	life	life	life	life	life	life

Anhang D: PAC/CE/II/2 (February 18th, 1987)

World Intellectual Property Organization, Geneva
Committee of Experts on the Protection against Counterfeiting
Second Session, Geneva, May 25 to 29, 1987

Protection against Counterfeiting
(Paris Convention, Model Provisions, Information Meetings)

[...]

Page 9

CHAPTER II
MODEL PROVISIONS FOR NATIONAL LAWS
ON THE PREVENTION AND SANCTIONING OF COUNTERFEITING

[The proposed model provisions appear on the odd-numbered pages, and the corresponding observations on the even-numbered pages. The text in square brackets represents possible alternatives.)

Page 10

Observations Concerninq Article A

35.1 Ad Article A(1). Counterfeiting is an act which results in the making of counterfeit goods or which concerns trade in counterfeit goods. The act is any of the following: (i) manufacturing, (ii) exportation, importation, transit, (iii) offering for sale, rental, lending or free distribution, (iv) sale, rental, lending or free distribution, (v) possession with the intention of placing them on the market. The proposed model provision includes exportation and transit of counterfeit goods, as well as the act of being in possession of counterfeit goods with the intention of placing them on the market. Since reservations were expressed during the first meeting of the Group of Experts regarding the inclusion of transit, this possibility remains optional.

35.2 A counterfeiter is not only the person who commits the act, but also the person who orders the act to be committed.

35.3 Any of the Said acts, in itself, is counterfeiting. In any given case, not only one but also several of the above-mentioned acts may be committed by the same counterfeiter. One or several of the acts may be committed by one counterfeiter, and one or several of the other acts may be committed by another counterfeiter.

35.4 Ad Article A(2). The proposed definition of counterfeit goods includes not only the reproduction or imitation of a mark, but also the reproduction or imitation of a design or lettering on the goods and the appearance of the goods themselves: It has been shown that, in all the cases of counterfeiting that occur, counterfeiting of the mark is often accompanied by counterfeiting of the goods' appearance or of the designs or lettering on the goods, and that counterfeiting may only involve the appearance of the goods or the designs or lettering thereon. In certain cases, designs or lettering, or the appearance of goods, may be protected as a mark (a figurative mark in the case of designs or lettering, a three-dimensional mark for the goods' appearance); however, a number of national laws do not permit registration of three-dimensional marks and the appearance of goods or the designs or lettering have not necessarily been registered as marks. It is therefore necessary to envisage cases where they can be protected by other means.

35.5 Ad Article A(2)(i). "Bearing" a trademark should be understood as a dose association of the goods and the trademark. The trademark may be an integral patt of the goods (e.g. is painted on or is interwoven in the texture), may be affixed to it or on its container, or may be the container itself (e.g. the container's shape being a so-called three-dimensional mark).

35.6 The counterfeit trademark may, but need not, look exactly the same as the protected trademark; to be considered as a counterfeit, it is enough if it looks very similar to the protected trademark ("near-slavish imitation").

Page 11

Article A: COUNTERFEITING

(1) For the purposes of this Law, the following are deemed to be acts of counterfeiting:

the manufacturing,
the exportation, importation [and transit],
the offering for sale, rental, lending or free distribution,
the sale, rental, lending or free distribution,
the possession of counterfeit goods with the intention of placing them on the market [provided that such acts are carried out on a commercial scale].

(2) "Counterfeit goods" shall mean:

(i) goods bearing or accompanied by a trademark that is a slavish or near-slavish reproduction or imitation of a protected trademark provided that the goods are of the Same kind as one of the goods for which the trademark is protected, or of a similar nature, or that there exists a danger of confusion regarding the origin of the goods bearing the reproduced or imitated trademark;

Page 12

[Observations concerning Article A, continuation]

35.7 To be protected, a trademark, in most countries and in most cases, must be registered in the trademark register of the country or in the international register kept by the International Bureau of WIPO in Geneva. However, the Paris Convention requires that well-known trademarks be protected even if not registered. In some countries, for example, in the United States of America, even "ordinary" trademarks (i.e., other than well-known trademarks) are protected without registration; they acquire protection through use.

35.8 The protection of a trademark is guaranteed for goods that are identical or similar to those for which it has been registered or--in countries where the right to the trademark is acquired through use--for which it is used. Article A(2)(i) extends this protection to any other goods, even goods that are not identical or similar to one of those for which the trademark is protected, when there is a danger of confusion regarding the origin of the goods bearing the trademark reproduced or imitated. Protection can thus be guaranteed for a trademark with a high reputation used by a counterfeiter for goods that bear no relation to those for which the highly reputed mark is protected or used, simply because there exists a danger that the goods bearing the trademark reproduced or imitated could be deemed to have been put an the market by the owner of the highly reputed mark or with his authorization.

35.9 Ad Article A(2)(ii). Apart from protection as a figurative mark, the designs or lettering may be protected by other intellectual property rights such as industrial design rights or copyright. Article A(2)(ii) also provides for protection of designs or lettering, whether or not protected by intellectual property rights, where the design or lettering constitutes the distinctive character, familiar to the market, of goods and where there exists a danger of confusion regarding the origin of the goods an which the design or lettering reproduced or imitated appears. In this latter case, the type of action that may be brought by the rightful owner is, for example, action for unfair competition or passing-off.

35.10 Ad Article A(2)(iii). The appearance of goods does not only include their form, but also their color and the materials used for their manufacture. Apart from protection as a three-dimensional trademark, which can cover the form and color, but which is not possible in all countries, the appearance of goods may be protected by other intellectual property rights such as industrial design rights or copyright. Article A(2)(iii) also provides for protection of the goods' appearance, whether or not it is protected by an intellectual property right, where this appearance constitutes the distinctive character, familiar to the market, of the goods. In the latter case, the type of action that the rightful owner may bring is action for unfair competition or passing-off.

Page 13

[Article A, continuation]

goods on which there is a design or lettering that is a slavish or near-slavish reproduction or imitation of the design or lettering which is protected by an intellectual property right or which constitutes the distinctive character, familiar to the market, of goods, where there is danger of confusion regarding the origin of the goods on which the design or lettering is reproduced or imitated;

goods whose appearance is a slavish or near-slavish reproduction or imitation of the appearance of goods, provided that this appearance is protected by an intellectual property right, or that it constitutes the distinctive character, familiar to the market, of the Said goods.

(3) Acts may only be deemed to be acts of counterfeiting if they are committed without the authorization of the owner

Page 14
[Observations concerning Article A, continuation]

35.11 In General. In the cases envisaged in Articles A(2)(i) and A(2)(ii), in fine, it is sufficient for there to be a danger of confusion. The fact that the consumer knows that the goods Sold to him are counterfeit does not alter the fact that there has been counterfeiting. The potential or actual vendor, the owner of the rented or lent goods, or the donor, may himself call this fact to the consumers' attention. These facts do not deprive the acts of selling, etc., from being acts of counterfeiting.

35.12 Ad Article A(3). Obviously, if the rightful owner has authorized a natural or legal person to carry out any of the acts mentioned in Article A(1), these acts may not be considered to be acts of counterfeiting.

[...]

Page 26
Observations Concerning Article D

35.33 Criminal law and procedure differ considerably from one country to another. It is therefore particularly difficult to propose model provisions for criminal sanctions.

35.34 Ad paragraph (1). The definition of counterfeiting must be construed in each country according to the general concepts of criminal law applicable in that particular country. If the act of counterfeiting is not punished severely (it is called a misdemeanor in some systems), negligence by the author of the act may be sufficient to make him come under the provisions of the law; if the act is considered to be a serious one and is punished as a "crime," "felony" or "delict," intent or mens rea shall be required. The question of who should take the initiative to start procedure (as a result of a complaint and/or procedure automatically initiated by the public prosecutor), the problem of the limits on punishment and many other important aspects will be governed by the general criminal law of the country concerned.

35.35 Alternative (a) gives the court the choice between sentencing to a fine or imprisonment. Alternative (b) draws a distinction between an intentional act of counterfeiting, which is assimilated to theft and subject to the same punishment (usually including imprisonment) and an unintentional act of counterfeiting which would only be punished by a fine. The intentional nature of the counterfeiting is presumed and it is up to the counterfeiter, where appropriate, to prove the contrary.

35.36 Ad paragraph (2). This provision can be applied in cases of counterfeiting of chemical or pharmaceutical products or spare parts for automobiles or airships.

35.37 Ad paragraph (3).. This model provision is intended to suggest that recidivism should be punished more severely than a first offense. Here, too, the general penal System of the country will be determinative.

35.38 Ad paragraph.(5). Whether or not the powers of a criminal court extend to the possibility of applying the measures referred to in Article C(2), (3) and (4) also depends to a large extent on the criminal system of the country concerned.

Page 27

Article D: CRIMINAL SANCTIONS

(1) Any person who has committed an act of counterfeiting as defined in Article A shall be punished:

Alternative (a)

by a fine of ... to ... or imprisonment for a period of ... to ... or by both, the amount of the fine to be fixed by the court taking into account the profits earned by the counterfeiter.

Alternative (b)

by the Same punishment as that provided for theft, unless the counterfeiter can prove that the counterfeiting was not intentional;
where the counterfeiter proves that counterfeiting was not intentional, by a fine of ... to ..., the amount of the fine being fixed by the court taking into account the profits earned by the counterfeiter.

(2) The court shall fix the punishment taking into account the risks represented by the counterfeiting activities for the life and limb of the user.

Page 29

[Article D, continuation]

The penalties specified in paragraph (1) shall be doubled where the conviction is not the defendant's first conviction for counterfeiting in the five years preceding the conviction.

Any of the conservatory measures provided for in Article B may be ordered ex officio where the committing of a criminal act is suspected.

The court shall apply the measure referred to in Article C(2) and may apply the measures referred to in Article C(3), (4) and (5) also in a criminal proceeding.

[End of model provisions; paragraphs 36 et seq. follow.]

Criminalia

Herausgegeben von Klaus Volk

Band 1 Ulrich Schroth: Vorsatz als Aneignung der unrechtskonstituierenden Merkmale. 1994.

Band 2 Torsten Poeck: Wartepflicht und Wartedauer des § 142 Abs. 1 Nr. 2 StGB. Ein Vorschlag zur Bestimmung der Wartelänge anhand rechtsprechungsanalytischer und empirischer Überlegungen. 1994.

Band 3 Tobias Schmid: Die Vergabe von Wirtschaftssubventionen und strafrechtliche Verantwortlichkeit gem. § 264 StGB (Subventionsbetrug). 1994.

Band 4 Erwin Lohner: Der Tatverdacht im Ermittlungsverfahren. Begriff, rechtliche Ausgestaltung, praktische Handhabung und Kontrolle am Beispiel der polizeilichen Verdachtsfeststellung. 1994.

Band 5 Gunther Lehleiter: Der rechtswidrige verbindliche Befehl. Strafrechtsdogmatische Untersuchung, demonstriert am Beispiel des militärischen Befehls. 1995.

Band 6 Dirk Steiner: Das Fairneßprinzip im Strafprozeß. 1995.

Band 7 Isabell Schwegler: Der Subsumtionsirrtum. 1995.

Band 8 Klaus Andreas Fischer: Die strafrechtliche Beurteilung von Werken der Kunst. 1995.

Band 9 Johannes Fredrikus Nijboer: Beweisprobleme und Strafrechtssysteme / Proof and Criminal Justice Systems. Rechtsvergleichende Aufsätze / Comparative Essays. 1995. 2. Auflage 1997.

Band 10 Winfried Hassemer / Karin Matussek: Das Opfer als Verfolger. Ermittlungen des Verletzten im Strafverfahren. 1996.

Band 11 Bettina Grunst: Steuerhinterziehung durch Unterlassen. 1996.

Band 12 Hans-Jörg Schwab: Täterschaft und Teilnahme bei Unterlassungen. 1996.

Band 13 Christos Mylonopoulos: Komparative und Dispositionsbegriffe im Strafrecht. 1998.

Band 14 Christina Erfurth: Verdeckte Ermittlungen. Problemlösung durch das OrgKG? 1997.

Band 15 Stephan Weber: Überstellung in den Heimatstaat. Ein internationales Konzept wider den Strafvollzug in der Fremde. Zugleich ein Beitrag zum Recht der internationalen Vollstreckungshilfe in Strafsachen. 1997.

Band 16 Bert Götting: Gesetzliche Strafrahmen und Strafzumessungspraxis. Eine empirische Untersuchung anhand der Strafverfolgungsstatistik für die Jahre 1987 bis 1991. 1997.

Band 17 Lars Otte: Der durch Menschen ausgelöste Defensivnotstand. 1998.

Band 18 Gregor Rieger: Die mutmaßliche Einwilligung in den Behandlungsabbruch. 1998.

Band 19 Yu-hsiung Lin: Richtervorbehalt und Rechtsschutz gegen strafprozessuale Grundrechtseingriffe. 1998.

Band 20 Sandra Pellkofer: Sockelverteidigung und Strafvereitelung. 1999.

Band 21 Christine Ferschl: Das Problem des unmittelbaren Zusammenhangs beim erfolgsqualifizierten Delikt. 1999.

Band 22 Peter König: Strafbarer Organhandel. 1999.

Band 23 Stefan Stauder: Die allgemeinen defenses des New York Penal Law. Eine rechtsvergleichende Untersuchung. 1999.

Band 24 Malte Merz: »Bewußte Selbstschädigung" und die Betrugsstrafbarkeit nach § 263 StGB. Zugleich ein Beitrag zur Zweckverfehlungslehre. 1999.

Band 25 Marc Tully: Poena sine Culpa? *Strict-Liability*-Sanktionen und Europäisches Gemeinschaftsrecht. 2000.

Band 26 Susanne Götting: Beweisverwertungsverbote in Fällen gesetzlich nicht geregelter Ermittlungstätigkeit. Durch V-Leute, Scheinaufkäufer und Privatleute. 2001.

Band 27 Christiane Hölscher: Der Rechtsschutz und die Mitteilungspflichten bei heimlichen strafprozessualen Zwangsmaßnahmen. 2001.

Band 28 Tobias Windhorst: Der Rechtsbegriff der „schweren Gesundheitsschädigung". Zugleich ein Beitrag zum 6. StrRG. 2001.

Band 29 Andrea Schmucker: Die "Dogmatik" einer strafrechtlichen Produktverantwortung. Das fahrlässige Unterlassen als Institut der Produktkriminalität. 2001.

Band 30 Stephan Beukelmann: Prävention von Computerkriminalität. Sicherheit in der Informationstechnologie. 2001.

Band 31 Markus B. Alder: Die Strafzumessungsrichtlinie der USA in ihrem Kontext mit Plea Bargaining. 2001.

Band 32 Tobias Brandis: Beweisverbote als Belastungsverbote aus Sicht des Beschuldigten? 2001.

Band 33 Britta Wolff: Begünstigung, Strafvereitelung und Hehlerei. Geschichtliche Entwicklung und Abgrenzung zur Beihilfe. 2002.

Band 34 Angelika Laitenberger: Die Strafbarkeit der Verbreitung rassistischer, rechtsextremistischer und neonazistischer Inhalte. Unter besonderer Berücksichtigung der Verbreitung über Netzwerke. Ein Rechtsvergleich. 2003.

Band 35 Antonia Seitz: *Die Todesstrafe ist keine Strafe.* Von der Beteiligung bedeutender Mediziner an Fragestellungen um Verbrechen und Strafe, unter besonderer Berücksichtigung der Todesstrafe 1865 bis 1933 im deutsch-italienischen Vergleich. 2003.

Band 36 Ro-Seop Park: Die Wahrheitsfindung im Ermittlungsverfahren. 2003.

Band 37 Ingo Jeckel: Schadenswiedergutmachung gem. § 46a Nr. 2 StGB über anwaltliche Schlichtungsstellen. Schlichtungsablauf und Auswirkungen auf das Strafverfahren. 2003.

Band 38 Katja Kassing: Ehrverletzende Personalsatire in Deutschland, Österreich, der Schweiz und England. 2004.

Band 39 Stefan Poller: Verbandsgeldbuße und Steueranspruch. 2004.

Band 40 Anna Trüstedt: Das Verbot von Börsenkursmanipulationen. 2004.

Band 41 Marialena Papachristou: Die strafrechtliche Behandlung von Börsen- und Marktpreismanipulationen. 2006.

Band 42 Verena Käbisch: Markenschutz im Strafrecht. Die Rechtslage in Deutschland und den USA. 2006.

www.peterlang.de